유치원 · 초등 · 중등

교원능력개발을 위한 자율장학론

이윤식 저

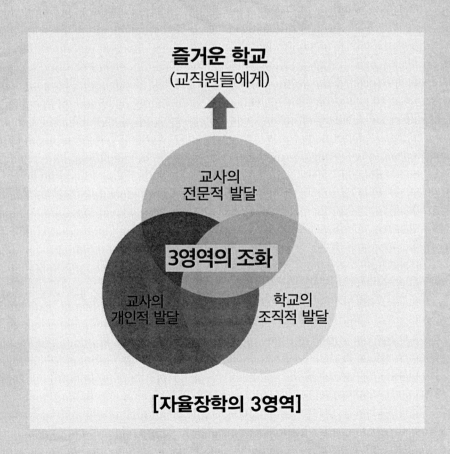

즐거운 학교
(교직원들에게)

교사의
전문적 발달

3영역의 조화

교사의
개인적 발달

학교의
조직적 발달

[자율장학의 3영역]

학지사

서문

The fear of the LORD is the beginning of knowledge(Proverbs 1: 7)
여호와를 경외하는 것이 지식의 근본이다(잠언 1: 7)

2010년부터 교원의 교육활동에 관한 전문성을 진단하고 그 결과에 근거한 능력개발을 지원하여 학교교육의 질 향상을 도모하고, 공교육 신뢰 회복을 위한 목적으로 교원능력개발평가가 실시되고 있다. 교원능력개발을 위해 학교현장에서 용이하게 사용되는 방법이 자율장학이다.

이 책은 모두 5개 부(部)와 13개 장(章)으로 구성되어 있다. 자율장학과 관련해서 5개의 질문을 제기하고, 이에 대한 답으로 5개의 부를 구성하였다. 제1부는 '무엇을 위한 장학인가?'에 대한 답으로, '장학의 수혜자인 교사의 능력개발'이라는 제목을 달았다. 여기에는 '제1장 교사발달 – 장학의 기능' '제2장 교사발달에 영향을 주는 요인'이 실려 있다. 제2부는 '자율장학이란 무엇이며 어떻게 하는 것인가?'에 대한 답으로, '자율장학의 개념과 모형'이라는 제목을 달았다. 여기에는 '제3장 장학의 본질' '제4장 자율장학의 개념과 종류' '제5장 교내(원내) 자율장학의 개념과 형태' '제6장 교내(원내) 자율장학의 기본 형태별 모형' '제7장 교사의 자기개발 활동' '제8장 지구 자율장학의 개념과 활동' '제9장 교육청의 학교현장 지원을 위한 컨설팅장학'이 실려 있다. 제3부는 '자율장학을 어떻게 계획하고 실행하며 평가할 것인가?'에 대한 답으로, '자율장학의 계획·실행·평가'라는 제목을 달았다. 여기에는 '제10장 자율장학의 계획과 실행' '제11장 자율장학의 평가'가 실려 있다. 제4부는 '자율장학을 활성화하기 위하여 어떠한 노력을 해야 하는가?'에 대한 답으로, '자율장학의 활성화 노력'이라는 제목을 달았다. 여기에는 '제12장 자율장학 담당자의 장학력 제고와 자율장학 활성화 노력'이 실려 있다. 제5부는 '교원능력개발을 위한 자율장학을 활성화하기 위하여 교원들은 어떠한 생각을 공유할 수 있는가?'에 대한 답으로, '교원능력개발을 위한 교육, 교원, 인간관계, 리더십에 관한 생각'이라는 제목을 달았다. 여기에는 20편의 글이 실려 있다.

책을 집필하면서 몇 가지 점에 주의를 기울였다. 첫째, 가능한 한 자율장학에 관련되는 자세한 내용을 수록하려고 하였다. 교육전문직이나 학교관리자 · 유치원관리자의 경우뿐 아니라, 교직 경력이 짧은 교사와 사범대학이나 교육대학에서 처음으로 장학을 배우는 학생의 경우에는 장학에 관한 지식이 부족하기 때문이다.

둘째, 가능한 한 자율장학의 절차와 방법에 관해 구체적으로 제시하려고 하였다. 이론적인 면에서 자율장학에 대한 설명도 중요하지만 실제적으로 어떠한 절차와 방법으로 자율장학을 추진하는가에 대한 설명은 더욱 중요하다고 생각하기 때문이다.

셋째, 관련된 자료나 도구를 가능한 한 많이 부록으로 제시하려고 하였다. 학교 · 유치원 현장에서 자율장학 활동을 하는 데 실제로 활용될 수 있는 자료나 도구를 수집하거나 작성하여 제시하였다. 이들 자료나 도구는 학교 · 유치원 또는 교과의 실정에 맞게 적절히 수정 · 보완하여 활용될 수 있을 것이다.

넷째, 자율장학에 대한 이해를 높이기 위해 관련되는 그림이나 표를 많이 제시하려고 하였다. 그림이나 표는 문장화된 내용을 축약하여 핵심을 제시하거나 시각화하여, 읽는 사람으로 하여금 쉽게 글의 내용을 이해할 수 있는 데 도움이 되기 때문이다.

다섯째, 글의 내용이 초 · 중등학교 중심으로 되어 있어서 교내, 학교, 교장, 교감 등의 용어가 주로 사용된 점에 대하여, 유치원 관련 교육전문직, 교원, 학생들의 양해를 구한다. 불편하겠지만 교내, 학교, 교장, 교감 등의 용어를 원내, 유치원, 원장, 원감 등으로 바꾸어 읽어 주길 바란다.

이 책의 내용이 학교 · 유치원 현장의 선생님들과 교육행정기관의 교육전문직 선생님들이 자율장학 활동을 해 나가는 데 도움이 될 수 있기를 기대한다.

이 책을 내면서 많은 사람의 도움을 받았다. 그동안 여러 교육연수원이나 교육대학원에서 자율장학에 관한 저자의 강의를 경청해 주시고, 좋은 아이디어와 의견 및 자료를 제공하여 주신 선생님에게 감사를 전한다. 그리고 학지사의 김진환 사장님, 유명원 부장님, 난해한 도표와 문장의 편집에 수고해 주신 김서영, 조은별 선생님께 감사의 마음을 전한다.

끝으로, 내조로 도와준 사랑하는 아내와 딸 경미, 아들 원철이에게 한없는 고마움을 전한다. 이 책을 쓰는 과정에서 부족한 저에게 끊임없이 지혜를 주신 하나님께 감사를 올립니다.

2019월 12월 저자 씀

차례

제5부 ⋯ 교원능력개발을 위한 교육, 교원, 인간관계, 리더십에 관한 생각
-교원능력개발을 위한 자율장학을 활성화하기 위하여
교원들은 어떠한 생각을 공유할 수 있는가?-

제13장 교원능력개발을 위한 교육, 교원, 인간관계, 리더십에 관한 생각 · 423

제1부

장학의 수혜자인 교사의 능력개발

무엇을 위한 장학인가?

제1장

교사발달 – 장학의 기능

1. 머리말

　교원양성, 교원임용, 교원평가, 교원승진 및 교원연수 등 교원정책 전반에 걸쳐 논의가 지속되고 있다. 2010년부터 교원의 교육활동에 관한 전문성을 진단하고 그 결과에 근거한 능력개발을 지원하여 학교교육의 질 향상을 도모하고 공교육 신뢰 회복을 위한 목적으로 **교원능력개발평가**를 실시하고 있다.

　교원능력개발을 지향하는 다양한 교원정책 수립에 활용될 수 있는 자료와 정보를 제공한다는 의미에서 교사 자체를 대상으로 하는 연구의 필요성이 높다. 교사들은 누구이며, 무엇을 생각하고 있으며, 무엇을 경험하며, 어떻게 변화·발달해 가고 있는가 하는 것은 중요한 연구과제이다.

　교사는 교직생활의 전 기간을 통하여 많은 영역에서 변화·발달을 보이게 된다. 교사의 교육관, 학교관, 학생관 및 교직관에서의 변화·발달뿐만 아니라, 가르치는 일에 관한 지식, 행동 및 기능을 포함한 교직생활과 관련되어 있는 개인적 및 사회적 모든 영역에 있어 변화가 있게 된다.

교사양성기관에 입학하는 예비교사들은 앞에 예시한 영역에서 나름대로의 인식과 지식을 갖고 있다. 예비교사들은 교사양성기관에서 받게 되는 교육을 통하여 그들의 가치관을 수정ㆍ보완하게 되며, 교사로서 필요한 지식, 행동 및 기능을 습득하게 된다. 그들이 초임교사로서 근무를 시작하면서 그러한 가치관이나 지식, 행동 및 기능은 교육현장의 구조 및 운영상의 여러 특성, 그리고 성인으로서 생활 경험상의 여러 특성들의 복합관계 속에서 계속적인 변화과정을 밟게 된다.

교사의 변화와 관련하여 교사발달(teacher development, teacher career development) 또는 교사사회화(teacher socialization)라는 주제로 연구가 이루어져 왔다. 이에 교사들이 어떻게 변화ㆍ발달해 가는가에 대한 다양한 모형이 제시되었다.

2. 교사발달의 선도적 연구

1) 교사발달의 개념

발달이란 환경과의 접촉을 통하여 유기체에게 지속적으로 일어나는 변화를 의미한다. 이러한 변화는 양적인 변화뿐만 아니라 질적인 변화도 포함한다. 유기체의 각 기관이 양적으로 증대되고 구조와 기능에 있어서 정밀화되어 가는 변화의 과정이다. 유아발달, 아동발달, 청년발달 등의 용어는 흔히 사용되는 용어이다.

교직사회에서도 **교사발달**이라는 용어가 사용될 수 있다. 교사가 초임교사로서 교직생활을 시작하여 교직 경력을 쌓아 가면서 퇴직에 이르는 전체 교직 기간 중에 교사로서 필요한 여러 영역과 관련하여 가치관, 신념, 태도, 지식, 기능, 행동 등에 있어서 양적ㆍ질적인 면에서 계속적인 변화를 보이게 되는 것이다. 넓게 보면, 대학에서 예비교사로서 교사양성 교육을 받으면서 변화가 일어나고 있다.

교사들의 교직생활에 있어서 변화ㆍ발달과정을 설명하는 데 교사발달이라는 용어 이외에, 교사(직업적)사회화, 교직사회화 등의 다양한 용어가 사용된다. 이러한 용어들은 그 본질적인 개념의 차이라기보다는 연구자의 관심과 연구 영역에 따른 차이라 할 수 있다.

사회화라는 개념은 한 개인이 그가 속하는 사회집단 성원들이 기대하는 바에 따라 그의 행동을 수정ㆍ발달시켜 인성, 동기, 가치관, 태도, 신념 등을 형성해 가는 과정을 의미한다. 이와 같은 사회화 개념을 토대로 하여, 최상근(2007)은 교직사회화와 교사사회화의 개념을 구분하였다. **교직사회화**는 교사로 임용되어 교직생활을 해 나가는 과정에서 교직사회로의 적응양식을 말하며, 교직생활의 내용 영역을 구성하고 있는 교육관, 교사관, 교육과정관, 수업지도관, 학생관 등에서의 질적 성격의 변화과정을 의미한다. **교사사회화**는 교사 입문과정을 포함하여 교직을 선택하고 교사로 임용되어 퇴직 또는 은퇴하기까지의 모든 과정에서 교직사회로의 적응양상을 말하며, 교직생활의 내용 영역을 구성하고 있는 교육관, 교사관, 교육과정관, 수업지도관, 학생관 등에서의 질적 성격의 변화과정을 의미한다.

두 개념의 구분을 교사사회화는 교사 임용 전부터 이루어지며, 교직사회화는 임용 후 이루어진다는 시간적 차이에 두고 있다. 따라서 교사사회화와 교직사회화는 본질적으로 같은 개념이라고 할 수 있다. 교사가 되어 가는 과정이 대학에서 교사양성 교육을 받는 시점부터 시작된다고 할 때, 교직사회화라는 개념보다는 교사사회화라는 개념이 더 포괄적인 개념이라 하겠다.

교사사회화라는 개념과 교사발달이라는 개념을 구분하여 사용할 수 있다. **교사사회화**는 교사가 교직에서 담당하는 역할을 수행하면서 교직문화에 익숙해 가는 과정을 다루며, **교사발달**은 교사가 교직 전 기간 동안 교직문화에 익숙해 가면서 교직에 대한 가치, 태도, 지식, 기술이 변화하고 재형성되어 가는 과정에 초점을 두고 있다. 교사들의 교직문화에 대한 내면화에 초점을 두고 있는 교사사회화라는 개념보다 교사발달이라는 개념이 보다 포괄적인 개념이라 할 수 있다. 교사발달 분야에서 선도적인 위치에 있는 Burden(1983)이나 Gregorc(1973)는 교사발달을 교직경험이 쌓이면서 교직에 관련된 여러 영역에서 가치, 신념, 욕구, 지식, 기술, 행동, 태도, 전망 등의 변화로 설명하고 있다.

Feiman과 Floden(1980)은 교사발달이라는 용어는 크게 세 가지로 사용된다고 하였다. 첫째는 교사에 관한 발달이론을 구성하려는 시도와 관련된 개념이다. 이때는 "교직기간 중에 교사들이 어떻게 변화·발달하는가?"라는 문제에 답을 구하게 된다. 흔히 몇 개의 발달단계를 거쳐 교사가 변화·발달한다고 본다. 둘째는 발달심리학 영역에서의 이론들을 사용하여 교사의 발달을 설명하려는 시도이다. 교사발달을 성인발달의 한 형태로 보아서 자아, 도덕성, 인지 발달 등에 관한 이론에 기초해 교사발달을 설명하는 것이다. 이때는 "발달이론 내의 여러 구인(constructs)들이 교사들 간의 개인적 차이를 설명할 수 있는가? 그리고 이들이 교사발달을 촉진할 수 있는 지침을 제공할 수 있는가?"라는 문제에 답을 구한다. 셋째는 현직교육과 전문적 프로그램의 운영을 통하여 교사의 성장·발달을 촉진하고 지원하려는 의미에서의 개념이다. 이때는 "어떻게 교사의 성장·발달이 지원되고 강화될 것인가?"라는 문제에 초점을 맞춘다. 이러한 세 가지 개념은 어느 정도 혼합적으로 사용된다. 대체로 교사를 대상으로 그들이 교직에 있어서 어떻게 변화·발달하는가를 밝히려는 시도와 관련된 개념이 주류를 이룬다고 하겠다.

종합하면, **교사발달**이라는 개념은 교사가 교직생활의 전체 기간을 통하여 교직과 관련된 제반 영역에서의 가치관, 신념, 태도, 지식, 기능, 행동에 있어 보이는 양적·질적인 변화를 의미하는 것으로 볼 수 있다. 이러한 교사발달이라는 개념과 관련하여 다음과 같은 점이 지적될 수 있을 것이다. 첫째, 교사발달이 시작되는 시점은 개념적으로 보면 초임교사로서 교직생활을 시작하는 순간부터라고 할 수 있으나, 사실은 넓게 보아 교사양성 교육을 받는 대학생활에서부터라고 할 수 있다. 둘째, 교사에게 있어서 교직과 관련된 제반 영역에서의 가치관, 신념, 태도, 지식, 기능, 행동에 있어서 양적·질적인 변화는 반드시 긍정적이고 바람직한 변화만을 의미하는 것이 아니라, 개인적·조직적 환경의 다양한 요인으로 인해 때로는 부정적이고 바람직하지 못한 변화가 될 수도 있다.

2) 외국 교사발달의 선도적 연구

교사발달에 관한 선도적 연구자 위치에 있는 Fuller(1969)는 교사발달을 단계별로 주요 관심사를 중심으로 개념화하였다. 그는 교사들의 발달단계를 3단계로 구분하였다. ① 교직이전단계: 특별한 관심사가 없는 단계, ② 초기교직단계: 자기 자신에 대해 관심을 기울이는 단계, ③ 후기교직단계: 아동에 대해 관심을 기울이는 단계가 그것이다.

교사양성기관에 있는 예비교사들은 교직에 관하여 특별한 구체적 관심사가 없다. 그러나 교직에 들어오면 구체적 관심사가 생기는데, 초기교직단계에 있는 교사들은 주로 새로운 환경인 학교현장에 있어서 자신의 존재와 위치에 대하여 관심과 우려를 갖게 된다. 교사들은 표면적으로 아동을 가르치는 일, 그리고 학급 상황에 대처하는 일에 관심을 갖는 것처럼 보이지만, 사실은 내면적으로 학교현장의 전체적 구조와 운영, 그리고 상황 변수를 탐색하는 데 커다란 관심을 기울인다.

교직경험을 쌓아 가면서 교사들은 자기 자신의 존재와 위치에 대해서 보다는 아동들의 학습 성과, 그리고 타인들이 자신을 어떻게 보느냐보다는 자기 자신에 대한 자기평가에 관심을 갖는다. Fuller의 3단계 구분은 간단히 '자기 자신에 대한 관심' ↔ '아동에 대한 관심'의 이원분류의 성격을 띤다.

Fuller와 Bown(1975)은 앞의 구분을 수정하여 ① 교직이전관심단계, ② 생존관심단계, ③ 교수상황관심단계, ④ 아동관심단계의 4단계를 제시하였다. 기본적으로 교사의 관심사는 '자기 자신의 생존'으로부터 '교수 상황' 그리고 '아동들의 학업성취'로 옮겨 간다는 것이다. 이러한 Fuller와 Bown의 연구는 발달단계의 구분이 거친 감이 없지 않으나 교사발달에 관한 연구의 기초가 되었다.

Katz(1972)는 Fuller와 Bown의 개념화에 기초하여 유치원 교사들의 발달단계를 4단계로 구분하고 각 단계별로 두드러진 현직연수 욕구를 제시하였다. 그의 단계 구분은 ① 생존단계, ② 보강단계, ③ 갱신단계, ④ 성숙단계이다. Katz의 연구는 [그림 1-1]에서 보는 바와 같이, 교사들이 교직경험이 많아짐에 따라서 그들의 연수욕구가 달라짐을 보여 준다. 즉, 교사들의 발달단계에 따라서 서로 다른 연수의 내용 및 연수의 방법을 사용해야 함을 시사한다.

Gregorc(1973)는 교사들을 위한 효과적인 계속교육 프로그램을 개발하기 위한 목적으로 고등학교 교사들의 행동을 분석 · 연구하여 그들의 전문적 발달단계를 찾아냈다. 그에 의하면, 교사들은 ① 형성단계, ② 성장단계, ③ 성숙단계, ④ 원숙전문단계의 계열을 따

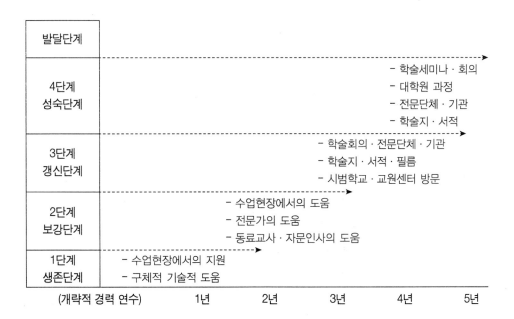

[그림 1-1] 발달단계별로 구분해 본 유치원 교사의 연수욕구

자료: Katz (1972: 50-54).

라 발달한다. 〈표 1-1〉은 Gregorc가 제시한 교사의 전문적 발달모형으로서 여러 가지 영역에서의 변화를 보여 준다. 이 모형에서는 단계별로 구체적인 교직경력 연수가 제시되어 있지 않다. Gregorc의 연구는 교사의 변화·발달을 보여 주는 데 있어 교직과 관련된 다양한 영역에서의 변화·발달을 최초로 체계적으로 제시한 데 그 의의가 크다.

Burden(1979)도 비교적 다양한 영역에서의 교사의 변화·발달을 보고하였다. 그는 초등학교 교사들을 대상으로 한 면담을 기초로 그들의 발달단계를 3단계로 구분하였는데, 〈표 1-2〉와 같이 ① 생존단계, ② 조정단계, ③ 성숙단계이다. Katz와 Burden은 대체로 교직경력이 5년째가 되면 교직에 안정감과 자신감을 갖게 되며 원숙한 교사가 된다는 것이다.

그러나 이 점에 관해서 Christensen(1985)은 다른 견해이다. 그는 교사발달에 관한 Katz나 Burden의 기술은 교사경력 5년째 이후의 시기에는 더 이상 변화·발달이 없는 것 같은 인상을 주는 제한점을 안고 있다고 주장하였다. 5년째 이후에도 많은 변화·발달이 있을 수 있다는 것이다.

Burke, Christensen, 그리고 Fessler 등은 한 연구팀으로서 **교사발달 사이클 모형**(teacher career cycle model: TCCM)을 제시하였다. 이 모형은 기존의 성인발달 및 교사발달에 관한 연구들에 대한 종합적인 분석을 기초로 구안되었다(Burke, Christensen, & Fessler, 1984).

[그림 1-2]에서 보는 바와 같이 교사발달을 개인적 환경 및 조직적 환경의 영향 관계 속에서 설명하고 있다. 이 모형의 핵심인 **교사발달 사이클**은 8개의 단계로 구성되는데, ① 교직이전(pre-service), ② 교직입문(induction), ③ 능력구축(competency building), ④ 열중·성장(enthusiastic & growing), ⑤ 직업적 좌절(career frustration), ⑥ 안정·침체(stable & stagnant), ⑦ 직업적 쇠퇴(career winddown), ⑧ 퇴직(career exit) 등이다.

교직이전단계는 교사교육을 받는 기간을 의미한다. **교직입문단계**는 교사가 학교 현장에서 일상적인 활동에 익숙해져 가는 기간으로 임용 후 최초 수년간을 의미한다. **능력구축단계**는 교수 기술과 능력을 향상시키기 위해 새로운 교수자료, 교수방법 및 수업 전략을 추구하는 시기이다. **열중·성장단계**는 교사들이 높은 능력 수준에 다다른 후에도 계속적으로 전문성을 향상시키기 위해 노력하는 시기를 의미한다. **직업적 좌절단계**는 교직에 대해 좌절감과 회의를 느끼는 시기이다. 소위 교사탈진(burn-out)이 발생하는 시기이기도 하다. **안정·침체단계**는 교사들이 수월성이나 성장·발달을 추구하기보다는 그저 현실안주나 현상유지에 머무르려고 하는 시기이다. 끝으로 두 단계인 **직업적 쇠퇴단계**와 **퇴직단계**는 교사들이 교직을 떠나려고 준비하는 시기와 교직을 떠나는 시기를 의미한다.

| 표 1-1 | Gregorc의 교사의 발달모형 |

영역＼발달단계		형성단계 →	성장단계 →	성숙단계 →	원숙전문단계
가치·신념·욕구	가치 및 신념체계	임시적이고 발달되지 않음, 일반적인 시류 또는 문화적 경향에 편승함, 독단주의에 기울기 쉬움	가치 및 신념에 대해 의문을 제기하고, 점검하고, 확인 또는 부정함		개인적으로 점검되고, 현실적이며, 실제적인 가치 및 신념체계; 가치 및 신념에 대한 계속적 재평가
	개인적 욕구	낮은 수준의 욕구(생리적, 안전, 사회적 욕구), 의존적	스트레스 상황 이외에는 독립적		높은 수준의 욕구(존경 및 자아실현 욕구), 독립적
	전문적 지향성	자기 자신	자기 자신과 학생		학생과 지역사회
지식·기술	교육훈련	구체적 기술에 대한 훈련 필요, 모든 상황을 능숙하게 다룰 수 있는 요령 습득에 관심, 외적 동기화, 타인들에 의해 유도되는 현직 교육	자기 스스로 학습의 조짐, 즉각적 상황 대처의 경향을 보이기 시작		즉각적 상황 대처성, 예기치 않은 상황에 대한 대처 자신감, 내적 동기화, 자기 자신에 의한 교육 훈련
	교과목에 대한 지식	해당 교과목에 제한된 지식	교과 영역에 걸친 깊고 넓은 지식		타 영역과 관련한 교과 영역에 대한 넓은 안목, 다학문적 안목
	전문적 교수방법 및 기술	제한적	교수 기술을 교과 목표와 연결시키려고 다양한 방법·기술 사용		이론에 기초하여 여러 가지 방법을 실험함
전문적 행동	전문적 발달 수준	비성숙, 동료들에 대한 의존	동료들뿐 아니라 다른 사람들에게도 개방적임		성숙, 독립성, 상호작용성, 동료들에 대하여 지원적임
	정치적 지향성	상호 이익을 위한 협동	나름의 대안을 고려하나 동료들로부터의 압력에 영향을 받음		독립적인 판단, 각자 나름의 판단
	환경으로부터의 자극 및 피드백에 대한 개방성	제한된 인식, 미약한 지각력, 최소의 반응	확장된 인식 및 반응		정확한 인식, 강한 지각력, 최대의 반응
	평가	장학 지도자 및 동료 집단이 기대 수준을 정의해 주고 성취에 대한 피드백 제공	상호 납득할 수 있는 기준에 터해 자기 평가를 유도함		책임과 능력에 대한 자기 평가
	직무로부터의 보상	우정, 애착, 집단 소속감, 수입, 기대 수준 충족감	동료 및 다른 사람들로부터 커지는 존중심, 책임감의 증대		성취, 책임감, 품위, 자유
	전문적 관계	통상 관례에 의한 정해진 역할기대에 충실	편견 없는 역할 기대의 출현		상호 존중, 동등성
	수월성·자아실현을 위한 노력	————————————————→ 점증되는 수월성 ————————————————→			

자료: Gregorc (1973: 1-8).

표 1-2 Burden의 교사의 발달모형

영역	발달단계	생존단계 (1차년도)	조정단계 (2차·3차·4차년도)	성숙단계 (5차년도 및 그 이후)
직업기능·지식·행동	교수활동에 대한 지식	교수방법, 교수계획, 기록유지, 아동 동기유발 및 훈육, 조직관리기술 등에 있어서 제한된 지식	교수활동의 제 영역에 있어서 증가된 지식 및 기능	교수활동의 제 영역에 있어서 높은 지식 및 기능
	교수환경에 대한 지식	아동들의 특징(성격, 행동, 주의집중, 시간, 성취수준 등), 학교 교육과정, 학교규정에 대한 제한된 지식	교수환경의 제 영역에 있어서 증가된 지식 및 기능	교수환경의 제 영역에 있어서 높은 지식 및 기능
	전문적인 통찰 및 인식	아동 혹은 학교환경에 대한 제한된 통찰, 자신들을 객관적으로 볼 수 없음, 자신들의 행동에 몰입함	교수-학습환경을 포함한 전문 직업적 환경의 복잡성에 대한 통찰력이 점차적으로 증대됨, 아동들을 보다 복합적인 방법으로 관찰하게 되며, 그들의 요구에 더욱 적절하게 부응할 수 있게 됨	
	교육과정 및 수업에의 접근방법	교사 중심의 교육과정에의 접근, 아동들과 제한적인 개인적 접촉	아동들의 자아개념에 대한 보다 깊은 관심을 보이는 전환적 시기	아동 중심의 교육과정에의 접근, 개개 아동에 대한 교수와 긍정적인 학급환경을 조성하는 데 더 깊은 관심
태도 및 전망	교수관의 변화	교사가 당위적으로 무엇이 되어야 하는가 하는 이미지를 수용함, 전통적인 방법으로 가르침	점차적으로 당위적 이미지에 동조하지 않게 되며, 그들 자신에게 알맞은 교수방법을 쓰기 시작함, 그들 자신의 개성을 발휘하기 시작함	
	전문적 자신감, 안정감 및 성숙도	무능감을 느낌, 교직의 여러 영역에 대하여 불확실하고 혼란감을 느낌, 어떻게 가르쳐야 하는가에 대하여 걱정이 되며, 부정확하게 가르치지 않나 하는 걱정이 됨	가르치는 교과목과 교수방법에 대하여 비교적 안정감을 느낌, 자기 자신에 대하여 더욱 편안함과 자신감을 느낌	성숙한 교사가 되었다는 느낌을 갖게 됨, 자신감과 확신감을 가짐
	새로운 교수기술을 시도하려는 의지	기본적인 교수기술에 숙달하려고 노력하는 한편 새로운 교수기술을 시도할 의지가 없음	기본적인 교수기술에 숙달한 후에 다른 교수기술을 계속적으로 실험해 보고자 함, 아동들의 요구를 충족하기 위해 더 많은 교수방법을 사용할 필요를 느낌	자신의 교수능력을 높이기 위해, 변화를 수용하기 위해, 혹은 교수가 흥미로운 일이 되도록 하기 위해 새로운 교수기술을 계속적으로 실험해 보고자 함

자료: Burden (1983: 21-25).

　　교사가 교사발달 사이클의 각 단계를 따라서 어떻게 변화·발달하여 가는가 하는 것은 교사가 경험하는 환경적 조건에 의하여 커다란 영향을 받는다. [그림 1-2]에서 보는 바와 같이 환경적 조건은 개인적 환경과 조직적 환경의 두 가지로 구분된다. 개인적 환경은 가정, 긍정적 사건, 위기적 사건, 종래의 경험, 직업 외 관심사, 개인의 성향 등의 소요가 포함된다. 조직적 환경은 학교규정, 학교경영형태, 사회적 신뢰, 사회적 기대, 전문단체, 교원 노조 등의 요소가 포함된다. 각 요소의 구체적인 내용은 〈표 1-3〉과 같다.

　　교사발달 사이클 모형을 개발한 연구팀은 교사발달 사이클의 8개 단계에 있어서 교사 발달단계가 반드시 교직이전단계에서 시작하여 다음 또 다음 단계로 순서적으로 옮겨 가는 것으로 해석되어서는 안 된다고 하였다. 또한 연구팀은 다른 모형에서처럼 상위단계가 하위단계보다 반드시 바람직하거나 가치 있다고도 보지 않는다. Fessler(1985)에 의하면, 이 모형은 다른 모형들과 비교하여 볼 때, 개인적 차원과 조직적 차원에서의 환경적 영향과 관련하여 교사들의 변화·발달이 반드시 일직선적인 것만은 아니라 역동적이고 불규칙적일 수도 있다는 것을 상정하고 있다.

　　이러한 주장은 현실적으로 어느 정도 타당성을 지니고 있는 듯하다. 실제적으로 교사들

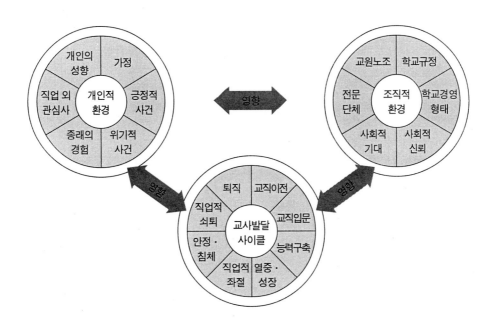

[그림 1-2] 교사발달 사이클 모형

자료: Burke, Christensen, & Fessler (1984: 10).

은 자신의 개인적 특성이나 학교현장의 구조적·운영적 특성과의 복합적인 관계 속에서
성숙한 단계에 이르기도 전에 교직에서 탈락하거나 또는 부적응의 상태로 상당 기간 교직
생활을 하는 교사도 있으며, 또 어떤 경우에는 비교적 빠른 시간 내에 성숙한 단계에 이르
렀다가는 곧 좌절하거나 회의를 느끼는 교사도 있을 수 있는 것이다. 따라서 교사발달 사
이클 모형은 교직의 전 기간에 걸친 교사의 발달을 환경적 요인과 관련 맺고 있다는 데 의

표 1-3　교사발달 사이클 모형에서 제시된 개인적·조직적 환경의 내용

개인적 환경			조직적 환경		
가정	• 가정 내 지원체제 • 가정 내 역할기대 • 재정상태 • 가족 수 • 가족들의 특별한 요구		학교 규정	• 인사정책 • 자격요건 • 학급배당	• 종신임용제도 • 학문의 자유
긍정적 사건	• 결혼 • 재산상속 • 상위학위 취득	• 자녀 출생 • 종교적 체험	학교 경영 형태	• 신뢰 분위기 • 구조화: 자유방임 • 철학적 동의	• 검열: 후원 • 의사소통
위기적 사건	• 사랑하는 사람 병환 • 사랑하는 사람 사망 • 자신 병환 • 이혼 • 가정 내 핍박 • 친구나 친척의 어려움	• 재정적 손실 • 법률적 문제	사회적 신뢰	• 후원적인 분위기 • 학교와 교사에 대한 신뢰 • 재정적인 후원 • 기대와 포부 • 교육위원회의 후원	
종래의 경험	• 교육적 배경 • 자녀와의 경험 • 학교 외부에서의 일 • 다양한 교직활동 • 전문적 발달을 위한 활동		사회적 기대	• 교사와 교직에 대한 국가 보고서 • 특수 이해집단의 영향력 • 주민투표의 결과 • 교직개선을 위한 자원 • 학교의 교수 이외의 목표	
직업 외 관심사	• 취미 • 자원봉사활동 • 스포츠와 체력관리	• 종교활동 • 여행	전문 단체	• 지도력 • 후원 • 연구활동	• 지역사회 봉사 • 전문적인 발달
개인의 성향	• 개인의 목표와 포부 • 개인의 가치관 • 인생에서의 우선순위 • 다른 사람과의 관계 • 지역사회에 대한 느낌		교원 노조	• 후원적인 분위기 • 보호 및 안정감 • 교육위원회, 교육행정가와 관계 • 인정의 기회 • 부수적인 혜택	

자료: Burke et al. (1984: 12-14)의 내용을 토대로 작성함(이윤식, 1999: 43).

의가 있다.

Huberman(1989)은 교사발달 단계를 ① 생존발견단계, ② 안정화단계, ③ 실험주의적 단계, ④ 재평가단계, ⑤ 평온단계, ⑥ 보수주의단계, ⑦ 이탈단계 등으로 구분하였다. 생존발견단계는 교직생활의 첫 단계로서 교직 현장에 입문하여 적응하면서 교사양성과정에서 배우지 못했던 것을 발견·적응해 가며 교사로서 자리매김해 나가는 단계이다. 안정화단계는 교직생활에 어느 정도 적응하여 다소 안정감을 느끼는 단계이다. 실험주의적단계는 교직 현장에서 지각하게 되는 장애나 어려움에 대하여 변화나 개혁을 시도하려는 단계이다. 재평가단계는 실험주의적 단계에서 교사가 시도하는 변화나 개혁의 과정과 결과에 대하여 의혹감이나 실망감을 느끼면서 자신을 되돌아보는 단계이다. 평온단계는 교사가 충분한 교직경력을 갖추게 되어 자신감과 수용감을 느끼면서 교직생활을 비교적 평안하게 해나가는 단계이다. 보수주의단계는 교직생활의 후반부에 변화나 개혁보다는 현실에 대한 만족과 안정감을 느끼면서 현실 수긍적 자세로 교직생활을 해 나가는 단계이다. 이탈단계는 교직생활을 마감하거나 다른 직업으로의 전직을 고려하고 준비하는 단계이다.

지금까지 언급한 여러 교사발달 모형은 〈표 1-4〉와 같이 크게 ① **직선적·순차적 교사발달 모형**과 ② **순환적·역동적 교사발달 모형**의 두 가지로 분류된다. Burke, Christensen과 Fessler(1984)의 교사발달 모형과 Huberman(1989)의 교사발달 모형을 순환적·역동적 교사발달 모형이라 볼 수 있다.

표 1-4 **교사발달에 관한 선도적 모형들의 두 가지 구분**

구 분	직선적·순차적 교사발달 모형	순환적·역동적 교사발달 모형
내용	교사들은 교직생활 중에 교직경력을 쌓아 감에 따라서, 대체로 성숙도가 낮은 상태에서 보다 성숙도가 높은 상태로, 순차적인 모양으로 발달해 간다는 모형	교사들은 교직생활 중에 교직경력을 쌓아 감에 따라서, 교사들이 경험하는 개인적 환경과 조직적 환경의 여러 요인들의 영향으로 인해 다양하고 순환적인 모양으로 발달해 간다는 모형
대표적 연구자	Fuller(1969), Katz(1972), Gregorc(1973), Fuller & Bown(1975), Burden(1979), Burden(1983)	Burke, Christensen, & Fessler(1984), Huberman(1989)

3) 국내 교사발달의 선도적 연구

우리나라에서 수행된 교사발달에 관한 비교적 체계적인 연구는 '우리나라 중등교사들의 발달과정에 관한 예비적 기술'(이윤식, 1991)이다. 서울대학교 사범대학 부설 중등교원 연수원에서 1급 정교사 자격 연수를 받는 중등 교사들 중, 연구자가 강의를 맡았던 교사 집단에게 '교사발달'의 개념과 이론 및 외국 연구를 소개하였다. 그 후 교사들로 하여금 자신의 교직 경험을 되돌아보면서 어떻게 변화·발달해 왔는지를 자유롭게 기술하도록 하였다. 수집된 자료들 중에서 비교적 체계적으로 정리된 9편의 사례를 정리하여 논문을 작성하였다. 연구자는 계속하여 교육대학원에서 수강하는 초등 교사들로부터도 자신의 교사발달 과정에 대한 보고서를 수집하여 분석하였다. 종합적으로 비교적 특징적인 사례로서 초등 교사발달 사례 7개와 중등 교사발달 사례 9개가 선별되었다(이윤식, 1999).

〈표 1-5〉는 사례에 나타난 초등 교사 7명과 중등 교사 9명이 기술하고 있는 자신들의 발달과정을 분류한 것이다. 초등의 윤상원, 이성수, 이순희 교사 등 3명과 중등의 김경희, 유경수, 윤미라, 박정식, 곽범준 교사 등 5명의 교사는 **직선적·순차적 발달모형**의 특징을 갖는 발달과정을 보이고 있다. 반면, 초등의 임광재, 김인재, 오철수, 김원숙 교사 등 4명과 중등의 권미화, 최순희, 정문한, 손경애 교사 등 4명의 교사는 **순환적·역동적 발달모형**의 특징을 갖는 발달과정을 보이고 있다. 물론 동일한 교사가 두 가지 발달모형의 특징을 어느 정도 공유하는 경우도 있으나 여기에서는 우세한 특징을 중심으로 분류하였다.

〈표 1-5〉에 제시된 교사발달 과정을 비교해 볼 때, 초등의 윤상원, 이성수, 이순희 교사 등 3명, 중등의 김경희, 유경수, 윤미라, 박정식 교사 등 4명의 경우 유사한 교사발달 형태를 보이는 듯하다. 그들은 비교적 커다란 좌절이나 갈등을 겪지 않고 교직생활에서 순탄하게 적응하여 발달해 나간 것으로 보인다.

그들의 발달과정에 있어서 구체적인 발달 내용을 정리해 보면, 초등 교사들의 경우에는 [수업·교재 개발 곤란 → 교과·생활지도 안정 → 열린 교실 등 다양한 교수·학습경험], [아동 특성 이해 곤란 → 아동 특성 이해], [교과지도에 시행착오 → 수업에 자신감 → 교과지도·생활지도에 자신감], [생활지도 어려움 → 생활지도 기술 향상], [첫 연구수업 경험 → 연구수업으로 능력 인정], [선배 교사의 지도·조언 → 후배 교사에게 지도·조언] 등으로 제시되었다.

중등 교사들의 경우에는 [교수방법의 모방 → 독창적인 교수방법의 개발], [교사 입장에서

표 1-5　우리나라 초·중등 교사발달 사례에 나타난 교사발달 과정

구분	교사명 (가명)	발달과정의 특징 (발달과정의 구분)
초등	1. 윤상원	직선적·순차적 발달모형 (교직이전단계 → 교직입문단계 → 능력구축단계 → 열중·성장단계)
	2. 이성수	〃　(입문단계 → 능력구축단계 → 성숙단계)
	3. 임광재	순환적·역동적 발달모형 (교직이전단계 → 초기교수단계 → 안전구축단계 → 시련기 → 성숙단계)
	4. 김인재	〃　(교직이전단계 → 교직입문단계 → 능력구축단계 → 직업적 좌절단계 → 침체단계 → 안정단계)
	5. 오철수	〃　(교직입문단계 → 직업적 좌절단계 → 능력구축 및 열중·성장단계)
	6. 이순희	직선적·순차적 발달모형 (4년 단위 구분: 1기 → 2기 → 3기 → 4기 → 5기 → 6기 → 7기)
	7. 김원숙	순환적·역동적 발달모형 (교직이전단계 → 초기교직단계 → 능력구축 및 열중·성장단계 → 안정·침체단계 → 후기교직단계)
중등	1. 김경희	직선적·순차적 발달모형 (1년차 → 2년차 → 3년차 → 4년차 → 5~7년차)
	2. 유경수	〃　(초임단계 → 터득단계 → 성숙단계)
	3. 윤미라	〃　(1, 2년차 → 3~6년차 → 7, 8년차)
	4. 박정식	〃　(대학재학 시 → 초임 시 → 경력 5년차 현재)
	5. 권미화	순환적·역동적 발달모형 (적응단계 → 안정단계 → 점검단계 → 성숙단계)
	6. 최순희	〃　(교직이전시기 → 교직입문기 → 열중·성장기 → 갈등기 → 안정기)
	7. 정문한	〃　(회의의 시기 → 애정과 노력의 시기 → 회의와 권태의 시기)
	8. 손경애	〃　(교직입문단계 → 능력구축단계 → 열중·성장단계 → 직업적 좌절단계)
	9. 곽범준	직선적·순차적 발달모형 (준비단계 → 조정단계 → 적응단계)

주: 동일 교사가 직선적·순차적 발달모형의 특징과 순환적·역동적 발달모형의 특징을 동시에 가지고 있을 경우, 우세한 발달모형을 그 교사의 발달과정의 특징으로 보았음.
자료: 이윤식(1999: 124).

의 수업 진행 → 학생 입장에서의 수업 진행], [학생의 질문에 대한 부담감 → 학생의 질문에 대한 자신감], [수업 분위기의 산만함 → 수업 분위기의 압도], [비체계적인 판서 → 체계적인 판서], [평가의 미숙 → 평가의 숙달], [학생들의 개인차에 대한 인식 부족 → 학생들의 개인차에 대한 인식], [학생들의 의견 무시 → 학생들의 의견 존중] 등으로 제시되었다.

　연구 결과, 다음과 같은 사항이 도출되었다. 첫째, 교사발달 과정을 기술·설명하는 데 직선적·순차적 발달 모형과 순환적·역동적 발달 모형이 상호 보완적으로 사용될 수 있다. 둘째, 비교적 순탄하게 교직생활에 적응·발달해 가는 교사발달 형태와 갈등·회의와 권태 속에 체념·순응해 가는 교사발달 형태가 있을 수 있다. 셋째, 교사발달 과정에 있어 교직현장의 조직적 환경의 다양한 요소들, 그리고 교사의 개인적·가정적 환경의 다양한

요소들이 긍정적으로 또는 부정적으로 영향을 미친다. 넷째, 교사의 발달은 경력 연수가 많아진다고 해서 반드시 보다 긍정적이고 바람직한 방향으로 이루어지는 것은 아니다. 다섯째, 교사들은 교직에 들어오기 이전에는 비교적 낭만적이고 규범적인 교직생활을 생각하였던 것으로 나타났다. 향후 우리나라 교사들의 발달과정에 대한 이해를 높이기 위하여 보다 체계적이고 종합적인 연구의 필요성이 높다.

〈표 1-6〉에 나타난 바와 같이 1990년대 초부터 교사발달에 관한 선도적인 연구들이 수행되기 시작하였다. 종합적으로 볼 때, 교사들은 교직의 거의 전 기간에 걸쳐서 계속적으로 변화·발달하며, 그 양상은 복합적이고 역동적이다. 이러한 변화·발달은 학교현장의 조직적 환경의 여러 요소와 교사의 개인적 환경의 여러 요소가 긍정적으로 혹은 부정적으로 영향을 미친다고 할 수 있다.

표 1-6 우리나라 교사발달에 관한 선도적 연구

연구자	연구 대상	주요 연구 결과	주요 제언
이윤식 (1991)	중등학교 교사	• 직선적·순차적 모형과 순환적·역동적 모형으로 교사발달 과정 이해 • 교사발달에 조직적 및 개인적 환경의 여러 요소들이 긍정적·부정적으로 영향	• 교사들의 발달과정에 대한 보다 체계적이고 종합적인 연구 필요
이난숙 (1991)	초·중등 학교 교사	• ① 양성단계 → ② 형성단계(1~4년) → ③ 성장단계(5~10년) → ④ 성숙단계(11~20년) → ⑤ 원숙단계(21년 이상) • 경력 15~20년 이상 기간 동안 계속 교사발달	• 직능발달 과정에 대한 종단적 연구 필요 • 직능발달을 위해 연수 내용, 방법 관련 연구 필요
최상근 (1992)	초·중등 학교 남교사	• 연구 전제: ① 생존단계 → ② 능력구축단계 → ③ 안정화단계 → ④ 실험주의단계 → ⑤ 재평가단계 → ⑥ 평정단계 → ⑦ 침체단계 → ⑧ 보수주의단계 • 연구 결과: 능력구축단계, 안정화단계, 실험주의단계 속성들을 20년까지 지속적·복합적으로 보임 • 초등 교사: ① 생존단계(0~3년) → ② 재평가단계(13~15년) → ③ 평정단계(17~20년) (침체단계, 보수주의단계 발견되지 않음) • 중등 교사: ① 생존단계(0~3년) → ② 재평가단계(4~6년) → ③ 평정단계(8~13년) → ④ 침체단계(14~16년) → ⑤ 보수주의단계(17~20년)	• 연구 결과를 교사 연수, 학교경영의 참고자료로 활용

심우엽 류재경 (1994)	초등학교 교사	• ① 경력 0~5년: 교직적응 → ② 경력 6~10년: 안정, 나름의 관점과 철학 형성 → ③ 경력 10~20년: 교직 경험 심화 및 중추적 역할 수행 → ④ 경력 20~30년: 전 단계와 유사하나 2선으로 물러날 준비 → ⑤ 경력 30년 이상: 교직 말기로 새로운 변화에 어려움, 정년 준비	• 초임시절에 가졌던 교직에 대한 긍지·의욕을 저하시키는 요인 규명 및 대처 • 교원양성 과정에서도 이에 대한 사전 대비 필요
윤홍주 (1996)	초등학교 교사	• ① 생존단계 → ② 성장단계 → ③ 성숙단계 → ④ 승진지향단계 → ⑤ 직업적 좌절단계 → ⑥ 안정·침체단계 → ⑦ 쇠퇴단계 • 교사발달은 단순·직선적이기보다 복합·역동적으로 발달 • 교사발달에 따라 각 능력발달 영역은 상이한 요인에 의해 영향	• 교사발달에 대한 장기적 종단적 연구 필요 • 가설 검증적 연구뿐 아니라 가설 생성적 연구도 수행

4) 직선적 · 순차적 발달모형과 순환적 · 역동적 발달모형 비교

직선적 · 순차적 발달모형과 순환적 · 역동적 발달모형은 [그림 1-3], [그림 1-4]와 같이 비교될 수 있다. [그림 1-3]은 **직선적 · 순차적 발달모형**을 보여 준다. 즉, 교사들이 교직생활을 시작하면서, 성숙도가 낮은 상태에서 보다 성숙도가 높은 상태로 그리고 차례차례한 단계 한 단계를 밟아 성숙한 교사로 발달해 간다는 것을 나타내고 있다. 교사들이 초임교사로 교직생활을 시작한 이후 재직 햇수가 많아지고 경력이 쌓이면서 교사에게 요구되는 가치관, 신념, 태도, 지식, 기능, 행동 등의 면에서 보다 전문성이 높아져 감을 보여준다.

[그림 1-3]에서 초임교사 이전의 시기는 대학생 혹은 고등학생 시절로서 교사가 되겠다는 꿈이나 의지를 가지고 교사에게 필요한 가치관, 신념, 태도, 지식, 기능, 행동 등을 배워 가는 시기이다. 어떤 교사는 초등학생 때부터 어른이 되어서 담임선생님과 같은 훌륭한 교사가 되겠다는 꿈을 키워 온 경우도 있다. 또 다른 교사는 고등학생 3학년 때까지 교직에 관심이나 흥미가 없다가 대학 입학시험을 볼 때 교대나 사대를 택하여 교사가 되는 길에 들어가기도 한다. 교육대학원에 입학하여 교사가 되는 길에 들어가는 경우도 있다.

[그림 1-4]는 **순환적 · 역동적 발달모형**을 보여 준다. 교사들이 개인적인 환경에서 경험하는 다양한 요소들, 그리고 조직적인 환경에서 경험하는 다양한 요소들 간의 복합적이고

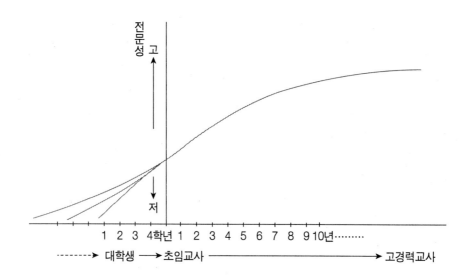

[그림 1-3] 직선적·순차적 발달모형

역동적인 영향으로 인하여 교사들의 발달이 긍정적 혹은 부정적인 방향으로 순환적·복합적으로 이루어짐을 보여 준다. ㉮형, ㉯형, ㉰형, ㉱형 등 교사들의 발달 형태는 다양할 수 있다. ㉮형은 [그림 1-3]과 같이 직선적·순차적 발달모형을 보이는 교사를 의미한다. ㉯형과 ㉰형은 초기에 교직현장에서 필요한 가치관, 신념, 태도, 지식, 기능, 행동 등을 발달시켜 나가다가 어느 시기에 개인적·조직적 요인(←㉠표시)에 의하여 부정적인 방향으로 변해 가거나 다시 긍정적으로 변해 가는 것을 보여 준다. ㉱형은 교직생활을 시작하면서 회의·좌절 등을 경험하고 이를 극복하지 못하여 얼마 못가서 교직을 떠나는 형태를 보여 준다.

직선적·순차적 발달모형과 순환적·역동적 발달모형은 교사발달 과정을 기술·설명하는 데 보완적으로 활용된다. 교직 전반부의 짧은 기간 동안 일어나는 교사발달을 기술·설명하는 데는 비교적 직선적·순차적 발달모형(Katz, Gregorc, Burden 등의 모형)이 유용하며, 교직 전체 기간 동안 일어나는 교사발달을 기술·설명하는 데는 Burke 등이 제시한 순환적·역동적 발달모형이 유용하다.

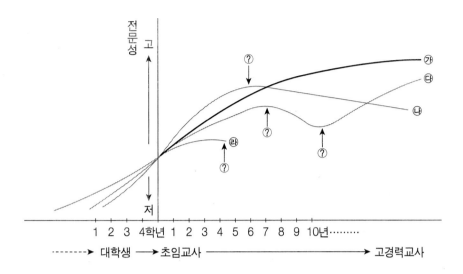

[그림 1-4] 순환적 · 역동적 발달모형

3. 교사발달의 장학에 관련된 의미

교사발달에 관한 여러 가지 연구들은 요약컨대 대체로 ① 교사들은 그들 전체 교직기간을 통하여 계속적으로 변화하며, ② 교사의 관심사 혹은 문제는 변화 · 발달단계에 따라 다르며, ③ 다른 변화 · 발달단계에 있는 교사들은 다른 형태의 도움을 필요로 하고 있음을 보여 주고 있다. 이러한 연구 결과는 교원 양성 및 현직교육, 교원에 대한 장학, 그리고 교원 인사행정에 많은 시사를 준다.

첫째, 교사발달에 관한 연구는 현직교사들을 대상으로 한 현직교육이나 장학활동과 관련하여 보다 의미 있는 프로그램의 내용과 운영 방법을 구성하는 데 중요한 정보를 제공한다. 즉, 교사들의 변화 · 발달단계별로 그들이 필요로 하는 내용 및 영역, 그리고 이의 제공 방법에 있어 조화를 시도할 수 있다는 것이다.

앞에서 Katz, Gregorc, Burden, 이난숙, 심우엽, 류재경 등의 연구가 시사하는 바와 같이 일반적으로 초기 발달단계에 있는 초임교사들은 교수-학습 상황에서 구체적이고 기술적인 문제에 관한 도움이 필요하다고 볼 수 있으나, 계속적으로 경험이 쌓일수록 보다 새롭고 높은 수준의 지식이나 기술을 습득하고자 하는 욕구가 커진다. 뿐만 아니라 그러한 도움이나 지식 또는 기술을 얻기 위하여 접촉하고자 하는 대상이나 출처도 교사발달단계에 따라 변화한다고 볼 수 있다.

이윤식(1989)은 미국 위스콘신주의 초등 교사들을 대상으로 그들이 교직생활 중 필요로 하는 사실, 아이디어, 도움 혹은 충고 등을 포함한 정보를 얻고자 하는 행동패턴을 교사발달 단계와 관련하여 분석하였는데, 얻고자 하는 정보의 내용과 정보의 출처에 대한 선호도가 교사발달단계에 따라 변화하는 것으로 나타났다. 이러한 연구 결과는 교사 현직교육과 교사들의 교육활동 개선을 도와주는 지도·조언 활동인 장학활동의 내용 및 방법과 관련하여 많은 시사를 주고 있다.

둘째, 교사발달에 관한 연구는 교육행정가나 장학담당자들이 개개 교사들의 발달과정상의 차이를 고려한 다양한 장학지도 방법을 사용해야 할 필요성에 대한 이해와 인식을 높일 수 있다. 교사의 발달단계에 맞추어 다양한 장학지도의 전략을 세울 수 있는 것이다.

Glickman(1980, 1981)은 상이한 발달단계에 있는 교사들에 대한 장학의 방법으로서 **발달적 장학**(developmental supervision)을 제시하였다. 그는 교사의 발달유형을 교사의 추상적 사고능력과 헌신도의 높음·낮음을 기준으로 하여 [그림 1-5]와 같이 교사탈락자, 분망한 행동가, 분석적 관찰자, 전문가 등의 네 가지로 구분하였다.

그리고 [그림 1-6]과 같이 교사발달 유형에 따라 장학에 있어 지시적 접근, 상호협동적 접근, 그리고 비지시적 접근의 세 가지 방법 중 적절히 맞추어 사용하는 것이 효과적이라고 주장하였다.

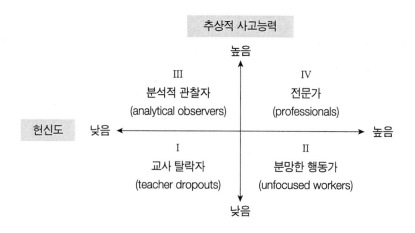

[그림 1-5] Glickman의 교사발달 유형

자료: Glickman (1981: 48).

	장학행동								
장학행동	보 준 강 화	표	시 범	절 충	문 제 해 결	제 시	격 려	명 료 화	경 청
장학의 책임	교사-적음 장학담당자-많음					교사-많음 장학담당자-적음			
장학의 특징 변화	지시적 ———→			상호협력적 ———→			비지시적 ———→		
교사발달 유형	교사 탈락자		분석적 관찰자		분망한 행동가		전문가		
교사의 특징	낮은 추상적 능력 낮은 헌신도		높은 추상적 능력 낮은 헌신도		낮은 추상적 능력 높은 헌신도		높은 추상적 능력 높은 헌신도		

[그림 1-6] 교사발달 유형에 따른 장학담당자의 행동 특성

자료: Glickman (1981: 49).

Burden(1983)은 Glickman의 개념을 자신이 확인한 교사의 발달단계와 결합하여 〈표 1-7〉과 같이 교사의 발달단계별로 효과적이라고 생각되는 장학의 형태를 제시하였다. 생존단계에 있는 교사는 구체적이고 기술적인 교수기능에 관해 도움이 필요한데, 장학담당자가 제시·지시·시범·표준화·보강 등의 행동특성을 보이게 되는 지시적 방법이 효과적이라고 한다. 조정단계에 있는 교사는 장학담당자 주도의 지시적 방법보다는 양자 간에 상호 협동적인 장학 방법이 유익하다. 이때에 장학담당자는 장학에 대한 책임을 교사와 공유하게 되며, 상호협의를 기초로 제시·명료화·경청·문제해결·절충 등의 행동특성을 보이게 된다. 끝으로, 성숙단계에 있는 교사는 교사 스스로가 주도적인 역할을 담당하며, 장학담당자는 경청·격려·명료화·제시·문제해결 등의 행동 특성을 보이는 비지시적 방법이 효과적이다.

Glatthorn(1984)이 제시한 **선택적 장학**(differentiated supervision)도 교사에 대한 효과적인 장학 방법을 선택하는 데 있어 교사의 경험이나 능력을 포함한 교사발달에 대한 고려가 있어야 함을 시사한다. 그는 교사의 경험과 능력에 따라서 임상장학, 협동적 동료장학, 자기장학 및 전통적 장학의 방법을 선택적으로 사용할 수 있음을 제안하였다.

임상장학은 교사의 전문적 성장을 촉진하기 위한 체계적이고 계획적인 장학으로서 초임교사 그리고 경력 있는 교사 중 특별한 문제를 안고 있는 교사에게 유익하다. **협동적 동료**

표 1-7   교사의 발달단계별 효과적 장학의 형태

구분	생존단계 (1차년도)	조정단계 (2차 · 3차 · 4차년도)	성숙단계 (5차년도 및 그 이후)
장학의 특징	지시적	상호협동적	비지시적
장학담당자 행동	제시 · 지시 · 시범 · 표준화 · 보강	제시 · 명료화 · 경청 · 문제해결 · 절충	경청 · 격려 · 명료화 · 제시 · 문제해결
장학 기본 방법	장학담당자가 표준을 제시함	장학담당자와 교사 간 상호협약이 있음	교사가 자기평가를 함
장학에 있어 장학담당자 책임	많다	보통이다	적다
장학에 있어 교사 책임	적다	보통이다	많다

자료: Burden (1983: 21-25).

장학은 소수의 교사가 모임을 이루어 그들의 전문성 향상을 위하여 공동으로 노력하는 과정으로서 대체로 모든 교사에게 활용될 수 있다. **자기장학**은 각 교사가 자신의 전문성 신장을 위하여 스스로 체계적인 계획을 세워 이를 실천해 나가는 과정을 의미하는 것으로서, 경험이 있고 능숙하며, 자기분석 및 자기지도의 기술을 갖고 있고, 혼자 일하기 좋아하는 교사에게 적합하다.

끝으로, **전통적 장학**은 교장을 비롯한 학교행정가가 간헐적으로 교사의 교수활동을 관찰하고 그에 대해 교사에게 피드백을 제공하는 비공식적인 과정을 의미한다. 모든 교사가 전통적 장학의 대상이 되는 것은 물론이나, 학교행정가는 임상장학이 필요치 않은 경험 있고 능숙한 교사 그리고 다른 장학 방법을 원치 않는 교사들을 대상으로 전통적 장학을 사용할 수도 있다는 것이다. 이러한 예시적 장학 방법이 시사하는 바와 같이 효과적인 장학의 방법은 교사의 경험이나 능력, 필요와 요구를 고려하여 다양하고 개별적으로 제시되는 방향으로 발전해 가고 있다.

셋째, 교사발달에 관한 연구 결과는 장학이 궁극적으로 추구하는 목적을 구체화하는 데 중요하다. 장학은 궁극적으로 교사가 보다 바람직한 방향으로 교직생활의 전 기간에서 변화 · 발달하도록 도와주는 활동이라고 볼 수 있다.

교사의 변화 · 발달과정은 교직생활 전 기간에 걸친 장기적인 관점에서 보면 [그림 1-7]

과 같이 순환적·역동적 발달모형이 현실적으로 설명력이 높다. 교육행정기관의 장학요원 그리고 학교현장의 교장·교감의 입장에서 보면 모든 교사가 ㉮형의 발달형태를 보여주길 기대한다. 학부모의 입장에서도 자신의 자녀를 지도하는 교사가 ㉮형의 발달형태를 보이고, 경력이 쌓일수록 더욱 성숙하고 열심히 교육활동에 종사하는 교사이길 바란다.

　그러나 이러한 장학요원, 교장·교감, 그리고 학부모의 기대와는 달리 교사는 개인적인 환경과 조직적인 환경에서 경험하는 다양한 요소들 간의 복합적·역동적인 영향으로 인하여 긍정적인 방향뿐만 아니라 부정적인 방향으로의 변화를 보인다. 장학은 교사로 하여금 긍정적인 방향으로의 발달, 즉 ㉮형의 발달 형태를 기대하면서 그에 필요한 여러 가지 지도·조언을 제공하는 활동의 한 형태로 이해할 수도 있을 것이다. 여러 가지 지도·조언을 제공함으로써 교사가 경험하는 개인적인 환경과 조직적인 환경에서의 부정적인 요소(부정적인 ←㉯표시)들을 축소·제거하고, 긍정적인 요소(긍정적인 ←㉭표시)들을 조성·발전시키는 활동으로서 장학은 중요한 의미를 갖는다. 즉, [그림 1-7]에서 ㉮형과 같은 교사발달 형태를 지향하는 활동으로서 장학을 이해할 수 있을 것이다.

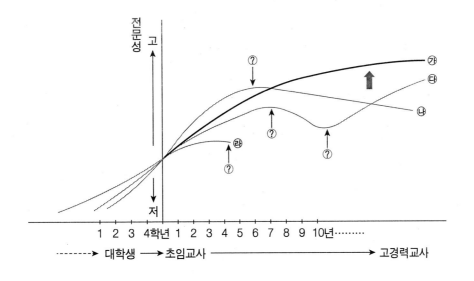

[그림 1-7] 장학이 추구하는 교사발달 형태

4. 맺는말

지금까지 교사발달에 관한 개념과 외국과 국내의 대표적인 선도적 연구를 살펴보고, 이러한 연구들이 장학과 교원양성 및 현직교육 등에 대하여 갖는 의미를 약술하였다. 앞에서 밝힌 바와 같이 외국의 경우 교사의 변화 · 발달에 관하여 교사발달 또는 교사사회화라는 주제로 많은 연구가 진행되어 상당한 정도로 지식의 축적이 이루어져 왔다.

그러나 우리나라의 경우 교사발달에 관한 연구가 매우 드문 실정이며, 아직도 교사발달이라는 단어 자체가 생소한 느낌을 주고 있음을 부인할 수 없다. 교원정책과 장학에 관하여 오랜 기간 동안 많은 논의가 전개되어 오고 있음에도 불구하고 교원정책과 장학의 대상인 교사들이 누구이며, 무엇을 생각하고 고민하고 있는지, 또한 어떠한 변화 · 발달을 겪게 되는지에 대한 연구가 부족한 실정이다.

교사가 되어 가는 과정을 포함하여 교사로서 활동하는 전 과정을 통해 그들이 어떤 요인에 의해, 어떤 변화 · 발달을 경험하는가를 밝히는 연구는 교원정책과 장학에 관한 정책 개발을 보다 의미 있게 하는 데 커다란 기여를 할 것이다.

교사발달 사례

1. 머리말

나는 초등학교 병설유치원에 근무하고 있는 여교사로서, 교직 경력은 17년째이다. Burke의 교사발달 사이클 모형을 약간 변형하여, '교직이전단계 → 교직입문단계 → 안정 및 침체단계 → 능력구축단계 → 도약단계'로 구분하여 교사로서의 발달과정을 기술하고자 한다.

2. 나의 교사로서의 발달과정

1) 교직이전단계(전문대 유아교육과 2년간)

2년제 전문대학에 대한 열등의식을 갖고 출발한 대학 재학 생활은 재미가 없었으며, 편하지 않은 2년간의 생활 동안 별다른 대안을 찾지 못하였다. 2학년 1학기 말 실습 6주간의 현장 경험은 내게 신선한 충격이었다. 그러나 선천적인 소극성, 남 앞에 나서기를 꺼리는 성격으로 학창시절을 활발하고 명랑하게 보내지 못했다. 또한 이 시기에는 아이를 좋아하는 것만으로 교사로서 자질이 있다고 믿었다.

2) 교직입문단계(1~3년차)

유치원이라고는 사립유치원밖에 없던 시절, 농어촌 지역에도 유아교육의 혜택을 주자는 취지로 농어촌 지역의 초등학교에 병설된 형태로 공립 유치원이 처음 생겨 사회적으로 붐이 일기 시작하던 1981년, 경기도의 한 농촌지역으로 첫 발령을 받게 되었다. 전문대에서 2년간 뭔가를 배우고 나왔을 텐데 실제 현장에 나와서는 정작 무엇을 가르쳐야 할지 막연하였다. 선배 유치원 교사 하나 없어 유아교육 내용에 관해 물어볼 사람이 없어 유아지도 내용은 당시 문교부에서 발간 보급한 단원별 유아지도 자료집에 의존하였고, 유아 생활지도는 초등의 선배 교사를 통해 요령을 익히고 모방하면서 배운 교직입문단계였다.

여태까지, 그리고 계속하여 교직에 몸담으며 빼놓을 수 없는 것은 교직원에게 엄격하시고 교육철학이 투철하신 당시 교장선생님, 어려운 순간마다 생각나는 교감선생님, 그리고 지금 생각해 봐도 출중한 손재간과 성숙된 교사상을 보여 주신 여러 선배 선생님과의 만남이었다. 이 분들은 20여년 가까운 교직생활에 끊임없이 영향을 주고 계시다. 전 교직원에게 공개된 연구수업에서의 태도, 흐트러짐 없는 자세로 아동 앞에서 예의를 지키시던 선생님의 모습, 품위 있는 복장 등, 교직에 첫발을 내딛은 내게 따뜻한 눈으로 지켜봐 주신 첫 발령 학교의 선생님들의 모습은 재학시절 학교에서 배우지 못한, 말 그대로 살아 움직이는 교과서였다. 나를 더 신나게 했던 일은 방송통신대학교 진학이었다. 2년제 대학 졸업에 대한 일종의 열등감에서이기도 하고, 초등 선배 교사들의 향학열의 영향에서이기도 한 진학이었다.

두 번째 유치원에서는 유치원 1급 정교사 자격연수를 받게 되었는데, 서울로 교육을 받으러 다니느라 무척 힘들었지만 이 과목 저 과목 배우는 자체로서 만족한 과정이었다. 이 시기엔 교사로서 교수기술이 부족하였지만, 내가 아이들을 못 가르치는 것이 아니라 아이들이 못 따라 오는 것이라고 생각하였다. 배우면서 가르치던 시기, 수업 목표에 대한 인식 없이 유아들에게 많은 것을 가르쳐야 한다고 생각하던 시기, 교장·교감의 지시에 실수 없이 따르고자 노력하는 과정 속에서 학교라는 특수한 사회의 일원으로 적응하며 학교사회의 질서를 배웠던 시기였다.

이 시기엔 처음 전보로 인한 근무환경의 변화가 있었고 새롭게 인정받으려고 했으며, 교사의 전문성은 교수기술이라는 인식으로 수업 잘하는 교사가 제일 부러웠던 때이기도 하다. 또한 영향력 있는 교사가 되고 싶어 했던 것도 이 시기였다. 첫 번째 학교처럼 소규모 학교였기 때문에 초등학교의 교사와 함께 학교의 사무분장을 맡아 하였는데 입퇴학관계 외 세 가지 업무가 그것이었다.

3) 안정 및 침체단계(4~6년차)

결혼과 출산으로 인한 개인생활의 변화는 사회생활에 큰 영향을 주게 되었고 학교생활에 전념하지 못했던 시기였다. 그러나 자녀양육 경험으로 인해 아동관의 큰 변화는 교직생활에 더 없는 보탬이 되었다. 전에는 모질고 엄한 교사였는데 이후에는 애정을 갖고 유아들을 대하게 되었다. 이 시기는 개인적 발달로는 안정기라고 말할 수 있으나 교사로서 전문적 발달의 미흡으로 침체기라고도 말할 수 있겠다.

반복되는 일상에 지루해하면서도 자신의 교수능력을 높이기 위해 혹은 교수방법이 흥미로운 일이 되도록 하기 위해 새로운 교수방법을 시도할 의지가 없었다. 그러다 보니 경험에만 의지한 교수방법을 사용하던 나태함과 자기평가를 게을리 했던 안일함으로 보낸 시기가 되고 말았다. 자기 발전에 미흡했음을 인정한다. 왜, 무엇을, 어떻게 가르쳐야 하는지에 대한 고찰 없이 지내던 것도 반성해야 할 부분이다.

4) 능력구축단계(7~14년차)

"뭘 또 만들어?" "작년에 쓰던 것 없어?" 늘 오리고 그리고 붙이는 모습을 지켜보던 초등의 한 선생님께서 안타까워하며 하신 말이 생각난다. 종래와 같은 일을 반복적으로 되풀이하다 보니 뭔가 새로운 것을 시도해 보고자 하는 마음이 들었고, 그래서 학예회 성격의 종강파티인 조촐한 '재롱잔치'를 학부모만 모시고 교실에서 시도하였다. 방법적인 면은 여기 저기 알아본 후 결정하였고, 유아들과 지난 1년을 마무리하는 의미로 그동안 배운 노래솜씨와 재주 등을 무대에 올리기로 하고 일주일간 준비하였으며, 각 영역의 유아 활동자료를 전시하였다. 행사에 대한 자신감이 생기게 되었고, 초임시절 가장 기피했던 학부모가 이젠 도움을 주고받는 소중한 동반자로 생각되게 되었다.

교육부 발간 자료 외에 다른 다양한 프로그램에 관한 정보와 도움을 얻고자 하여 한국어린이육영회 회원으로 가입하여 회원을 위한 학술대회, 세미나에 참석하였다. 새로운 것을 개발하지는 못하더라도 개발된 자료를 내 유치원에 적용해 보려는 노력을 하게 되었다. 또한 이 시기에 자폐유아가 유치원에 있어 다른 유아와의 통합교육을 시도해 본 일은 내게 귀중한 경험이 되었다. 다시 생각해 보면 내 나름대로의 교수관이 확립된 시기이기도 하였다.

5) 도약단계(15년차~현재)

변신하려면 변심해야 한다고 한다. 이제까지의 소극성에서 의식적으로 탈피해 보자는 생각이다. 대체로 5년째 이후의 시기에 교사들이 성숙한 수준에 이르는 시기라고 하는데 내 경우에는 아직도 완전한 자신감과 경험을 갖추지 못하였다고 생각된다. 그 이유는 과연 내가 교사로서의 철학, 성장과 학습의 본질, 학교와 사회의 관계, 그리고 교직 등에 관한 의미 있는 질문에 대하여 나름대로의 안목과 관점을 갖게 되었다고 생각하지 않기 때문이다. 나 자신의 발전을 위한 지식 습득과 전문성 신장을 위하여 교육대학원에 진학한 일은 일종의 가능성의 실험이었다. 이대로 머물러선 안 된다는 일종의 위기감의 소산이었다.

현재 근무하고 있는 유치원에서 불과 10명 내외의 유아들과 생활하고 있다. 소인 학급을 운영하다 보니 유아 개개인의 특성 파악이 용이하였고 유아 발달 수준에 따른 개별화 지도가 가능했다. 자연히 교수활동에 대한 자신감과 여유가 생겼다. 초창기에는 내 나름의 판단보다 동료나 선배 교사로부터의 판단에 많이 귀 기울인 편이었으나, 이제 주위의 반응보다는 내 가치에 비중을 두고 자신감 있게 독립적인 판단이 가능하게 되었다.

유아에 관한 것만이 아닌 타 영역과 관련한 영역에도 넓은 안목이 필요함을 느끼고 있다. 정확한 지식, 지각 있는 교사로 발전하고 싶기도 하다. 이 시기엔 지역교육청 주관의 유치원 신규교사 직무연수에서 짧은 시간이지만 강의를 맡았고, 유치원 1급 정교사 자격연수에도 강의를 하였다. 그리고 병설유치원교사연구회를 맡아 운영하게 되었는데 뜻밖의 많은 것을 느끼게 된 계기가 되었다. 새로운 시각과 안목이 생기게 된 것도 괄목할 만하다.

나의 교사발달 과정을 정리하고 보니, Katz의 연구처럼 교직 경험이 많아짐에 따라서 연수욕구가 달라짐을 알 수 있었다. 교사들의 발달단계에 따라서 서로 다른 연수의 내용 및 연수의 방법을 사용할 수 있으면 좋겠다는 생각이 든다. 아직 성숙한 단계에 이르지 못했다는 판단으로 이 시기를 도약단계로 명명하였다. 이 시기가 도약을 위한 시간이 되도록 '내가 아는 것과 모르는 것'을 분명하고 정확히 가늠해 보고 싶다. 나의 교사발달 과정은 시간이 지남에 따라 보다 성숙한 다음 단계로 직선적으로 그리고 순차적으로 발달해 왔음을 알 수 있었다.

표 1   나의 교사발달 과정의 단계별 특징

특징 단계 및 영역		긍정적인 면	부정적인 면
교직 이전단계	전문적	• 교사가 아이를 좋아하는 것만으로 자질이 있다고 믿었음	–
	개인적	• 실습기간에 처음 현장 경험	• 의욕도 없고 매사 관심이 없었음
교직 입문단계	전문적	• 선배 교사로부터 배움 • 방통대 진학	• 배우면서 가르쳤음 • 교수기술 부족(많은 것을 가르쳐야 한다고 생각했음)
	개인적	• 교직에 흥미와 의욕이 있었음 • 경험이 풍부한 선배 교사의 친절한 배려와 도움이 큼	–
	조직적	• 교장, 교감의 지시에 실수 없이 따르려 노력하는 과정에서 학교 사회의 일원으로 적응 • 위계질서, 각자의 위치에서 최선 다하는 모습에 감동	• 엄격하고 경직된 분위기
안정 및 침체단계	전문적	• 1정 자격연수로 기대, 의욕 • 수업 요령 생기고 수업에 여유 • 자신 없던 미술교육 위해 학원 등록	• 무엇을 왜 가르쳐야 하는지에 대한 생각 없이 수업에 임함
	개인적	• 결혼에 따른 심리적 안정	–
	조직적	• 전보로 근무환경 변화에 적응 • 인정받으려 노력(학교의 사무분장 맡아 조직 일원으로 활동)	–
능력 구축단계	전문적	• 유아 개인차 지도 가능해짐 • 자폐유아 통합지도 경험 • 커리큘럼 외 학예회 활동에 관심	• 유치원교육에 대한 학부모 인식 부족에 따른 설득력 부족
	개인적	• 교직에 보람을 찾는 생활 • 아동관의 변화(애정, 애착 가짐)	• 처음 근무하는 1원 2학급에서 인간 관계의 어려움 느낌
	조직적	• 1원 2학급 근무로 조직성의 필요함 느낌	–

도약 단계	전문적	• 신규교사 직무연수, 1정 자격연수에 강사로 위촉됨 • 대학원 진학 • 소인 학급에서 유아 발달 수준별 지도 가능	–
	개인적	–	• 불안한 장래 • 기대 부응에 대한 힘겨움 느낌
	조직적	• 유치원교사연구회 임원으로 교사 조직에 대한 안목 생김	• 확고한 자신감 부족

3. 맺는말

'감히 가르치려는 자는 배움을 게을리하지 말아야 한다'고 한다. 완벽한 사람은 없다. 계속해서 배우려는 적극적인 자세를 간직하려고 마음먹어 본다. 어느새 중견 교사 대우를 받는 자신을 발견한다. 선배 교사란 무조건 어렵다. 아직은 지시에 따르기가 더 편한데, 내가 먼저 말하기를, 먼저 행동하기를 기다리는 후배 교사들을 느끼게 되면 낯설기만 한다.

많은 사람에게 감사함 없이 내 장래의 청사진을 그려 볼 수는 없다. 거인 같았던 초등의 여러 선생님과 내가 만난 모든 유아가 나에겐 스승이었다. 늘 감사하는 마음이다.

지금은 내게 힘든 시기이다. 모처럼 만에 만난 어려운 때이다. 그러나 긍정적이고 낙관적으로 조심스럽게 전망하고 싶다. 내게도 성숙된 단계가 올 것이라고. 내게도 교직 생활에 있어 제2의 도약단계가 있을 것이라고 말이다.

제2장

교사발달에 영향을 주는 요인

1. 머리말

제1장에서 살펴본 바와 같이, 교사는 전체 교직 기간 중에 교사로서 필요한 여러 영역과 관련하여 가치관, 신념, 태도, 지식, 기능, 행동 등에 계속적인 변화를 보인다. **교사발달**이라는 개념은 교사가 교직생활의 전체 기간을 통하여 교직과 관련된 제반 영역에서의 가치관, 신념, 태도, 지식, 기능, 행동에 있어 보이는 양적 · 질적인 변화를 의미한다. 이러한 변화는 긍정적이고 바람직한 변화뿐 아니라 개인적 · 조직적 환경의 다양한 요인으로 인해 때로는 부정적이고 바람직하지 못한 변화를 의미할 수도 있다.

이 장에서는 교사발달에 긍정적 영향을 주는 요인과 부정적 영향을 주는 요인은 무엇인지 살펴본다. 교사발달에 긍정적 영향을 주는 요인은 바람직한 방향으로 교사발달이 이루어지도록 지원하고 촉진하는 요인을, 부정적 영향을 주는 요인은 바람직한 방향으로 교사발달이 이루어지는 것을 방해하고 저해하는 요인을 의미한다.

2. 교사발달에 영향을 주는 요인

1) 교사발달에 긍정적 영향을 주는 요인

제1장에서 밝힌 바와 같이, 서울대학교 사범대학에 부설된 중등교원연수원에서 1급 정교사 자격 연수를 받는 중등 교사들과 교육대학원 수강 교사들로부터 수집한 16명의 교사발달 사례를 중심으로 교사발달에 긍정적 영향을 주는 요인과 부정적 영향을 주는 요인을 분석하였다.

표 2-1 우리나라 초·중등 교사발달 사례에 나타난 교사발달 과정

구분	교사명 (가명)	발달과정의 특징 (발달과정의 구분)
초등	1. 윤상원	직선적·순차적 발달모형 (교직이전단계 → 교직입문단계 → 능력구축단계 → 열중·성장단계)
	2. 이성수	〃 (입문단계 → 능력구축단계 → 성숙단계)
	3. 임광재	순환적·역동적 발달모형 (교직이전단계 → 초기교수단계 → 안전구축단계 → 시련기 → 성숙단계)
	4. 김인재	〃 (교직이전단계 → 교직입문단계 → 능력구축단계 → 직업적 좌절단계 → 침체단계 → 안정단계)
	5. 오철수	〃 (교직입문단계 → 직업적 좌절단계 → 능력구축 및 열중·성장단계)
	6. 이순희	직선적·순차적 발달모형 (4년 단위 구분: 1기 → 2기 → 3기 → 4기 → 5기 → 6기 → 7기)
	7. 김원숙	순환적·역동적 발달모형 (교직이전단계 → 초기교직단계 → 능력구축 및 열중·성장단계 → 안정·침체단계 → 후기교직단계)
중등	1. 김경희	직선적·순차적 발달모형 (1년차 → 2년차 → 3년차 → 4년차 → 5-7년차)
	2. 유경수	〃 (초임단계 → 터득단계 → 성숙단계)
	3. 윤미라	〃 (1, 2년차 → 3~6년차 → 7, 8년차)
	4. 박정식	〃 (대학재학 시 → 초임 시 → 경력 5년차 현재)
	5. 권미화	순환적·역동적 발달모형 (적응단계 → 안정단계 → 점검단계 → 성숙단계)
	6. 최순희	〃 (교직이전시기 → 교직입문기 → 열중·성장기 → 갈등기 → 안정기)
	7. 정문한	〃 (회의의 시기 → 애정과 노력의 시기 → 회의와 권태의 시기)
	8. 손경애	〃 (교직입문단계 → 능력구축단계 → 열중·성장단계 → 직업적 좌절단계)
	9. 곽범준	직선적·순차적 발달모형 (준비단계 → 조정단계 → 적응단계)

주: 동일 교사가 직선적·순차적 발달모형의 특징과 순환적·역동적 발달모형의 특징을 동시에 가지고 있을 경우, 우세한 발달모형을 그 교사의 발달과정의 특징으로 보았음.
자료: 이윤식(1999: 124).

〈표 2-1〉은 사례에 나타난 초등 교사 7명과 중등 교사 9명이 기술하고 있는 자신들의 발달과정을 분류한 것이다. 초등의 윤상원, 이성수, 이순희 교사 등 3명과 중등의 김경희, 유경수, 윤미라, 박정식, 곽범준 교사 등 5명의 교사는 직선적·순차적 발달 모형의 특징을 갖는 발달과정을 보이고 있다. 반면, 초등의 임광재, 김인재, 오철수, 김원숙 교사 등 4명과 중등의 권미화, 최순희, 정문한, 손경애 교사 등 4명의 교사는 순환적·역동적 발달모형의 특징을 갖는 발달 과정을 보이고 있다. 물론 동일한 교사가 2가지 발달모형의 특징을 어느 정도 공유하는 경우도 있으나 여기에서는 우세한 특징을 중심으로 분류하였다.

종합적으로 볼 때, 교사들은 교직의 전 기간에 걸쳐서 계속적으로 변화·발달하며, 그 양상은 복합적이고 역동적이며, 이러한 변화·발달은 학교현장의 조직적 환경의 여러 요소와 교사의 개인적 환경의 여러 요소들이 긍정적으로 혹은 부정적으로 영향을 미친다고 할 수 있다.

〈표 2-2〉는 16명 초·중등 교사발달 사례에서, Burke와 동료들이 제시한 개인적 환경과 조직적 환경의 요소들(〈표 1-3〉 참조)에 비추어, 교사발달에 긍정적 영향을 주는 개인적 환경과 조직적 환경에서 세부 요소들을 정리한 것이다.

개인적 환경의 세부적인 요소로서 교사발달에 긍정적 영향을 미쳤던 요소들은 초등 교사의 경우, '결혼으로 안정'(윤상원, 이성수, 임광재 교사), '자녀 출생·양육, 아동 이해 증진'(윤상원, 이순희, 김원숙 교사), '방통대, 대학원 진학'(윤상원, 이순희, 김원숙 교사), '1정 연수 등 각종 연수'(이성수, 임광재 교사) 등이 대표적인 예이다.

중등 교사의 경우, '대학원 진학'(김경희, 윤미라 교사), '연수교육, 학회활동 참가 등'(윤미라, 손경애 교사), '자녀양육 경험으로 학생 이해 증진'(권미화 교사) 등이 대표적인 예이다.

조직적 환경의 세부적인 요소 중 교사발달에 긍정적 영향을 미쳤던 요소들은 초등 교사의 경우, '훌륭한 관리자와의 만남'(임광재, 김인재, 오철수, 이순희 교사), '선배 교사 도움'(윤상원, 이성수, 이순희 교사), '수업공개 자신감'(이성수, 김인재, 이순희 교사), '동료교사 도움'(윤상원, 이성수 교사), '교생지도'(임광재, 오철수, 이순희, 김원숙 교사) 등이 대표적인 예이다.

중등 교사의 경우, '선배교사 격려·도움'(김경희, 정문한 교사), '동료교사와 의논' '유대감 형성 노력'(정문한, 권미화 교사), '새로운 학교장 밑에서 노력'(정문한 교사), '초임교사에 대한 조언'(유경수 교사), '전보로 새로운 근무환경'(곽범준 교사) 등이 대표적인 예이다.

표 2-2   초·중등 교사발달에 긍정적 영향을 주는 개인적 환경과 조직적 환경의 세부 요소

구분	개인적 환경의 세부 요소	조직적 환경의 세부 요소
초등 교사	• 결혼으로 안정(윤상원, 이성수, 임광재 교사) • 자녀 출생·양육, 아동 이해 증진 (윤상원, 이순희, 김원숙 교사) • 방통대, 대학원 진학(윤상원, 이순희, 김원숙 교사) • 1정 연수 등 각종 연수(이성수, 임광재 교사) • 현장연구 입상(임광재 교사) • 전문도서 탐독(오철수 교사) • 신앙심 및 관련 활동(윤상원 교사) • 승용차 구입 활용(윤상원 교사) • 장학직 진출 노력(오철수 교사)	• 선배교사 도움(윤상원, 이성수, 이순희 교사) • 동료교사 도움(윤상원, 이성수 교사) • 동문 후배교사 지도(이성수 교사) • 교생지도(임광재, 오철수, 이순희, 김원숙 교사) • 부장교사 역할(이성수, 임광재, 이순희 교사) • 훌륭한 관리자와의 만남(임광재, 김인재, 오철수, 이순희 교사) • 수업공개 자신감(이성수, 김인재, 이순희 교사) • 교육활동, 학교행사, 특기지도 등 성취감(김인재, 오철수, 이순희 교사) • 도시 기독 사립 초등학교로 전근(윤상원 교사)
중등 교사	• 과거 은사님의 교육 모습(유경수 교사) • 대학원 진학(김경희, 윤미라 교사) • 자녀양육 경험으로 학생 이해 증진(권미화 교사) • 연수교육, 학회활동 참가 등(윤미라, 손경애 교사) • 교양서적, 교육서적 독서(손경애 교사)	• 새로운 학교장 밑에서 노력(정문한 교사) • 선배교사 격려·도움(김경희, 정문한 교사) • 동료교사와 의논(정문한 교사) • 동료교사와 유대감 형성 노력(권미화 교사) • 초임교사에 대한 조언(유경수 교사) • 전보로 새로운 근무환경(곽범준 교사) • 순응상태에서 전보 기대(정문한 교사)

주: 권미화 교사의 경우, '자녀양육'이 부정적 요소와 긍정적 요소로 동시에 작용하는 것으로 나타났음.

2) 교사발달에 부정적 영향을 주는 요인

〈표 2-3〉은 16명의 초·중등 교사발달 사례에서, Burke와 동료들이 제시한 개인적 환경과 조직적 환경의 요소들에 비추어, 사례에 나타난 교사발달에 부정적 영향을 주는 개인적 환경과 조직적 환경에서의 세부 요소들을 정리한 것이다.

개인적 환경의 세부적인 요소로서 교사발달에 부정적 영향을 미쳤던 요소들은 초등 교사의 경우, '부친 별세로 방황, 침체' '모친 병환·사망'(이성수, 이순희, 김인재 교사), '장거리 출퇴근'(윤상원, 이성수 교사), '교직과 가사 병행으로 피곤'(김원숙 교사), '대학원 진학으로 힘듦'(이성수 교사) 등이 대표적인 예이다.

중등 교사의 경우, '결혼' '자녀 출산, 양육의 어려움'(권미화, 손경애 교사), '교직 이전 일반기업체 근무 경험'(정문한 교사), '객지에서 교직생활'(손경애 교사) 등이다.

조직적 환경의 세부적인 요소 중 교사발달에 부정적 영향을 미쳤던 요소들은 초등 교사

| 표 2-3 | 초 · 중등 교사발달에 부정적 영향을 주는 개인적 환경과 조직적 환경의 세부 요소 |

구분	개인적 환경의 세부 요소	조직적 환경의 세부 요소
초등 교사	• 타 시 · 도 전출로 고립감(김인재 교사) • 장거리 출퇴근(윤상원, 이성수 교사) • 부친 별세로 방황, 침체(이성수, 이순희 교사) • 모친 병환 · 사망(김인재 교사) • 대학원 진학으로 힘듦(이성수 교사) • 방통대 중도 포기(오철수 교사) • 교직과 가사 병행으로 피곤(김원숙 교사) • 교직에 대한 회의와 전직 노력(오철수 교사) • 승진 지향 교사들에 대한 부담감(김원숙 교사)	• 교직 현실 문제와 한계 경험(윤상원, 김원숙 교사) • 관리자와 갈등, 실망(이성수, 김인재, 이순희 교사) • 선배교사에 대한 실망(김인재, 이순희 교사) • 교사들과 인간관계 부족(김인재 교사) • 동료교사 사망(임광재 교사) • 과도한 공문 지시사항 처리(윤상원 교사) • 낙도지역 근무에 대한 회의(임광재 교사) • 담당학생 퇴학, 본인 사직(김인재 교사) • 도서벽지 점수제도의 혼란(오철수 교사)
중등 교사	• 결혼(권미화, 손경애 교사) • 자녀출산, 양육의 어려움(권미화, 손경애 교사) • 교직 이전 일반기업체 근무 경험(정문한 교사) • 객지에서 교직생활(손경애 교사)	• 학교장의 군대식 학교경영(정문한 교사) • 선배교사의 권위적 태도와 명령하달식 업무 처리(최순희, 곽범준 교사) • 성적 위주 교육활동하는 동료교사(정문한 교사) • 과밀학급 상황(박정식 교사) • 3학년 배정으로 성적 위주 학습지도(정문한 교사) • 한 학교에서 변화 없는 교직환경(손경애 교사) • 전보로 인한 통근 · 적응문제(권미화 교사) • 학교 조직의 모순점(손경애 교사)

주: 권미화 교사의 경우, '자녀양육'이 부정적 요소와 긍정적 요소로 동시에 작용하는 것으로 나타났음.

의 경우, '관리자와 갈등, 실망'(이성수, 김인재, 이순희 교사), '선배교사에 대한 실망'(김인재, 이순희 교사), '교직 현실 문제와 한계 경험'(윤상원, 김원숙 교사) 등이 대표적인 예이다.

중등 교사의 경우, '선배 교사의 권위적 태도와 명령하달식 업무 처리'(최순희, 곽범준 교사), '학교장의 군대식 학교경영'(정문한 교사), '과밀학급 상황'(박정식 교사), '한 학교에서 (장기근무로) 변화 없는 교직환경'(손경애 교사), '전보로 인한 통근 · 적응 문제'(권미화 교사) 등이 대표적인 예이다.

3) 교사발달에 영향을 주는 요인들의 종합

이와 같은 개인적 · 조직적 환경의 세부 요소들을 종합적으로 비교 · 정리해 보면 다음과 같은 몇 가지 특징이 도출된다. 먼저 개인적 환경에서 볼 때, 첫째, 자녀 출생 · 양육의 경험이 교사발달에 긍정적 요소와 부정적 요소로서 동시에 영향을 미치고 있다. 자신의 자녀를 키워 봄으로써 아동과 학생들을 보다 잘 이해하고 사랑하게 되며 학부모들의 심정도 이해하게 된다는 것이다. 그러나 자녀 양육과 교직 생활을 병행하는 데서 오는 어려움이 많다는 것도 지적된다.

둘째, 결혼이 남교사와 여교사에게 상이하게 교사발달에 영향을 미친다고 하겠다. 대체로 남교사의 경우에는 결혼을 하면 가정적으로 안정감을 얻게 된다. 그러나 여교사의 경우에는 가사로 인해 교직생활에 부담이 많아지는 것으로 보인다.

셋째, 방통대나 대학원에 진학하는 것이 교사발달에 긍정적 방향으로 영향을 미치기도 하지만 부분적으로는 교직생활과 학업생활을 병행하는 데서 오는 부담감도 적지 않은 것으로 보인다. 방통대나 대학원에 진학하여 새로운 이론과 지식을 배워 교직생활에 활용하는 등 교직 전문성을 키워 나갈 수 있다. 그러나 때에 따라서는 부득이 학생지도나 학급경영 등에 소홀해지는 경우도 있는 것으로 보인다.

넷째, 가족구성원의 질병이나 사망은 교사발달에 크게 영향을 미친다. 교장 · 교감 등 학교관리자나 교사들 누구에게나 가족구성원의 질병이나 사망은 개인적으로 큰 고통이 아닐 수 없다. 개인적인 고통이나 불행은 교직생활에 영향을 미칠 수밖에 없는 것이다. 이러한 상황에서 학교관리자는 교사들의 가정적인 입장을 이해하고 따뜻한 배려를 보여 줌으로써 교사가 빠른 시기에 개인적인 고통과 불행을 극복하고 교직생활에 안정을 되찾도록 하는 것이 필요할 것이다.

다음으로 조직적 환경에서 볼 때, 첫째, 교장 · 교감과 같은 관리자가 교사발달에 지대한 영향을 미치고 있다. 존경할 만한 관리자를 만나 교직에 긍정적 인식을 가지고 적응 · 발달해 나가는 경우와 반대로 권위적이고 무능한 관리자를 만나 적지 않은 갈등과 실망을 느끼는 경우가 많이 지적되고 있다.

둘째, 선배교사가 교사발달에 많은 영향을 미친다 하겠다. 대체로 교직 초기단계에서 교사가 교직에 적응 · 발달해 가는 데 선배교사로부터의 도움과 지도가 매우 유익하다. 그러나 동시에 선배교사의 무사안일한 자세, 학교에 대한 불평 · 불만스러운 자세, 혹은 후배교사에 대한 권위적인 자세는 후배교사에게 커다란 실망감을 안겨 줄 수 있다.

셋째, 동료교사 간에 서로 도움을 주고받고 유대감을 형성하는 것이 교사가 교직에 적응·발달해 가는 데 유익하다. 서로 좋은 정보, 아이디어, 지식, 경험 등을 교환하기도 하며, 때로는 관리자나 학교에 불만스러운 것에 대하여 사적인 대화의 자리를 통하여 스트레스를 푸는 경우도 있는 것이다.

넷째, 선배교사가 되어 후배교사에게 도움을 주거나 교육실습생을 지도하는 경험이 교사의 성장·발달에 유익하다. 후배교사나 교생과의 접촉을 통해 자신이 가지고 있는 좋은 경험과 지식을 나누어 주기도 하고, 자신의 교직생활을 되돌아보며 새로운 자극을 받기도 하는 것이다.

다섯째, 부장교사가 되어서 교사들에게 지도성을 발휘하는 경험이 교사의 성장·발달에 유익하다. 부장교사의 경험은 학교교육과 학교경영을 보다 넓은 시각에서 바라볼 수 있도록 하며 교사들에 대한 인간관리 능력을 키워 주고, 학교관리자의 역할에 대한 이해를 높인다.

여섯째, 교직 초기단계에서 경험하는 수업공개에서의 성취감이나 교육활동, 학교행사, 특기지도 등에서의 성취감은 교사로 하여금 자신감을 심어 주고 긍정적인 교사발달을 도모하는 데 촉매제가 되는 것으로 보인다. 힘들고 어려운 준비과정을 통하여 행사를 성공적으로 치렀을 때 주위의 격려와 칭찬을 통하여 자신감을 얻는다. 그뿐만 아니라, 준비과정과 실행과정 그 자체 만으로도 교사는 많은 연구와 노력을 통하여 스스로 많은 것을 배우고 느끼는, 이른바 Lortie(1993)가 지적한 내재적 보상 혹은 심리적 보상을 받게 되는 것이다.

이와 같은 개인적 환경과 조직적 환경에서의 특징들을 종합하여 볼 때, 교사발달에 영향을 주는 요소로서 학교관리자, 선배교사, 동료교사와의 상호작용, 그리고 일반교사와 후배교사에 대한 지도성 발휘 등이 중요한 요소라고 할 수 있다. 이러한 상호작용이나 지도성 발휘는 본질적으로 교육활동의 개선을 위한 지도·조언 활동을 의미하는 장학활동과 연결된다. 따라서 교사들의 성장·발달을 지원하는 장학활동의 본질 추구를 위한 노력이 요망된다. 또한 개인적 환경과 조직적 환경에서 여러 요소들이 긍정적 요소 및 부정적 요소로 동시에 작용하는 것으로 판단되므로, 교사들의 성장·발달을 지원·촉진하기 위해서는 긍정적 요소를 극대화하고, 부정적 요소를 극소화하는 노력이 요구된다.

3. 연구 사례: 교사발달에 부정적 영향을 주는 요인 연구

교사발달에 부정적 영향을 주는 구체적인 요인을 탐색하기 위하여, 이윤식과 박안수 (2000)는 Burke, Christensen과 Fessler가 제시한 '교사발달 사이클 모형'을 준거 모형으로 하여, 인천광역시 중학교 교사들을 대상으로 질문지 조사를 하였다.

질문지는 국내의 선행연구에서 시사된 교사발달의 부정적 요인들을 중심으로, "선생님의 개인적·조직적 환경을 고려할 때, 제시된 요인들이 선생님이 교사로서 성장·발달하는데 (과거에) 부정적 영향을 미쳤거나 또는 (현재) 부정적 영향을 미치고 있습니까?"라고 물은후, 4단계 Likert식(① 상관없다, ② 그저 그렇다, ③ 부정적 영향을 미쳤거나 미친다, ④ 매우 부정적 영향을 미쳤거나 미친다)으로 응답하도록 하였다. 질문지 문항의 신뢰도(Cronbach α 계수)는 개인적 요인(20개 문항) 영역이 .918, 조직적 요인(29개 문항) 영역이 .940으로 나타났다.

응답자는 남교사가 81명(28.2%), 여교사가 206명(71.8%)이며, 경력연수는 5년 미만이 64명(22.3%), 5~10년 미만이 65명(22.6%), 10~15년 미만이 86명(30.0%), 15~20년 미만이 42명(14.6%), 20년 이상이 30명(10.5%)이었다.

교사발달의 개인적 요인에서 부정적 영향을 분석한 결과는 〈표 2-4〉와 같다. 개인적 요인은 전체적으로 부정적 영향이 약하다고 해석된다($\overline{x}$=1.67). 교사들이 대체적으로 안정된 개인적 환경을 바탕으로 교직생활을 하고 있는 것으로 이해된다.

항목별로 구분해 보았을 때, 다른 항목에 비해서 상대적으로 더 많은 부정적 영향을 미치고 있는 저해요인으로서 '(3) 장거리 출퇴근'($\overline{x}$=2.03)과 '(9) 출산에 따른 자녀양육 문제'($\overline{x}$=2.03), '(5) 자신의 병환'($\overline{x}$=1.97) 등을 들 수 있다. 일부 개인적인 문제가 교직수행에 어려움을 주는 것으로 이해된다.

성별로 구분해 보면, '직업 외 관심사'에서 남교사($\overline{x}$=1.76)가 여교사($\overline{x}$=1.35)에 비해 저해 정도가 높은 것으로 나타났다(p<.01). 남교사와 여교사가 통계적으로 의미있는 차이를 보이고 있는 세부 항목은 다음과 같다. '가정 배경' 영역에서는 '(2) 어려운 가정 경제'(남교사 $\overline{x}$=2.05, 여교사 $\overline{x}$=1.57, p<.01)이다. 이는 남교사가 가정 경제를 담당하는 데서 오는 부담감이 크다는 것을 보여 준다. '위기적 사건' 영역에서는 '(6) 경제적 손실'(남교사 $\overline{x}$=1.83, 여교사 $\overline{x}$=1.51, p<.02), '(7) 이혼(남교사 $\overline{x}$=1.56, 여교사 $\overline{x}$=1.33, p<.05), '(9) 출산에 따른 자녀양육 문제'(남교사 $\overline{x}$=1.74, 여교사 $\overline{x}$=2.14, p<.01), '(10) 결혼에 따른 생활

환경 변화와 부담감'(남교사 $\bar{X}$=1.56, 여교사 $\bar{X}$=1.77, p<.05), '(12) 대학원과정 수강에 따른 부담감'(남교사 $\bar{X}$=1.90, 여교사 $\bar{X}$=1.45, p<.01)이다. '종래의 경험' 영역에서는 '(13) 가난했던 어린 시절, 결손가정에서의 성장 등'(남교사 $\bar{X}$=1.67, 여교사 $\bar{X}$=1.36, p<.01)이다. '직업

표 2-4 교사발달에 부정적 영향을 주는 개인적 요인의 세부 항목

영역	항목 (*p<.05 **p<.01 남교사, 여교사 차이)	저해 정도	
		$\bar{X}$	SD
1. 가정 배경	(1) 교직생활에 대한 가정 이해·지원 부족	1.48	0.75
	(2) 어려운 가정 경제**	1.71	0.88
	(3) 장거리 출퇴근	2.03	1.04
	소계	1.74	0.67
2. 위기적 사건	(4) 가족 병환·사망	1.79	0.99
	(5) 자신의 병환	1.97	1.10
	(6) 경제적(빚보증) 손실**	1.60	0.94
	(7) 이혼*	1.40	0.83
	(8) 법률적 문제	1.48	0.87
	(9) 출산에 따른 자녀양육 문제**	2.03	1.06
	(10) 결혼에 따른 생활환경 변화와 부담감*	1.70	0.83
	(11) 가족 간(고부간, 부부간, 형제자매 간, 친인척 간) 갈등	1.56	0.79
	(12) 대학원과정 수강에 따른 부담감**	1.58	0.89
	소계	1.66	0.63
3. 종래의 경험	(13) 가난했던 어린 시절, 결손가정에서의 성장 등**	1.45	0.75
	(14) 불충분한 교사양성 교육과정 이수	1.87	0.92
	(15) 교직생활 중 불행한 사고·문제	1.81	0.99
	소계	1.70	0.71
4. 직업 외 관심사	(16) 부업활동**	1.51	0.86
	(17) 과도한 취미활동**	1.45	0.74
	(18) 기호식품 과용(술, 담배 등)**	1.46	0.75
	소계**	1.47	0.66
5. 개인의 성향	(19) 개인 가치관(인생 목표·포부 등)	1.71	0.82
	(20) 개인 성격(소극적 성격, 비사교적 성격, 교직부적응 성격)	1.88	0.91
	소계	1.79	0.78
전체		1.65	0.55

외 관심사' 영역에서는 '(16) 부업활동'(남교사 $\bar{X}$=1.86, 여교사 $\bar{X}$=1.37, p<.01), '(17) 과도한 취미활동'(남교사 $\bar{X}$=1.63, 여교사 $\bar{X}$=1.38, p<.01), '(18) 기호식품 과용'(남교사 $\bar{X}$=1.78, 여교사 $\bar{X}$=1.33, p<.01) 등이다.

교사발달의 조직적 환경에서의 부정적 요인을 분석한 결과는 〈표 2-5〉와 같다. 조직적 환경은 개인적 환경보다 상대적으로 더 부정적 영향을 미치고 있는 것으로 보인다(조직적 환경의 부정적 영향 $\bar{X}$=2.46, 개인적 환경의 부정적 영향 $\bar{X}$=1.65). 특히 '사회적 신뢰·후원'($\bar{X}$=3.21) 영역은 3점을 초과하여 강하게 부정적 영향을 미치는 것으로 나타났다.

표 2-5 교사발달에 부정적 영향을 주는 조직적 요인의 세부 항목

영역	항목 (*p<.05 **p<.01 남교사, 여교사 차이)	저해 정도	
		$\bar{X}$	SD
6. 학교 규정· 제도	(21) 정년제도(정년단축)**	2.04	1.00
	(22) 승진제도(승진기회 제한)**	2.22	0.95
	(23) 전보제도	2.34	0.92
	(24) 근무성적 평정제도	2.43	0.96
	(25) 교내·외 연수제도	2.20	0.89
	(26) 업무·담임 배정 규정	2.36	0.86
	(27) 보직교사 배정 규정*	2.07	0.83
	(28) 교육활동 외 업무	2.16	0.97
	소계*	2.23	0.66
7. 관리자의 학교경영 형태	(29) 비합리적인 교장의 지도성 스타일	2.91	1.10
	(30) 비합리적인 교감의 지도성 스타일	2.81	0.96
	(31) 남·여교사 차별**	2.26	0.88
	소계*	2.66	0.84
8. 근무 조건	(32) 학교·학급 규모(과대학교, 과밀학급 등)*	2.93	0.98
	(33) 물리적 조건(냉난방, 소음 등)**	2.98	0.93
	(34) 수업시수 부담**	3.10	0.85
	(35) 업무 부담	3.04	0.88
	(36) 교수-학습자료 부족**	2.70	0.80
	(37) 부전공 과목 담당	1.99	1.03
	(38) 상급기관·외부기관 간섭	2.67	1.01
	소계**	2.77	0.69

9. 조직 내 인간관계	(39) 선·후배 교사 간 갈등(교사 세대간 갈등)	1.99	0.83
	(40) 동료교사 간 갈등	1.91	0.81
	(41) 남·여 교사 간 갈등	1.78	0.73
	(42) 출신학교·출신지역 간 갈등	1.92	0.83
	(43) 행정실 직원과 갈등	2.16	0.89
	소계	1.95	0.66
10. 교내·외 교원단체 활동	(44) 학교 내·외 교과협의회·교과연구회 활동	1.76	0.68
	(45) 교원단체·교원노조 활동 및 갈등	1.82	0.79
	소계	1.79	0.63
11. 사회적 신뢰· 후원	(46) 교육투자 부족	3.08	0.78
	(47) 교원에 대한 처우 미흡	3.21	0.79
	(48) 편파적인 언론보도**	3.22	0.82
	(49) 교직경시의 교원정책	3.32	0.81
	소계*	3.21	0.71
전체		2.46	0.54

따라서 조직적 환경에서의 부정적 요소를 축소하려는 노력이 요구된다. 특히 '사회적 신뢰·후원' '근무 조건' '관리자의 학교경영 형태' '학교규정·제도' 등의 측면에서 교사발달에 부정적 영향이 다른 영역에 비하여 큰 것으로 나타났다. 교육행정가나 학교관리자, 장학담당자들은 이의 개선을 위한 노력이 요구된다.

항목별로 구분해 보았을 때, 평균 3점을 초과하여 강하게 부정적 영향을 미치는 항목으로는 '사회적 신뢰·후원' 영역에서 '(49) 교직경시의 교원정책'($\bar{X}$=3.32), '(48) 편파적인 언론보도'($\bar{X}$=3.22), '(47) 교원에 대한 처우 미흡'($\bar{X}$=3.21), '(46) 교육투자 부족'($\bar{X}$=3.08) 문제가 지적되었다. '사회적 신뢰·후원' 영역에서 부정적 반응이 높은 것은 무엇보다도 근래에 사회 전반적으로 교권을 뒤흔드는 많은 일과 관련된다고 보인다. 언론을 통하여 알려진 것과 같이, 학부모가 교사에게 욕설을 하고 뺨을 때리는 일, 학생들이 교사의 선도에 불응하며 112에 신고 전화하거나 여교사의 머리채를 잡아 흔드는 등 교사에 대한 폭력적 맞대응, 교원을 개혁의 대상으로 여기는 듯한 정책적·사회적 움직임 등이 그러한 반응으로 나타난 것으로 보인다.

다음으로 '근무 조건' 영역에서도 '(34) 수업시수 부담'($\bar{X}$=3.10), '(35) 업무 부담'($\bar{X}$=3.04)

문제가 교사발달에 부정적 영향을 강하게 미치는 것으로 지적되었다. 이와 더불어 '(33) 물리적 조건(냉난방, 소음 등)'($\overline{X}$=2.98), '(32) 학교·학급규모(과대학교, 과밀학급 등)'($\overline{X}$=2.93) 등의 문제는 교사로 하여금 학교현장에서 긍정적이고 바람직한 방향으로의 교사발달을 추구하는 데 저해요인이 되고 있음을 시사한다.

그밖에 다른 항목에 비해 저해 정도가 높게 반응을 보인 것이, '(29) 비합리적인 교장의 지도성 스타일'($\overline{X}$=2.91) '(30) 비합리적인 교감의 지도성 스타일'($\overline{X}$=2.81) 등 '관리자의 학교경영 형태'이다. 교사들의 입장에서는 여전히 학교관리자들이 비합리적이고 권위주의적인 지도성을 행사하고 있는 것으로 인식함을 보여 준다.

성별로 구분해 보면, '학교 규정·제도'에서 남교사($\overline{X}$=2.36)가 여교사($\overline{X}$=2.17)에 비해 저해 정도가 높은 것으로 나타났다($p<.05$). '관리자의 학교경영 형태'에서는 여교사($\overline{X}$=2.74)가 남교사($\overline{X}$=2.47)에 비해 저해 정도가 높은 것으로 나타났으며($p<.05$), '근무 조건'에서도 여교사($\overline{X}$=2.84)가 남교사($\overline{X}$=2.57)에 비해 저해 정도가 높은 것으로 나타났다($p<.01$).

남교사와 여교사가 통계적으로 의미 있는 차이를 보이고 있는 세부 항목은 '학교 규정·제도' 영역에서 '(21) 정년제도(정년단축)'(남교사 $\overline{X}$=2.52, 여교사 $\overline{X}$=1.85, $p<.01$), '(22) 승진제도'(남교사 $\overline{X}$=2.49, 여교사 $\overline{X}$=2.11, $p<.01$), '(27) 보직교사 배정 규정'(남교사 $\overline{X}$=2.21, 여교사 $\overline{X}$=2.02, $p<.05$) 등이다. '관리자의 학교경영 형태' 영역에서 '(31) 남·여교사 차별' 항목에서 남교사($\overline{X}$=2.01)와 여교사($\overline{X}$=2.35)가 통계적으로 의미 있는 차이($p<.01$)를 보이고 있다. '근무 조건' 영역에서는 '(32) 학교·학급 규모(과대학교, 과밀학급 등)'(남교사 $\overline{X}$=2.70, 여교사 $\overline{X}$=3.01, $p<.05$), '(33) 물리적 조건(냉난방, 소음 등)'(남교사 $\overline{X}$=2.65, 여교사 $\overline{X}$=3.10, $p<.01$), '(34) 수업시수 부담'(남교사 $\overline{X}$=2.86, 여교사 $\overline{X}$=3.20, $p<.01$), '(36) 교수-학습자료 부족'(남교사 $\overline{X}$=2.38, 여교사 $\overline{X}$=2.82, $p<.01$) 등이다. 끝으로 '사회적 신뢰·후원' 영역에서는 '(48) 편파적인 언론보도' 항목에서 남교사($\overline{X}$=2.99)와 여교사($\overline{X}$=3.31)가 통계적으로 의미 있는 차이($p<.01$)를 보이고 있다.

교사발달에 다른 항목에 비하여 상대적으로 부정적 영향을 크게 미치고 있는 항목으로, 남교사는 '근무 조건'에서 '(35) 업무부담'($\overline{X}$=2.98), '사회적 후원'에서 '(46) 교육투자 부족'($\overline{X}$=2.98), '(47) 교원에 대한 처우 미흡'($\overline{X}$=3.10), '(48) 편파적인 언론보도'($\overline{X}$=2.99), '(49) 교직경시의 교원정책'($\overline{X}$=3.26)인 것으로 나타났다.

　종합적으로 주요 분석 결과는 다음과 같다. 첫째, 교사발달의 개인적 환경에서의 저해요인을 영역별로 분석한 결과, 교사들에게 개인차는 있겠으나, 교사발달의 저해요인으로서 별로 영향을 미치지 못하고 있는 것으로 나타났다. 부정적 영향을 미친 정도가 큰 것으로 개인의 성향, 가정 배경, 종래의 경험 등이다. 항목별로 분석한 결과 부정적 영향을 미친 정도가 큰 것은 장거리 출퇴근, 출산에 따른 자녀양육 문제, 자신의 병환 등으로 나타났다.

　둘째, 조직적 환경에서 저해요인을 영역별로 분석한 결과, 대체적으로 부정적 영향을 미치고 있는 것으로 나타났다. 부정적 영향을 미친 정도가 큰 것으로 사회적 신뢰·후원, 근무 조건, 관리자의 학교경영 형태, 학교규정·제도 등이다. 항목별로 분석한 결과 부정적 영향을 미친 정도가 큰 것은 교직경시의 교원정책, 편파적인 언론보도, 교원에 대한 처우 미흡, 수업시수 부담, 교육투자 부족, 업무 부담, 학교의 물리적 조건, 학교·학급 규모, 비합리적인 교장의 지도성 스타일 등이다.

　셋째, 개인적 환경에서의 저해요인을 성별·영역별로 분석한 결과, 직업 외 관심사에서 남교사가 여교사에 비해 저해 정도가 다소 높은 것으로 나타났다. 항목별로 구분해 보았을 때, 남교사와 여교사가 차이를 보이고 있는 항목은, 어려운 가정 경제, 경제적 손실, 출산에 따른 자녀양육 문제, 결혼에 따른 생활환경 변화와 부담감, 대학원과정 수강에 따른 부담감, 가난했던 어린 시절, 결손가정에서의 성장, 부업활동, 과도한 취미활동, 기호식품 과용 등으로 나타났다. 대체로 남교사가 가장으로서의 위치·역할·기대에서 오는 경제적 책임감과 부담감을 여교사보다 강하게 느끼고 있으며, 사회생활을 하는데도 있어서 많은 부담감을 느끼는 것으로 보인다. 여교사의 경우에는 결혼에 따른 생활환경 변화와 출산에 따른 자녀양육 문제로부터 오는 부담감이 큰 것으로 보인다.

　넷째, 교사발달의 조직적 환경에서의 저해요인을 성별·영역별로 분석한 결과, 학교 규정·제도에서 남교사가 여교사에 비해 저해 정도가 높은 것으로 나타났다. 관리자의 학교경영 형태와 근무 조건에서는 여교사가 남교사에 비해 저해 정도가 높은 것으로 나타났다. 항목별로 구분해 보았을 때, 남교사와 여교사가 차이를 보이고 있는 항목은, 정년제도, 승진제도, 보직교사 배정 규정, 남·여교사 차별, 학교·학급규모, 물리적 조건, 수업시수 부담, 교수-학습자료 부족, 편파적인 언론보도 등으로 나타났다. 대체로 남교사가 여교사에 비하여 정년제도, 승진제도, 보직교사 배정 등에 보다 민감하고 강하게 부담감을 느끼고 있는 것으로 해석된다. 반면, 여교사는 근무 조건에 있어서 남교사에 비하여 훨

썬 강하게 부담감을 느끼고 있으며, 관리자가 학교를 경영하는 데 남녀교사를 차별한다는 생각이나 교장의 지도성 스타일이 비합리적이라고 느끼는 경향이 있는 것으로 보인다. 남녀교사 공통적으로 교육에 대한 투자, 교원에 대한 처우, 언론보도, 교원정책 등에 대하여 매우 강하게 부정적인 인식을 하고 있다.

연구 결과를 종합적으로 볼 때, 미국에서 Burke, Christensen과 Fessler가 제시한 '교사발달 사이클 모형'은 한국 교직상황에 비추어 볼 때, [그림 2-1]과 같이 수정·제시될 수 있다. 즉, 한국적 교직상황에서 교사발달에 영향을 미치는 요인은, **개인적 환경**에서 ① 가정 배경, ② 긍정적 사건, ③ 위기적 사건, ④ 종래의 경험, ⑤ 직업 외 관심사, ⑥ 개인의 성향 등이며, **조직적 환경**에서 ① 학교 규정·제도, ② 관리자의 학교경영 형태, ③ 근무 조건, ④ 조직내 인간관계, ⑤ 교내·외 교원단체활동, ⑥ 사회적 신뢰·후원 등으로 볼 수 있다.

이윤식·박안수(2000)는 연구 결과를 토대로 몇 가지 제언을 하였다. 우리나라 교사들의 보다 바람직한 방향으로의 교사발달을 지원·촉진하기 위하여는 밝혀진 바와 같은 개인적 환경과 조직적 환경에 있어서 교사발달을 저해하는 부정적인 요소를 축소·제거하기 위한 정책적 노력이 요구된다. 특히 교직에 대한 사회적 신뢰·후원, 근무 조건, 관리자의 학교경영 형태, 학교규정·제도 등에서 바람직한 방향으로의 변화를 위한 정책적 노

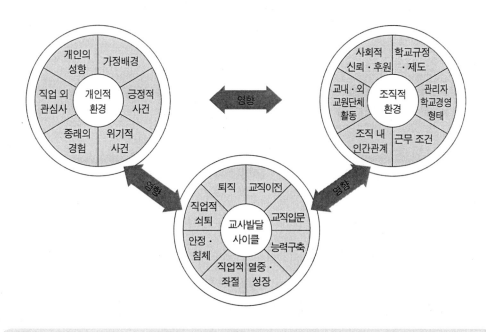

[그림 2-1] 교사발달 사이클 모형(한국적 모형)

주: Burke, Christensen, & Fessler (1984)의 '교사발달 사이클 모형'을 한국 교직상황에 비추어 수정함.

력이 요구된다.

정책적 노력과 관련하여 중요하게 고려되어야 할 점은 남교사와 여교사에 따라 강하게 인식하는 교사발달 저해요인에 다소 차이가 있다는 점이다. 대체로 남교사의 경우 가장으로서의 경제적 책임감과 부담감이 크며, 여교사의 경우 결혼에 따른 생활환경 변화와 출산에 따른 자녀양육에서의 부담감이 크며, 남교사가 정년제도, 승진제도, 보직교사 배정 등에 보다 강하게 부담감을 느끼며, 여교사는 근무 조건에 있어서 남교사에 비하여 훨씬 강하게 부담감을 느끼고 있다는 점 등이 예가 된다. 이러한 차이에 대한 고려가 요구된다.

추가적으로 교사발달에 긍정적 영향을 미치는 요인과 부정적 영향을 미치는 요인에 대한 보다 심층적이고 체계적인 연구가 요구된다. 양적인 연구방법뿐 아니라 참여관찰이나 면접 등 보다 심층적인 자료와 정보를 얻을 수 있는 질적인 연구방법의 활용이 요구된다. 나아가 횡단적인 연구방법뿐 아니라 종단적인 연구방법을 활용한 연구도 필요하다.

4. 맺는말

교사의 발달 과정에 영향을 주는 요인에 대한 연구는 교원양성, 현직교육, 교원인사행정 등 교원을 대상으로 한 교원정책과 장학활동의 개선·발전에 기여할 수 있는 의미있는 정보를 제공한다. 외국에서는 교사발달 또는 교사사회화에 관해 많은 연구가 진행되어 왔고 상당한 정도로 연구 결과의 축적이 이루어졌다. 우리나라에서도 교사들이 교직 생활의 전 기간 중에 어떻게 변화·발달해 가고 있는지, 어떠한 요인들에 의해서 그렇게 발달해 가는지를 밝히는 연구가 많이 추진되어야 할 필요성이 높다.

제2부

자율장학의 개념과 모형
자율장학이란 무엇이며
어떻게 하는 것인가?

제3장

장학의 본질

1. 머리말

장학(supervision)은 교육행정에서 중요한 위치를 차지한다. 교육행정기관에서 단위학교에 대해 장학을 실시하며, 단위학교에서도 교육과정의 운영 및 수업활동의 개선을 위하여 장학이 활용된다. 'supervision'은 'superior'와 'vision'의 합성어로서 '높은 곳에서 우수한 사람이 본다'는 뜻이다. 어원적으로는 감독 또는 감시를 의미한다.

이러한 용어의 의미가 시사하는 바와 같이 한때 장학은 감독적 차원에서, 주로 학사에 관한 사항을 감독·시찰하는 활동으로 이해되었다. 그러나 민주화와 자율화의 시대적 발전에 따라 오늘날 장학의 개념은 크게 변모되었으며, 관점에 따라 다양하게 해석되고 있다.

2. 장학의 발달

1) 미국에서의 장학의 발달

(1) 미국에서 과거 장학의 발달

우리나라의 교육제도가 미군정을 거치면서 미국의 영향을 받은 것처럼 장학도 미국의 영향을 많이 받았다. 우리 장학에 영향을 준 미국에서의 장학의 발달과정을 살펴본다. 미국에서 장학은 많은 변화를 거쳐 왔다. 장학은 그 시대의 정치적·경제적·사회적 변화의 영향을 받는다. 물론 미국 초기에 존재했던 장학활동의 잔재가 지금까지도 여전히 분화되고 발전된 형태로 존속하고 있다. 미국에서 인구가 늘어나고 조직적인 학교가 설립된 이후 장학담당자의 필요성이 제기되었다.

매사추세츠 지방은 1647년 50가족 이상을 포함한 공동체에서는 읽기와 쓰기를 가르쳐야 하며, 100가족 이상 규모의 공동체에서는 문법학교를 설립할 것을 규정한「구 델루더 법(Old Deluder Law)」을 만들었다(Oliva, 2005: 547). 학교가 설립됨에 따라 지역 학교위원회는 지침을 내리고, 교수방법을 체크하고, 교사들의 수업 결과를 평가하는 등 장학을 실시하였다. 권위적인 방법으로 초기 장학담당자들은 교사들이 준수해야 할 조건들을 제시하고, 이를 확인하기 위하여 교실을 방문하였다. 인구가 점점 늘어나자 더 많은 학교가 필요하게 되었고, 교육활동이 확대되면서 전문 장학담당자의 필요성이 높아지게 되었다. 1837년부터 매사추세츠주의 교육위원회 국장이던 Horace Mann은 공립 보통교육 진흥에 노력하였다.

19세기에 생겨난 학교위원회는 전문적으로 훈련받은 사람을 행정가로 임명해 학교를 감독하기 시작하였다. 19세기 초 학교감독자들이 교사들을 해고할 만한 잘못을 찾는 데 신경을 썼다면, 19세기 중반 이후에는 교사들이 어려움을 극복하도록 도와주는 방향으로 전환이 시작되었다. 인구가 증가하고 학교 수가 늘어날수록 지역 장학담당자들이 개개 학교를 밀접하게 감독할 수 없게 되었다.

19세기 후반에 학교와 교육구의 규모가 커지면서 전문 교육직으로 시학관(inspector)을 별도로 임명하여 시학과 감독의 일을 담당하도록 하여 초보적인 장학의 전문화가 시작되었고, 이들은 교육시설 건축과 교육재정 확보 등의 일도 다루게 되었다. 20세기 초까지는

표 3-1   미국에서의 장학의 발달

시대	장학의 유형	목적	장학담당자	Wiles & Bondi, 주삼환 구분
1620~ 1850	감독	규정준수 점검, 결함 확인	부모, 성직자, 도시행정위원, 시민위원회, 교육감독관, 교장	시학과 강제적 장학
1850~ 1910	감독, 수업 개선	규정준수 점검, 교사 발전 지원	교육감독관, 교장	
1910~ 1930	과학적, 관료적	수업 개선 및 효율성 제고	교장, 교육청 장학담당자	과학적 장학 관료적 장학
1930~ 1950	인간관계적, 민주적	수업 개선	교장, 교육청 장학담당자	협동적 장학
1950~ 1975	관료적, 과학적, 임상적, 인간관계적, 인간자원적, 민주적	수업 개선	교장, 교육청 장학담당자, 학교 내 장학담당자	교육과정개발장학 임상(수업)장학
1975~ 1985	과학적, 임상적, 인관관계적, 인간자원적, 협동적/동료적, 동료/코치/멘토, 예술적, 해석적	수업 개선, 교사 만족 증진, 교실활동에 대한 학생들 이해 증진	교장, 교육청 장학담당자, 학교 내 장학담당자, 동료/코치/멘토	경영으로서의 장학 인간자원장학
1985~ 현재	과학적, 임상적, 인간관계적, 인간자원적, 협동적/동료적, 동료/코치/멘토, 예술적, 해석적, 문화대응적, 생태적	수업 개선, 교사 만족 증진, 학습공동체 조성, 교실활동에 대한 학생들 이해 증진, 교실활동의 문화적 · 언어적 유형 분석	학교 내 장학담당자, 동료/코치/멘토, 교장, 교육청 장학담당자	지도성으로서의 장학

자료: 주삼환(2003: 30), Pawlas & Oliva (2008: 5), Wiles & Bondi (1980: 7)의 내용을 종합함.

임명된 시학관이 교육감을 대리하여 위임받은 권한을 가지고 시학을 하게 되었다. 따라서 이때 시학관은 권위적 계선조직에서 참모적 전문가로 옮겨 가게 되었다. 그러나 장학은 이때까지는 행정의 연장선상에 있었다.

20세기 초반에 산업혁명과 Frederick W. Taylor와 같은 사람들의 **과학적 관리 운동**의 영향을 받아 효율성을 지향하면서 과학적 관리가 부각되는 사회적 변화가 일어났고, 교육에서도 능률과 생산성을 강조하게 되었다. 이에 장학에도 과학적 관리의 사조가 반영되었다. Taylor와 그의 동료들은 제조업에서 노동자의 신체적 움직임을 효율적으로 만들면 생산력 향상과 에너지 절약을 가져온다는 시간과 동작의 효율성 연구를 실시했다. Franklin Bobbitt 등에 의해 교육에 적용된 이 효율성 연구는 교사효율성을 측정하는 평가도구 연구로 연결되었다(Nolan & Hoover, 2011: 3).

장학담당자도 시간과 동작의 효율성 연구에 관심을 갖게 되었고, 장학도 전공교과별로 전문화되기에 이르렀다. 과학적 관리와 궤를 같이 하는 Max Weber의 **관료제** 이론은 교육에도 영향을 미치게 되었다. 학교는 능률적으로 운영되기 위하여 조직화 · 규격화되었다. 학교제도에서도 최상 계층인 감독자와 최하 계층의 교사로 이루어진 조직의 관료제적 모델이 뿌리를 내리게 되었다. 이에 따라 장학의 기능은 시학관 또는 학교방문 전문가 등의 장학담당자가 교수–학습을 향상하기 위해 새로운 방법을 발견하고 이를 교사에게 전달 · 활용하게 하는 것이었다. 장학은 교육목표를 명세화하고 구체화하는 일부터 시작하게 되었다. 과학적 관리와 관료제에서 강조하는 능률과 생산성 때문에 분업화, 기술적 전문화, 조직내 규율, 일의 절차, 문서에 의한 의사소통 등이 강조되었다.

1930년대 이후 인간관계를 중시하며, 진보주의 · 민주주의 교육이 부각되는 변화가 있었다. **인간관계론**은 Elton Mayo, Mary Parker Follett, Kurt Lewin, Ronald Lippitt 등의 학자들에 의해 강조되기 시작하였다(Lunenburg & Ornstein, 2000). 이러한 분위기에 따라 학교행정가도 민주적 학교운영에 많은 노력을 기울이기 시작하였다. 장학에서도 민주주의 이념과 일치하는 민주적 장학을 해야 한다는 요청이 일어났다. 장학에서 민주적 과정에 대한 강조와 행동과학의 적용이 관심을 끌게 되었다. 장학은 인간관계와 집단 역동성을 중시하는 방향으로 바뀌기 시작하였다. 이러한 과정에서, 장학이란 단어가 협동, 민주, 자문 등의 뜻을 포함하게 되었다. 장학담당자는 교사들이 최대한 능력을 개발할 수 있도록 교사들과 협동적으로 일하며, 좋은 분위기와 환경을 조성하는 데 지도적 역할을 다하도록 노력하였다.

장학담당자는 교육과정 개발에도 중요한 역할을 했고, 상담자나 조정자, 자원인사 등으로 불리게 되었다. 1930년대에서 1950년대 중반까지의 장학은 결과보다 과정을 중시하게 되었다. 그래서 장학담당자도 종래처럼 교사의 직무수행을 판단하는 심판자가 아니라 교사가 더 잘 가르치고 발전할 수 있도록 도와주는 데 많은 관심을 가지게 되었다. 따라서 장학담당자와 교사 간에 협동적이고 민주적인 상호작용이 추구되었다. 종래 행정적이고 관료적인 장학으로부터 장학담당자와 교사 간 협동적이고 민주적인 관계 속에서 수업을 중시하는 장학으로 바뀌는 이 시기를 흔히 인간관계 중심 장학, 민주적 장학, 협동적 장학의 시대라고 한다.

1957년에 옛 소련의 인공위성 스푸트니크(Sputnik) 1호가 미국보다 먼저 발사되자, 미국의 교육이 잘못되어 소련에게 뒤졌다며 교육에 대한 비난이 쏟아졌다. 이에 교육목적을 수정하고 새로운 교육계획과 프로그램이 설계되었다. 장학담당자들은 교육과정을 개발하는 역할을 수행하였다. 그들은 전문교과의 담당자가 되었으며, 자료를 조직하고, 교육 프로그램을 제작하고 실행하는 데 교사들을 참여시키고, 교사들을 위하여 자원인사로 봉사하고 교사를 재교육시키는 일에 힘썼다. 많은 교육 프로그램이 바뀌고, 교육과정이 과도히 확대되고 복잡해졌으며, 비용이 많이 들게 되었다. 학교에 대한 일반인의 기대는 상승한 반면 학교운영을 위한 재원은 점점 줄어들게 되었다. 이러한 상반되는 추세 속에서 점차 교육행정가들은 능률과 생산성을 지향하는 전통적인 과학적 관리의 학교운영 방법으로 복귀하려는 경향을 보였다. 이른바 **신과학적 관리 운동**의 경향을 보였다(Sergiovanni & Staratt, 1983: 4).

스푸트니크 충격 후 1960년대에 이르는 동안 장학이 교육과정 개발에 노력을 기울이고 있을 때, 한편에서는 교실현장에서 수업 개선을 이루고자 하는 노력이 일어나기 시작하였다. 1960년대 중반 이후, 수업활동의 과정 분석 및 개선에 초점을 맞추려는 임상장학이 등장하였다. **임상장학**에서는 다양한 학습자료의 사용, 수업의 녹화, 교사와 학생 간 상호작용에 대한 평가, 교수-학습 방법의 개발을 위한 현장연구(action research) 방법 등을 활용하게 되었다(Cogan, 1973; Goldhammer, 1969).

1970년대 후반에 학교체제에 대한 책무성 요구가 높아지면서, 장학담당자들의 경영적인 역할에 관심이 커지게 되었다. 1970년대 후반 장학에 관한 문헌들은 행위체제, 조직이론, 경영에 관련되는 관심사에 대해 많이 언급하고 있다. 또한 1970년대 후반에는 교사가 가지고 있는 능력을 최대한 발휘하게 하여 교사의 자아실현을 돕자는 인간자원론적 철학에 기반을 둔 **인간자원장학**이 대두되었다. 과거의 **인간관계 중심 장학**이 교사를 수단시했다는 데 대한 반성으로 교사를 목적시하는 인간자원장학이 등장하게 되었다. 인간자원장학에서는 인간의 잠재력을 중시해 인간의 활동성, 책임감, 인간성을 기반으로 하는 교사들의 전문적 성장을 도모하려 한다(Sergiovanni & Starratt, 1983: 4-5).

1980년대에 교육개혁 움직임이 활발히 일어나게 되었다. 1983년 미국 교육부는 『미국의 위기: 교육개혁의 당위성(A Nation at Risk: The Imperative for Educational Reform)』이라는 보고서를 통해 수월성을 추구하는 교육개혁을 주창하였다. 미국의 위기 보고서는 교육개혁을 위해 교장과 교육감이 중요한 지도성을 행사해야 함을 강조하였다. 미국 정부의 교육개혁운동을 전후하여 확산되어 온 '효과적인 학교 운동'에서도 교장의 **수업지도성**(instructional leadership) 개념이 강조되기 시작하였다. 효과적인 학교를 만들기 위해서 교장의 강력한 수업지도성이 중요하다는 것이다(Bossert, 1985; Dwyer, 1984; Lipham, 1981; Purkey & Smith, 1983).

효과적인 학교 운동이 한창이던 시기에 미국 교육부장관이었던 Bennett(1986)은 과거 20여 년간 미국에서 수행된 교육연구의 가장 중요한 업적의 하나가 효과적인 학교의 특징을 밝혀낸 것이라고 했다. 그에 따르면 **효과적인 학교**는 학교행정가, 교사, 학생, 학부모들이 학교교육의 목표, 내용, 방법에 관해 공통된 의견을 갖고 있는 학교이다. 그들은 밀도 있는 교육과정의 운영, 학생들의 학업성취에 대한 인정, 격려, 학교에 대한 긍지감, 학습 시간의 준수 등의 중요성을 공통적으로 인정한다. Bennett은 효과적인 학교의 7개 특징을 요약 제시하고 있는데, 그중 첫째 특징은 '강력한 수업지도성'이며, 둘째 특징은 '명확하고 일관성이 있으며, 공정한 의사결정을 하는 교장'이다. 즉, 효과적인 학교가 되기 위해서는 무엇보다도 교장의 강력한 수업지도성이 강조되는 것이다. 이러한 분위기에서 장학에서도 교육의 질적 향상을 위한 지도성의 개념이 강조되었다.

역사적으로 보아 장학활동의 기능과 개념은 변해 왔다. [그림 3-1]에서 보듯이, 교사들을 감시·감독하는 전통적인 관료적 장학에서 교사들을 존중하고 능력개발을 도와주는 현대적인 **민주적 장학**으로 발전되어 가고 있다. 장학의 평가적인 기능은 전통적인 관료적·감독적 형식의 장학에 보다 관련이 깊다. 효과적인 학교 조직을 유지하는 데 초점을 두어 온 과거에는 장학의 평가적 기능이 중시되어 왔다. 그러나 교실현장에서 교사들의 수업향상과 학생들의 학업성취를 촉진하도록 도와주는 것이 중요하다는 방향으로의 장학의 변화는 민주적 장학의 발전을 지향하게 되었다(Sullivan & Glanz, 2000: 22).

초기 장학에 대한 접근		현재 장학에 대한 접근
관료적	⟶	민주적
감독	⟶	참여

[그림 3-1] 미국에서의 장학에 대한 접근의 변화

자료: Sullivan & Glanz (2000: 22).

(2) 미국에서 2000년대 이후 장학의 발달

미국에서의 근래 장학의 변화 동향 및 전망을 살펴보는 것은 용이한 일이 아니다. 장학의 변화 동향 및 전망에 앞서, 그러한 변화를 초래하는 교육적 상황을 알아보는 것이 필요하다. 미국에서 2001년 「아동낙오방지법(No Child Left Behind Act: NCLB)」이 제정되면서, 불우 환경 학생들의 교육적 성공을 위하여, 기준준거 책무성(standards-based accountability)에 관련된 정책들이 도입되기 시작하였다. NCLB는 1990년대 미국에서 학업성취도 평균이 현저히 낮아지자 종전 1965년에 제정된 「초·중등교육법(Elementary and Secondary Education Act: ESEA)」을 개정한 법안의 별칭이다. 유치원부터 고등학교까지 낙오하는 학생이 없도록 한다는 취지로, 매년 학업성취도 평가 후 학교에서 적절한 학업성취 향상을 보이지 못하면 연방정부에서 그 학교에 대한 재정 지원을 삭감하는 것이 골자이다.

이후 주정부 수준에서 학교에 대한 **책무성 평가**가 강화되었다. 모든 학생들이 학업성취 기준에 도달할 수 있도록 하기 위하여, 다양하고 개별화된 학습 활동을 제공하고, 학업성취 기준에 관련된 다양한 평가가 이루어지게 되었다. 이러한 환경에서 교육활동에 대한 관리·감독·평가에 많은 노력을 기울이지 않을 수 없었다(Glanz, Shulman, & Sullivan, 2007; Sergiovanni, Staratt, & Cho, 2014: 9).

교육구의 장학 지침과 학교의 장학활동은 국가적·지역적 교육정책 변화 요구에 부응하기 위하여 재점검이 필요하게 되었다. 특히 교육구는 교사들이 책무성 중시의 정책적 요구를 충족할 수 있는 능력을 개발하도록, 장학담당자들이 교사들을 지도할 수 있는 전문성을 갖추도록 하기 위하여 투자가 필요하게 되었다.

〈표 3-2〉에 제시된 바와 같이, 교육과 관련된 정책적 변화는 장학활동과 관련된 전제와 관점에 있어서도 변화를 초래하게 되었다. 장학담당자들의 중요한 역할은 학교교육의 개혁을 위하여 지도성을 발휘하는 것이다. 수업에 대한 장학과 평가는 주정부 교육부의 입장에서 보면, 주정부의 교육개혁 정책과 학교현장의 개혁 실행이라는 두 변인 간의 매개 기능의 역할을 하게 되는 것이다. 그러므로 주정부는 교사들의 능력개발과 학생들의 학습활동을 촉진하는 장학담당자의 효과성에 대한 평가뿐 아니라 장학담당자들의 전문성 개발을 매우 중요하게 여기게 된 것이다.

교육 결과에 대한 책무성이 강조되면서, 교사들의 교수행동보다도 학생들의 학습활동으로 나타나는 효과에 관심이 모아지게 되었다. 〈표 3-3〉에서 보는 바와 같이, 교사를 대상으로 한 장학활동에서는 새로운 방향으로 변화가 요구되고 있다.

표 3-2   미국에서 교육정책과 수업장학의 방향 전환

구분		~으로부터(from)	→	~을 향하여(towards)
학교 교육 인식	학교의 목적	평등한 학습 기회 제공	→	모든 학생의 학습 기준 도달
	학습의 증거	교사에 의한 교육과정 지도		학습 기준 관련 다양한 평가 결과
	학습의 수단	동일한 교육과정 교수요목		학습 기준 도달을 위한 다양한 학습활동
초점		교사의 교육활동	→	학생의 수업활동
교육적 전략		학생들의 실패 인정	→	모든 학생의 성공 보장
		수동적인 학생들의 지식 흡수	→	능동적인 학생들의 지식 구성
		동일한 교수활동	→	개별화된 교수활동
		비교적 단순한 교수활동과 학습활동	→	복잡한 교수활동과 학습활동
		개별 교사에게 초점	→	함께 일하는 교사 팀에게 초점
		문화적 무관심	→	문화적 관심
		가정과 이웃과 분리된 교수활동	→	가정과 이웃의 도움을 받는 교수활동
		사회경제적 상황을 현상유지 관점에서 보는 교수활동	→	사회경제적 상황을 비판적 관점에서 보는 교수활동
		환경 문제에 관심이 없는 교수활동	→	환경 문제에 관심이 있는 교수활동
장학적 전략		교사들의 전문적 발달과 무관한 장학	→	교사들의 전문적 발달과 연관된 장학
		교육학 일반론자 수준의 장학담당자	→	교과내용 지식, 개별화 상황적응적 교육학에 익숙한 장학담당자
		관료적 기능을 수행하는 장학담당자: 총괄평가 지향	→	학생들과 교사들을 배려하는 장학담당자: 형성평가와 총괄평가 지향

자료: Sergiovanni, Staratt, & Cho (2014: 9, 13)의 내용을 종합함.

　　종래에는 장학담당자가 권위를 가지고 장학활동을 주도해 나가는 경향이 있었다. 그러나 이제는 주어진 교육과정에서 제시된 기준을 중심으로 학생들의 학습효과를 높이기 위하여 학습상황에 적절한 교수행동을 전개해 가는 데 장학담당자와 교사가 하나의 팀이 되어서 상호 간에 협의와 조정이 필요하게 되었다.

　　이와 같이 미국에서 장학의 변화를 초래하는 교육적 상황의 변화를 살펴보았다. 이와 연결하여 장학의 변화 동향은 다음과 같다.

표 3-3 미국에서 장학의 역할과 목적의 변화

과거의 관점	새로운 관점
교사의 교수행동 목록에 초점	교사의 학생 학습에 대한 효과에 초점
행정적 요구사항의 충족을 위해	학생 학습의 효과적인 개선을 위해
장학담당자의 권위에 근거	장학담당자와 교사 간 협의에 근거
엄격하게 구조화된 관찰	상황대응적 교수행동과 교육과정 기준을 중심으로 융통성 있는 관찰

자료: Sergiovanni, Staratt, & Cho (2014: 126).

　첫째, 장학에 있어 변혁적 리더십과 연계된 변혁적 장학이라는 접근이 일어나고 있다. **변혁적 장학**은 변혁적 리더십이 취하고 있는 기본 가정과 방향을 공유하며 형성된 장학 접근의 방법이다. **전통적 장학**에서는 장학담당자를 전문가와 지식의 전달자로 보며, 교사는 수동적 존재로 본다. 그러나 변혁적 장학에서 장학담당자는 교사와 상하위계적 상호작용보다는, 교사의 가능성과 잠재력을 촉진하기 위해 교사 개인 또는 교사 집단과 협력한다(Wood, 1998). 변혁적 장학은 교사에게 상위 목표를 향한 자신의 필요와 관심을 뛰어넘을 수 있도록 고무시킨다. 〈표 3-4〉는 변혁적 장학과 전통적 장학의 차이점을 비교하여 제시하고 있다.

　둘째, 장학활동에 있어 초점이 개인에서 집단·조직으로 전환되고 있다. 조직발달 이론이 시사하는 바와 같이 개인의 발달과 조직의 발달은 긴밀히 연계되어 있다. 교사 개인보다는 교사 집단과 상호작용을 하면서, 장학담당자는 미래지향적 리더, 조정자, 재능 개발자, 그리고 학생의 성취를 이끌어 내는 집단에 힘을 부여하는 사람으로서 기능한다. 그리고 장학담당자의 활동 범위와 영역이 교실 밖으로 넓혀지자, 학교나 지역사회의 문화, 풍토 등이 장학의 새로운 관심 영역이 되어 가고 있다(Glickman & Kanawati, 1998).

　셋째, 장학활동에 있어 감독·평가라는 관점에서 성장·지원이라는 관점으로 변화가 이루어지고 있다. 감독·평가라는 관점에서 보면, 장학담당자는 완전한 존재로서 기술과 지식을 교사에게 전달해 주도록 기대되고, 교사는 부족하고 결함이 있는 존재라고 전제된다(Glickman & Kanawati, 1998). 그러나 성장·지원이라는 관점에서 보면, 장학담당자는 교사의 성장을 위한 지원을 제공하고, 교사는 자기주도적으로 성장할 수 있다. 장학담당자는 교사에 대한 자원과 지원 메커니즘을 제공하는 데 중점을 둔다. 장학담당자는 단순히 교사의 행동을 수정하기보다는 그들의 가치와 인식에 변화를 자극하는 변화촉진자가 된다. 이것이 **변혁적 장학**의 본질이다.

표 3-4 전통적 장학과 변혁적 장학의 비교

구분	전통적 장학	변혁적 장학
수업에 대한 정의	외부 장학담당자에 의해서도 관찰되고 판단될 수 있는 기계적인 과정	교사의 끊임없는 판단과 의사결정을 필요로 하는 복잡하고 불확실한 과정
장학에 대한 정의	정보와 판단을 제공하는 장학담당자와 수동적 역할을 취하는 교사 간 일대일 상호작용	교사의 고립감을 줄이고, 교수활동을 연구·반성할 수 있도록 격려하며, 협력적 학습환경을 조성·지원하는 장학담당자와 교사 간 적극적 상호작용
장학담당자	교장, 교과전문가, 외부 장학요원	교사 자신, 동료교사, 교장, 교과전문가
장학 담당자 역할	교실관찰과 평가를 통해 교사의 행동을 관찰하고 기록하는 비평가	교사가 교수활동 변화를 시도하도록 하며, 함께 수업계획·실행·평가할 수 있도록 지원하며, 교사발달을 지원하는 학습환경 조성을 돕는 촉진자
장학 담당자와 교사 관계	상호작용은 책무성과 교수능력 향상에 초점, 장학담당자는 교사에게 판단 조언을 제공하는 전문가 입장이라는 점에서 위계적 관계	장학의 초점이 전문적 상호관계를 조성하고 교사발달을 지원하는 데 있으므로, 장학담당자와 교사 관계는 상호의존적이며 협력하고 돕는 관계
강조되는 평가	총괄평가: 교사의 교직 수행과 능력에 대해 판단하는 일년에 1~2차례의 행사. 효과적인 교수활동 준거에 근거하여 장학담당자의 짧은 시간 수업방문을 통해 이루어짐	형성평가: 교수계획, 교수활동에 대한 자기점검, 대안적 전략탐색 등을 통한 자기·동료평가. 교수활동에 대한 발달적 협동적 탐색, 교사와 장학담당자가 반성적 탐색을 위해 함께 노력하는 과정
전제	장학담당자의 통찰력과 지식은 교사와 동료교사들의 통찰력과 지식보다 중요	교사는 평가자들과의 작용보다 협력자들과의 작용을 통해 더 용이하게 배움
	교사효과성 연구를 통해 학생들의 학습을 향상시키기 위해 적용해야 할 준거와 교사 행동이 밝혀져 있음	교사가 능력과 장점, 학생들의 특성을 고려해 적절한 방법으로 가르친다면 학생들의 학습은 향상될 것임
	외적 책무성은 교수활동을 향상시키도록 교사를 동기화시킬 것임	교사는 전문가이고 자신의 교수활동을 향상시킬 수 있는 내적 열의가 있음
전문적 개발	현직연수, 워크숍, 학술회의, 장기간에 걸친 상담가의 조언	스스로 탐구하거나, 동료교사와 함께 또는 동료교사로부터 배우는 활동 등
장학 관련 정책	교사들의 활동을 통제하거나 지시하는 데 초점을 두는 질적 통제 정책	학생들의 학습활동과 교사의 교수활동을 촉진하도록 하는 교사 능력 구축 정책

자료: Wood (1998: 1091).

넷째, 장학활동 맥락에 있어 미시적 맥락에서 거시적 맥락으로 전환되고 있다. 장학은 장학담당자와 교사들의 개인적 활동이기보다는 사회적 활동으로 이해되어야 한다. 장학담당자는 교사 개인을 대상으로 일하지만, 동시에 학교 내외 복잡한 사회적 상황을 파악하는 능력이 요구된다. 학교나 교육청이 추구하는 목적 달성을 위해 교직원 능력을 개발하는 것이 필요하다는 것이 인적자원장학의 입장이다(Sergiovanni & Staratt, 2007, 2008).

다섯째, 장학활동을 통해 학교 내부와 외부에 **협동적 공동체**를 형성하는 노력이 강조되고 있다. 교사들이 교육활동을 수행하는 과정에서 하나의 팀으로 서로 협력하는 것은 중요하다. 교사 간 코치나 멘토를 세워 주고 협력관계를 조성·지원하고 학습공동체를 형성하도록 리더십을 발휘하는 것은 장학담당자의 중요한 역할이다(Pawlas, Oliva, & Peter, 2008). Glickman(2014: 392-405)은 교내에 민주적 공동체, 도덕적 공동체, 전문적 학습공동체, 탐구 공동체, 지역사회와 연계 공동체 등의 다양한 공동체를 형성해야 한다고 하였다.

여섯째, 장학활동에서 교사를 대상으로 리더십 개발과 권한 위임의 확대를 통하여 교육활동 개선을 위한 노력이 강조되고 있다(Pawlas et al., 2008). **교사 리더십**은 교사들이 학생, 동료교직원, 학부모들과의 관계 속에서 행사하는 영향력을 의미한다. 교육활동 효과를 높이려면, 교사 리더십과 권한 위임을 통해 교사들이 적극적이며 주도적으로 책임감을 가지고 교육활동에 참여하는 것이 필수적이다. 이를 위해 장학담당자가 변혁적 리더십 발휘를 통해 변혁적 장학을 추진해 나가야 한다.

2) 우리나라에서의 장학의 발달

(1) 우리나라에서 과거 장학의 발달

우리나라의 장학은 ① 해방 이전의 시학, ② 8·15해방과 미군정기의 장학, ③ 대한민국 수립 이후~5·16혁명 이전의 장학, ④ 5·16혁명 이후~1970년대의 장학, ⑤ 1980년대 이후의 장학, ⑥ 1990년대 이후의 장학, ⑦ 2000년대 이후의 장학으로 나누어 장학의 변천과정을 살펴볼 수 있다.

① 해방 이전의 시학

해방 전 중앙에는 조선총독부의 내무부 아래 교육에 관계되는 사항을 주무로 하는 학무국을 두었고, 학무국에 학무과, 사회교육과, 편집과의 3과를 두었다. 학무과에 4명의 시학관(視學官)을 배치하여 교육에 관한 기획·조사·지도 및 감독하는 일을 담당하였다. 도에는 시학관 1명과 약간의 도시학을 두었으며, 주요한 부(府)에는 부시학 1명을 두어 학사에 관한 시찰 및 감독을 맡아 보게 하였다. **시학**의 업무 사항은 ① 학교교육의 상황, ② 학교와 그 소재지와의 관계, ③ 일본어 보급의 상황과 그 시설, ④ 교육행정의 상황, ⑤ 학사 관계 직원의 품행 및 근무의 상황, ⑥ 교육·학예에 관한 제시설 및 서당에 관한 상황, ⑦ 특히, 지령을 받은 사항과 필요하다고 인정된 사항 등이었다.

1938년부터 추가적으로 교학관(敎學官) 제도를 설치해 교학의 쇄신·진흥에 관한 조사 및 지도·감독을 맡게 하였다. 제2차 세계대전이 발발한 이후에는 시학, 시학관, 교학관은 사립학교에 대한 시찰과 일본정신에 반항하는 한국인 교장·교감·교사들을 퇴직시키는 일까지 맡아 온갖 감시와 부정을 자행하였다(백현기, 1964: 31-33).

② 8·15해방과 미군정기의 장학

현재 사용되고 있는 장학이란 용어는 해방 이후 미군정기에 처음으로 사용되어 지금에 이르고 있다. 미군정은 중앙의 학무국을 문교부로 개편하고, 1946년 1월에 다시 개편된 문교부에 7국 21과의 기구를 두고, 보통교육국에 초등교육과와 중등교육과를 설치하여 이에 민주적인 명칭과 임무를 담당할 장학사가 각각 1명씩 배정되었다. 이를 기점으로 하여 일제강점기에 사용되었던 시학이란 명칭을 대신하여 장학이란 용어가 사용되기 시작하였다. 또한 각 시·도에서는 내무부의 학무과가 학무국으로 확대되고, 1947년에는 여기에 소속되는 시학관과 시학을 장학관, 장학사로 개칭하여 지도·조언의 임무를 담당하게 하였다.

③ 대한민국 수립 이후~5·16혁명 이전

대한민국 정부 수립 후 문교부 내의 비서실 기획과에 장학관이 소속되어 있어 기획과를 장학관실이라고 불렀다. 1950년 4월 19일 장학관실이 분리·독립되었다. 도 단위 지방에는 정부 수립 후 지방행정기구가 개편됨에 따라 군정시대의 학무국이 교육국으로 되었다가, 1949년 교육국과 사회국이 통합되어 문교사회국으로 개편되었다. 장학관은 학무과에 소속되어 도내 교육의 지도·조사·감독을 하였다. 장학사도 성인교육 담당 장학사를 제외하고는 학무과에 배치되어 초·중등학교 장학을 맡아 보았다. 도 학무과에 배치된 장학관은 1명, 장학사는 2명이었다.

시 및 군 단위에는 1952년 교육자치제 실시 전까지는 1명의 군 주재장학사가 군내 초등학교 교육의 장학을 전담하였다. 1952년 4월 24일 지방총선거로 지방자치제가 발족하고 6월에 지방교육자치제가 실시되어 각 시 및 군에 교육위원회가 설치되었다. 이로써 각 시 및 군의 교육행정이 군의 내무과로부터 독립되었다. 새로 설치된 지방 교육위원회는 완전한 행정체제를 갖추게 되어 각 시 및 군 교육감하의 학무과에 장학관 또는 장학사를 두게 되었다. 이로써 장학체계는 중앙, 도, 시 및 군의 3단계 구조를 이루게 되었다. 전국적으로 통일성 있는 장학을 실행하기 위해 문교부 장학진은 주로 도 장학진을, 도 장학진은 시·군 장학진을 대상으로 하는 장학활동을 벌이게 되었다. 우리나라에서 처음으로 **교육자치제**가 실시되었다는 것은 관료적 교육행정에서 민주적 교육행정으로 전진한 것으로서 역사적 의의는 매우 크다.

이 시기에 장학방침의 수립과 시달, 학사 시찰, 연구학교의 지정 및 지도 등을 통하여 상급 장학진이 직접 일선 교육에 영향을 미치는 형태의 장학도 차차 갖추어져 갔다. 장학진은 필요 시 전국 또는 소관 지역을 순방·시찰하고, 현장의 문제점에 대해 지도·조언을 하며 필요한 지시를 내리는 등 구체적인 장학행정을 수행하였다.

④ 5·16혁명 이후~1970년대의 장학

5·16혁명 후 지방교육행정 조직과 문교부 조직은 수차에 걸쳐 큰 변동을 겪었다. 1961년 「교육에 관한 임시특례법」의 공포로 교육자치제가 사실상 폐지되고, 1962년 시·군 교육구가 일반 행정기구인 시·군의 교육국 또는 교육과로 통합되었다. 1964년에는 서울특별시, 부산직할시, 도 단위에서 교육자치제가 부활됨에 따라 합의제 집행기관으로 교육위원회를 두게 되었고, 시·군에서는 교육장이 당해 자치단체의 교육·학예에 관한 사무를 관장케 되었다.

중앙에서는 제3공화국 시기에 들어서서 1963년 12월 16일 문교부 직제 개편에서 장학실이 하나의 독립된 기구로 직제화되었다. 장학실을 장관·차관 직속하에 두어 교육의 지도·조사·감독을 담당하도록 법제화함으로써 문교부의 장학행정을 강화하게 되었다. 이는 실로 해방 후 근 20년의 현안이 해결을 보게 된 것이다. 1962년에는 재외국민의 교육을 위해 해외에 주재장학관을 파견하게 되는 등 장학실의 활동은 차차 본 궤도에 올라서게 되었다.

또한 당시의 장학은 이론 보급이나 권장 형식에 그치는 장학이 아니고, 필요한 규정, 행정지시를 겸했고, 구체적인 조건 조성을 전제로 하는 것이었기 때문에 매우 강한 실행력을 갖추었다. 이 시기의 장학은 생산교육, 기술교육, 과학교육, 향토교육 등의 강화에 역점을 두어 학원이 국가경제 발전과 향토 발전에 직간접으로 참여하도록 하는 데 크게 힘썼던 것이 특색이었다. 이 시기를 전후하여 중앙교육연구소, 중앙시청각교육원, 시·도 교육연구소, 시청각교육원 등 교육연구기관이 설치되고, 교육연구관, 교육연구사, 연구원 등의 새로운 직명이 마련되어 연구문제의 수행, 연구학교 지도, 교원재교육, 교육자료의 제작 보급, 측정 및 평가, 시청각교육 등 교육연구와 현장지도에 노력하였다.

1960년대 중반에 들어와서는 한국 교육의 방향이나 한국 교육이 추구하는 인간상에 대한 문제가 부각되면서 1968년 12월 5일 「국민교육헌장」이 선포되었다. 일반적으로 1960년대 전기까지를 방법론 위주의 문교장학이라고 하는 데 비하여 1960년대 후기를 이념 위주의 문교장학이라고 말하는 이유도 바로 「국민교육헌장」을 낳고, 이를 교육에 확산시켜 보려는 노력이 모든 것에 앞섰던 까닭이라 말할 수 있다.

1970년 1월 26일 「정부조직법」이 개정되어 장학실에는 장학관 중에서 의무교육 담당관, 중등교육 담당관, 고등교육 담당관, 과학기술교육 담당관 등을 임명하여 해당 분야의 장학의 주동이 되도록 하였다. 1972년에는 새마을교육 담당관이 추가되었고, 장학실에 일반직과 교육연구사를 배치하였다. 이어 1975년에는 장학실의 담당관제를 장학연구 담당관, 학생지도 담당관, 윤리교육 담당관, 새마을교육 담당관제로 하여 종래의 대상별 조직에서 기능별 조직으로 전환하였다.

지방 장학기구로는 1973년 초에 「교육법」 개정으로 지방 교육행정기관에 상당한 개편이 있었다. 즉, 각 시·도 교육위원회는 중학교의 감독권을 시·군 교육청에 이관하였다. 서울특별시 및 부산직할시 교육위원회의 하부행정기관으로서 교육구청을 두어, 역시 초등학교와 중학교의 감독권을 위임하게 되었다.

이보다 앞서 1971년 1월 5일 초·중등학교에 주임교사제도가 채택되어 교감과 평교사 사이에 중간관리층을 두게 되었다. 이들은 교장·교감을 보좌하여 학교 내 장학활동의 중추적인 역할을 담당하게 되었다.

⑤ 1980년대의 장학

1979년 10월 26일 박정희 대통령 시해사건 이후 1년 정도의 기간 동안 우리나라는 정치적·사회적으로 급변을 겪었다. 교육에서도 큰 변화가 있었다. 1980년 7월 30일에 당시 국보위(국가보위비상대책상임위원회)는 과외 전면금지, 대학 본고사 폐지와 고교 내신성적 반영, 대학 졸업정원제 실시, 초·중등학교 교육과정 축소·조정, 방송통신대학 확충, 교육방송 실시, 교육대학 수업연한 연장 등을 포함한 '교육정상화 및 과열과외해소방안'을 발표하였다. 이러한 교육정상화 조치는 제5공화국에 들어서서 지속적으로 추진되었다.

문교부 조직은 1981년 말과 이듬해 3월에 걸쳐 단행된 직제 개편에서 장학실과 편수국을 통합하여 장학편수실로 하고 편수 총괄관, 교육과정 담당관, 인문과학 편수관, 사회과학 편수관, 자연과학 편수관을 두어 편수기능을 담당하게 하고, 교육연구 장학관, 정신교육 장학관, 교과지도 장학관, 생활지도 장학관을 두어 장학기능을 담당하게 하였다.

1987년부터는 각급학교 교원, 교육전문직 및 교육행정을 담당하는 일반직 공무원의 연수를 관장하기 위하여 각 시·도에 교원연수원을 설치·운영토록 하였다. 교원연수원은 교원에 대한 현직연수에 많은 기여를 해 왔다.

1980년대 후반에는 특히 교육의 민주화, 자율화, 전문화가 강조되었던 시기였다. 이때 한국교육개발원이나 초·중등학교에서 학교현장 중심의 교내장학에 관한 연구가 활발히 추진되어 많은 문헌이 연구·발간되었다. 장학의 방법도 교육행정기관의 주도하에 행하는 장학지도에서 변화하여 학교 중심의 자율적인 **교내장학**이 활성화되어야 한다는 인식이 높아지기 시작하였다(이윤식, 1989). 장학지도 방식도 종전의 지시·감독 위주의 지도에서 점차 민주적·참여적인 지도 및 조언의 역할로 변화되기 시작하였다(조병효, 1991).

⑥ 1990년대 이후의 장학

1990년 12월에는 문교부의 기능 조정에 따라 그 명칭을 교육부로 변경하고 학교교육, 평생교육, 학술에 관한 사무를 장리하도록 하였다. 해방 후 45년간 사용되던 문교부라는 명칭을 교육부로 변경함에 따라 보다 교육 본질에 접근한 중앙교육행정에 대한 기대가 높아졌다.

1991년 3월에 「지방교육자치에 관한 법률」이 공포되어 교육자치제 실시의 법적 근거가 마련되었고, 1991년 8월에 시·도의회가 교육위원을 선출하게 되면서 교육행정의 민주화와 지방분권화를 지향하며 **교육자치제**가 도입되었다.

1994년 12월 23일에는 교육부와 그 소속기관 직제 개정령에 따라 장학실이 폐지되고 교육정책실이 신설되었다. 장학이라는 용어가 교육부 조직에서 없어지는 큰 변화라 하겠다. 교육정책실에 실장 밑에는 교육기획정책관, 의무교육정책관, 고교교육정책관, 대학교육정책관을 두도록 하였다.

1995년 1월에 교육부는 **학교단위책임운영제**와 같은 초·중등학교장에 대한 자율권 확대 방침에 맞추어 초·중등학교에 대한 장학지도를 폐지하고, 장학협의 또는 협의 중심의 장학으로 방향을 전환하였다. 1995년 4월에 교육부는 '1995학년도 장학방침'을 발표하였다. 종래 업무추진 독려 및 확인 중심의 장학 방법을 개선해 장학협의 형태 및 이의 효율적 추진을 위한 지원장학으로 전환하고 그 성과를 평가하는 데 초점을 맞추기로 했다. 교육부는 연례적으로 실시하던 시·도 교육청 방문을 대폭 축소해 일부 시·도 교육청만 추출해 방문하며 학교 방문장학은 지양하기로 했다. 또 주요 교육정책 수립 시 교육부와 시·도 교육청 간 협의를 활성화하고, 교육정책의 추진상황 점검·확인도 협의 중심으로 운영하며, 시·도 교육청 장학활동에 대한 평가 및 우수사례를 일반화하도록 하였다. 시·도 교육청 장학 역시 학교와 교육청 간 협의를 활성화하여 학교단위 책임운영제를 위한 학교장의 자율권을 확대해 주기로 했다. 또 학교단위에서 전 교원이 참여하는 교내 자율장학을 활성화하기로 했다.

1995년 5월 31일에는 '누구나, 언제, 어디서나 원하는 교육을 받을 수 있는 길이 활짝 열린 열린교육사회, 평생학습사회 건설'을 비전으로 하는 '신교육체제' 수립을 위한 교육개혁이 발표되었다. '신교육체제'는 '학습자 중심 교육' '교육의 다양화' '자율과 책무성에 바탕을 둔 학교운영' '자유와 평등이 조화된 교육' '교육의 정보화' '질 높은 교육'을 기본 특징으로 삼고 있다. 초·중등교육 영역에 있어서는 학습자의 다양한 개성을 존중하고, 도덕성, 사회성, 정서 등 인성 및 창의성을 최대한 신장시키는 교육체제를 갖춤으로써 모든 학습자의 잠재능력이 최대한 계발되도록 하는 목표를 설정하였다. 장학도 이러한 교육개혁과 궤를 같이 하면서 추진되었다.

1996년 7월 5일 교육부와 그 소속기관 직제 개정령에 따라 기획관리실, 초·중등교육실, 고등교육실, 교육정책기획국, 지방교육행정국, 평생교육국, 교육정보관리국 등 3실 4국 체제로 개편되었다. 초·중등의 장학행정은 초·중등교육실에서 담당하게 되었다. 1998년 2월 28일 교육부와 그 소속기관 직제 개정령에 따라 기획관리실, 학교정책실, 평생학습국, 학술연구지원국, 교육환경개선국, 교육정보화국 등 2실 4국 체제로 개편되었다. 종래 초·중등교육실은 학교장학 및 지방교육행정기관 조직관리 등의 기능이 지방으로 대폭 이관돼 학교정책실로 개편된 것이다.

1998년 3월 1일 발효된 「초·중등교육법」에는 제7조에 '장학지도' 항목을 설정하여, "교육부장관 및 교육감은 학교에 대하여 교육과정운영 및 교수·학습방법 등에 대한 장학지도를 실시할 수 있다."라고 규정하였다. 「초·중등교육법 시행령」에는 제8조(장학지도)에 "교육부장관 및 교육감은 법 제7조의 규정에 의한 장학지도를 실시함에 있어서 매학년도 장학지도의 대상·절차·항목·방법 및 결과처리 등에 관한 세부계획을 수립하여 이를 장학지도 대상학교에 미리 통보하여야 한다."라고 규정하였다.

「초·중등교육법」에는 제9조에 '평가' 항목을 설정하여, "교육부장관은 학교에 재학 중인 학생의 학업성취도를 측정하기 위한 평가를 실시할 수 있으며, 교육부장관은 교육행정의 효율적 수행을 위하여 필요한 경우에는 지방자치단체의 교육·과학·기술·체육·기타 학예에 관한 사무를 관장하는 지방교육행정기관과 학교에 대하여 평가를 실시할 수 있다."라고 규정하고 있다. 「초·중등교육법 시행령」 제12조에는 '평가의 기준'으로 ① 예산의 편성 및 운용, ② 학교 및 교육기관의 설치·운영, ③ 교육과정 편성·운영 및 교수·학습 방법, ④ 교직원의 인사관리 및 후생복지, ⑤ 기타 교육부장관이 필요하다고 인정하는 사항 등을 규정하고 있다. 「초·중등교육법 시행령」 제13조에는 '평가의 절차·공개'와 관련하여, 교육부장관은 기관평가 및 학교평가를 실시하는 때에는 서면평가·현장평가 및 종합평가에 의하되, 설문조사·관계자면담 등 다양한 방법을 사용하여 평가대상기관에 대한 학생 및 학부모 등의 반응을 조사하고 그 결과를 평가에 반영하여야 한다고 규정하고 있다.

「초·중등교육법 시행령」에 장학지도 방법과 교육기관 평가 방법에 관한 사항이 제시되어 있으므로, 교육부는 교육청 평가와 장학을 연계하여 실시하기로 하였다. 교육정책 추진상황이나 일선학교 지원 현황의 점검이나 확인을 위해 시·도 및 지역교육청을 대상으로 장학을 실시하며, 장학은 협의나 대안 제시 등 장학 능력을 높이고 적발이나 문책 위주의 활동을 지양해 현장의 불만을 해소하는 방향으로 장학방법을 개선하도록 하였다.

1990년대 이후의 장학은 종래의 행정적인 장학에서 학교현장 중심의 자율장학이 활성화되는 방향으로 이루어졌다. 교육청의 장학활동은 종래의 종합장학을 지양하고 담임장학이나 요청장학 등과 같이 학교장 중심의 자율장학과 지구별 자율장학활동이 활성화되도록 지원하는 조장적 성격을 띠게 되었다. 교수-학습 활동의 질 향상을 위하여 교과연구회가 활성화되었으며, 교내 및 교사 자율연수가 강조되었다. 내용면에서는 교수-학습의 질 향상을 중시하고, 방법 면에서는 민주적인 지도성과 자율적인 참여가 강조되게 되었다.

(2) 우리나라에서 2000년 이후 장학의 발달

2000년대 들어 학교현장을 중시하는 장학이 더욱 제도화되어 가고 있다. 교육청의 장학활동은 학교장 중심 자율장학활동이 활성화되도록 지원하는 조장적 성격을 띠게 되었다. 장학이 교육행정기관 중심의 장학에서 학교 중심의 장학으로, 주어지는 장학에서 함께하는 장학으로 전환이 이루어져 가고 있는 것이다. 학교현장의 조건과 요구를 반영하여 자율장학, 요청장학, 컨설팅장학 등이 활용되고 있다.

2010년 5월 교육부는 교육개혁의 현장착근과 다양한 교육수요에 부응하기 위해 교육지원청의 현장 지원 기능 강화를 위한 '선진형 지역교육청 기능 및 조직 개편'을 발표하였다. 교육청의 기능면에서는 관리·감독·규제 업무 축소·이관, 지역청–본청 간 기능의 합리

표 3-5   선진형 지역교육청 기능 및 조직개편 방안 중 장학 관련 내용(2010. 5.)

① 감독·점검 위주의 장학, 종합장학, 학교평가는 축소하거나 본청으로 이관
  • (장학) 학사운영에 대해 점검·지시하는 방식으로 이루어져 왔던 담임장학 폐지
           팀을 구성하여 컨설팅을 제공하거나 전문가를 연계해 주는 컨설팅 장학으로 전환
  • (종합감사) 지역교육청의 종합감사는 본청으로 이관·축소
  – 시·도 교육청(본청)에서는 급식, 시설 등 취약 분야에 대한 기획·사안감사를 상시 실시
  – 사안 발생기관 대상 엄정 집중감사, 학교재정운용상황 모니터링 등으로 감사효과 극대화
  • (학교평가) 지역교육청의 학교평가 업무는 시·도 교육청의 연구·정보원으로 이관
           평가는 기공개된 데이터를 활용하여 시행함으로써 현장 부담 최소화
  • 현장의 자율을 저해하는 규제와 행사 등은 시·도 교육청이 자체적으로 발굴 정리

현 행	개 편
• 점검 위주·행정적 장학(지역청) • 종합감사(지역청) • 학교평가(지역청) • 규제·각종 행사	• 컨설팅 장학(지역청) • 강화된 기획·사안감사(본청) • 학교평가(연구·정보원) • 자체적 폐지·축소

② 지역교육청과 본청의 역할을 합리적으로 조정
  • 본청에서 수행하고 있는 일반계 고교에 대한 컨설팅업무를 지역교육청으로 이관
    지역교육청은 교수·학습활동 등 현장지원 집중
    학교평가, 감사, 시설기획, 학생수용계획 등 행정·관리 업무는 가급적 본청에서 수행

③ 지역교육청에 교육수요자와 학교현장 지원 기능을 대폭 강화
  • (현장 지원) 순회교사제 확대 운영, 현장컨설팅 지원단(수석교사, 장학사 등) 구성·운영, 교수·학습자료실 운영, 지역사회 교육자원 연계, 교과협의회·학습동아리 등 학교자율장학 지원

적 재배분, 학교·교육수요자 지원 기능 강화 방향으로 개편이 이루어졌다. 조직 면에서는 지역교육청을 교육지원청으로 변경하고, 그동안 시행되던 점검 위주의 장학을 축소하며, 지원 중심의 컨설팅장학을 도입하였다. 그동안 시·도 교육청이 담당하던 일반고 대상 장학을 교육지원청으로 이관하였다.

컨설팅장학은 컨설팅과 장학의 합성어이다. 컨설팅장학은 학교컨설팅과 관련이 있다. 학교컨설팅은 학교교육을 개선하기 위해서 일정한 전문성을 갖춘 사람들이 의뢰인의 요청에 따라 제공하는 독립적인 자문활동을 의미한다. 컨설팅장학은 장학에 학교컨설팅의 원리와 방법을 도입한 교원 전문성 개발 활동이다. 즉, 전문성을 갖춘 장학요원들이 교원의 의뢰에 따라 그들이 직무수행상 필요로 하는 문제와 능력에 관해 진단하고, 그것의 해결과 계발을 위한 대안을 마련하여 대안을 실행하는 과정을 지원 또는 조언하는 활동이다(김도기, 2013; 진동섭, 2003; 진동섭, 김도기, 2005; 홍창남, 2012).

표 3-6 「초·중등교육법」에 나타난 장학지도 관련 조항의 변화	
「초·중등교육법」 [법률 제5438호, 1997. 12. 13. 제정]	「초·중등교육법」 [법률 제11384호, 2012. 3. 21. 일부개정]
제7조 (장학지도) 교육부장관 및 교육감은 학교에 대하여 교육과정운영 및 교수·학습방법 등에 대한 장학지도를 실시할 수 있다.	제7조 (장학지도) 교육감은 관할 구역의 학교를 대상으로 교육과정운영과 교수·학습방법 등에 대한 장학지도를 할 수 있다.

2012년에는 「초·중등교육법」에서 종래 "제7조(장학지도) 교육부장관 및 교육감은 학교에 대하여 교육과정운영 및 교수·학습방법 등에 대한 장학지도를 실시할 수 있다."가 "제7조(장학지도) 교육감은 관할 구역의 학교를 대상으로 교육과정 운영과 교수·학습방법 등에 대한 장학지도를 할 수 있다."로 개정되었다. 종래 교육부장관과 교육감에게 주어졌던 장학지도 권한이 교육감에게 이양되고, 교육부장관의 장학지도에 대한 권한은 없어졌다. 「초·중등교육법 시행령」 제8조(장학지도)에는 "교육감은 법 제7조에 따라 장학지도를 하는 경우 매 학년도 장학지도의 대상·절차·항목·방법 및 결과처리 등에 관한 세부계획을 수립하여 이를 장학지도 대상학교에 미리 통보하여야 한다."라고 규정되어 있다.

이렇게 장학 담당조직의 변천 및 2012년 「초·중등교육법」 개정을 통해서 알 수 있듯이 장학지도에서 교육부장관이 제외되는 등 중앙 교육행정조직에서 장학의 비중이 줄어들었다. 즉, 장학의 주체가 교육부장관에서 교육감으로 바뀌었고, 교육행정기관인 교육부,

교육청 중심의 행정적인 장학에서 단위학교 중심의 장학으로 변화되어 가고 있다.

　　교육부장관의 장학지도 권한은 교육감에게 이양되었지만, 학생 · 기관 · 학교에 대한 평가 권한은 교육부장관에게 있다. 교육부장관은 교육행정의 효율적 수행을 위해 교육청 및 그 관할 아래 기관 · 학교 · 학생에 대한 평가의 법적 권한을 가지고 있다. 학교에 대한 평가에서 교육과정 운영 및 교수–학습방법, 교육활동 및 교육성과 등 여러 사항에 대한 평가를 실시하고, 학생들의 학업성취도를 측정함으로써 교육력을 높이는 역할을 하고 있다.

표 3-7　학생 · 기관 · 학교 평가 관련 규정

관련 규정	내용
「초 · 중등교육법」 제9조 (학생 · 기관 · 학교 평가)	① 교육부장관은 학교에 재학 중인 학생을 대상으로 학업성취도를 측정하기 위한 평가를 할 수 있다. ② 교육부장관은 교육행정을 효율적으로 수행하기 위하여 특별시 · 광역시 · 특별자치시 · 도 · 특별자치도 교육청과 그 관할하는 학교를 평가할 수 있다. ③ 교육감은 교육행정의 효율적 수행 및 학교 교육능력 향상을 위하여 그 관할하는 교육행정기관과 학교를 평가할 수 있다. (이하 생략)
「초 · 중등 교육법 시행령」 제10조(학생의 평가)	법 제9조 제1항의 규정에 의한 학생의 학업성취도 평가에 관하여 필요한 사항은 교육부장관이 정한다.
「초 · 중등 교육법 시행령」 제12조 (평가의 기준)	① 시 · 도 교육청평가 및 지역교육청평가는 다음 각 호의 사항을 기준으로 실시한다. 1. 예산의 편성 및 운용　2. 학교 및 교육기관의 설치 · 운영 3. 학교 교육 지원 및 교육 성과　4. 학생 및 교원의 교육 복지 5. 그 밖에 지방자치단체의 교육행정에 관한 사항으로서 교육부장관 또는 교육감이 필요하다고 인정하는 사항 ② 학교평가는 다음 각 호의 사항을 기준으로 실시한다. 1. 교육과정 운영 및 교수 · 학습방법 2. 교육 활동 및 교육 성과 3. 그 밖에 학교운영에 관한 사항으로서 교육부장관 또는 교육감이 필요하다고 인정하는 사항

　　종래 시 · 도 교육청에서 이루어지던 일반고 대상 장학을 교육지원청으로 이관하여 시 · 도 교육청의 장학기능 축소 및 지원 기능을 강화하는 방향으로 변화되었고, 지역 교육청이 장학을 주도하게 되었다. 장학정책들도 시 · 도 교육청 및 교육지원청 중심으로 단위학교들과의 협의와 협업을 통한 장학으로 그 방향이 수정되었다.

우리나라 장학의 변화 동향을 종합하면 다음과 같다.

첫째, 장학활동을 보는 관점이 종래 '주어지는 장학'에서 '함께하는 장학'으로 점차 변화가 일어나고 있다. 전통적으로 교사는 장학의 객체로서 피동적이고 수동적 입장에 있었으나, 자율장학, 맞춤장학, 요청장학, 컨설팅장학 등의 활용으로 교사와 장학담당자 간 협동관계가 부각되고 있다.

둘째, 장학활동에서 학교현장을 중시하는 방향으로 변화가 일어나고 있다. 장학의 본질적 기능은 학교 교육활동의 개선을 도와주는 것이다. 장학은 교육활동의 본질과 원리에 대한 존중을 기초로 하여, 교육활동이 실제로 전개되고 있는 학교현장의 상황과 조건을 고려해야 한다.

셋째, 장학활동의 계획과 실행의 과정에서 민주적인 협력과 참여가 중시되는 방향으로 변화가 일어나고 있다. 장학은 교사의 자발적인 자기발전 의지를 기초로 하여 장학담당자와 교사 간에 민주적이고 협력적인 상호작용을 통하여 이루어질 때 그 효과가 극대화될 수 있다. 교사들의 필요와 요구를 존중하고 다양하고 개별적인 장학활동이 이루어지는 경향이 있다.

넷째, 장학활동의 내용과 방법에 있어 컨설팅장학 등 전문화를 지향하는 방향으로 변화가 일어나고 있다. 2010년 이후 제도화된 컨설팅장학은 장학에 컨설팅의 원리와 방법을 도입한 교원 전문성 개발활동이다. 컨설팅장학은 의뢰인의 자발성과 컨설팅 장학요원의 전문성에 바탕을 둔 조언활동이다. 효과적인 컨설팅장학을 위해 장학요원의 전문성 신장 요구가 높아지고 있다. 컨설팅장학이 좋은 취지로 도입이 되었지만, 학교와 교사들의 자발성이 부족하다는 지적도 높은 상황이다.

3. 장학의 개념과 기능

1) 장학의 개념

장학(supervision)은 어원적으로 superior와 vision의 합성어로서 '높은 곳에서 우수한 사람이 본다'라는 뜻으로, 원래 시학(視學) 내지 독학(督學)을 의미한다. 유럽에서는 장학을 inspection이라고 쓰고 있는데, 이것은 in과 spect의 합성어로서 '들여다본다'는 뜻으로 감시, 시찰, 검열 등의 감독이 된다. 우리나라에서도 해방 전까지는 시학, 독학 등의 명칭을 사용하였다.

해방 후 도입된 supervision이란 용어는 지도·조언 또는 장학으로 번역되었다. 장학이라는 개념은 장학에 대한 접근 방법과 강조점의 차이로 인하여 시대와 장소, 학자에 따라 다양하게 정의되고 있다. 장학의 담당자도 해방 전까지는 시학관 또는 시학이라고 부르다가, 해방 후에는 장학관, 장학사로 불렀다.

현재 일반적으로 쓰이고 있는 **장학의 개념**에 관해서는 장학에 대한 접근 방법과 관점 및 강조점 차이로 인해 여러 가지 다양한 의견이 제시된다. 특히 장학이 그 이론에서뿐 아니라 실제에 있어서도 우리나라보다 발달한 미국 등 선진국의 경우, 학자들에 따라서 다양한 형태의 장학의 개념에 관한 논의가 제시되고 있다.

Wiles와 Bondi(1980)는 여러 학자의 주장을 정리·분석한 결과, 장학에 대한 개념 정의는 대체로 〈표 3-8〉과 같이 여섯 가지로 구분된다 하였다. 장학의 개념 정의에 대한 여섯 가지 접근은 장학이 궁극적으로는 학교와 교실 내에서의 교수-학습 활동의 개선을 목적으로 함을 전제로 하여, 목적을 달성하기 위한 과정 또는 방법상의 강조점이 어디에 있느냐에 차이가 있음을 보여 준다.

김종철(1982, 1994)은 다원적 접근 방법에 의하여 장학의 개념을 검토하는 것이 바람직하다고 하였다. 장학의 개념을 파악하는 데 법규 면에서의 접근 방법, 기능 면에서의 접근 방법, 이념 면에서의 접근 방법이 있다는 것이다.

'법규 면에서의 접근 방법'은 법규 해석에서 출발하여 연역적으로 장학의 개념을 파악하려는 입장으로서, 장학을 교육활동의 ① 계획연구면, ② 행정관리면, ③ 학습지도면, ④ 생활지도면을 포함하는 제반 영역에 걸쳐서 계선조직을 통한 제반 행정업무를 보좌하는 참모활동으로 보는 것이다. 즉, 법규 면에서 접근 방법에서는 장학을 '계선조직의 행정활동에 대한 전문적·기술적 조언을 통한 참모활동 내지 막료활동'으로 정의할 수 있다. 이러한 장학의 개념은 교육행정체계에 적용된다.

'기능 면에서의 접근 방법'은 장학의 기능이 무엇이냐를 분석·검토하여 귀납적으로 장학의 개념을 파악하려는 입장이다. 장학활동은 대체로 다음과 같이 세 가지 분야에서 이루어진다. 첫째, 교사의 전문적 성장을 돕는 제반 활동이다. 교사들로 하여금, ① 건전한 교육철학의 수립, ② 교직에 대한 올바른 태도와 감정, 특히 소속감과 안정감의 확립, ③ 문제해결의 능력과 기술의 습득, 특히 학습지도 방법과 생활지도 방법의 개선, ④ 교육문제에 대한 올바른 인식의 확대 등을 통하여 전문적 성장을 이룩하게 하는 것이다. 둘째,

표 3-8 장학에 대한 여섯 가지 개념 정의의 초점

초점	개념 정의
교육 행정	• 장학은 교육체제의 적정 교수기대를 달성하는 데 주로 초점을 둔 학교행정의 한 국면이다 (Eye, Netzer, & Krey, 1971). • 장학은 학교체제의 구성원이 학교의 주요 교육목표를 달성하는 데 직접 영향을 줌으로써 학교 운영을 유지 또는 변화시키기 위해 성인과 사물을 다루는 것이다(Harris & Bessent, 1969).
교육 과정	• 장학은 교육과정에서 의미를 찾아야 한다. 아니면 의미가 없다(Curtin, 1964). • 장학은 교육과정의 제정과 개정, 교수 단원과 자료의 준비, 학부모에게 통지하는 과정과 도구의 개발, 교육 프로그램 평가 등 광범위한 일을 의미한다(Cogan, 1973).
수업	• 장학은 학생들의 학습을 증대시키기 위해 적용될 수업 방법의 개선에 직접 영향을 주는 인적·물적 지원을 조정하는 일이다(Harris, 1975). • 장학은 수업 개선을 목적으로 행하는 전문적 교육자의 행동이다(Dull, 1981).
인간 관계	• 장학담당자와 교사의 관계에서 생산적 직무 관계성을 조성하는 것은 장학담당자에게 가 장 중요한 일이다(Blumberg, 1980). • 인간자원적 장학은 개인 욕구와 학교 목표 및 과업의 통합을 강조한다. 이것은 교사에게 의미 있는 일의 중요성을 강조하고 과업 성취에서 나오는 교사 만족을 동기유발과 수업 개선의 관건으로 봄으로써 가능하다(Sergivanni & Starratt, 1983).
경영	• 장학담당자는 일의 과정을 지시하고 안내하는 책임이 있다. 업무체제가 기술적 생산체 제든 인간봉사체제든 그것은 장학담당자의 역할을 결정하는 가장 중요한 요인이 된다 (Alfonso, Firth, & Neville, 1981).
지도성	• 장학의 과업은 교사들에게 가르치는 방법을 가르치는 것이고, 공교육을 개혁하는 데 있어 교육과정·교수·교육형태 등에서 전문적 지도성을 발휘하는 것이다(Mosher & Purpel, 1972). • 장학담당자는 행정·교육과정·교수 등 각 범위에서 벗어나야 한다. 장학은 행정·교육 과정·교수를 연결하고 학습과 관련된 학교활동을 조정하는 지도성 기능이다(Wiles & Bondi, 1980).

자료: Wiles & Bondi(1980: 8-11)의 내용을 정리함.

교육 운영의 기획과 평가를 돕는 제반 활동이다. 즉, 교육활동 전반에 대한 기획, 조사와
연구 및 평가를 함에 있어서 교육행정가를 비롯한 관계 인사들의 노력을 도와주는 것이
다. 셋째, 학습환경의 개선을 돕는 제반 활동이다. 학습환경의 개선은 교사의 전문적 성장
을 통한 학습지도 및 생활지도의 개선에 의해 이루어지는 면이 크지만, 그 외에 환경 정화
와 학교관리행정의 개선, 교육시설의 정비와 인적 조건의 개선도 중요하다. 기능 면에서
의 접근 방법에서는 장학을 '교사의 전문적 성장, 교육운영의 합리화 및 학생의 학습환경

개선을 위한 전문적 · 기술적 보조활동'으로 정의한다.

'이념면에서의 접근 방법'은 우리나라의 법규나 현실적 장학활동 기능의 분석보다도 선진국의 교육 이론과 교육 이념을 토대로 한 입장이다. 장학을 '교수, 즉 학습지도의 개선을 위하여 제공되는 지도 · 조언'으로 정의한다.

주삼환(1988: 73)은 Wiles와 Bondi의 개념 정리를 토대로 장학의 궁극적인 목적인 수업개선을 장학의 중심으로 하여 [그림 3-2]에서 보는 바와 같이 직접적인 접근에서 간접적인 접근의 순서로 수업, 교육과정, 인간관계, 경영, 행정의 동심원을 그릴 수 있으며, 지도성은 동심원의 모든 면에서 발휘해야 할 것으로 볼 수 있다고 했다. 주삼환은 김종철의 접근을 참조하여 행정과 경영은 법규적 접근, 인간관계와 교육과정은 기능적 접근, 수업은 이념적 접근과 관련된다 하였다.

주삼환(1995: 10-11)은 장학의 궁극적 목적은 수업 개선이며, 수업 개선의 목적을 달성하기 위해서는 수업의 주요 요소인 교사, 교육과정, 학습환경과 교재, 학생에 변화를 줘야한다고 주장한다. 이러한 관점에서 "① 교사의 교수행위에 영향을 주고, ② 교육과정을 개발 · 수정 · 보완하고, ③ 학습환경과 교육자료를 제공 · 개선해 주고, ④ 학생의 학습행위에 변화를 주어, ⑤ 학습성취를 향상시키기 위한 교육활동"이 장학의 본질인 동시에 본질적 장학의 정의라고 밝고 있다.

강영삼(1994: 15-17)은 장학의 의미가 교육조직 또는 교육행정조직 내 장학담당자들의 업무를 어떤 입장에서 어떻게 지각하느냐에 따라 다르게 개념화될 수 있음을 지적하면서, 장학의 개념을 4가지로 제시하였다. ① 참모활동 중심접근: 교육활동의 전반적인 기획,

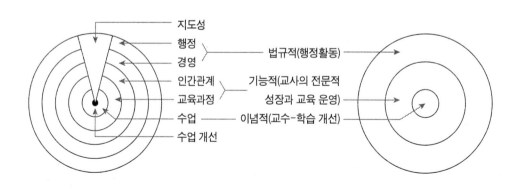

[그림 3-2] 외국의 장학 개념의 접근과 김종철의 장학 개념의 다원적 접근

자료: 주삼환(1988: 73).

조사, 연구, 관리, 지도, 감독을 통하여 중앙의 교육행정 업무를 보좌하는 참모활동, ② 계선활동 중심접근: 교육활동을 위한 장학지도, 교원의 인사관리, 학생의 생활지도, 교육기관의 감독 등을 통하여 지방의 학무를 총괄하는 계선활동, ③ 학교 수업활동 중심접근: 학생들의 학습기회를 향상시키기 위하여 교사의 교수행위에 직접적으로 영향을 주는 학교 내에서의 제반 지도 및 지원활동, ④ 학급 수업활동 중심접근: 학급 내의 교수-학습 과정을 개선하기 위하여 교사와 학생 간의 상호작용에 중점을 두고 교사를 지도·조언하는 활동 등 네 가지이다.

정태범(1996: 15)은 여러 학자의 장학에 대한 개념을 검토한 결과, 지금까지 법규 면과 이념적인 면에서 장학의 개념은 많이 논의되었으나, 제도관리 측면이나 전문성 신장 측면에서의 접근은 부족하였다고 밝혔다. 이를 고려하여, 정태범은 장학을 "교수-학습의 효율화를 목적으로 교사의 전문성의 신장, 교육과정의 운영 및 학교경영의 합리화를 위해 제공되는 지도, 조언, 정보 제공, 자원봉사 등 일련의 전문적·기술적 활동"이라고 정의하였다. 이러한 정의를 분석적으로 볼 때, 장학의 대상은 교사의 전문성, 교육과정 운영, 학습지도, 학교경영 등이 되며, 장학의 구체적 행위는 전문적·기술적 활동, 지도·조언 및 지도성의 발휘 등이 된다고 하였다.

김윤태(1994: 667)는 앞에서 제시한 바와 같은, Wiles와 Bondi의 개념 정리를 토대로 장학을 "교육행정 내지 학교 경영의 한 과정으로서, 교수-학습 과정을 개선하고 학교의 목표를 성취하기 위하여 장학담당자가 행사하는 교육지도성"이라고 정의하고 있다. 남정걸(1997: 301)은 장학에 대한 다양한 개념 정의를 고찰하고 장학을 "학생들의 성장과 발달을 증진시키기 위하여 교사의 활동을 전문적으로 개선·향상시키는 일"이라고 정의하였다.

장학의 개념에 대한 여러 의견을 종합해 보면, 장학은 '교육활동의 개선을 위하여 주로 교원을 대상으로 이루어지는 제반 지도·조언 활동'을 의미한다고 볼 수 있다. 이 개념 정의에 대하여 보다 자세히 다음과 같은 사항이 부연될 수 있다.

첫째, '교육활동의 개선'은 장학이 추구하는 목적을 시사한다. '교육활동의 개선'은 교원들의 전문성을 바탕으로, 교육의 3요소인 교원·학생·교육과정 간의 상호작용을 통해 이루어지는 '교수-학습 활동의 개선'을 핵심으로 하여 궁극적으로 설정된 '교육목표의 효율적 달성'을 위하여 이루어지는 협동적·지속적인 노력을 의미한다. '교육목표'는 대체로 '학생들의 지적·정의적·신체적 성장·발달'을 의미한다. 학교에서는 교육활동의 기능을 높이기 위하여 학교경영 활동이 전개된다. 학교경영은 단위학교에서 학교 교육목표의 달성을 극대화하기 위하여 학교체제 내의 인적·물적·재정적 자원을 효과적으로 유지·통합·운영하고, 제반 교육활동 기능을 최적화하려는 행위를 총칭한다(이윤식, 1992: 189).

둘째, '주로 교원을 대상으로'는 장학이 원칙적으로 누구에게 작용하는가를 시사한다. 여기서 교원은 교사뿐 아니라 교장·교감도 포함하며, 넓게는 일반 직원도 포함하여 교육활동에 관계하는 모든 사람을 의미하는 개념이다. 교장·교감은 교사들에게 지도·조언을 제공하지만 경우에 따라서는 필요한 지도·조언을 얻기도 한다. 장학담당자는 원칙적으로 교원을 대상으로 장학활동을 하게 된다.

Sergiovanni(1983: 12)는 '장학은 교육목표 달성에 책임이 있는 사람들이 다른 사람들로 하여금 교육목표를 달성할 수 있도록 도와주는 데 활용하는 하나의 과정'이라고 보았다. 장학활동이 다른 조직활동과 구별되는 근본적인 차이는 '다른 사람들을 통해 목표를 달성하는 행동'이라는 점이다. 교장이 교사를 도와 학생을 위한 교육활동의 효과를 높이고자 하는 노력은 바로 장학활동이다.

그러나 교육목표 달성에 직간접적으로 기여하는 활동이기는 하지만 목표 달성을 위해 다른 사람들에게 의존하지 않는 학교행정가나 장학담당자의 활동은 장학활동이라기보다는 행정활동으로 볼 수 있다. 학교행정가와 장학담당자가 교육목표 달성을 위해 사람들보다는 자료·문서·시설·예산 등을 포함해 사물에 둘러싸여 일하게 될 때, 그들은 장학적 방법이라기보다 행정적 방법을 사용한다고 볼 수 있다.

셋째, '제반 지도·조언 활동'은 지도·조언의 형태와 내용이 다양할 수 있음을 의미한다. 교원을 대상으로 하여 지도·조언 활동이 직접적 또는 간접적, 체계적 또는 비체계적, 공식적 또는 비공식적, 반복적 또는 일시적, 장기적 또는 단기적 등 여러 가지 형태로 이루어질 수 있다. 교원을 대상으로 하여 지도·조언의 내용도 앞에서 Wiles와 Bondi가 제시한 6가지 다양한 내용(① 수업, ② 교육과정, ③ 인간관계, ④ 경영, ⑤ 행정, ⑥ 지도성)에 관련하여 이루어지는 것을 의미한다. 또한 강영삼이 제시한 4가지 활동(① 참모활동 중심접근, ② 계선활동 중심접근, ③ 학교수업활동 중심접근, ④ 학급수업활동 중심접근)도 포괄하는 것으로 볼 수 있다.

지금까지 장학의 개념을 살펴보았듯이, 결론적으로 **장학의 목적**은 교육활동의 개선, 즉 교원들의 전문성을 바탕으로 한 교수–학습 활동의 개선을 핵심으로 하여, 설정된 교육목표를 효율적으로 달성하여, 궁극적으로 학생들의 지적·정의적·신체적 성장·발달을 도모하는 데 있다 하겠다.

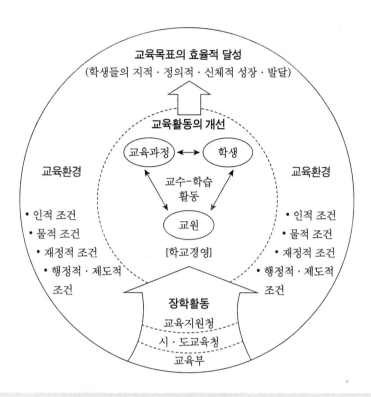

[그림 3-3] 장학의 개념적 구조

2) 장학의 기능

장학의 기능이 무엇인가에 대하여는 장학의 개념 정의에서 어느 정도 시사되었다. 우리나라에서 관찰되는 장학의 기능에 대하여 비교적 구체적으로 언급한 김종철(1982)은 장학에 대한 '기능 면에서의 접근 방법'에서 장학의 기능을 세 가지로 제시하였다. ① 교사들의 전문적 성장을 돕는다. ② 교육행정가들의 교육운영의 기획과 평가를 돕는다. ③ 학습환경의 개선을 돕는다. 이러한 장학의 기능을 중심으로 하여, 장학을 교사의 전문적 성장, 교육운영의 합리화 및 학생의 학습환경 개선을 위한 전문적·기술적 보조활동으로 본다.

백현기(1964)는 장학의 기능 다섯 가지를 제시하였다. ① 교사의 자주성을 함양시킨다. ② 교사로 하여금 그들의 문제를 분석·처리할 수 있는 능력을 길러 준다. ③ 장학을 통하여 교사에게 안전감을 준다. ④ 지역사회에 대하여 학교 교육활동을 소개하는 동시에 지역사회의 자원을 학교교육에 활용될 수 있도록 하여 교육의 효율적인 향상을 기한다. ⑤ 교사와 더불어 건전한 교육철학을 발전시키는 데 협력한다. 백현기는 교사를 대상으로 한 활동으로서 장학의 기능을 강조하고 있다.

여러 주장을 종합해 보면, ① 장학담당자가 하는 활동의 성격(예: 지도, 조정, 조언, 자원·봉사, 평가, 관리 등)을 중심으로 장학의 기능을 설명하는 입장, ② 장학담당자가 하는 활동의 대상 영역(예: 교사의 성장, 교원인사, 교육과정 개발, 수업 개선, 교과지도, 학생지도, 학급·학교 경영 등)을 중심으로 장학의 기능을 설명하는 입장이 혼합되어 있음을 알 수 있다. 장학의 기능과 장학의 영역은 긴밀히 연계되어 있다.

정태범(1996: 191-231)은 장학에서 무엇을 다루며, 어디까지 다루며, 어떻게 다룰 것인지에 대한 범위를 한정하는 것을 장학의 영역으로 보아, ① 교육과정 관리, ② 교원직능 관리, ③ 교육조건 관리의 세 가지를 제시하였다. 교육과정 관리는 교육활동과 교육목적 사이의 적합성을 유지하기 위한 활동으로, 교육과정을 개발하고 교육의 내용과 방법이 교육목적에 적합하게 이루어질 수 있도록 하는 관리적 활동이다. 교원직능 관리는 교육활동에 임하는 교원의 직능을 개발해 수업을 개선함으로써 교육 효과성을 높이는 활동이다. 교육조건 관리는 교육에 필요한 재정적·물적 조건을 관리하고 정비함으로써 교육활동을 효과적으로 이루어지도록 하는 활동이다.

표 3-9 다양한 장학의 기능

학자	장학의 기능
백현기(1964)	① 교사의 자주성 함양, ② 교사의 문제분석 처리능력 배양, ③ 교사들에게 안전감 부여, ④ 지역사회에 학교 교육활동 소개 및 지역사회 자원의 학교교육 활용, ⑤ 교사와 더불어 건전한 교육철학 발전
조병효(1981)	① 지도성 기능, ② 조정 기능, ③ 자원·봉사 기능, ④ 평가 기능(Mckean & Mills, 1964 참고)
김종철(1982)	① 교사의 전문적 성장, ② 교육행정가의 교육운영의 기획과 평가 지원, ③ 학습환경의 개선
정찬영(1985)	① 교원인사에 관한 기능, ② 수업활동의 장애요인 제거 기능, ③ 동기유발 기능, ④ 조언적 기능, ⑤ 전문적 소양 신장 기능, ⑥ 평가 기능
윤정일(1990)	① 지도 기능, ② 관리 기능(Hicks, 1960 참고)
강영삼(1994)	① 문교장학의 기능: 전문적 조언 위주의 참모 기능, ② 학무장학의 기능: 지시·감독·명령 위주의 계선 기능, ③ 수업장학의 기능: 간접적으로 학생의 학습을, 직접적으로 교사의 교수활동을 돕고 지원하는 기능, ④ 임상장학의 기능: 교사의 수업행동 개선 기능
정태범(1996)	행위상의 분류: ① 감독적 관리 기능, ② 전문적 지도 기능, ③ 협동적 조언 기능 내용상의 분류: ① 교과지도 기능, ② 학생지도 기능, ③ 학급 및 학교경영 기능
주삼환(1997)	① 교육과정 개발, ② 수업 개선(Wiles & Lovell, 1975 참고)

논리적으로 볼 때, 장학의 기능은 장학담당자가 하는 활동의 대상 영역을 중심으로 접근하는 것이 타당할 것이다. 활동의 성격은 활동의 내용, 즉 대상 영역이 전제되어야 의미가 있기 때문이다. 여러 학자의 의견을 종합하여 장학의 기능을 〈표 3-10〉과 같이 제시한다. 이러한 **장학의 기능**은 장학의 대상 영역으로서 교원의 성장·발달, 교육과정 운영, 학교경영을 내포하고 있다. 이 3영역은 실제적으로 중복되는 부분이 있으며, 상호 보완적인 관계에 있다.

표 3-10 장학의 기능 종합

기능	내용
① 교원의 성장·발달을 돕는 기능	교원들로 하여금 교직생활과 관련된 제반 영역에서 필요한 가치관, 신념, 태도, 지식, 기능, 행동 등을 갖추도록 도와주는 기능
② 교육과정 운영의 효율화를 돕는 기능	교육목적을 달성하기 위해 학생들에게 제공되는 교육내용 및 교육활동에 대한 개발·운영·평가의 효과를 높이도록 도와주는 기능
③ 학교경영의 합리화를 돕는 기능	학교체제 내의 인적, 물적, 재정적 자원을 효과적으로 유지·통합·운영하고, 제반 교육활동 기능을 최적화하도록 도와주는 기능

3) 장학의 원리

장학의 원리는 장학담당자가 교원들을 대상으로 장학활동을 할 때 응용해야 할 지침을 의미한다. Ayer와 Peckham은 장학의 원리로서, ① 협동의 원리, ② 지도성의 원리, ③ 계획의 원리, ④ 통합의 원리, ⑤ 창의성의 원리, ⑥ 융통성의 원리, ⑦ 사려의 원리, ⑧ 지역사회 오리엔테이션의 원리, ⑨ 객관성의 원리, ⑩ 평가의 원리 등 열 가지를 제시하였다. Melchor는 장학의 원리로서 ① 태도의 원리, ② 창조의 원리, ③ 협력의 원리, ④ 과학성의 원리, ⑤ 효과의 원리 등 다섯 가지를 제시하였다(백현기, 1964: 57-67). Melchor가 제시한 장학 원리의 내용은 다음과 같다.

① 태도의 원리: 장학담당자는 올바르고 건설적인 태도를 갖고 장학지도에 임해야 한다. 이 태도의 원리로부터 창조의 원리, 협력의 원리, 과학성의 원리, 효과의 원리가 추출된다.
② 창조의 원리: 장학담당자는 기존의 것을 새로운 것으로 개선하고, 교사로 하여금 자

주적이고 창조적인 사고와 자세를 갖도록 해야 한다.

③ 협력의 원리: 장학담당자는 학교 내외의 교육 관련자들로 하여금 '우리들은 하나이다' '함께 더불어 일한다'는 생각을 가지고 힘을 합쳐 나가도록 해야 한다.

④ 과학성의 원리: 장학담당자는 장학지도에 있어서 주관적인 판단을 지양하고 과학적인 방법을 활용해야 한다.

⑤ 효과의 원리: 장학담당자는 장학에 참가하는 사람들에게 장학활동이 효과가 있는가를 검토할 기회를 제공하며 그 효과를 끊임없이 평가해야 한다.

Burton과 Bruechner는 장학의 원리를 ① 장학의 목적을 지배하는 원리와, ② 장학의 운영을 지배하는 원리 등 두 가지로 구분하여 제시하였다(정태범, 1996: 16-19). 장학의 목적을 지배하는 원리로는 다음과 같은 것이 있다. ① 장학의 궁극적 목적은 학생 성장을 촉진하고 그 결과로 사회 발전을 가져오게 하는 데 있다. ② 장학의 일반적 목적은 장기간에 걸쳐 교육 프로그램의 계속성과 재적응성을 유지할 수 있도록 지도성을 발휘케 하는 데 있다. ③ 장학의 직접적 목적은 교수–학습을 위한 바람직한 조건을 협동적으로 개발하는 데 있다.

장학의 운영 원리는 다음과 같은 것이 있다. ① 장학은 특정 학습을 위한 조건을 개선한다. ② 좋은 장학은 철학과 학문에 기초한다. ③ 좋은 장학은 민주적 철학에 기초한다. ④ 좋은 장학은 과학적인 방법과 태도를 활용한다. ⑤ 좋은 장학은 과학적 방법이 적용될 수 없는 상황에서는 장학의 산출과 과정을 연구·개선·평가하는 데 역동적 문제해결 과정을 활용한다. ⑥ 좋은 장학은 창조적이지 관례적인 것은 아니다. ⑦ 좋은 장학은 질서 있게 협동적으로 계획하고 집행하는 일련의 활동에 의해 진행된다. ⑧ 좋은 장학은 추구하는 결과에 따라 평가된다. ⑨ 좋은 장학은 전문적이어야 한다.

Briggs는 장학을 실행할 때의 원리를 ① 소극적 원리, ② 적극적 원리로 구분하여 전자는 해서는 안 될 원리, 후자는 훌륭한 지도의 특징을 나타내는 원리라고 하였다. 소극적 원리에서 장학지도는 지위나 권력에 기초를 두고 명령이나 권위적으로 이루어져서는 안 되며, 교육목적에 관심을 두고 교과의 세부 내용에까지 관여해서는 안 되며, 잔소리가 되어서도 안 되며, 결과를 성급하게 기대해서도 안 된다는 것이다. 적극적 원리에서 장학지도는 민주적·건설적·창조적으로 이루어져야 하고, 집단과정을 기본으로 하고 좋은 인간관계를 맺게 하며, 전문적 성장에 기초를 두어 교육목적을 달성하도록 하고, 현재의 교육조건과 습관에서 시작하여 결과가 축적되어 자기평가가 되게 해야 한다는 것이다(정태범, 1996: 20).

　　장학의 원리는 장학활동이 보다 성공적이고 효과적이 되기 위해 존중되어야 할 기준이나 지침이다. 자율화·민주화·개방화를 지향하는 시대적 변화 추세를 고려할 때, 보다 효과적인 장학이 되기 위해 〈표 3-11〉과 같이 여섯 가지 원리가 필요하다.

표 3-11　장학의 원리

원리	내용
학교중심성 존중의 원리	장학은 교육활동이 실제로 전개되는 학교현장의 인적·물적 조건 및 조직적·사회심리적 특성을 존중하는 방향으로 이루어져야 한다.
자율성 존중의 원리	장학은 학교의 기관으로서의 자율성과 학교 내 구성원으로서 교직원들의 자율성을 존중하는 방향으로 이루어져야 한다.
협력성 존중의 원리	장학은 장학담당자, 학교관리자, 교직원, 기타 관련되는 외부 인사 모두의 협력적이고 참여적인 공동 노력을 조성·유도하는 방향으로 이루어져야 한다.
다양성 존중의 원리	장학은 학교현장의 조건과 특성 및 교직원들의 필요와 요구에 기초하여 다양한 내용과 방법을 활용하는 방향으로 이루어져야 한다.
계속성 존중의 원리	장학은 장기적인 교육활동의 개선을 위한 기능을 수행하는 것으로서 일시적 단기적이 아니라 계속적이고 장기적인 방향으로 이루어져야 한다.
자기발전성 존중의 원리	장학은 기관으로서 학교의 발전뿐 아니라, 학교 내 구성원으로서 교직원 개인의 발전, 나아가 장학담당자의 발전도 도모하는 방향으로 이루어져야 한다.

4. 장학을 보는 관점과 장학의 유형

1) 장학을 보는 관점('역할로서의 장학'과 '과정으로서의 장학')

　　장학을 보는 관점으로, ① 역할(role)로 보는 관점과 ② 장학을 과정(process)으로 보는 관점이 있다. 장학을 역할로 보면 장학은 단지 장학사(관), 또는 일부 교육행정가 등 소수의 사람들만이 수행하는 공식적인 지도·조언 활동으로 보인다.

　　그러나 장학을 과정으로 보면 교육현장에서 어떠한 형태로든지 교육 개선과 관련하여 주고받는 공식적 또는 비공식적, 전문적 또는 일상적 지도·조언 행위에 관여하게 되는 모든 사람들은 일종의 장학활동을 하게 되는 것으로 이해된다. 이런 경우에는 종래 장학사(관), 또는 일부 교육행정가들의 전유물로 인식된 장학활동이 이제는 학교현장에 함께 생활하고 있는 교장, 교감, 부장교사, 일반교사 그리고 기타 교직원들이 상호 신뢰 및 협력관계 속에서 참여할 수 있는 장학활동으로 그 의미에 있어서 커다란 전환이 시사된다.

우리나라에서는 여전히 통념적으로 장학이라고 하면 교육행정기관 수준에서 공식적으로 임명된 장학사나 장학관의 활동을 지칭하는데, 이는 장학의 과정보다는 역할을 강조한 까닭이다. 백현기(1964: 69)는 이미 오래전부터 "장학지도자는 단순히 장학사(관)뿐만 아니라 교장, 교감, 교과주임, 교육감, 교육학자, 연구소원으로부터 부형 시민에 이르기까지 광범위하다."라고 주장하였다. 강영삼(1994: 372)은 장학담당자는 장학사(관)뿐만 아니라, 교장, 교감, 부장교사 및 일반교사 등도 될 수 있다고 본다. 남정걸(1997: 301-302)도 교사가 아동, 학생의 성장 · 발달이라는 교육목적을 달성하기 위하여 행하는 교과지도나 생활지도, 그를 위한 교육과정이나 프로그램 운영과 관련한 제반 활동이 개선 · 향상되도록 교사에게 주어지는 전문적 지원과 조력, 지도와 평가 등은 그 주체가 장학사나 장학관뿐만 아니라 연구사, 연구관 등 교육전문직과 교장, 교감, 부장교사 또는 동료교사라 하더라도 장학이라고 볼 수 있다는 주장이다. 따라서 장학을 역할보다도 과정으로서 이해할 때, 장학 특히 자율장학의 의미가 명료화될 뿐 아니라 장학의 발전을 위한 조건 탐색에 유용한 시사를 도출할 수 있는 것이다.

Sergiovanni(1983: 11-12)도 장학을 특정한 역할보다는 과정으로 보는 입장이다. 물론 장학을 역할로 보느냐 과정으로 보느냐는 개념적인 측면에서 구분해 보는 것이지 실제 장학의 운용 면에서는 역할과 과정의 차이가 분명하게 나타나지 않는다. 그는 장학을 하나의 과정으로 보는 것은 장학을 하나의 역할로 보거나 장학담당자를 특정 역할의 담당자로 보는 것보다 장학의 개념을 이해하는 데 더 의미가 있다고 하였다. 장학을 하나의 과정으로 보면 교육행정가, 학교관리자와 같은 장학 역할 담당자뿐만 아니라, 부장교사, 일반교사 그리고 일반 직원들도 때로는 교육활동의 개선을 위한 장학활동에 참여하는 것으로 볼 수 있다.

〈표 3-12〉는 장학을 보는 두 관점을 비교한 것이다. 역할로서의 장학은 "누가 하는가?"에 그 초점이 있으며, 장학을 제공하는 사람과 장학을 받는 사람의 상하관계가 전제된다. 교사는 장학의 객체로서 피동적 · 수동적인 입장에 있게 되며, 교사의 입장에서 보면 장학은 '주어지는 장학'의 성격을 가진다.

표 3-12 장학을 보는 두 가지 관점의 비교

장학을 보는 관점		역할로서의 장학	과정으로서의 장학
초점		누가 하는가?	어떻게 하는가?
참여자 간 관계		상하관계 전제	협동관계 전제
장학의 성격		주어지는 장학	함께하는 장학
주된 장학 형태		상급 행정기관 주도의 장학	학교현장 주도의 자율장학
용어의 예	임상장학	의사와 환자의 관계 부각 - 장학담당자: 의사 - 교사: 환자 → 거부감	의사가 환자를 치료하는 과정상의 특징 활용 - 대면적: 1:1 관계 - 체계적: 계획적, 도구 사용 - 윤리적: 문제해결 노력
	장학지도, 장학협의	장학지도	장학협의

주: 임상장학은 교사의 수업상황에 초점을 맞추어, 장학담당자와 교사가 1:1의 친밀한 관계 속에서 수업계획 협의, 수업관찰, 환류협의의 과정을 밟아 가면서 체계적으로 교수 문제를 해결하고 교수기술을 향상시키는 활동으로서 수업장학의 한 방법임.

반대로 **과정으로서의 장학**은 "어떻게 하는가?", 즉 "어떠한 방법, 절차, 과정을 통하여 교육활동의 개선을 위하여 활용될 수 있는 좋은 지식, 기술, 정보, 아이디어, 경험, 도움, 조언 등을 나누어 갖는가?"에 초점이 있다. 장학에 참여하는 사람들 간의 상하관계보다는 협동관계가 전제된다. 교사는 장학에 보다 능동적이고 적극적으로 임할 수 있다. 교사의 입장에서 보면 장학은 '함께하는 장학'의 성격을 가진다. 물론 이때에도 장학담당자 · 교장 · 교감의 합리적 지도성은 중요하다.

임상장학(臨床奬學, clinical supervision)이라는 용어가 의사와 환자의 관계를 토대로 한 병원상황을 내포한 용어이기 때문에 거부감을 느끼는 교사도 있다. 그러나 의사가 환자를 치료하는 과정을 보면, 1:1 관계에서 치료가 이루어지고 전문적 지식과 경험을 토대로 여러 가지 도구를 사용하여 병의 증상과 원인을 체계적으로 진단하여 처방과 치료를 한다. 이러한 과정상의 특징을 장학에 활용하여 교사의 수업상황에 초점을 맞추어, 장학담당자와 교사가 1:1의 친밀한 관계 속에서 수업계획을 협의하고, 녹음 · 캠코더 · 체크리스트 등 도구를 사용하여 수업을 관찰하고, 관찰 결과에 대하여 진지한 협의의 과정을 밟아 가면서, 교사가 가지고 있는 교수 문제를 해결하고 교수기술을 향상시키는 체계적인 방법을 임상장학이라 한다.

장학지도라는 용어는 장학협의라는 용어에 비하여 장학지도를 하는 사람과 받는 사람의 관계가 내재되어 있어 역할로서의 장학의 의미가 강하다. 반면, 장학협의라는 용어는 장학을 하는 절차나 방법으로서 협의활동을 포함하고 있어 과정으로서의 장학의 의미가 강하다.

[그림 3-4]는 교육경험이 풍부한 교장 · 교감이나 장학담당자도 경우에 따라서는 경력이 짧은 교사들로부터 교육활동의 개선을 위하여 활용될 수 있는 좋은 지식, 기술, 정보, 아이디어, 도움 등을 얻을 수 있음(장학 수혜자로서의 위치)을 보여 준다. 초임교사의 경우에도 교장 · 교감이나 장학담당자를 비롯한 선배교사들로부터 모든 것을 배우고 지도 · 조언을 받기만 하는 입장에 있는 것이 아니라, 교사양성기관에서 배운 새로운 지식, 기술, 정보, 아이디어 등을 선배교사에게 가르쳐 줄 수 있는 것이다(장학 제공자로서의 위치). 예를 들면, 초임교사의 경우 일반적으로 컴퓨터, 인터넷 등에 있어서는 상당히 익숙해져 있어 나이가 많은 교장 · 교감이나 선배교사에게 도움을 줄 수 있다.

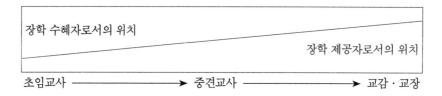

[그림 3-4] 교사발달에 따른 장학에 있어 수혜자 · 제공자로서의 위치 변화

이러한 관계는 장학을 역할로 보기보다는 과정으로 보는 것이 교육활동의 개선을 위한 지도 · 조언 활동인 장학의 본질에 더 부합함을 시사한다. 앞에서 장학의 개념을 '교육활동의 개선을 위하여 주로 교원을 대상으로 하여 이루어지는 제반 지도 · 조언 활동'으로 보았다. 이 개념 정의를 과정으로서의 장학의 입장에서 재해석해 보면, '교육활동의 개선을 위하여 활용될 수 있는 좋은 지식, 기술, 정보, 아이디어, 경험, 도움, 조언 등을 서로 나누어 갖는 활동(장학담당자 · 교장 · 교감의 합리적 지도성 전제)'으로 볼 수도 있을 것이다.

[그림 3-5]는 기관 수준별로 추진되는 장학이 역할로서의 장학과 과정으로서의 장학 중 어느 성격이 강한가를 보여 준다. 교육행정기관이 주도하는 장학은 역할로서의 장학의 성격이 강하고, 학교현장에서 교장 · 교감, 부장교사, 일반교사들 간의 협력관계에서 이루어지는 자율장학은 과정으로서의 장학의 성격이 강하다.

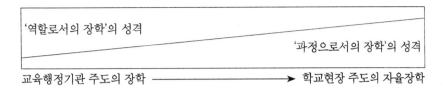

[그림 3-5] 기관 수준별 '역할로서의 장학'과 '과정으로서의 장학'의 성격 비교

　장학에 있어서 학교와 교직원들의 책무성과 자율성을 존중하고, 장학을 장학사(관)들만이 하는 특정한 역할로서보다는 교육활동의 개선을 위한 '공동노력의 과정'으로 이해하려는 인식의 전환은 장학사(관), 교장, 교감, 부장교사, 일반교사 등 모두에게 요구된다.

2) 장학의 유형

　장학의 유형은 장학의 주체를 기준으로 하여 분류하는 것이 타당할 것이다. 크게 교육행정기관이 주도하는 성격의 장학과 학교현장에서 교장·교감을 중심으로 교직원들이 협력적인 관계 속에서 이루어지는 성격의 장학으로 구분할 수 있다. 학교 현장에서 이루어지는 장학을 자율장학이라고 부른다.

　2010년 5월 교육부의 '선진형 지역교육청 기능 및 조직 개편'으로 지역교육청을 교육지원청으로 변경하고, 종래 학사운영에 대해 점검·지시하는 방식으로 이루어져 왔던 담임장학을 폐지하고, 팀을 구성하여 컨설팅을 제공하거나 전문가를 연계해 주는 지원 중심의 컨설팅장학을 도입하였다. 시·도 교육청이 담당하던 일반고 대상 장학도 교육지원청으로 이관하였다. **컨설팅장학**은 전문성을 갖춘 장학요원들이 교원의 의뢰에 따라 그들이 직무수행상 필요로 하는 문제와 능력에 관해 진단하고, 그것의 해결과 계발을 위한 대안을 마련하여, 대안을 실행하는 과정을 지원·조언하는 활동이라고 정의된다.

　학교현장에서 이루어지는 자율장학의 경우에는 교내 자율장학과 지구 자율장학으로 구분된다. **교내 자율장학**의 경우에는 ① 수업장학, ② 동료장학, ③ 자기장학, ④ 약식장학, ⑤ 자체연수 등을 포함한 활동이 이루어진다. **지구 자율장학**의 경우에는 ① 교육 프로그램 및 교육정보 교환, ② 교육연구 및 특색사업의 공동 협의·추진, ③ 지구 교육현안의 협의·조정, ④ 협동적 교육·학예활동 협의·추진, ⑤ 교직원 학예·친목활동 협의·추진 등을 포함한 활동이 이루어진다.

3) 장학의 과정

장학의 과정은 어떤 조직 수준에서 수행되는 장학을 기준으로 볼 것이냐에 따라 다양하게 볼 수 있다. 여기서는 장학이 실제로 이루어지는 학교 수준에 초점을 두고 장학의 과정을 살펴본다. 학교 수준에서 장학이 수행될 때 어떠한 과정을 밟아 계획·실천되어야 하는가에 관한 지침은 성공적인 장학활동을 위하여 중요하다.

Harris(1985)는 장학활동을 설계하는 데 **체제모형**(system model)이 유용함을 시사하고 있다. 그는 크게 ① 투입(input) → ② 과정(process) → ③ 산출(product)의 3단계로 장학의 계획·실천·평가가 이루어질 수 있음을 주장하였다. [그림 3-6]과 같은 장학의 개략적인 과정을 제시하고 있다.

[그림 3-6]에서 투입계획(input planning)은 장학활동을 계획하는 데 있어서 고려해야 할 여러 가지 요소들을 포함한다. 여기에서는 장학활동이 전개되고 있는 단위학교가 추구하는 교육활동의 총체적인 목표가 무엇이며, 이와 관련하여 교사가 수업현장에서 어떤 성취기준에 의하여, 어떠한 목표를 성취해야 하는가에 대하여 체계적인 연구 분석이 이루어져야 한다는 것이다.

[그림 3-6] 장학의 과정

자료: Harris (1985: 46).

이러한 연구 분석의 결과는 구체적인 장학활동의 출발점이 된다. 여기에 제시된 내용 이외에도 장학의 투입에 있어서는 보다 넓은 범위에서 보면, 효과적인 장학활동의 실천을 위하여 필요한 심리적·인적·물적·시간적 여건과 자원의 확인 검토와 이를 확보하기 위한 노력이 포함된다.

과정개발(process developing)에서는 구체적인 장학활동이 실천된다. 예를 들어, [그림

3-6]에서 임상장학이 장학담당자와 교사 간의 1:1 대면적인 관계 속에서 어떻게 전개되느냐에 관한 구체적인 절차가 제시되어야 한다. 임상장학의 절차는 학자에 따라 다양하게 제시되는데, 일반적으로 ① 계획협의회 → ② 수업관찰 → ③ 분석과 전략 → ④ 사후협의회 → ⑤ 사후협의회 분석 5단계가 제시된다.

산출평가(product assessing)에서는 교사에 대한 장학활동의 결과, 교사의 수업 기술과 방법에 있어서 어느 정도 향상 발전이 있었는가를 분석해 보는 활동이 이루어진다. 대체로 임상장학이 교사들의 수업행동의 변화를 통하여 궁극적으로는 학생들의 학업성취를 높이고자 하는 데 의의가 있다고 볼 때, 좁게는 교사의 수업행동 발전 정도를 평가해 보는 활동에서, 넓게는 교사로부터 수업을 받은 학생들의 학업성취를 평가해 보는 활동까지 확대될 수 있다. 그 밖에도 산출평가에서는 산출평가 이전단계인 투입계획과 과정개발에 대하여 그 적합성과 효율성에 관한 평가도 이루어질 수 있는데, 이를 통하여 차후에 보다 충실하고 발전적인 투입계획과 과정개발을 위한 정보와 아이디어를 수집할 수 있는 것이다.

Stufflebeam 등(1971)에 의하여 개발된 프로그램 평가 모델인 CIPP(Context, Input, Process, Product) 모델은 합리적인 의사결정에 필요한 적절한 정보를 수집하기 위하여 교육 프로그램이나 활동을 평가하는 데는 ① 상황 → ② 투입 → ③ 과정 → ④ 산출의 각 단계에 대한 평가가 있어야 한다는 것이다. 상황평가는 어떤 프로그램이나 활동이 현재 전개되고 있는, 또는 앞으로 전개될 환경을 명료화하고, 그 환경의 바람직한 조건과 실제적인 조건을 기술하고, 요구(needs)를 확인하며, 이 요구가 충족되는 것을 저해하는 문제점을 진단하는 작업을 통하여 프로그램이나 활동의 목표를 결정하는 근거를 제시한다. 투입평가는 관련된 요원들이나 단체 기관의 능력을 평가하고 상황평가를 통하여 추출된 프로그램이나 활동의 목표를 달성하기 위한 전략을 확인한다. 과정평가는 계획과 절차를 실행하는 요원들에게 환류(feedback)를 제공함으로써 그들이 프로그램이나 활동의 설계와 실행에 있어서 오류를 발견하고 이에 대해 필요한 수정·보완을 하도록 도와준다. 산출평가는 프로그램이나 활동의 효과를 평가한다. 상황평가에 의해서 확인된 요구를 충족시키기 위해 투입평가를 통하여 추출된 전략의 효과를 평가하는 것이다. 이때 이러한 평가는 과정평가에서 얻어진 정보와 자료를 기초로 하여 이루어진다. CIPP 모델은 기본적으로는 체제모형(systems model)의 ① 투입(계획) → ② 과정(실행) → ③ 산출(평가) 단계를 근간으로 하면서 추가적으로 프로그램이나 활동이 전개되는 '환경과 여건의 조성'에 대한 관심을 고려한 보다 유용한 모델로 볼 수 있다.

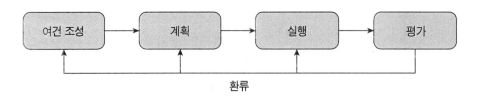

[그림 3-7] 학교 수준에서 장학의 기본 과정

이러한 논의를 기초로 하여 학교 수준에서 장학을 실천할 때 활용할 수 있는 기본 과정으로서 ① 여건 조성 → ② 계획 → ③ 실행 → ④ 평가 등 4단계를 설정한다.

4) 장학에 관련된 용어(장학, 장학행정, 교육행정; 장학지도, 장학협의)

일반적으로 장학이라는 용어는 장학행정이라는 용어와 개념상 분명한 구분 없이 상호교환적으로 혼용되고 있다. 굳이 구분해 본다면, **장학행정**은 교육행정의 한 영역으로서 교사들이 수행하는 교수-학습 활동의 개선을 핵심으로 하여, 교육과정의 개선과 학교경영의 합리화를 위해 제공되는 지도·조언 활동인 장학에 관한 행정을 의미한다고 볼 수 있다.

교육행정은 일반적으로 장학행정과 관리행정으로 구분된다. 장학행정은 교육행정에서 교육활동의 본질에 가까운 활동이다. 교사와 학생과 교육내용이 상호작용하는 교수-학습의 장을 효율적으로 지원하고 조장하는 일, 즉 교수-학습을 중핵으로 하는 교육목적 달성을 위해 교육체제 내의 제반 인적·물적 자원을 정비하고 조정·통합시켜 교육활동이 효과적·효율적으로 전개될 수 있도록 지원하는 활동이 교육행정의 가장 기본적인 기능이다(서정화, 1988: 164). 장학행정은 교육행정의 가장 핵심적인 기능이다.

교육행정에서 다루는 모든 분야가 장학행정이 되는 것은 아니다. 대체로 장학행정이 되는 것은 교육활동과 관련되는 교원의 전문성을 향상시키는 일이라 할 수 있다. 이에 비하여 **관리행정**은 교육활동을 지원하기 위해 재정, 시설, 기자재, 서비스 등을 확보·설치·관리하는 일이라 할 수 있다. 그러나 경우에 따라서는 장학행정과 관리행정이 서로 한계가 분명하지 않은 경우가 있을 수 있다. 김종철(1994)이 장학의 대상이 되는 영역이 광범위하고 행정과 장학의 한계가 명확하지 않아 장학의 개념에 대해 혼동이 있을 수 있다고 한 지적도 같은 맥락에서 이해할 수 있다.

Sergiovanni(1983: 12-13)도 앞에서 언급한 바와 같이 장학활동과 행정활동을 분리하여 설명하였다. '다른 사람을 통해 목적을 달성하는 행동'인가 아닌가에 기준을 두고 분리하였다. 즉, '장학은 교육목표 달성에 책임이 있는 사람들이 다른 사람들로 하여금 교육목표를 달성할 수 있도록 도와주는 데 활용하는 하나의 과정'이라고 보았다. 장학활동이 다른 조직활동과 구별되는 근본적인 차이는 '다른 사람들을 통해 목표를 달성하는 행동'이라는 점이다. 그러나 교육목표 달성에 기여하는 행동이기는 하지만 다른 사람들에게 의존하지 않는 학교행정가나 장학담당자의 행동은 행정활동으로 보고 있다.

환경에 따라 교육목표 달성을 위해 행정적 방법이 선택되거나 또는 사람들을 통한 장학적인 방법이 선택되기도 한다. 교육목표의 어느 면은 행정활동을 통해 보다 효과적으로 이루어지나 한편으로는 장학활동을 통해 보다 효과적으로 이루어진다. 그러나 다른 전문조직과 마찬가지로 학교가 발전해 감에 따라 장학적 활동 방식이 주도적인 양상을 띠게 된다. 기능적 측면에서 보면 행정활동과 장학활동은 분리될 수 없으며, 이 둘은 교육제도 운영에 있어서 상호 연계적·보완적이라 하겠다.

장학에 관하여 약간 혼동이 있는 개념이 '장학협의'와 '장학지도'라는 개념이다. 「초·중등교육법」 제7조(장학지도)는 "교육감은 관할 구역의 학교를 대상으로 교육과정 운영과 교수·학습방법 등에 대한 장학지도를 할 수 있다."라고 규정하고 있다. 또한 「초·중등교육법 시행령」 제8조(장학지도)는 "교육감은 법 제7조에 따라 장학지도를 하는 경우 매 학년도 장학지도의 대상·절차·항목·방법 및 결과처리 등에 관한 세부계획을 수립하여 이를 장학지도 대상학교에 미리 통보하여야 한다."라고 **장학지도**라는 명칭을 법적으로 규정하고 있다.

해방 이후 교육행정기관에서 주도하는 장학은 장학지도라는 명칭으로 불려 오다가, 1988년 김영식 장관의 지시로 장학협의라는 명칭이 사용되기 시작하였다(정태범, 1996: 381-382). 그러나 실제적으로는 장학지도라는 명칭과 장학협의라는 명칭이 혼용되어 왔다. 1995년 초에 교육부는 학교단위책임운영제와 같은 일선 초·중등학교장에 대한 자율권 확대방침에 맞추어 일선 초·중등학교에 대한 장학지도를 폐지하겠다고 하였다. 종래 장학지도를 장학협의 또는 협의 중심의 장학으로 방향을 전환하겠다는 것을 밝혔다.

그러다가 1998년 「초·중등교육법」의 시행으로 장학지도라는 명칭이 다시 사용되게 되었다. 「초·중등교육법」에 장학의 중요성을 반영한 항목을 삽입하는 과정에서 법적인 지도·감독권과 책임관계를 나타내는 법률적인 용어로 장학지도라는 용어를 삽입한 것으로 이해하면 될 것이다. 법에 장학지도라는 용어가 표기되었다고 해서 실제적으로 전개되는 장학이 종전의 지도·감독·통제 위주의 장학지도로 돌아가야 하며, 지원·협의·자율 위주의 **장학협의**를 포기하라는 뜻은 아니다. 장학지도라는 용어는 역할로서의 장학의 성격이 강하며, 장학협의라는 용어는 과정으로서의 장학의 성격이 강하다는 것은 앞에서 밝혔다.

5. 맺는말

앞에서 살펴보았듯이, 우리나라에서 장학이라는 용어가 처음 사용되기 시작한 것은 해방 이후 미군정 시기부터였다. 이때 도입된 장학이란 용어는 어원적으로 '높은 곳에서 우수한 사람이 본다'라는 뜻으로 원래 시학 내지 독학을 의미하였다.

그러나 시대의 변화에 따라 장학은 본질적으로 교육활동의 개선을 위한 지도·조언 활동의 의미를 가지게 되었다. 장학의 본질적 기능에 초점을 맞추어 보면, 장학을 소수의 장학담당자가 수행하는 역할로 보기보다는 장학담당자, 교장·교감, 부장교사, 일반교사 모두가 함께하는 '교육활동의 개선을 위한 공동노력의 과정'으로 이해하려는 인식의 전환이 요구된다. 이러한 장학에 대한 인식의 전환이야말로 장학 특히 자율장학의 출발점이 된다.

제4장

자율장학의 개념과 종류

1. 머리말

장학을 보는 관점은 '역할로서의 장학'과 '과정으로서의 장학' 두 가지가 있다. 장학을 과정으로 보면 교육현장에서 어떠한 형태로든지 교육 개선과 관련하여 주고받는 공식적 또는 비공식적, 전문적 또는 일상적 지도·조언 행위에 관여하게 되는 모든 사람은 일종의 장학활동을 하는 것으로 볼 수 있다.

장학의 일반적인 개념은 교육활동의 개선을 위하여 주로 교원을 대상으로 이루어지는 제반 지도·조언 활동이라 하겠다. 이 개념 정의를 과정으로서의 장학의 입장에서 재해석해 보면, 장학담당자·교장·교감의 합리적 지도성을 전제로, 교육활동의 개선을 위하여 활용될 수 있는 좋은 지식, 기술, 정보, 아이디어, 경험, 도움, 조언 등을 서로 나누어 갖는 활동으로 볼 수 있다. 자율장학에 대한 논의는 장학을 과정으로 보는 입장에서 출발하게 된다.

2. 자율장학의 출발점 - 장학에 대한 인식의 전환

자율장학을 시행하기 위해서는 장학에 관계하는 교육행정가, 교육전문직, 교원, 그리고 관련 직원들이 장학에 대하여 새로운 인식을 가질 것이 요구된다.

첫째, 장학은 교육행정기관을 위한 활동이 아니라 학교를 위한 활동이다. 이는 지극히 당연해 보이는 명제임에도 불구하고 종래 교육행정기관이나 학교현장에서 이에 대한 오해가 없지 않았다. 장학의 본질적인 기능은 학교현장에서 교육활동의 개선을 도와주는 것에 있다. 물론 이러한 기능이 충분히 수행될 수 있는 조건이 갖추어져 있는가 하는 것은 또 다른 논의가 필요한 문제이다.

전통적으로 학교는 장학의 객체로서 피동적이고 소극적인 입장에 있었다. 그러나 이제는 학교가 장학의 주체로서 보다 능동적이고 적극적으로 나름대로의 독특한 상황과 조건을 고려하여 장학을 실천하려는 노력이 요구된다. 이를 위해 교육행정기관은 다양한 장학 프로그램을 연구 · 개발 · 보급하고, 전문적 장학요원을 교육 · 확보하고, 학교에 대한 지원을 강화해야 할 것이다.

둘째, 장학은 장학사(관)들만이 하는 활동이 아니라 학교 내의 교장, 교감, 부장교사, 교사 그리고 일반 교직원 모두가 함께하는 활동이다. 흔히 장학은 장학사(관)를 포함한 교육행정가와 교육전문직, 그리고 학교 현장에서 교장 · 교감들만이 하는 활동으로 이해되어 온 면이 적지 않다. 이는 대체로 장학을 누가 하는가에 초점을 두어 그 담당자의 역할을 강조한 것에서 연유한다.

이제는 장학을 역할로 보기보다는 과정으로 보려는 노력이 요구된다. 장학을 역할로 보면 장학은 단지 장학사(관), 또는 교육행정가, 교육전문직, 교장 · 교감 등 소수의 사람들만이 수행하는 공식적인 활동으로 보인다. 그러나 장학을 과정으로 보면, 학교에서 어떠한 형태로든지 교육활동의 개선과 관련하여 주고받는 공식적 또는 비공식적, 전문적 또는 일상적 지도 · 조언 행위에 관여하게 되는 모든 사람은 일종의 장학활동에 참여하는 것으로 볼 수 있음은 앞 장에서도 논의되었다.

장학에 있어서 학교와 교직원들의 자율성과 책무성을 존중하고, 장학을 장학사(관)들만이 하는 특정한 역할로서보다는 교육활동의 개선을 위한 '공동 노력의 과정'으로 이해하려는 인식의 전환이 모두에게 요구된다. 전통적인 장학의 관점에서 보면 장학담당자는 단지 교사를 대상으로 지도·조언을 제공하는 입장에만 있는 것으로 보인다. 그러나 '공동 노력의 과정'으로서 장학을 이해하면, 장학사(관), 교장, 교감 등의 장학담당자도 교사들과의 협력적인 상호작용을 통해 그들을 도와줄 뿐만 아니라 스스로의 발전을 위한 자극이나 정보를 얻을 수도 있는 것이다.

셋째, 장학은 지시·감독·통제 위주의 활동이 아니라 지도·조언·자율 위주의 활동이다. 장학의 본질적 기능이 학교 교육활동의 개선에 있다고 할 때, 장학의 성격과 방법도 교육활동이 지향해야 할 성격 및 방법과 조화를 이루어야 할 것이다.

학교 교육활동은 학생들의 전인적 성장·발달, 즉 궁극적으로 학생들이 자율성을 올바르게 행사할 수 있는 태도·의지·능력을 키워 주는 것을 목표로 하는 것으로 이해할 수 있다. 이와 연결하여 교육활동에 종사하는 교직원들의 전문적인 자율성 그리고 단위학교의 외부기관으로부터의 자율성도 최대한 존중되어야 한다.

자율성 행사의 주체가 되는 기관이나 개인은 반드시 자율성을 올바르고 합당하게 행사하려는 의지나 태도가 필요할 뿐 아니라, 이를 행사할 수 있는 능력도 구비하고 있어야 함은 재론의 여지가 없는 것이다. 책임을 수반하지 않는 자율성은 무사안일이나 방종에 흐르게 됨도 쉽게 이해할 수 있다.

장학에 있어서도 종래에 부분적으로 인식되어 왔던 지시·감독·통제 위주의 장학에서 지도·조언·자율 위주의 장학으로 전환이 요구된다. 이를 위해서는 교장, 교감, 부장교사, 교사들 모두가 올바르고 합당하게 그리고 책임감 있는 방향으로 자율성을 행사하고자 하는 태도·의지·능력을 갖추려는 노력이 있어야 한다.

넷째, 장학은 교사들에게 귀찮고 부담을 주는 활동이 아니라 교사들이 교직생활 동안 계속적으로 성장·발달하도록 도와주는 가치 있는 활동이다. 사실 전통적으로 학교 외부로부터 학교와 교사들에게 주어져 오던 장학은 그 내용과 방법에 있어서 교사들을 부담스럽게 하는 것, 그리고 그들과는 상관이 없는 불필요한 것이라는 오해를 받을 소지가 없지 않았다.

그러나 이제 장학의 본질적 기능의 회복과 학교현장 중심의 자율적인 장학의 활성화를 위한 노력이 높아져 가고 있는 시점에서 장학에 대한 부정적인 인식은 해소되어야 할 것이다. 교사들 스스로가 장학이 본질적으로 교육발전, 학교발전, 그리고 교사 자신의 전문적·개인적 성장·발달을 위하여 꼭 필요한 것임을 충분히 이해하고, 장학에 대한 보다 긍정적이고 수용적인 인식과 자세를 가지려고 노력해야 한다. 학교에서의 효과적인 장학은 교장, 교감 또는 장학사(관)의 의지와 노력뿐만 아니라 일반교사들의 장학에 대한 긍정적인 이해와 자발적이고 적극적인 참여 의지 및 노력이 있어야 가능하기 때문이다.

다섯째, 장학은 획일적이고 집단적인 성격의 활동이 아니라 학교의 상황과 조건 그리고 교사들의 필요와 요구를 바탕으로 한 다양하고 개별적인 성격의 활동이다. 학교의 교육발전과 교사들의 성장·발달을 도와주는 장학이 되기 위해서는 마땅히 교육활동이 실제로 전개되고 있는 학교현장의 독특한 상황과 조건 그리고 교사들의 필요와 요구를 존중하는 방향으로 이루어져야 한다.

단위학교의 학교급, 종류, 소재 지역, 규모, 학생들과 학부모들의 배경, 지역사회의 조건, 그리고 학교의 인적·물적 조건을 비롯하여 제반 조건을 존중하여 학교 실정에 맞는 다양하고 개별적인 장학활동이 요구되는 것이다.

교사들의 성장·발달을 도와주는 장학활동은 대화와 협의를 통해 교사의 필요와 요구에 대한 이해를 높이고, 이에 부응하기 위한 적절한 장학 방법을 선정·활용하는 방향으로 전개되어야 할 것이다. 교사들의 교직 경험과 개인적 경험이 같지 않다는 점을 고려할 때, 장학활동도 다양화·개별화·구체화되어야 한다.

3. 자율장학의 필요성

장학은 학교교육 개선을 위한 매우 중요한 기능을 가지고 있다. 시대 변화에 따라 교육의 민주화 및 자율화의 분위기가 정착되어 가면서, 장학에 있어서도 교육행정기관이 주도해 오던 장학지도에 대비하여 단위학교들이 자율적으로 학교교육 발전을 위한 장학활동을 전개해야 한다는 요구가 높아졌다.

여러 연구가 지적하고 있는 바와 같이, 전통적인 장학지도는 교사에게 별로 도움을 주지 못하는 장학, 수업보다 관리활동 위주의 장학, 장학의 효과 인식에 있어서도 일선교사와 장학담당자 간에 차이를 보이는 등의 문제를 안고 있다. 장학지도의 조직, 운영, 업무, 장학담당자, 행정적·재정적 지원 측면에서도 문제점이 지적된다. 장학의 여러 가지 목표를 달성하기에는 장학요원이 수적으로 부족할 뿐만 아니라, 장학요원의 업무가 전문적이라기보다 행정업무의 성격이 강하다는 것이다. 또한 장학담당자들의 업무가 전문 분야별로 세분화되어 있지 않고 교과지도에 관련한 전문성도 부족하다는 것이다. 교육행정기관의 조직에 있어서도 장학직과 일반직 간의 업무 연계성이 부족하고 부서별 업무 배분이 부적절하다는 것이다(서울특별시교육연구원, 1996; 유현숙, 김흥주, 양승실, 1995).

교사들의 장학에 대한 부정적인 정서는 서울특별시교육연구원이 수행한 「교육전문직의 역할 연구」(1995)에서 엿볼 수 있다. 이 연구에서 "교육전문직의 직무 수행에 대한 교육현장의 신뢰도가 높습니까?"라는 질문에 대하여 현장 교사들은 불과 8.7%만이 긍정적인 반응을 보이고 58%가 부정적인 반응을 보였다.

이러한 점이 학교 외부로부터 교사들에게 주어지는 장학지도의 중요한 한계인 것이다. 본질적으로 장학의 수혜자는 전문직 종사자인 교사라는 점을 생각할 때 그들이 달가워하지 않는 장학, 그들이 부담스러워하는 장학, 그들이 원하지 않으나 일방적으로 주어지는 장학은 효과 면에서 한계를 가질 수밖에 없는 것이다.

이 점은 외국의 경우에도 대동소이하다. 미국의 한 지역에서 초등 교사를 대상으로 실시한 장학과 평가에 대한 인식에 관한 조사 결과, 응답자의 82%가 장학과 평가의 필요성을 인정하고 있었으나, 응답자의 70%가 장학담당자를 종종 가까이 하기에는 위험스러운 존재라고 인식하고 있다(Heichberger & Young, 1975). 이는 외국의 교사들도 장학담당자들로부터 주어지는 장학지도에 대하여 부정적인 생각을 하는 경향이 높음을 시사하는 것이다.

Blumberg(1980)는 장학담당자와 교사 간의 불편한 관계를 '냉전(Supervisors & teachers: A private cold war)'으로까지 규정하고 있다. 그에 의하면 교사들은 장학담당자를 신뢰하지 않는다는 것이다. 장학지도나 조언이 교사의 전문성 신장을 위한 좋은 성과를 올리기 위해서는 무엇보다도 교사 자신이 자발적으로 그것을 원한다는 조건이 전제되어야 한다. 그러나 실제에 있어서 교사는 장학담당자로부터 지도나 조언을 원하지 않는 경향이 있으며, 바로 이 점이 장학담당자의 장학활동이 안고 있는 한계라는 것이다.

이러한 연구 결과들은 앞으로 장학에 있어서의 중요한 발전 방향을 시사하고 있다. 즉, 교사들이 교과지도 및 학생지도 활동을 전개하고 있는 학교현장을 중심으로 하여 함께 생활하고 있는 교장, 교감, 그리고 교사들 간에 상호 이해와 신뢰 및 협조를 바탕으로 한 자율적인 장학활동의 활성화가 필요하다는 점이다.

장학의 일반적 개념상 장학의 초점은 단위학교 내에서 실제로 전개되고 있는 교육활동이 된다. 따라서 단위학교 내에서 이루어지는 교육활동의 본질은 효과적인 장학의 모습을 규정하는 중요한 요인이 된다. 학교에서의 교육활동은 본질적으로 교사들의 전문적 권위와 자율, 그리고 그들이 공동체를 이루고 있는 장소인 학교기관의 대외적인 자율을 그 근간으로 한다. 김종철과 이종재(1994)는 다음과 같이 장학의 비강제적·설득적·유도적 성격을 강조하고 있다.

> 교육의 과정에서 어쩔 수 없이 교사가 권위를 가지고 자율적으로 교수행위를 연출할 수밖에 없다는 교수(teaching)에 대한 개념적 전제는 바로 장학의 필요성과 장학의 본질적 기능에 대한 조건을 시사한다고 볼 수 있다. 이것은 바로 교사의 교수에서 자율을 전제로 하는 장학의 관점을 요구하고 있다. 이 점에서 장학은 교사의 자율적 결정을 인정하면서도 자율적 교수를 개선하기 위한 외적 개입 작용이 될 것이다. 이러한 외적 개입은 비강제적이어야 할 뿐만 아니라 설득적이어야 할 것이고, 교사의 교수행위에 영향을 끼쳐야 할 것이다. 그러면서 교수의 개선을 위한 선도(initiating) 작용을 해야 할 것이며, 교사를 보다 발전과 성장 지향적으로 유도하는 작용을 해야 할 것이다(p. 344).

이러한 주장들은 교사의 전문성 신장과 교수-학습환경 개선을 위한 노력의 일환으로서 학교현장에서의 자율적인 장학체제의 구축에 대한 인식의 증대와 그 개념, 내용, 방법, 그리고 조건에 관한 구체화 작업이 필요함을 시사한다.

본격적인 지방교육자치제가 도입·정착됨에 따라 장학에 있어서도 종래와 같은 상급 행정기관으로부터 주어지는 장학지도보다는 학교현장을 중심으로 한, 그리고 교직원들 간의 상호 이해와 협조를 바탕으로 한 자율적인 장학의 필요성이 높다. 1991년 8월에 시·도 의회가 교육위원을 선출하게 되면서 교육의 자주성 및 전문성 그리고 지방교육의 특수성을 살리기 위한 목적을 갖는 지방교육자치제가 시·도 단위로 본격적으로 실시되었다.

"지방교육자치제의 실시는 단위학교에서의 학교경영에 대하여 어떠한 의미를 갖게 되는가?" 이에 대한 답은 "단위학교의 경영에 있어서 자율화, 민주화, 전문화의 가치들이 보다 강조·실천되는 노력이 요구된다."(이윤식, 1992)라고 말할 수 있을 것이다. 지방교육자치제 실시의 궁극적 목적은 학교교육 발전에 있다. 지방 교육행정기관 수준에서 비교적 자치적으로 교육행정을 실시하게 되었다고 하는 것만으로는 "무엇을 위한 지방교육자치제인가?" 하는 문제를 생각해 볼 때 별 의미가 없는 것이다. 단위학교 수준에서의 학교경영에 지방교육자치제의 기본 정신과 원칙이 잘 반영되며, 보다 자율적이고 민주적으로 그리고 전문적으로 학교경영이 이루어져야 한다. 즉, 단위학교 수준에서 자치의 가치가 존중되어야 하는 것이다.

자율장학은 **지방교육자치제**의 확대·실시와 더불어 교육활동이 실제로 전개되고 있는 학교현장에서 학교경영의 자율화·민주화·전문화를 위한 노력의 한 구체적인 모습으로서 그 중요성이 크다. 교육행정기관에서 단위학교를 대상으로 하여 실시해 온 종래의 장학지도에 대한 개선을 위한 노력, 그리고 지방교육자치제의 실시에 따른 학교경영의 자율화·민주화·전문화를 위한 노력이 요구된다는 점에서 볼 때, 단위학교에서 함께 생활하고 있는 교장, 교감, 부장교사, 교사 그리고 일반 교직원 간의 상호 이해와 신뢰 및 협조를 바탕으로 한 자율적인 장학활동을 활발하게 전개해야 할 필요성은 대단히 높다.

물론 교육행정기관에서 단위학교를 대상으로 실시하는 장학활동도 교육 발전을 위해 계속적으로 유지·발전되어야 함을 전제로 하여, 단위학교 내에서의 자율적인 장학활동의 활성화를 주장하는 것이다.

4. 자율장학의 개념과 종류

1) 자율의 개념

장학의 일반적인 개념은 교육활동의 개선을 위하여 주로 교원을 대상으로 하여 이루어지는 제반 지도·조언 활동이다. 여기서 교육활동의 개선은 교실 내에서 이루어지는 교수-학습 활동의 개선을 핵심으로 하여, 단위학교에서 설정된 교육목표의 효율적인 달성을 위하여 이루어지는 협동적이며 지속적인 노력을 의미한다.

이러한 장학의 일반적인 개념상 장학의 초점은 단위학교 내에서 실제로 전개되고 있는 교육활동이 된다. 장학활동을 전개함에 있어서 독특한 상황과 조건을 갖게 되는 조직체로서의 단위학교의 자율성과 그 조직체를 구성하고 있는 교직원들의 자율성은 존중되어야 한다. 기관의 자율성과 교직원들의 자율성을 존중하는 장학은 전통적으로 학교 외부로부터 학교와 교직원들에게 주어져 오던 장학의 약점을 보완할 뿐 아니라 장학 본래의 기능을 회복시키는 중요한 기능을 할 것이다.

김종철(1989: 2-5)은 자율이라는 개념의 세 가지 하위 요인을 지적하고 있다. 자율은,

① 자기결정 내지 자주적 결정, ② 자기책임, ③ 자기통제 · 자기규율 등의 의미를 내포한다는 것이다. 논리적으로 설명하여, 자율의 본질적 요소는 자주적인 선택과 결정이며, 자주적인 선택과 결정에 대해서는 그에 대한 책임이 수반되어야 하고, 또한 자기책임을 위해서는 자기통제와 자기규율이 불가피하다는 것이다.

김종철(1985: 23)은 또한 단위학교 수준에서의 자율성을 두 가지 차원으로 나누어 논의하였다. 즉, 첫째는 기관의 자율성으로서, 단위학교가 하나의 조직체로서 그 자체의 운영에 관한 의사결정에 있어 가지는 자유와 자주성의 정도를 의미한다. 장학 면에서, 교육과정의 운영과 교수-학습의 방법 면에서, 학생들에 대한 입시, 선발, 생활지도 등의 방법 면에서, 또는 제반 행정 · 관리 면에서 어느 정도의 자율적 · 자주적 재량권을 가질 수 있느냐의 문제들이 기관의 자율성과 관련된다고 한다.

둘째는 학교 조직 구성원들 특히 교사들이나 다른 직원들 및 학생들이 누릴 수 있는 자유와 자율의 정도에 관련된 것이다. 이는 기관의 자율성과도 관련이 있으나 학교의 조직풍토, 학교장의 지도성, 교직원과 학생들의 개인 및 집단으로서의 자율성과 그에 수반되는 책임성의 유지 능력 등에 더 크게 좌우된다 할 수 있다.

이상 자율에 대한 논의는 자율의 조건과 수준을 잘 드러내고 있다. 같은 맥락에서 정찬영 등(1986: 13)도 '교육행정의 자율화에 관한 연구'에서 자율을 스스로 의사결정하고 스스로 통제한다는 의미, 즉 외부로부터 부당한 간섭을 받지 않고 합목적적으로 재량권을 행사하되, 이에 따른 책임을 지는 것으로 보고 있다.

종합하면 **자율성**은, ① 자기결정(자기계획), ② 자기실천(자기행동), ③ 자기책임(자기평가)의 의미를 포함하는 개념으로 이해할 수 있다. 자율성 행사의 주체가 다수 공동체인 경우, ① 우리 결정(우리 계획: 우리가 결정한다, 우리가 계획한다), ② 우리 실천(우리 행동: 우리가 실천한다, 우리가 행동한다), ③ 우리 책임(우리 평가: 우리가 책임진다, 우리가 평가해 본다)의 의미를 포함하는 개념으로 이해할 수 있다.

자율성 행사의 주체가 되는 기관이나 개인 혹은 공동체는 자율성을 올바르고 합당하게 행사하려는 의지와 태도가 필요할 뿐 아니라, 이를 행사할 수 있는 능력도 구비하고 있어야 함은 재론의 여지가 없는 것이다. 자기책임을 수반하지 않는 자율성은 무사안일이나 방종에 이르게 된다.

학교에서의 교육활동은 학생들의 전인적 성장 · 발달, 즉 궁극적으로는 학생들이 자율성을 올바르게 행사할 수 있는 태도, 의지, 능력을 키워 주는 것을 목표로 하는 것으로 이

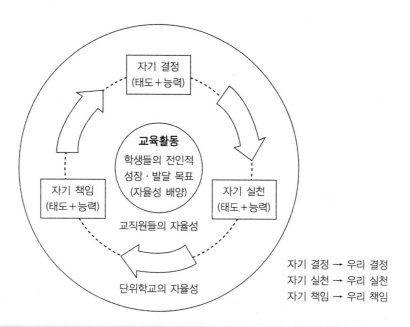

[그림 4-1] 학교에서의 자율성의 개념적 구조

해할 수 있다. 이와 연결하여 [그림 4-1]에서 보는 바와 같이, 교직원들의 전문적인 자율성 그리고 단위학교의 외부 기관으로부터의 자율성도 최대한 존중되어야 함은 재론의 여지가 없다.

2) 자율장학의 개념

앞에서 자율의 개념을 자율성 행사의 주체가 다수 공동체인 경우, ① 우리 결정, ② 우리 실천, ③ 우리 책임의 의미를 포함하는 개념으로 이해할 수 있음을 밝혔다.

자율의 개념을 기초로 하여 볼 때, **자율장학**의 일반적 개념은 '원칙적으로 교육행정기관의 지시 없이 단위학교(유치원) 또는 인접한 학교(유치원) 간, 교원 간에 교육활동의 개선을 위하여 자율적으로 수행하는 장학활동'이라 하겠다. 장학은 학교를 위한 활동이다. 전통적으로 학교는 장학의 객체로서 피동적이고 소극적인 입장에 있었다. 그러나 이제는 학교가 장학의 주체로서 보다 능동적이고 적극적으로 나름대로의 독특한 상황과 조건을 고려하여 장학을 실천하려는 노력이 요구된다. 장학을 과정으로 보아 장학사(관)들만이 하는 활동이 아니라 단위학교에서 교장, 교감, 부장교사, 교사, 그리고 일반 직원 모두가 함께하는 활동으로 이해하면 자율장학의 속성을 쉽게 이해할 수 있을 것이다.

현재까지 우리나라에서는 교육행정기관이 학교를 대상으로 하여 실시하는 전통적인 장학지도와 대비되는 개념으로서 자율적인 장학활동이라는 의미를 내포하는 몇 가지 용어가 쓰여 왔다. 가장 흔하게 쓰이는 용어는 '교내장학'이다.

주삼환(1997: 142)은 교내장학을 '학교의 계획하에 교사의 교수기술 향상과 전문적 성장을 위하여 학교 자체 또는 교육청과의 협동적 노력으로 학교 수준에서 실시하는 장학'으로 보고 있다. 학교 수준에서의 장학이기 때문에 교장의 지도력이 중요함을 강조한다. 정태범(1996: 398)은 교내장학을 '학교 내에서 학교장 중심으로 교사들이 협동하여 그들의 교육활동에 대한 전문적 자질과 능력을 신장시키기 위하여 이루어지는 장학'으로 보고 있다.

이와 같은 교내장학에 대한 개념 정의를 보면, 교내장학이라는 용어는 대체로 장학활동이 일어나고 있는 장소로서의 단위학교의 자율성, 그리고 학교장의 지도성을 강조하는 의미를 함축하고 있다 하겠다.

학교 외부로부터 주어지는 장학이 장학 담당자의 인력 부족, 시간 부족, 전문성 부족 등의 문제점, 그리고 학교 현장에 대한 적합성 부족 등의 문제점을 노출하고 있는 현실을 고려할 때, 학교장 중심의 교내장학은 그 중요성이 높다. 외부로부터 주어지는 장학의 학교 현장에 대한 적합성 부족 문제는 외부장학이 학교현장의 인적 · 물적 · 조직적 · 사회심리적인 조건에 대한 고려에 한계가 있다는 점에 기인한다. 현실적으로 학교 외부의 장학담당자들이 단위학교 내부의 제반 조건, 교육활동의 실제와 문제점, 그리고 조직풍토 등을 비롯한 여러 가지 복잡한 요인들을 충분히 인식 · 이해하기에는 많은 어려움이 있다. 장학활동의 효과를 높이기 위해서는 교사들이 생활하고 있는 학교 현장의 현실을 충분히 고려한 장학활동의 내용과 방법을 구안하려는 노력이 필요하다(Joyce, 1982; Perry, 1980).

3) 자율장학의 종류

자율적인 장학이라는 의미를 보다 직접적으로 표현한 자율장학이라는 용어는 대체로 공간적인 분류를 기준으로 두 가지의 경우로 사용된다. 〈표 4-1〉에서 보는 바와 같이, 하나는 개개 단위학교에 초점을 둔 자율장학이고, 다른 하나는 동일 지구나 인근 지역 내 몇 개의 단위학교 간 협동체에 초점을 둔 자율장학이다. 전자를 교내 자율장학으로, 후자를 지구 자율장학으로 구분할 수 있다.

지구 **자율장학**은 여러 형태로 운용되고 있다. 각 교육청은 지구(또는 지역)(별) 자율장학회, 자율장학위원회, 자율장학협의회, 자율장학연구회, 협동장학회, 교과연구(협의)회 등 명칭을 달리 하면서 다양한 형태의 지구 자율장학을 운영하고 있다.

지구 자율장학의 일반적인 개념은 '지구(지역) 내 인접한 학교(유치원)들 간 또는 교원들 간에 교육활동의 개선을 위하여 학교(유치원)와 교원들의 자율적인 참여와 협력을 기초로 하여 추진되는 상호 협력적인 장학활동'이라 하겠다. 이 활동은, 대체로 ① 교육 프로그램 및 교육정보 교환, ② 교육연구 및 특색사업의 공동 협의 · 추진, ③ 지구 교육현안의 협의 · 조정, ④ 협동적 교육 · 학예활동 협의 · 추진, ⑤ 교직원 학예 · 친목활동 협의 · 추진 등을 포함한다.

따라서 지구 자율장학의 개념을 그 해당 활동을 포함하여 보다 구체적으로 표현하면, '지구(지역) 내 인접한 학교(유치원)들 간 또는 교원들 간에 교육활동의 개선을 위하여 학교(유치원)와 교원들의 자율적인 참여와 협력을 기초로 하여, 교육 프로그램 및 교육정보

표 4-1 자율장학의 구분

학교현장		
구분	교내 자율장학	지구 자율장학
초점	단위학교 내 공동체	단위학교 간 협동체
성격	단위학교 내 교장, 교감, 부장교사, 교사들 간 상호작용을 통한 자율장학	인접한 학교들 간 또는 교원들 간 협력관계를 통한 자율장학
예시적 활동	• 임상장학 • 수업관련 지도 · 조언 활동 ─┐ 수업장학 • 수업연구 ─┘ • 동학년(교과, 부서) 협의회 • 공동연구과제 협의 · 추진 ─ 동료장학 • 교사 간 짝짓기 지도 · 조언 ─┘ • 수업공개, 수업참관 ─ 약식장학 • 학급 순시 ─ (일상장학) • 자기수업 분석 · 반성 ─┐ • 1인1과제연구 · 개인연구 ─ 자기장학 • 대학원 수강 • 각종 자기연찬 활동 ─┘ • 각종 교내연수 활동 ─ 자체연수	• 지구 자율장학(협의 · 연구)회 • 지구 자율장학위원회 • 지구 협동장학회 • 지구 교과연구(협의)회 • 교육 프로그램 및 교육정보 교환 • 교육연구 및 특색사업 공동 협의 · 추진 • 지구 교육현안 협의 · 조정 • 협동적 교육 · 학예활동 협의 · 추진 • 교직원 학예 · 친목활동 협의 · 추진 • 각종 학교 · 교원들 간 정보교환 활동

교환, 교육연구 및 특색사업의 공동 협의·추진, 지구 교육현안의 협의·조정, 협동적 교육·학예활동 협의·추진, 교직원 학예·친목활동 협의·추진 등이 이루어지는 상호 협력적인 장학활동'이라고 볼 수 있다.

교내(원내) 자율장학은 '단위학교(유치원)에서 교육활동의 개선을 위하여 자율적으로 교장·교감(원장·원감)을 중심으로 하여 전체 교직원들이 상호 이해와 협력을 기초로 하여 서로 지도·조언하는 활동'이라 볼 수 있다. 이러한 교내(원내) 자율장학이라는 용어는 표현상 학교 안이라는 공간적인 의미가 강한 인상을 주어 온 교내장학이라는 용어에 단위학교의 자율성과 교직원의 자율성을 강조하는 의미가 첨부된 용어라 하겠다.

이러한 교내(원내) 자율장학에 대한 개념 정의를 과정으로서의 장학의 입장에서 재해석해 보면, '교내(원내) 자율장학은 단위학교(유치원)에서 교육활동의 개선을 위하여 자율적으로 교장·교감(원장·원감)을 중심으로 하여 전체 교직원이 상호 이해와 협력을 기초로 하여 교육활동 개선에 활용될 수 있는 좋은 지식, 기술, 정보, 아이디어, 경험, 도움, 조언 등을 서로 나누어 갖는 활동'으로 볼 수 있다.

5. 맺는말

자율장학에 대한 논의의 출발점은 장학에 대한 종래의 인식을 전환하는 데 있다. 즉, 장학은 학교를 위한 활동이며, 장학사(관)뿐만 아니라 교직원 모두가 함께하는 활동이며, 지도·조언·자율 위주의 활동이며, 교사들이 교직생활의 전체 기간 동안 계속적으로 성장·발달하도록 도와주는 가치로운 활동이며, 학교의 상황과 조건 그리고 교사들의 필요와 요구를 바탕으로 한 다양하고 개별적인 성격의 활동이라고 하는 새로운 인식이 필요하다.

자율장학은 교원들 공동체가 스스로 계획·실천·평가해 보는 일련의 순환적인 활동으로서 지속적으로 변화·발전해 나가는 개념이다. 자율장학은 교원들 공동체의 참여와 협조를 통하여 다양한 모습으로 수행되는 '열려 있는' 개념으로 자율장학을 이해하는 것이 필요하다.

제5장

교내(원내) 자율장학의 개념과 형태

1. 머리말

자율장학은 교원 공동체가 외부의 지시나 간섭 없이 스스로 장학활동을 계획·실천·평가해 보는 일련의 순환적 활동의 형태로 전개된다. 자율장학은 단위학교에 초점을 둔 교내(원내) 자율장학과 동일 지구나 인근 지역 내 몇 개의 단위학교 간 협동체에 초점을 둔 지구 자율장학으로 분류된다. 이 장에서는 교내(원내) 자율장학의 개념과 특성, 교내(원내) 자율장학에서 다룰 수 있는 영역, 교내(원내) 자율장학의 기본 형태와 과정 등을 살펴본다.[1]

자율장학은 자율이라는 용어가 시사하는 바와 같이 교원들의 필요와 요구를 반영하여 그 형태나 내용이 다양하며 계속적으로 변화·발전해 나갈 수 있다. 이 장에서 논의되는 자율장학의 형태나 내용도 완성된 것이 아니라 앞으로 변화·발전해 나갈 수 있는 '열려 있는' 개념으로 이해하는 것이 필요하다.

---

[1] 초·중등학교의 교내 자율장학뿐만 아니라 유치원의 원내 자율장학을 동시에 다루기 위하여 '교내(원내) 자율장학'이라는 용어를 쓴다. 유치원 교원들의 경우에는 논의되는 내용을 유치원 상황에 비추어 보면(예: 교장·교감은 원장·원감으로, 학교는 유치원으로, 교내는 원내로) 될 것이다.

2. 교내(원내) 자율장학의 개념 및 특성

1) 교내(원내) 자율장학의 개념

교내(원내) 자율장학은 '단위학교(유치원)에서 교육활동의 개선을 위하여 자율적으로 교장·교감(원장·원감)을 중심으로 하여 전체 교직원들이 상호 이해와 협력을 기초로 하여 서로 지도·조언하는 활동'이라 볼 수 있다. 이러한 교내(원내) 자율장학에 대한 개념 정의를 과정으로서의 장학의 입장에서 재해석해 보면, '교내(원내) 자율장학은 단위학교(유치원)에서 교육활동의 개선을 위하여 자율적으로 교장·교감(원장·원감)을 중심으로 하여 전체 교직원들이 상호 이해와 협력을 기초로 하여 교육활동 개선에 활용될 수 있는 좋은 지식, 기술, 정보, 아이디어, 경험, 도움, 조언 등을 서로 나누어 갖는 활동'으로 볼 수 있을 것이다. 자율의 세 가지 개념적 요소를 중심으로 하여 교내 자율장학활동은 〈표 5-1〉과 같이 설명될 수 있다.

표 5-1   자율의 세 가지 개념적 요소를 중심으로 한 교내 자율장학활동

내용 영역	예시적 활동
우리 결정 (우리 계획)	우리 학교의 모든 교직원이 합리적인 의사결정 과정을 거쳐서 학교의 형편과 교직원들의 요구를 반영하여 한 학년도 동안 어떠한 활동을 어떠한 방법으로 추진할 것인지 등을 포함하여 교내 자율장학 실행 계획을 수립한다.
우리 실천 (우리 행동)	우리 학교의 모든 교직원이 보다 능동적이고 적극적이며 협동적인 자세를 가지고 세워진 교내 자율장학 실행 계획을 한 학년도 동안 꾸준하게 실천해 나간다.
우리 책임 (우리 평가)	우리 학교의 모든 교직원이 학년도말(또는 학기말)에 그동안 실천해 온 교내 자율장학활동을 돌아보며 처음에 세워진 계획과 비교하여 그 과정과 결과를 평가해 보고 다음 학년도 계획 수립에 고려해야 할 사항들을 찾아본다.

이러한 활동이 원활히 이루어지기 위해서 교장은 학교에서 장학책임자로서 가능한 한 교직원들의 자율성을 보장할 수 있는 바람직한 지도·조언자가 되어야 한다. 교직원들이 적극적으로 장학에 참여할 수 있는 분위기와 여건을 조성하며, 그들이 장학에 대하여 긍정적인 인식을 갖고 동기유발이 되도록 하며, 필요한 조건이 마련되도록 하는 데 민주적이고 합리적인 지도성을 발휘해야 한다.

교사도 장학이 본질적으로 교육발전, 학교발전, 그리고 자신들의 성장·발달을 위하여 필요한 것임을 인식하고, 장학이 그들을 괴롭히고 부담스럽게 하는 것, 그리고 그들과는 아무 상관이 없는 불필요한 것이라는 생각을 불식하는 노력을 해야 할 것이다. 학교에서 효과적인 장학이 교장·교감의 의지와 노력뿐 아니라 교사의 장학에 대한 긍정적인 이해와 자발적이고 적극적인 참여 의지 및 노력이 있어야 가능하기 때문이다.

2) 교내(원내) 자율장학의 특성

교내 자율장학의 개념은 몇 가지 특성을 가지고 있다. 이 특성은 교내 자율장학이 성공적으로 운영되기 위하여 존중되어야 하는 원리 또는 조건이라 볼 수 있다.

(1) 학교(유치원)중심성

교내 자율장학은 단위학교가 주체가 되며, 학교의 인적·물적 조건 및 조직적·사회심리적 특성을 기초로 하여 이루어진다. 교육행정기관에서 학교를 대상으로 실시하는 전통적 장학에서 학교는 장학의 객체로서 피동적이고 소극적인 입장에 있었다. 그러나 교내 자율장학에 있어서 학교는 장학의 주체로서 능동적이고 적극적이며 독립적으로 나름대로의 독특한 상황과 조건을 고려하여 장학을 실천함으로써 그 효과를 높일 수 있다.

(2) 자율성

교내 자율장학은 외부의 통제 없이 단위학교의 구성원이 스스로 학교의 교육활동 개선을 위하여 장학활동을 계획하고 실천해 나가며, 그 결과에 대하여 스스로 책임지는 것을 중요시한다. 스스로 책임진다는 것은 스스로 평가·반성해 보고 추후 활동을 위한 좋은 정보를 얻는 것을 포함한 의미이다. 이러한 과정에서 단위학교의 기관으로서의 자율성과 단위학교의 구성원으로서 교직원의 자율성은 최대한 존중되어야 한다. 단위학교의 기관장으로서 교장은 대외적으로 교내 자율장학의 책임자가 되며, 대내적으로는 가능한 한 교직원의 자율성을 보장할 수 있는 바람직한 지도·조언자가 되어야 한다.

(3) 협력성

교내 자율장학은 단위학교 내에서 교장·교감을 중심으로 하여 부장교사, 교사 그리고 일반 직원들이 협력적이고 참여적인 공동 노력을 통하여 이루어지며, 경우에 따라서는 학교 외부로부터 필요한 협력을 얻을 수 있다. 효과적인 교내 자율장학의 실천을 위해서는 무엇보다도 교직원들이 교내 자율장학에 적극적으로 참여할 수 있는 분위기와 여건이 조성되어야 한다. 교직원들이 교내 자율장학에 대하여 긍정적인 인식을 갖고 동기유발이 되도록 하며, 필요한 조건이 마련되도록 하는 데 교장·교감은 민주적이고 합리적인 지도성을 발휘해야 할 것이다. 필요한 경우에는 외부 교육행정기관, 유관기관, 인근 학교, 나아가 학부모나 지역사회 인사들로부터 협력을 받을 수도 있다. 요청장학도 학교가 주도하여 교육행정기관에 도움을 요청한 경우로 이해하면 어느 정도 교내 자율장학의 속성을 갖고 있는 장학 형태로 볼 수 있다. 학부모를 초빙하여 특강이나 연수를 받거나 수업을 공개하는 것도 협력성의 한 표현이다.

(4) 다양성

교내 자율장학은 단위학교의 조건, 교직원들의 필요와 요구에 기초하여 다양한 형태로 운영된다. 효과적인 교내 자율장학의 내용과 방법은 학교의 종류, 소재 지역, 규모, 그리고 학교 내의 인적·물적·제반 조건 등의 요인에 따라서 다양하게 나타난다. 또한 교직원들의 교직 경력, 담당과목 혹은 담당업무, 성별, 연령 등의 요인에 따라서도 교내 자율장학의 내용과 방법은 개별화·다양화되어야 한다. 이는 교내 자율장학의 형태가 반드시 전문적이고 체계적이며 공식적이지 않을 수도 있음을 의미한다.

(5) 계속성

교내 자율장학은 일시적이고 단기적인 과정이 아니라 계속적이고 장기적인 과정이다. 교육행정기관에서 학교를 대상으로 실시하는 장학은 일시적이고 단기적인 성격이 강하며, 학교 측에서는 이에 대비하여 가시적이고 형식적인 준비를 하는 경향이 없지 않으며, 또한 그 효과도 지속적이지 못한 경향이 있다. 교육활동은 본질적으로 계속적이고 장기적인 과정이므로, 교육활동의 개선을 위한 교내 자율장학도 계속적이고 장기적인 과정이 아닐 수 없다.

(6) 자기발전성

교내 자율장학은 그 목적상 단위학교의 기관으로서의 자기발전을 추구할 뿐만 아니라, 단위학교의 조직원으로서 교장, 교감, 부장교사, 교사, 그리고 관계 직원 등 모두의 자기발전을 도모할 수 있는 과정이다. 전통적인 장학의 관점에서 보면 장학담당자는 단지 지도 · 조언을 제공하는 역할만 맡고 있는 것으로 보인다. 그러나 협력적 상호작용 관계 속에서 전개되는 교내 자율장학에서는 장학담당자도 자기발전의 기회를 가질 수 있다. 즉, 교장이나 교감도 교사들을 도와주는 역할뿐 아니라 그들과의 협력적 상호작용을 통하여 자신들의 발전을 위한 유익한 자극이나 정보를 얻을 수 있음을 의미한다. 전통적으로 장학대상자의 위치에만 있던 교사도 경우에 따라서는 남에게 유익한 도움을 제공할 수 있는 위치에 설 수도 있다.

교내 자율장학의 내용이나 방법도 이에 참여하는 전체 교직원의 겸허하고 진지한 자기반성을 기초로 계속적으로 발전되어 나가는 과정을 밟게 된다.

교내 자율장학의 여섯 가지 특성들 간 관계는 [그림 5-1]과 같이 나타낼 수 있다. 교내 자율장학의 가장 중심적인 특성은 학교중심성과 자율성이다. 그림 가운데의 원은 학교중심성과 자율성이 너트와 볼트 모양으로 견고하게 결합되어 있으며, 학교중심성을 토대로 하여 화살표 모양의 자율성이 강조 · 증대되어 감을 시사한다.

원의 기초에는 협력성이 나타나 있다. 마치 귀중한 보물을 받침대 위에 올려놓는 것처럼, 학교중심성과 자율성을 받치고 있는 받침대가 되는 개념이 협력성이다. 학교 내 교장,

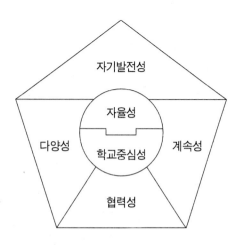

[그림 5-1]　교내 자율장학의 개념적 특성

교감, 부장교사, 교사, 그리고 일반 직원 등 교직원 전체의 협력이 요구된다. 나아가 교육행정기관, 유관기관, 인근 학교, 학부모, 지역사회 인사 등 외부로부터의 협력도 활용할 수 있다.

원의 좌우에는 다양성 및 계속성이 나타나 있는데, 이러한 특성들은 교내 자율장학의 내용, 방법, 과정이 지녀야 할 특성을 의미한다. 즉, 다양한 영역, 내용, 방법, 과정, 절차를 활용한다는 것이다. 그 기간도 1회에 끝나거나 2~3일에 끝나는 것이 아니라, 한 학년도 전체 기간에 걸쳐, 그리고 교원 개인적으로 보면 교직생활의 전기간에 걸쳐 계속적으로 교내 자율장학활동에 참여한다는 것을 의미한다.

끝으로 오각형 모양의 그림 윗부분에 지붕 모양을 하고 있는 자기발전성은 교내 자율장학이 지향하는 방향, 목표를 의미한다고 볼 수 있다. 즉, "무엇을 위해서 교내 자율장학을 하는가?"에 대한 답으로서 교원의 개인 발전을 위해서, 나아가 교원의 공동체 발전을 위해서, 그리고 단위학교의 기관 발전을 위하여 교내 자율장학이 필요하다는 것이다.

이러한 6가지 교내 자율장학의 특성은 동시에 교내 자율장학이 성공적으로 운영되기 위해서 필요한 원리 또는 조건을 의미하기도 한다. 즉, ① 학교중심성 존중의 원리, ② 자율성 존중의 원리, ③ 협력성 존중의 원리, ④ 다양성 존중의 원리, ⑤ 계속성 존중의 원리, ⑥ 자기발전성 존중의 원리이다(제3장의 〈표 3-11〉 참조).

3. 교내(원내) 자율장학의 영역

교내(원내) 자율장학은 단위학교(유치원)에서 교육활동의 개선을 위하여 자율적으로 교장(원장), 교감(원감)을 중심으로 하여 전체 교직원이 상호 이해와 협력을 기초로 하여 서로 지도 · 조언하는 활동이다. 이때 교육활동의 개선은 교사의 교수행위 개선에 한정된 좁은 의미가 아니라 전체적인 학교(유치원) 개선에 관련된 넓은 의미로 쓰인다.

전체적인 학교 개선과 관련하여 교내 자율장학이 다루게 될 영역은 〈표 5-2〉와 같이, ① 교사의 전문적 발달(professional development) 영역, ② 교사의 개인적 발달(personal development) 영역, ③ 학교의 조직적 발달(organizational development) 영역의 세 가지로 구분된다. 이 3영역은 실제적으로 중복되는 부분이 있으며, 상호 보완적인 관계에 있다.

교사의 전문적 발달 영역은 교육과정 운영에 초점을 두고 있으며, 교사의 개인적 발달

표 5-2 교내 자율장학의 3영역

영역	교사의 전문적 발달	교사의 개인적 발달	학교(유치원)의 조직적 발달
목표	교육과정 운영의 효율화	교사 개인의 성장·발달	학교(유치원) 조직 운영의 효율화
초점	교육과정 운영	교사 개인	학교(유치원) 조직
내용	교사들이 교과지도, 교과 외 지도, 생활지도를 포함하는 교육활동 전반에 있어서 안정·숙달·성장을 도모하는 데 관련되는 내용	교사들이 개인적·심리적·신체적·가정적·사회적 영역에서 안정·만족·성장을 도모하는 데 관련되는 내용	학교의 조직환경 및 조직풍토를 긍정적으로 변화시켜 학교 내에서 교사들의 삶의 질을 높이고, 학교조직의 목표를 효과적으로 달성하는 데 관련되는 내용
	• 교육철학 및 교직관 • 교육목표 및 교육계획 • 교육과정 및 교과지도 • 창의적 체험활동지도 • 생활지도 • 학급경영 • 교육기자재 및 자료 활용 • 컴퓨터 활용 • 교육연구 • 학부모·지역사회 관계 • 교육 정보·시사 등	• 교사의 신체적·정서적 건강 • 교사의 성격 및 취향 • 교사의 가정생활 • 교사의 사회생활 • 교사의 취미활동 • 교사의 종교활동 등	• 학교 경영계획 및 경영평가 • 학교경영 조직 • 의사소통 및 의사결정 • 교직원 간 인간관계 • 교직원 인사관리 • 학교의 재정·사무·시설 관리 • 학교의 제규정 • 학교의 대외적인 관계 등
관련 이론	• 교육과정 이론 • 아동발달 이론 • 학습심리 이론 • 교수-학습 이론 등	• 성인발달 이론 • 성인심리 이론 • 정신의학 이론 • 사회심리 이론 등	• 학교조직 이론 • 조직발달 이론 • 인간관계 이론 • 집단역학 이론 등

영역은 교사 개인에 초점을 두며, 학교의 조직적 발달 영역은 학교조직 및 경영에 초점을 두고 있다. 물론 이 세 가지 영역 중에서도 학교 교육활동의 핵심인 교수-학습 활동 개선을 포함하는 교사의 전문적 발달 영역이 가장 중요한 영역이다.

1) 교사의 전문적 발달 영역

교사의 전문적 발달 영역은 교육과정 운영에 초점을 두어서, 교사들이 교과지도, 교과 외

지도, 생활지도를 포함하는 교육활동 전반에 있어서 안정·숙달·성장을 도모하는 데 관련되는 내용을 의미한다.

김종철(1982)은 장학에 대한 기능적 접근에서 장학은 무엇보다도 교사들의 전문적 성장을 돕는 것으로서, 이에는 교사들로 하여금 ① 건전한 교육철학의 수립, ② 교직에 대한 올바른 태도와 감정의 확립, ③ 문제해결 능력과 기술의 습득(특히 학습지도 방법과 생활지도 방법의 개선), ④ 교육문제에 대한 올바른 인식의 확대 등이 포함된다고 하였다.

교사가 일상적으로 수행하는 직무는 ① 교과지도(교육과정 이해·구성, 교수-학습설계, 교육기자재 활용, 교수전략 활용, 학습과제물 제시·검사, 평가문항 출제·채점, 수행평가, 평가결과 피드백, 평가 결과 활용, 성적산출, 평가 결과 전산입력), ② 교과 외 활동지도(창의적 체험활동지도, 재량활동지도, 방과후활동지도, 동아리활동·각종대회지도, 교과외활동 기록·평가·활용), ③ 생활지도(교내 기본생활습관지도, 급식생활지도, 교우관계지도, 건강·보건교육, 학생문제·진로 상담·지원, 안전사고 예방·학교폭력 예방 교육, 안전사고 및 학교폭력 사안 해결), ④ 학급경영 및 학교경영 지원(자기주도학습지도, 독서지도, 학급사무관리, 학급회조직·학생업무분장, 학급홈페이지 관리·운영, 학교행사 참여, 교무분장 업무수행, 특수교육 학생지도), ⑤ 학부모 및 대외관계(학부모협의회 운영, 학부모상담, 학습·복지 위한 교외 자원 활용), ⑥ 전문성 신장(연수 참여, 교·내외 연구회 참여) 등이다. 교사의 직무 중에서 특히 학생들과 직접적으로 접촉하면서 이루어지는 교과지도, 교과 외 활동지도, 생활지도, 학급경영 등의 영역에서의 직무 수행이 중요도가 높다(정미경 외, 2010: 145-146).

대체로 교사의 전문적 발달과 관련하여 다루어질 수 있는 내용은 ① 교육철학 및 교직관, ② 교육목표 및 교육계획, ③ 교육과정 및 교과지도, ④ 창의적 체험활동지도, ⑤ 생활지도, ⑥ 학급경영, ⑦ 교육기자재 및 자료 활용, ⑧ 컴퓨터 활용, ⑨ 교육연구, ⑩ 학부모·지역사회 관계, ⑪ 교육 정보·시사 등이라 하겠다. 교사의 전문적 발달을 위한 예시적 활동은 〈표 5-3〉과 같이 제시될 수 있다.

표 5-3 교사의 전문적 발달을 위한 예시적 활동

내용 영역	예시적 활동
교육철학 및 교직관	교육철학 및 현대교육사조에 관한 연수 / 교사의 직무, 사명감, 근무자세, 교사의 권리와 의무 등에 관한 연수
교육목표 및 교육계획	교육목표 수립에 관한 연수, 협의, 공동 작업 / 교육계획서 수립에 관한 연수, 협의, 설문조사, 공동 작업
교육과정 및 교과지도	교육과정의 편성 및 운영에 관한 연수, 협의 / 학년별 교과별 영역별 교과지도 목표에 관한 협의 / 교재연구의 공동 추진 / 학습지도안 공동 작성 / 교수-학습 방법에 관한 연구, 협의 / 개별화(수준별) 및 열린학습 수업모형의 공동 개발 / 창의성 교육에 관한 연수, 연구, 협의 / 예체능 협동학습 연구, 협의 / 초등학생 영어 수업지도 방법에 관한 연수 / 수행평가, 절대평가 등 학습평가에 관한 연수, 협의 / 교과별 학년별 수업연구 및 수업공개 활동 / 교과지도의 제반 내용에 관한 연수, 연구, 협의 / 교내·교외(원내·원외) 교과협의회(연구회) 활동 / 녹음·녹화를 통한 수업분석 활동 / 몬테소리 교육에 관한 연수 / 유치원 교육·초등교육 연계지도에 관한 연수 / 유치원 혼합반 운영에 관한 연수 / 각종 학예행사, 현장학습에 관한 연수, 연구, 협의
창의적 체험활동 지도	창의적 체험활동 지도의 이론과 실제에 관한 연수, 연구 / 학생회활동 지도의 이론과 실제에 관한 연수, 연구 / 학교(유치원) 행사의 계획과 실천에 관한 연수, 협의 / 클럽활동 지도 능력 배양을 위한 연수, 연구 / 각종 의식행사, 체육행사에 관한 연수, 연구, 협의
생활지도	유아·아동·청소년의 특성에 관한 연수, 연구 / 생활지도 활동의 이론과 실제에 관한 연수, 연구 / 생활지도 활동에 관한 협의 / 인성교육에 관한 연수, 연구, 협의 / 진로지도의 이론과 실제에 관한 연수, 연구 / 상담기법에 관한 연수, 연구 / 성교육에 관한 연수 / 레크리에이션 지도 기법에 관한 연수, 연구 / 각종 심리·인성 검사 활용 방법에 관한 연수, 연구
학급경영	학급경영의 이론과 실제에 관한 연수, 연구 / 학급경영안 작성과 활용에 관한 연수, 연구 / 학급환경 조성에 관한 연수, 연구 / 학급경영 평가에 관한 연수
교육기자재 및 자료 활용	멀티미디어 등 교단 선진화 기자재 활용에 관한 연수, 연구 / 각종 실험·실습·실기 기자재 활용에 관한 연수, 연구 / 각종 교구, 기자재, 자료 활용에 관한 연수, 연구 및 관련 자료 공동 제작
컴퓨터 활용	컴퓨터 활용법에 관한 연수 / 컴퓨터 통신과 인터넷 활용에 관한 연수 / 컴퓨터를 활용한 학습지도안 및 수업자료에 관한 연수 및 공동 제작 / 컴퓨터를 이용한 각종 소프트웨어 공동 개발
교육연구	현장연구 방법에 관한 연수 / 현장연구의 개인 추진 또는 공동 추진 / 각종 연구대회 및 공모전에 개인 출품 또는 공동 출품
학부모·지역사회 관계	교사와 학부모의 관계 및 학부모 면담 기법에 관한 연수 / 학교운영위원회의 기능과 운영 방법에 관한 연수 / 학부모의 학교(유치원) 교육 참여 방안에 관한 연구, 협의(학부모 수업참관의 날, 학급경영 공개의 날, 학부모 1일교사·보조교사제도, 학부모 초빙 교직원 연수, 학부모 교육프로그램, 부모 참여수업 등) / 가정통신문을 활용하여 학교(유치원) 홍보 및 학부모 참여유도 연구 / 지역사회 탐방 또는 가정방문
교육정보·시사	변화하는 교육정책·제도 및 교육개혁에 관한 연수 / 컴퓨터와 인터넷을 통한 교육정보의 수집·분석·배포 / 각종 교육 신문, 전문지, 서적을 통한 교육정보의 수집·분석·배포 / 각종 교육에 관련된 사회적 이슈나 문제에 관한 연수

2) 교사의 개인적 발달 영역

교사의 개인적 발달 영역은 교사 개인에 초점을 두어서, 교사들이 개인적·심리적·신체적·가정적·사회적 영역에서 안정·만족·성장을 도모하는 데 관련되는 내용을 의미한다.

Howey(1980)는 종래의 교사의 성장·발달을 도와주는 프로그램들이 교육과정 운영 및 교수 기법 등 너무 좁은 영역에 한정하여 제공되어 왔음을 지적하였다. 교사의 전문성 성장은 성인으로서의 개개 교사의 심리정서적 발달 상태와 학교의 조직적·사회적 환경 등의 다양한 요인들에 의하여 영향을 받고 있다(Glassberg & Oja, 1981; Perry, 1980). 따라서 보다 효과적인 교사의 전문성 신장을 위해서는 교사 개인의 심리정서적인 발달을 포함하는 개인적 발달과 학교의 사회적·조직적인 개선을 포함한 조직적 발달을 위한 장학활동이 제공되어야 할 것이다.

Wiles와 Lovell(1975)는 교사들의 개인적 잠재적 가능성을 고양시키기 위해 장학담당자들은 교사들이 개인적인 문제를 해결하는 데 도움을 줄 수 있어야 한다고 주장하였다. 교사들이 개인적인 문제들로 인하여 어려움을 당한다면 그들이 교수-학습 활동과 관하여 전문적인 성장을 계속해 나가기란 어렵기 때문이다. Wiles와 Lovell은 〈표 5-4〉와 같이 교사 개인 문제에 대한 도움이 필요함을 주장하였다.

표 5-4 교사의 개인적 문제에 대한 관심의 중요성

교사의 개인적 문제의 해결을 위한 도움을 제공하는 것은 장학의 기본 관심사가 된다. 학교에서의 모든 활동은 교사의 정신적 건강의 기초 위에 이루어지는 것이다. 장학담당자는 교사의 마음속에 개인적인 걱정이나 근심거리가 쌓여 있는 한, 교수활동의 개선을 위해서 그들과 일한다고 하는 것이 무의미한 일임을 깨달아야 한다. 교사는 초인간(superman)이 아니다. 일반 성인을 괴롭히는 근심, 걱정, 두려움이 똑같이 교사를 괴롭히고 있는 것이다. 장학담당자는 근심, 걱정, 두려움에 쌓여 있는 교사들에게 훌륭한 교사가 되라고 강요할 수는 없다. 교사의 문제는 학교교육과 직접적인 관련이 적을 수도 있다. 그것은 가정적 문제, 사회적 문제 혹은 경제적인 문제일 수도 있다. 그러나 이런 것들은 학교교육에 관련된 문제만큼이나 똑같이 중요하다.

자료: Wiles & Lovell (1975: 61-62).

우리나라 교사의 경우에도 앞의 여러 영역에서 문제를 가지고 있다. 여교사의 경우에는 아직도 여자의 역할에 대한 전통적 가치관이 강한 우리 사회에서 다중 역할을 수행하는 데 오는 적지 않은 심리적 · 가정적 · 사회적 갈등이 있는 것이다.

성인발달(adult development)에 관한 많은 연구가 성인으로서 교사들의 성인발달에 따른 일반적인 특성과 발달 과업 및 부딪히는 문제에 대한 이해를 높여 주고 있다(Christensen, 1985). 미국에서 실제로 학교 교직원을 대상으로 주어지는 프로그램인 '긍정적인 자아개념에 관한 프로그램' '스트레스 해소에 관한 프로그램' 그리고 '건강관리에 관한 프로그램' 등의 예에서 보는 바와 같이 장학활동에 있어서 개인적 발달에 관심이 높아지고 있음을 알 수 있다(Madison Metropolitan School District, 1988). 이러한 경향은 장학의 개념이 궁극적으로 교사의 전문적인 성장 · 발달뿐만 아니라 전인적인 능력개발(staff development)의 개념으로 확대되어 가고 있음을 시사한다고 하겠다.

대체로 교사의 개인적 발달에 관련하여 다루어질 수 있는 내용은 ① 교사의 신체적 · 정서적 건강, ② 교사의 성격 및 취향, ③ 교사의 가정생활, ④ 교사의 사회생활, ⑤ 교사의 취미활동, ⑥ 교사의 종교활동 등이다. 교사의 개인적 발달을 위한 예시적 활동은 〈표 5-5〉와 같이 제시될 수 있다.

표 5-5 교사의 개인적 발달을 위한 예시적 활동

내용 영역	예시적 활동
교사의 신체적 · 정서적 건강	직업병 성인병에 관한 예방 · 치료에 관한 강좌 / 스트레스 해소 방법에 관한 연수 / 수지침, 단전호흡 등 건강관리 기법에 관한 연수 / 교직원 체육의 날 운영 / 교직원 휴게시설 구비 · 활용
교사의 성격 및 취향	교직원 심성수련 / 교직원 성격검사(MBTI) 실시 / 긍정적 자아개념과 적극적 사고 방식에 관한 연수
교사의 가정생활	바람직한 가족관계 기법에 관한 연수 / 자녀와의 대화 기법에 관한 연수 / 교직원 애경사 찾아 주기 / 교내 탁아방 운영 / 교직원 가족 친목의 날 행사
교사의 사회생활	시간관리 기법에 관한 연수 / 대화기법에 관한 연수 / 인간관계 기법에 관한 연수 / 자기관리 및 자기표현(의상, 메이크업, 동작 등) 기법에 관한 연수
교사의 취미활동	교직원 취미 · 특기 활동 / 레크리에이션 지도 및 여가 선용 방법에 관한 연수 / 교직원 작품 전시회
교사의 종교활동	교직원의 종교활동

3) 학교(유치원)의 조직적 발달 영역

학교의 조직적 발달 영역은 초점이 학교 조직의 전체적 개선에 있다. 대체로 학교의 조직 환경 및 조직풍토를 긍정적으로 변화시켜 학교 내에서의 교사의 삶의 질을 높이고, 학교 조직의 목표를 효과적으로 달성하는 데 관련되는 내용을 의미한다.

Dillon-peterson(1981: 3)은 조직적 발달을 "조직 내 개인으로 하여금 그들의 개인적 그리고 전문적 목표를 달성 가능하도록 하는 동시에, 조직 자체의 개선 목표를 규정하고, 이를 충족하기 위하여 조직 전체 또는 조직의 일부분에 의해 추진되는 과정"으로 보고 있다. Harris(1985)는 조직적 발달을 조직의 운영적 기능의 개선과 조직 내 구성원 간 상호작용을 개선하는 데 초점을 두고 있다. 학교의 조직적 발달은 교사의 전문적 발달과 개인적 발달을 규정하는 조건이 되기도 한다.

김종철이 제시한 장학의 기능적 접근 방법에서 교육 운영의 기획과 평가를 돕는 제반 활동, 즉 교육 운영의 합리화와 학습환경의 개선이 학교의 조직적 발달과 긴밀히 관련된다고 하겠다.

대체로 학교의 조직적 발달과 관련하여 다루어질 수 있는 내용은 ① 학교 경영계획 및 경영평가, ② 학교경영 조직, ③ 의사소통 및 의사결정, ④ 교직원 간 인간관계, ⑤ 교직원 인사관리, ⑥ 학교의 재정ㆍ사무ㆍ시설 관리, ⑦ 학교의 제규정, ⑧ 학교의 대외적인 관계 등이다.

여기서 주의해야 할 점은 학교의 조직적 발달을 도모한다고 해서 교사들이 직접 학교경영과 의사결정을 주도하거나, 직접 교직원 인사관리를 하거나, 또는 학교의 재정ㆍ사무ㆍ시설 관리를 직접 해야 한다는 것을 뜻하지는 않는다. 전반적인 학교경영이나 종합적인 의사결정 그리고 교직원 인사관리 등의 사안은 교장ㆍ교감이 담당하고 책임을 져야 하는 것이다. 그리고 학교의 재정ㆍ사무ㆍ시설 관리 등의 사안은 서무행정 직원이나 관계 직원들이 담당하는 것이다.

교내 자율장학에서 학교의 조직적 발달을 위하여 그러한 내용들을 다룰 수 있다고 하는 것은 교사들로 하여금 그러한 내용들에 관하여 필요한 지식이나 정보, 이해를 가지도록 도와주고, 이를 토대로 학교의 조직 운영이 보다 합리적이고 협력적인 방향으로 이루어지도록 한다는 것을 의미한다. 이는 궁극적으로 학교의 조직풍토 또는 조직건강을 긍정적인 방향으로 유도하는 데 기여하게 될 것이다. 학교의 조직적 발달을 위한 예시적 활동은

표 5-6 학교의 조직적 발달을 위한 예시적 활동

내용 영역	예시적 활동
학교 경영계획 및 경영평가	학교(유치원) 경영 계획서 작성을 위한 협의, 설문조사, 교사 참여 / 학교(유치원) 경영 평가를 위한 협의, 설문조사
학교경영 조직	교무분장 편성을 위한 협의, 설문조사 / 부서별 업무 계획 수립 협의
의사소통 및 의사결정	민주적인 직원회의 운영 / 각종 협의회, 위원회의 충실한 운영 / 교장(원장)·교직원 간 대화의 시간 운영 / 학교운영위원회의 발전적 운영 / 지도성 개발 / 효과적인 의사결정 및 회의진행 방법에 관한 연수
교직원 간 인간관계	상조회 활동 / 교직원 단합을 위한 현장연수·여행 / 각종 비공식 조직 활동에 대한 관심 / 인간관계 기법에 관한 연수
교직원 인사관리	학교(유치원)의 근무 규정에 관한 연수 / 교내(원내) 인사원칙의 합리화 / 인사위원회 운영의 합리화
학교 재정·사무·시설 관리	학교(유치원) 예산 편성 계획 및 집행 내역의 투명화 / 행정 업무의 전산화 / 공문서 작성·관리에 관한 연수 / 재정·사무·시설관리에 관한 연수
학교 제규정	교육 관련 법규 및 규정에 관한 연수
학교의 대외적인 관계	학부모·지역 인사들과의 유대관계 / 동창회와의 유대관계 / 관내 기관과의 유대관계 / 지구 자율장학 참여

〈표 5-6〉과 같다.

앞서 제1장에 소개한 교사발달에 관한 이론들 중에서 특히 Burke와 동료들(1984)이 제시한 **교사발달 사이클 모형**은 교내 자율장학이 다루어야 할 영역을 교사의 전문적 발달 영역, 교사의 개인적 발달 영역, 학교의 조직적 발달 영역 등 3가지로 구분하는 데 중요한 이론적 배경이 될 수 있다.

[그림 5-2]에 보이는 것처럼 교사가 교사발달 사이클의 단계를 따라 어떻게 발달하여 가는가 하는 것은, 교사가 경험하는 '교사의 개인적 환경'과 '학교의 조직적 환경'에 의해 커다란 영향을 받는다. **교사의 개인적 환경**에서의 개선, 즉 '교사의 개인적 발달'과 교사가 근무하는 **학교의 조직적 환경**에서의 개선 즉, '학교의 조직적 발달'을 동시에 도모하지 않고서는 교사가 교과지도와 창의적 체험활동지도 및 생활지도를 포함하는 교육활동 전반에 있어서 전문성을 신장·발휘하도록 도와준다고 하는 것은 비효과적일 수밖에 없다. 이는 교사가 학생들을 지도하는 교사이기 이전에 사생활을 영위하는 성인이며 개인이라는 점, 그리고 학교라는 공공기관의 조직원이라는 점을 간과해서는 안 됨을 의미한다.

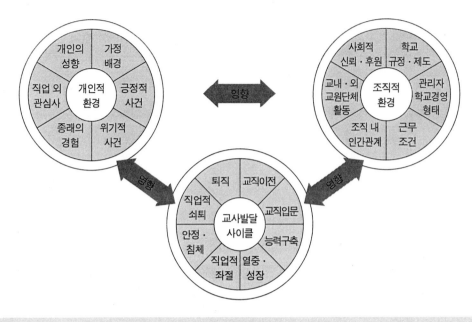

[그림 5-2] 교사발달 사이클 모형(한국적 모형)

주: Burke, Christensen, & Fessler (1984)가 제시한 교사발달 사이클 모형을 한국 교직상황에 비추어 수정함.

　　교내 자율장학에서 다룰 수 있는 3영역 간의 관계는 [그림 5-3]과 같이 상호 접속되는 부분이 있는 3개의 원으로 표시될 수 있다. 3영역은 개념상으로는 서로 명확히 구분이 되는 듯하지만, 현실적으로는 상호 중복되는 부분이 적지 않다고 하겠다. 또한 각 영역에서의 발전은 다른 영역에서의 발전에 영향을 미칠 뿐 아니라, 동시에 다른 영역에서의 발전에 의하여 영향을 받는 것이다. 즉, 각 영역에서의 발전은 상호 보완적인 동시에 상호 규

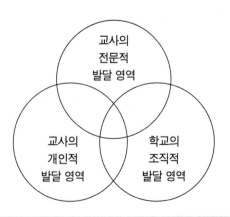

[그림 5-3] 교내 자율장학의 3영역 간의 관계

제적이라 하겠다.

  흔히 '즐거운 학교 만들기'라는 학교경영 목표가 제시되는 경우가 있다. 이때 즐거운 학교 만들기는 아동이나 학생들이 즐거운 마음으로 다닐 수 있는 학교를 만들기 위해 교직원들과 학생들이 노력해야 한다는 것을 촉구하는 의미로 쓰인다.

  그러나 즐거운 학교 만들기는 아동들이나 학생들에게만 중요한 것이 아니라 교직원들에게도 학교가 즐겁고 유쾌한 마음으로 근무할 수 있는 직장이 되어야 한다는 점에서 중요한 의미가 있다.

  교사의 전문적 발달과 개인적 발달, 학교의 조직적 발달 등 교내 자율장학의 3영역이 조화롭게 발달될 때, 그러한 학교는 교직원들이 근무하기에 즐거운 학교가 될 것임에 틀림이 없을 것이다. 교장·교감은 이 점에 유의하여 교내 자율장학의 3영역이 조화롭게 발달하도록 적절한 지도성을 발휘해야 할 것이다. 흔히 교사의 전문적 발달 영역에만 관심을 쏟는 반면, 교사의 개인적 발달 영역과 학교의 조직적 발달 영역은 소홀히 할 수 있다. 이런 경우에는 시간이 지나면 교사의 전문적 발달 영역도 자연히 미약해질 수 있다.

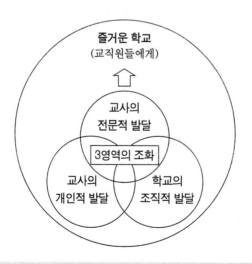

[그림 5-4] 교내 자율장학의 3영역 간 조화를 통한 즐거운 학교 조성

4. 교내(원내) 자율장학의 기본 형태

앞에서 교내(원내) 자율장학의 개념적 특징으로서 학교중심성, 자율성, 협력성, 다양성, 계속성 그리고 자기발전성을 제시하였다. 이러한 특징들은 교내(원내) 자율장학의 구체적인 형태들이 무엇보다도 단위학교(유치원) 상황 속에서 교사들의 필요와 요구에 터하여 다양한 형태로 구안·운용되어야 함을 시사한다.

일반적인 장학의 형태에 관한 연구물을 분석한 결과, 장학의 형태 및 방법에 있어서 다양화 및 개별화의 필요성에 대한 인식이 증대되어 가고 있는 것으로 나타났다. 장학이 효과적이기 위해서는 무엇보다도 장학의 수혜자인 교사들의 요구나 특성에 맞게 장학의 형태 및 방법이 개별화되어야 한다는 것이다.

Glatthorn(1984)이 제시한 **선택적 장학**(differentiated supervision)은 그 좋은 예라고 할 수 있다. 선택적 장학은 교사들에 대한 효과적인 장학의 방법을 선택하는 데에 있어 교사의 경험이나 능력을 포함한 개인적 요인에 대한 고려가 있어야 함을 시사하고 있다. Glatthorn은 교사들의 경험과 능력에 따라서 임상장학, 협동적 동료장학, 자기장학 및 전통적 장학의 방법을 선택적으로 사용할 수 있음을 제안하였다.

Glatthorn에 의하면 임상장학은 교사들의 전문적 성장을 촉진하기 위한 체계적이고 계획적인 장학 프로그램으로서 특히 초임교사 그리고 경험 있는 교사 중 특별한 문제를 안고 있는 교사들에게 유익하다. 협동적 동료장학은 소수의 교사들이 모임을 이루어 그들의 전문성 향상을 위하여 공동적으로 노력하는 과정으로서 대체로 모든 교사에게 활용될 수 있다. 자기장학은 각 교사가 자신의 전문성 신장을 위하여 스스로 체계적인 계획을 세워 이를 실천해 나가는 과정을 의미하는 것으로서, 경험이 있고 능숙하며, 자기분석 및 자기지도의 기술을 갖고 있으며, 또한 혼자 일하기 좋아하는 교사들에게 적합하다. 끝으로 전통적 장학은 교장을 비롯한 학교행정가가 간헐적으로 교사들의 교수활동을 관찰하고 그에 대해 교사들에게 피드백(feedback)을 제공하는 비공식적인 과정을 의미한다. 모든 교사가 전통적 장학의 대상이 되는 것은 물론이나, 학교행정가들은 임상장학이 필요치 않은 경험 있고 능숙한 교사, 그리고 다른 장학 방법을 원치 않는 교사들을 대상으로 전통적 장학을 사용할 수도 있다는 것이다.

Glickman(1980, 1981)은 상이한 발달단계에 있는 교사들에 대한 장학 방법으로 **발달적**

장학(developmental supervision)을 제시하였다. 그는 교사의 발달단계를 교사의 추상적 사고 능력과 헌신도에 기초하여 네 가지로 구분하였고(제1장의 [그림 1-5] 참조), 이에 터하여 장학에 있어서 지시적 접근, 상호 협동적 접근, 비지시적 접근의 3가지 방법 중 적절히 골라서 사용하는 것이 효과적이라고 주장하였다.

지금까지 살펴본 예시적 장학 방법이 시사하는 바와 같이 효과적인 장학의 방법은 교사의 요구나 필요 그리고 경험이나 능력을 고려하여 다양하고 개별적으로 제시되는 방향으로 발전해 가고 있다. 우리나라에서도 Glatthorn이 제시한 선택적 장학의 아이디어는 학교현장에 많이 소개되어 있다(주삼환 역, 1986; 한국교육개발원, 1989).

이 장에서는 교내 자율장학에서 활용될 수 있는 장학의 기본 형태를 구체화하는 데 있어, 단위학교의 실정과 교사들의 필요와 요구에 부응할 수 있는 선택적이고 다양한 장학 형태가 제시되어야 한다는 점에서, 그리고 이미 우리나라 교육현장에서 어느 정도 실험·연구의 과정을 거쳐 긍정적인 평가를 얻었다는 점에서 Glatthorn의 선택적 장학체제의 아이디어를 활용할 수 있다고 보았다.

종합적으로 보아, **교내 자율장학의 기본 형태**를 ① 수업장학, ② 동료장학, ③ 자기장학, ④ 약식장학, ⑤ 자체 연수 등 모두 다섯 가지로 설정한다. 자체연수를 기본 형태의 하나로 보는 것은 자체연수에 대한 장학적 기능이 중요시되기 때문이다. 장학의 일반적 개념은 '교육활동의 개선을 위하여 주로 교원을 대상으로 하여 이루어지는 제반 지도·조언 활동'이다. 이를 과정으로서의 장학의 입장에서 재해석해 보면, '교육활동의 개선을 위하여 활용될 수 있는 좋은 지식, 기술, 정보, 아이디어, 경험, 도움, 조언 등을 서로 나누어 갖는 활동'으로 볼 수 있다. 자체연수는 좋은 지식, 기술, 정보, 아이디어, 경험, 도움 등을 서로 나누어 갖는 중요한 방법이 되기 때문에 장학의 한 형태로 볼 수 있는 것이다.

여기에서 기본 형태라는 용어는 단위학교(유치원) 현장에서 나름의 독특한 상황과 조건에 맞는 다양하고 선택적인 교내 자율장학의 형태를 개발·발전시키는 데 있어서 기본적인 아이디어를 제공할 수 있다는 의미를 함축한다. 따라서 기본 형태라는 용어가 다른 형태의 교내 자율장학이 있을 수 없다는 제한적이고 경직된 의미로 이해되어서는 안 될 것이다.

1) 수업장학

우리나라의 여러 학자가 사용하는 **수업장학**이라는 용어에 대한 개념은 상호 간에 약간의 차이가 있는 듯하다. 〈표 5-7〉에 나타나 있는 바와 같이 강영삼(1994: 21)은 대체로 수업장학을 종래 문교부에서의 문교장학, 지방교육행정기관 수준에서의 학무장학과 비교하여 학교 수준에서 교사를 지도·조언하는 활동으로 보고 있어 일반적으로 통용되고 있는 교내장학과 같은 의미로 수업장학이라는 용어를 사용하였다. 조병효는 수업장학을 교사의 교수행위에 직접적으로 영향을 줄 수 있도록 학교가 공식적으로 제공하는 제반 활동으로서 교내장학과 같은 의미로 보고 있다(p. 115). 이 점은 앞서 제시한 강영삼과 같다. 그는 수업장학(=교내장학)의 방법으로 ① 임상장학, ② 동료장학, ③ 자기장학, ④ 확인장학(약식장학), ⑤ 교내연수 등 다섯 가지를 제시하고 있다(pp. 124-125).

변영계(1984, 1997)는 수업장학을 교사의 교수행위에 초점을 두고 있으며, 임상장학은 수업장학과 그 수준에 약간의 차이는 있지만 목적이나 장학의 방법이 같아서 구태여 구분할 필요가 없으므로, 임상장학을 수업장학과 같은 의미로 보고 있다.

주삼환(1997: 159; 214)은 수업장학을 교육과정, 학습환경, 교사의 교수행위에 직접적으로 영향을 주는 교육활동으로 보고 있다. 그는 임상장학이나 마이크로티칭[2]을 수업장학의 구체적 대표적인 방법으로 보고 있다. 주삼환은 교내장학의 방법으로 ① 임상장학, ② 동료장학, ③ 자기장학, ④ 전통적 장학 외 기타 다양한 활동을 들고 있다.

정태범(1996: 4-5)은 수업장학을 학교의 교육과정에 터한 교수-학습 방법의 개선에 초점을 두고 있는 장학으로 보고 있으며, 교내장학의 기본 형태로 ① 임상장학, ② 동료장학, ③ 자기장학, ④ 약식장학, ⑤ 자체연수 등 다섯 가지를 들고 있다.

이와 같은 분석을 기초로 하여 볼 때 대체로 수업장학이라는 용어는 〈표 5-8〉에 제시된 바와 같이 넓은 의미로 사용되는 경우와 좁은 의미로 사용되는 경우 두 가지이다.

---

2) 마이크로티칭('소규모 교수' 또는 '소규모 수업'으로 번역)은 1963년 미국 스탠퍼드대학교에서 교원양성교육을 받고 있는 학생들로 하여금 특정한 영역에서 구체적인 수업 기술을 효과적으로 습득시키기 위한 방법으로 개발되었다. 그 후 마이크로티칭은 현직 교원을 위한 연수에도 도입되어 널리 활용되고 있다. 이 방법은 실제 수업상황보다 축소된 가상적인 수업상황에서 진행된다. 대략 15명 이내의 학습자(동료 또는 학생)를 대상으로 짧게는 5분에서 길게는 20분 이내의 시간 동안 피훈련자가 준비된 수업을 실시하고 이에 대해 평가·환류를 제공받고 재수업을 실시하는 과정을 통하여 특정한 수업 기술을 습득하게 된다. 이 과정에서 비디오나 녹음기가 활용된다.

표 5-7　우리나라에서 사용되는 수업장학의 개념

학자	개념	관련 사항
강영삼 (1994)	• 수업장학은 학교에서의 교수-학습과정 활동을 성공적으로 성취할 수 있도록 교사를 지도·조언하는 데 초점, 교내장학과 같음	• 문교장학(문교부 수준) → 학무장학(지방 교육행정조직 수준) → 수업장학(학교 수준) → 임상장학(학급 수준) • 수업장학과 교내장학을 같은 의미로 봄
변영계 (1984, 1997)	• 수업장학은 대상과 영역을 교사에 국한하고 교수-학습과정에서 교사의 수업행위나 기술을 향상, 주로 교실을 중심으로 교사와 1:1의 관계 속에서 진행 • 수업장학은 교사의 수업행위나 기술을 향상시켜 수업 효과를 높이려는 데 강조점을 둠	• 임상장학은 수업장학과 그 수준에 약간의 차이는 있지만 목적이나 장학의 방법이 같아서 구태여 구분할 필요가 없음 • 수업장학과 임상장학을 같은 의미로 봄 • 교내장학 언급 없음
정태범 (1996)	• 수업장학은 학교의 교육과정에 터한 교수 학습 방법의 개선에 초점	• 교내장학: 학교장 중심으로 교사들이 협동하여 그들의 교육활동에 대한 전문적 자질과 능력을 신장시키기 위하여 이루어지는 장학으로, 기본 형태는 ① 임상장학, ② 동료장학, ③ 자기장학, ④ 약식장학, ⑤ 자체연수임
조병효 (1991)	• 수업장학은 학생의 학습을 향상하고 학교의 교수-학습과정을 유지 또는 개선하기 위하여 교사의 교수행위에 직접적으로 영향을 줄 수 있도록 학교가 공식적으로 제공하는 제반활동	• 수업장학을 교내장학과 같은 의미로 봄 • 수업장학(교내장학)의 방법: ① 임상장학, ② 동료장학, ③ 자기장학, ④ 확인장학(약식장학), ⑤ 교내연수
주삼환 (1997)	• 수업장학은 ① 수업 개선으로 학생의 학업성취를 높이고자 ② 교육과정과 ③ 학습환경, ④ 교사의 교수행위에 직접적으로 영향을 주는 교육활동	• 수업장학의 구체적 대표적 장학 방법의 하나가 임상장학임, 마이크로티칭도 그 하나임 • 교내장학의 방법: ① 임상장학, ② 동료장학, ③ 자기장학, ④ 전통적 장학 외 기타

표 5-8 수업장학 용어의 두 가지 사용 경우

넓은 의미로 사용되는 경우	좁은 의미로 사용되는 경우
• 교육행정기관과 비교하여 볼 때, 학교의 주된 활동은 수업활동임 • 수업장학을 학교 수준에서 이루어지는 모든 장학활동으로 봄 • 교내장학과 같은 의미로 쓰임 • 학자: 강영삼, 조병효	• 학교에서 이루어지는 교사의 전문성 개발을 위한 다양한 활동 중, 직접적으로 교사의 수업 기술과 방법 개선을 위한 비교적 체계적인 활동 • 수업장학의 구체적인 방법으로 임상장학, 수업연구, 마이크로티칭, 수업연구 등이 있음 • 학자: 변영계, 정태범

먼저, 다른 행정기관과 비교하여 볼 때, 학교에서의 주된 활동이 수업활동이기 때문에 수업장학을 학교 수준에서의 장학활동, 즉 교내장학과 같은 의미로 쓰이는 경우(강영삼, 조병효)이다. 다음으로 학교 수준에서 교사를 대상으로 이루어지는 여러 가지 장학활동 중에서 직접적으로 교사의 수업 기술과 방법의 개선을 위하여 제공되는 비교적 체계적인 장학활동을 수업장학으로 보는 경우(변영계, 정태범)이다. 이의 구체적인 방법으로는 임상장학이나 마이크로티칭 등이 있는 것으로 보는 경우이다.

여기에서는 수업장학을 후자의 입장에서 비교적 제한적인 의미로 보고자 한다. 즉, 학교에서 이루어지는 교내장학활동이 여러 가지가 있는데 그 한 가지 형태가 수업장학이며, 구체적인 방법으로는 임상장학과 마이크로티칭 등이 있다는 입장이다. 그 까닭은 학교에서 이루어지는 장학활동이 교사의 수업 기술 향상에 초점을 맞춘 것(교사의 전문적 발달)뿐만 아니라, 교사의 개인적 발달과 학교의 조직적 발달 등에 관련되는 여러 가지가 있기 때문이다. 수업장학을 학교 수준에서의 장학활동, 즉 교내장학과 같은 의미로 쓰게 되면, 교사의 개인적 발달과 학교의 조직적 발달에 관련되는 여러 가지 장학활동의 가치가 희석되는 문제가 있다.

수업장학을 교사들의 수업 기술 향상을 위하여 교장·교감(외부 장학요원·전문가·자원인사 포함)이 주도하는 개별적이고 체계적인 성격이 강한 지도·조언 활동으로 본다. 단위학교 내에서 자율적으로 실시되는 수업장학은 원칙적으로 교장·교감의 주도하에(필요한 경우 외부 장학요원, 전문가, 자원인사의 도움을 받아서), 교사들의 수업 기술 향상을 위하여, 임상장학, 수업연구(교장·교감 주도), 마이크로티칭 등의 방법으로, 초임교사나 경력이 짧은 교사, 수업 기술 향상의 필요성이 있는 교사를 대상으로 진행된다. 또한 학교현장에서 초임교사가 왔을 때, 교장·교감이 첫 학기 혹은 2~3개월 동안에 개별적으로 수업지도안을 검토해 주고 수업참관을 하면서 초임교사가 보다 쉽게 수업활동과 교직생활에 적응하도록 지도·조언해 주는 활동도 수업장학의 중요한 방법이라고 볼 수 있다.

2) 동료장학

동료장학은 동료교사들이 교육활동의 개선을 위하여 모임이나 짝을 이루어 상호 간에 수업 연구·공개 활동의 추진이나 공동 과제 및 관심사의 협의·연구·추진 등 공동으로 노력하는 과정을 의미한다. 동학년 교사들 또는 동교과 교사들이 수업연구 과제의 해결이나 수업 방법의 개선을 도모하기 위해 수업연구·수업공개 활동을 하거나, 교과지도와 생활지도 방법을 개선하기 위하여 상호 좋은 경험이나 아이디어를 교환하거나, 동학년 교사, 동교과(교과연구회) 교사, 동부서 교사 또는 관심 분야가 같은 동료교사들이 협의회, 소모임, 스터디그룹 등을 통해 공동 과제나 공동 관심사를 협의·연구·추진하기 위하여 함께 활동해 나가는 것 등이 동료장학의 전형적인 형태이다.

특정한 연구과제나 시범과제를 선정하여 관심 있는 동료교사들을 중심으로 공동으로 연구를 수행해 나가거나, 연구 자료나 작품을 공동으로 제작하는 활동도 중요한 동료장학 활동으로 볼 수 있다. 또한 경력교사가 초임교사와 1:1로 짝을 이루어 서로 수업을 공개하고 의견을 교환하며, 교육활동 전반에 관하여 도움을 주는 것(멘토링)도 중요한 동료장학 활동이다. 경력교사들끼리 1:1로 짝을 이루어 동료장학을 할 수도 있다(**멘토링**).

그 밖에도 동료교사 상호 간에 교육활동의 개선에 활용될 수 있는 좋은 지식·기술·정보·아이디어·경험·도움 또는 조언 등을 주고받는 여러 가지 형태의 공식적·비공식적 행위도 넓은 의미로 동료장학으로 볼 수 있다.

현재 초등학교 병설 유치원은 학급 수가 적은 관계로 교사가 소수여서 동료장학은 어려운 형편이다. 이런 경우 초등학교 교장·교감은 지도성을 발휘하여 유치원 교사가 초등학교 1~2학년 교사들과 어울려 수업을 공개·참관하거나, 협의활동을 통하여 교육활동에 활용될 수 있는 좋은 경험이나 정보 및 아이디어를 교환하는 동료장학에 참여하도록 지도하는 것이 필요하다. 사립 유치원의 경우에는 작은 규모로 동료장학을 할 수 있을 것이다. 인근 지역에 근무하고 있는 유치원 교사들 간에 동료장학을 권장하는 노력이 요망된다.

표 5-9 동료장학의 구체적인 방법

수업연구(공개) 중심 동료장학	• 동학년 수업연구(수업공개) • 동교과 수업연구(수업공개) 등
협의 중심 동료장학	• 동학년 · 동교과 · 동부서 교사 협의 • 부장교사 협의 • 스터디그룹 활동 • 각종 공식적 · 비공식적 협의 등
연구과제 중심 동료장학	• 공동 연구과제 추진 • 공동 시범과제 추진 • 공동 연구 자료 · 작품 제작 등
일대일 동료장학	• 초임교사와 경력교사 간 짝짓기(멘토링)

3) 자기장학

자기장학은 교사 개인이 자신의 전문적 발달을 위하여 스스로 체계적인 계획을 세우고 이를 실천하는 활동이다. 교사는 전문직 종사자로서 자기성장과 자기발전을 위해 끊임없이 노력해야 한다는 당위성에서도 자기장학의 의미는 크다. 학교현장에서 찾아 볼 수 있는 자기장학 형태의 활동은 자기수업 분석 · 연구, 자기평가, 학생을 통한 수업반성, 1인 1과제연구 혹은 개인연구, 전문 서적 · 자료 탐독, 대학원 수강, 전문기관 · 전문가 방문 · 상담, 현장 방문 · 견학, 교과연구회 · 학술회 · 강연회 참석 등을 포함한 각종 자기연찬 활동이 있다.

자기장학은 유치원 교사들에게 특히 그 필요성이 높다. 앞에서도 밝힌 바와 같이 초등학교 병설 유치원은 학급 수가 적은 관계로 교사가 소수여서 동료장학은 어려운 실정이며, 사립 유치원의 경우도 교사 수가 적은 관계로 교사 스스로가 자기발전을 위해 노력하도록 격려하고 지도하여야 한다(이정은, 1996; 이춘복, 1998).

표 5-10 학교현장에서 찾아볼 수 있는 자기장학의 구체적인 방법

① 스스로 자신의 수업을 녹음 또는 녹화하고 이를 분석하여 자기반성 · 자기발전의 자료로 삼는 방법
② 스스로 교사평가체크리스트를 이용하여 자신의 교육활동을 평가 · 분석하여 자기반성 · 자기발전의 자료로 삼는 방법
③ 자신의 수업이나 창의적 체험활동지도, 생활지도, 학급경영 등에 관련하여 학생들과 면담이나 학생들을 대상으로 한 의견조사를 통하여 자기반성 · 자기발전의 자료를 수집하는 방법

④ 1인1과제연구 혹은 개인(현장)연구 등을 통하여 자기발전을 도모하는 방법

⑤ 교직활동 전반에 관련된 전문 서적이나 자료를 탐독·활용하여 자기발전의 자료로 삼는 방법

⑥ 전공교과 영역, 교육학 영역, 관련 영역에서의 대학원 과정 수강을 통하여 자기발전을 도모하는 방법

⑦ 교직 전문단체, 연구기관, 학술단체, 대학, 관련 사회기관이나 단체 등 전문기관을 방문하거나 전문가와의 면담을 통하여 자기발전의 자료를 수집하는 방법

⑧ 교육활동에 관련되는 현장 방문이나 견학 등을 통하여 자기발전의 자료를 수집하는 방법

⑨ 각종 연수회, 교과연구회, 학술발표회, 강연회, 시범수업 공개회 등에 참석하거나 학교 상호 방문 프로그램에 참여하여 자기발전을 도모하는 방법

⑩ 교직생활, 사회생활, 가정생활에 도움이 되는 각종 사회교육 기관이나 단체에서 제공하는 프로그램이나 강좌 등을 통하여 자기발전을 도모하는 방법

⑪ 인터넷이나 대중매체을 이용하여 각종 교육 관련 기관·단체 등에서 자기발전의 정보·자료를 검색·수집하는 방법

4) 약식장학(일상장학)

약식장학은 교장·교감이 간헐적으로 짧은 시간 동안 학급순시나 수업참관을 통하여 교사들의 수업활동과 학급경영 활동을 관찰하고 이에 대하여 교사들에게 지도·조언을 제공하는 활동을 의미한다. 이러한 활동은 교장·교감이 개략적인 절차에 따라 수행하는 활동이라는 점에서 약식장학으로 칭하거나, 교장·교감이 일상적으로 수행하는 활동이라는 점에서 **일상장학**이라고 칭할 수도 있다. 이러한 약식장학은 비공식적인 성격이 강한 활동으로서 다른 형태의 장학에 대하여 보완적이고 대안적인 성격을 갖는다.

(1) 교장·교감의 약식장학(일상장학)의 필요성

교사들의 입장에서는 교장·교감이 자신들의 수업활동을 포함한 교육활동에 대해 스스로 알아서 하도록 내버려 두는 것이 좋다고 생각하는 경향도 없지 않다. 이러한 생각은 교장·교감이 「초·중등교육법」 제20조[3]의 규정과 같이, 단위학교의 교무를 통할하고 소속 교직원을 지도·감독하며, 학생 교육에 대하여 최종적으로 책임을 지는 위치에 있다는

3) 「초·중등교육법」 제20조(교직원의 임무) ① 교장은 교무를 통할하고, 소속 교직원을 지도·감독하며, 학생을 교육한다. ② 교감은 교장을 보좌하여 교무를 관리하고 학생을 교육하며, 교장이 부득이한 사유로 직무를 수행할 수 없을 때에는 교장의 직무를 대행한다. 다만, 교감이 없는 학교에서는 교장이 미리 지명한 교사(수석교사를 포함한다)가 교장의 직무를 대행한다. ③ 수석교사는 교사의 교수·연구 활동을 지원하며, 학생을 교육한다. ④ 교사는 법령에서 정하는 바에 따라 학생을 교육한다. ⑤ 행정직원 등 직원은 법령에서 정하는 바에 따라 학교의 행정사무와 그 밖의 사무를 담당한다.

것을 상기할 때 옳지 않다.

교장·교감은 단위학교 내의 최종적인 교육책임자이다. 그뿐만 아니라, 선배교사로서 교사들을 대상으로 적절히 지도·조언 활동을 수행해야 할 책무성과 당위성이 있는 것이다. 약식장학(일상장학) 활동은 다음과 같은 이유에서 그 필요성이 크다.

첫째, 교장·교감이 수행하는 수업참관이나 학급순시를 중심으로 한 약식장학은 교사들의 수업활동과 학급경영 활동을 포함해 학교교육 및 학교경영 전반의 개선을 위한 교장·교감의 적극적 의지와 노력, 그리고 지도성의 좋은 표현방식이 된다. 지나치지 않은 범위 내에서 교장·교감은 수업현장에서 교사들이나 학생들과의 접촉을 통하여 그들에 대한 관심을 표명하고 필요한 지도성을 발휘해야 할 것이며, 이를 위하여 수업참관이나 학급순시를 적절히 활용할 수 있다.

둘째, 약식장학을 통하여 교장·교감은 교사들이 미리 준비한 수업활동이나 학급경영 활동이 아닌 평상시 자연스러운 수업활동이나 학급경영 활동을 관찰할 수 있으며, 이에 대해 의미 있는 지도·조언을 제공할 수 있다. 물론 약식장학도 원칙적으로 교장·교감 나름의 계획과 이에 대한 교사들과의 의사소통을 통하여 교사들로 하여금 교장·교감의 수업참관이나 학급순시에 대하여 어느 정도 마음의 준비를 하게 하는 면이 있으나, 체계적이고 공식적으로 이루어지는 수업장학에 비하여 약식장학은 평상시 수업활동이나 학급경영 활동을 대상으로 하는 면이 강하다.

셋째, 약식장학을 통하여 교장·교감은 학교교육, 학교경영, 그리고 학교풍토 등 전반 영역에 걸쳐 학교를 전체적으로 파악하는 데 필요한 정보를 수집할 수 있다. 학교교육 및 학교경영에 대한 정확한 실태 파악과 이의 개선 방안 수립을 위하여, 학교행정가의 관점에서 학교의 구석구석에서 전개되고 있는 교육활동에 대한 보다 종합적인 정보를 수집하기 위하여 약식장학을 적절히 활용할 수 있을 것이다.

(2) 효과적인 약식장학을 위한 교장·교감의 노력

약식장학은 학교교육의 발전을 위해 중요한 의미를 지닌다. 그러나 교장·교감이 실시하는 약식장학에 대하여 교사들이 부담스러워 하는 것이 현실이다. 이는 수업참관이나 학급순시의 취지나 방법, 절차와 관련하여 교장·교감과 교사들의 상호 이해 부족에서 비롯되는 듯하다. 교장·교감이 효과적으로 수업참관이나 학급순시를 실시하기 위해서는 다음과 같은 노력이 요구된다.

첫째, 교장·교감은 학교교육 발전을 위해 수업참관과 학급순시를 적절히 활용해야 할 필요성이 있음을 인식하고 이를 수행하고자 하는 의지를 가져야 한다.

대외적으로 학교를 대표하는 위치에 있는 교장·교감은 단위학교 내의 최종 교육 책임자 및 장학 책임자로서 교사들을 대상으로 적절히 약식장학을 수행해야 할 책무성과 당위성이 있다. 교장·교감이 단순히 주어진 법이나 규정에 따라 학교의 인원·재정·시설·사무를 유지·관리하는 수준에서의 지도성, 즉 **관리지도성**(managerial leadership)만을 발휘해서는 안 된다. 교장·교감은 학교의 유지·관리의 차원을 넘어 학교가 존재하는 근본 이유, 학교가 성취하고자 하는 목표, 학교가 수행하는 가장 중요한 활동이 되는 수업활동과 교육활동에 대하여 교사들에게 지식·경험·정보를 나누어 주며 필요한 지도·조언을 제공하는 차원에서의 지도성, 즉 **수업지도성**(instructional leadership)을 발휘해야 한다.

둘째, 교장·교감은 평상시에 교사들로부터 전문적인 권위와 인간적인 권위를 얻도록 부단히 연구 노력하여야 한다. 교장·교감이 교사들로부터 인정받게 되는 권위의 종류는 대체로 법적(지위) 권위[legal(status) authority], 인간적 권위(personal authority), 전문적 권위(professional authority)의 세 가지로 구분된다.

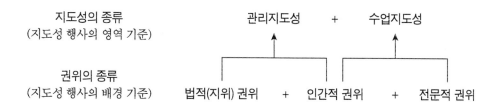

[그림 5-5] 교장·교감의 지도성의 종류 및 관련되는 권위의 종류

법적(지위) 권위는 교장·교감이라는 지위에 법적으로 부여된 교무통할권, 교직원 지도·감독권, 학생교육권(「초·중등교육법」 제20조)에 기초하여 교장·교감이 갖게 되는 권위를 의미한다. 즉, 교장·교감의 역할과 기능에 관계되는 여러 가지 법이나 규정에 의하여 교장·교감이라는 지위와 자리에 부여된 권한이 교사들로 하여금 교장이나 교감의 지시나 지도를 따르도록 유도하게 된다. 법적(지위) 권위는 모든 교장과 교감 간에 동일하게 인정된다. 이러한 권위는 교장이나 교감을 그만 두면 자동적으로 소멸한다. 대체로 법적(지위) 권위는 교사들에게 타율적이고 강제적인 성격을 띠는 것으로 인식되기가 쉽다. 교

장이나 교감의 수업참관이나 학급순시가 교사들에게 부정적으로 인식되는 이유는 그러한 활동이 단순히 교장이나 교감의 법적(지위) 권위에 기초하여 수행되고 있다고 교사들이 인식하기 때문인 듯하다.

교장 · 교감은 효과적인 수업참관을 위해 충분한 수준의 전문적 권위와 인간적 권위를 꾸준히 쌓아 두는 일이 필요하다. **전문적 권위**는 오랜 기간의 교직생활이나 연구활동 자기발전을 위한 연찬활동 등을 통해 수업활동 · 교육활동에 관해 남보다 많은 지식, 경험, 능력, 업적을 갖고 있음을 교사들로부터 인정받을 때 생기는 권위이다. 교직사회에서 "누구누구는 실력 있는 교장(교감)이다."라는 말을 듣는 경우가 있다. 이런 교장 · 교감은 교사들로부터 전문적 권위를 인정받고 있는 것이다. 실력 있는 교장 · 교감이 실시하는 약식장학에 대하여는 교사들로서도 긍정적인 인식을 가지게 될 가능성이 높다.

전문적 권위뿐만 아니라 **인간적 권위**도 중요하다. 인간적 권위는 교장 · 교감이 좋은 인간관계 기술이나 능력을 갖고 있거나 훌륭한 인격을 갖추고 있을 때 교사들로부터 인정받는 권위이다. 교사들과 친밀하고 따뜻한 인간관계를 맺고 즐겁고 명확하게 의사소통이나 대화를 유지해 나가는 기술이나 능력을 갖추고 있는 교장 · 교감, 공사의 구분이 분명하고 언행이 일치하며 도덕적이고 모범적인 생활모습을 보여 주는 교장 · 교감은 교사들로부터 상급자로서뿐 아니라 인생의 선배로서 인간적인 존경과 신뢰감을 느끼게 하는 것이다. 전문적 권위와 인간적 권위는 생명이 길다. 교장 · 교감의 직위를 떠나더라도 교사들로부터 오랜 기간 동안 그러한 권위를 인정받는다. 이러한 권위를 바탕으로 교육활동이나 학교경영 활동과 관련하여 지도성을 발휘할 때 그 효과가 높을 것이다.

셋째, 교장 · 교감은 진심으로 교사들을 도와주려는 마음가짐으로 조심스럽게 약식장학에 임하여야 하며, 그러한 인상을 교사들에게 전달하도록 노력하여야 할 것이다. 일반적으로 교사들이 교장 · 교감의 약식장학에 대하여 대체로 부정적인 인식을 갖고 있는 상황이므로, 교장 · 교감은 약식장학에 임하기 전에 교사들에게 그들이 교사들의 수업활동 · 교육활동을 도와주려는 의도에서 약식장학을 한다는 점을 이해시키려는 노력이 요구된다.

수업참관이나 학급순시 때에는 가능한 수업활동의 본질적인 면에 주의를 쏟아야 하고, 지엽적이며 사소한 문제를 중요시하는 것은 피해야 할 것이다. 그리고 약식장학을 위해 교장 · 교감은 사전에 계획을 세우고, 교사들과 약식장학의 시기나 방법 등을 포함하여 필요한 수준에서 대화를 갖는 일이 요구된다. 교사들로 하여금 교장 · 교감이 교사들의 입장을 존중하면서 조심스럽게 약식장학에 임하고 있다는 인상을 심어 주는 일은 성공적인 약식장학을 위해 하나의 필요조건이 된다.

(3) 교장·교감의 약식장학에 대한 교사들의 인식과 노력

수업참관이나 학급순시를 중심으로 한 약식장학은 교장·교감의 노력만으로는 성과를 거둘 수 없다. 교사들의 입장에서도 긍정적 인식과 노력이 요구된다.

첫째, 교사들의 입장에서 교장·교감의 약식장학은 학교교육 개선을 도모하려는 교장·교감의 의지와 의욕의 표현방식이며, 지도성 행사의 한 형태임을 인정하여야 한다. 교장·교감은 법적으로 부여된 교무통할권, 교직원 지도·감독권, 학생교육권(「초·중등교육법」 제20조)에 기초하여, 단위학교의 교육책임자로서 전체 교직원의 동기를 유발하고 지속적인 교육 개선을 위해 노력하도록 지도성을 발휘해야 할 책무성과 당위성이 있다.

둘째, 교장·교감의 약식장학이 교사들의 수업 개선에 도움을 줄 수 있다는 인식을 가지려는 노력이 필요하다. 교장과 교감은 대체로 30여 년 이상의 교직 경험이 있는 선배 교사들이다. 교장·교감이 선배 교사로서 풍부한 지식과 경험을 후배 교사들에게 나누어 줄 수 있는 지도·조언자로서의 역할과 기능이 있다는 점을 인정하는 열린 마음이 교사들에게 필요하다.

어떤 교사들은 교장·교감의 전공교과가 자신의 전공교과와 다른데 어떻게 올바른 수업참관을 할 수 있으며, 올바른 지도·조언을 해 줄 수 있느냐고 반문하면서 교장·교감의 수업참관이 불필요하다고 주장하는 경우도 있다. 그런 주장은 타당한 것처럼 보이지만 달리 생각해 보면 그렇지 않다. 전공교과의 지도 내용은 교과에 따라서 다르겠지만, 지도 방법에 있어서는 교과 간에 공통적인 면이 많기 때문이다. 다른 교과를 지도하는 동료 교사들의 수업을 보면서 전체적으로 좋은 점과 개선이 요구되는 점에 대해 나름의 의견을 제시하는 것이 가능하다.

셋째, 평상시 수업활동에 최선을 다하는 교사들에게는 교장·교감의 수업참관이 부담스러운 것이 될 수 없다는 인식이 필요하다. 자신이 맡은 일에 최선을 다하고 있는 사람들은 남들의 시선에 별 신경을 쓸 필요가 없는 것이다. 전문직 종사자로서, 교사들은 자신이 하는 교육활동에 책무성과 윤리성을 가지고 최선의 자세로 임할 것이 요구된다. 교육활동은 교사와 학생들 사이에 인격적이고 전인적인 상호작용을 전제로 한 활동이기 때문에 교사들의 최선을 다하는 자세는 중요하다. 늘 최선을 다하는 자세로 수업활동에 임하는 교사들에게는 교장 · 교감의 수업참관이 부담스럽고 거부되어야 하는 것이라기보다 자신의 성실한 수업자세를 보여 주는 기회가 될 수도 있다.

5) 자체연수

교내 자율장학의 기본 형태의 하나로 제시된 **자체연수**는 교육활동의 개선을 위하여 교직원들의 필요와 요구에 터해 교내외의 인적 · 물적 자원을 활용하여 학교 자체에서 실시하는 연수 활동이다. 장학의 일반적 개념은 '교육활동의 개선을 위하여 주로 교원을 대상으로 하여 이루어지는 제반 지도 · 조언 활동'이다. 이를 과정으로서의 장학의 입장에서 재해석해 보면, '교육활동의 개선을 위하여 활용될 수 있는 좋은 지식, 기술, 정보, 아이디어, 경험, 도움, 조언 등을 서로 나누어 갖는 활동'으로 볼 수 있다(제3장의 〈표 3-12〉 참조). 자체연수는 좋은 지식, 기술, 정보, 아이디어, 경험, 도움 등을 서로 나누어 갖는 중요한 방법이 되기 때문에 장학의 한 형태로 볼 수 있음은 앞에서도 제시하였다.

자체연수에는 교장, 교감, 교사뿐 아니라 행정직원이나 관리직원들도 참여할 수 있다. 교사들과 행정 · 관리직원들 간 공동관심사나 공동 과제에 대한 연수, 또는 교사들의 이해와 협조가 요구되는 행정 · 관리의 특정 업무와 관련된 소개와 연수는 교사들과 행정 · 관리직원들 간 상호 이해와 협조를 높일 수 있다는 점에서 의미가 있다.

자체연수는 교직원들의 전문적 발달, 개인적 발달, 학교의 조직적 발달을 지향하여 교장, 교감, 부장교사, 교사, 행정 · 관리직원을 포함하여 교내 · 교외의 교직원, 또는 외부 전문가나 장학요원들이 연수담당자가 되어 진행된다. 학교교육에 대한 학부모의 참여를 높이기 위하여 전문적 지식이나 경험이 있는 학부모, 교육과 관련하여 좋은 지식 · 정보 · 경험을 교직원들에게 나누어 줄 수 있는 학부모, 특정 분야에 종사하고 있는 학부모를 강사로 초대하여 자체연수를 진행할 수도 있다.

이러한 자체연수는 종래 교내연수라는 용어와 같이 쓰일 수 있다. 굳이 교내연수와 구별하여 본다면, 교내연수는 연수의 장소가 교내에 한정되는 듯한 느낌이 강하다. 자체연수는 학교가 주도하는 연수로서 연수의 장소가 교내뿐만 아니라 야외연수, 현장견학 및 탐방 연수 등과 같이 교외에서도 다양하게 이루어질 수 있다. 따라서 교내연수 보다는 자체연수라는 용어가 보다 타당할 것이다.

6) 기본 형태의 비교

교내 자율장학의 다섯 가지 기본 형태를 개념, 주된 장학담당자, 영역, 구체적 형태, 대상 등의 기준에 비추어 비교 · 정리하면 〈표 5-11〉과 같다. 그리고 교내 자율장학의 다섯 가지 기본 형태별로 장점과 단점 그리고 개선 방안을 제시하면 〈표 5-12〉와 같다. 다섯 가지 기본 형태는 각각 나름의 장점과 단점을 가지고 있으므로 학교 상황에 따라 상호 보완적으로 활용하는 노력이 필요하다.

표 5-11 교내 자율장학의 기본 형태 비교

기본 형태	개념	주 장학 담당자	영역	구체적 형태	대상
수업 장학	교사들의 수업 기술 향상을 위해 교장 · 교감(외부 장학요원 · 전문가 · 자원인사 포함)이 주도하는 개별적이고 체계적인 성격이 강한 지도 · 조언 활동	교장 · 교감 (외부 장학요원, 전문가, 자원인사 포함)	• 교사의 전문적 발달	• 임상장학 • 마이크로티칭 • 수업연구(교장 · 교감 주도) • 초임교사 대상 수업 관련 지도 · 조언 활동 등	• 초임교사 • 저경력교사 • 수업 기술 향상 필요성이 있는 교사
동료 장학	동료교사들이 교육활동의 개선을 위해 모임이나 짝을 이루어 상호 간에 수업연구 · 공개활동의 추진이나 공동 과제 및 관심사의 협의 · 연구 · 추진 등 공동으로 노력하는 과정	동료 교사	• 교사의 전문적 발달 • 교사의 개인적 발달 • 학교의 조직적 발달	〈수업연구(공개) 중심 동료장학〉 • 동학년 수업연구(수업공개) • 동교과 수업연구(수업공개) 등 〈협의 중심 동료장학〉 • 동학년 · 동교과 · 동부서 교사 협의 • 부장교사 협의 • 스터디그룹 활동 • 각종 공식적 · 비공식적 협의 등 〈연구과제 중심 동료장학〉 • 공동 연구과제 추진 • 공동 시범과제 추진 • 공동 연구 자료 · 작품 제작 등 〈일대일 동료장학〉 • 초임교사와 경력교사 간 짝짓기(멘토링)	• 전체 교사 • 협동으로 일하기 원하는 교사 • 관심 분야 같은 교사

자기 장학	교사 개인이 자신의 전문적 발달을 위해 스스로 체계적인 계획을 세우고 이를 실천해 나가는 활동	교사 개인	• 교사의 전문적 발달	• 자기수업 분석 · 연구 • 자기평가 • 학생을 통한 수업반성 • 1인 1과제연구 · 개인(현장)연구 • 전문 서적 · 자료 탐독 • 대학원 수강 • 전문기관, 전문가 방문 · 상담 • 현장 방문 · 견학 • 교과연구회, 학술회, 강연회 등 참석 • 각종 자기연찬 활동 등	• 전체 교사 • 자기분석 · 자기지도의 기술이 있는 교사 • 혼자 일하기 원하는 교사
약식 장학 (일상 장학)	교장 · 교감이 간헐적으로 짧은 시간 동안 학급순시나 수업참관을 통해 교사들의 수업활동과 학급경영 활동을 관찰하고 이에 대해 교사들에게 지도 · 조언하는 활동	교장 · 교감	• 교사의 전문적 발달	• 학급순시 • 수업참관 등 (약식장학은 교장 · 교감이 일상적으로 수행하는 활동이므로 일상장학이라고 칭할 수 있음)	• 전체 교직원
자체 연수	교육활동의 개선을 위해 교직원들의 필요와 요구에 터해 교내 · 교외의 인적 · 물적 자원을 활용해 학교 자체에서 실시하는 연수 활동	전체 교직원 (외부인사, 학부모 강사 포함)	• 교사의 전문적 발달 • 교사의 개인적 발달 • 학교의 조직적 발달	• 학교 주도의 각종 연수활동 (수업장학, 동료장학, 자기장학의 결과를 자체연수 때 발표할 수 있음)	• 전체 교직원

표 5-12   교내 자율장학의 기본 형태별 장단점 비교

기본 형태	장점	단점	개선 방안
수업 장학	• 일련의 개별적이고 체계적인 과정으로 교사의 수업 기술 향상 효과가 크다. • 초임교사의 경우 수업장학을 통해 수업에 대한 불안감을 해소할 수 있다. • 교사와 교장·교감 간 대면적 상호작용을 통해 신뢰로운 인간관계를 조성할 수 있다.	• 교장·교감이 수업장학에 대해 전문적 지식과 기술이 부족한 경우 효과가 적다. • 교장·교감과 교사 간 인간관계가 부족한 경우 시행하기 어렵다. • 경력교사들이 참여를 꺼리며, 초임교사 위주로 운영되기 쉽다. • 평소 수업과 다른 보여 주기식의 수업이 되기 쉽다.	• 교장·교감은 수업장학을 위한 전문적 지식과 기술 함양을 위해 노력한다. • 교장·교감은 합리적인 지도성을 발휘해 교사들과 원만한 인간관계를 유지한다. • 초임교사 외 경력교사도 수업장학에 참여하며, 경력교사가 먼저 수업연구를 한다. • 자체연수를 통해 교사들로 하여금 수업장학의 개념과 방법에 대한 이해를 높인다. • 교사들에게 캠코더를 이용한 수업 관찰·분석 활동을 권장한다.
동료 장학	• 교사들 간 동료의식이 있고 거리감이 적기 때문에 의사소통이 용이하다. • 교사들 간 자율성, 협력성, 능동성이 발휘된다. • 교사들의 전문적 발달과 개인적 발달, 학교의 조직적 발달을 모두 도모할 수 있다. • 교사의 필요와 요구 및 학교 형편에 따라 다양하고 융통성 있는 활동이 가능하다. • 수업장학보다 교사들에게 부담이 적고 참여하기 용이하다. • 다양한 주제에 관해 지식, 정보, 아이디어, 경험, 도움, 조언 등을 주고받을 수 있다. • 교사들의 전공 교과와 관계없는 영역에서도 자유로운 협의와 정보를 교환할 수 있다.	• 경력교사들의 전문성이 부족하거나 동료장학에 대한 의지가 부족할 경우 효과가 적다. • 수업연구 중심 동료장학의 경우 경력교사의 지도력이 부족한 경우 형식적이 될 가능성이 높다. • 교사들이 수수방관하는 자세를 가질 경우 형식적이 될 가능성이 높다. • 교사들 간 인간관계와 유대감이 부족할 경우 효과가 적다. • 교직풍토상 수업공개는 초임교사 위주로 될 가능성이 높다. • 교장·교감이 여건과 분위기를 조성해 주지 않으면 효과적인 실행이 어렵다. • 동료장학의 계획 수립 단계와 결과 협의 단계가 소홀히 다루어질 수 있다.	• 교장·교감은 동료장학의 리더가 되는 경력교사 선정에 신중을 기하고, 그들에 대해 지도·지원한다. • 계획 수립 단계에서부터 동료교사들이 적극적으로 참여하도록 하여 그들의 자발성을 유도한다. • 수업연구 중심 동료장학의 경우 경력교사의 수업 공개 후 초임교사가 수업을 공개한다. • 교장·교감은 합리적인 리더십을 발휘해 교사들의 전문성 향상과 상호 협력에 기여하는 학교 조직풍토가 되도록 한다. • 교장·교감은 수업부담과 잡무부담을 경감시켜 교사들이 동료장학에 자발적으로 참여할 수 있는 분위기를 조성한다. • 자체연수를 통해 교사들로 하여금 동료장학의 개념과 방법에 대한 이해를 높인다. • 교장·교감은 동료교사들 간 형성되는 다양한 비공식 조직들에 대한 이해를 높이고, 비공식 조직의 순기능을 높이려 노력한다.

자기 장학	• 교사의 자율성과 자기발전 의지를 기초로 하기 때문에 교사의 전문직적 성격에 맞는 장학 형태이다. • 자기실현 욕구가 강한 교사에게 효과적인 장학 형태이다. • 경험이 풍부하고 능력 있는 교사에게 효과적인 장학 형태이다. • 교사 개인 능력과 필요 또는 학교 형편에 따라 다양한 방법을 개별적으로 혹은 복합적으로 활용할 수 있다.	• 교사 자신의 타성에 의해 형식적으로 진행될 수 있다. • 외부 간섭을 거의 받지 않으므로, 자기관리를 잘 못하는 교사에게는 효과가 적다. • 교장·교감의 관심이 약해질 수 있으며, 이에 따라 형식적으로 진행될 수 있다.	• 계획 수립 단계에서 자기발전의 목표를 명확히 한다. • 교사 나름의 계획 수립 후 교장·교감과 협의를 거쳐 필요한 지원사항을 확보하도록 한다. • 교장·교감은 교사들의 자기장학 전반에 걸쳐 적절한 지도·조언과 격려를 한다. • 교장·교감은 교사들의 자기장학 결과를 전파·일반화할 수 있도록 지도·지원한다. • 자체연수를 통해 교사들로 하여금 자기장학의 개념과 방법에 대한 이해를 높인다.
약식 장학	• 교장·교감이 수업지도성을 발휘할 수 있다. • 자연스러운 수업활동이나 학급경영활동을 관찰하고, 이에 대해 지도·조언할 수 있다. • 학교경영에 필요한 아이디어나 정보를 수집할 수 있다. • 다른 형태의 장학활동에 대해 보완적이고 대안적인 장학활동이다.	• 교장·교감의 수업참관과 학급순시에 대해 교사들이 부담감을 느낀다. • 교사들의 이해가 부족한 경우 교사들의 거부감을 일으킬 수 있다. • 교장·교감이 적절한 전문적·인간적 권위를 확보하지 못한 경우 교사들의 거부감을 일으킬 수 있다. • 교장·교감의 의지와 노력, 계획이 부족할 때 효과를 거둘 수 없다.	• 교장·교감은 교사들로부터 전문적 권위와 인간적 권위를 확보하도록 노력한다. • 교장·교감은 수업참관 및 학급순시에 대한 계획을 세워 교사들과 소통한다. • 교사들의 부담감을 줄이기 위해 수업참관 시간을 짧게 시작하여 점차 늘려간다. • 교장·교감은 수업참관 후 교사들에게 도움이 될 만한 의견이나 아이디어를 제공하고 격려하여 약식장학에 대해 긍정적인 인식을 심어 준다. • 교사들이 약식장학에 대한 부담감과 거부감을 없애도록 자체연수를 통해 교사들로 하여금 약식장학의 개념과 방법에 대한 이해를 높인다. • 교사들은 약식장학이 교장·교감의 수업지도성 행사의 한 형태임을 이해한다. • 교사들은 약식장학에 관계없이 평상시 수업에 최선을 다하도록 노력한다.

자체연수	• 학교 형편과 교사의 필요와 요구에 의해 다양한 내용과 방법으로 운영할 수 있다. • 교사들의 전문적 발달과 개인적 발달, 학교의 조직적 발달을 모두 도모할 수 있다. • 수업장학, 동료장학, 자기장학을 통해 얻어진 좋은 정보나 아이디어를 전파하거나 일반화하기에 좋은 방법이다. • 학교의 전반적 운영 계획과 연계해 운영할 수 있다. • 외부 인사나 학부모 초청 연수로 연수 효과를 높일 수 있다. • 교외 현장연수를 통해 연수효과를 높이며, 교직원들 간 친목과 결속을 도모할 수 있다. • 교직생활에 도움이 되는 정보나 아이디어를 교사들에게 제공할 수 있다. • 교사들과 행정·관리직원들 간 상호 이해와 협조를 높일 수 있다.	• 자체연수 계획 시 교사들의 요구를 수렴하지 않을 경우 교사들의 적극적인 참여를 기대할 수 없다. • 연수의 내용과 방법이 신선감이 없고 구태의연할 경우 형식적인 연수가 될 수 있다. • 교장·교감·교사들이 자체연수에 대한 인식과 관심이 부족할 경우 실행이 어렵다.	• 자체연수의 계획 시 교사들을 대상으로 연수에 대한 요구조사를 실시한다. • 자체 연수의 계획 시 연수의 내용과 방법을 다양하고 조화롭게 편성한다. • 교내활동과 교외활동을 적절히 안배하여 신선감과 연수 효과를 높인다. • 교장·교감은 자체연수를 통해 제시된 좋은 아이디어와 의견을 수렴하고 이를 반영하도록 노력한다. • 자체연수의 날을 정해 교장·교감·교사들이 지키도록 한다. • 교장·교감은 자체연수에 대한 확고한 인식과 관심을 갖는다. • 교사들로 하여금 자체연수의 개념과 방법에 대한 이해를 높인다.

이 다섯 가지 기본 형태 중에서 우리 교육현장에서 교장·교감이 임상장학을 포함한 수업장학의 구체적인 내용과 방법에 대하여 전문적인 지식과 기술이 부족하고, 중등학교의 경우 전공교과가 교사마다 달라서 교장·교감이 모든 교사에 대하여 수업장학담당자의 역할을 수행하기 어렵다는 점에서 수업장학과 동료장학이 복합적인 형태로 운영되는 경우가 많은 것이 현실이다.

또한 앞의 다섯 가지 교내 자율장학의 기본 형태는 개념상으로는 구분이 가능하지만 실제로는 서로 약간씩 중복된 형태로 운영되고 있는 것이다. [그림 5-6]은 다섯 가지 교내

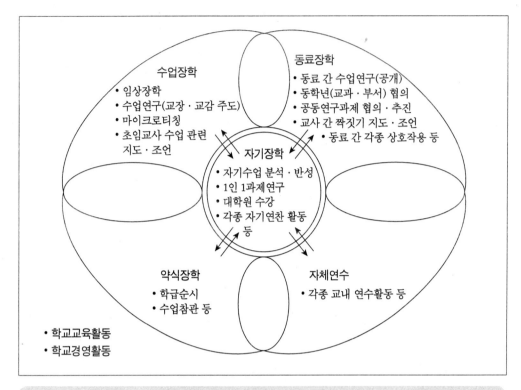

[그림 5-6] 교내 자율장학의 기본 형태 간 관계

자율장학 기본 형태 간의 관계를 보여 준다.

앞에서 언급한 것처럼 수업장학과 동료장학은 현재 학교상황에서 상당 부분 복합된 형태로 운영되고 있다. 즉, 교장과 교감이 주도하는 임상장학이나 수업연구라 하더라도 동료교사들의 참여가 권장되는 형태로 운영되는 경우가 많다. 각종 자체연수도 동학년 협의회나 동교과 협의회 등의 동료장학과 연결이 되는 경우가 많다.

약식장학은 비교적 교장·교감의 주관적인 계획에 의해 실시되는 비공식적 형태이다. 그럼에도 교장·교감은 약식장학의 시행 계획이나 방법 등을 자체연수 시간을 통해 전달하거나 사전에 공개함으로써 장학의 다른 형태들과 연관을 맺게 할 수 있다. 약식장학을 실시한 후 그 결과를 중심으로 자체연수 때나 동학년·동교과 협의회 때에 관련되는 정보나 지식을 상호 교환하거나 또는 임상장학으로 발전시킬 수 있다. 이는 약식장학, 자체연수, 수업장학이 서로 연결되는 면이 있음을 뜻한다.

[그림 5-6]은 다섯 가지 기본 형태 중 교직의 전문직적 성격에 비추어 보아 궁극적으로

개개인의 자기연찬·자기발전을 지향하는 자기장학이 중요함을 보여 준다.

〈표 5-13〉은 교내 자율장학의 다섯 가지 기본 형태 간 연관 부분을 예시적으로 보여 준다. 교내 자율장학을 할 때 이러한 연관된 부분을 잘 활용하여 운영한다면 자율장학의 효과를 극대화할 수 있을 것이다. 기본 형태별 특성과 연관 부분을 잘 고려하고 교사들의 필요와 학교 실정에 맞추어 다양하게 운영하는 노력이 필요하다.

표 5-13 교내 자율장학의 기본 형태 간 연관 부분(예시)

〈수업장학과 동료장학의 상호 연관〉
• 수업장학 시 교장·교감뿐 아니라 동료교사들도 참여하여 계획 수립·수업관찰·결과 협의 등 제반 사항에 대해 의견을 교환한다.
• 동료교사들이 팀티칭을 하고 교장·교감이 참관하여 함께 협의하고 지도·조언한다.
• 동료교사들 간에 철저한 사전 계획과 준비를 거쳐서 임상장학을 실시한다.

〈수업장학과 자기장학의 상호 연관〉
• 수업연구를 참관하고 자신의 수업과 비교하여 잘된 점을 본받는다.
• 수업연구 결과 협의된 내용에 대하여 개인적으로 추가적인 자료를 수집·연구를 한다.
• 교장·교감은 교사에게 수업 방법 개선에 관한 1인 1과제연구를 지시하고 관련하여 시범수업을 하게 한 후 협의한다.
• 자신의 수업을 녹화하여 분석한 후, 교장·교감과의 협의를 통해 수업연구를 추진한다.

〈수업장학과 약식장학의 상호 연관〉
• 임상장학을 받은 교사의 수업을 추후에 교장·교감이 약식장학을 통해 지도·조언한다.
• 약식장학에서 도출된 주제를 중심으로 일부 교사에 대해 수업장학을 추진한다.

〈수업장학과 자체연수의 상호 연관〉
• 수업장학 실시 후 그 결과를 자체연수 시간에 발표·전파하고 일반화한다.
• 학교 실정에 맞는 교수-학습 방법을 구안하여 자체연수를 실시하고, 수업현장에 투입하여 수업연구를 추진한다.

〈동료장학과 자기장학의 상호 연관〉
• 동료교사의 수업을 참관하고, 자기장학에서 수집한 참고가 될 내용을 조언한다.
• 동료교사들 간에 상호 수업참관 및 협의를 한 후 협의 내용을 토대로 자기수업을 반성한다.
• 동료교사들 간 협의를 통해 구안한 새로운 교수-학습 방법을 자신의 수업에 투입한다.
• 동학년·동교과 협의회 후에 협의 내용을 토대로 자기수업 및 교육활동을 반성한다.
• 동료교사로부터 얻은 지식, 기술, 정보, 아이디어 등을 기초로 자기장학을 실시한다.
• 개인적으로 새로운 수업 기술을 익힌 후 시범수업을 하고 동료교사들과 협의한다.
• 자기수업을 녹음·녹화하고 분석하는 과정에서 동료교사의 도움을 받는다.
• 자기수업을 녹음·녹화한 후 자신이 정리한 내용을 동료교사들에게 전달하고 협의한다.
• 자기장학을 통해 얻은 좋은 지식, 기술, 정보, 아이디어를 동료교사와 상호 교환한다.

〈동료장학과 약식장학의 상호 연관〉
• 동학년 · 동교과 협의회 때 약식장학을 실시한 결과 중 좋았던 점을 소개하고 수업 개선 및 학급경영 개선을 위한 아이디어를 나눈다.
• 약식장학을 통해 발견된 개선이 필요한 내용을 동학년 · 동교과 협의회 때에 전달하고 이에 대해 협의한다.

〈동료장학과 자체연수의 상호 연관〉
• 동료장학의 결과를 자체연수 시간에 발표한다.
• 동료교사들 간에 주제를 나누어서 집단별 연수를 실시한다.
• 자체연수 시간에 배운 새로운 수업 기법을 실제로 수업에 도입해 동료교사들 간 시범수업을 실시하고 협의한다.
• 새로운 수업기자재 활용 방안에 대해 연수를 받은 후 실제 수업장면에서 기자재의 효과적인 활용에 관해 동료교사 간 의견을 교환한다.
• 자체연수 시간에 배운 창의적 체험활동지도 및 생활지도 기법을 활용하는 과정에서 동료교사들 간 의견을 나눈다.
• 외부 강사를 초빙해 연수를 받은 후, 서클이나 모임을 구성해 동료교사들 간 지속적으로 관련되는 분야의 능력을 배양하도록 한다.

〈자기장학과 약식장학의 상호 연관〉
• 약식장학을 통해 찾아낸 좋은 점을 제시하고, 지속적으로 교사 자신이 자기발전을 위한 자기장학을 하도록 한다.
• 약식장학을 통해 제시된 지도 · 조언 내용을 중심으로, 관련되는 전문 서적이나 자료들을 읽어 전문성을 높인다.

〈자기장학과 자체연수의 상호 연관〉
• 자기장학활동을 통해 얻은 각종 지식, 기술, 정보, 아이디어, 경험 등을 자체연수 시간에 발표한다.
• 개인이 수행한 자기수업 분석 결과를 녹화하여 자체연수 시간에 교사들에게 보여 준다.
• 각종 연수회, 연구회, 학술발표회, 강연회, 세미나 등에 참석해 배운 내용을 자체연수 시간에 전파한다.
• 자체연수 시간에 배운 연수 내용을 숙지하여 자기장학의 자료로 삼는다.

〈약식장학과 자체연수의 상호 연관〉
• 약식장학의 실시 계획이나 방법 등을 자체연수 시간에 교사들에게 전달 · 이해시킨다.
• 자체연수 시간에 약식장학을 실시한 결과 중 좋았던 점을 소개하고 수업 개선 및 학급경영 개선을 위한 아이디어를 나눈다.
• 약식장학을 통해 발견된 개선이 필요한 내용을 자체연수 시간에 연수하며, 계속적으로 수업현장에서 개선이 이루어지고 있는가를 확인하고, 미진한 부분은 재차 연수한다.
• 수업 개선 및 학급경영 개선에 대한 내용을 연수하고, 연수된 내용이 수업현장에 투입되어 활용되고 있는가를 약식장학을 통해 확인한다.

교내 자율장학의 기본 형태는 누가 주도하느냐(주도성)와 어느 정도 공식적이냐(공식성)에 따라 〈표 5-14〉와 같이 구분할 수 있다. 교사가 전문직 종사자로서 교직 경험이 많아짐에 따라 외부 간섭이나 통제보다 자기통제와 자기책임에 기초해 개인적으로 또는 동료교사들과 상호 이해와 협조의 관계 속에서 계속적인 자기성장의 노력이 요구된다는 점에서 교내 자율장학의 기본 형태 중 교사 주도성이 강한 형태인 자기장학과 동료장학의 중요성이 크다.

표 5-14 **교내 자율장학의 기본 형태의 구분**

공식성 \ 주도성	교장 · 교감 주도	교사 주도
공식적	수업장학 자체연수	동료장학 자체연수
비공식적	약식장학	동료장학 자기장학

발전 방향 →

그러나 교사 주도의 자기장학과 동료장학의 중요성이 크다고 하는 것이 교내 자율장학의 책임자인 교장과 교감이 주도하는 수업장학이나 약식장학의 의미가 적다는 것을 뜻하는 것은 아니다. 교장과 교감은 단위학교에서 교내 자율장학의 성패의 관건을 쥐고 있다. 따라서 교장과 교감은 교내 자율장학의 기본 형태 전반에 걸쳐 전문적이고 체계적인 지식과 기술을 가지고 있어야 한다. 초임교사와 미숙련 교사들을 대상으로 하여서는 전문적인 수업장학을 제공함으로써 그들의 전문적 발달을 촉진해야 한다. 그들이 빠른 시간 내에 자기통제와 자기책임하에 자기장학과 동료장학의 수혜자이자 제공자의 역할을 담당할 수 있는 보다 성숙된 교사로 발달 할 수 있도록 도와주어야 할 책임이 교장과 교감에게 있는 것이다. 그리고 경력교사나 숙련된 교사들을 대상으로 하여서는 그들 간의 보다 효과적인 자기장학과 동료장학을 지원 · 조성해 주기 위한 교장과 교감의 역할은 중요한 것이다.

7) 교사발달 단계를 고려한 기본 형태들의 선택적 활용(선택적 장학)

앞에서 언급하였듯이 Glatthorn(1984)의 '**선택적 장학**'은 교사들에 대한 효과적인 장학 방법을 선택하는 데에 있어 교사의 경험이나 능력을 포함한 개인적 요인에 대한 고려가 있어야 함을 시사하고 있다. 이 장에서 제시된 교내 자율장학의 다섯 가지 기본 형태인 수업장학, 동료장학, 자기장학, 약식장학, 자체연수의 방법은 교사들의 필요와 요구, 그리고 학교의 형편을 고려하여 교사들의 발달단계를 고려하여 선택적으로 활용하는 것이 좋다.

　　김영식과 주삼환(1990)은 선택적 장학의 대상 선정에 있어서, 50명의 교사가 있는 학교의 경우, 5명은 임상장학, 10명은 동료장학, 5명은 자기장학, 30명은 약식장학을 하는 방법을 〈표 5-15〉와 [그림 5-7]과 같이 예시적으로 제시하고 있다.

표 5-15　선택적 장학의 대상

선택적 장학의 대안*	대상교사(교사의 희망에 따르지만 적절한 대상 선정 기준)
1. 임상장학(5명)	초임교사(생존기: 첫 3년 계속, 그 후 3년마다) 경력교사(갱신기: 3년마다)
2. 동료장학(10명)	높은 동료의식을 가지고 있는 경험 있고 능력 있는 교사(정착기)
3. 자기장학(5명)	혼자 일하기 좋아하는 경험 있고 유능한 교사(성숙기)
4. 약식장학(30명)	모든 교사 또는 1, 2, 3을 선택하지 않은 교사(모든 단계의 교사)

* 선택적 장학의 대안은 학교 형편에 따라 더 늘릴 수 있음.
자료: 김영식과 주삼환(1990: 145)을 부분적으로 수정함.

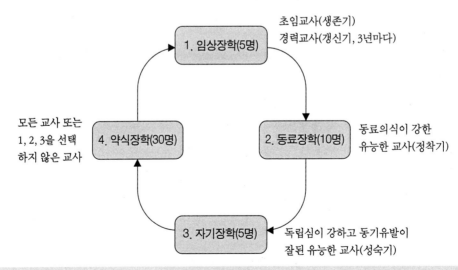

[그림 5-7] 선택적 장학체제

자료: 김영식과 주삼환(1990: 146)을 부분적으로 수정함.

[그림 5-8]은 초임교사가 경력을 쌓아 가며 고경력 교사가 되어 가는 과정에서 교내 자율장학의 다섯 가지 기본 형태가 교사들에게 도움이나 효과가 있는 정도가 변할 것이라는 것을 가설적으로 보여 주고 있다. 이러한 가설은 향후 체계적인 연구를 통하여 검증되어야 할 것이다.

초임교사의 경우에는 수업 기술 향상이나 교직 적응을 위해서 개별적이고 구체적인 성격의 수업장학이 도움이 되며, 선배교사와의 상호작용을 통한 동료장학이 도움이 될 것이다. 중견교사의 경우에는 동료교사들과 비교적 자유롭고 대등한 접촉이 활발해지면서 동료장학이 효과가 있으며, 또한 대학원 진학이나 현장연구 활동 등 의욕적으로 자기발전을 위해 노력하는 경향이 높다는 점에서 자기장학이 다른 장학 형태보다 상대적으로 효과가 클 것이다.

고경력 교사가 되면 대체로 장학의 수혜자라기보다는 장학의 제공자의 위치에 서기 때문에 장학을 통해 자신이 도움을 받는 정도는 다소 떨어질 수밖에 없을 것이다. 이때는 자기장학과 자체연수가 새로운 지식이나 정보를 얻는 데 도움이 될 것으로 생각된다. 고경

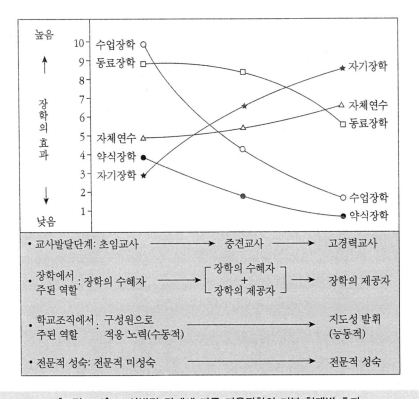

[그림 5-8] 교사발달 단계에 따른 자율장학의 기본 형태별 효과

력 교사가 되면 동료교사들이 관리자로 승진하거나 퇴직을 하여 수적으로 줄어들어, 대체로 후배교사들과 교직생활을 하는 관계로 동료장학의 효과가 자기장학이나 자체연수보다 떨어진다고 볼 수 있다.

교사발달 단계에 따라 장학의 기본 형태별로 효과가 다르다면, 교장·교감은 발달단계가 각기 다른 교사들을 상대로 교내 자율장학을 계획하고 실행하는 데 다양한 장학 형태를 선택적으로 활용해 효과를 높이려는 노력이 있어야 할 것이다.

5. 교내(원내) 자율장학의 기본 과정[4]

장학의 과정은 어떤 조직 수준에서 수행되는 장학을 기준으로 볼 것이냐에 따라 다양하게 볼 수 있다. 여기서는 장학이 실제로 이루어지는 학교 수준에 초점을 두고 장학의 과정을 살펴본다. 학교 수준에서 장학이 수행될 때 어떠한 과정을 밟아 계획·실천되어야 하는가에 관한 지침은 성공적인 장학활동을 위하여 중요하다.

Harris(1985)는 장학활동을 설계하는 데 **체제모형**(system model)이 유용함을 시사하고 있다. 그는 크게 ① 투입(input) → ② 과정(process) → ③ 산출(product)의 3단계로 장학의 계획·실천·평가가 이루어질 수 있음을 주장하였다. [그림 5-9]와 같은 장학의 개략적인 과정을 제시하고 있다.

[그림 5-9]에서 투입계획(input planning)은 장학활동을 계획하는 데 있어서 고려해야 할 여러 가지 요소들을 포함한다. 여기에서는 장학활동이 전개되고 있는 단위학교가 추구하

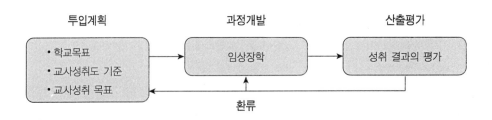

[그림 5-9] 장학의 과정

자료: Harris (1985: 46).

4) 이하 내용은 '제3장 4절의 3) 장학의 과정'과 동일함.

는 교육활동의 총체적인 목표가 무엇이며, 이와 관련하여 교사가 수업현장에서 어떤 성취기준에 의하여, 어떠한 목표를 성취해야 하는가에 대하여 체계적인 연구 분석이 이루어져야 한다는 것이다.

이러한 연구 분석의 결과는 구체적인 장학활동의 출발점이 된다. 여기에 제시된 내용이외에도 장학의 투입에 있어서는 보다 넓은 범위에서 보면, 효과적인 장학활동의 실천을 위하여 필요한 심리적·인적·물적·시간적 여건과 자원의 확인 검토와 이를 확보하기 위한 노력이 포함된다.

과정개발(process developing)에서는 구체적인 장학활동이 실천된다. 예를 들어 [그림 5-9]에서 임상장학이 장학담당자와 교사 간의 1:1 대면적인 관계 속에서 어떻게 전개되느냐에 관한 구체적인 절차가 제시되어야 한다. 임상장학의 절차는 학자에 따라 다양하게 제시되는데, 일반적으로 ① 계획협의회 → ② 수업관찰 → ③ 분석과 전략 → ④ 사후협의회 → ⑤ 사후협의회 분석 5단계가 제시된다.

산출평가(product assessing)에서는 교사에 대한 장학활동의 결과, 교사의 수업 기술과 방법에 있어서 어느 정도 향상 발전이 있었는가를 분석해 보는 활동이 이루어진다. 대체로 임상장학이 교사들의 수업행동의 변화를 통하여 궁극적으로는 학생들의 학업성취를 높이고자 하는 데 의의가 있다고 볼 때, 좁게는 교사의 수업행동 발전 정도를 평가해 보는 활동에서, 넓게는 교사로부터 수업을 받은 학생들의 학업성취를 평가해 보는 활동까지 확대될 수 있다. 그 밖에도 산출평가에서는 산출평가 이전단계인 투입계획과 과정개발에 대하여 그 적합성과 효율성에 관한 평가도 이루어질 수 있는데, 이를 통하여 차후에 보다 충실하고 발전적인 투입계획과 과정개발을 위한 정보와 아이디어를 수집할 수 있는 것이다.

Stufflebeam 등(1971)에 의하여 개발된 프로그램 평가 모델인 CIPP(Context, Input, Process, Product) 모델은 합리적인 의사결정에 필요한 적절한 정보를 수집하기 위하여 교육 프로그램이나 활동을 평가하는 데는 ① 상황 → ② 투입 → ③ 과정 → ④ 산출의 각 단계에 대한 평가가 있어야 한다는 것이다. 상황평가는 어떤 프로그램이나 활동이 현재 전개되고 있는, 또는 앞으로 전개될 환경을 명료화하고, 그 환경의 바람직한 조건과 실제적인 조건을 기술하고, 요구(needs)를 확인하며, 이 요구가 충족되는 것을 저해하는 문제점을 진단하는 작업을 통하여 프로그램이나 활동의 목표를 결정하는 근거를 제시한다. 투입평가는 관련된 요원들이나 단체 기관의 능력을 평가하고 상황평가를 통하여 추출된 프로그램이나 활동의 목표를 달성하기 위한 전략을 확인한다. 과정평가는 계획과 절차를 실행하는 요원들에게 환류(feedback)를 제공함으로써 그들이 프로그램이나 활동의 설계와 실행에 있어서 오류를 발견하고 이에 대해 필요한 수정 · 보완을 하도록 도와준다. 산출평가는 프로그램이나 활동의 효과를 평가한다. 상황평가에 의해서 확인된 요구를 충족시키기 위해 투입평가를 통하여 추출된 전략의 효과를 평가하는 것이다. 이때 이러한 평가는 과정평가에서 얻어진 정보와 자료를 기초로 하여 이루어진다. CIPP 모델은 기본적으로는 체제모형(systems model)의 ① 투입(계획) → ② 과정(실행) → ③ 산출(평가) 단계를 근간으로 하면서 추가적으로 프로그램이나 활동이 전개되는 '환경과 여건의 조성'에 대한 관심을 고려한 보다 유용한 모델로 볼 수 있다.

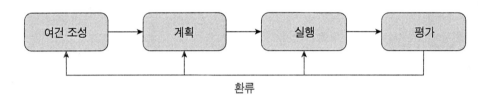

[그림 5-10] 학교 수준에서 장학의 기본 과정

이러한 논의를 기초로 하여 단위학교에서 교내 자율장학을 계획 · 실천할 때 밟아야 할 기본 과정으로서, [그림 5-10]에 나타나 있는 바와 같이, ① 여건 조성 → ② 계획 → ③ 실행 → ④ 평가 등 4단계를 설정한다. 각 단계에서 구체적으로 전개되는 활동은 제6장에서 교내 자율장학의 기본 형태별로 상세히 진술될 것이다.

6. 교내(원내) 자율장학의 기본 모형

지금까지 교내 자율장학의 영역, 교내 자율장학의 기본 형태, 교내 자율장학의 기본 과정에 대한 분석이 있었다. 이러한 3분야에서의 분석 결과를 종합해 보면, [그림 5-11]과 같은 **교내 자율장학의 기본 모형**을 산출할 수 있다. 이 기본 모형은 단위학교 현장에서 학교의 실정 및 교직원들의 필요와 요구에 기초하여 구체적이고 실천적인 교내 자율장학활동의 내용과 방법을 개발하는 데 기본이 된다.

수업장학, 자기장학, 약식장학은 교사의 전문적 발달에 보다 직접적으로 관련이 있으

며, 교사의 개인적 발달이나 학교의 조직적 발달과는 간접적으로 관련이 있다. 동료장학
과 자체연수는 교사의 전문적 발달뿐 아니라 교사의 개인적 발달과 학교의 조직적 발달을
포함하는 모든 영역에 직접적으로 관련이 있다 하겠다.

〈표 5-11〉에서 수업장학, 자기장학, 약식장학이 주로 교사의 전문적 발달을 다룰 수 있
다고 했는데, [그림 5-11]에서는 교사의 전문적 발달뿐 아니라 교사의 개인적 발달과 학교
의 조직적 발달도 다룰 수 있는 것처럼 보이는 것에 의문이 제기될 수 있다. 수업장학, 자
기장학, 약식장학이 직접적으로는 주로 교사의 전문적 발달을 도모하지만, 이들 장학을
실천하는 과정과 결과에 있어 교사의 개인적 발달과 학교의 조직적 발달도 이룰 수 있는
효과가 있다는 것으로 이해하면 될 것이다.

[그림 5-11]은 학기 초에 교내 자율장학활동을 설계할 때, ① "어떤 영역의 발달을 도모
할 것인가?", ② "이를 위해 어떤 형태의 장학 방법을 활용할 것인가?", ③ "선정된 장학 방
법을 어떤 과정을 거쳐 실시할 것인가?" 하는 물음에 대한 답을 구체화하는 작업이 필요
함을 시사한다.

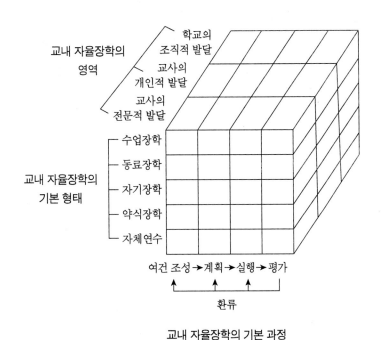

교내 자율장학의 기본 과정

[그림 5-11] 교내 자율장학의 기본 모형

7. 맺는말

교내 자율장학에서는 교사의 전문적 발달, 교사의 개인적 발달, 학교의 조직적 발달 등 3영역이 조화롭게 다루어져야 한다. 각 영역에서의 발달은 다른 영역에서의 발달에 영향을 미칠 뿐 아니라, 동시에 다른 영역에서의 발달에 의하여 영향을 받기 때문이다. 교장·교감은 교내 자율장학의 3영역이 조화롭게 발달하도록 적절한 지도성을 발휘해야 할 것이다.

단위학교에서 3영역의 조화로운 발달은 궁극적으로 교직원들에게 즐거운 직장으로서 즐거운 학교를 조성하는 데 기여하게 될 것이다. 이를 위하여 수업장학, 동료장학, 자기장학, 약식장학, 자체연수 등 교내 자율장학의 기본 형태를 교사들의 발달단계와 요구 그리고 학교의 실정을 고려하여 개별적·복합적·선택적으로 활용해야 할 것이다.

제6장

교내(원내) 자율장학의 기본 형태별 모형

1. 머리말

제5장에서 교내(원내) 자율장학의 기본 모형(제5장의 [그림 5-11] 참조)을 제시하였다. 기본 모형은 교내(원내) 자율장학의 영역 측면, 기본 형태 측면, 기본 과정 측면의 3차원으로 구성된다. 교내(원내) 자율장학의 기본 형태인 ① 수업장학, ② 동료장학, ③ 자기장학, ④ 약식장학, ⑤ 자체연수는 각기 교내(원내) 자율장학의 영역 및 교내(원내) 자율장학의 기본 과정과 관련지어 구체적 절차를 포함하는 모형으로 제시된다.

이 장에서는 교내(원내) 자율장학의 다섯 가지 기본 형태가 학교(유치원) 현장에서 실제적으로 활용되기 위하여 구체적으로 어떠한 절차를 따라 전개되어야 하는가를 제시한다.[1)]

---

1) 교내(원내) 자율장학의 기본 형태별 모형은 초·중등학교를 대상으로 하는 교내 자율장학의 기본 형태별 모형뿐만 아니라 유치원을 대상으로 하는 원내 자율장학의 기본 형태별 모형으로도 활용된다. 유치원 교원들의 경우에는 다소 불편하더라도 논의되는 내용을 유치원 상황에 비추어 해석해 보면(예: 교장·교감은 원장·원감으로, 학교는 유치원으로, 교내는 원내로) 될 것이다.

2. 교내(원내) 자율장학의 기본 형태별 모형 구안의 기본 원리

학교현장에서 교내 자율장학을 위하여 활용할 수 있는 구체적인 장학 모형을 구안함에 있어서 다음과 같은 몇 가지 기본 원리를 상정한다.

첫째, 제5장에서 정리된 교내 자율장학의 기본 모형을 구체적인 장학모형 개발의 출발점으로 삼았다. 교내 자율장학의 기본 모형은 ① 교내 자율장학의 영역 측면, ② 교내 자율장학의 기본 형태 측면, ③ 교내 자율장학의 기본 과정 측면의 3차원으로 구성되어 있다.

5가지 교내 자율장학의 기본 형태는 각기 교내 자율장학의 영역 및 교내 자율장학의 기본 과정과 관련지어 구체적인 절차를 포함하는 모형으로 제시되었다. 물론 5가지 교내 자율장학의 기본 형태가 공통적으로 교사의 전문적 발달 영역, 교사의 개인적 발달 영역, 학교의 조직적 발달 영역을 모두 다룰 수 있는 것은 아니다. 수업장학, 자기장학, 약식장학은 교사의 전문적 발달에 보다 직접적으로 관련이 있다고 하겠다. 상대적으로 동료장학과 자체연수는 교사의 전문적 발달뿐만 아니라 교사의 개인적 발달과 학교의 조직적 발달을 포함하는 모든 영역에 더 직접적으로 관련이 있다고 볼 수 있다. 교내 자율장학의 기본 과정으로서 여건 조성, 계획, 실행, 평가의 4과정은 다섯 가지 교내 자율장학 형태에 공통적으로 적용된다. 단, 교내 자율장학의 기본 형태별로 구체적인 모형을 제시하는 데 있어서 기본과정으로 제시된 4단계(여건 조성 → 계획 → 실행 → 평가) 중 첫 단계인 여건 조성과 둘째 단계인 계획은 각 모형의 실천 절차를 보다 간단하게 제시하기 위해서 하나의 단계인 계획으로 통합하였다.

그러나 이와 같이 두 단계를 계획단계로 통합한 경우에도 실제로 각 형태의 자율장학에 임하는 장학담당자와 교사들은 성공적인 자율장학의 실천을 위해서는 심리적 · 인적 · 물적인 면에서 긍정적이고 지원적인 여건 조성을 위한 노력이 계획단계에 있어서 대단히 중요한 비중을 차지함을 잊어서는 안 될 것이다.

둘째, 교내 자율장학의 구체적인 절차를 포함하는 모형은 가능한 한 간단하게 제시되어야 할 것이다. 교내 자율장학의 구체적인 모형을 활용할 학교현장에 있는 교장, 교감, 부장교사, 그리고 교사들의 입장에서 볼 때 그 절차가 복잡한 모형은 이에 대한 거부감과 부담감을 느끼게 될 가능성이 적지 않다. 이는 결과적으로 교내 자율장학 모형의 활용도를 떨어뜨리는 결과를 초래하게 될 것이다. 이론적으로는 그 절차가 다양하고 복잡하게 정리될 수 있다 하더라도 실천적인 면에서는 가능한 한 간단하게 축소·정리되어야 할 것이다.

예를 들면, 수업장학의 구체적인 방법이라고 볼 수 있는 임상장학은 학자에 따라서 그 절차가 단순한 형태에서 복잡한 형태로 다양하다. Cogan(1973)은 ① 교사-장학담당자 간의 관계 확립, ② 교수계획, ③ 관찰전략 계획, ④ 수업관찰, ⑤ 교수-학습과정 분석, ⑥ 협의회 전략 계획, ⑦ 평가협의회, ⑧ 수정계획 등을 포함하는 무려 8단계로 된 임상장학의 모형을 제시하고 있다.

Goldhammer(1969)는 그보다 축소된 5단계로 된 임상장학의 모형을 제시하고 있는데, ① 사전협의회, ② 수업관찰, ③ 분석과 전략, ④ 사후협의회, ⑤ 사후협의회 분석이다. 반면에 Acheson과 Gall(1987)은 ① 계획협의회, ② 수업관찰, ③ 환류협의회 등의 간단한 3단계 임상장학 모형을 제시하고 있다.

특정한 형태의 장학이 전체적인 내용과 방법이 크게 손상되지 않는 범위 내에서 가능한 한 간단한 절차를 포함하는 모형으로 제시될 때 학교현장에서 비교적 거부감과 부담감이 적게 활용될 수 있다. 앞에서 언급한 바와 같이 교내 자율장학의 기본 과정 중에서 여건 조성단계와 계획단계를 하나의 단계인 계획단계로 통합한 것도 같은 이유에서이다. 물론 학교현장에서 보다 자세한 모형을 활용하고자 하면, 이 책에서 제시된 모형들을 세분화하여 활용하면 될 것이다.

셋째, 교내 자율장학의 구체적 모형은 학교현장 실정에 비추어 적합성을 갖추어야 한다. 특정의 구체적 교내 자율장학의 형태가 이론적으로 연구된 절차에 따라 실제로 활용되면 그 효과가 높다 하더라도, 학교현장에서 실제적으로 활용될 수 없거나 활용되기에 번거롭고 어려움이 있는 경우에는 쓸모없는 장학 형태가 된다.

예를 들어, 수업장학의 한 구체적인 형태인 **마이크로티칭**(micro-teaching)은 원래 교사 양성과정에서 예비교사들에게 특정의 수업 기술을 가르치기 위해 고안된 집약적이고 체계적인 방법이다. 실제 수업상황이 아니라 모의상황에서 소규모 인원을 대상으로 10~20분 정도의 짧은 시간 동안 수업을 진행하고, 이에 대하여 평가·분석하고 다시 수업을 반복하는 등 '실습 → 평가 → 재실습' 과정을 통하여 피훈련자의 수업 기술을 개선시키고자 하는 압축된 형태의 실습 모형이다. 이와 같이 모의상황에서 실시되는 마이크로티칭은 학교현장에서 현직 교사들을 대상으로 하여 그들의 수업 개선을 위해서 활용되면 그 효과가 높을 것으로 예상된다.

그러나 일반적으로 정해진 교과진도에 맞추어 수업을 진행해야 하는 우리의 학교 교육 현실에 비추어 볼 때, 정규수업과는 별도로 시간을 내어서 소수의 학생 또는 교사들을 대상으로 모의학급을 구성하고, 이 모의학급을 대상으로 하여 '실습 → 평가 → 재실습' 과정을 밟아야 하는 마이크로티칭은 현실적으로 그 실천이 대단히 어렵다고 볼 수 있다. 별도의 모의수업 상황을 조성하는 방법보다는 가능한 한 실제의 자연적 수업상황을 활용하여 수업활동의 개선을 위한 장학을 실시하는 방안이 현실적으로 교육현장에 더욱 적합하다고 할 수 있다. 따라서 이 장에서는 마이크로티칭의 모형은 제시하지 않는다.

넷째, 교내 자율장학의 구체적인 모형은 앞으로 학교현장에서 장학 형태의 발전방향을 선도·시사하여야 할 것이다. 수업장학의 주요 방법으로 제시된 임상장학은 사실 우리의 학교 형편으로 보아 엄밀하게 그 조건과 절차를 따른다고 하는 것이 어려움이 적지 않다. 학교현장에서 임상장학에 대하여 적절히 훈련을 받은 교장, 교감 또는 전문요원이 확보되어 있지 않을 뿐 아니라, 교사와 장학담당자 간에 1:1의 대면적인 관계를 유지할 만한 여유도 없으며, 교사들의 수업·업무 부담이 많아 차분하게 임상장학에 임할 시간적인 여유도 없다.

그러나 현재 이러한 제약조건이 있다는 것이 우리의 학교현장에서 임상장학이 시도될 수 없다는 것을 의미하지는 않는다. 앞으로 임상장학에 대한 체계적이고 계속적인 연수를 통하여 학교현장에서 교장, 교감, 교사들의 임상장학에 대한 인식과 이해를 높이고, 전문적인 지식과 기술을 습득하게 하며, 수업·업무 부담의 경감을 통하여 임상장학에 임할 수 있는 시간적 여유와 심적 여유를 마련하는 일들이 이루어지는 방향으로 현실 개선의 노력이 있어야 할 것이다.

동료장학은 현재 학교현장에서 동학년협의회나 동교과협의회 등을 중심으로 비교적 활발히 이루어지고 있다. 자기장학도 자기연찬 또는 자기연수라는 명칭으로 학교 현장에서 이루어지고 있다. 자체연수는 일반적으로 교내연수라고 하여 학교현장에서 흔히 찾아볼 수 있다. 약식장학도 교장이나 교감에 의한 학급순시나 수업참관 등의 비공식적인 장학활동이다.

이와 같이 현재 학교현장에서 이루어지고 있는 장학 형태와 관련하여 제시한 구체적인 모형들은 기존의 장학 형태의 내용과 방법을 보다 발전적으로 확대·보완하고 그 발전 방향을 제시·선도하는 데 의의가 있다.

3. 수업장학의 모형

1) 개요

수업장학은 교사들의 수업 기술 향상을 위하여 교장·교감(외부 장학요원, 전문가, 자원인사 포함)이 주도하는 개별적이고 체계적인 성격이 강한 지도·조언 활동이다. 이의 구체적인 형태로는 임상장학, 마이크로티칭, 수업연구(교장·교감 주도), 초임교사 대상 수업 관련 지도·조언 활동 등이 있다. 마이크로티칭은 앞에서 지적한 대로 학교현장에서 현실적 적합성이 적기 때문에 상세한 모형을 제시하는 것은 생략한다. 필요하다면 임상장학의 모형을 변형하여 10~20분 정도의 짧은 시간 동안 수업을 진행하고, 이에 대하여 평가·분석하고 다시 수업을 반복하는 등 '실습 → 평가 → 재실습'의 과정을 추진할 수 있다. 교장·교감 주도의 수업연구도 여기에 제시된 임상장학의 모형을 변형하여 사용할 수 있다.

이 절에서는 수업장학의 모형을 임상장학의 모형과 '초임교사 대상 수업 관련 지도·조언 활동'의 모형을 중심으로 제시한다.

(1) 임상장학의 개요

1960년대 초 미국 하버드대학교가 개발한 교사 직전교육 프로그램에서 **임상장학**(clinical supervision)이라는 용어가 사용되기 시작한 이후 임상장학은 현직교사의 수업 기술 향상을 위한 장학의 중요한 방법으로 발전되어 왔다.

대체로 임상(clinical)이라는 용어는 교실 내에서 교사의 실제 수업행동에 초점을 두는 것과 교사와 장학담당자 간의 대면적(face-to-face) 관계가 중요함을 시사한다. 교사의 수업행동에 대한 자세한 관찰, 관찰 결과 얻어진 세밀한 자료, 교사와 장학담당자를 친밀하고 전문적인 관계로 결속하는 데 강조점을 두는 것 등이 임상이라는 용어가 함축하는 내용이다(Goldhammer, 1969: 54).[2]

---

2) Acheson과 Gall(1987: 11)은 임상이라는 용어가 병리적인 의미를 가지고 있어 자칫 임상장학이 교사들의 부적절하고 건전하지 못한 행동을 치료하는 수단으로 오해될 소지도 있음을 지적하였다. 그러나 그들은 하버드대학교 팀이 처음으로 임상장학이라는 용어를 개발한 이후 그 전통을 존중하는 의미에서 이 용어를 그대로 사용하였다. 임상장학이라는 용어가 병리적인 의미로 해석되어서는 안 된다고 하였다.

임상장학에 대한 정의는 학자에 따라서 과정에 초점을 두느냐 혹은 개념에 초점을 두느냐에 따라 약간의 차이가 있다(Krajewski, 1982). Acheson과 Gall(1987: 13)은 임상장학을 교사의 수업 개선을 목적으로 한 ① 계획 협의회(planning conference), ② 수업관찰(classroom observation), ③ 환류 협의회(feedback conference)의 3단계로 이루어지는 장학의 한 모형이라고 정의한다. 이 정의는 임상장학의 과정을 중심으로 한 정의라고 하겠다.

Goldhammer, Anderson과 Krajewski(1980: 19)는 Cogan, Sergiovanni와 Starratt, Flanders 등의 정의를 분석하고 이들의 공통 요소를 중심으로 하여 임상장학을 수업 개선을 위하여 실제 교수행위를 분석하는 데 있어 장학담당자와 교사 간의 대면적인 상호작용을 포함하는 수업장학의 한 영역으로 보고 있다.

우리나라에서는 대표적으로 한국교육개발원의 연구팀(고영희 외, 1983), 주삼환(1985), 그리고 장이권(1989)이 임상장학에 대한 연구를 수행해 왔는데, 외국 학자들의 정의에 대한 분석을 기초로 하여 나름의 정의를 내리고 있다. 한국교육개발원의 고영희 연구팀(1983: 27)은 임상장학을 ① 장학담당자가 실제의 교수상황을 직접 관찰하여 자료를 얻는 수업장학의 한 영역이며, ② 교사의 전문적 자질과 수업의 질을 개선하기 위해서 교사와 장학담당자가 직접 만나 의견을 교환하면서 교사의 교수행동을 분석·평가·환류하는 활동으로 개념 짓고 있다.

주삼환(1988: 160)은 임상장학을 교사의 수업 기술 향상에 초점을 두고 장학담당자와 교사가 1:1의 친밀한 관계 속에서 ① 수업계획 협의회, ② 수업관찰, ③ 피드백 협의회의 과정을 반복하면서 문제를 하나하나 해결해 나가고, 아울러 교수기술을 향상시키는 방법으로 보고 있다.

장이권(1989: 45)은 임상장학을 수업계획에 관해 교사와 장학담당자가 계획 협의를 하고 수업을 관찰하며, 관찰자료를 분석하고 교사에게 관찰 결과에 관해 피드백을 제공함으로써 수업 개선을 도모하고자 설계된 집중적인 과정으로 정의하였다.

종합해 볼 때, **임상장학**은 교사의 수업 기술 향상에 초점을 두고, 장학담당자와 교사가 1:1의 친밀한 관계 속에서 계획 협의, 수업관찰, 결과 협의의 과정을 밟아 가면서 체계적으로 수업 문제를 해결하고 수업 기술을 향상시키는 방법이라 하겠다.

(2) '초임교사 대상 수업 관련 지도·조언 활동'의 개요

교직의 길은 '계속 배우고 도움을 받아야 하는 길'이다. 교육대학이나 사범대학을 포함한 교사양성과정을 졸업하고 학교현장에 들어가게 되는 초임교사들은 그들의 위치와 역할에서 커다란 전환을 경험하게 된다. 즉, '배우는 학생'의 입장에서 '가르치는 교사'의 입장으로의 대전환이다. 이러한 과정에서 초임교사는 학교현장의 실제 현실을 이해하고 이에 적응하는 데 적지 않은 어려움과 갈등을 경험한다. 초임교사가 경험하는 어려움을 '**현실충격**(reality shock)'(Webb & Sherman, 1989)이라고 표현한다. 현실충격의 주요 내용은 다음과 같다.

첫째, 학교현장에의 원활한 적응 그리고 수업현장에서의 문제해결을 위해 필요한 도움이 충분히 주어지지 않는다. 초임교사는 학교현장에 가자마자 심리적인 여유나 안정을 찾을 겨를도 없이 학급을 담당하게 되고 수업활동을 해야 된다. 그들은 어려움에 부딪히게 될 때, 스스로 문제를 해결하기 위한 도움을 찾아야 한다.

그러나 학교현장에는 교사들 간에 서로 간섭하지 않는 것이 좋다는 보이지 않는 규범이 통용되고 있다(황기우, 1992). 그뿐만 아니라 초임교사 자신이 마음의 문을 닫고 도움을 요청하기를 꺼리는 경우도 적지 않다. 이런 경우에는 초임교사가 경험 많은 교사로부터 도움을 받기가 쉽지 않게 된다.

둘째, 교대나 사대를 포함한 교사양성과정에서 받은 교사교육이 초임교사가 학교현장 · 수업현장에 적용하고 교육활동을 하는 데 그다지 효과적이지 못하다. 교대나 사대의 교육과정이 교사양성과정으로서의 특수성이 결여되어 있으며, 초 · 중등 교육과정과의 연계성이 부족하며, 교직 전문성 제고에 미약하고, 교육실습이 충실하지 못하다는 문제가 있다. 어떤 의미에서는 초임교사가 경험하는 최초 수년간의 교직 기간은 시행착오를 겪으며, 좋은 교사가 되기 위해서는 끊임없이 공부하고 연구해야만 한다는 것을 깨닫는 기간이 될 수 있다.

셋째, 초임교사는 노련하고 경험이 많은 교사들보다 상대적으로 근무 조건이 어려운 학교 또는 학급에서 교직생활을 시작하게 되는 경우가 많다. 또한 수업시간표를 편성하거나 업무분장을 하는 데 있어서 초임교사들의 필요와 요구가 충분히 반영되지 못한다. 이는 학교의 교장 · 교감의 의지와 노력에 따라 어느 정도 해소될 수 있는 여지가 있으나, 대체로 경력교사 우대 원칙에 따라 불가피한 면이 많다. 이러한 상황에서 초임교사는 교사로서 자리를 잡아 가는 데 많은 어려움과 갈등을 경험하게 되는 것이다.

넷째, 교사양성과정에 있을 때 가졌던 교직에 대한 기대가 교직에 들어온 후 학교현장에서 경험하는 실제와 크게 차이가 나는 것을 깨닫고 실망하는 경우가 많다. 예를 들어, 초임교사는 학생들이 보다 적극적이고 지속적인 학습 의욕을 가지고 학습활동에 참여하며, 학교에서의 규칙과 질서를 존중하기를 기대한다. 그리고 학생들끼리 서로 아끼고 돕는 좋은 관계를 맺기를 기대한다.

그러나 학교현장에서 일반적으로 관찰되는 학생들은 학습 의욕이나 학습참여에는 별로 적극적이지 못할 뿐 아니라, 학교에서 지켜야 하는 규칙과 질서마저도 무시하는 경향이 있는 것으로 보인다. 그리고 상급학교 진학과 관련하여 좋은 성적을 얻기 위해 보이지 않는 경쟁과 긴장이 학생들 사이에 퍼져 있는 것도 부인할 수 없는 현실이다.

교사와 학생 간 관계에서도 초임교사는 학생들과 개인적이고 친밀한 관계를 맺기 원하고, 학생들로부터 교사의 권위를 존중받고 싶어 하며, 단순히 지식의 전달자라기보다 전인격적인 교사로 인식되고 그러한 역할을 수행하기를 기대한다.

그러나 현실적으로 교사와 학생의 관계는 집단적이고 기계적인 관계의 성격을 띠게 되거나, 학생들이 교사의 권위를 존중하지 않는 것 같으며, 전인격적인 교사의 역할을 수행하기가 어려운 것을 알게 된다.

이와 같은 기대와 현실 사이의 격차는 초임교사에게 갈등과 충격을 야기하는 중요한 요인이 되는 것이다. 초임교사가 경험하는 현실충격은 위에 제시된 측면에서뿐만 아니라 수없이 다양한 측면에서 제기될 수 있다.

따라서 초임교사가 원활하게 교직에 적응하기 위해 교장·교감, 선배교사들의 지도·조언이 필요하다. 초임교사를 도와주는 활동으로서 장학은 중요한 가치가 있다.

이와 같이 임상장학과 초임교사 대상 수업 관련 지도·조언 활동을 중심으로 수업장학의 개괄적 내용을 제시하였다. 종합해 볼 때, 수업장학의 주요 특징은 다음과 같다.

- 교사의 수업 기술 향상이 주된 목적이다.
- 교사와 장학담당자 간의 대면적 관계와 상호작용을 중요시한다.
- 교실 내에서의 교사의 수업행동에 초점을 둔다.
- 일련의 체계적이고 집중적인 성격이 강한 과정이다.

2) 임상장학의 모형

외국의 학자들이 제시한 **임상장학의 모형**을 기초로 우리나라의 교육현장에 적용할 수 있도록 개발된 임상장학의 여러 모형을 정리해 보면 〈표 6-1〉과 같다.

표 6-1 우리나라에서 개발된 임상장학의 여러 모형

한국교육개발원 (1983)	주삼환 (1985)	인천교육 과학연구원 (1988)	장이권 (1989)	한국교육개발원 (1989)
1. 사전 협의회	1. 계획 협의회	1. 사전 협의	1. 관찰 전 협의	1. 계획 수립
2. 자료 수집	2. 수업관찰	2. 수업관찰	2. 수업관찰	2. 수업관찰
3. 분석 및 전략 수립 4. 사후 협의회 5. 적용 6. 평가	3. 피드백 협의회	3. 환류 협의	3. 관찰 후 협의 4. 수업 개선 방안 설정 5. 평가	3. 환류 협의

자료: 고영희 외(한국교육개발원, 1983); 주삼환(1985); 인천광역시 교육과학연구원(1988); 장이권(1989); 이윤식·유현숙(한국교육개발원, 1989).

한국교육개발원의 모형은 1983년도에 개발된 모형과 1989년도에 개발된 모형 두 가지가 있다. 첫 번째 모형은 ① 사전 협의회, ② 자료 수집, ③ 분석 및 전략 수립, ④ 사후 협의회, ⑤ 적용, ⑥ 평가 등 6단계를 설정하고 있어 제시된 모형들 중에서 가장 세분화된 단계를 설정하고 있다. 두 번째 모형은 ① 계획 수립, ② 수업관찰, ③ 환류 협의 등 3단계를 제시하고 있다.

인천의 여러 학교를 대상으로 연구를 수행한 인천교육과학연구원은 종합적으로 간단하게 ① 사전 협의, ② 수업관찰, ③ 환류 협의 등 3단계를 제시하고 있다. 이는 임상장학의 모형이 이론적으로는 많은 세부적인 단계로 구성된다고 하더라도, 학교현장에서 교원들에게 활용되기 위해서는 간단한 형태로 제시되어야 한다는 생각에 바탕을 두고 있는 듯하다.

학교의 실정에 따라서 많게는 6단계의 모형에서 적게는 3단계의 모형이 사용될 수 있는 것으로 보인다. 이 모형들은 공통적으로 사전 협의, 수업관찰, 사후 협의의 3단계를 두고 있다. 이 3단계 이외에 〈표 6-1〉에 제시되어 있는 적용단계와 평가단계 등에서 이루어지는 일들은 대체로 사후 협의를 융통성 있게 운영함으로써 어느 정도 다루어질 수 있을 것이다.

여기에서는 학교현장에서 임상장학이 보다 쉽고 간편하게 사용되어야 한다는 입장에서 공통적이고 핵심적인 3개 단계를 중심으로 모형을 구성하되 각 단계의 성격을 분명히 하기 위하여 [그림 6-1]과 같이 그 명칭을 ① 계획 수립 단계, ② 수업관찰 단계, ③ 결과 협의 단계로 한다.

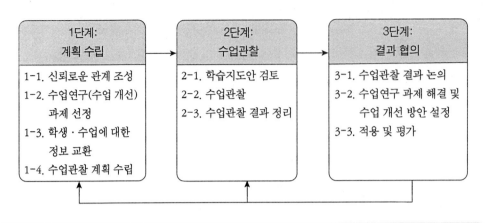

[그림 6-1] 임상장학의 모형

1단계   계획 수립

1단계 계획 수립에서는 교사와 장학담당자 간에 상호 신뢰적이고 허용적인 관계를 조성하고, 교사의 요구와 필요에 기초해 수업연구 과제 혹은 수업 개선 과제를 확인·선정한다. 그리고 이의 개략적이고 잠정적인 해결·개선 방안에 대하여 논의하며, 수업상황에 대한 정보를 교환하고, 차후 수업관찰을 위한 계획을 수립한다.

1-1. 신뢰로운 관계 조성

- 임상장학의 특징 및 절차에 대한 이해를 높이고 교사와 장학담당간에 신뢰롭고 부드러운 관계를 조성하기 위하여 오리엔테이션을 갖는다. 평상시에 자체연수를 통하여 교사들로 하여금 교내 자율장학과 임상장학의 개념, 영역, 형태, 과정 등에 관하여 충분한 이해를 갖도록 한다.
- 장학담당자는 교사에게 편안한 분위기를 만들어 주도록 노력한다. 가능한 한 교내 자율장학과 관련하여 협의·연구를 할 수 있는 별도의 쾌적하고 안락한 장소(가칭: 자율장학 협의실)에서 협의를 갖는다.

1-2. 수업연구(수업 개선) 과제 선정

- 교사가 수업과 관련하여 연구해 보고자 하는 사항이나 수업 개선을 위해 도움이 필요한 사항이 있으면 이를 장학담당자에게 설명하고 의견을 교환한다.
- 교사는 연구과제나 도움이 필요한 사항을 확인하기 위하여 수업활동에 대한 자기 진단평가를 실시해 볼 수 있다([부록 6-1], [부록 6-2] 참조).

표 6-2　자기 진단평가의 영역(예시)[3]([부록 6-1] 참조)

① 교재 연구	• 교재연구의 심도(다양한 연구 방법, 충실한 연구, 학생능력 고려, 학습의 계열화, 학급실정 고려) • 수업안 작성체제 및 내용(학습의 계열화, 학급실정·교재의 특질 고려) • 본시의 전개안(구체적 목표 진술, 적절한 시간 배분, 효과적 목표 성취)
② 기본 교수법	• 교사의 태도(적절한 언어와 자세, 안정감) • 교사의 지도력(간명한 설명, 적극성 유발 발문, 효과적 시범) • 판서의 요령(바른 필체, 사전 계획, 구조화)
③ 기본 학습법	• 학습용구 준비 및 사용요령(적절한 준비, 사용요령 사전지도, 사후처리지도) • 학습자의 자세 및 학습참여(수용적 자세, 성실한 참여, 자진 참여) • 발표력(발표의욕, 발표요령, 발표능력)
④ 지도과정	• 출발점 행동 고르기(출발점 수준·개인능력 고려, 배울 내용 제시) • 동기유발 및 문제의식(동기화, 문제해결 촉진, 적절한 방법) • 교재의 특질에 따른 지도 과정(적절한 과정, 계획의 대안, 교재의 특질에 따른 학생활동)
⑤ 학습 형태 및 활동	• 집단화와 개별화의 조화(적절한 인적 구성, 분위기 적응, 개인 학습속도 촉진) • 개인차의 고려(개인 의욕·능력, 수용적 개인활동, 저해요인 개선) • 집단학습 구성 및 활용(응집력, 효과적 목표 접근, 협동활동)
⑥ 자료 활용	• 자료의 준비도(색채·질량·형태, 자료의 효과, 안전성) • 자료의 효율성과 활용도(준비, 효율성, 자료 활용 동기유발) • 학습환경 조성(물리적 환경, 공간 활용, 수업분위기)
⑦ 정리 발전	• 본시학습 내용의 환류 및 정리(학습성취·개인차 고려, 강화 정리) • 차시학습 계획 및 발전(학습흥미 유발, 흥미 유발 학습자료, 학습사항 발전 방법) • 예습과제 및 발전과제 제시(능력·시간 고려, 적절한 과제)
⑧ 학력 정착	• 형성평가(시기의 적절성, 정확한 측정, 결과 환류) • 학력의 성취도·정착도(도달 수준, 성취도 분석, 결과 활용) • 전이가가 높은 지식 및 기능 획득(지식·기능의 전이도, 전이 확인)

---

3) 인천광역시 교육과학연구원에서 개발한 수업활동 자기평가 영역으로서 교사가 도움이 필요한 사항 또는 연구과제를 확인·선정하는 데 유용하게 사용될 수 있다. 제시된 평가의 영역은 학교급별, 지역별, 과목별 요인 등을 포함하여 학교의 상황과 조건에 맞는 자기평가 도구를 개발하는 데 참고자료가 될 것이다.

- 수업연구 과제 또는 수업 개선 과제를 구체화하고, 이의 개괄적이고 잠정적인 해결 · 개선 방안에 대하여 협의한다.

1-3. 학생 · 수업에 대한 정보 교환

- 교사가 담당 학생들의 학습능력, 학습태도, 학습의욕 등을 비롯하여 학생에 대한 제반 사항을 장학담당자에게 설명하고 의견을 교환한다.
- 교사가 그간의 수업 진도, 수업 내용, 수업 방법 등을 비롯하여 수업에 대한 제반 사항을 장학담당자에게 설명하고 의견을 교환한다.

1-4. 수업관찰 계획 수립

- 교사와 장학담당자는 관찰할 수업의 시기, 목표, 내용, 방법 등을 포함하여 수업 계획에 관해 협의한다. 수업관찰의 시기는 학습지도안 작성에 필요한 시간적 여유를 포함하여 교사와 장학담당자 그리고 학교의 형편을 고려하여 1~2주 정도 후로 하면 될 것이다.
- 교사와 장학담당자는 관찰 내용(무초점 관찰, 초점 관찰, 관찰 내용의 우선순위 등), 관찰 기록 방법(서술식 기록, 약어부호 사용 기록, 체크리스트 기록, 녹음기 · 캠코더 사용 등), 관찰시기 · 시간, 관찰장소, 관찰위치 등에 관해 협의한다.
- 수업관찰 계획은 서면으로 정리하여 상호 확인하도록 하고 수업관찰 시 장학담당자가 참고한다.
- 녹음기나 캠코더를 사용할 경우에는 관련 기자재와 보조요원의 확보에 대하여 협의한다.
- 결과 협의에 대한 계획(시간, 장소, 참석자, 절차 및 방법 등)을 논의한다.

2단계 　수업관찰

2단계인 수업관찰에서는 교사와 장학담당자가 학습지도안을 검토하여 전개될 수업활동의 전반적인 과정에 대한 이해를 높인 후, 교사는 학습지도안에 따라 수업을 실시하고, 장학담당자는 이미 수립된 수업관찰 계획에 따라 수업을 관찰하여 연구과제 해결 또는 수업 개선을 위한 구체적이고 객관적인 자료를 수집한다. 장학담당자는 수업관찰 결과를 분석 · 정리하여 차후 결과 협의를 위한 자료를 작성한다.

2-1. 학습지도안 검토

- 교사는 컴퓨터를 활용하여 학습지도안을 작성하여 학습지도안의 수정 · 보완 및 관리가 용이하도록 한다.
- 장학담당자는 계획 수립 이후 교사가 구체화한 학습지도안을 검토하고 필요한 경우 교사의 설명을 듣는다.
- 장학담당자와 교사는 계획 수립 단계에서 작성한 수업관찰 계획을 재확인한다. 학습지도안은 수업관찰하기 2~3일 전쯤까지 검토하여 지도 · 조언해 준다.

2-2. 수업관찰

- 학습지도안 검토 후 수업관찰 계획에 따라 장학담당자는 수업을 관찰기록한다.

〈관찰 내용〉

(1) 무초점 관찰: 전반적인 사항을 관찰

(2) 초점 관찰: 사전에 합의된 몇 가지 사항을 중점적으로 관찰

〈관찰기록 방법〉(다음 방법들을 개별적으로 또는 복합적으로 사용)

(1) 관찰된 사항을 서술식으로 기록하는 방법

　　– 전체적인 기록: 교사와 학생의 모든 언어를 기록

　　– 부분적인 기록: 특정한 형태의 언어만을 기록(예: 교사의 발문, 교사의 학생에 대한 환

류 방법, 교사의 지시와 구조적인 진술 등)

(2) 관찰된 사항을 약어나 부호를 사용하여 기록하는 방법

- 학생들의 과업집중도 기록법: 학생들의 과업집중 형태를 기록
- 교사와 학생들 간의 언어흐름 기록법: 교사와 학생들 간의 언어적 상호작용 형태를 기록
- 교사와 학생들의 움직임 기록법: 교사와 학생들의 수업 중 이동 양식을 기록
- Flanders의 상호작용 분석법: 교사와 학생들 간의 언어적 상호작용 형태를 기록 분석([부록 6-26] 참조)

(3) 관찰된 사항을 체크리스트를 사용하여 기록하는 방법

- 학교 형편에 따라 자체 개발한 다양한 체크리스트를 사용하여 수업관찰 결과를 기록([부록 6-3]~[부록 6-5] 참조)

(4) 녹음기 · 캠코더를 사용하는 방법

- 녹음 · 녹화 내용: · 전체 녹음 · 녹화 – 전체 수업과정을 녹음 · 녹화
  · 부분 녹음 · 녹화 – 관찰 중점 또는 수업 개선 자료로서 가치 있는 부분을 녹음 · 녹화
- 녹음 · 녹화 담당자: · 장학담당자(캠코더 받침대 설치)
  · 교수–학습 이론과 임상장학에 익숙한 교사
- 녹음 · 녹화자료 활용: · 수업분석의 객관적 근거 자료
  · 교사의 자기수업 반성 자료
  · 자체연수 자료

- 장학담당자는 계획 수립 단계에서 교사와 협의하지 않은 행동은 삼가도록 주의해야 한다. 특히 수업 중에 교사와 학생들에게 불안감, 불쾌감, 심적 부담감을 주는 발언, 신체적 동작, 표정 등은 금물이다.
- 장학담당자의 관찰기록 행위는 가급적 교사와 학생들의 주의를 끌지 않도록 조심스럽게 이루어져야 한다.
- 수업관찰을 끝내고 교실을 떠날 때는 교사의 수업활동 노고에 대하여 격려를 표시하는 간단한 비언어적 신호(예: 손을 들어 주기, 미소를 지으며 간단한 목례하기 등)를 보내는 것이 필요하다.

2-3. 수업관찰 결과 정리

• 장학담당자는 관찰한 결과를 정리하여 차후 결과 협의에 대비한다(수업참관록 작성).
• 장학담당자는 교사의 수업연구 과제나 수업 개선 과제와 관련하여 추가적인 정보나 자료를 준비한다.

3단계 **결과 협의**

3단계인 결과 협의에서는 수업관찰 결과를 중심으로 하여 장학담당자와 교사 간에 상호 협동적인 논의를 통하여, 수업연구 과제의 해결 개선 또는 수업 개선을 위한 방안을 설정한다. 그리고 설정된 방안을 실제 수업에 적용 · 평가해 보기 위하여 2차 수업관찰을 계획하거나, 교사 스스로 자기적용 자기평가의 노력을 하도록 유도 · 격려한다. 또한 설정된 방안의 일반화를 위한 노력과 수행된 장학활동에 대한 평가가 시도된다. 결과 협의는 가능한 한 수업 실시 · 관찰의 기억이 생생한 수업관찰 당일에 갖도록 한다.

3-1. 수업관찰 결과 논의

• 교사는 장학담당자와 수업관찰 결과에 대한 논의를 시작하기 전에 먼저 자신의 수업에 대한 개략적인 자기평가를 함으로써 수업관찰 결과 논의를 위한 의제를 정리해 본다.
• 장학담당자와 교사는 상호 협동적이고 부드러운 분위기 속에서 수업관찰 결과를 논의한다. 장학담당자는 교사를 격려하면서 먼저 자연스럽게 자신이 한 수업에 대하여 개략적인 느낌(자기평가)이 어떠했는지를 말하도록 한다.
• 장학담당자와 교사는 계속하여 자료(기록물, 녹음 자료, 녹화 자료) 등을 중심으로 수업의 만족스러운 점과 개선이 요구되는 점에 관하여 논의한다.
• 보다 많은 환류가 가능하도록 학생들을 대상으로 수업 내용, 수업 방법, 교사의 강의 스타일 등에 관한 의견조사를 실시할 수도 있다.
• 장학담당자는 교사 스스로 자신의 수업 개선을 위한 아이디어를 끌어내도록 도와주고 격려한다.

3-2. 수업연구 과제 해결 및 수업 개선 방안 설정

• 장학담당자와 교사는 수업연구 과제의 해결·개선 또는 수업 개선을 위한 방안을 설정한다.

• 장학담당자는 교사의 수업연구 과제의 해결·개선 또는 수업 개선과 관련하여 교사에게 계속적인 도움을 제공할 수 있는 방법에 대하여 의견을 교환한다.

3-3. 적용·평가

• 수업연구 과제의 해결 또는 수업 개선을 위해 설정된 방안을 실제 수업에 적용·평가해 보기 위하여 가능하면 2차 수업관찰을 계획하거나, 교사 스스로 자기적용·자기평가의 노력(자기장학의 노력)을 하도록 유도·격려한다.

• 설정된 수업연구 과제 해결 및 수업 개선 방안의 일반화와 전파를 위한 노력(자료 정리·배포, 자체연수 시 발표, 또는 각종 교외 연수회·대회 참석 발표 등)과 수행된 장학활동의 전체 과정에 대한 평가·반성을 시도한다([부록 6-18] 참조).

• 논의된 주요 내용(계획 협의 내용, 수업관찰 결과, 수업연구 과제 해결, 수업 개선 방안, 적용·평가의 계획 및 결과 등)은 서면으로 정리하여 차후 수업 개선이나 장학활동 개선에 참고한다.

3) '초임교사 대상 수업 관련 지도·조언 활동' 모형

초임교사가 교직에 보다 능동적으로 적응하고 유능한 교사로 발전하는 데 교장·교감의 세밀한 관심과 배려가 필요하다. 교장·교감이 초임교사에게 단시간에 기존 교사와 같이 수업과 업무에서 능력을 발휘할 것을 요구하는 것은 부담감과 스트레스를 가중시키는 부정적인 결과를 가져올 수 있다.

초임교사와 부드러운 인간관계를 정립하도록 노력하고, 교장·교감이기 이전에 선배교사의 입장에서 진정으로 초임교사를 도와준다는 자세를 보이도록 해야 한다. 초임교사도 교장·교감이 자신을 돕기 위하여 노력하고 있다는 것을 이해하고, 지도·조언에 대하여 감사하는 열린 마음을 가져야 한다. 초임교사를 위한 교내 자율 장학활동은 대체로 다음과 같은 것이 있다.

(1) 학교 적응을 위한 소개활동

교장·교감은 초임교사에게 학교의 연혁, 교직원 현황, 학교조직 구성·운영 현황, 교과구성 현황, 학교시설 현황, 학생 및 학부모의 일반적 현황, 지역사회의 특색, 지역사회와 학교의 관계 등에 대하여 소개하여 초임교사로 하여금 학교에 대한 이해를 높인다.

초임교사들과 면담을 통하여 교직생활에 따른 고충을 알아본다. 타 지역 출신인 경우, 주거 문제 등과 관련하여 실제적 혹은 심리적 도움을 제공하여 초임교사들이 심리적 안정감과 관리자에 대한 신뢰감을 갖도록 한다.

(2) 교재연구 및 학습지도안 작성을 위한 지도·조언 활동

초임교사가 수업활동에 임하게 되면 긴장감과 불안감을 가지게 되는데, 이를 빨리 해소하도록 하기 위하여 교과서, 교사용 지도서, 관련 자료나 비품 등 교재연구에 필요한 각종 자료를 제공하여 수업활동에 필요한 연구를 할 수 있도록 지원한다.

효과적인 수업활동이 이루어지기 위해서는 교사가 교재에 대한 충분한 연구를 하고, 이를 토대로 충실한 **학습지도안**이 작성되어야 한다. 초임교사에게 학습지도안의 필요성을 인식시키고 학습지도안 작성을 확인하고 지도·조언해 준다. 학습지도안이 필요한 이유로는, ① 학습지도안은 건축을 위한 설계도와 같고, ② 망각하기 쉬운 인간에게는 기록물이 필요하며, ③ 중요한 내용이 누락되는 것을 방지하고, ④ 동학년, 동교과 교사들 간에 수업 내용의 차이를 방지하며, ⑤ 수업활동의 절차와 체계를 마련하여 수업활동의 효율화를 기한다.

(3) 선배교사의 수업에 대한 참관활동

초임교사의 수업 기술의 향상과 수업활동 적용도를 높이기 위하여 동교과 혹은 동학년 선배교사의 수업을 참관할 수 있는 기회를 제공한다. 초임교사가 선배교사에게 **수업참관** 의사를 직접 전달하기 어려우므로 수업참관 계획은 연구부에서 총괄하여 별도로 작성하는 것이 좋을 것이다.

학교 교육계획에 의하여 진행되는 교과별 · 학년별 수업연구 시간에 초임교사는 교과나 학년에 관계없이 자유롭게 참관하게 하여 수업 기술 향상을 위한 아이디어나 정보를 얻도록 도와준다.

(4) 교장 · 교감의 초임교사에 대한 수업참관

교장 · 교감은 초임교사의 수업을 첫 학기 중에 월 1~2회 정도 참관하여 수업 방법의 향상과 개발에 필요한 지도 · 조언을 한다. 수업참관은 학습지도안 작성을 위한 지도 · 조언 활동과 병행하여 실시하는 것이 효과적일 것이다. 교장 · 교감의 초임교사에 대한 **수업참관** 계획은 교장 · 교감이 직접 세우거나 연구부에서 총괄하여 별도로 작성할 수도 있다.

(5) 교육평가에 관한 연수 · 지도활동

수업활동에 대한 효과의 측정은 교육평가를 통하여 이루어진다. 교육평가의 적정성, 공정성, 객관성, 그리고 동료교사들과의 형평성 등이 유지되어야 한다. 초임교사에게 평가 문항 출제 원칙, 출제 방법, 문항의 형태, 주관식 · 객관식 비율, 채점 방법 등에 관하여 필요한 연수 · 지도활동을 한다.

(6) 생활지도 · 인성지도에 관한 연수 · 지도활동

초임교사는 교과지도에서뿐만 아니라 생활지도에서도 긴장감과 불안감을 느낄 수 있다. 학생들의 생활양태와 일탈행동에 대하여 초임교사의 이해와 대처 능력을 높이기 위하여 필요한 연수 · 지도활동을 한다. 현재 학교에 재학하고 있는 학생들의 일반적인 성향이나 생활양태에 대한 이해, 효과적으로 생활지도 · 예절지도 · 인성지도를 하는 노하우, 학생 상담 방법에 대한 지식 · 기술 · 능력을 높이도록 초임교사를 도와준다.

(7) 담임업무 · 교무분장 업무 처리 및 주요 규정에 관한 연수 · 지도활동

학급담임으로서 공적인 장부 처리나 담당하게 될 교무분장 업무 처리를 위해 알아야 할 사항, 교사로서 알아야 할 주요 규정에 대하여 연수하고 지도한다. 출석부 · 학급일지 · 학급경영록 정리 요령, 공문서 관리 · 처리 및 작성 요령, 담당하게 될 교무분장 업무에 대한 처리 방법 등에 대하여 연수 · 지도가 필요하다. 학교 성적처리 규정과 포상 · 징계 규정 등 각종 규정에 관한 연수 · 지도도 필요하다.

이와 같은 여러 가지 활동 중에서 수업에 관련되는 내용을 중심으로 한 지도·조언 활동의 모형을 [그림 6-2]와 같이 제시한다.

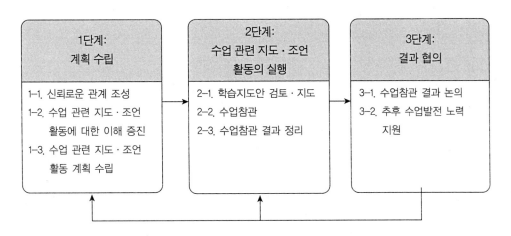

[그림 6-2] 초임교사 대상 수업 관련 지도·조언 활동의 모형

1단계　계획 수립

1단계인 계획 수립에서는 교장·교감과 초임교사 간에 상호 신뢰적이고 부드러운 분위기를 조성하고, 초임교사가 교직에 적응하도록 도와주는 데 교장·교감의 지도·조언 활동의 목적이 있음을 이해시킨다. 교재연구·학습지도안 작성 및 수업참관 등을 중심으로 대체로 어떠한 절차와 방법 및 일정으로 교장·교감이 지도·조언 활동을 할 것인지를 논의하고 개략적인 계획을 수립한다.

1-1. 신뢰로운 관계 조성

• 부드러운 분위기에서 초임교사 임용을 축하·환영하고, 초임교사와 교장·교감 간에 신뢰롭고 친밀한 관계를 조성하기 위하여 '**대화의 시간**'을 갖는다. 사전에 초임교사의 개인적인 신상을 파악해 두고 개인적인 관심사나 취미·특기 등을 중심으로 자연스럽게 대화를 이끌어 간다. 교장·교감이 자신의 초임교사 시절의 경험담을 나누면서 초임교사를 격려한다. 초임교사가 여러 명인 경우에는 먼저 개별적으로 '대화의

시간'을 가진 후에 함께 공동 대화의 시간을 가진다.

- 초임교사에게 학교의 연혁, 교직원 현황, 학교조직 구성 · 운영 현황, 교과구성 현황, 시설 현황, 학생 및 학부모의 일반적 현황, 지역사회의 특색, 지역사회와 학교의 관계 등에 대하여 소개하여 초임지 학교에 대한 이해를 높이고 학교에 친숙감을 가지도록 한다.
- 초임교사와의 면담을 통하여 교직생활에 따른 고충을 알아보며, 개인적인 어려움을 도와주려 노력한다. 타 지역 출신인 경우, 주거 문제 등과 관련하여 정보나 아이디어 및 도움을 제공하여 초임교사가 심리적 안정감과 교장 · 교감에 대한 신뢰감을 갖도록 한다.
- 초임교사가 교직생활에 잘 적응하도록 하고 올바른 교직관을 심어 주기 위하여 첫 학기동안에는 월 1회 정도 공동 '대화의 시간'을 정기적으로 마련하여 격려해 주고 고충을 들어준다. 공동 대화의 시간에는 교장 · 교감뿐만 아니라 필요하다면 관련 부장교사나 선배교사들도 참석하도록 한다.

1-2. 수업 관련 지도 · 조언 활동에 대한 이해 증진

- 초임교사에게 교내 자율장학의 개념과 방법 등을 소개하여 이에 관하여 이해시키도록 한다. 교장 · 교감이 초임교사의 학습지도안을 검토하거나 수업참관을 하는 것은 교내 자율장학의 한 방법으로서 초임교사가 보다 효과적으로 수업활동에 적용하고 교사발달을 도모하도록 도와주기 위한 목적을 가지고 있음을 이해시킨다.
- 초임교사에게 교재연구에 필요한 교과서, 교사용 지도서, 관련 자료나 비품 등을 제공하여 학습지도에 필요한 연구를 할 수 있도록 지원하고, 교장 · 교감에 대하여 신뢰감을 갖도록 한다.

1-3. 수업 관련 지도 · 조언 활동 계획 수립

- 교장 · 교감은 초임교사와 협의하여 학습지도안 검토 · 지도 및 수업참관 활동을 언

제, 어떻게 실시할 것인지에 대하여 대체적인 계획을 수립한다.

- 교장·교감은 초임교사에 대한 수업참관을 시작하기 전에, 가급적 빠른 시기에 초임교사가 선배교사의 수업을 참관할 수 있는 기회를 제공하며, 또한 초임교사가 스스로 자신의 수업을 녹음·녹화해서 반성해 볼 수 있는 기회를 제공한다. 이러한 기회를 통하여 교장·교감의 수업참관에 대하여 어느 정도 마음의 준비를 하도록 한다.
- 교장·교감은 초임교사에 대한 학습지도안 검토·지도 및 수업참관 활동을 임상장학으로 발전시키도록 하며, 동시에 초임교사가 자기장학이나 동료장학(초임교사 상호 간 혹은 동학년·동교과 교사들 간 동료장학)에 자연스럽게 참여하도록 계획을 수립한다.

표 6-3 교장·교감의 수업 관련 지도·조언 활동 계획안(예시)

기간	교장·교감의 수업 관련 지도·조언 활동	초임교사 활동	비고
3월	• 신뢰로운 분위기 조성 및 교직 오리엔테이션 • 교재연구를 위한 지원 조치 제공 • 선배교사 수업에 대한 참관기회 제공 • 초임교사 자기수업 녹음·녹화 반성 기회 제공 • 학습지도안 지도 및 수업참관 – 1회 (필요 시 관련 부장교사 참여)	• 자기수업 녹음·녹화 반성 • 학습지도안 작성 및 수업참관 준비	교장·교감의 지도·조언 활동과 초임교사의 자기장학, 동료장학, 임상장학이 자연스럽게 연결되도록 함
4월	• 학습지도안 지도 및 수업참관 – 1회 (필요 시 관련 부장교사 참여) • 동료장학 기회 제공 (초임교사 상호 간 동료장학, 동학년·동교과 교사들 간 동료장학)	• 학습지도안 작성 및 수업참관 준비 • 동료장학 참여	
5월	• 학습지도안 지도 및 수업참관 – 1회 (필요 시 관련 부장교사 참여) • 동료장학 기회 제공 (초임교사 상호 간 동료장학, 동학년·동교과 교사들 간 동료장학)	• 학습지도안 작성 및 수업참관 준비 • 동료장학 참여	
6월	• 임상장학 – 1회 (필요 시 관련 부장교사 및 동료교사 참여)	• 임상장학 준비	

- 교장·교감은 계획된 수업참관 시간에 진행 중인 수업을 방해하지 않고서 교실에 출입할 수 있는 조치(예: 교실 뒷문 개방 등)에 대하여 초임교사에게 사전 협조를 구한다.

2단계 | 수업 관련 지도 · 조언 활동의 실행

2단계인 수업 관련 지도 · 조언 활동의 실행에서는 교장 · 교감이 초임교사가 작성한 학습지도안을 검토 · 지도한다. 그리고 초임교사는 완성된 학습지도안에 따라 수업을 실시하고, 교장 · 교감은 수업참관을 하면서 수업 개선에 필요한 자료를 수집 · 분석한다.

2-1. 학습지도안 검토 · 지도

- 초임교사는 컴퓨터를 활용하여 학습지도안을 작성함으로써 학습지도안의 수정 · 보완 및 관리가 용이하도록 한다.
- 교장 · 교감은 초임교사가 작성한 학습지도안을 검토하여 보다 좋은 학습지도안 작성에 필요한 지도 · 조언을 제공한다. 학습지도안은 수업참관 2~3일 전쯤에 검토하여 지도 · 조언해 준다.
- 필요하다고 판단되는 경우에는 작성된 학습지도안에 관련되는 교과 부장교사나 경력교사의 지도 · 조언도 활용한다.

2-2. 수업참관

- 초임교사는 완성된 학습지도안에 따라 수업을 실시한다. 교장 · 교감은 수업참관을 하면서 수업 개선에 필요한 자료를 수집 · 분석한다. 수업참관은 1시간 전체를 하거나 혹은 형편에 따라 융통성 있게 10~20여 분 정도 할 수도 있다.
- 수업참관을 하면서 초기에는 대체로 수업활동의 전반적인 사항을 관찰(무초점 관찰)하다가 점차 초점 관찰로 전환하여 수업활동의 특정한 부분을 중점적으로 관찰한다. 기본 교수법(교사의 태도, 교사의 지도력, 판서의 요령 등), 기본 학습법, 지도과정, 학습형태 및 활동, 자료 활용, 정리 · 발전, 학력 정착 등 교과지도의 여러 요소와 관련하여 좋은 점이나 개선이 요구되는 점에 관한 자료를 수집한다([부록 6-1], [부록 6-2] 참조).
- 관찰기록은 대체로 학교 형편에 따라 자체 개발한 다양한 체크리스트를 사용하는 방법이 무난할 것이다(필요하다고 판단되면 수업을 녹음 · 녹화함; [부록 6-3]~[부록 6-5] 참조).

- 교장·교감은 교실에 출입할 때 수업에 방해가 되지 않도록 주의한다(교실 뒷문 개방 협조 부탁). 또한 교장·교감은 수업 중인 초임교사와 학생들에게 불안감, 불쾌감, 심적 부담감을 주는 발언, 신체적 동작, 표정 등은 삼가야 한다.
- 교장·교감은 학급순시·수업참관 중에 관찰된 사항들을 기록할 때는 가급적 초임교사와 학생들의 주의를 끌지 않으며, 부담감을 주지 않도록 조심스럽게 해야 한다.
- 학급순시·수업참관을 끝내고 교실을 떠날 때 교사에게 교실방문 기회와 교사의 수업활동 노고에 대해 격려를 표시하는 간단한 비언어적 신호(예: 손을 들어 주기, 미소를 지으며 간단한 목례하기 등)를 보내는 것이 필요하다.

2-3. 수업참관 결과 정리
- 교장·교감은 관찰한 결과를 정리하여 초임교사와의 결과 협의에 대비한다(수업참관록 작성).
- 교장·교감은 초임교사의 수업 방법 향상과 개발에 관련하여 추가적인 정보나 자료를 준비한다.

3단계 결과 협의

3단계인 결과 협의에서는 수업참관 결과를 중심으로 교장·교감과 초임교사 간에 협의를 통하여, 수업 방법 향상과 개발을 위한 정보나 아이디어를 제공한다. 그리고 제시된 정보나 아이디어를 실제 수업에 적용해 보고 관찰하기 위하여 차후 수업참관을 계획하거나, 혹은 교사 스스로 자기적용·자기평가의 노력을 하도록 격려한다. 결과 협의는 가능한 한 수업 실시·관찰의 기억이 생생한 수업참관 당일에 갖도록 한다.

3-1. 수업참관 결과 논의
- 초임교사는 교장·교감과 수업관찰 결과에 대한 논의를 시작하기 전에 자신의 수업에 대한 개략적 자기평가를 함으로써 수업에 대한 논의에 대비한다.

- 교장·교감은 방과 후 또는 수업이 없는 빈 시간 등을 이용하여 부드러운 분위기 속에서 초임교사와 개별적인 면담을 통하여 수업참관 결과를 논의한다.
- 교장·교감은 초임교사를 격려하면서 먼저 자연스럽게 자신이 한 수업에 대하여 개략적인 느낌(자기평가)이 어떠했는지를 말하도록 한다.
- 초임교사의 느낌을 들은 후, 교장·교감은 초임교사의 수업에 대하여 만족스러운 점과 개선이 요구되는 점에 관하여 의견을 제시하고 지도·조언한다(수업에 대한 녹음·녹화 자료가 있으면 활용).
- 초임교사 스스로 자신의 수업 개선을 위한 아이디어를 끌어내도록 도와주고 격려한다. 이때 교장·교감은 자신의 경험담을 이야기하며 부드러운 분위기를 이끌어 간다.

3-2. 추후 수업발전 노력 지원
- 교장·교감과 초임교사는 논의된 정보나 아이디어를 실제 수업에 적용해 보기 위하여 차후 수업참관에 대해 협의한다.
- 교장·교감은 초임교사의 수업 개선과 관련하여 교사에게 계속적인 도움을 제공할 수 있는 방법에 대하여 의견을 교환한다.
- 교장·교감은 초임교사가 스스로 자신의 수업 개선을 위해 노력(자기장학의 노력)하도록 격려하며, 초임교사 상호 간의 동료장학 및 선배교사와의 동료장학에 참여하도록 하며, 추후 보다 체계적인 임상장학을 준비하도록 격려한다.

4. 동료장학의 모형

1) 개요

동료장학은 동료교사들이 교육활동의 개선을 위하여 모임이나 짝을 이루어 상호 간에 수업 연구·공개 활동의 추진이나 공동 과제 및 관심사의 협의·연구·추진 등 공동으로 노력하는 과정으로 볼 수 있다.

동학년 교사들 또는 동교과 교사들이 수업연구 과제의 해결이나 수업 방법의 개선을 도모하기 위해 수업연구·수업공개 활동을 하거나, 교과지도와 생활지도 방법을 개선하기 위하여 상호 좋은 경험이나 아이디어를 교환하는 것은 대표적인 동료장학활동이다. 동학년 교사, 동교과(교과연구회) 교사, 동부서 교사, 부장교사들 또는 관심 분야가 같은 동료교사들이 협의회, 소모임, 스터디그룹 등을 통해 공동 과제나 공동 관심사를 협의·연구·추진하기 위하여 함께 활동해 나가는 것 등도 중요한 동료장학활동이다.

특정한 연구과제나 시범과제를 선정하여 관심 있는 동료교사들을 중심으로 공동으로 연구를 수행해 나가거나, 연구 자료나 작품을 공동으로 제작하는 활동도 중요한 동료장학 모형이다. 초·중·고등학교 교원들의 소그룹 교과교육연구회(팀)를 대상으로 '연구활동 계획서'를 공개모집하여 연구비를 지원해 주고 연구활동을 장려하는 것도 동료장학과 관련이 있는 것이다.

경력교사가 초임교사와 1:1로 짝을 이루어 서로 수업을 공개하고 의견을 교환하며, 교육활동 전반에 관해 도움을 주는 것(멘토링)도 동료장학활동이다. 1:1로 짝을 이루어 서로 도움을 주는 것(멘토링)은 경력교사와 경력교사 간에도 가능하다. 뿐만 아니라 동료교사 상호 간에 교육활동의 개선에 활용될 수 있는 좋은 지식·기술·정보·아이디어·경험·도움 또는 조언 등을 주고받는 여러 가지 형태의 공식적·비공식적 활동도 넓은 의미의 동료장학으로 볼 수 있다.

임상장학에 대하여 전문적인 훈련을 받은 동료교사가 있으며, 임상장학을 체계적으로 실시할 수 있는 시간적인 여유 또는 동료교사들 간에 1:1의 대면적인 관계를 수용할 수 있는 학교분위기나 교사들의 심적 안정감 등이 구비되어 있는 이상적인 상황에서는 동료교사들 간에도 임상장학을 실시할 수도 있다.

그러나 현실적으로 교사들이 임상장학에 대하여 전문적인 훈련을 받지 못했으며, 시간적으로도 체계적이고 집중적인 임상장학을 실시하기에 어려움이 많다. 학교현장의 분위기도 1:1의 대면적인 관계를 주축으로 하는 임상장학이 어렵다는 점에서 동료장학이 동료교사들 간에 부담감이 적으며, 학교 형편이나 교사들의 요구와 필요에 따라 융통성 있게 실시할 수 있다는 점에서 가치가 높다.

실제로 교사들은 교직생활과 관련하여 필요로 하는 지식·기술·정보·아이디어·경험·도움 또는 조언 등을 구하고자 할 때 대체로 그들의 동료교사를 선호하는 것으로 보인다. 즉, 교사들은 여러 가지 문제영역에 대해 그들의 동료교사들을 학교행정가나 장학담당자에 비해 상대적으로 즉각적이고 비위협적이며 만족스러운 도움을 줄 수 있는 가치로운 출처로 여기고 있다. 학교행정가나 장학담당자가 교사와 대면적 관계에서 실시하는 임상장학은 교사에게 적지 않은 부담감을 야기할 가능성이 높은데, 부담감을 극복할 수 있다는 점에서 동료교사들이 팀을 이루어 협동적이고 동료적인 관계 속에서 장학을 실시하는 것이 효과적일 수 있다.

현재 우리의 실정에는 초등학교 병설 유치원의 경우 교사가 소수이므로, 유치원 교사들 간의 동료장학은 어렵다. 이런 경우 초등학교 1~2학년 교사들과 어울려 수업을 공개·참관하거나, 협의활동을 통하여 교육활동에 활용될 수 있는 좋은 경험이나 정보 및 아이디어를 교환하는 동료장학을 할 수 있을 것이다.

초등학교의 경우에는 동학년 교사 모임을 기반으로 하여 동료장학을 발전시키면 될 것이다. 그러나 소규모 초등학교의 경우에는 교사 수가 적은 관계로 학년별로 교사 모임을 구성하기 어려우며, 따라서 학년별 구분 없이 모든 교사가 하나의 팀으로 동료장학을 실시할 수밖에 없을 것이다. 전체 교사가 하나의 팀으로 동료장학을 실시하는 데는 어려운 점도 있겠으나, 초등학교 교사들은 전 교과 담당인 점을 고려하면 어려운 여건에서나마 소기의 성과를 올릴 수 있는 동료장학이 가능할 것이다.

중등학교 경우에는 동교과 교사 모임을 기반으로 하여 동료장학을 발전시키면 될 것이다. 그러나 소규모 중등학교 경우에는 교사 수의 제한으로 동교과 모임을 구성할 수 없는 실정으로, 우선적으로 교과 구분 없이 가능한 한 모든 교사가 하나의 팀으로 전공 교과와 관련성이 적은 영역에서 협의와 의견 교환을 활성화하도록 한다.

전공 교과에 대한 문제는 우선적으로 교사 스스로의 자기장학 노력을 유도·격려해야 하며, 가능하다면 인근에 있는 몇몇 학교 간의 협력관계를 통해서 동교과 교사 모임을 조성하여 동료장학을 시도한다거나 교육청으로부터 해당 교과 전공의 장학담당자의 도움을 요청하는 것이 좋을 것이다.

동료장학은 기본적으로 교사들의 자율성과 협력성을 근간으로 하여 그들의 요구와 필요에 맞게 융통성 있게 운영되어야 한다. 교장이나 교감은 동료장학의 활성화를 위해서 필요한 여건과 분위기를 조성해 주며, 동료장학의 리더(일반적으로 학년부장, 교과부장, 중견교사)에 대한 지도·지원을 해 주며, 필요한 경우에는 조심스럽게 동료장학에 참여할 수도 있다.

이와 같은 논의를 종합해 볼 때, 동료장학의 주요 특징은 다음과 같이 정리된다.

- 교사들의 자율성과 협동성을 기초로 한다.
- 교사들 간에 동료적인 관계 속에서 서로 가르치고 배우는 활동이다.
- 학교 형편과 교사의 필요와 요구에 기초해 다양하고 융통성 있게 운영된다.
- 교사들의 전문적 발달뿐 아니라 개인적 발달 그리고 학교의 조직적 발달까지 도모할 수 있다.

다음에서는 학교현장에서 이루어지고 있는 다양한 형태의 동료장학에 대한 분석을 토대로 하여, ① 수업연구(공개) 중심 동료장학, ② 협의 중심 동료장학, ③ 연구과제 중심 동료장학, ④ 일대일 동료장학 등 네 가지의 모형을 구안하였다.

2) 수업연구(공개) 중심 동료장학의 모형

수업연구(공개) 중심 동료장학의 모형은 동학년 교사들 또는 동교과 교사들이 수업 연구과제의 해결이나 수업 방법의 개선을 도모하기 위해 공동으로 수업연구·수업공개를 계획하고 수업을 관찰하며 이에 대해 협의하는 활동을 중심으로 한 동료장학 모형이다.

학교현장에서 혼용되는 수업연구와 연구수업이라는 용어를 엄격히 구분하면 〈표 6-4〉에서 보는 바와 같이 **수업연구**는 연구에 초점이 있으며, **연구수업**은 수업에 초점이 있다.

표 6-4   수업연구, 연구수업, 수업공개의 개념

수업연구	연구수업	수업공개
수업에 관한 연구과제의 해결 또는 수업 방법의 개선을 위해 장학담당자와 교사 혹은 동료교사들이 같이 수업계획을 세우고 관찰 방법을 협의하여 수업관찰 및 결과 분석을 하는 일련의 체계적인 탐구 활동 ➡ 연구에 초점	수업 방법의 개선 및 전파를 위해 수업연구의 결과를 가지고 장학담당자와 동료교사들 앞에서 보여 주는 시범수업 및 협의활동 ➡ 수업에 초점	교사들이 수업 방법의 개선을 위해 비교적 자유롭게 상호 간에 수업을 공개하고 의견을 교환하는 활동. 수업장학에서 활용되는 계획 수립 단계, 수업관찰 단계, 결과 협의 단계의 세부 활동을 융통성 있게 조정하여 비교적 자유롭게 진행

수업연구(공개)를 중심으로 한 모형은 임상장학의 모형과 기본적으로 유사한 점이 많다. 임상장학의 기본적인 절차를 근간으로 하여, 동학년 교사들 또는 동교과 교사들이 공

동으로 수업공개를 계획하고, 수업을 관찰하며, 이에 대한 의견을 교환하게 되는 것이다.

수업연구(공개) 중심 동료장학의 모형을, 임상장학의 모형과 동일하게 [그림 6-3]과 같이 ① 계획 수립 단계, ② 수업관찰 단계, ③ 결과 협의 단계로 구성한다. 제시되는 모형은 학교의 형편과 교사의 필요와 요구에 따라 융통성 있게 변형하여 사용될 수 있음은 물론이다.

계획 수립, 수업관찰, 결과 협의의 절차를 엄격하게 따르지 않으면서 교사들 상호 간에 부담 없이 서로 수업을 보여 주고, 그에 관하여 의견을 나누는 것도 여기서 제시하는 수업연구(공개) 중심의 동료장학에 포함된다.

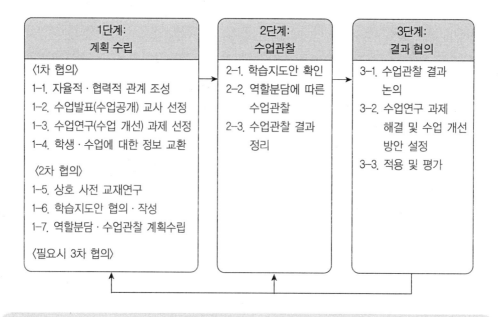

[그림 6-3] 수업연구(공개) 중심 동료장학의 모형

1단계　계획 수립

1단계인 계획 수립에서는 필요에 따라 최소 2회 이상의 협의회를 통하여 동료교사들 간의 자율적이고 협력적인 분위기를 조성하고, 수업발표 교사 또는 수업공개 교사를 선정한다. 그리고 수업연구 과제 혹은 수업 개선 과제를 확인·선정하고 이의 개략적이고 잠정적인 해결·개선 방안에 대하여 논의하며, 수업상황에 대한 정보를 교환한다. 그 후 수업

관찰 이전까지 상호 간 사전 교재연구를 진행하고, 학습지도안에 대한 협의를 기초로 학습지도안을 완성하며, 필요한 수업자료를 준비하고 수업환경을 조성한다. 이와 같은 과정은 원칙적으로 동료장학에 참여하는 전체 교사들 간의 공동작업으로 진행된다. 교장·교감은 필요한 경우에 동료장학의 계획 수립에 참여하여 지도·조언할 수 있다.

1차 협의

1-1. 자율적·협력적 관계 조성
- 동료장학의 특징 및 절차에 대한 이해를 높이고 동료교사들 간에 자율적이고 협력적인 관계를 조성하기 위하여 오리엔테이션을 갖는다. 평상시에 자체연수를 통하여 교사들로 하여금 교내 자율장학과 동료장학의 개념·영역·형태·과정 등에 관하여 충분한 이해를 갖도록 한다.
- 동료교사들 간에 편안한 분위기를 만들어 주도록 노력해야 한다. 가능한 한 교내 자율장학과 관련하여 협의·연구를 할 수 있는 별도의 쾌적하고 안락한 장소(가칭: 자율장학 협의실)에서 협의를 갖는다.

1-2. 수업발표(수업공개) 교사 선정
- 동료교사 모임에서 수업연구 결과를 발표할 교사 또는 수업을 공개할 교사를 협의·선정한다.
- 가능한 한 선배교사가 먼저 후배교사에게 수업을 공개하도록 노력하고, 후배교사가 보다 편안한 상태에서 자신의 수업을 공개하는 순서를 밟는 것이 선후배 교사 간 서로 솔선수범하고 존경하는 풍토를 조성하는 데 바람직할 것이다.

1-3. 수업연구(수업 개선) 과제 선정

• 수업발표(수업공개) 교사가 수업과 관련하여 연구해 보고자 하는 사항이나 수업 개선을 위해 도움이 필요한 사항, 또는 동료교사들이 공동으로 연구해 보고자 하는 사항이 있으면, 이에 관하여 의견을 교환하여 수업연구 과제 또는 수업 개선 과제를 선정한다. 이때 수업발표(수업공개) 교사의 의견이 존중되는 것을 원칙으로 한다.
• 수업발표(수업공개) 교사는 연구과제나 도움이 필요한 사항을 확인하기 위하여 수업활동에 대한 자기 진단평가를 실시해 볼 수 있다([부록 6-1], [부록 6-2] 참조).

표 6-5 자기 진단평가의 영역(예시) ([부록 6-1] 참조)

① 교재 연구	• 교재연구의 심도(다양한 연구 방법, 충실한 연구, 학생능력 고려, 학습의 계열화, 학급실정 고려) • 수업안 작성체제 및 내용(학습의 계열화, 학급실정 · 교재의 특질 고려) • 본시의 전개안(구체적 목표 진술, 적절한 시간 배분, 효과적 목표 성취)
② 기본 교수법	• 교사의 태도(적절한 언어와 자세, 안정감) • 교사의 지도력(간명한 설명, 적극성 유발 발문, 효과적 시범) • 판서의 요령(바른 필체, 사전 계획, 구조화)
③ 기본 학습법	• 학습용구 준비 및 사용요령(적절한 준비, 사용요령 사전지도, 사후처리지도) • 학습자의 자세 및 학습참여(수용적 자세, 성실한 참여, 자진 참여) • 발표력(발표의욕, 발표요령, 발표능력)
④ 지도과정	• 출발점 행동 고르기(출발점 수준 · 개인능력 고려, 배울 내용 제시) • 동기유발 및 문제의식(동기화, 문제해결 촉진, 적절한 방법) • 교재의 특질에 따른 지도 과정(적절한 과정, 계획의 대안, 교재의 특질에 따른 학생활동)
⑤ 학습 형태 및 활동	• 집단화와 개별화의 조화(적절한 인적 구성, 분위기 적응, 개인 학습속도 촉진) • 개인차의 고려(개인 의욕 · 능력, 수용적 개인활동, 저해요인 개선) • 집단학습 구성 및 활용(응집력, 효과적 목표 접근, 협동활동)
⑥ 자료 활용	• 자료의 준비도(색채 · 질량 · 형태, 자료의 효과, 안전성) • 자료의 효율성과 활용도(준비, 효율성, 자료 활용 동기유발) • 학습환경 조성(물리적 환경, 공간 활용, 수업분위기)
⑦ 정리 발전	• 본시학습 내용의 환류 및 정리(학습성취 · 개인차 고려, 강화 정리) • 차시학습 계획 및 발전(학습흥미 유발, 흥미 유발 학습자료, 학습사항 발전 방법) • 예습과제 및 발전과제 제시(능력 · 시간 고려, 적절한 과제)
⑧ 학력 정착	• 형성평가(시기의 적절성, 정확한 측정, 결과 환류) • 학력의 성취도 · 정착도(도달 수준, 성취도 분석, 결과 활용) • 전이가가 높은 지식 및 기능 획득(지식 · 기능의 전이도, 전이 확인)

• 수업연구 과제 또는 수업 개선 과제를 구체화하고, 이의 개괄적이고 잠정적인 해결·개선 방안에 대하여 협의한다.

1-4. 학생·수업에 대한 정보교환

• 수업발표(수업공개)할 교사는 학생들의 학습능력, 학습태도, 학습의욕 등을 비롯한 학생에 대한 제반 사항을 동료교사들에게 설명하고 의견을 교환한다.

• 수업발표(수업공개)를 할 교사는 그간의 수업 진도, 수업 내용, 수업 방법 등을 비롯한 수업에 대한 제반 사항을 동료교사들에게 설명하고 의견을 교환한다. 이와 같이 학생과 수업에 대한 정보와 의견을 교환함으로써 동료교사들은 앞으로 관찰하게 될 학생과 수업에 대한 사전 지식과 이해를 갖게 된다.

2차 협의

1-5. 상호 사전 교재연구

• 1차 협의에서 수업연구 과제 또는 수업 개선 과제가 선정된 이후 이에 대한 해결·개선 방안에 대하여 동료장학에 참여하는 모든 교사는 교재를 연구하고 정보와 아이디어를 수집하여 이를 수업발표(수업공개) 교사에게 제공하거나 상호 간에 의견을 교환하는 활동을 한다.

• 교재연구를 해 나가는 동안에 유익한 정보나 아이디어를 상호 교환하기 위하여 필요한 경우에는 수시로 동료장학에 참여하는 교사들 간에 전체적으로 또는 개별적으로 모임을 가진다.

1-6. 학습지도안 협의·작성

• 동료교사들 간의 의견 교환과 협의를 참고로 하여 수업발표(수업공개) 교사는 학습지

도안을 작성한다. 특히 동학년 교사나 동교과 교사들 간에는 학습지도안을 공동으로 작성함으로써 개개 교사들의 지혜를 모아 보다 바람직한 학습지도안을 개발할 수 있도록 한다. 이때 수업발표(수업공개) 교사의 의견이 존중되는 것을 원칙으로 한다.

- 컴퓨터를 활용하여 학습지도안을 작성함으로써 교사들 간에 상호 열람이나 수정 · 보완 및 관리가 용이하도록 한다.
- 작성된 학습지도안은 수업관찰 단계 이전에 유인물로 만들어서 동료장학에 참여하는 교사들과 필요 시 교장 · 교감을 비롯하여 다른 교사들에게 배포하여 참고자료로 사용하도록 한다.

1-7. 역할분담 · 수업관찰 계획 수립

- 수업발표(수업공개) 교사와 동료교사들은 관찰 내용(무초점 관찰, 초점 관찰), 관찰기록 방법(서술식 기록, 약어부호 사용 기록, 체크리스트 기록, 녹음기 · 캠코더 사용 등), 관찰시기 · 시간, 관찰장소, 관찰위치 등에 관하여 협의한다.
- 수업관찰의 시기는 학습지도안 작성에 필요한 시간적 여유를 포함하여 동료교사들 그리고 학교의 형편 등을 고려하여 2차 협의를 한 후 1~2주 정도 후로 하면 될 것이다.
- 수업관찰을 효율적으로 실시하기 위하여 동료장학에 참여한 교사들은 관찰내용, 관찰기록 방법, 녹음기 · 캠코더의 조정 · 사용 등에 있어서 각자가 담당해야 할 역할을 구분한다. 또한 수업관찰 당일에 필요한 수업환경 조성(녹음기 · 캠코더 등 기자재 준비, 관찰좌석 정비 등)과 관련하여서도 필요한 역할을 분담한다.
- 역할분담 · 수업관찰 계획은 서면으로 정리하여 공동으로 확인하고 수업관찰 시 참고한다.
- 결과 협의에 대한 계획(시간, 장소, 참석자, 절차 및 방법 등)을 논의한다.

> **필요 시 3차 협의**

2단계 **수업관찰**

　　2단계인 수업관찰에서 교사들은 작성된 학습지도안을 다시 한번 확인하여 전개될 수업활동의 전반적인 과정에 대한 이해를 높인다. 그리고 수업발표(수업공개) 교사는 학습지도안에 따라 수업을 실시하고, 수업참관 교사들은 이미 계획된 역할분담에 따른 수업관찰을 실시하여 연구과제 해결 또는 수업 개선을 위한 구체적이고 객관적인 자료를 수집한다. 수업참관 교사들은 수업관찰 결과를 분석·정리하여 차후 결과 협의를 위한 자료를 작성한다. 교장·교감은 필요한 경우에 동료장학의 수업관찰에 참여할 수 있다.

2-1. 학습지도안 확인
- 수업관찰 2~3일 전에 작성된 학습지도안을 유인물로 만들어서 동료장학에 참여하는 교사들과 필요 시 교장·교감을 비롯하여 다른 교사들에게 배포하여 참고자료로 사용하도록 한다.
- 전개될 수업활동의 목표, 내용, 방법 등에 관한 이해를 높이기 위하여 작성된 학습지도안을 다시 확인한다.
- 동료장학에 참여하는 교사들은 계획 수립 단계에서 수립된 역할분담에 따른 수업관찰 계획을 재확인한다.

2-2. 역할분담에 따른 수업관찰
- 수업관찰 계획에 따라 참여하는 교사들은 수업을 관찰·기록한다.

〈관찰 내용〉

(1) 무초점 관찰: 전반적인 사항을 관찰

(2) 초점 관찰: 사전에 합의된 몇 가지 사항을 중점적으로 관찰

〈관찰기록 방법〉 (다음 방법들을 개별적으로 또는 복합적으로 사용)

(1) 관찰된 사항을 서술식으로 기록하는 방법

　　－ 전체적인 기록: 교사와 학생의 모든 언어를 기록

　　－ 부분적인 기록: 특정한 형태의 언어만을 기록(예: 교사의 발문, 교사의 학생에 대한 환류 방법, 교사의 지시와 구조적인 진술 등)

(2) 관찰된 사항을 약어나 부호를 사용하여 기록하는 방법

　　－ 학생들의 과업집중도 기록법: 학생들의 과업집중 형태를 기록

　　－ 교사와 학생들 간의 언어흐름 기록법: 교사와 학생들 간의 언어적 상호작용 형태를 기록

　　－ 교사와 학생들의 움직임 기록법: 교사와 학생들의 수업 중 이동 양식을 기록

　　－ Flanders의 상호작용 분석법: 교사와 학생들 간의 언어적 상호작용 형태를 기록 분석([부록 6-26] 참조)

(3) 관찰된 사항을 체크리스트를 사용하여 기록하는 방법

　　－ 학교 형편에 따라 자체 개발한 다양한 체크리스트를 사용하여 수업관찰 결과를 기록([부록 6-3]~[부록 6-5] 참조)

(4) 녹음기 · 캠코더를 사용하는 방법

　　－ 녹음 · 녹화 내용: · 전체 녹음 · 녹화 － 전체 수업과정을 녹음 · 녹화

　　　　　　　　　　 · 부분 녹음 · 녹화 － 관찰 중점 또는 수업 개선 자료로서 가치 있는 부분을 녹음 · 녹화

　　－ 녹음 · 녹화 담당자: · 장학담당자(캠코더 받침대 설치)

　　　　　　　　　　　 · 교수–학습 이론과 임상장학에 익숙한 교사

　　－ 녹음 · 녹화 자료 활용: · 수업분석의 객관적 근거 자료

　　　　　　　　　　　　 · 교사의 자기수업 반성 자료

　　　　　　　　　　　　 · 자체연수 자료

• 수업관찰 교사들은 계획 수립 단계에서 협의되지 않은 행동은 삼가도록 주의해야 한다. 특히 수업 중에 교사와 학생들에게 불안감, 불쾌감, 심적 부담감을 주는 발언, 신체적 동작, 표정 등은 금물이다.

• 수업관찰 교사들의 관찰기록 행위는 가급적 교사와 학생들의 주의를 끌지 않도록 조

심스럽게 이루어져야 한다.

2-3. 수업관찰 결과 정리

- 수업을 관찰한 교사들은 관찰한 결과를 정리하여 차후 결과 협의에 대비한다(수업참 관록 작성).
- 수업을 관찰한 교사들은 수업연구(수업 개선) 과제와 관련하여 추가적인 정보나 자료 를 준비한다.

3단계   결과 협의

3단계 결과 협의에서는 수업관찰 결과를 중심으로 하여 동료장학에 참여한 교사들 간 에 협동적이고 동료적인 분위기에서 자유로운 논의를 통하여 수업연구 과제의 해결·개 선 또는 수업 개선을 위한 방안을 설정한다. 설정된 방안을 실제 수업에 적용·평가해 보 기 위해 추가적인 수업관찰을 계획하거나, 혹은 설정된 방안을 일반화하기 위한 노력과 교사들 스스로 자기적용·자기평가의 노력을 하도록 한다. 또한 수행된 장학활동의 전체 과정에 대한 반성·평가가 시도된다. 결과 협의는 가능한 한 수업실시·관찰의 기억이 생 생한 수업관찰 당일에 갖도록 한다.

교장과 교감은 결과 협의에 참석하여 동료장학에 참여한 교사들의 협의사항을 청취하 고 적절한 격려와 지도·조언을 제공할 수 있다.

3-1. 수업관찰 결과 논의

- 수업발표(수업공개) 교사는 수업관찰 교사들과 수업관찰 결과에 대한 논의를 시작하 기 전에 먼저 자신의 수업에 대한 개략적인 자기평가를 함으로써 수업관찰 결과 논의 를 위한 의제를 정리해 본다.
- 수업관찰 교사들과 수업발표(수업공개) 교사는 수업관찰 자료(기록물, 녹음 자료, 녹화 자료) 등을 중심으로 상호 협동적이고 동료적인 분위기에서 수업의 만족스러운 점과

개선이 요구되는 점에 관하여 논의한다.

- 보다 많은 환류가 가능하도록 학생들을 대상으로 수업 내용, 수업 방법, 교사의 강의 스타일 등에 관한 의견 조사를 실시할 수도 있다.

3-2. 수업연구 과제 해결 및 수업 개선 방안 설정

- 수업관찰 교사들과 수업발표(수업공개) 교사는 수업연구 과제의 해결·개선 또는 수업 개선을 위한 방안을 설정한다.
- 수업관찰 교사들은 수업연구 과제의 해결·개선 또는 수업 개선과 관련하여 수업발표(수업공개) 교사에게 계속적인 도움을 제공할 수 있는 방법에 대하여 의견을 교환한다.

3-3. 적용 및 평가

- 수업연구 과제의 해결 또는 수업 개선을 위하여 설정된 방안을 실제 수업에 적용·평가해 보기 위하여 가능하면 추가적인 수업관찰을 계획하거나, 혹은 교사 스스로 자기적용·자기평가의 노력(자기장학의 노력)을 하도록 한다.
- 설정된 수업연구 과제 해결 및 수업 개선 방안의 일반화와 전파를 위한 노력(자료 정리·배포, 자체연수 시 발표 또는 각종 교외 연수회·대회 참석 발표 등)과 장학활동의 전체 과정에 대한 평가·반성을 시도한다([부록 6-19], [부록 6-20] 참조).
- 교장·교감은 결과 협의회에 참석하여 동료장학에 참여한 교사들의 협의사항이나 건의사항을 청취하며, 동료장학에 참여한 교사들을 격려·지원하고 필요한 지도·조언을 제공한다.
- 논의된 주요 내용(계획 협의 내용, 수업관찰 결과, 수업연구 과제 해결 방안, 수업 개선 방안, 적용·평가의 계획 및 결과 등)은 서면으로 정리하여 차후 수업 개선이나 장학활동 개선에 참고한다.

3) 협의 중심 동료장학의 모형

협의 중심 동료장학의 모형은 동학년·동교과·동부서 교사 협의회와 부장교사 협의회를 비롯한 다양한 형태의 공식적·비공식적 모임을 통하여 공동 과제나 공동 관심사를 협의·추진하거나, 좋은 지식·기술·정보·아이디어·경험·도움 또는 조언 등을 주고받는 활동을 중심으로 한 동료장학 모형이다.

협의를 중심으로 한 동료장학의 모형은 필요 시에 수차의 협의회를 운영하는 활동으로 구성된다. 제시되는 모형은 학교의 형편과 교사들의 필요와 요구에 따라 융통성 있게 변형하여 사용될 수 있다.

협의중심 동료장학에서 다룰 수 있는 협의주제 영역은 교사의 전문적 발달, 교사의 개인적 발달, 그리고 학교의 조직적 발달 등 전반 영역이다. 수업연구(공개) 중심 동료장학이 교사의 전문적 발달 영역 중 교과지도에 초점이 주어져 있다고 하면, 협의 중심 동료장학은 교과지도 이외에도 교사의 교육철학 및 교직관, 교육목표 및 교육계획, 창의적 체험활동지도, 생활지도, 학급경영, 교육기자재 및 자료 활용, 컴퓨터 활용, 교육연구, 학부모·지역사회 관계, 교육 정보·시사 등 협의 주제가 상당히 다양하다. 학습지도안을 동학년·동교과 교사들이 공동으로 협의하여 제작하는 활동도 협의 중심 동료장학활동으로 볼 수 있다. 뿐만 아니라 교사의 신체적·정서적 건강, 성격 및 취향, 교사의 가정생활 및 사회생활과 관련한 여러 문제 또는 관심사, 교사의 취미나 흥미, 교사의 종교 등을 포함하는 교사의 개인적 발달 영역에 관해서도 동료교사들 간의 공식적·비공식적 접촉을 통하여 서로 도움을 주고받을 수 있다.

학교 경영계획과 학교 경영평가, 학년배당·학급배당·업무배당 등을 포함하는 학교 경영조직, 교직원 간 의사소통과 의사결정, 교직원 간 인간관계, 교직원 인사관리, 학교의 재정·사무·시설 관리, 학교의 제규정, 그리고 학교의 대외적인 관계 등 학교의 조직적 발달 영역의 여러 주제와 관련하여 좋은 지식·기술·정보·아이디어·경험·도움 또는 조언 등을 주고받을 수 있다.

동료장학과 관련하여 교장·교감은 동료교사들 간 각종 공식적·비공식적 협의와 접촉을 조성·지원·격려하고, 교사의 전문적 발달, 개인적 발달, 그리고 학교의 조직적 발달에 긍정적인 방향으로 연결되도록 합리적인 지도성을 발휘해야 한다. 특히 학교 내 동료 교직원들 간 인간관계를 중심으로 형성되어 있는 여러 가지 비공식 조직들에 대한 이해와 이의 효율적인 활용을 위한 노력이 요구된다.

[그림 6-4]는 각종 공식적·비공식적 협의활동을 중심으로 한 협의 중심 동료장학이 가능한 한 '계획 → 실행 → 평가'의 과정을 밟아 이루어지는 것이 필요함을 보여 준다([부록 6-22] 참조).

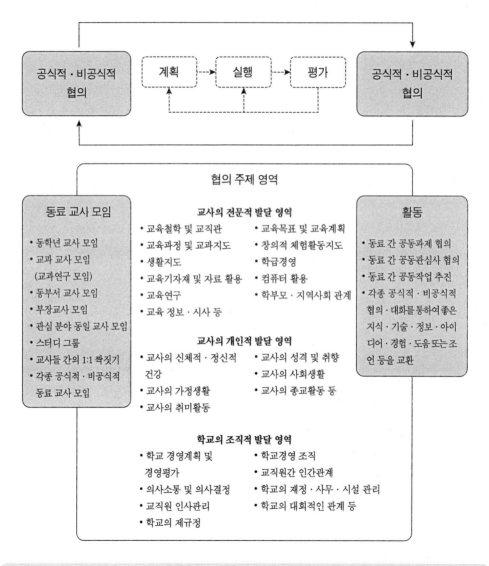

[그림 6-4] 협의 중심 동료장학의 모형

4) 연구과제 중심 동료장학의 모형

연구과제 중심 동료장학의 모형은 특정한 연구과제나 시범과제를 선정하여 관심 있는 동료교사들을 중심으로 공동으로 연구를 수행해 나가거나, 연구 자료나 작품을 공동으로 제작하는 활동을 중심으로 한 동료장학 모형이다.

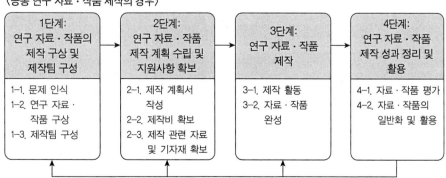

[그림 6-5] 연구과제 중심 동료장학의 모형

5) 일대일 동료장학의 모형

일대일 동료장학의 모형은 경력교사가 초임교사와 1:1로 짝을 이루어 서로 수업을 공개하고 의견을 교환하며, 교육활동 전반에 관하여 도움을 주는 활동(멘토링)을 중심으로 한 동료장학 모형이다. 물론 경력교사들끼리 1:1로 짝을 이루어 동료장학을 할 수도 있다.

초임교사가 교직에 보다 능동적으로 적응하고 유능한 교사로 발전하는 데 교장·교감을 비롯하여 선배교사들의 세밀한 관심과 배려가 필요하다. 초임교사를 위하여 필요한 지도·조언 활동은 대체로 〈표 6-6〉과 같은 것이 있다.

표 6-6   초임교사를 위하여 필요한 지도·조언 활동

① 학교 적응을 위한 학교 소개활동
② 교재연구 및 학습지도안 작성을 위한 지도·조언 활동
③ 선배교사들의 수업에 대한 참관활동
④ 교장·교감·선배교사의 초임교사에 대한 수업참관
⑤ 교육평가에 관한 연수·지도활동
⑥ 생활지도·인성지도에 관한 연수·지도활동
⑦ 담임업무·교무분장 업무 처리 및 주요 규정에 관한 연수·지도활동 등

경력교사와 초임교사 간의 일대일 동료장학의 모형에서 상호 수업 공개·참관 활동의 구체적인 절차는 수업장학의 모형 중에서 임상장학([그림 6-1] 참조)이나 초임교사 대상 수업 관련 지도·조언 활동 모형([그림 6-2] 참조), 동료장학의 모형 중에서 수업연구(공개) 중심 동료장학의 모형([그림 6-3] 참조)을 융통성 있게 조정하여 사용하면 될 것이다. 그리고 상호 협의활동과 각종 상호 지도·조언 활동의 모형은 협의 중심 동료장학의 모형([그림 6-4] 참조)을 활용하면 될 것이다.

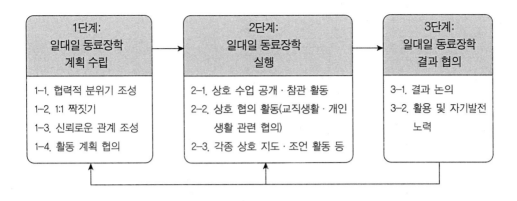

1단계: 일대일 동료장학 계획 수립	2단계: 일대일 동료장학 실행	3단계: 일대일 동료장학 결과 협의
1-1. 협력적 분위기 조성 1-2. 1:1 짝짓기 1-3. 신뢰로운 관계 조성 1-4. 활동 계획 협의	2-1. 상호 수업 공개 · 참관 활동 2-2. 상호 협의 활동(교직생활 · 개인 　　생활 관련 협의) 2-3. 각종 상호 지도 · 조언 활동 등	3-1. 결과 논의 3-2. 활용 및 자기발전 　　노력

[그림 6-6] 일대일 동료장학의 모형

5. 자기장학의 모형

1) 개요

자기장학은 교사 개인이 자신의 전문적 발달을 위해 스스로 체계적인 계획을 세우고 이를 실천하는 활동이다. 교사는 전문직 종사자로서 자기성장과 자기발전 · 자기개발을 위해 끊임없이 노력해야 한다는 점에서도 자기장학의 의미는 크다.

교장 · 교감은 교사들이 일반적으로 자기발전 · 자기개발을 위한 의지와 능력을 가지고 있음을 충분히 이해하고, 이를 격려 · 촉진하기 위하여 필요한 여건 조성과 지원을 아끼지 말아야 할 것이다.

자기장학은 원칙적으로 교사 자신의 필요와 요구를 존중하여 다양한 방법으로 전개되어야 한다. 교장 · 교감의 도움이 없이도 스스로 자신의 전문성 향상을 위하여 노력할 수 있는 능력과 의지가 충분히 있는 교사들에 대해서는 교사 스스로 자율적으로 자기장학을 해 나가도록 유도하는 것이 바람직할 것이다.

자기장학의 영역은 교사의 전문적 발달 영역이 된다. 교사의 담당교과에 대한 수업지도 능력의 제고뿐 아니라, 교사의 교육철학 및 교직관, 교육목표 및 교육계획, 창의적 체험활동지도, 생활지도, 학급경영, 교육기자재 및 자료 활용, 컴퓨터 활용, 교육연구를 포함하는 제반 영역에서의 자기장학은 그 방법에 있어서도 다양하다. 학교현장에서 활용될 수 있는 자기장학의 주요 방법은 다음과 같다.

① 스스로 자신의 수업을 녹음 또는 녹화하고 분석하여 자기반성·자기발전의 자료로 삼는 방법([부록 6-1], [부록 6-2], [부록 6-25] 참조)

② 스스로 교사평가 체크리스트를 이용해 자신의 교육활동을 평가·분석하여 자기반성·자기 발전의 자료로 삼는 방법([부록 6-6], [부록 6-7] 참조)

③ 자신의 수업이나 창의적 체험활동지도, 생활지도, 학급경영 등에 관련해 학생들과의 면담이나 학생들을 대상으로 한 의견조사를 통해 자기반성·자기발전의 자료를 수집하는 방법([부록 6-8]~[부록 6-10] 참조)

④ 1인 1과제연구 혹은 개인(현장)연구 등을 통해 자기발전을 도모하는 방법

⑤ 교직활동에 관련된 전문 서적이나 전문자료를 탐독·활용하여 자기발전의 자료로 삼는 방법

⑥ 전공교과 영역, 교육학 영역, 관련 영역에서 대학원 수강을 통해 자기발전을 도모하는 방법

⑦ 교직전문단체, 연구기관, 학술단체, 대학, 관련 사회기관이나 단체 등 전문기관을 방문하거나 전문가와의 면담을 통해 자기발전의 자료를 수집하는 방법

⑧ 교육활동에 관련되는 현장에 대한 방문이나 견학 등을 통해 자기발전의 자료를 수집하는 방법

⑨ 각종 연수회, 교과연구회, 학술발표회, 강연회, 시범수업 공개회 등에 참석하거나 학교 상호 방문 프로그램에 참여하여 자기발전을 도모하는 방법

⑩ 교직생활, 사회생활, 가정생활에 도움이 되는 각종 사회교육기관이나 단체에서 제공하는 프로그램이나 강좌 등을 통해 자기발전을 도모하는 방법

⑪ 인터넷이나 대중매체를 이용해 각종 교육 관련 기관·단체 등에서 자기발전의 정보·자료를 검색·수집하는 방법

이와 같은 대표적인 자기장학 방법은 교사들의 요구와 필요 또는 근무하고 있는 학교의 형편에 따라 개별적으로 또는 복합적으로 사용될 수 있다.

교사는 자신의 발전을 위하여 외부의 간섭이나 통제 없이 스스로 계획을 세우고, 이를 실천에 옮기며, 그 결과에 대하여 자기반성과 자기수정을 게을리하지 않는 전문직 종사자

로서의 바람직한 모습을 추구해 나가야 할 것이다. 교사들은 교직에서의 경험이 많아짐에 따라 정도의 차이는 있을지 모르나 모두 궁극적으로 자기장학자로서의 역할과 책임을 담당할 의무와 권리를 가지고 있다고 하겠다.

　　교장과 교감은 교사들의 자기장학을 위한 노력을 효과적으로 그리고 지속적으로 유발·촉진할 수 있도록 지원·격려해 주며, 필요 시 교사들이 원하는 지도·조언을 제공하여야 할 것이다. 종합해 볼 때, 자기장학의 중요 특징은 다음과 같이 정리된다.

- 교사 자신의 자율성과 자기발전 의지 및 능력을 기초로 한다.
- 제반 전문적 영역에서의 교사 자신의 성장·발달을 도모한다.
- 원칙적으로 교사 자신이 스스로 계획을 세우고 이를 실천하며, 그 결과에 대하여 자기반성을 하는 활동이다.

2) 자기장학의 모형

　　[그림 6-7]과 같이 **자기장학의 모형**을 ① 자기장학의 계획 수립 단계, ② 자기장학의 실행 단계, ③ 자기장학의 결과 협의 단계로 구성한다. 자기장학은 개개 교사 자신의 주도하에 진행되는 것이 원칙이다.

　　그러나 교사의 성공적인 자기장학을 위해서는 단위학교에서 교내 자율장학의 책임자인 교장이나 교감이 교사의 자기장학을 지원·격려하고 필요한 조언이나 정보를 제공하는 역할을 수행하여야 한다.

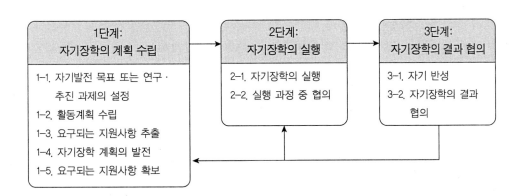

[그림 6-7] 자기장학의 모형

따라서 자기장학에 있어 교사 자신의 자발성을 존중하되, 필요한 경우 교장과 교감의 적절한 지도성 발휘가 요망된다는 것을 전제로 자기장학의 모형을 구성한다.

1단계　자기장학의 계획 수립

1단계인 자기장학의 계획 수립에서는 교사가 자신의 필요와 요구에 기초해 독립적으로 제반 전문적 영역에서의 자기발전의 목표 또는 자기발전을 위한 연구과제나 추진과제를 설정하고, 이의 달성·해결을 위한 수단과 방법 및 일정을 포함한 구체적인 활동계획을 수립한다. 또한 자기장학을 보다 효과적으로 실천하기 위해서 요구되는 지원사항을 추출·확인한다.

교사가 나름대로 자기장학의 계획을 수립한 후에는, 교장이나 교감과의 협의를 통하여 자기장학의 계획을 보완·발전시키며, 성공적인 자기장학을 위하여 요구되는 지원 사항을 확보하도록 노력한다.

1-1. 자기발전 목표 또는 연구·추진 과제의 선정

- 교사 스스로 교사의 전문적 발달 영역에 있어 일정 기간(1학기 또는 1년 기간) 동안 자기발전의 목표 또는 연구·추진 과제를 선정한다. 이를 위하여 스스로 자신의 장단점을 분석해 보고, 향후 자기발전의 목표 또는 연구·추진 과제를 포함하여 자기발전의 방향을 생각해 본다. 자기발전의 목표 또는 연구·추진 과제의 수는 실천가능한 수준으로 최소화하는 것이 바람직하다.
- 교사는 교과지도 또는 교육활동 전반에 관련한 자기발전의 목표 혹은 연구·추진 과제를 선정하기 위하여 수업활동이나 교육활동 전반에 대한 자기 진단평가를 실시할 수 있다([부록 6-7], [부록 6-8] 참조).

표 6-7 자기발전 목표(연구 · 추진 과제)의 선정을 위한 자기 분석

교사의 전문적 발달 영역	자신의 장단점 진단	향후 자기발전의 목표 또는 연구 · 추진 과제 기술	비고
교육철학 및 교직관			
교육목표 및 교육계획			
교육과정 및 교과지도			• 영역은 자신에게 가장 중요하다고 판단되는 1~2개로 최소화함
창의적 체험활동지도			
생활지도			
학급경영			
교육기자재 및 자료 활용			• 자기발전의 목표 또는 연구과제의 수도 실천 가능한 1~2개로 최소화함
컴퓨터 활용			
교육연구			
학부모 · 지역사회관계			
교육 정보 · 시사			

표 6-8 자기 진단평가의 영역(예시) ([부록 6-1] 참조)

① 교재 연구	• 교재연구의 심도(다양한 연구 방법, 충실한 연구, 학생능력 고려, 학습의 계열화, 학급실정 고려) • 수업안 작성체제 및 내용(학습의 계열화, 학급실정 · 교재의 특질 고려) • 본시의 전개안(구체적 목표 진술, 적절한 시간 배분, 효과적 목표 성취)
② 기본 교수법	• 교사의 태도(적절한 언어와 자세, 안정감) • 교사의 지도력(간명한 설명, 적극성 유발 발문, 효과적 시범) • 판서의 요령(바른 필체, 사전 계획, 구조화)
③ 기본 학습법	• 학습용구 준비 및 사용요령(적절한 준비, 사용요령 사전지도, 사후처리지도) • 학습자의 자세 및 학습참여(수용적 자세, 성실한 참여, 자진 참여) • 발표력(발표의욕, 발표요령, 발표능력)
④ 지도과정	• 출발점 행동 고르기(출발점 수준 · 개인능력 고려, 배울 내용 제시) • 동기유발 및 문제의식(동기화, 문제해결 촉진, 적절한 방법) • 교재의 특질에 따른 지도 과정(적절한 과정, 계획의 대안, 교재의 특질에 따른 학생 활동)
⑤ 학습 형태 및 활동	• 집단화와 개별화의 조화(적절한 인적 구성, 분위기 적응, 개인 학습속도 촉진) • 개인차의 고려(개인 의욕 · 능력, 수용적 개인활동, 저해요인 개선) • 집단학습 구성 및 활용(응집력, 효과적 목표 접근, 협동활동)

⑥ 자료 활용	• 자료의 준비도(색채 · 질량 · 형태, 자료의 효과, 안전성) • 자료의 효율성과 활용도(준비, 효율성, 자료 활용 동기유발) • 학습환경 조성(물리적 환경, 공간 활용, 수업분위기)
⑦ 정리 발전	• 본시학습 내용의 환류 및 정리(학습성취 · 개인차 고려, 강화 정리) • 차시학습 계획 및 발전(학습흥미 유발, 흥미 유발 학습자료, 학습사항 발전 방법) • 예습과제 및 발전과제 제시(능력 · 시간 고려, 적절한 과제)
⑧ 학력 정착	• 형성평가(시기의 적절성, 정확한 측정, 결과 환류) • 학력의 성취도 · 정착도(도달 수준, 성취도 분석, 결과 활용) • 전이가가 높은 지식 및 기능 획득(지식 · 기능의 전이도, 전이 확인)

1-2. 활동계획 수립

• 설정된 자기발전의 목표 혹은 연구 · 추진 과제를 달성 · 해결하기 위하여 요구되는 수단과 방법 및 일정 등을 포함한 구체적인 활동계획을 수립한다.

• 자기장학의 주요 방법은 대체로 다음과 같으며, 교사의 필요와 요구, 그리고 학교의 형편에 따라서 이들을 개별적으로 또는 복합적으로 활용한다.

〈자기장학의 주요 방법〉

① 스스로 자신의 수업을 녹음 또는 녹화하고 분석하여 자기반성 · 자기발전의 자료로 삼는 방법([부록 6-1], [부록 6-2], [부록 6-2] 참조)

② 스스로 교사평가체크리스트를 이용해 자신의 교육활동을 평가 · 분석하여 자기반성 · 자기발전의 자료로 삼는 방법([부록 6-6], [부록 6-7] 참조)

③ 자신의 수업이나 창의적 체험활동지도, 생활지도, 학급경영 등에 관련해 학생들과의 면담이나 학생들을 대상으로 한 의견조사를 통해 자기반성 · 자기발전의 자료를 수집하는 방법([부록 6-8]~[부록 6-10] 참조)

④ 1인 1과제연구 혹은 개인(현장)연구 등을 통해 자기발전을 도모하는 방법

⑤ 교직활동에 관련된 전문 서적이나 전문자료를 탐독 · 활용하여 자기발전의 자료로 삼는 방법

⑥ 전공교과 영역, 교육학 영역, 관련 영역에서 대학원 수강을 통해 자기발전을 도모하는 방법

⑦ 교직전문단체, 연구기관, 학술단체, 대학, 관련 사회기관이나 단체 등 전문기관을 방문하거나 전문가와의 면담을 통해 자기발전의 자료를 수집하는 방법

⑧ 교육활동에 관련되는 현장에 대한 방문이나 견학 등을 통해 자기발전의 자료를 수집하는 방법

⑨ 각종 연수회, 교과연구회, 학술발표회, 강연회, 시범수업 공개회 등에 참석하거나 학교 상호방문 프로그램에 참여하여 자기발전을 도모하는 방법

⑩ 교직생활, 사회생활, 가정생활에 도움이 되는 각종 사회교육기관이나 단체에서 제공하는 프로그램이나 강좌 등을 통해 자기발전을 도모하는 방법

⑪ 인터넷이나 대중매체를 이용해 각종 교육 관련 기관·단체 등에서 자기발전의 정보·자료를 검색·수집하는 방법

• 정해진 자기장학 기간(1학기 또는 1년 기간) 동안 수행해야 할 활동의 계획을 월별 또는 주별로 구체화한다.

• 자기발전의 목표 달성 여부 혹은 연구·추진 과제의 해결 여부를 평가할 수 있는 기준 또는 방법을 구안한다.

표 6-9 **자기장학의 활동 계획(예시)([부록 6-12])**

교사의 전문적 발달 영역	자기발전 목표 또는 연구·추진 과제	자기장학의 활동 계획 (기간: ~)	
		자기장학의 방법	월별·주별 활동 계획
• 교육철학 및 교직관 • 교육목표 및 교육계획 • 교육과정 및 교과지도 • 창의적 체험활동지도 • 생활지도 • 학급경영 • 교육기자재 및 자료 활용 • 컴퓨터 활용 • 교육연구 • 학부모·지역사회관계 • 교육 정보·시사			

1-3. 요구되는 지원사항 추출

- 설정된 자기발전의 목표 혹은 연구ㆍ추진 과제를 달성ㆍ해결하기 위하여 교장ㆍ교감으로부터 지원을 받기 원하는 기자재, 도구, 서적, 자료, 정보, 비용, 그리고 시간적 도움을 구체화한다.
- 자기장학에 관한 계획은 서면으로 작성하여 교장이나 교감과 협의 시, 그리고 자기장학의 실천 및 자기반성 시 참고하도록 한다.

1-4. 자기장학 계획의 발전

- 교사와 교장ㆍ교감은 교사가 설정한 자기발전의 목표 또는 연구ㆍ추진 과제, 그리고 이의 달성ㆍ해결을 위한 구체적인 활동계획에 대한 이해를 상호 공유하고, 좋은 아이디어나 정보를 교환하여 자기장학 계획을 보완ㆍ발전시킨다.
- 교사가 현장연구를 하거나 대학원에서 학위논문을 쓰는 경우 현장연구나 학위논문을 완성한 후 자체연수 시 그 내용을 발표하도록 권장하고 지원한다.

1-5. 요구되는 지원사항 확보

- 교장ㆍ교감은 가능한 한 교사가 자기장학을 위하여 필요로 하는 녹음ㆍ녹화 기자재, 전문 서적ㆍ자료, 정보, 그리고 경제적 지원과 시간적 지원(수업부담 경감, 시간표 조정)을 확보ㆍ제공한다.
- 교사가 대학원 과정(4년제 대학과정 포함)의 수강을 통하여 자기발전을 도모하고자 하는 경우, 교육활동에 지장이 없는 범위에서 교장ㆍ교감은 이를 격려ㆍ지원하고, 가능한 한 수업부담 경감이나 수업시간표 조정 등을 통해 필요한 시간적 여유를 확보하도록 배려한다.

2단계 | **자기장학의 실행**

2단계인 자기장학의 실행에서는 수립된 계획에 따라 일정 기간 동안 자기장학활동을 실행해 나간다. 자기장학을 실행해 나가는 과정 중에도 필요한 경우에는 수시로 교장·교감과 협의를 갖는다.

2-1. 자기장학의 실행

- 교사는 정해진 기간 동안(1학기 또는 1년간) 수립된 월별 또는 주별 계획에 따라서 자기장학활동을 전개한다.

- 수업지도와 직접 관련된 영역(예: 교사의 언어, 자세, 동기유발, 설명, 지시, 발문, 환류, 판서 등을 포함한 제반 영역)에서 자기발전의 목표달성 또는 연구·추진 과제의 해결을 위해 자기장학을 하는 경우에는 자기장학 초기에 자신의 수업을 녹음·녹화하여 분석해 보고, 이를 토대로 계속적인 자기발전의 노력을 경주하며, 정기적으로 자신의 수업을 녹음·녹화하여 분석해 봄으로써 자기장학 초기와 비교하여 자기발전의 정도를 확인할 수도 있다.

- 자기수업을 녹화한 비디오 테이프를 이용하여 자기분석을 하는 경우에는 녹음과 화면을 동시에 틀어 놓고 수업을 분석해 볼 뿐만 아니라, 녹음을 끄고 화면만을 이용하여 비언어적 행동만을, 그리고 화면을 끄고 녹음만을 이용하여 언어적 행동만을 따로따로 분석해 보면 자기발전을 위한 보다 유익한 정보를 얻을 수 있다([부록 6-26] 참조).

- 연구과제의 해결을 위해 자기장학을 실시하는 경우에는 선정된 과제와 관련하여 전문 서적·자료 탐독, 전문 단체·기관 방문 및 전문가 면담, 각종 연수·모임 참석 등을 통하여 얻어진 아이디어나 정보를 기초로 연구·추진 과제의 해결에 관한 보고서를 작성할 수 있다.

2-2. 실행 과정 중 협의

- 교사는 자기장학을 실행해 가는 과정 중에 처음에 세웠던 자기장학 계획을 수정해야 할 필요성이 생기거나, 지원이나 도움이 요구되는 경우에는 교장·교감과 협의를 갖는다.
- 교장·교감은 교사가 자기장학을 실천해 나가는 과정에서 지원이나 도움을 필요로 하는 경우에는 수시로 협의를 요청할 수 있도록 지원적인 분위기를 조성해 주어야 한다.

3단계 ▸ 자기장학의 결과 협의

3단계인 자기장학의 결과 협의에서는 우선 교사가 실천한 자기장학의 과정과 결과에 대하여 교사 스스로 분석·반성해 보는 활동이 이루어진다. 그리고 교사와 교장·교감 간에 협의를 통하여 교사의 자기장학활동의 과정과 결과에 대한 상호 이해를 높이고, 교사의 계속적인 자기장학 노력을 유도·격려한다. 자기장학을 통하여 얻어진 유익한 아이디어나 정보를 일반화하거나 동료교사들에게 전파하기 위한 노력과 자기장학의 발전을 위한 반성·평가도 시도된다.

3-1. 자기 반성

- 학기말·학년말 또는 계획된 시기에 자기장학을 실천한 결과로서 자기발전 목표의 달성 또는 연구·추진 과제의 해결 여부를 스스로 반성·평가해 본다.
- 자기장학의 실천 과정 및 결과, 자기 반성·평가의 내용, 향후 과제 또는 건의사항 등을 서면으로 정리해 교장·교감과의 협의를 위한 자료로 활용한다.

표 6–10 　자기장학활동에 대한 자기반성([부록 6–13])

작성일: _____　　　　　　　　　　　이름: _____

자기장학의 영역	자기발전 목표 또는 연구·추진 과제	자기장학의 활동 과정 (기간: ～)		자기반성
		자기장학의 방법	월별·주별 활동 과정	
				발전목표(연구·추진 과제) 달성도: 잘된 점: 개선할 점: 향후과제·건의사항:

3-2. 자기장학의 결과 협의

• 허용적이고 자유로운 분위기 속에서 교장·교감과 교사는 교사가 수행한 자기장학을 통한 자기발전 목표의 달성 여부 또는 연구과제의 해결 여부를 비롯하여, 자기장학의 전반적인 과정과 결과에 대하여 만족스러웠던 점이나 개선이 요구되는 점, 향후 과제 또는 건의사항 등에 관하여 의견을 교환한다.

• 교장·교감은 교사의 자기장학 실천을 위한 자율성과 자기발전의 의지 및 능력을 격려하고, 계속적인 자기장학을 위한 노력을 유도·지원한다.

• 교사가 실천한 자기장학을 통하여 얻어진 유익한 아이디어나 정보 또는 작성된 보고서는 정리·배포, 자체연수 시 발표, 또는 각종 교외 연수회·대회 참석 발표 등을 통하여 일반화하거나 동료교사들에게 전파하도록 한다.

• 자기장학의 발전을 위한 반성·평가가 시도된다([부록 6–22] 참조). 협의된 주요 내용 또는 반성·평가된 내용은 서면으로 정리하여 차후 교사 개인과 학교 자체의 효과적인 자기장학의 실천을 위한 참고자료로 활용한다.

6. 약식장학(일상장학)의 모형

1) 개요

약식장학은 교장·교감이 간헐적으로 짧은 시간 동안 학급순시나 수업참관을 통하여 교사들의 수업활동과 학급경영 활동을 관찰하고 이에 대하여 교사들에게 지도·조언을 제공하는 활동을 의미한다. 이러한 활동은 교장·교감이 개략적인 절차에 따라 수행하는 활동이라는 점에서 약식장학으로 칭하거나, 교장·교감이 일상적으로 수행하는 활동이라는 점에서 일상장학이라고 칭할 수도 있다. 이러한 약식장학은 비공식적인 성격이 강한 활동으로서 다른 형태의 장학에 대하여 보완적이고 대안적인 성격을 갖는다.

교장·교감은 단위학교의 교무를 통할하고 소속 교직원을 지도·감독하며 학생 교육에 대하여 최종적으로 책임을 지는 위치에 있을 뿐 아니라(「초·중등교육법」 제20조), 선배교사로서 교사들을 대상으로 적절히 지도·조언 활동을 수행해야 할 책무성과 당위성이 있는 것이다.

약식장학(일상장학) 활동은 필요성이 크다. 첫째, 교장·교감이 수행하는 수업참관이나 학급순시를 중심으로 한 약식장학은 교사들의 수업활동과 학급경영 활동을 포함하여 학교교육 및 학교경영의 전반에 관련하여 이의 개선을 위한 교장·교감의 적극적인 의지와 노력, 그리고 지도성의 좋은 표현방식이 된다. 둘째, 약식장학을 통하여 교장·교감은 교사들의 미리 준비한 수업활동이나 학급경영 활동이 아닌 평상시의 자연스러운 수업활동이나 학급경영 활동을 관찰할 수 있으며, 이에 대하여 의미 있는 지도·조언을 제공할 수 있다. 셋째, 약식장학을 통하여 교장·교감은 학교교육, 학교경영, 그리고 학교풍토 등 전반 영역에 걸쳐 학교를 전체적으로 파악하는 데 필요한 정보를 수집할 수 있다.

약식장학은 학교교육의 발전을 위해 중요한 의미를 지닌다. 그러나 교사들이 교장·교감이 실시하는 약식장학을 부담스러워하는 것이 현실이다. 이는 수업참관이나 학급순시의 취지나 방법·절차와 관련하여 교장·교감 그리고 교사들의 상호 이해 부족에서 비롯되는 듯하다.

교장·교감이 효과적으로 수업참관이나 학급순시를 실시하기 위해서는 적절한 노력이 요구된다. 첫째, 교장·교감은 학교교육의 발전을 위하여 수업참관과 학급순시를 적절히 활용해야 할 필요성이 있음을 인식하고 이를 수행하고자 하는 강한 의지를 가져야 할 것이다. 교장·교감이 주어진 법이나 규정에 따라 학교의 인원·재정·시설·사무를 유지·관리하는 수준에서의 관리지도성(managerial leadership)뿐 아니라, 학교가 성취하고자 하는 목표, 학교가 수행하는 가장 중요한 활동이 되는 수업활동과 교육활동에 대하여, 교사들에게 지식, 경험, 정보를 나누어 주며 필요한 지도·조언을 제공하는 차원에서의 수업지도성(instructional leadership)을 발휘해야 한다.

둘째, 교장·교감은 평상시에 교사들로부터 전문적인 권위와 인간적인 권위를 얻도록 부단히 노력하여야 한다. 교장과 교감이 교사들로부터 인정받게 되는 권위의 종류는 대체로 법적(지위) 권위[legal(status) authority], 전문적 권위(professional authority), 인간적 권위(personal authority) 등의 3가지로 구분된다. 법적(지위) 권위는 교장·교감이라는 지위에 법적으로 부여된 교무통할권, 교직원 지도·감독권, 학생교육권(「초·중등교육법」 제20조)에 기초하여 교장·교감이 갖게 되는 권위를 의미한다. 교장·교감의 약식장학이 교사들로부터 부정적으로 인식되는 이유는 그러한 활동이 교장·교감의 법적(지위) 권위에 기초하여 수행되고 있다고 교사들이 인식하기 때문인 듯하다. 교장·교감은 효과적인 수업참관을 위하여 충분한 수준의 전문적 권위와 인간적 권위를 평상시에 꾸준히 쌓아두는 일이 필요하다. 전문적 권위는 오랜 기간의 교직생활이나 연구활동, 그리고 자기발전을 위한 연찬활동 등을 통하여 수업활동·교육활동에 관해 남보다 많은 지식, 경험, 능력, 업적을 갖고 있음을 교사들로부터 인정받을 때 생기는 권위이다. 인간적 권위는 교장·교감이 좋은 인간관리 기술이나 능력을 갖고 있거나 훌륭한 인격을 갖추고 있을 때 교사들로부터 인정받는 권위이다. 교사들과 친밀하고 따뜻한 인간관계를 맺고 즐겁고 명확하게 의사소통이나 대화를 유지해 나가는 기술이나 능력을 갖추기 위해 노력해야 한다.

셋째, 교장·교감은 진심으로 교사들을 돕고자 하는 마음가짐으로 조심스럽게 약식장학에 임해야 하며, 그러한 인상을 교사들에게 전달하도록 노력해야 할 것이다. 교장·교감은 약식장학에 임하기 전에 교사들에게 그들이 교사들의 수업활동·교육활동을 도와주려고 하는 의도에서 약식장학을 한다는 점을 이해시켜야 한다. 약식장학을 할 때는 가능한 한 수업활동의 본질적인 면에 주의를 쏟고, 지엽적이며 사소한 문제를 지적하는 것은 피해야 할 것이다. 약식장학을 위해 교장·교감은 사전에 계획을 세우고, 교사들과 약식장학의 시기나 방법 등을 포함하여 필요한 수준에서 대화를 갖는 일이 요구된다. 교사들에게 교장·교감이 교사들의 입장을 존중하면서 조심스럽게 약식장학에 임하고 있다는 인상을 심어 주는 일은 성공적인 약식장학을 위해 하나의 필요조건이 된다.

종합해 볼 때, 일반적인 약식장학의 주요 특징은 다음과 같이 정리된다.

- 원칙적으로 단위학교의 교내 자율장학의 책임자인 교장이나 교감의 계획과 주도하에 전개된다.
- 간헐적이고 짧은 시간 동안의 학급순시나 수업참관을 중심활동으로 한다.
- 다른 장학 형태에 대하여 보완적이고 대안적인 성격을 갖는다.

2) 약식장학의 모형

[그림 6-8]과 같이 **약식장학의 모형**을 ① 약식장학의 계획 수립 단계, ② 약식장학의 실행 단계, ③ 약식장학의 결과 협의 단계로 구성한다. 약식장학은 원칙적으로 교장과 교감의 계획과 주도하에 진행되는 관계로 약식장학의 전체 과정에서 교장과 교감 간의 협력과 적절한 역할 분담이 필요하다.

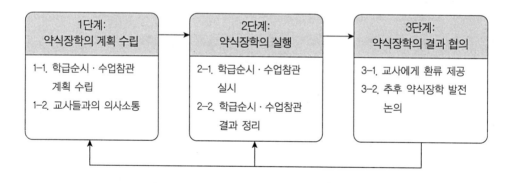

[그림 6-8] 약식장학의 모형

1단계	**약식장학의 계획 수립**

1단계인 약식장학의 계획 수립에서 교장과 교감은 가능한 한 공동으로 전체 교사를 대상으로 하여 학급순시나 수업참관을 위한 계획을 수립한다. 그리고 전체 교사들로 하여금 약식장학에 대한 이해를 높이며, 수립된 학급순시·수업참관 계획을 전달·이해시키기 위하여 교사들과 대화를 갖는다.

1-1. 학급순시·수업참관 계획 수립

- 교장과 교감은 가능한 한 공동으로 학급순시·수업참관을 위한 대상 교사 및 학급, 시간과 일정, 관찰 중점사항 등을 포함하는 개괄적인 계획을 수립한다.
- 동일 교사에 대한 학급순시나 수업참관이 교장과 교감 간에 필요 이상으로 중복되지 않도록 한다. 교장과 교감이 서로 중복되지 않도록 일정을 조정하여 각기 일정 기간(대체로 주 단위)에 학년별로 또는 교과별로 해당 학급 혹은 교사들을 대상으로 학급순시·수업참관을 할 수 있을 것이다.

표 6-11 약식장학 일정(예시)

일정	교장	교감	비고
1주	약식장학 대상 학급/교사 선정 및 교사들과 대화		• 초등학교와 중등학교 각기 학교 형편에 따라 학년별 또는 교과별 요인을 고려하여 다양한 방법으로 중복되지 않도록 교장과 교감이 약식장학 일정을 수립함 • 교장과 교감이 단순히 복도를 순회하면서 모든 학급을 관찰하는 것은 일상적으로 함 특이한 사항이 관찰되거나 필요하다고 판단되는 경우에는 학급에 입실하여 지도·조언함
	1학년 학급/교사 (또는 국어과 교사)		
2주		2학년 학급/교사 (또는 외국어과 교사)	
3주	3학년 학급/교사 (또는 수학과 교사)		
4주		4학년 학급/교사 (또는 사회과 교사)	
	약식장학 결과 협의 및 추후 계획 수립		

1-2. 교사들과의 의사소통

- 교장과 교감은 전체 교사를 대상으로 하여 평상시에 자체연수를 통하여 교사들로 하여금 교내 자율장학과 약식장학의 개념, 영역, 형태, 방법 등에 관하여 충분한 이해를 갖도록 한다. 특히 약식장학의 의미와 방법에 대하여 충분한 오리엔테이션을 실시하여 교사들의 약식장학에 대한 이해를 높이고 불필요한 부담감이나 오해가 없도록 한다.

- 교장과 교감은 수립된 학급순시·수업참관에 관한 개괄적 계획을 해당 교사들에게 전달하고 교사들이 궁금해하는 사항에 관하여 대화를 갖는다. 학급순시·수업참관이 학년 단위 혹은 교과 단위로 이루어지는 경우, 동학년협의회 혹은 동교과협의회 시간을 이용하여 교사들과 대화를 나누어도 좋을 것이다.

- 교사들과의 대화는 가능한 한 쾌적하고 안락한 장소(가칭: 자율장학 협의실)에서 갖는 것이 좋을 것이다. 이때 학급순시·수업참관 대상 교사들로부터 건설적인 의견이나 제안이 있으면 이를 참고하여 이미 수립된 학급순시·수업참관 계획을 수정할 수도 있다.

표 6-12 교장·교감의 약식장학 계획에 관한 교사들과의 의사소통(예시)

"……다음 주 화요일에서 목요일 기간 중에 오후 6~7교시 수업시간에 교장이나 교감이 2학년 담당 교사(혹은 외국어 담당 교사)들을 대상으로 학급순시·수업참관을 할 계획입니다. 교실에 출입할 수 있도록 교실 뒷문을 약간 열어 놓고 수업하기 바랍니다……."

- 교장과 교감은 계획된 기간 중에 수업을 방해하지 않고서 교실에 출입할 수 있는 조치(예: 교실 뒷문 개방 등)에 대하여 교사들의 사전 협조를 구한다.

2단계 **약식장학의 실행**

2단계인 약식장학의 실행에서 교장과 교감은 수립된 계획에 따라 학급순시·수업참관을 실시하여 교사들의 수업활동과 학급경영 활동의 현황 및 개선을 위한 자료, 학교경영 전반 영역의 운영 현황 및 개선을 위한 자료를 수집한다. 그리고 수집된 자료를 분석 · 정리하여 결과 협의를 준비한다.

2-1. 학급순시 · 수업참관 실시

- 교장과 교감은 수립된 계획에 따라 선정된 교사나 학급을 대상으로 학급순시 · 수업참관을 실시한다. 단위학교에서 교장 · 교감이 약식장학을 실시하고자 하는 경우, 학급순시 · 수업참관에 대한 교사들의 부담감과 거부감이 있을 것으로 보인다. 따라서 약식장학 실시 초기에는 가능한 한 2~3분 정도의 짧은 시간 동안 학급순시 · 수업참관을 하며 점차적으로 시간을 늘려 가는 것이 좋을 것이다. 이와 같은 방법으로 교사들로 하여금 교장과 교감이 실시하는 약식장학에 대한 부담감과 거부감을 서서히 완화시켜 갈 수 있을 것이다. 약식장학에 대해 교사들의 불안감이나 거부감이 완화되고 이해가 높아지게 되는 경우, 학급순시 · 수업참관은 대략 5~6분 정도가 적절하나, 학교 형편에 따라서 시간을 융통성 있게 조절할 수 있다.

- 교장과 교감은 기본 교수법(교사의 태도, 교사의 지도력, 판서의 요령 등), 기본 학습법, 지도 과정, 학습형태 및 활동, 자료활용, 정리 · 발전, 학력 정착 교과지도의 여러 요소 또는 학급경영 · 관리 상태와 관련하여 좋은 점이나 개선이 요구되는 점에 관한 자료를 수집한다([부록 6-1], [부록 6-2] 참조).

- 교장과 교감은 교실에 출입할 때 진행 중인 수업에 방해가 되지 않도록 각별히 주의한다. 또한 교장과 교감은 수업 중인 교사와 학생들에게 불안감, 불쾌감, 심적 부담감을 주는 발언, 신체적 동작, 표정 등은 삼가야 한다.

- 교장과 교감은 학급순시 · 수업참관 중에 관찰된 사항들을 그 자리에서 기록하기보다는 잘 기억하고 있다가 교실을 나온 후에 기록하도록 한다. 교실에서 기록을 하는 경우 교사에게 심적인 부담감을 줄 수도 있기 때문이다. 그러나 불가피한 경우에는 간단한 기록을 할 수도 있으나, 이러한 기록 행동은 가급적 교사와 학생들의 주의를 끌지 않도록 조심스럽게 이루어져야 한다.

- 학급순시 · 수업참관을 끝내고 교실을 떠날 때 교사에게 교실방문 기회와 교사의 수업활동 노고에 대해 격려를 표시하는 간단한 비언어적 신호(예: 손을 들어 주기, 미소를 지으며 간단한 목례하기 등)를 보내는 것이 필요하다.

2-2. 학급순시 · 수업참관 결과 정리

- 교장이나 교감은 학급순시 · 수업참관을 끝낸 후 가급적 참관한 수업에 대한 기억이 생생할 때 관찰한 사항을 간단히 기록하여 놓도록 한다.

- 기록은 적절한 크기의 카드를 활용하여 참관대상 교사, 참관 학급과 교과, 참관 일시, 학급순시 및 수업참관 시 관찰한 내용에 대한 의견, 좋았다고 생각되는 점, 개선이 요구되는 점 등을 기록하면 좋을 것이다.

- 학급순시 · 수업참관에 대한 기록은 교사에 대한 환류 또는 지도 · 조언의 제공을 위한 기초 자료로 활용할 뿐 아니라, 종합적으로 학교교육과 학교경영 활동의 개선을 위한 자료로 활용한다.

표 6-13   약식장학 카드([부록 6-13])

참관 대상 교사		참관 학급		참관 일시	년 월 일 요일 교시	참관자	
		참관 교과					

1. 관찰 내용   간단한 의견이나 평점 기재
〈수업참관 시〉
① 학습 목표는 잘 제시되었는가?   -----------
② 교사의 수업 준비는 잘되었는가?   -----------
③ 학생들과의 상호작용은 잘되고 있는가?   -----------
④ 자료의 선택 및 활용은 적절한가?   -----------
⑤ 판서는 적절한가?   -----------
⑥ 교사의 언어, 발문, 태도는 적절한가?   -----------
⑦ 학습 환경 및 학습 분위기는 좋은가?   -----------

〈학급순시 시〉
① 담임교사의 임장지도는 잘 이루어지고 있는가?   -----------
② 교실내 환경구성은 학생들에게 적절한가?   -----------
③ 학급내 시설이나 비품은 잘 유지 · 관리되고 있는가?   -----------
④ 학생들의 용의와 실내 생활태도는 좋은가?   -----------

2. 좋은 점	
3. 개선할 점	

3단계　약식장학의 결과 협의

3단계 약식장학 결과 협의에서는 교장과 교감이 학급순시 · 수업참관의 결과를 토대로 교사에게 적절한 지도 · 조언을 제공한다. 또한 얻어진 자료 · 정보를 활용하여 학교교육 및 학교경영의 개선을 위한 유익한 아이디어를 추출해 낸다.

3-1. 교사에게 환류 제공

- 교장과 교감은 점심시간이나 방과 후 또는 수업이 없는 시간 등을 이용해 부드러운 분위기 속에서 개별적인 면담을 통해 교사의 수업 또는 학급경영 활동의 좋은 점과 개선이 가능한 점에 대하여 환류를 제공하고 의견을 교환한다.
- 교장과 교감은 가능한 한 교사의 수업 또는 학급경영 활동의 긍정적이고 좋은 점을 고무 · 격려하고, 교사 자신의 계속적인 자기발전 · 자기장학의 의지와 능력을 유도 · 촉진하기 위해 노력한다. 이러한 노력은 교사들로 하여금 자신의 수업을 교장과 교감에게 노출하는 것에 대해 거부감과 부담감을 줄여 줄 수 있을 것이다.
- 개별적인 면담을 하면서 구두로 환류를 제공하기 어려운 경우에는 관찰 결과 좋은 점과 개선이 가능한 점에 대하여 간단한 메모를 전달함으로써 환류를 제공할 수도 있다.
- 동학년협의회 혹은 동교과협의회 시간에 교사들에게 약식장학을 실시한 결과 중에서 좋았던 점과 개선이 요구되는 점 혹은 함께 협의해야 할 과제를 소개하고 교사들을 격려한다.
- 자체연수 시간이나 직원회의 시간에 전체 교직원들에게 약식장학을 실시한 결과 중에서 좋았던 점을 소개하고 교사들을 격려하여, 교직원들이 약식장학에 대해 긍정적인 인식을 갖도록 노력한다.

3-2. 추후 약식장학 발전 논의

- 교장과 교감은 필요한 경우 학급순시 · 수업참관에 관한 자료와 정보를 교환하고 의견을 나눔으로써 추후 보다 발전적인 약식장학을 추진하기 위한 아이디어를 추출해 낸다([부록 6-23] 참조).

- 교장과 교감은 학급순시 · 수업참관을 통해 얻어진 자료와 정보를 바탕으로 종합적으로 학교교육, 학교경영, 학교풍토의 개선을 위한 아이디어를 추출해 낸다.

7. 자체연수의 모형

1) 개요

자체연수는 교육활동의 개선을 위하여 교직원들의 필요와 요구에 터해 교내 · 교외의 인적 · 물적 자원을 활용하여 학교 자체에서 실시하는 연수활동을 의미한다. 교내(원내) 자율장학에 대한 개념을 '과정으로서의 장학'의 입장에서 재해석해 보면, 교내(원내) 자율장학은 단위학교(유치원)에서 교육활동의 개선을 위하여 자율적으로 교장 · 교감(원장 · 원감)을 중심으로 하여 전체 교직원이 상호 이해와 협력을 기초로 하여 교육활동 개선에 활용될 수 있는 좋은 지식, 기술, 정보, 아이디어, 경험, 도움, 조언 등을 서로 나누어 갖는 활동으로 볼 수 있다. 이런 관점에서 보면 자체연수는 좋은 지식, 기술, 정보, 아이디어, 경험, 도움, 조언 등을 나누어 갖는 교내 자율장학의 중요한 형태이다.

자체연수에는 교장, 교감, 교사뿐만 아니라 행정 · 관리직원들도 참여할 수 있다. 교사들과 행정 · 관리직원들 간 공동관심사나 공동 과제에 대한 연수, 또는 교사들의 이해와 협조가 요구되는 행정 · 관리의 특정 업무와 관련된 소개와 연수는 교사들과 행정 · 관리직원들 간 상호 이해와 협조를 높일 수 있다는 점에서 의미가 있다.

자체연수에서 다루어질 수 있는 주제 영역은 교사의 교육과정 지도와 운영에 초점을 둔 전문적 발달 영역뿐 아니라, 성인으로서 교사 개인에 초점을 둔 개인적 발달 영역, 그리고 학교 조직 전반에 초점을 둔 조직적 발달 영역이 된다. 국가나 지방자치단체 또는 유관기관이 추진하는 시책에 관련되는 내용도 다룰 수 있다.

학교의 형편 그리고 교직원들의 필요와 요구에 터해 이러한 제반 영역과 관련하여 교장, 교감, 부장교사, 교내 또는 교외의 교직원, 그리고 외부전문가나 장학요원들이 연수담당자가 되어 자체연수를 진행할 수 있다. 학부모를 강사로 초청하여 연수를 진행할 수도 있다.

자체연수 방법으로는 강의식 연수, 토의식 연수, 전달식 연수, 실기 · 실험 · 실습 중심

연수, 현지답사·현장방문·견학중심 연수, 초청강연 연수, 그리고 제반 장학실천 결과의 전파·일반화를 위한 연수 등이 있다.

특히 교사들이 개별적으로 또는 협동적으로 수행한 수업장학, 동료장학, 자기장학의 결과로 얻어진 수업 개선 및 수업과제 해결을 위한 좋은 정보나 아이디어를 다른 교사들에게 전파하거나 일반화하기 위한 연수는 그 가치가 높다.

효과적인 자체연수를 실시하기 위해서는 교사들의 연수에 대한 필요와 요구를 존중하고, 연수의 계획에서 실행 그리고 평가의 전체 과정에 걸쳐 교사들의 적극적인 참여를 지원·촉진하여야 할 것이며, 연수의 내용과 방법도 가능한 한 다양화되어야 할 것이다. 뿐만 아니라 교장·교감이 자체연수에 대하여 의지를 가지고 교직원들이 보다 적극적으로 자체연수에 참여하도록 격려하여야 한다. 수업부담이나 업무부담의 경감 등을 통하여 자체연수를 위한 시간적 여유도 확보하여야 한다.

종합해 볼 때, 자체연수의 주요 특징은 다음과 같이 정리된다.

- 교사들의 자율성과 협동성을 기초로 한다.
- 학교의 형편과 교사들의 필요와 요구에 기초하여 그 내용과 방법에 있어서 다양하고 융통성 있게 운영된다.
- 교사들의 전문적 발달뿐 아니라 개인적 발달, 그리고 학교의 조직적 발달까지 도모할 수 있다.
- 학교의 전반적인 운영계획과 연계하여 원칙적으로 일정 계획에 의거 실시된다.

2) 자체연수의 모형

[그림 6-9]와 같이 **자체연수의 모형**을 ① 자체연수의 계획 수립 단계, ② 자체연수의 실행 단계, ③ 자체연수의 결과 평가 단계로 구성한다. 이 3단계 모형은 전형적인 체제모형의 '계획 → 실행 → 평가' 과정을 따른 것이다. 계획된 일정에 따라 비교적 체계적으로 진행되는 자체연수는 이 3단계 모형을 따르면 된다.

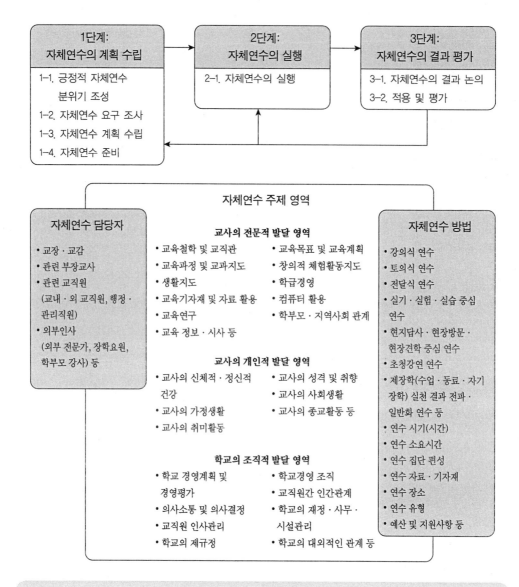

[그림 6-9] 자체연수의 모형

그러나 직원 조회 시 또는 직원 종례 시 필요에 따라 수시로 실시되는 비체계적인 자체연수의 경우는 3단계 모형을 엄격하게 따를 수 없음은 물론이다. 이런 경우에는 교장, 교감, 그리고 관계 연수담당자가 상황에 따라 3단계 과정을 적절히 조정하여 사용하면 될 것이다.

1단계　자체연수의 계획 수립

　　자체연수에 대한 계획 수립은 크게 두 가지 경우로 구분된다. 첫째는 학교현장에서 일반적으로 매 학년도 초기에 전반적인 학교경영 계획을 세울 때 1년간 자체연수 계획을 수립하는 것이다. 다른 경우는 학년도 초기에 계획된 자체연수를 실제로 실시하기 직전에 연수계획을 보다 상세화 · 구체화하는 것이다. 여기에서는 양자를 특별히 구분하지 않고 자체연수 계획 수립에 필요한 전반적인 사항을 기술한다.

　　1단계 자체연수의 계획 수립에서는 교장 · 교감의 연수에 대한 의지와 지도력을 바탕으로 하여 교직원들의 연수 의욕 및 동기부여를 촉진하고, 필요한 환경과 조건을 마련하는 등 긍정적 연수 분위기 조성이 이루어져야 할 것이다. 연수에 대한 요구조사, 연수 영역의 설정 또는 확인 그리고 육하원칙에 따라 연수 계획이 설정 · 구체화되어야 하며, 보다 효과적인 연수를 위하여 필요한 지원 사항을 점검 · 마련하는 일이 이루어져야 한다.

1-1. 긍정적 자체연수 분위기 조성

- 교장과 교감은 학년 초, 학기 초, 그리고 평상시에 자체연수의 의의와 중요성 그리고 자율적이고 협력적인 자체연수 운영을 강조하여 자체연수에 대한 교직원들의 관심을 높인다.
- 교장과 교감은 매월 특정 요일을 '자체연수의 날'로 하여 동일 시간(예: 매월 2, 4주 수요일 오후 3:00~4:50)에 교장 · 교감 자신을 포함한 모든 교직원이 자체연수 행사에 참여하도록 강력한 의지를 표명하고 필요한 지도성을 발휘한다.
- 교직원들의 학습지도 부담, 업무부담, 잡무부담을 최대한 경감시켜서 자체연수에 임할 수 있는 마음의 여유와 시간적 여유를 갖게 한다. 가능한 한 연수자료와 연수공간을 포함한 물리적 자원을 마련하여 연수의욕과 연수동기를 촉발하고 긍정적인 연수환경을 조성한다.

1-2. 자체연수 요구 조사

- 학기 초에 모든 교직원(행정 · 관리직원 포함)을 대상으로 하여 '자체연수의 날'에 다루

어지기 희망하는 주제나 과제, 그리고 자신들이 발표할 수 있는 주제 등에 관하여 요구조사를 실시한다. 교직원 자신이 발표할 경우 발표 주제와 발표를 희망하는 날짜에 대하여도 의견을 수렴한다.

- '자체연수의 날'에 자원인사나 학부모 등 외부 인사를 초청해 연수할 경우 교직원들 주변에 어떤 외부 인사 초청이 가능한가에 대하여도 의견을 수렴한다.

표 6-14 자체연수에 관한 요구조사([부록 6-15])

이름:	담당 학년 · 교과:		작성일:
듣기를 희망하는 연수 주제(있다면)	주제:		
자신이 발표할 수 있는 연수 주제 (현장연구 또는 학위논문 작성 시 발표)	주제:	희망 발표일 1: 월 째 자체연수의 날	
	발표시간: 분 정도	희망 발표일 2: 월 째 자체연수의 날	
	발표 시 지원요청 사항:		
초청연수를 희망하는 외부인사 · 학부모(있다면)	외부인사 · 학부모 이름:		관련 학생 사항:

1-3. 자체연수 계획 수립

- 자체연수에 관한 요구조사 결과를 토대로 교직원들의 필요와 요구 및 학교의 형편을 고려하여, 교장 · 교감, 교무부장, 연구부장, 교과부장 · 학년부장 등 필요한 교직원이 주축이 되어 연간 자체연수 계획을 수립한다. 연간 자체연수 계획은 학교의 전반적인 경영계획과 잘 연계가 되도록 한다.
- 필요하다고 판단되는 경우, 교감, 연구부장, 교과부장 · 학년부장, 교사 중 일부 인원 등 적절한 인원이 참여하는 '자체연수위원회'(가칭)를 구성하여 총괄적인 자체연수의 계획 · 실행 · 평가를 담당하도록 할 수 있다.
- 자체연수에서 다루어질 영역은 교사들의 필요와 요구, 그리고 학교의 형편에 기초하여 교사의 전문적 발달, 교사의 개인적 발달, 학교의 조직적 발달, 기타 영역 등 여러 영역에서 다양하고 조화롭게 구성되어야 한다.

표 6-15	자체연수에서 다루어질 수 있는 주제 영역
교사의 전문적 발달 영역	교사들이 교과지도, 교과외지도, 생활지도를 포함하는 교육활동 전반에 있어서 안정·숙달·성장을 도모하는 데 관련되는 내용 • 교육철학 및 교직관　• 교육목표 및 교육계획　• 교육과정 및 교과지도 • 창의적 체험활동지도　• 생활지도　• 학급경영　• 교육기자재 및 자료 활용 • 컴퓨터 활용　• 교육연구　• 학부모·지역사회 관계　• 교육 정보·시사 등
교사의 개인적 발달 영역	교사들이 개인적·심리적·신체적·가정적·사회적 영역에서 안정·만족·성장을 도모하는 데 관련되는 내용 • 교사의 신체적·정서적 건강　• 교사의 성격 및 취향　• 교사의 가정생활 • 교사의 사회생활　• 교사의 취미활동　• 교사의 종교활동 등
학교의 조직적 발달 영역	학교의 조직환경 및 조직풍토를 긍정적으로 변화시켜 학교 내에서 교사들의 삶의 질을 높이고, 학교조직의 목표를 효과적으로 달성하는 데 관련되는 내용 • 학교 경영계획 및 경영평가　• 학교경영 조직　• 의사소통 및 의사결정 • 교직원 간 인간관계　• 교직원 인사관리　• 학교의 재정·사무·시설 관리 • 학교의 제규정　• 학교의 대외적인 관계 등
기타 영역	국가나 지방자치단체 또는 유관기관이 추진하는 시책에 관련되는 내용

• '자체연수의 날' 행사는 교장·교감·부장교사가 주도하여 학교행사 또는 업무와 관련하여 실시하는 연수와 희망 교직원의 발표 연수 이외에도 학교 형편에 따라 교직원 체육행사와 동호인 활동을 병행하여 추진할 수 있다.

표 6-16	주별 '자체연수의 날' 활동 개요(예시)	
날 짜	자체연수 활동(1~2시간 정도)	비고
첫째 수요일 (15:00~16:50)	교장·교감·부장교사 업무관련 연수 혹은 희망 교직원 발표 연수 (필요 시 초청연수 가능)	• 주 1회(예: 월요일) 직원조회(종례)를 이용한 회의 혹은 전달식 연수는 계속 실시 • 수업장학·동료장학·자기장학의 결과 발표 가능
둘째 수요일 (15:00~16:50)	교장·교감·부장교사 업무관련 연수 혹은 희망 교직원 발표 연수 (필요 시 초청연수 가능)	
셋째 수요일 (15:00~16:50)	교장·교감·부장교사 업무관련 연수 혹은 희망 교직원 발표 연수 (필요 시 초청연수 가능)	
넷째 수요일 (15:00~16:50)	교직원 체육행사	
휴가기간	현지답사·현장방문·견학중심 연수(1박 2일 가능)	

• 자체연수 계획에 포함될 내용은 대체로 다음과 같다.

– 연수 담당자	– 연수 영역 · 내용	– 연수 방법	– 연수 시기(시간)
– 연수 소요시간	– 연수 집단(대상) 편성	– 연수 자료 · 기자재	– 연수 장소
– 연수 유형	– 예산 및 지원사항 등		

1-4. 자체연수 준비

• 계획된 자체연수를 실시하기 전에 수립된 자체연수 계획을 중심으로 연수 담당자, 영역 · 내용, 방법, 시기 · 시간, 집단 편성 등을 점검 · 확인한다.

• 구체적으로 자체연수의 실시에 필요한 자료와 기자재의 준비상태, 연수 장소의 정리 · 정돈 상태, 필요한 지원사항의 준비상태를 확인하고 필요한 사항을 보완한다.

• 연수를 담당할 교직원은 연수의 내용과 관련하여 다른 교직원들에게 배포할 유인물이나 자료를 연수 1주일 전까지는 준비하여 교장 · 교감의 지도 · 조언을 받도록 한다.

2단계   자체연수의 실행

2단계 자체연수의 실행에서는 정해진 시간과 장소에서 구체적이고 실질적인 자체연수 활동이 전개된다. 자체연수의 계획단계에서 정해진 연수 영역 · 내용에 관하여 연수담당자가 연수효과를 극대화하기 위하여 적절한 연수 방법과 연수 자료 · 기자재를 활용하여 연수를 실시한다.

2-1. 자체연수 실행

• <u>연수 담당자</u>로서는 다음과 같은 인적 자원을 활용할 수 있다.

    – 교장 · 교감

    – 관련 부장교사

    – 관련 교직원(교내 교직원, 교외 교직원, 행정 · 관리직원 포함)

    – 외부인사(외부 전문가, 장학요원, 학부모 강사 등)

학교의 형편과 교사들의 요구에 따라서 필요 시 외부 연구기관, 대학, 교직전문단체, 학술단체, 사회기관·단체의 전문가나 교육행정기관의 장학요원, 인근 학교의 우수 교직원, 학부모 강사를 초청하여 연수를 받을 수 있다. 교외 인사는 단위학교의 내부 실정에 대한 이해가 부족한 단점도 있을 수 있으나, 특정 분야에 대한 전문성이 높거나 신선감이 있어 연수 효과를 높일 수 있다.

- <u>연수 방법</u>으로는 다음과 같은 다양한 방법을 연수 영역·내용, 학교 형편에 따라서 개별적으로 또는 복합적으로 활용할 수 있다.

  - 강의식 연수

  - 토의식 연수

  - 전달식 연수(각종 협의·연수·공지사항에 대한 전달 연수)

  - 실기·실험·실습 중심 연수(각종 특기·실기 연수, 교육기자재 활용 연수 등)

  - 현지답사·현장방문·현장견학 중심 연수

  - 초청 강연 연수

  - 제장학(수업장학, 동료장학, 자기장학)의 실천 결과 전파·일반화 연수

    제장학 실천 결과의 전파·일반화를 위한 연수에는 수업연구 결과, 수업 협의 결과, 공동 과제·공동관심사 협의 결과, 공동작업 추진 결과, 교사 개인연구 결과, 그리고 교사 개인의 자기장학·자기연찬 결과에 대한 전파와 일반화를 위한 연수 활동이 포함된다.

- <u>연수 시기(시간)</u>는 연수의 내용, 방법, 대상, 그리고 학교의 형편과 교직원들의 요구에 따라서 다소 차이는 있으나 대체로 '자체연수의 날'을 지정하여 활용하거나, 직원 조회 시 또는 직원 종례 시를 활용하여 연수활동을 한다. 방학 기간 중에 연수활동을 갖기도 한다.

- <u>연수 소요시간</u>도 연수의 내용, 방법, 대상, 시기, 그리고 학교의 형편과 교직원들의 요구에 따라서 적절히 조절하되 지루한 느낌이 들지 않도록 주의한다.

- <u>연수 집단(대상) 편성</u>은 연수의 내용, 방법, 학교의 형편과 교직원들의 요구와 관심도에 따라서 전체 연수와 소집단 연수를 적절히 활용하면 될 것이다.

  전달식 연수, 강의식 연수, 초청연수는 대체로 전체 연수의 형태로 운영되는 경우가 많을 것이나, 이런 경우라도 연수 내용에 대한 개개 교직원들의 필요와 요구, 그리고 관심도의 차이는 연수집단 편성에 있어서 가능한 한 존중되도록 노력하여야 할 것이다.

실기지도와 특기지도 그리고 새로운 교육기자재의 조작·활용을 위해 시도되는 실기·실험·실습중심의 연수는 교사들의 관심도의 차이 또는 확보된 기자재 수의 제한 등의 요인으로 인하여 대체로 소집단 연수의 형태로 운영되는 것이 효과적일 것이다. 수업장학, 동료장학, 자기장학의 실천 결과를 전파·일반화하기 위한 연수를 하고자 할 때, 그 내용이 특정 교과목에만 관련된 경우에는 해당 교과목 관련 교사들만을 대상으로 한 소집단 연수가 이루어질 수 있다. 따라서 '자체연수의 날'에는 전체 연수 혹은 소집단 연수가 동시에 전개될 수도 있을 것이다.

• 연수 자료·기자재로는 다음과 같은 자료 또는 기자재를 연수 영역·내용, 그리고 학교의 형편에 따라서 개별적으로 또는 복합적으로 활용할 수 있다.
  – 관련 서적·연구물
  – 관련 기관의 연수 자료·교재(교육부, 시·도 교육청 및 지역 교육청, 교육연구원, 교원 연수원, 한국교육개발원 등을 비롯한 여러 관련 기관에서 발간한 자료·교재)
  – 연수 내용의 유인물
  – 시청각 자료
  – 실기·실험·실습 기자재

• 연수 장소는 크게 학교 내부와 학교 외부로 구분된다. 자체연수는 학교 내부에서 이루어지는 것이 일반적이라고 하겠으나, 필요한 경우 학교 외부의 시설물이나 장소를 활용할 수 있다. 현지답사, 현장방문, 현장견학중심의 연수는 학교 외부의 시설물이나 장소를 이용하는 대표적인 경우이다.
방학 기간 중 갖게 되는 자체연수의 경우 연수 장소를 해변, 강변, 산, 계곡 등 야외로 할 수 있다. 이때는 교직원의 가족들도 함께 참여할 수 있을 것이다.

• 연수 유형은 크게 정기연수와 임시연수로 구분할 수도 있다.
  – 정기연수: 계획된 날짜, 요일, 시간(예: '자체연수의 날')에 정기적으로 실시
  – 임시연수: 직원조회 시, 직원종례 시 또는 필요 시에 수시로 실시

3단계 **자체연수의 결과 평가**

3단계 자체연수의 결과 평가에서는 자체연수의 내용과 방법, 결과를 논의한다. 또한 수행된 자체연수의 계획과 실행의 전체 과정에 대한 반성·평가가 시도되며, 보다 발전적이고 효과적인 자체연수의 실시를 위한 아이디어나 의견이 수집된다. 교직원들은 자체연수를 통하여 얻어진 내용에 대하여 자기적용·자기평가의 노력을 시도하며, 교장과 교감은 교직원들의 연수 의지와 노력을 고무·격려한다.

3-1. 자체연수 결과 논의

- 교장·교감, 연수담당자, 교직원들은 자체연수의 내용과 방법, 자체연수의 결과에 대해 만족스러운 점과 개선이 요구되는 점 등에 관해 의견을 교환한다.
- 자체연수에 대한 보다 많은 의견 수집을 위해 참여한 교직원들을 대상으로 자체연수의 내용과 방법, 결과에 대해 의견 조사를 실시할 수도 있다([부록 6-24] 참조).
- 교장·교감, '자체연수위원회'(가칭) 위원은 보다 발전적이고 효과적인 자체연수의 계획과 실천을 위한 교직원들의 의견과 아이디어를 수집하고 이를 정리하여 차후 자체연수의 발전을 위한 참고자료로 활용한다.

3-2. 적용 및 평가

- 교직원들은 자체연수에서 얻은 지식, 기술, 정보, 아이디어를 실제 교직생활에 스스로 적용·평가(자기장학)해 보도록 노력한다. 개인별로 '자체연수록'을 작성·관리하며, 연수 결과를 추후에도 참고하고 활용하도록 노력한다.

표 6-17   **자체연수록(교사 개인용) ([부록 6-16])**

작성일: _____   이름: _____

연수 일자	년 월 일 요일	연수 담당자		연수 주제		연수 장소	

1. 연수의 주요
  내용(연수 자료
  참조)
	•
	•
	•						

2. 유익한 지식,
  정보, 또는
  아이디어
	•
	•						

3. 연수에 대한 소감	• •						

- 교장과 교감은 교직원들의 연수 의지와 노력을 고무 · 격려하고 계속적인 자체연수의 발전을 위하여 필요한 지원 사항을 확보 · 제공한다([부록 6-24] 참조).
- 교직원들의 연수 의욕과 연수 참여도의 증진을 위해서 근무평정이나 표창 추천에 있어서 연수 유공교사의 공로를 반영해 주는 방법도 강구될 수 있다.

8. 맺는말

이 장에서는 교내(원내) 자율장학의 기본 형태인 ① 수업장학, ② 동료장학, ③ 자기장학, ④ 약식장학, ⑤ 자체연수 등 다섯 가지가 학교(유치원)현장에서 구체적으로 어떠한 절차를 따라 전개 · 실행되어야 하는가를 정리 · 제시하였다. 제시된 모형은 그대로 각 절차를 밟아 활용될 수도 있으며, 경우에 따라서는 학교(유치원)현장의 조건과 교직원들의 필요와 요구에 따라서 적절히 변형 · 조정하여 활용될 수도 있다.

제시된 교내 자율장학의 기본 형태별 모형들은 완성된 모형이라기보다는 학교현장에 맞추어 계속적으로 변화 · 발전해 가야 하는 과정에 있는 모형이라고 보는 것이 타당할 것이다. 다양한 조건의 학교 현장에서 활용될 수 있는 보다 다양한 모형들이 계속적으로 개발되기를 기대한다.

부록 6-1

수업활동 (자기)평가도구 Ⅰ

1. 수업일:　　년　월　일　요일　　2. 수업과목:　　　　　3. 수업대상:　　학년　반
4. 수업자:　　　　　　　　　　　5. 평가자:　　　　　　（자신, 동료교사, 장학담당자）

분야	영역	평가 내용	평점					특기사항
			5	4	3	2	1	
교재 연구	1. 교재 연구의 심도	1) 다양한 방법으로 연구되는가?						
		2) 안내와 지도에 충분하도록 연구되는가?						
		3) 학생들의 능력을 고려하여 연구되는가?						
		4) 지식, 기능, 태도의 학습을 계열화하는가?						
		5) 목표 성취, 태도의 설정에는 학급실정이 고려되는가?						
	2. 수업안 작성체제 및 내용	6) 지식, 기능, 태도의 학습을 계열화하는가?						
		7) 목표 성취 수준의 설정에는 학급실정이 고려되는가?						
		8) 체제와 내용의 설정에 교재의 특질이 고려되는가?						
	3. 본시의 전개안	9) 성취목표는 구체적으로 진술되는가?						
		10) 활동에 따른 적절한 시간 배분이 연구되는가?						
		11) 목표 성취가 효과적으로 이루어지도록 연구되는가?						
		합계						
기본 교수법	4. 교사의 태도	12) 언어는 학생들에게 적절하며 친근감을 주는가?						
		13) 자세는 자연스러우며 품위를 유지하는가?						
		14) 학생들에게 안정감을 주는가?						
	5. 교사의 지도력	15) 설명은 간명한가?						
		16) 학생들의 적극성을 유발하도록 발문하는가?						
		17) 시범은 효과적으로 제시되는가?						
	6. 판서의 요령	18) 필체는 바르고 크기는 알맞는가?						
		19) 학습효과 제고를 위해 사전 계획되는가?						
		20) 구조화되는가?						
		합계						
기본 학습법	7. 학습용구 준비 및 사용요령	21) 학습활동에 지장이 없도록 준비되는가?						
		22) 사용요령은 사전지도되며 실천되는가?						
		23) 사후 처리지도는 이루어지고 실천되는가?						
	8. 학습 자세 및 학습 참여	24) 수용적 자세는 되어 있는가?						
		25) 성실하게 참여하고 있는가?						
		26) 학습목표 성취에 자진 참여하는가?						
	9. 발표력	27) 발표 의욕은 왕성한가?						
		28) 발표 요령은 바른가?						
		29) 발표 능력은 양호한가?						
		합계						

분야	영역	평가 내용	평점					특기사항
			5	4	3	2	1	
지도 과정	10. 출발점 행동 고르기	30) 출발점의 수준은 고려되는가?						
		31) 능력에 따른 개별지도 계획과 출발점은 고려되는가?						
		32) 가르치고 배워야 할 내용이 제시되는가?						
	11. 동기유발 및 문제 의식	33) 수업목표를 성취할 수 있도록 동기화되는가?						
		34) 스스로 생각하고 문제를 해결하도록 촉진하는가?						
		35) 방법이 다양하고 적절한가?						
	12. 교재의 특질에 따른 지도 과정	36) 내용에 따라 적절한 과정이 적용되는가?						
		37) 계획의 차질에 대한 대안은 수립 활용되는가?						
		38) 학생들은 교재의 특질에 따른 활동에 익숙한가?						
		합계						
학습 형태 및 활동	13. 집단화와 개별화의 조화	39) 학습내용에 따라 인적 구성이 적절히 이루어지는가?						
		40. 학생들은 학습분위기에 빨리 적응하는가?						
		41) 개인의 학습속도가 촉진되도록 고려되는가?						
	14. 개인차의 고려	42) 개인별 의욕과 능력이 고려되는가?						
		43) 개인활동은 상호 수용적인가?						
		44) 개인차에 따른 학습 저해요인의 제거에 노력하는가?						
	15. 집단학습 구성 및 활용도	45) 구성원 간의 응집력이 고려되는 학습집단 구성인가?						
		46) 집단은 목표 접근에 효과적으로 활용되는가?						
		47) 집단은 계속적인 협동활동이 되도록 조직되는가?						
		합계						
자료 활용	16. 자료의 준비도	48) 색채, 질량, 형태가 정확한 자료인가?						
		49) 자료의 효과를 높이기 위하여 연구하는가?						
		50) 안전성이 고려되는가?						
	17. 자료의 효율성과 활용도	51) 수업효과 제고를 위해 충분하게 준비되는가?						
		52) 자료의 효율성은 높은가?						
		53) 자료 활용에 대한 동기유발은 적절한가?						
	18. 학습환경 조성	54) 적절한 물리적 환경이 조성되는가?						
		55) 학습공간 활용은 적절한가?						
		56) 유쾌한 수업분위기 형성을 위해 노력하는가?						
		합계						

분야	영역	평가 내용	평점					특기사항
			5	4	3	2	1	
정리 발전	19. 본시학습 내용의 환류 및 정리	57) 학습성취가 고려된 환류인가?						
		58) 개인차가 고려된 환류인가?						
		59) 간명하게 학습내용의 강화·정리가 되는가?						
	20. 차시학습 계획 및 발전	60) 학습흥미를 유발하도록 계획되는가?						
		61) 학습자료는 흥미를 유발하도록 계획되는가?						
		62) 학습사항의 발전 방법은 제시되는가?						
	21. 예습과제 및 발전과제 제시	63) 능력에 맞는 과제 제시인가?						
		64) 해결에 소요되는 시간은 고려되는가?						
		65) 적절한 과제인가?						
		합계						
학력 정착	22. 형성평가	66) 적시에 실시되는가?						
		67) 성취도 확인이 가능한 정확한 측정인가?						
		68) 결과는 교수와 학습으로 환류되는가?						
	23. 학력의 성취도·정착도	69) 기대 성취에 도달되는가?						
		70) 성취도의 현상은 분석되는가?						
		71) 결과는 자료로 활용되는가?						
	24. 전이가 높은 지식·기능 획득	72) 전이가 높은 지식이 획득되는가?						
		73) 전이가 높은 기능이 획득되는가?						
		74) 전이는 확인되는가?						
		합계						
		총계						
종합 의견	25. 수업에서 잘된 점							
	26. 수업에서 개선이 요구되는 점							

※ 평점계: $\dfrac{(\quad)}{370} \times 100 =$ 점

※ 자기평점 확인(예시): ・90~100점 : 우수   ・80~90점 미만 : 보통 이상
                          ・70~80점 미만 : 보통   ・60~70점 미만 : 개선 필요
                          ・60점 미만 : 불만족

부록 6-2

수업활동 (자기)평가도구 II

1. 수업일:　　년　월　일　요일　2. 수업과목:　　　　3. 수업대상: 학년 반
4. 수업자:　　　　　　　　　5. 평가자:　　　　(자신, 동료교사, 장학담당자)

분야	영역	평가 내용	평점					특기 사항
			5	4	3	2	1	
교재연구	11. 사전 연구	111. 다양한 수업 기술을 위해 사전 교재연구를 철저히 하였는가?						
		112. 교수-학습 과정안을 가지고 동료교사와 협의하였는가?						
		113. 수업 계획에서 학생의 성장·발달을 고려하였는가?						
	12. 학습 목표	121. 교수-학습 목표가 학생의 행동에 변화를 고려하였는가?						
		122. 교수-학습 목표를 인지하고 수업에 임하는가?						
		123. 목표의 성취 기준은 학급 실정에 알맞는가?						
	13. 지도 계획	131. 교수-학습 지도 계획이 학습 유형에 알맞게 짜여졌는가?						
		132. 학습 자료는 다양하게 준비되어 있는가?						
		133. 수업 계획에서 학생들을 참여시켰는가?						
	14. 본시의 전개안	141. 학습 분량은 단위 시간에 알맞게 조절되었는가?						
		142. 구체적인 교수-학습 과정안이 작성되었는가?						
		합계						
교수행위	21. 동기 유발	211. 학습자의 호기심을 일으킬 수 있는 교수-학습 활동을 하였는가?						
		212. 학습 자료에 의한 동기 유발 방법에 대하여 마음을 쓰고 있는가?						
		213. 학생들이 학습 목표를 성취할 수 있도록 동기화시켰는가?						
	22. 교수 발언	221. 교수 발언은 학생의 사고 활동을 촉진할 수 있는 발문이었는가?						
		222. 효과적인 발문 기술을 활용하고 있는가?						
		223. 학생들의 흥미와 욕구를 유발할 수 있는 발문이었는가?						

분야	영역	평가 내용	평점					특기 사항
			5	4	3	2	1	
교수 행위	23. 교수 기술	231. 학습은 학생이 주체가 되어 진행되고 있는가?						
		232. 학습 활동에 학생의 참여도가 높도록 유도를 잘하고 있는가?						
		233. 학생들이 스스로 생각하고 문제를 해결할 수 있도록 도움을 주었는가?						
		234. 학생의 능력, 재능, 흥미, 욕구 등을 인정해 주었고, 인정하도록 노력하였는가?						
		235. 학생이 협동 학습을 할 수 있도록 도와주었는가?						
		236. 학생들의 창의적인 표현의 기회를 제공하였는가?						
		237. 가능한 새로운 정보를 새로운 방식으로 가르쳤는가?						
		238. 수업의 전 과정에서 교수-학생 상호작용이 많이 일어나게 하였는가?						
	24. 개별화 지도	241. 전 차시의 학습 결손 학생에 대한 개별지도는 하였는가?						
		242. 개별화 수업을 위해서 각종 교수-학습 자료가 충분히 마련되어 있는가?						
		243. 학습자의 학습 준비도에 알맞게 활동을 개별화시켜 주었는가?						
	25. 교육 과정 운영	251. 교육과정 시간 배당의 원칙에 위반됨이 없이 교육과정을 운영하고 있는가?						
		252. 교육과정을 지역사회에 알맞게 재구성하여 지도하였는가?						
	26. 자료 활용	261. 수업 매체를 이용한 풍부한 학습 경험을 제공하고 있는가?						
		262. 학습 활동을 활성화하기 위해 학교의 물리적 환경을 충분히 활용하였는가?						
		263. 시청각 매체 등의 다양한 수업 자료를 효율적으로 이용하였는가?						
		264. 교수-학습 자료 활용은 학습의 효과를 높였는가?						
	27. 판서 활동	271. 필체는 바르고 크기는 알맞는가?						
		272. 판서는 구조화시켜 명료성·정확성·간결성이 지켜졌는가?						
		273. 학습 목표에 접근하는 판서를 하였는가?						

분야	영역	평가 내용	평점					특기 사항
			5	4	3	2	1	
교수행위	28. 평가 활동	281. 진단평가로 학력을 측정하고 선수학습에 임하였는가?						
		282. 형성평가는 매 시간 실시하였는가?						
		283. 평가 결과를 아동지도에 재투입하여 활용하였는가?						
		284. 문항 출제는 목표지향 평가로 타당도 · 신뢰도 · 객관도가 높았는가?						
		285. 학생들이 자신의 성장과 발달을 평가할 수 있도록 도와주었는가?						
		286. 학습활동에 대하여 학생들이 스스로 평가해 보도록 기회를 주었는가?						
		합계						
아동활동	31. 아동의 발언	311. 학생 개개인의 발표력 신장을 위해서 노력하였는가?						
		312. 학생들이 자신의 의견을 자유롭게 표현할 수 있는 기회를 마련해 주었는가?						
		313. 학생들의 의견을 학습 활동에 적극 반영시키고 있는가?						
	32. 의욕과 참여	321. 개인의 흥미나 창의적인 활동이 개발되도록 격려하였는가?						
		322. 학생들의 독창적인 질문과 제안에 대하여 격려해 주었는가?						
		323. 학생들의 학습에 대한 호기심을 강화시켜 주었는가?						
		324. 학생들을 질책하기보다는 칭찬을 많이 하였는가?						
		325. 학생들을 위하여 보상 · 강화의 기회에 적정을 기하고 있는가?						
	33. 학습 방법 훈련	331. 기본 학습 방법 훈련안을 활용하고 있는가?						
		332. 학습집단을 다양하게 편성하여 운영하였는가?						
		333. 효율적인 학습 방법을 위해 꾸준히 연구하여 학생들을 지도하였는가?						
		합계						

분야	영역	평가 내용	평점					특기 사항
			5	4	3	2	1	
학습분위기 및 환경	41. 학습분위기	411. 학생과 교사 간에 상호 존중의 분위기를 조성하였는가?						
		412. 자율 학습풍토를 조성할 수 있도록 학생들을 지도하였는가?						
		413. 학생들이 자기 의견을 자유롭게 표현할 수 있도록 개방적 분위기를 조성하였는가?						
	42. 학습환경	421. 교실환경을 청결하게 유지하고 있는가?						
		422. 학습 공간과 시설이 효율적으로 정비되었는가?						
		423. 정서에 도움을 주는 학습환경이 조성되어 있는가?						
		합계						
		총계						

※ 본시 학습에서 잘된 점

※ 본시 학습에서 개선이 요구되는 점

※ 평점계: $\dfrac{(\quad)}{300} \times 100 =$ 점

※ 자기평점 확인(예시): • 90~100점 : 우수   • 80~90점 미만 : 보통 이상
　　　　　　　　　　　 • 70~80점 미만 : 보통   • 60~70점 미만 : 개선 필요
　　　　　　　　　　　 • 60점 미만 : 불만족

부록 6-3

수업참관록 Ⅰ

1. 수업일:　　년　월　일　요일　　2. 수업과목:　　　　　3. 수업대상:　　학년　　반
4. 수업자:　　　　　　　　　　　5. 참관자:

영역	요소	평가 내용	평점					특기사항
			5	4	3	2	1	
수업설계	1. 목표의 진술	수업목표가 목표 수준에 맞으며 진술 원칙에 부합되고 실현 가능성이 있으며 가치 있는 것인가?						
	2. 교재 내용의 구조화	교재에 따라 목표 수준과 관련지어 상하 위계 조직을 밝히는 학습 구조인가?						
	3. 지도 계획	학습량을 고려한 단원 전개 계획과 본 차시의 적절한 과정 계획인가?						
	4. 평가 계획	진단·형성·총괄 평가가 수업목표 도달을 위해 계획적인가?						
	5. 지원 계획	학습의 효과를 올릴 수 있는 자료의 활용이 계획적인가?						
교수행위	1. 교사 발언	목표 수준에 맞으며 학습활동 조성을 위해 적절한가?						
	2. 교수 기술	동기유발, 장애활동의 적절한 지도, 동작, 교수의 위치 등이 수업 목표 달성을 위해 적절한가?						
	3. 개별화 지도	지적 차이, 인성 차이를 고려한 개별지도인가?						
	4. 수업과정의 준수	사전 계획된 과정의 착실한 진행 및 시간 조절이 적절한가?						
	5. 판서활동	판서 활동이 목표 수준과 관련을 갖고 시기, 양, 위치, 내용, 기술이 적절한가?						
	6. 자료의 활용	자료의 선택, 제시 방법이 적절한가?						
	7. 평가활동	목표도달 여부를 파악하기 위한 평가로 방법이 적절한가?						
학생활동	1. 학생의 발언	목표 수준별로 요령 있는 발표, 폭넓은 거수, 적절한 발언 분포인가?						
	2. 의욕과 참여	뚜렷한 목표의식으로 자주적인 학습참여인가?						
	3. 학습 방법의 훈련	목표 수준별로 자발적인 협의, 조사, 발표, 토론, 필기 등이 훈련되어 있는가?						
	4. 학습자료의 활용	학습효과를 높이는 자료이며, 활용 시기가 적절하고 활용 능력 등이 목표 수준에 부합되는가?						
	5. 필기활동	필기의 양, 시간, 능력 등이 목표 수준에 부합되어 적절한가?						
	6. 자기평가	학생 스스로 객관적인 태도로, 자기평가 활동을 하며 학습 목표에 접근하고 있는가?						
수업분위기	1. 학습 분위기	물리적, 심리적 학습분위기가 조성되어 있는가?						
	2. 학습 안내	학습과 관련된 적절한 학습 안내인가?						

종합의견	좋은 점:　　　　　　　　　　　　　　　　　　　　　합계	
	개선할 점:	

부록 6-4

수업참관록 II

1. 수업일:　년　월　일　요일　　2. 수업과목:　　　3. 수업대상:　학년　반
4. 수업자:　　　　　　　　　　5. 참관자:

영역	평가 내용	평점					특기사항
		5	4	3	2	1	
교재 연구	• 교재연구의 심도						
	• 수업안 작성체제 및 내용						
	• 본시의 전개안						
기본 교수법	• 교사의 태도						
	• 교사의 지도력						
	• 판서의 요령						
기본 학습법	• 학습용구 준비 및 사용 요령						
	• 학습자의 자세 및 학습참여						
	• 발표력						
지도 과정	• 출발점 행동 고르기						
	• 동기유발 및 문제의식						
	• 교재의 특질에 따른 지도과정						
학습 형태 및 활동	• 집단화와 개별화의 조화						
	• 개인차의 고려						
	• 집단학습 구성 및 활용						
자료 활용	• 자료의 준비도						
	• 자료의 효율성과 활용도						
	• 학습환경 조성						
정리 발전	• 본시학습 내용의 환류 및 정리						
	• 차시학습 계획 및 발전						
	• 예습과제 및 발전과제 제시						
학력 정착	• 형성평가						
	• 학력의 성취도 · 정착도						
	• 전이가가 높은 지식 및 기능 획득						
	합계						
종합의견	좋은 점: 개선할 점:						

부록 6-5

수업참관록 Ⅲ(유치원 교사용)

1. 수업일: 년 월 일 요일 2. 활동주제: 3. 수업대상:
4. 수업자: 5. 참관자:

영역	평가 내용	평점	특기사항
학습활동계획	1. 학습목표를 구체적으로 진술했는가?	5 4 3 2 1	
	2. 교육과정의 지역화 및 기본생활습관, 생활주제 중심의 통합교육과정 운영이 적절한가?	5 4 3 2 1	
	3. 학습활동 내용은 유아의 흥미와 발달단계를 고려했는가?	5 4 3 2 1	
	4. 집단의 크기 및 주도적 역할에 대한 사전계획은 있었는가?	5 4 3 2 1	
교수기술	5. 개인차를 고려한 개별지도가 이루어지고 있는가?	5 4 3 2 1	
	6. 교수언어가 적절하여 유아에게 친근감이 있는가?	5 4 3 2 1	
	7. 유아들의 창의적 사고를 고려한 발문과 지명이 이루어지는가?	5 4 3 2 1	
	8. 영역별로 교사와 유아 간의 상호작용이 이루어지는가?	5 4 3 2 1	
	9. 발표 및 기본학습 훈련이 잘 이루어지는가?	5 4 3 2 1	
자료활용	10. 학습자료를 적시에 투입 활용하는가?	5 4 3 2 1	
	11. 구체적이고 실제적인 경험을 제공하는 교육자료를 사용하는가?	5 4 3 2 1	
	12. 흥미영역이 효율적으로 배치되었는가?	5 4 3 2 1	
	13. 교수-학습 활동에 적합한 자료를 적시에 제시하는가?	5 4 3 2 1	
	14. 향토자료를 수집하여 교육과정의 지역화에 관련지어 활용하는가?	5 4 3 2 1	
목표달성도	15. 학습과정이 적시에 평가(형성평가)되고 있는가?	5 4 3 2 1	
	16. 학습목표 달성 여부의 확인을 통한 누가기록이 이루어지는가?	5 4 3 2 1	
	17. 학습을 통한 행동의 변화를 개별적으로 분석 활용하는가?	5 4 3 2 1	
	18. 교사는 목표달성을 위한 자체평가를 하는가?	5 4 3 2 1	
시간운영	19. 지도 절차 및 시간 배분이 합리적인가?	5 4 3 2 1	
	20. 개별화를 위한 궤간 순시가 적절히 이루어지는가?	5 4 3 2 1	
종합의견	좋은 점: 개선할 점:	합계	

부록 6-6

교사 (자기)평가도구

1. 수업일:　　년　월　일　요일　　2. 교사명:

3. 평가자:　　　　　　　　　(자신, 동료교사, 교장 · 교감)

영역		평가 항목	우수	보통			미흡
교재연구	1. 수업준비	1.1 교재연구를 충실히 하고 있는가?	5	4	3	2	1
		1.2 학습지도안 작성을 충실히 하고 있는가?	5	4	3	2	1
	2. 수업진행	2.1 학생의 동기를 적절하게 유발하고 있는가?	5	4	3	2	1
		2.2 수업 주제 및 목표를 명료하게 제시하고 있는가?	5	4	3	2	1
		2.3 학습지도안을 잘 활용하고 있는가?	5	4	3	2	1
		2.4 적절한 학습지도 방법을 활용하고 있는가?	5	4	3	2	1
		2.5 수업자료와 각종 기자재를 적절하게 활용하고 있는가?	5	4	3	2	1
		2.6 발문 · 의사소통을 효과적으로 하고 있는가?	5	4	3	2	1
	3. 수업의 정리 · 평가	3.1 수업내용의 정리 및 차시 예고를 잘하고 있는가	5	4	3	2	1
		3.2 학생들의 학습활동을 적절하게 평가하고 있는가?	5	4	3	2	1
		합계					
창의적 체험활동 지도		1. 적절한 창의적 체험활동 계획을 수립하고 있는가?	5	4	3	2	1
		2. 창의적 체험활동 지도에 필요한 능력과 기능을 갖추고 있는가?	5	4	3	2	1
		3. 적극적인 자세로 창의적 체험활동 지도에 임하고 있는가?	5	4	3	2	1
		4. 학생들의 창의적 체험활동 결과를 적절히 평가하고 있는가?	5	4	3	2	1
		합계					
학급담임으로서의 생활지도	1. 생활지도 계획	1.1 구체적인 생활지도 계획을 수립하고 있는가?	5	4	3	2	1
	2. 생활지도 실행	2.1 적절한 생활지도 방법을 활용하고 있는가?	5	4	3	2	1
		2.2 기본 생활습관의 생활화를 꾸준히 지도하고 있는가?	5	4	3	2	1
		2.3 적극적인 자세로 생활지도에 임하고 있는가?	5	4	3	2	1
	3. 생활지도 결과 정리 평가	3.1 생활지도 과정 및 결과를 제대로 정리 · 기록하고 있는가?	5	4	3	2	1
	4. 학생들에 대한 진로(진학)지도	4.1 학생들의 진로(진학) 지도 관련 자료를 최대한 수집 · 활용하고 있는가?	5	4	3	2	1
		4.2 조직적 · 체계적으로 진로(진학) 지도를 행하고 있는가?	5	4	3	2	1
		합계					

영역		평가 항목	우수		보통		미흡
학급경영		1. 자율활동을 열심히 지도하고 있는가?	5	4	3	2	1
		2. 학급 환경 조성(청소, 환경미화)을 잘하고 있는가?	5	4	3	2	1
		3. 학급내 제장부(출석부, 학급경영부, 건강기록부, 학급 일지) 관리를 잘하고 있는가?	5	4	3	2	1
		4. 학생들의 신상(교우관계, 가정환경, 취미 등)을 면밀하게 파악하고 있는가?	5	4	3	2	1
		5. 학급내 규율·질서를 잘 유지하고 있는가?	5	4	3	2	1
		합계					
학교경영 참여		1. 직원회의·각종 위원회·각종 학교 행사에 성실하게 참여하고 있는가?	5	4	3	2	1
		2. 담당 교무분장 업무를 성실하게 처리하고 있는가?	5	4	3	2	1
		합계					
학부모 및 지역사회 관계		1. 학생의 학교 및 가정 생활에 대해 학부모와 긴밀하게 협조하고 있는가?	5	4	3	2	1
		2. 학교·학급 일에 대한 학부모의 관심과 참여를 잘 유도하고 원만한 인간관계를 유지하고 있는가?	5	4	3	2	1
		합계					
보직교사로서의 능력 (보직교사의 경우)		1. 소속 교직원을 원만하게 통솔하고 있는가?	5	4	3	2	1
		2. 부서 업무 처리에 필요한 지식과 기술을 갖추고 있는가?	5	4	3	2	1
		3. 부서 업무를 참신하게 기획하고 추진력 있게 처리하는가?	5	4	3	2	1
		합계					
인간관계	1. 타인의 고충에 대한 관심과 이해	1.1 상급자의 개인적·직무상 고충에 대해 관심과 이해를 보이고 있는가?	5	4	3	2	1
		1.2 동료교사의 개인적·직무상 고충에 대해 관심과 이해를 보이고 있는가?	5	4	3	2	1
	2. 기본적인 예의	2.1 상급자에 대해 예의를 갖추고 있는가?	5	4	3	2	1
		2.2 동료교사에 대해 예의를 갖추고 있는가?	5	4	3	2	1
	3. 다른 사람으로부터의 신뢰감	3.1 상급자로부터 신뢰를 얻고 있는가?	5	4	3	2	1
		3.2 동료교사로부터 신뢰를 얻고 있는가?	5	4	3	2	1
		합계					
교사로서의 자세와 소양	1. 교사로서의 기본 자세	1.1 건전한 교육관·교직관을 가지고 학생을 사랑으로 대하고 있는가?	5	4	3	2	1
		1.2 제반 복무규정을 준수하고 있는가?	5	4	3	2	1
	2. 교사로서의 품위	2.1 교사 신분에 맞는 언행·복장을 갖추고 있는가?	5	4	3	2	1
		2.2 교사 신분에 맞는 생활태도를 보이고 있는가?	5	4	3	2	1
	3. 일반적 자질과 소양	3.1 교사로서의 업무 수행에 필요한 지적 능력을 갖추고 있는가?	5	4	3	2	1
		3.2 교사로서의 업무 수행을 충실히 할 수 있을 정도의 신체적·정신적 건강을 유지하고 있는가?	5	4	3	2	1
		합계					
		총계					

부록 6-7

교사 (자기)평가도구(유치원 교사용)

1. 수업일: 년   월   일   요일   2. 교사명:
3. 평가자: (자신, 동료교사, 교장·교감)

영역	평가 항목	우수	보통			미흡
효과적인 의사소통 하기	1. 동료와 효과적으로 의사소통을 하는가?	5	4	3	2	1
	2. 외부전문가와 효과적으로 의사소통을 하는가?	5	4	3	2	1
	3. 학부모와 효과적으로 의사소통을 하는가?	5	4	3	2	1
	4. 아동과 효과적으로 의사소통을 하는가?	5	4	3	2	1
	5. 장학담당자와 효과적으로 의사소통을 하는가?	5	4	3	2	1
	합계					
자신감 갖기	1. 아동과 활동할 때 편안함을 느끼는가?	5	4	3	2	1
	2. 부모와 대화할 때 편안함을 느끼는가?	5	4	3	2	1
	3. 자신이 아동을 보호할 능력이 있다고 생각하는가?	5	4	3	2	1
	4. 교사 회의 시 회의에 활발히 참여하고 있는가?	5	4	3	2	1
	5. 유치원에 갈등이 있다면, 이를 해결하고자 노력하는가?	5	4	3	2	1
	6. 쉽게 다른 전문가와 상호작용하는가?	5	4	3	2	1
	7. 독립성과 적극성을 보이는가?	5	4	3	2	1
	8. 자신의 판단을 존중하는가?	5	4	3	2	1
	9. 변화에 대처할 능력이 있는가?	5	4	3	2	1
	합계					
아동 이해하기	1. 아동에 대하여 적절한 기대를 하고 있는가?	5	4	3	2	1
	2. 아동의 다양한 발달단계를 이해하는가?	5	4	3	2	1
	3. 아동의 개인적 요구에 민감한가?	5	4	3	2	1
	4. 훌륭한 관찰기술을 가지고 있는가?	5	4	3	2	1
	5. 사회성, 인지, 정서, 신체 발달 간의 연관성을 이해하는가?	5	4	3	2	1
	6. 아동의 성장·발달에 여러 요인이 영향을 미친다는 것을 이해하는가?	5	4	3	2	1
	합계					
자기 자신 이해하기	1. 자신에 대하여 반성적이며 분석적인가?	5	4	3	2	1
	2. 자신이 학습자로서의 입장에도 있음을 이해하는가?	5	4	3	2	1
	3. 개인적인 문제에 스스로 대처하고 해결하려고 노력하는가?	5	4	3	2	1
	4. 아동의 위기에 대처하고 그 위기를 해결할 수 있는가?	5	4	3	2	1
	5. 자아존중감을 가지고 있으며, 자신을 유치원 운영의 중요한 부분으로 생각하고 있는가?	5	4	3	2	1
	합계					

영역	평가 항목	우수		보통		미흡
다른 사람 존중하기	1. 출신·성장 배경 및 사회적·경제적 배경이 다른 사람(아동, 부모 및 동료)들을 잘 이해하는가?	5	4	3	2	1
	2. 동료의 입장을 잘 이해하고 지지하는가?	5	4	3	2	1
	3. 다른 사람의 의견과 느낌을 존중하는가?	5	4	3	2	1
	합계					
전문적 성장 에서의 만족	1. 어려운 일을 성취하고 만족감을 느끼는가?	5	4	3	2	1
	2. 전문가 단체와 협의 등에 참석하는가?	5	4	3	2	1
	3. 동료 간에 협동적인 활동을 하는가?	5	4	3	2	1
	4. 새로운 프로그램을 계획하고 추진하기를 좋아하는가?	5	4	3	2	1
	5. 새로운 역할과 책임을 기꺼이 맡고자 하는가?	5	4	3	2	1
	합계					
학습관 갖기	1. 장학담당자나 동료와 구별되는 자기 나름의 학습관을 가지고 있는가?	5	4	3	2	1
	2. 확고하고 발전된 교육관을 가지고 있는가?	5	4	3	2	1
	합계					
적절한 장학 평가하기	1. 적절한 지도·조언이 주어지지 않을 때 장학활동에 관련하여 자신의 생각을 표현할 수 있는가?	5	4	3	2	1
	2. 장학담당자가 가져야 하는 자질에 대하여 적절한 의견을 가지고 있는가?	5	4	3	2	1
	3. 장학활동에 대하여 높은 기대를 가지고 있는가?	5	4	3	2	1
	합계					
넓은 관점 갖기	1. 유아교육의 전반적 프로그램 및 지역사회와의 관계 속에서 자신의 위치와 자신의 하는 일을 파악하고 있는가?	5	4	3	2	1
	2. 자신의 직업에 대하여 충실하며 중요성을 부여하고 있는가?	5	4	3	2	1
	3. 아동, 가족, 지역사회와 유아교육 프로그램을 상호 유기적으로 연관된 것으로 보고 있는가?	5	4	3	2	1
	합계					
	총계					

부록 6-8

나의 교육활동에 대한 학생들의 평가도구(초등학생용)

다음은 여러분이 선생님의 교육활동에 대해 어떻게 생각하고 있는지 알아보기 위하여 마련된 질문들입니다. 평가항목을 잘 읽고 자신의 생각과 가장 일치하는 곳에 '○'표 하십시오.

영역	평가 항목	매우 그렇다	그렇다	보통 이다	아니다	전혀 아니다
교과 지도	1. 선생님은 재미있고 알기 쉽게 가르치신다.	5	4	3	2	1
	2. 선생님은 우리의 질문에 친절하게 대답하신다.	5	4	3	2	1
	3. 선생님은 공부시간에 칭찬이나 격려를 많이 하신다.	5	4	3	2	1
	4. 선생님은 골고루 발표할 기회를 주신다.	5	4	3	2	1
	5. 선생님의 목소리는 알아듣기 쉽고 친근감이 있으시다.	5	4	3	2	1
	6. 선생님은 즐거운 공부시간이 되도록 노력하신다.	5	4	3	2	1
	7. 선생님은 수업 중 다양한 자료를 활용하신다.	5	4	3	2	1
	8. 선생님은 숙제를 알맞게 내주시고 검사를 하신다.	5	4	3	2	1
	9. 선생님은 시험을 본 후 우리가 틀린 것을 잘 지도해 주신다.	5	4	3	2	1
	10. 선생님은 깨끗하고 차분한 교실을 만들려고 노력하신다.	5	4	3	2	1
생활 지도 및 교과외 지도	11. 선생님은 우리에게 친절하게 대하신다.	5	4	3	2	1
	12. 선생님은 우리를 골고루 사랑하신다.	5	4	3	2	1
	13. 선생님은 우리의 생활습관에 관심을 갖고 지도하신다.	5	4	3	2	1
	14. 선생님은 우리가 서로 사랑하고 도와가는 분위기를 만들도록 지도하신다.	5	4	3	2	1
	15. 선생님은 우리의 고민에 대해 관심을 갖고 도와주신다.	5	4	3	2	1
	16. 선생님은 우리가 집단따돌림이나 학원폭력을 당하지 않도록 관심을 가져 주신다.	5	4	3	2	1
	17. 선생님은 어린이회 활동이 자유롭게 운영되도록 도와주신다.	5	4	3	2	1
	18. 선생님은 우리의 특기나 소질을 발휘하도록 도우신다.	5	4	3	2	1
	19. 선생님은 학급행사와 학교행사에 우리와 함께 참여하기를 좋아하신다.	5	4	3	2	1
	20. 선생님은 우리와의 약속을 잘 지키신다.	5	4	3	2	1
합계						

부록 6-9

나의 교육활동에 대한 학생들의 평가도구(중등학생용)

다음은 여러분이 선생님의 교육활동에 대해 어떻게 생각하고 있는지 알아보기 위하여 마련된 질문들입니다. 평가항목을 잘 읽고 자신의 생각과 가장 일치하는 곳에 '○'표 하십시오.

영역	평가 항목	매우 그렇다	그렇다	보통 이다	아니다	전혀 아니다
교과지도	1. 선생님은 교과 내용을 알기 쉽게 이해하도록 가르치신다.	5	4	3	2	1
	2. 선생님은 우리의 수준에 맞게 수업을 하신다.	5	4	3	2	1
	3. 선생님은 우리의 질문에 친절하게 대답하신다.	5	4	3	2	1
	4. 선생님은 수업시간에 칭찬이나 격려를 많이 하신다.	5	4	3	2	1
	5. 선생님은 골고루 발표할 기회를 주신다.	5	4	3	2	1
	6. 선생님의 목소리는 알아듣기 쉽고 친근감이 있으시다.	5	4	3	2	1
	7. 선생님은 즐거운 수업시간이 되도록 노력하신다.	5	4	3	2	1
	8. 선생님은 다양한 수업 보조자료를 활용하신다.	5	4	3	2	1
	9. 선생님이 내주시는 과제는 분량이 적당하며, 학습에 도움이 된다.	5	4	3	2	1
	10. 선생님은 성적 평가를 공정하게 하신다.	5	4	3	2	1
생활지도 및 교과외 지도	11. 선생님은 우리에게 친절하게 대하신다.	5	4	3	2	1
	12. 선생님은 우리를 편애하지 않고 공평하게 대하신다.	5	4	3	2	1
	13. 선생님은 우리의 잘못을 지적하고 고치도록 훈계하신다.	5	4	3	2	1
	14. 선생님은 우리가 서로 존중하고 도와 가는 분위기를 만들도록 지도하신다.	5	4	3	2	1
	15. 선생님은 우리의 고민에 대해 관심을 갖고 도와주신다.	5	4	3	2	1
	16. 선생님은 우리가 집단따돌림이나 학원폭력을 당하지 않도록 관심을 가져 주신다.	5	4	3	2	1
	17. 선생님은 우리의 자발적이고 자율적인 활동을 권장하신다.	5	4	3	2	1
	18. 선생님은 우리의 개성과 소질을 신장시키도록 도우신다.	5	4	3	2	1
	19. 선생님은 학급행사와 학교행사에 우리와 함께 참여하신다.	5	4	3	2	1
	20. 선생님은 우리의 진학 및 취업에 관심이 많으시다.	5	4	3	2	1
합계						

부록 6-10

나의 교육활동에 대한 학생들의 평가도구(자유진술식)

각 영역별로 선생님의 교육활동에 대한 여러분의 생각을 솔직하게 적어 주면 앞으로 보다 나은 교육활동을 하는 데 큰 도움이 될 것입니다.

1. 선생님의 좋은 점에 대하여 적어 보세요.

2. 선생님의 고쳐야 할 점에 대하여 적어 보세요.

3. 선생님에게 하고 싶은 말이나 부탁이 있으면 적어 보세요.

부록 6-11

자기장학의 활동 계획표

1. 작성일: 년 월 일 요일 2. 작성자: 3. 협의자: (교장 · 교감)

교사의 전문적 발달 영역	자기발전 목표 또는 연구 · 추진과제	자기장학의 활동 계획 (기간: ~)		비고
		자기장학의 방법	월별 · 주별 활동 계획	
• 교육철학 및 교직관				
• 교육목표 및 교육계획				
• 교육과정 및 교과지도				
• 창의적 체험활동지도				• 영역은 자신에게 가장 중요하다고 판단되는 1~2개로 최소화함
• 생활지도				
• 학급경영				
• 교육기자재 및 자료 활용				• 자기발전의 목표 또는 연구과제의 수도 실천 가능한 1~2개로 최소화함
• 컴퓨터 활용				
• 교육 연구				
• 학부모 및 지역사회관계				
• 교육 정보 · 시사				

부록 6-12

자기장학활동에 대한 자기 반성표

1. 작성일:　　년　　월　　일　요일　　2. 작성자:　　　　　　3. 협의자:　　　(교장·교감)

자기장학의 영역	자기발전 목표 또는 연구·추진과제	자기장학의 활동 과정 (기간:　　~　　)		자기반성
		자기장학의 방법	월별·주별 활동 계획	
				발전목표(연구·추진과제) 달성도: 잘된 점: 개선할 점: 향후 과제·건의사항:

부록 6-13

약식장학의 결과 정리 카드

참관 대상 교사		참관 학급		참관 일시	년 월 일 요일 교시	참관자	
		참관 교과					

1. 관찰 내용   간단한 의견이나 평점 기재

〈수업참관 시〉

① 학습 목표는 잘 제시되었는가?   ----------

② 교사의 수업 준비는 잘 되었는가?   ----------

③ 학생들과의 상호작용은 잘되고 있는가?   ----------

④ 자료의 선택 및 활용은 적절한가?   ----------

⑤ 판서는 적절한가?   ----------

⑥ 교사의 언어, 발문, 태도는 적절한가?   ----------

⑦ 학습 환경 및 학습 분위기는 좋은가?   ----------

〈학급순시 시〉

① 담임 교사의 임장지도는 잘 이루어지고 있는가?   ----------

② 교실 내 환경구성은 학생들에게 적절한가?   ----------

③ 학급 내 시설이나 비품은 잘 유지·관리되고 있는가?   ----------

④ 학생들의 용의와 실내 생활태도는 좋은가?   ----------

2. 좋은 점	
3. 개선할 점	

부록 6-14

교내 자율장학 · 자체연수에 대한 요구 조사 카드

1. 교사명: 2. 작성일:

인적사항	성별: 남 여		연령:	총 경력:	본교 부임일자:
	최종학력:	담임학급:	담당교과:	담당업무:	
		담당학년:			
	연구 중 또는 계획 중인 연구과제 또는 논문(해당자)			연구과제 또는 논문명(해당자)	
	대학원 재학 사항(해당자)			대학원명: 전공분야: 재학기간:	

교내 자율장학에 대한 요구	희망하는 자율장학활동 (○표 요망)	임상장학 ( )	수업연구 ( )	수업공개 ( )	연구과제중심 동료장학 ( )
		일대일 동료장학 ( )	자기장학 ( )	약식장학 ( )	자체연수 발표 ( )
		기타 희망하는 자율장학활동:			
	자체연수에 대한 요구	듣기를 희망하는 연수 주제(있다면)	주제:		
		자신이 발표할 수 있는 연수 주제 (교육연구 또는 학위논문 작성 시 발표 권장)	주제:	발표 희망일 1: 월 째 자체연수의 날	
			발표시간: 분 정도	발표 희망일 2: 월 째 자체연수의 날	
		초청연수를 희망하는 외부인사 · 학부모(있다면)	외부인사 · 학부모 이름 및 직업:		
			관련 학생 사항:		
기타 건의 사항					

부록 6-15

자체 연수록(교사용)

연수 일자	년 월 일 요일	연수 담당자		연수 주제		연수 장소	

1. 연수의 주요
  내용(연수자료
  참조)	

2. 유익한 지식,
  정보, 또는
  아이디어	

3. 연수에 대한 소감	

부록 6-16

장학담당자의 자기평가도구

1. 수업일:　년　월　일　요일　　2. 수업과목:　　　3. 수업대상:　학년　반
4. 수업자:　　　　　　　　5. 장학담당자:　(교장, 교감, 장학담당자)

영역	평가 내용	평점					특기사항
		5	4	3	2	1	
계획단계	1. 교사가 수업계획을 알차게 세울 수 있도록 수업정보를 제공해 주었는가?						
	2. 수업자의 학습지도안을 중심으로 사전 교재연구를 충실히 하였는가?						
	3. 수업 목표를 체계적으로 분석하여 수업자와 협의하였는가?						
	4. 교사로부터 수업 방법 및 수업 자료에 관하여 정보를 얻고 논의하였는가?						
	5. 수업자가 다양한 수업 자료를 활용할 수 있도록 여건을 조성해 주었는가?						
	6. 장학활동에 필요한 지식을 얻고 계획을 수립하여 실천하였는가?						
	합계						
실행단계	7 교사의 수업 행동을 관찰하고 분석하기 위한 전략을 수립하였는가?						
	8. 사전협의회에서 계획된 방법에 따라 관찰하였는가?						
	9. 장학담당자로서 수업 관찰 태도는 바람직하였는가?						
	10. 수업 문제점과 개선 방향을 파악하기 위해 수업자료를 분석하였는가?						
	11. 분석된 자료를 기초로 하여 교사를 돕기 위한 방법을 모색하였는가?						
	합계						
결과협의단계	12. 분석된 자료를 기초로 하여 교사와 함께 수업의 문제점을 협의하였는가?						
	13. 분석된 자료를 기초로 하여 일반화할 수 있는 수업 방법을 모색하였는가?						
	14. 수업 개선 여부를 파악하고 그에 따른 환류 자료를 제공할 수 있었는가?						
	15. 교사가 계속적인 자기발전을 하도록 필요한 조언을 제공하고 격려하였는가?						
	16. 교사의 수업 기술 연마를 위해 꾸준히 현직 연수를 실시하고 있는가?						
	17. 교사가 수업 기술 발휘를 위한 수업환경을 조성하는 데 도와주고 있는가?						
	18. 장학담당자로서 자질 향상에 힘쓰며 연구 노력하고 있는가?						
	합계						
	총계						

19. 장학담당자로서 발전을 위한 노력:

부록 6-17

임상장학활동에 대한 평가도구

1. 평가일시: 년 월 일 요일   2. 평가자: (임상장학 대상자, 임상장학 담당자)

영역	평가 내용	평점					특기사항
		5	4	3	2	1	
계획 수립 단계	1. 임상장학에 수용적인 자세를 갖고 임하였는가?						
	2. 임상장학에 관한 오리엔테이션은 효과적이었는가?						
	3. 장학담당자와 교사 상호 간에 편안한 분위기가 조성되었는가?						
	4. 수업연구 과제 혹은 수업 개선 과제를 논의하였는가?						
	5. 관찰 대상학급의 학생과 수업에 대한 정보를 교환하였는가?						
	6. 수업관찰의 시기, 내용, 방법 등 관찰 계획을 수립하였는가?						
	합계						
수업 관찰 단계	7. 수업관찰 전에 장학담당자와 교사가 학습지도안을 검토하였는가?						
	8. 녹음기나 캠코더를 사용하여 수업을 녹음 또는 녹화하였는가?						
	9. 수업관찰 시 계획 수립 단계에서 협의된 사항들을 잘 이행하였는가?						
	10. 장학담당자는 수업관찰 중에 교사나 학생들에게 불필요한 부담감을 주지 않았는가?						
	11. 장학담당자는 수업관찰 후 관찰 결과를 정리 · 분석하였는가?						
	합계						
결과 협의 단계	12. 교사는 결과 협의 전에 자신의 수업에 대해 개략적인 자기반성을 해 보았는가?						
	13. 장학담당자와 교사는 협동적인 분위기에서 객관적으로 관찰 결과를 협의했는가?						
	14. 녹음이나 녹화 자료 혹은 체크리스트와 같은 기록물을 활용하여 협의하였는가?						
	15. 장학담당자는 교사 스스로 좋은 아이디어를 끌어내도록 격려했는가?						
	16. 수업연구 과제 혹은 수업 개선 과제가 해결 · 도출되었는가?						
	17. 전반적으로 결과 협의는 알차게 이루어졌는가?						
	18. 장학담당자는 교사로 하여금 추후 수업관찰을 계획하거나 지속적으로 자기적용 · 자기평가의 노력(자기장학)을 하도록 격려했는가?						
	19. 임상장학의 결과를 일반화 · 전파하려고 노력했는가?						
	20. 논의된 주요 내용을 정리하여 추후 수업 개선이나 장학활동에 활용하려고 했는가?						
	21. 임상장학의 과정과 결과에 대하여 대체적으로 만족스러운가?						
	합계						
	총계						

22. 임상장학을 받고 수업 개선에 도움이 된 내용은?
23. 임상장학활동에서 잘된 점은?
24. 임상장학활동에서 개선이 요구되는 점은?

부록 6-18

수업장학활동에 대한 평가도구
(교장 · 교감 주도의 수업연구, 초임교사 대상 수업 관련 지도 · 조언 활동)

1. 평가일시:　　년　　월　　일　요일　　　　2. 평가자:　　(수업장학 대상자, 수업장학 담당자)

영역	평가 내용	평점 5	4	3	2	1	특기 사항
계획 수립 단계	1. 수업장학에 수용적인 자세를 갖고 임하였는가?						
	2. 수업장학에 관한 오리엔테이션은 효과적이었는가?						
	3. 교장 · 교감과 교사 상호 간에 편안한 분위기가 조성되었는가?						
	4. 수업연구 과제 혹은 수업 개선 과제를 논의하였는가?						
	5. 관찰 대상학급의 학생과 수업에 대한 정보를 교환하였는가?						
	6. 수업관찰의 시기, 내용, 방법 등 관찰 계획을 수립하였는가?						
	합계						
수업 관찰 (참관) 단계	7. 수업관찰 전에 교장 · 교감과 교사가 학습지도안을 검토하였는가?						
	8. 녹음기나 캠코더를 사용하여 수업을 녹음 또는 녹화하였는가?						
	9. 수업관찰 시 계획 수립 단계에서 협의된 사항들을 잘 이행하였는가?						
	10. 교장 · 교감은 수업관찰 중에 교사나 학생들에게 불필요한 부담감을 주지 않았는가?						
	11. 교장 · 교감은 수업 관찰 후 관찰 결과를 정리 · 분석하였는가?						
	합계						
결과 협의 단계	12. 교사는 결과 협의 전에 자신의 수업에 대해 개략적인 자기반성을 하였는가?						
	13. 교장 · 교감과 교사는 협동적인 분위기에서 객관적으로 관찰 결과를 협의하였는가?						
	14. 녹음이나 녹화 자료 혹은 체크리스트와 같은 기록물을 활용하여 협의하였는가?						
	15. 교장 · 교감은 교사 스스로 좋은 아이디어를 끌어내도록 격려하였는가?						
	16. 수업연구 과제 혹은 수업 개선 과제가 해결 · 도출되었는가?						
	17. 전반적으로 결과 협의는 알차게 이루어졌는가?						
	18. 교장 · 교감은 교사로 하여금 추후 수업관찰을 계획하거나 지속적으로 자기적용 · 자기평가의 노력(자기장학)을 하도록 격려하였는가?						
	19. 수업장학의 결과를 일반화 · 전파하려고 노력하였는가?						
	20. 논의된 주요 내용을 정리하여 추후 수업 개선이나 장학활동에 활용하려고 하였는가?						
	21. 수업장학의 과정과 결과에 대하여 대체적으로 만족스러운가?						
	합계						
	총계						

22. 수업장학을 받고 수업 개선에 도움이 된 내용은?

23. 수업장학활동에서 잘된 점은?

24. 수업장학활동에서 개선이 요구되는 점은?

부록 6-19

동료장학(수업연구 중심) 활동에 대한 평가도구

1. 평가일시:　년　월　일　요일　　　2. 평가자:　　(자신, 동료교사)

영역	평가 내용	평점					특기사항
		5	4	3	2	1	
계획 수립 단계	1. 동료장학에 수용적인 자세를 갖고 임하였는가?						
	2. 동료장학에 관한 오리엔테이션은 효과적이었는가?						
	3. 동료교사 상호 간에 편안한 분위기가 조성되었는가?						
	4. 수업발표(수업공개) 교사는 합리적인 협의를 통해 선정되었는가?						
	5. 수업연구 과제 혹은 수업 개선 과제를 논의하였는가?						
	6. 수업발표 학급의 학생과 수업에 대한 정보를 교환하였는가?						
	7. 동료교사들이 2회 이상 모여 교재연구와 관련한 유익한 정보와 아이디어를 교환하였는가?						
	8. 동료교사들이 협동적으로 학습지도안 작성에 참여하였는가?						
	9. 학습지도안을 컴퓨터로 작성하여 상호 열람이나 수정 · 보완 및 관리가 용이한가?						
	10. 작성된 학습지도안은 수업관찰 이전에 동료교사들에게 배포되었는가?						
	11. 수업관찰의 시기, 내용, 방법, 역할분담 등 관찰계획을 수립하였는가?						
	합계						
수업 관찰 단계	12. 수업관찰 전에 동료교사들이 학습지도안을 재확인하였는가?						
	13. 녹음기나 캠코더를 사용하여 수업을 녹음 또는 녹화하였는가?						
	14. 수업관찰 시 계획 수립 단계에서 협의된 관찰의 방법, 역할분담 등의 사항들을 잘 이행하였는가?						
	15. 동료교사들이 수업관찰 중에 수업발표(수업공개) 교사나 학생들에게 불필요한 부담감을 주지 않았는가?						
	16. 동료교사들은 수업관찰 후 관찰 결과를 정리 · 분석하였는가?						
	합계						
결과 협의 단계	17. 수업발표(수업공개) 교사는 결과 협의 전 개략적인 자기반성을 했는가?						
	18. 동료교사들은 협동적인 분위기에서 객관적으로 관찰 결과를 협의했는가?						
	19. 녹음 · 녹화 자료 혹은 체크리스트와 같은 기록물을 활용해 협의했는가?						
	20. 수업연구 과제 혹은 수업 개선 과제가 해결되었는가?						
	21. 전반적으로 결과 협의는 알차게 이루어졌는가?						
	22. 동료장학에서 얻어진 좋은 수업 기술을 자신의 수업에 반영했는가?						
	23. 동료장학의 결과를 일반화 · 전파하려고 노력했는가?						
	24. 논의된 내용을 정리해 추후 수업 개선이나 장학활동에 활용했는가?						
	25. 동료장학의 과정과 결과에 대하여 대체적으로 만족스러운가?						
	합계						
	총계						

26. 동료장학에 참여하고 나서 수업 개선에 도움이 된 내용은?

27. 동료장학활동에서 잘된 점은?

28. 동료장학활동에서 개선이 요구되는 점은?

부록 6-20

유치원 교사들의 동료장학(수업공개) 실시 후 평가도구

영역		단원		월·주	
주제					
목표					
일시		대상		평가자	

평가 내용	평점					특기사항
	5	4	3	2	1	
1. 주제의 선정이 유아에게 적합하였나?						
2. 목표는 유아의 수준에 맞게 세워졌는가?						
3. 교사의 언어와 태도가 바람직했는가?						
4. 교사의 질문이 개방적이었나?						
5. 수업 기술을 위해 사전에 교재 연구를 하였는가?						
6. 동료장학을 위해 자기 연수를 하였는가?						
7. 동료장학 시 지적 사항을 시정하려고 노력하였는가?						
8. 동료교사와 수업관찰에 대해 객관적 자료를 갖고 협의하였는가?						
9. 동료교사 사이에 인간관계를 위해 노력하였나?						
10. 분석 평가된 자료를 차기 수업에 반영하였나?						
11. 자료가 주제에 적합하게 제작되었는가?						
합계						

12. 동료장학을 실시한 후 좋았던 점은?

13. 동료장학을 실시한 후 개선이 요구되는 점은?

부록 6-21

동료장학(일반)활동에 대한 평가도구

1. 평가일: 년   월   일 요일   2. 평가자: (자신, 동료교사)

영역	평가 내용	평점					특기 사항
		5	4	3	2	1	
계획 수립 단계	1. 동료장학에 수용적인 자세를 갖고 임하였는가?						
	2. 동료장학에 관한 오리엔테이션은 효과적이었는가?						
	3. 동료교사 상호 간에 편안한 분위기가 조성되었는가?						
	4. 동료장학을 실시하기 위한 연간계획은 알차게 세웠는가?						
	합계						
실행 단계	5. 다양한 형태의 동료장학활동에 적극적으로 참여했는가?						
	6. 동료교사들에게 내가 가지고 있는 좋은 지식, 기술, 정보, 아이디어, 경험, 도움 등을 나누어 주려고 노력했는가?						
	7. 동료교사들로부터 좋은 지식, 기술, 정보, 아이디어, 경험, 도움 등을 배우려고 노력했는가?						
	8. 동료교사들과 서로 자신의 수업을 보여 주며 서로 배우려는 자세를 가지고 있었는가?						
	9. 동료교사들과 열린 마음을 가지고 협력적으로 생활하려고 노력했는가?						
	합계						
결과 협의 단계	10. 동료장학에서 얻어진 좋은 수업 기술을 자신의 수업에 반영했는가?						
	11. 전반적으로 동료장학은 자신의 교직생활에 도움이 되는가?						
	12. 전반적으로 동료장학은 학교의 조직풍토 개선에 도움이 되는가?						
	13. 전반적으로 동료장학은 동료교사들간 좋은 인간관계 조성에 도움이 되는가?						
	14. 동료장학의 결과를 일반화·전파하려고 노력했는가?						
	15. 논의된 주요 내용을 정리하여 추후 수업 개선이나 장학활동에 활용하려고 했는가?						
	16. 동료장학의 과정과 결과에 대하여 대체적으로 만족스러운가?						
	합계						
	총계						

17. 동료장학에 참여하고 나서 교직 생활에 도움이 된 내용은?

18. 동료장학활동에서 잘된 점은?

19. 동료장학활동에서 개선이 요구되는 점은?

부록 6-22

자기장학활동에 대한 평가도구

1. 평가일:　　년　월　일　요일　2. 평가자:　　　　　　(자신, 교장·교감)

영역	평가 내용	평점 5	4	3	2	1	특기 사항
계획 수립 단계	1. 자기발전 목표 또는 연구과제를 선정하였는가?						
	2. 자기발전을 위한 비교적 구체적인 활동계획을 수립하였는가?						
	3. 교장·교감과 협의를 통해 자기장학 계획을 발전시켰는가?						
	4. 요구되는 지원사항에 대하여 도움을 받았는가?						
	합계						
실행 단계	5. 정해진 계획대로 적극적으로 자기장학활동을 추진했는가?						
	6. 교육활동에 활용될 수 있는 새로운 지식, 기술, 정보, 아이디어를 얻기 위하여 꾸준히 노력하였는가?						
	7. 자기장학활동 중에 교장·교감과 협의의 기회를 가졌는가?						
	합계						
결과 협의 단계	8. 자기장학활동의 결과로 자기발전 목표 또는 연구과제 달성 여부를 반성·평가해 보았는가?						
	9. 자기장학활동의 잘된 점과 개선할 점 등에 대하여 반성·평가해 보았는가?						
	10. 자기장학의 활동 결과에 대하여 교장·교감에게 보고하고 협의를 가졌는가?						
	11. 자기장학을 통하여 얻어진 유익한 지식, 기술, 정보, 아이디어 등을 교사들에게 전파·일반화하려고 노력했는가?						
	12. 자기장학활동의 주요 내용을 정리하여 추후 수업 개선이나 장학활동에 활용하려고 했는가?						
	13. 전반적으로 자기장학의 과정과 결과에 대하여 대체적으로 만족스러운가?						
	합계						
	총계						

14. 자기장학활동을 하고 나서 교직 생활에 도움이 된 내용은?

15. 자기장학활동에서 잘된 점은?

16. 자기장학활동에서 개선이 요구되는 점은?

부록 6-23

약식장학활동에 대한 평가도구

1. 평가일:　　년　월　일　요일　　　　　2. 평가자:　　(교사, 교장·교감)

영역	평가 내용	평점					특기 사항
		5	4	3	2	1	
계획 수립 단계	1. 교장과 교감은 공동으로 학급순시·수업참관을 위한 적절한 계획을 수립하였는가?						
	2. 교장과 교감은 약식장학에 대하여 교사들에게 오리엔테이션을 실시하여 그 필요성이나 방법에 대하여 이해시키려 노력했는가?						
	3. 교장과 교감은 교사들과 편안한 분위기에서 약식장학 실행계획에 대하여 적절한 의사소통을 했는가?						
	합계						
실행 단계	4. 정해진 계획대로 적절히 약식장학활동을 추진했는가?						
	5. 약식장학을 실시할 때 교사나 학생들에게 불필요한 부담감을 주지 않았는가?						
	6. 수업참관의 시기와 학급에 머무르는 시간 길이는 적절했는가?						
	7. 교실을 떠날 때, 비언어적 신호 등을 사용해 교사의 수업활동에 간단한 사의를 표했는가?						
	8. 학급순시·수업참관의 결과를 간단히 정리했는가?						
	합계						
결과 협의 단계	9. 학급순시·수업참관을 통해 관찰된 교사의 수업활동이나 학급경영활동의 좋은 점과 개선 가능한 점에 대해 교사들에게 환류를 제공했는가?						
	10. 교사들로 하여금 계속적으로 자기발전을 위해 노력하도록 격려했는가?						
	11. 교장과 교감은 약식장학활동의 잘된 점과 개선할 점 등에 대해 평가해 보고 보다 발전적인 약식장학 추진을 위한 아이디어를 나누었는가?						
	12. 교장과 교감은 약식장학을 통해 얻어진 자료와 정보를 학교경영에 활용하도록 노력했는가?						
	13. 전반적으로 약식장학의 과정과 결과에 대해 대체적으로 만족스러운가?						
	합계						
	총계						

14. 약식장학활동을 통해 도움이 된 내용은?

15. 약식장학활동에서 잘된 점은?

16. 약식장학활동에서 개선이 요구되는 점은?

부록 6-24

자체연수 활동에 대한 평가도구

1. 평가일: 년 월 일 요일   2. 평가자: (교사, 교장·교감)

단계	평가 내용	평점					특기 사항
		5	4	3	2	1	
계획 수립 단계	1. 교장·교감을 비롯하여 교직원들 사이에 긍정적인 자체연수 분위기가 조성되어 있는가?						
	2. 매월 일정한 '자체연수의 날'이 정해져 있는가?						
	3. 듣기를 희망하는 연수 주제, 발표가 가능한 연수 주제 등 자체연수에 대한 요구조사가 실시되었는가?						
	4. 교직원들의 필요와 요구, 학교의 형편을 고려하여 적절한 자체연수의 계획이 수립되었는가?						
	5. 자체연수의 계획 수립에 교직원들이 적절히 참여하였는가?						
	6. 자체연수 계획의 내용이 다양하며 충실하게 구성되어 있는가?						
	7. 자체연수의 실시에 필요한 장소, 시설 및 자료와 기자재 등이 적절히 확보되어 있는가?						
	합계						
실행 단계	8. 세워진 자체연수의 계획이 잘 실행되고 있는가?						
	9. 자체연수 담당자가 다양하고 충실하여 연수효과를 높일 수 있는가?						
	10. 연수 담당자가 충실한 유인물이나 자료 혹은 기자재를 준비하여 성의 있는 연수를 하는가?						
	11. 연수 담당자의 음성이나 연수 태도 등은 적절한가?						
	12. 자체연수의 내용이 교직원들의 전문적 발달, 개인적 발달, 학교의 조직적 발달에 도움이 되고 있는가?						
	13. 다양한 자체연수 방법이 활용되고 있는가?						
	14. 연수 시기, 연수 시간, 연수 소요시간이 적절히 조절되어 있어 연수효과를 높일 수 있는가?						
	15. 연수 집단(대상) 편성은 연수 내용과 방법에 따라 적절한가?						
	16. 연수 장소는 적절하게 확보·활용되고 있는가?						
	17. 교직원들이 자체연수에 적극적으로 참여하는가?						
	합계						
평가 단계	18. 자체연수 활동의 만족스런 점과 개선이 요구되는 점 등에 대해 적절한 평가가 이루어지고 있는가?						
	19. 교직원들은 자체연수에서 얻어진 지식, 기술, 정보, 아이디어를 교직생활에 적용해 보도록 노력하고 있는가?						
	20. 교직원들은 자체연수록을 작성·관리하며 연수 결과를 계속적으로 참고·활용하도록 노력하는가?						
	21. 교장·교감은 교직원들의 연수 의지와 노력을 고무·격려하고 필요한 지원을 하는가?						
	합계						
	총계						

22. 자체연수에 참여하고 나서 교직생활에 도움이 된 내용은?

23. 자체연수 활동에서 잘된 점은?

24. 자체연수 활동에서 개선이 요구되는 점은?

부록 6-25

유치원 교사들의 자기장학(자기수업 반성) 실시 후 평가도구

영역		단원		월·주	
주제					
목표					
일시		대상		평가자	

평가 내용	평점					특기 사항
	5	4	3	2	1	
1. 주제의 선정이 유아에게 적합하였나?						
2. 목표는 유아의 수준에 맞게 세워졌는가?						
3. 교사의 언어가 분명하였나?						
4. 교사의 질문이 개방적이었나?						
5. 유아가 흥미 있게 학습에 임했나?						
6. 교사의 태도가 유아에게 친근감을 주었나?						
7. 자기 수업을 녹음·녹화하여 반성한 후 피드백 자료로 활용하였는가?						
8. 자기 지향적 연수활동을 꾸준히 실시하였나?						
9. 자기평가 자체가 잘 운영되고 있는가?						
10. 수업 기술 향상을 위하여 교재 연구를 하였나?						
11. 자료가 주제에 적합하게 제작되었는가?						
12. 자료가 적절히 제시되었는가?						
합계						

13. 자기수업 반성을 실시한 후 좋았던 점은?

14. 자기수업 반성을 실시하는 데 아쉬웠던 점은?

부록 6-26

Flanders의 언어상호작용 분석법 개요

Flanders의 언어상호작용 분석법은 수업시간에 이루어지는 교사와 학생 간 언어상호작용의 내용을 10가지 분류 항목으로 구분하여 분석하는 방법이다. 수업참관을 하면서 매 3초마다 수업에서 일어나는 상황을 10 가지 분류 항목에 따라 해당 번호를 계속적으로 기록하고, 수업이 끝난 후에 기록된 10가지 분류 항목 번호의 빈도와 비율 혹은 번호의 기재 유형 등을 분석한다. 이러한 분석을 통해 교사와 학생 간 언어상호작용의 일반적인 형태를 알아보며, 보다 효과적이고 바람직한 언어상호작용을 위한 정보를 얻을 수 있다.

〈Flanders의 언어상호작용 분류 항목〉

교사의 발언	반응	1. 감정의 수용: 비위협적인 방법으로 학생의 감정이나 태도를 수용하거나 명료화한다. 감정은 긍정적일 수도 있고 부정적일 수도 있다. 감정을 예측하고 회상하는 것도 포함된다. 2. 칭찬이나 격려: 학생을 칭찬하거나 격려한다. "으흠." "그렇지."라고 말한다. 긴장을 완화하는 농담을 한다. "그래, 그래." 또는 "계속해 봐."라고 말하는 것도 포함된다. 3. 학생의 생각을 수용하거나 사용하기: 학생이 자신의 생각이나 의견을 제시하도록 하고 개발하게 한다. 학생들이 말한 생각을 도와주거나 발달시킨다. 4. 질문: 학생이 대답할 것을 기대하면서 교사의 아이디어에 기반을 두고 내용 또는 절차에 대하여 질문을 한다.
	주도	5. 강의: 교사가 내용이나 절차에 대하여 사실이나 의견을 제시한다. 교사 자신의 아이디어를 표현하고, 자기 자신이 설명을 한다. 6. 지시: 학생이 순응할 것을 기대하는 지시, 지휘, 명령을 한다. 7. 학생을 비판하거나 권위를 정당화함: 학생의 좋지 못한 행동을 좋은 행동으로 바꾸기 위하여 비판적인 말을 한다. 학생의 대답을 독단적으로 정정한다. 교사가 하고 있는 것을 왜 그렇게 해야 하는가에 대해 설명하거나, 자기자랑을 한다.
학생의 발언	반응	8. 학생의 말-반응: 교사의 단순한 질문에 대하여 학생이 단순한 답변이나 반응을 한다. 학생이 답변하도록 교사가 먼저 유도한다. 학생 자신의 아이디어를 표현할 자유가 제한된다.
	주도	9. 학생의 말-주도: 학생의 자발적인 반응 혹은 교사의 유도에 의한 반응으로 학생 자신의 아이디어를 주도하거나 표현한다. 교사의 넓은 질문에 대하여 학생이 여러가지 생각, 의견, 이유 등을 말한다.
기타		10. 침묵이나 혼란: 관찰자가 교실 내 의사소통을 이해할 수 없는 잠깐 동안의 혼란, 침묵, 중단 또는 실험, 실습, 토론, 책읽기, 머뭇거리는 것

〈계속〉

〈분류의 기본 준칙〉

제1준칙: 교사나 학생의 언어가 둘 이상의 분류 항목 중 어느 것으로 하면 좋을지가 확실치 않고 망설여질 때는 5항목으로부터 멀리 떨어진 항목을 선택한다. 단 10항목은 이 준칙에 해당되지 않는다.

제2준칙: 만일 기본적인 교사행동의 어조가 계속적으로 지시적이거나 계속적으로 비지시적이면, 교사의 어조의 명백한 전환을 확인함이 없이는 반대 분류로 옮기는 것을 삼가야 한다.

제3준칙: 관찰자는 그 자신의 편견이나 교사의 의향에 좌우되지 말아야 한다. 교사의 의향보다 결과적으로 나타난 학생들의 행동을 보고 분류하는 것이 중요하다.

제4준칙: 교사와 학생의 언어를 분류하는 것은 3초마다 한 번씩 하기로 되어 있는데, 만일 3초 동안 하나 이상의 분류 항목이 나타나면 나타난 모든 분류 항목을 기록하도록 한다.

제5준칙: 3초 이내에 두 가지 이상의 분류 항목이 나타나는 경우에, 그다음 3초는 다르게 나타난 분류 항목을 기준으로 하여서 생각한다.

제6준칙: 6항목의 지시는 그 지시가 결과적으로 학생들의 어떤 행동을 유발하는 것을 관찰할 수 있거나 또는 예견될 수 있는 교사의 말이어야 한다.
　① 언어 이외의 행동으로 학생의 복종을 요구하는 교사의 발언
　② 읽기 및 작업에 관한 지시
　③ 긴장감을 수반하는 단순한 학생의 언어적인 반응을 요구하는 교사의 발언
　　(주의: 부드럽게 "복남이가 발표해요!" → "발표해 볼 사람?" "복남이!" → 질문(4), 강한 어조로 "복남이가 발표해!" → 지시(6))

제7준칙: 어떤 질문을 하고 이 질문에 답변할 학생을 지명하면 대부분의 경우 4항목으로 분류된다.

제8준칙: 교사가 책을 읽어 가면서 설명을 하면 이는 강의의 일부로 보고 교사의 책 읽는 행동까지 합쳐서 5를 기록하나, 교사가 시범으로 책을 읽으면 작업의 시범과 마찬가지로 취급하여 10을 기록한다.
　(주의: 학생이 책을 틀리게 읽은 부분을 교사가 교정해 주면 → 강의(5), 학생이 책을 틀리게 읽은 부분을 학생이 교정해 주면 → 학생의 말-주도(9))

제9준칙: 만일 3초 이상에 걸쳐서 침묵이 계속되거나 웃거나 또는 혼동된 상태하에 교사와 학생의 언어상호작용이 분명치 않으면 각 3초마다 10을 기록한다.

제10준칙: 판서를 오래 계속하거나 토론·실험·작업 등이 오래 계속되어서 10을 계속적으로 기록해야 할 경우에는 관찰기록부에 비고를 문장으로 부기하여 둔다.

제11준칙: 교사가 학생의 맞는 답변을 반복하면 이것은 하나의 칭찬으로 보고 2를 기록한다.

제12준칙: 교사가 학생이 말한 것을(맞았든 틀렸든) 반복하되 반복에 그치는 것이 아니라 강의를 계속하거나 토론에 이용한다면 이 반복 부분은 3항목으로 분류한다.
　(주의: '지금 교사가 말하고 있는 것이 교사 자신의 생각이냐 아니면 학생 자신의 생각이냐'가 판단 기준이다.)

제13준칙: 만일 한 학생이 이야기하고, 이어서 딴 학생이 이야기하면 9와 9, 8과 9 또는 8과 8 사이에 10을 기록한다. 이것은 학생이 바뀌었음을 나타낸다.

제14준칙: 9항목이 3초 이상 계속되는 동안에 교사가 "으흠, 으흠, 그래서"와 같은 말을 하면 9와 9 사이에 2(권장)를 기록한다.

제15준칙: 학생에게 창피를 주거나 학생을 비꼬는 것이 아닌 교사의 농담은 2항목으로 분류한다.
　(주의: 만일 농담이 어떤 한 학생을 웃음거리로 만드는 결과를 가져온다면 이는 7항목으로 분류한다.)

제16준칙: 수사적인 질문은 진짜 질문이 아니며 강의하는 기술의 하나이기 때문에 5항목으로 분류한다. 수사적인 질문은 교사의 자문자답과 같이 학생이 답변할 것을 요구하지 않는 질문을 의미한다.

제17준칙: 교사의 좁은 질문은 그다음에 8을 기록하는 전조이다.

제18준칙: 교사의 질문에 대하여 여러 학생이 한꺼번에 답변을 하면 이 답변은 8에 해당된다. "알았지?"라는 질문에 대하여 여러 학생이 한꺼번에 "예!"라고 하면 8로 분류한다.

〈계속〉

〈Flanders의 언어상호작용분석 연습자료〉

국어과 말하기 수업자료

T: 교사 S: 학생

T: "네, 오늘은 아주 날씨가/맑고 화사합니다./재연이, 안녕?"/
　　　⁵　　　　　　　　⁵　　　　　　⁵

S: "네, 선생님, 안녕하십니까?"/
　　⁸

T: "예, 오늘은/아주 기분이 좋아요./수진이, 안녕?"/
　　　⁵　　　⁵　　　　　　⁵

S: "선생님, 안녕하셔요?"/
　　⁸

T: "네, 오늘따라/수진이 얼굴이/더 예쁘게 보이네요."/
　　　⁵　　　⁵　　　　　⁵

S: "안녕하십니까?"/
　　⁸

T: "어린이 여러분, 안녕하십니까?/오늘 따라 여러분이/이렇게 명랑하고/씩씩하게 인사하니까/선생님
　　⁵　　　　　　　　　　⁵　　　　　　⁵　　　　　　　　　　　⁵
기분이 더욱 좋고/오늘따라 날씨도/맑게 보이는 것 같아요."/
　　⁵　　　　　　⁵

T: "신유순 어린이/, 어제 저녁에 무엇을 했습니까?"/
　　⁴

S: "저는 어제 집에 가서/아빠, 엄마께서 마늘 밭을/매시는 일을 도와 드렸습니다."/
　　⁸　　　　　　⁸　　　　　　　　　　⁸

T: "네, 마늘 밭을 매시는 일을 도와 드렸군요./참 착한 일을 했습니다."
　　³　　　　　　³　　　　　　　³

T: "이민우 어린이는/어제 집에 가서/무엇을 했습니까?"/
　　⁴　　　　⁴　　　　⁴

S: "저는 어제 집에 가서/어머니께서 운영하시는/식당 일을 도와 드렸습니다."/
　　⁸　　　　　⁸　　　　　　⁸

T: "이민우 어린이는/아주 착한 일을 했어요./우리 어린이들 모두/이제부터 부모님/일손을 도와 드리고/
　　²　　　²　　　　　　　³　　　　　³　　　　³
예습도 잘하고/공부 준비도 많이 하세요."/
　　³　　　³

S: "네." (일제히)/
　　⁸

T: "조금 전에/선생님이 수진이와 유순이와 인사를 나누었고/이어서 어린이 여러분과/인사를 나누었어
　　⁵　　　　　⁵　　　　　　　　　⁵　　　　　⁵　　　　　　　　　　⁵
요./조금 전에 두 어린이와/인사를 나눌 때와/전체 어린이 여러분과/인사를 나눌 때/선생님의 목소
　　⁵　　　　　⁵　　　　　⁵　　　　　⁵　　　　⁵
리에서/어떤 차이점을/느낄 수 있었는지/누가 한번 발표해 보겠어요?"/
　　⁴　　　⁴　　　　⁴

S: "제가 발표해 보겠어요." (여럿이 일제히)/
　　⁸

T: "박재영 어린이/한번 발표해 보세요."/
　　²　　　²

〈계속〉

S: "선생님께서/수진이와 재영이와/인사를 나눌 때에는/목소리가 작았고,/우리 반 전체 아이들과/인사를 나눌 때에는/목소리가 컸습니다."/

T: "그래요, 박재영 어린이가/좋은 차이점을 또박또박/잘 발표했군요."/

T: "또 다른 차이점을/누가 또 발표해 볼까요?"/

S: "제가 발표해 보겠습니다."/

T: "신상훈 어린이 발표해 보세요."/

S: "재연이 수진이 두 어린이와/인사를 나눌 때에는/목소리가 부드러웠습니다."/

S: "제가 발표해 보겠습니다."/

T: "그래요. 박태진/어린이 발표해 보세요."/

S: "무엇이라 꼬집어/말할 수는 없지만/말의 느낌이 달랐습니다."/

T: "아, 느낌이 달랐습니까?/아, 그랬군요./네, 몇 명의/어린이가 그 차이점을/잘 발표했습니다./오늘 공부할 내용은/이렇게 말하기의/여러 형태와/상황을 알고 거기에/알맞는 목소리의 크기와/속도를 말하는 것을/공부하기로 했습니다."/

"자, 그럼./선생님이 여기 녹음테이프에/어떤 드라마 장면의/한 부분을 녹음해/왔습니다./말하기 형태가 어떤 것인지/듣고서 잘 발표해 보도록 합시다."/

T: "자, 그럼 녹음기를 틀어 보겠습니다."/

『선생님께서/저의 솜씨를 칭찬하시며/커서 문학가가 되라고/말씀하셨지만/나는 커서 과학자가/되고 싶다.』

T: "말하기의 형태가 어떻습니까?/누가 한번 발표해 볼까요?"/

S: "제가 발표해 보겠습니다."/

T: "김재환 어린이/한번 발표해 보세요."/

S: "네, 말하기의 형태는/지금 말한 것처럼 혼자 말하기입니다."/

T: "그래요, 말하기 형태는/혼자 말하기라고 잘 발표했습니다./

그럼, 이렇게 혼자 말하기/형태는 어떠한 예가 있을까요./누가 발표해 보겠어요?"/

-이하 생략-

⟨Flanders의 언어상호작용분석 기록표⟩

- 관찰일:　　년　　월　　일　요일
- 수업자:
- 관찰자:
- 대상:　　학년　　반
- 과목 및 단원: 국어과 말하기(20분 수업)

시간 구분: 30초 …… 1분 …… 15초

구분																									
도입	5	5	5	8	5	5	5	8	5	5	5	8	5	5	5	5	5	5	5	4	4	8	8	8	3
	3	3	4	4	4	8	8	8	2	2	3	3	3	3	3	8									
전개	5	5	5	5	5	5	5	5	5	5	4	4	4	8	2	2	8	8	8	8	8	8	8	4	4
	9	6	8	8	8	9	3	3	8	8	8	1	1	2	2	2	5	5	5	5	5	5	5	5	5
	5	5	5	5	10	10	10	10	10	10	4	4	8	6	6	8	8	3	3	3	4	4	8	6	8
	8	2	4	4	8	5	5	5	8	5	5	5	5	5	5	5	8	5	5	5	8	5	5	5	
	5	5	5	5	5	5	5	5	5	4	4	4	4	4	4	4	4	10	10	10	10	10	10	4	4
	8	6	8	8	8	3	3	3	4	9	6	8	8	3	3	3	4	4	9	6	8	8	8	32	4
	4	4	9	9	9	9	9	5	5	5	5	5	5	5	5	10	10	10	10	10	10	10	10	4	8	4
	4	4	8	3	3	4	4	4	4	4	4	4	4	8	8	4	4	8	6	6	8	8	2	4	4
	4	8	6	6	9	9	9	2	2	5	5	5	9	9	9	5	5	5	8	6	6	8	8	2	
	4	4	4	4	6	8	8	8	2	5	5	5	5	5	5	5	5	4	8	4	8	4	8	5	5	5
	5	4	8	8	8	8	8	4	4	4	4	4	4	4	4	9	9	4	4	4	4	4	4	8	8
	8	8	8	8	2	4	4	4	4	4	9	6	6	9	9	9	9	9	2	5	5	5	5	5	
	5	5	5	5	5	5	5	5	5	5															
정리																									

⟨계속⟩

〈분석 절차 및 해석〉

1. 기록표에 기재된 1번부터 10번까지 분류 항목별 빈도수를 구하고 전체에 대하여 백분율로 환산해서 해석한다.
2. 아래와 같은 언어상호작용 분석표 양식을 사용하여 각 항목별 빈도수와 백분율을 구한다.

〈Flanders의 언어상호작용 분석표〉

구분		내용	시간 경과(분)									계	%
			5	10	15	20	25	30	35	40	45		
교사의 발언	비지시적 발언	1. 감정의 수용											
		2. 칭찬이나 격려											
		3. 학생의 생각 수용·사용하기											
		4. 질문											
		5. 강의											
	지시적 발언	6. 지시											
		7. 학생에 대한 비판, 권위의 정당화											
학생의 발언		8. 발표(반응)											
		9. 발표(주도)											
기 타		10. 침묵, 혼란											

해석:

종합:

〈계속〉

3. 언어상호작용 결과를 분석하는 데 유용한 지수:

① 교사발언비 = (1+2+3+4+5+6+7) ÷ (1+2+3+4+5+6+7+8+9+10) × 100(%)

'3분의 2법칙'을 깨뜨려야 함

교사의 말을 전체적으로 줄이며 아울러 지시적인 말을 줄이도록 노력해야 함

3분의 2법칙: 수업 중 3분의 2(전체 67%)는 발언(교사발언+학생발언) 비율이며, 이 중 3분의 2는 교사가 말하며(전체의 44%), 또 이 중 3분의 2는 지시적인 말(전체의 30%)임(미국의 초·중등학교 교사들의 평균치)

② 학생발언비 = (8+9) ÷ (1+2+3+4+5+6+7+8+9+10) × 100(%)

학생들의 발언할 기회를 확대하도록 노력해야 함

③ 수정 비지시비 = (1+2+3)(비지시) ÷ [(1+2+3)(비지시) + (6+7)(지시)] × 100(%)

비지시비는 최소한도 50% 이상 되어야 바람직함. 50% 이상이면 지시·명령하고 야단친 것보다 학생의 느낌을 받아들이고 칭찬·격려하며, 학생의 생각을 수용하고 사용한 교사발언이 많았음을 뜻함.

비지시비가 낮을수록 교사 중심의 수업을, 비율이 높을수록 학생 중심의 수업을 했음을 의미함.

④ 교사질문비 = (4) ÷ (4+5) × 100(%)

강의 중 질문을 통해 학생의 이해를 파악하는 정도를 나타내는 지수임

⑤ 학생질문 및 넓은 답변비 = (9) ÷ (8+9) × 100(%)

학생 발언 전체 중에서 높은 차원의 정신능력을 요하는 발언이 얼마인지를 나타내는 지수임

제7장

교사의 자기개발 활동

1. 머리말

교원은 자신의 전문성을 높이기 위하여 스스로 끊임없이 노력하여야 한다. 교원의 자질과 능력이야말로 교육의 질과 성패에 영향을 미치는 가장 중요한 요소이다. 교직이란 본질적으로 전문적인 지식과 기술을 습득하고 연마하기 위하여 장기적이고 계속적인 교육과 연찬이 필요한 직종이다. 더욱이 오늘날과 같이 급변하는 정치적 · 경제적 · 사회적 추세에서는 이러한 변화에 대처하기 위하여, 교원들은 보다 적극적으로 새로운 지식과 기술을 습득해 나가야 한다.

교원의 자기개발 · 자기발전을 위한 노력은 교원으로서 당연히 해야 할 책무이다. 이 책무는 법적으로도 규정되어 있다. 「교육기본법」 제14조에서는 교원은 교육자로서 갖추어야 할 품성과 자질을 향상시키기 위하여 노력하여야 한다고 규정하고 있다. 이는 교원의 전문성 함양을 위한 노력과 책임의식을 강조하는 것이다.

법적인 논의 이전에 규범적으로 볼 때에도, 교원은 우리의 2세를 대상으로 그들과의 인격적인 상호작용을 통하여 인간교육을 지향하는 대단히 중요한 활동에 종사하고 있으므로, 이를 위하여 자신의 능력 향상을 위해 부단히 노력해야 할 윤리적 책임감을 느껴야 하는 것이다.

2005년에 한국교원단체총연합회가 종전 '사도헌장'을 개정하여 선포한 '**교직윤리헌장**'에서는, 국민으로부터 부여받은 교육자의 책무를 다하기 위해 최선을 다하며, 교육자의 품성과 언행이 학생의 인격 형성을 좌우할 뿐만 아니라 사회 전반의 윤리적 지표가 된다는 사실을 깊이 인식하고, 윤리성과 전문성을 높이기 위해 노력해야 한다고 규정하고 있다.

교원의 자질 및 전문성 향상을 위한 노력의 필요성은 국제적으로도 강조되고 있다. 1966년 유네스코(UNESCO)와 세계노동기구(ILO)는 세계 각국에서의 교원의 지위에 관하여 일련의 공통적인 기준과 척도를 설정하기 위한 목적으로 '**교원의 지위에 관한 권고**'를 선포하였다. 이 권고는 무엇보다도 교직을 전문직으로 보아야 한다는 점을 권고 전체에 걸쳐서 분명히 하고 있다.

권고의 기본 원칙으로 제6항에 "교직은 전문직으로 간주되어야 한다(Teaching should be regarded as a profession)."라고 하며 교직이 전문직임을 못박고 있다. 이는 교직이 전문직으로 이해되어야 하는 근거로서 '엄격하고도 계속적인 연구를 통하여 습득·유지되는 전문적 지식과 전문화된 기술을 필요로 하는 공공적 업무의 하나'이며, 또한 '교원들에 대하여 그들이 담당하고 있는 학생들의 교육과 복지를 위하여 개인적·집단적 책임감을 요구'하기 때문이다.

지금까지 살펴본 규정들은 교직이 전문적인 지식과 기술을 습득하기 위한 장기적이고 계속적인 교육과 연찬이 필요하고, 엄격한 자격 기준이 요구될 뿐만 아니라, 교직 종사자들의 권익보다 학생들의 권익이 우선하는 사회공공적·윤리적 책임이 수반되는 직종임을 강력히 시사하는 것이다. 따라서 전문직 종사자로서 교원은 전체 교직기간을 통하여 평생교육 차원에서 끊임없이 자기개발·자기발전의 필요성이 대단히 높다.

2. 교사의 자기개발 영역

교사의 **자기개발** 영역은 교내 자율장학이 다루게 될 3영역인 ① 교사의 전문적 발달 영역, ② 교사의 개인적 발달 영역, ③ 학교의 조직적 발달 영역과 같다.

표 7-1 교사의 자기개발 3영역(교내 자율장학의 영역과 동일)

영역	교사의 전문적 발달	교사의 개인적 발달	학교(유치원)의 조직적 발달
목표	교육과정 운영의 효율화	교사 개인의 성장·발달	학교(유치원) 조직 운영의 효율화
내용	교사들이 교과지도, 교과외활동지도, 생활지도를 포함하는 교육활동 전반에 있어서 안정·숙달·성장을 도모하는 데 관련되는 내용	교사들이 개인적·심리적·신체적·가정적·사회적 영역에서 안정·만족·성장을 도모하는 데 관련되는 내용	학교의 조직환경 및 조직풍토를 긍정적으로 변화시켜 학교 내에서 교사들의 삶의 질을 높이고, 학교조직의 목표를 효과적으로 달성하는 데 관련되는 내용
	• 교육철학 및 교직관 • 교육목표 및 교육계획 • 교육과정 및 교과지도 • 창의적 체험활동지도 • 생활지도 • 학급경영 • 교육기자재 및 자료 활용 • 컴퓨터 활용 • 교육연구 • 학부모·지역사회 관계 • 교육 정보·시사 등	• 교사의 신체적·정서적 건강 • 교사의 성격 및 취향 • 교사의 가정생활 • 교사의 사회생활 • 교사의 취미활동 • 교사의 종교활동 등	• 학교 경영계획 및 경영평가 • 학교경영 조직 • 의사소통 및 의사결정 • 교직원간 인간관계 • 교직원 인사관리 • 학교의 재정·사무·시설 관리 • 학교의 제규정 • 학교의 대외적인 관계 등

1) 교사의 전문적 발달 영역

교사의 전문적 발달 영역은 교육과정 운영의 효율화에 초점을 두어서, 교사들이 교과지도, 교과외활동지도, 생활지도를 포함하는 교육활동 전반에 있어서 안정·숙달·성장을 도모하는 데 관련되는 내용을 의미한다. 대체로 교사의 전문적 발달과 관련하여 다루어질 수 있는 내용은 ① 교육철학 및 교직관, ② 교육목표 및 교육계획, ③ 교육과정 및 교과지도, ④ 창의적 체험활동지도, ⑤ 생활지도, ⑥ 학급경영, ⑦ 교육기자재 및 자료 활용, ⑧ 컴퓨터 활용, ⑨ 교육연구, ⑩ 학부모·지역사회 관계, ⑪ 교육 정보·시사 등이다. 교사의 전문적 발달을 위한 예시적 활동은 〈표 7-2〉와 같이 제시될 수 있다.

표 7-2 교사의 전문적 발달을 위한 예시적 활동

내용 영역	예시적 활동
교육철학 및 교직관	교육철학 및 현대교육사조에 관한 연수 / 교사의 직무, 사명감, 근무자세, 교사의 권리와 의무 등에 관한 연수
교육목표 및 교육계획	교육목표 수립에 관한 연수, 협의, 공동 작업 / 교육계획서 수립에 관한 연수, 협의, 설문조사, 공동 작업
교육과정 및 교과지도	교육과정의 편성 및 운영에 관한 연수, 협의 / 학년별 교과별 영역별 교과지도 목표에 관한 협의 / 교재연구의 공동 추진 / 학습지도안 공동 작성 / 교수-학습 방법에 관한 연구, 협의 / 개별화(수준별) 및 열린학습 수업모형의 공동 개발 / 창의성 교육에 관한 연수, 연구, 협의 / 예체능 협동학습 연구, 협의 / 초등학생 영어 수업지도 방법에 관한 연수 / 수행평가, 절대평가 등 학습평가에 관한 연수, 협의 / 교과별 학년별 수업연구 및 수업공개 활동 / 교과지도의 제반 내용에 관한 연수, 연구, 협의 / 교내·교외(원내·원외) 교과협의회(연구회) 활동 / 녹음·녹화를 통한 수업분석 활동 / 몬테소리 교육에 관한 연수 / 유치원 교육·초등교육 연계 지도에 관한 연수 / 유치원 혼합반 운영에 관한 연수 / 각종 학예행사, 현장학습에 관한 연수, 연구, 협의
창의적 체험 활동지도	창의적 체험활동지도의 이론과 실제에 관한 연수, 연구 / 학생회활동 지도의 이론과 실제에 관한 연수, 연구 / 학교(유치원) 행사의 계획과 실천에 관한 연수, 협의 / 클럽활동 지도 능력 배양을 위한 연수, 연구 / 각종 의식행사, 체육행사에 관한 연수, 연구, 협의
생활지도	유아·아동·청소년의 특성에 관한 연수, 연구 / 생활지도 활동의 이론과 실제에 관한 연수, 연구 / 생활지도 활동에 관한 협의 / 인성교육에 관한 연수, 연구, 협의 / 진로지도의 이론과 실제에 관한 연수, 연구 / 상담기법에 관한 연수, 연구 / 성교육에 관한 연수 / 레크리에이션 지도기법에 관한 연수, 연구 / 각종 심리·인성 검사 활용 방법에 관한 연수, 연구
학급경영	학급경영의 이론과 실제에 관한 연수, 연구 / 학급경영안 작성과 활용에 관한 연수, 연구 / 학급환경 조성에 관한 연수, 연구 / 학급경영 평가에 관한 연수
교육기자재 및 자료 활용	멀티미디어 등 교단 선진화 기자재 활용에 관한 연수, 연구 / 각종 실험·실습·실기 기자재 활용에 관한 연수, 연구 / 각종 교구, 기자재, 자료 활용에 관한 연수, 연구 및 관련 자료 공동 제작
컴퓨터 활용	컴퓨터 활용법에 관한 연수 / 컴퓨터 통신과 인터넷 활용에 관한 연수 / 컴퓨터를 활용한 학습지도안 및 수업자료에 관한 연수 및 공동 제작 / 컴퓨터를 이용한 각종 소프트웨어 공동 개발
교육연구	현장연구 방법에 관한 연수 / 현장연구의 개인 추진 또는 공동 추진 / 각종 연구대회 및 공모전에 개인 출품 또는 공동 출품
학부모·지역사회 관계	교사와 학부모의 관계 및 학부모 면담 기법에 관한 연수 / 학교운영위원회의 기능과 운영 방법에 관한 연수 / 학부모의 학교(유치원) 교육 참여 방안에 관한 연구, 협의(학부모 수업참관의 날, 학급경영 공개의 날, 학부모 1일교사·보조교사제도, 학부모 초빙 교직원 연수, 학부모 교육프로그램, 부모 참여수업 등) / 가정통신문을 활용하여 학교(유치원) 홍보 및 학부모 참여유도 연구 / 지역사회 탐방 또는 가정방문
교육정보·시사	변화하는 교육정책·제도 및 교육개혁에 관한 연수 / 컴퓨터와 인터넷을 통한 교육정보의 수집·분석·배포 / 각종 교육 신문, 전문지, 서적을 통한 교육정보의 수집·분석·배포 / 각종 교육에 관련된 사회적 이슈나 문제에 관한 연수

2) 교사의 개인적 발달 영역

교사의 개인적 발달 영역은 교사 개인의 성장 · 발달에 초점을 두어서, 교사가 개인적 ·
심리적 · 신체적 · 가정적 · 사회적 영역에서 안정 · 만족 · 성장을 도모하는 데 관련되는
내용을 의미한다. 대체로 교사의 개인적 발달에 관련하여 다루어질 수 있는 내용은 ① 교
사의 신체적 · 정서적 건강, ② 교사의 성격 및 취향, ③ 교사의 가정생활, ④ 교사의 사회
생활, ⑤ 교사의 취미활동, ⑥ 교사의 종교활동 등이다. 교사의 개인적 발달을 위한 예시
적 활동은 〈표 7-3〉과 같이 제시된다.

표 7-3 교사의 개인적 발달을 위한 예시적 활동

내용 영역	예시적 활동
교사의 신체적 · 정서적 건강	직업병 성인병에 관한 예방 · 치료에 관한 강좌 / 스트레스 해소 방법에 관한 연수 / 수지침, 단전호흡 등 건강관리 기법에 관한 연수 / 교직원 체육의 날 운영 / 교직원 휴게 시설 구비 · 활용
교사의 성격 및 취향	교직원 심성수련 / 교직원 성격검사(MBTI) 실시 / 긍정적 자아개념과 적극적 사고방식에 관한 연수
교사의 가정생활	바람직한 가족관계 기법에 관한 연수 / 자녀와의 대화 기법에 관한 연수 / 교직원 애경사 찾아 주기 / 교내 탁아방 운영 / 교직원 가족 친목의 날 행사
교사의 사회생활	시간관리 기법에 관한 연수 / 대화기법에 관한 연수 / 인간관계 기법에 관한 연수 / 자기관리 및 자기표현(의상, 메이크업, 동작 등) 기법에 관한 연수
교사의 취미활동	교직원 취미 · 특기 활동 / 레크리에이션 지도 및 여가 선용 방법에 관한 연수 / 교직원 작품 전시회
교사의 종교활동	교직원의 종교활동

3) 학교(유치원)의 조직적 발달 영역

학교의 조직적 발달은 초점이 학교 조직운영의 효율화에 있으므로, 학교의 조직환경
및 조직풍토를 긍정적으로 변화시켜 학교 내에서 교사의 삶의 질을 높이고, 학교 조직의
목표를 효과적으로 달성하는 데 관련되는 내용을 의미한다. 대체로 학교의 조직적 발달
과 관련하여 다루어질 수 있는 내용은 ① 학교 경영계획 및 경영평가, ② 학교경영 조직,
③ 의사소통 및 의사결정, ④ 교직원 간 인간관계, ⑤ 교직원 인사관리, ⑥ 학교의 재정 ·

사무ㆍ시설 관리, ⑦ 학교의 제규정, ⑧ 학교의 대외적인 관계 등이다.

　　여기서 주의해야 할 점은 학교의 조직적 발달을 도모한다고 해서 교사가 직접 학교경영과 의사결정을 주도하거나, 직접 교직원 인사관리를 하거나, 학교의 재정ㆍ사무ㆍ시설 관리를 해야 한다는 것을 뜻하지는 않는다. 전반적인 학교 경영이나 종합적인 의사결정, 그리고 교직원 인사관리 등의 사안은 교장ㆍ교감이 담당하고 책임을 져야 하는 것이다. 그리고 학교의 재정ㆍ사무ㆍ시설 관리 등의 사안은 행정직원이나 관계 직원들이 담당하는 것이다.

　　학교의 조직적 발달을 위하여 이러한 내용들을 다룰 수 있다고 하는 것은 교사로 하여금 그러한 내용들에 관하여 필요한 지식이나 정보 그리고 이해를 가지도록 도와주고, 그를 토대로 학교의 조직 운영이 보다 합리적이고 협력적인 방향으로 이루어지도록 한다는 것을 의미한다. 이는 궁극적으로 학교의 조직풍토 또는 조직건강을 긍정적인 방향으로 유도하는 데 기여하게 될 것이다. 학교의 조직적 발달을 위한 예시적 활동은 〈표 7-4〉와 같이 제시될 수 있다.

표 7-4　학교(유치원)의 조직적 발달을 위한 예시적 활동

내용 영역	예시적 활동
학교 경영계획 및 경영평가	학교(유치원) 경영 계획서 작성을 위한 협의, 설문조사, 교사 참여 / 학교(유치원) 경영 평가를 위한 협의, 설문조사
학교경영 조직	교무분장 편성을 위한 협의, 설문조사 / 부서별 업무 계획 수립 협의
의사소통 및 의사결정	민주적인 직원회의 운영 / 각종 협의회, 위원회의 충실한 운영 / 교장(원장)ㆍ교직원 간 대화의 시간 운영 / 학교운영위원회의 발전적 운영 / 지도성 개발 / 효과적인 의사결정 및 회의 진행 방법에 관한 연수
교직원 간 인간관계	상조회 활동 / 교직원 단합을 위한 현장연수ㆍ여행 / 각종 비공식 조직 활동에 대한 관심 / 인간관계 기법에 관한 연수
교직원 인사관리	학교(유치원)의 근무 규정에 관한 연수 / 교내(원내) 인사원칙의 합리화 / 인사위원회 운영의 합리화
학교 재정ㆍ사무ㆍ시설 관리	학교(유치원) 예산 편성 계획 및 집행 내역의 투명화 / 행정 업무의 전산화 / 공문서 작성ㆍ관리에 관한 연수 / 재정ㆍ사무ㆍ시설 관리에 관한 연수
학교 제규정	교육 관련 법규 및 규정에 관한 연수
학교의 대외적 관계	학부모ㆍ지역 인사들과의 유대관계 / 동창회와의 유대관계 / 관내 기관과의 유대관계 / 지구 자율장학 참여

제1장에서 살펴본 Burke와 동료들(1984)이 제시한 교사발달 사이클 모형은 교사의 전문적 발달 영역, 교사의 개인적 발달 영역, 학교의 조직적 발달 영역 등 세 가지를 교내 자율장학 및 교사의 자기개발·자기발달에서 다루어야 할 주된 영역으로 설정하는 데 중요한 이론적 배경이 될 수 있다. 제1장의 [그림 1-2]에 나타나 있는 것처럼 교사가 교사발달 사이클의 각 단계를 따라 전문적인 측면에서 어떻게 발달하여 가는가 하는 것은, 교사가 경험하는 교사의 개인적 환경과 학교의 조직적 환경에 의하여 커다란 영향을 받는다.

교사의 자기개발·자기발전 활동에서 다룰 수 있는 3영역 간의 관계는 자율장학에서 다룰 수 있는 3영역 간의 관계와 마찬가지로 [그림 7-1]과 같이 상호 접속되는 부분이 있는 3개의 원으로 표시될 수 있다. 세 영역은 개념상으로는 서로 명확히 구분되는 듯하지만, 현실적으로는 상호 중복되는 부분이 적지 않다. 또한 각 영역에서의 발전은 다른 영역에서의 발전에 영향을 미칠 뿐 아니라, 동시에 다른 영역에서의 발전에 의하여 영향을 받는 것이다. 즉, 각 영역에서의 발전은 상호 보완적인 동시에 상호 규제적이라 하겠다.

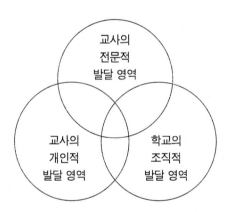

[그림 7-1] 교사의 자기개발 활동의 3영역 간의 관계

3. 교사의 자기개발 방법

교사가 자기개발을 위해 쉽게 활용할 수 있는 방법은 교내 자율장학의 여러 형태 중 자기장학 방법이다. 단, 자기장학이 교사의 전문적 발달 영역에 초점을 두고 있는데, 이를 확대하여 교사의 전문적 발달 영역뿐 아니라 교사의 개인적 발달 영역과 학교의 조직적

발달 영역까지 넓혀 다양한 영역에서 필요한 활동을 추구하면 된다.

굳이 구분을 한다면, **자기장학**을 교사 개인이 자신의 전문적 발달을 위하여 스스로 체계

표 7-5 교사의 자기개발 방법

형태		구체적인 방법
혼자 할 수 있는 활동 (자기장학 형태)		① 스스로 자신의 수업을 녹음·녹화하고 분석하여 자기반성·자기발전의 자료로 삼는 방법 ② 스스로 교사평가체크리스트를 이용해 자신의 교육활동을 평가·분석하여 자기반성·자기발전의 자료로 삼는 방법 ③ 자신의 수업이나 창의적 체험활동지도, 생활지도, 학급경영 등과 관련해 학생들과 면담이나 학생들을 대상으로 한 의견 조사를 통해 자기반성·자기발전의 자료를 수집하는 방법 ④ 1인 1과제연구 혹은 개인(현장)연구 등을 통해 자기발전을 도모하는 방법 ⑤ 교직활동에 관련된 전문 서적이나 자료를 탐독·활용하여 자기발전의 자료로 삼는 방법 ⑥ 전공교과 영역, 교육학 영역, 관련 영역에서 대학원 수강을 통해 자기발전을 도모하는 방법 ⑦ 교직전문단체, 연구기관, 학술단체, 대학, 관련 사회기관이나 단체 등 전문기관을 방문하거나 전문가와의 면담을 통해 자기발전의 자료를 수집하는 방법 ⑧ 교육활동에 관련되는 현장 방문이나 견학 등을 통해 자기발전의 자료를 수집하는 방법 ⑨ 각종 연수회, 교과연구회, 학술발표회, 강연회, 시범수업 공개회 등에 참석하거나 학교 상호 방문 프로그램에 참여하여 자기발전을 도모하는 방법 ⑩ 교직생활, 사회생활, 가정생활에 도움이 되는 각종 사회교육 기관이나 단체에서 제공하는 프로그램이나 강좌 등을 통해 자기발전을 도모하는 방법 ⑪ 인터넷이나 대중매체를 이용해 각종 교육 관련 기관·단체 등에서 자기발전의 정보·자료를 검색·수집하는 방법
동료 교사와 함께 할 수 있는 활동	동료 장학	① 수업연구(공개)중심 동료장학 • 동학년 수업연구(수업공개) • 동교과 수업연구(수업공개) 등 ② 협의중심 동료장학 • 동학년·동교과·동부서 교사 협의 • 부장 교사 협의 • 스터디그룹 활동 • 각종 공식적·비공식적 협의 등 ③ 연구과제 중심 동료장학 • 공동 연구과제 추진 • 공동 시범과제 추진 • 공동 연구 자료·작품 제작 등 ④ 일대일 동료장학 • 초임교사와 경력교사 간 짝짓기(멘토링)
	자체 연수	교내·교외의 인적·물적 자원을 활용하여 학교 주도하에 실시하는 각종 연수 활동

적인 계획을 세우고 이를 실천하는 활동이라고 하면, **자기개발 활동**은 교사 개인이 자신의 전문적 발달뿐 아니라 개인적 발달, 그리고 학교의 조직적 발달을 위하여 스스로 체계적인 계획을 세우고 이를 실천하는 활동이라고 할 수 있다.

자기개발 방법은 ① 혼자서 할 수 있는 활동, ② 동료교사와 함께 할 수 있는 활동으로 구분할 수 있다. 혼자서 할 수 있는 활동은 주로 자기장학 형태의 활동이며, 동료교사와 함께 할 수 있는 활동은 동료장학과 자체연수 형태의 활동이다.

학교현장에서 쉽게 찾아 볼 수 있는 자기개발 방법은 〈표 7-5〉와 같다. 제시된 활동들의 초점과 영역 및 형태를 자신의 형편과 필요, 그리고 근무하고 있는 학교의 형편에 맞추어 확산·변형하여 다양한 자기개발 활동으로 활용할 수 있을 것이다.

이와 같은 자기개발·자기발전의 방법들은 교사들의 요구와 필요 또는 근무하고 있는 학교의 형편에 따라 개별적으로 또는 복합적으로 사용될 수 있다. 교사는 자신의 발전을 위하여 외부의 간섭이나 통제 없이 스스로 계획을 세우고, 이를 실천에 옮기며, 그 결과에 대하여 자기반성과 자기수정을 게을리하지 않는 전문직 종사자로서의 바람직한 모습을 추구해 나가야 할 것이다.

교장·교감은 교사들이 일반적으로 자기발전·자기개발을 위한 의지와 능력을 가지고 있음을 충분히 이해하고, 이를 격려·촉진하기 위하여 필요한 여건 조성과 지원을 아끼지 말아야 할 것이다. 자기개발 활동은 원칙적으로 교사 자신의 필요와 요구를 존중하여 다양한 방법으로 전개되어야 한다.

4. 교사의 자기개발 활동 계획

교사의 자기개발 활동 계획은 다양한 방법으로 수립할 수 있다. 활동 계획 수립을 위해 일반적인 절차와 필요한 계획서 양식을 제시한다. 대체로 다음과 같은 요령에 따라 학년 단위 또는 학기 단위의 자기개발 활동 계획을 수립할 수 있을 것이다.

첫째, 교사의 자기개발 활동의 3영역인 '교사의 전문적 발달 영역' '교사의 개인적 발달 영역' '학교의 조직적 발달 영역' 등의 전체 영역에 걸쳐 자기개발 활동 계획을 수립해 본다.

둘째, 3영역 모두에 활동 계획을 수립하기 부담스러우면 우선적으로 '교사의 전문적 발달 영역'을 중심으로 하여 자기개발을 위한 활동 계획을 수립해 본다.

셋째, '교사의 전문적 발달 영역'을 중심으로 한 활동 계획 수립에 익숙해지면, 점차로 '교사의 전문적 발달 영역'뿐만 아니라 '교사의 개인적 발달 영역' '학교의 조직적 발달 영역'으로 활동 계획 수립을 확대해 간다.

넷째, 자기개발 활동 계획을 보다 용이하게 수립하기 위하여 해당되는 양식에 간략하게 관련되는 사항을 다음과 같이 기재하여 본다.

① '교사의 전문적 발달 영역' '교사의 개인적 발달 영역' '학교의 조직적 발달 영역'에 관련하여 자신의 장단점 분석을 토대로 향후 어떠한 자기개발 활동 목표 또는 연구 · 추진 과제를 설정할 수 있는지 개략적으로 탐색해 본다([부록 7-1] 참조).

② ①에서 탐색된 향후 자기개발 활동 목표 또는 연구 · 추진 과제 중 영역별로 자신이 우선적으로 실천하길 원하거나 실천이 가능하다고 생각되는 2~3개씩을 선정하여, 이를 어떠한 방법으로 실천해 나갈 것인지 구체적인 활동 계획과 일정을 가능한 한 월별, 주별로 수립해 본다([부록 7-2] 참조).

다섯째, 설정된 자기개발 활동 목표 또는 연구 · 추진 과제가 수립된 계획과 일정에 따라 얼마나 충실히 실천되었는가를 ① 목표달성도, ② 잘된 점, ③ 개선할 점 등의 관점에서 스스로 반성하여 향후 자기개발 활동에 참고하도록 한다([부록 7-1] 참조).

5. 교사의 자기 자신 돌아보기 - 교사의 자기평가

교사는 자신의 발전을 위하여 외부의 간섭이나 통제 없이 스스로 계획을 세우고, 이를 실천에 옮기며, 그 결과에 대하여 자기반성과 자기수정을 게을리하지 않는 전문직 종사자로서의 바람직한 모습을 추구해 나가야 한다. 교사 스스로 자신의 교육활동을 평가해 보는 자기평가 활동은 비교적 부담감 없이 실천할 수 있는 활동으로서 효과가 높다.

자기평가란 자기의 행동, 인격의 특성을 자기 스스로 평가하는 것을 말한다. 교사 자신에게는 교육활동 반성의 수단이 된다. 사람들은 자기평가를 통해 자신의 현재 행위를 이상적인 자기 이미지와 결합하여 자신의 성취 기준과 비교하고, 자신의 성취 수준을 이상적인 성취 기준과 비교하며, 주관적으로 이루어지는 기준이나 비교 준거에 비추어 자신의 성취가 적당한 것인가에 대한 판단을 하게 된다.

교사나 행정가는 스스로 무엇을 어떻게 가르치며, 자신이 어떻게 지도성을 발휘하는가에 대한 자료를 수집하고, 이에 대하여 체계적인 분석을 시도함으로써 자기 개선을 위한 도움을 받을 수 있다. 자기평가는 자신의 평가를 통하여 정보를 수집하면서, 자신의 직무 수행 과정과 성취 결과를 스스로 지켜보는 기법이므로 자신을 직접 반성할 기회를 제공해 준다.

자기평가에서 교사들은 그들 자신이 자료를 수집하고, 자신의 교수 활동에 대하여 스스로 평가한다. 자기평가는 자기장학의 차원에서도 바람직한 활동이다. 평가자는 자신의 장점이나 단점에 대한 판단을 기록할 수도 있고, 체크리스트에 반응함으로써 자신을 평가할 수도 있다. 또한 자신이 만든 자료나 자신의 활동을 담은 녹화 영상 같은 기록물의 분석을 통해서 자신을 평가할 수도 있다. 교사 자신이 자기발전을 위한 정보를 찾아내려고 할 때 자기평가가 크게 도움이 된다.

미국에서 학교교육 개선의 중요 요인으로 교사평가 개선에 대한 활발한 논의가 전개되어 왔다. Danielson과 McGreal(2000)은 미국의 교사평가에서 전통적인 수업관찰 이외에도 교사 자기평가, 수업활동 반성(reflection), 수업지도안, 수업활동 관련 자료(teaching artifacts/portfolios), 동료교사들로부터의 평가, 학생·학부모들을 대상으로 한 의견 조사 등의 방법을 활용할 것을 제안하였다. 교사평가 대상인 교사도 ① 초기 교사능력개발단계, ② 전문적 성장단계, ③ 세부 교사능력개발단계 등으로 구분하여 평가 계획을 세울 것으로 제시하였다.

미국에 교사평가에 있어 교육행정가에 의한 평가가 강조되고 있으면서, 동시에 교사의 자기평가, 동료교사로부터의 평가가 비교적 확대되어 가는 경향이 있다. 물론 이때 교사평가는 총합평가의 개념보다는 성장지향적인 평가(growth-focused evaluation; Beerens, 2000), 즉 형성평가의 개념이 강하다.

교사 자기평가가 왜 중요한가에 대하여 Airasian과 Gullickson(1997)이 제시한 8가지 이유는 유의할 만하다. ① 자기평가는 전문직 종사자의 책무이다. ② 자기평가는 교사의 전문적 성장과 교사의 학급 혹은 학교의 개선에 초점을 두고 있다. ③ 자기평가는 학교조직의 변화가 교사 자신의 변화와 교육실천의 변화로 초래되는 것이지, 상의하달식의 강제에 의한 것이 아님을 인정한다. ④ 자기평가는 교사 자신의 교육실천에 대한 입지를 높여 준다. ⑤ 자기평가는 교사 자신의 장점과 약점을 스스로 알게 한다. ⑥ 자기평가는 지속적으로 교사발달을 촉진하고, 교육활동에 관한 고정된 관념이나 활동을 변화시킨다. ⑦ 자기평가는 교사를 전문직으로 인정하며, 교사의 사기와 동기를 고양시킬 수 있다. ⑧ 자기평가는 동료교사들 간에 상호작용과 교수활동에 관한 대화를 촉진한다.

일본에서도 2000년 4월부터 동경의 교사에 대하여서 자기신고와 업적평가로 구성된 인사고과가 실시되고 있다. 일본의 자기신고는 우리나라에서 수행되는 자기실적평가와 유사하다.

우리나라에서 공립학교 교사의 경우 매해 1회 자기평가를 하도록 되어 있다. 매해 연말에 「교육공무원승진규정」 제16조 2항과 관련한 교육공무원자기실적평가서를 작성하도록 되어 있다. 교장 · 교감은 교사가 제출한 교육공무원자기실적평가서를 참작하여, 교사의 근무실적, 근무수행능력, 근무수행태도를 평가하게 된다. 교육공무원자기실적평가서에는 자기실적 평가 내용으로 담당 업무 추진 목표, 실적, 창의적 업무 개선 사항을 제시하고 있으며, 자기평가의 내용으로는 목표달성도, 창의성, 적시성, 노력도를 제시하고 있다.

규정으로 제도화된 **자기실적평가**가 아니라, 교육현장에서 교사 스스로 의지만 있다면 큰 부담 없이 자기를 평가해 보는 활동은 세 가지가 있다. ① 스스로 교사평가 체크리스트를 이용해 교사 자신의 교육활동을 돌아보고 자기반성 · 자기발전의 자료로 삼는 방법, ② 학부모의 입장이나 동료교사의 입장에서 자신의 교육활동을 돌아보고 자기반성 · 자기발전의 자료로 삼는 방법, ③ 자신의 수업이나 교과 외 활동지도, 생활지도, 학급경영 등에 관련해 학생들과의 면담이나 학생을 대상으로 한 의견 조사를 통해 자기반성 · 자기발전의 자료를 수집하는 방법이다.

1) 교사평가 체크리스트를 이용한 교사 자기 자신 돌아보기

교사평가 체크리스트를 이용하여 교사가 자신의 수업활동을 중심으로 한 교육활동을 스스로 돌아보는 것은 자기장학의 가장 중요한 활동이다. 자기장학은 교사 개인이 자신의 전문적 발달을 위하여 스스로 체계적인 계획을 세우고 이를 실천하는 활동이다. 교사는 전문직 종사자로서 자기성장과 자기발전을 위해 끊임없이 노력해야 한다는 당위성에서도 자기장학의 의미는 크다.

교사 스스로 자신의 수업을 녹음 또는 녹화하고 분석하여 자기반성·자기발전의 자료로 삼는 방법([부록 6-1], [부록 6-2], [부록 6-25] 참조), 교사 스스로 교사평가 체크리스트를 이용해 자신의 교육활동을 평가·분석하여 자기반성·자기발전의 자료로 삼는 방법([부록 6-6], [부록 6-7] 참조) 등은 교사 자신 돌아보기의 가장 중요한 활동이다.

2) 학부모와 동료교사의 입장에서 교사 자기 자신 돌아보기

교직생활 중에 가끔 교사의 입장이 아니라, 자신의 자녀를 교사에게 맡긴 학부모의 입장에서 또는 동료교사 입장에서 자기 자신을 돌아보는 활동을 통해 자기반성·자기발전의 계기를 얻는 것이 필요하다. 그런 취지에서 〈표 7-6〉은 중요한 두 가지 질문을 담고 있다.

첫째, "좋은 교사란 어떤 교사인가?"라는 질문이다. 함께 근무하고 있는 동료교사들 중에서 내 자녀의 담임선생님이면 좋겠다고 생각되는 교사야말로 '좋은 교사'임에 틀림없을 것이다. 그리고 "얼마나 많은 동료교사가 나를 자기 자녀의 담임선생님이면 좋겠다고 생각하겠는가?"라는 질문은 자신을 돌아보게 하는 질문이다.

필자가 수집한 교사들의 반응을 정리하여 본 결과, 〈표 7-7〉에서 보는 바와 같이, '자신의 자녀의 담임이 되면 좋겠다'고 보는 동료교사는 근무교 교사 전체의 28% 정도, '자신의 자녀의 담임이 되지 않으면 좋겠다'고 보는 동료교사는 근무교 교사 전체의 9% 정도로 나타났다.

| 표 7-6 | 학부모 입장과 동료교사 입장에서 교사 자신 돌아보기 |

나는 어떤 교사인가?
자녀를 맡기고 싶은 교사, 함께 근무하고 싶은 교사인가?

교사도 남의 자녀를 가르치는 사람이기 이전에 자신의 소중한 자녀를 다른 교사에게 맡기고 있는 학부모입니다. 가끔 이런 생각을 해 보는 것은 어떨까요? 함께 근무하고 있는 동료교사들 중에서 내 자녀의 담임선생님이면 좋겠다고 생각되는 교사를 찾아보는 것입니다. 그리고 "얼마나 많은 동료교사가 나를 자기 자녀의 담임선생님이면 좋겠다고 생각하는가?" 하는 질문을 스스로에게 던져 보는 것입니다. 내 자녀의 담임선생님이면 좋겠다고 생각되는 선생님이야말로 우수한 교사임에 틀림없을 것입니다. 그러한 의미에서 "나는 과연 우수한 교사인가요?" 그리고 나의 동료교사들과의 인간관계와 교직생활을 돌아볼 때, "나는 동료교사들이 함께 근무하고 싶어하는 교사인가요 아니면 근무하기 싫어하는 교사인가요?" 자신을 돌아보게 하는 질문입니다.

	질문	자유롭게 생각나는 것을 적어 보십시오.
좋은 교사란 어떤 교사 인가?	1. 현재 근무교의 동료교사 중 나의 자녀의 담임이 되면 좋겠다고 생각되는 교사는 ① 누구이며(익명 기재), ② 전체 교사 몇 명 중 몇 명 정도이며, ③ 그 이유는 무엇인가?	① 누구? ② 전체 교사 _____ 명 중 _____ 명 (%) ③ 이유:
	2. 현재 근무교의 동료교사 중 나의 자녀의 담임이 되지 않으면 좋겠다고 생각되는 교사는 ① 누구이며(익명 기재), ② 전체 교사 몇 명 중 몇 명 정도이며, ③ 그 이유는 무엇인가?	① 누구? ② 전체 교사 _____ 명 중 _____ 명 (%) ③ 이유:
	3. 동료교사들이 나를 어느 쪽에 속하는 교사로 볼 것인가?	① 담임이 되면 좋겠다는 교사로 볼 것이다. ② 담임이 되지 않으면 좋겠다는 교사로 볼 것이다. ③ 중간 정도의 교사이다.
좋은 동료란 어떤 동료 인가?	4. 현재 근무교의 동료교사 중 계속해서 함께 근무하면 좋겠다고 생각되는 교사는 ① 누구이며(익명 기재), ② 전체 교사 몇 명 중 몇 명 정도이며, ③ 그 이유는 무엇인가?	① 누구? ② 전체 교사 _____ 명 중 _____ 명 (%) ③ 이유:
	5. 현재 근무교의 동료교사 중 함께 근무하지 않으면 좋겠다고 생각되는 교사는 ① 누구이며(익명 기재), ② 전체 교사 몇 명 중 몇 명 정도이며, ③ 그 이유는 무엇인가?	① 누구? ② 전체 교사 _____ 명 중 _____ 명 (%) ③ 이유:
	6. 동료교사들이 나를 어느 쪽에 속하는 교사로 볼 것인가?	① 함께 근무하면 좋겠다는 교사로 볼 것이다. ② 함께 근무하지 않으면 좋겠다는 교사로 볼 것이다. ③ 중간 정도의 교사이다.

표 7-7 학부모 입장에서 동료교사 평가 결과

질문		응답 비율
① 동료교사 중 나의 자녀의 담임이 되면 좋겠다고 생각되는 교사는 전체 교사 중 몇 명 정도인가?		전체 교사 중 27.8%
② 동료교사 중 나의 자녀의 담임이 되지 않으면 좋겠다고 생각되는 교사는 전체 교사 중 몇 명 정도인가?		전체 교사 중 8.9%
③ 동료교사들이 나를 어느 쪽에 속하는 교사로 볼 것인가?	담임이 되면 좋겠다는 교사	64.0%
	담임이 되지 않으면 좋겠다는 교사	5.5%
	중간 정도의 교사	25.0%
	무응답	5.5%

계 100.0%

자료: 이윤식(2004. 4.: 34-43).

　담임이 되면 좋겠다고 생각되는 이유로 제시된 상위 10가지 이유와 담임이 되지 않으면 좋겠다는 이유로 제시된 상위 열 가지 이유는 〈표 7-8〉과 같았다.

　교사 자신도 학교에 다니는 자녀를 둔 학부모의 입장에서, 제시된 질문을 중심으로 하여 자신과 동료교사들을 돌아보면서 바람직한 모습의 교사가 되기 위하여 노력하고, 동료교사들을 격려하고 조언해 주는 것이 필요하다. 특히 동료교사가 자녀의 담임이 되면 좋겠다는 열 가지 이유를 함양하도록 노력하고, 담임이 되지 않으면 좋겠다는 열 가지 이유가 혹시 자신에게 있다면 고치려고 노력해야 할 것이다.

표 7-8 동료교사가 자녀의 담임이 되면 좋겠다는 이유와 되지 않으면 좋겠다는 이유

담임이 되면 좋겠다는 열 가지 이유	담임이 되지 않으면 좋겠다는 열 가지 이유
① 자상(따뜻한 성품)하다(17.6%).	① 권위적이고 독단적이다(15.9%).
② 학습지도를 철저하게 한다(10.6%).	② 아이들에게 체벌을 한다(8.7%).
③ 끊임없는 자기개발을 한다(7.0%).	③ 교사로서의 자질과 신념이 부족하다(7.1%).
④ 아이들의 능력개발을 위하여 노력한다(6.3%).	④ 언어 사용이 부적절하다(7.1%).
⑤ 자신의 업무수행에 충실하다(5.6%).	⑤ 자신의 사적인 일로 학급 일에 소홀하다(7.1%).
⑥ 아이들을 배려하고 격려한다(5.6%).	⑥ 아이들을 편애한다(7.1%).
⑦ 항상 활기 있고 밝은 모습을 지녔다(5.6%).	⑦ 자신의 승진에 지나치게 신경을 쓴다(4.8%).
⑧ 생활지도에 충실하다(5.6%).	⑧ 아이들에게 자상하지 않다(4.8%).
⑨ 교사로서 적당한 카리스마를 지녔다(5.0%).	⑨ 감정의 조절이 되지 않는다(4.0%).
⑩ 아이들을 편애하지 않는다(5.0%).	⑩ 출장이 잦다(4.0%).

둘째, "좋은 동료란 어떤 동료인가?"라는 질문이다. 좋은 인간관계는 어느 조직에서나 필요하다. 인간관계는 일반적으로 사람과 사람 사이에 이루어지는 다양한 상호작용을 의미한다. 어느 조직에서든지 조직 목표를 잘 달성하기 위해 조직 구성원들의 상호 협동이 요구된다. 이러한 상호 협동은 조직 구성원들 간 인간관계가 어떤가에 의해 크게 좌우된다. 개인으로 보나 조직으로 보나 인간관계는 매우 중요하다.

인간관계를 설명하는 이론으로 사회교환론이 있다. **사회교환론**은 타인과의 관계를 교환, 즉 주고받기 과정으로 파악하는 이론이다. 교환과정에서 상호 간에 물질적 · 심리적 보상이 이루어진다는 것이다. 사회교환론에서는 인간관계의 핵심 원리를 호혜성의 규범(norm of reciprocity)으로 규정한다. "콩 심은 데 콩 나고 팥 심은 데 팥 난다."라는 말이 있다. 남을 불행하게 하고 고통스럽게 하면 자신도 그렇게 되고, 남을 기쁘게 하고 행복하게 하면 자신도 그렇게 된다. 남에게 한 그대로 자신에게 되돌아온다. "남에게 대접을 받고자 하는 대로 너희도 남을 대접하라."(마태복음 7:12)라는 성경 말씀은 인간관계의 '황금률'로 널리 알려져 있다(이윤식, 2018: 2).

가끔 학교에서 좋은 인간관계를 위하여 어떻게 해야 하는지 자신을 돌아보는 기회가 필요하다. 학교에서 교사로서 기분이 좋았을 때와 기분이 나빴을 때를 돌아보면서, 좋은 인간관계를 맺기 위해 '남에게 해야 할 일'과 '하지 말아야 할 일'을 구분하고, 좋은 방향으로 행동하도록 노력하면 좋을 것이다(〈표 7-9〉, 〈표 7-10〉 참조).

표 7-9 학교 내 좋은 인간관계를 위한 자신의 노력 생각해 보기

구분	질문 1. 나는 교사로서 _____에 대하여 언제 기분이 좋았는가? (근래 경험한 1~2가지 경우를 간략히 기재)	질문 2. 나는 교사로서 _____에 대하여 언제 기분이 나빴는가? (근래 경험한 1~2가지 경우를 간략히 기재)
① 후배교사에 대하여	• •	• •
② 동료교사에 대하여	• •	• •
③ 선배교사에 대하여	• •	• •
④ 교감선생님에 대하여	• •	• •
⑤ 교장선생님에 대하여	• •	• •
⑥ 행정직원에 대하여	• •	• •
⑦ 학생에 대하여	• •	• •
⑧ 학부모에 대하여	• •	• •
앞의 경험을 종합해 볼 때, 학교 내 좋은 인간관계를 맺기 위해	내가 해야 할 일 세 가지(내가 기분이 좋았던 일을 남에게 하기) ① ② ③ 내가 하지 말아야 할 일 세 가지(내가 기분이 나빴던 일을 남에게 하지 않기) ① ② ③	

표 7-10 학교 내 좋은 인간관계를 위한 자신의 노력 생각해 보기(20년 경력 여교사 응답)

구분	질문 1. 나는 교사로서 _____에 대하여 언제 기분이 좋았는가? (근래 경험한 1~2가지 경우를 간략히 기재)	질문 2. 나는 교사로서 _____에 대하여 언제 기분이 나빴는가? (근래 경험한 1~2가지 경우를 간략히 기재)
① 후배교사에 대하여	• 본인 스스로 충분히 해결할 수 있는 일도 선배교사의 생각을 묻고 상의할 때 • 자신이 알고 있는 새로운 지식을 활용해 업무를 매끈하게 처리할 때	• 경험 미숙으로 잦은 오류를 범하면서도 물어보지 않을 때 • 친밀함이 지나쳐 누구에게나 반말할 때
② 동료교사에 대하여	• 공적, 사적 동병상련의 고민을 함께 나눌 때 • 교과지도나 학생생활지도에서 의견을 함께할 때	• 가정사를 우선시하며 자기 책임을 다하지 않고 학생들을 방치할 때 • 매사 자신은 모든 것을 다 알고 있다는 듯 끼어들며 자신의 의견만 주장할 때
③ 선배교사에 대하여	• 오랜 경험에서 얻은 학생지도 및 생활 면의 노하우를 아낌없이 알려 줄 때 • 학교나 가정생활에서 어려움을 겪을 때 자신의 경험을 이야기하며 위로해 줄 때	• 후배교사의 작은 실수나 단점을 감싸 주지 않고 박장대소하며 뒤에서 이야기할 때 • 자신의 발전을 위해 노력은 하지 않고 거저 주어지는 이익만 추구할 때
④ 교감선생님에 대하여	• 교무실에서 교사들과 희로애락을 공유할 때 • 인간적이면서도 업무 처리에 공과 사를 분명히 구분할 때	• 공정하지 않은 교무 업무 배정 • 학급관리나 학생 생활지도 면에서 담임에게 일임해도 될 일을 사사건건 지도할 때
⑤ 교장선생님에 대하여	• 업무 처리 시 전문적인 리더십을 발휘하여 존경심이 생기도록 할 때 • 개인의 애경사에 대하여 따뜻한 배려와 진심어린 걱정을 해 줄 때	• 일관성 없는 교육행정을 펼칠 때 • 독단적으로 결정하고 결정사항에 무조건 따를 것을 요구할 때
⑥ 행정직원에 대하여	• 요구대로 예산 집행을 잘 해 줄 때 • 신청한 교재·교구를 성의껏 품질 좋은 제품으로 구입해 줄 때	• 행정업무를 정확히 파악하지 못할 때 • 교사에게 학생들의 금전출납 업무를 대신할 것을 요구할 때
⑦ 학생에 대하여	• 좋은 행동과 복장으로 학교생활에 임할 때 • '선생님' 하고 부르며 다정하게 인사할 때	• 교사에 대한 기본 예절을 무시할 때 • 과제소홀, 말대답, 수업시간 중 딴짓, 교칙을 어길 때
⑧ 학부모에 대하여	• 교사도 학부모와 마찬가지로 학생을 사랑하고 있다는 사실을 인정해 줄 때 • 교사의 애로사항을 이해하고 가정교육에 충실하며 교사에 대한 존경심을 나타낼 때	• 관심을 물질로 표현하며 자기 자녀를 편애하기 원할 때 • 교사의 가정생활에 피해될 만큼 늦은 시간까지 상담을 요구할 때, 자녀의 잘못은 인정하지 않고 친구 탓만 할 때

앞의 경험을 종합해 볼 때, 학교 내 좋은 인간관계를 맺기 위해	내가 해야 할 일 세 가지(내가 기분이 좋았던 일을 남에게 하기) ① 선배, 동료, 후배교사로서 협의하고 고충을 이해하며, 자기연찬을 쉬지 않아야겠다. ② 언젠가는 관리자가 될 수 있다는 자세로 먼저 이해하기 위해 노력하고, 남들이 싫어하는 일에 솔선수범하는 생활을 해야겠다. ③ 학생을 부모된 마음으로 똑같이 사랑하고, 올바른 사회인으로 설 수 있도록 학습 면이나 생활 면에서 잘 지도해야겠다. 내가 하지 말아야 할 일 세 가지(내가 기분이 나빴던 일을 남에게 하지 않기) ① 선배, 동료, 후배교사에게 친밀감으로 예의에 어긋나는 행동을 하거나, 독선적인 행동을 하는 일이 없어야겠다. ② 관리자의 요구사항에 대하여 지나친 불평불만을 하거나, 일단 빠지고 보자는 소극적 자세를 취하지 않아야겠다. ③ 학생을 편애하거나 기성세대의 시각에서 좋지 않은 면을 부각시켜 보는 일이 없도록 해야겠다.

3) 학생이라는 거울에 비친 교사 자기 자신 돌아보기

학생들은 교사가 자신의 교육활동을 비춰 볼 수 있는 거울이다. 교사가 일상적으로 수행하는 교육활동, 수업활동의 대상이 되는 학생들은 교사의 장점과 단점에 대하여 나름대로 판단을 한다. 비록 그 판단이 미숙하고 주관적인 점이 있다 하더라도, 교사는 그들의 눈높이에서 그러한 판단을 존중하고 교육적으로 해석하고 이를 자신의 교육활동과 수업활동 개선에 반영하려는 노력을 기울여야 한다.

교사 스스로 자기발전을 위하여 열린 마음으로 학생들을 대상으로 자신을 비추어 보는 교사가 되도록 권유한다(이윤식, 2002). 자신의 수업이나 교과외활동지도, 생활지도, 학급경영 등에 관련해 학생들과의 면담이나 학생들을 대상으로 한 의견조사를 통해 자기반성·자기발전의 자료를 수집하는 방법이 있다([부록 6-8]~[부록 6-10] 참조). 물론 이와 같이 학생들을 통한 교사의 자기평가 활동은 교사 스스로 자기발전을 위한 정보 수집·활용 차원에서 권유하는 것이다.

"거울을 보는 선생님이 됩시다!"
〈학생이라는 거울에 비친 교사 자신 돌아보기〉

　사람들은 누구나 남에게 좋은 인상을 주고 싶어 하고, 자신의 얼굴에 얼룩이 묻어 있거나 복장이 단정하지 않을까 신경을 쓰면서 하루에도 몇 번씩 거울을 봅니다.

　같은 이치로, 교육전문가 · 수업전문가라고 하는 교사가 자신의 교육활동을 비춰 볼 수 있는 거울을 봐야 하지 않을까요? 선생님들의 거울은 누구인가요? 교장? 교감? 동료교사? 학생? 이 질문에 선생님들은 당연히 학생들이라고 답할 것입니다. 그렇습니다. 선생님들이 하는 교육활동 · 수업활동을 지켜보고, 그 대상이 되는 학생들이 바로 선생님들의 거울입니다. 학생이라는 거울에 자신이 어떻게 비추어지는가를 살펴보는 것은 교사로서 자기 모습을 되돌아보고, 보다 존경받는 선생님으로 변화 · 발달해 가는 데 도움이 될 것입니다.

학생이라는 거울을 보는 방법

① 교사평가에 관한 다양한 자료들을 참고하여, 근무하는 학교 및 지도하는 교과목의 실정에 맞게 10~15개 정도의 문항으로 '교사평가 도구'를 만들어 보십시오([부록 6-8]~[부록 6-10] 참조).
② 자신이 만든 '교사평가 도구'를 이용하여, 1학급 정도 학생을 대상으로 무기명 평가를 받아 보십시오.
③ 학생들 반응을 토대로 문항별 평균 점수와 전체 평균 점수(100점 만점)를 적어 보십시오.
④ '나의 교육활동에 대한 학생들의 평가 도구(자유진술식)'(① 선생님의 좋은 점, ② 선생님의 고쳐야 할 점, ③ 선생님에게 하고 싶은 말이나 부탁, [부록 6-10] 참조) 응답 결과는 항목별로 주요 내용을 1페이지 내외 분량으로 요약해 보십시오.
⑤ 전체적으로 ① 학생들의 평가 결과, ② 평가 결과를 보고 느낀 점, ③ 교사로서 자기발전을 위해 노력해야 할 점 등을 1페이지 내외 분량으로 정리해 보십시오.

거울을 보는 선생님이 됩시다

　교원교육 연구 분야에 교사발달이라는 연구 주제가 있다. 유아발달, 아동발달, 청년발달 등의 용어는 미성숙한 존재에서 성숙한 존재로의 변화 · 발달을 의미하는 용어로 사용된다. 초임교사로서 교직생활을 시작하여 교직 경력을 쌓아 가면서 퇴직에 이르는 전체 기간 중에 교사로서 필요한 여러 영역과 관련하여, 가치관, 신념, 태도, 지식, 기능, 행동에 있어 보이는 양적 · 질적인 변화를 의미하는 용어가 교사발달이다.

　교사발달이 시작되는 시점은 초임교사로서 교직생활을 시작하는 순간부터라고 할 수 있으나, 넓게 보면 교사양성 교육을 받는 대학생활부터라고 할 수 있다. 교사에게 있어서 교직과 관련된 제반 영역에서의 변화는 반드시 긍정적이고 바람직한 변화만을 의미하는 것은 아니다. 교사의 개인적 환경과 학교의 조직적 환경에서의 다양한 요인으로 인하여 때로는 부정적이고 바람직하지 못한 변화가 될 수도 있다.

처음부터 완벽한 교사는 없다. 미성숙한 초임교사에서 교장·교감·선배교사들의 지도·조언을 받으며 교직 초기에 다양한 시행착오를 경험하면서 성숙한 교사로 발달해 가는 것이다. 성숙한 교사, 바람직한 교사발달 과정을 밟아 가기 위하여, 필자는 선생님들에게 '거울을 보는 선생님'이 되길 권유한다.

필자는 하루에도 몇 번씩 거울을 본다. 대학생, 대학원생들을 포함하여 많은 사람을 만나거나, 많은 사람 앞에서 강의를 해야 할 기회가 많기 때문이다. 특히 언제부터인가 머리가 눈에 띄게 빠져 두발 상태에 신경이 쓰이면서 더욱 그렇다. 자신의 용모를 신경 쓰는 것은 단지 필자만이 아닐 것이다. 누구나 남에게 좋은 인상을 주고 싶어 하고, 자신의 얼굴에 얼룩이 묻어 있거나 복장이 단정하지 않을까 신경을 쓰면서 거울을 보는 것이다.

같은 이치로, 교육전문가, 수업전문가인 교수와 교사가 자신의 교육활동을 비춰 볼 수 있는 거울을 봐야 하지 않을까? 선생님들의 거울은 누구인가? 교장? 교감? 옆 반 동료교사? 학부모? 학생? 이 질문에 모든 선생님은 당연히 학생이라고 답할 것이다. 그렇다. 선생님이 매일매일 수행하는 교육활동·수업활동을 지켜보고, 그 대상이 되는 학생들이 바로 선생님의 거울이다.

필자는 교수로서 학기 말에 학생이라는 거울을 통해 비춰진 자신의 모습을 본다. 인천대학교는 1994년 3월 선인학원 소속 사립대학에서 인천시 시립대학이 되었다. 1994년 12월부터 모든 인천대학교 교수는 의무적으로 학생들로부터 10여 개의 문항으로 구성된 5단계 척도의 '강의평가설문지'를 통해 평가를 받는다.

'강의 내용 및 진행은 강의계획서와 대체로 일치하였는가? 수업시수의 결손이 없었으며, 강의시간도 대체로 준수하였는가? 강의 준비가 충실하였으며, 강의를 성의 있게 진행하였는가? 강의 내용 설명이 대체로 명료하였는가? 과제물이 학습내용을 보완·이해하는 데 도움이 되었는가? 시험문제는 강의 내용을 포괄적으로 측정하는 데 적합하였는가? 강의 방법이 적절하여 학습효과가 있었는가? 이 강의를 통하여 해당 분야에 대한 이해를 높이게 되었는가?' 등이 평가문항의 예이다.

강의평가 결과는 교수에게 통보될 뿐 아니라, 전체 교수의 평가점수 분포도가 공개됨으로써 본인의 상대적인 위치를 알 수 있다. 뿐만 아니라 평가 결과의 10%가 승진에 반영된다.

공식적인 강의평가 외에 필자는 개인적으로 필자의 강의를 들은 학생들로부터 강의의 내용, 방법 및 진행과정, 강사의 태도 및 강의 스타일, 과제물, 시험 등에 대하여 바람직하다고 생각되는 점, 개선되었으면 하는 점 등에 대하여 무기명으로 자유진술식의 의견을 수집한다. 보다 좋은 강의를 하는 데, 나태해지려는 필자 자신을 돌아보는 데 매우 유익한 정보를 얻을 수 있다.

선생님 자신이 자기의 수업활동이나 교육활동을 평가하는 데 적절하다고 생각되는 평가 문항을 10~15개 정도 수집하여 평가설문지를 만들어 본다. 그리고 1년에 1~2번 정도, 한 학급 정도의 학생들을 대상으로 무기명으로 평가를 받아 본다. 이때 '① 선생님의 좋은 점에 대하여 적어 보세요. ② 선생님의 고쳐야 할 점에 대하여 적어 보세요. ③ 선생님에게 하고 싶은 말이나 부탁이 있으면 적어 보세요.' 등의 자유진술 문항을 포함한 설문지도 동시에 제공하고 학생들의 의견을 적어 보도록 한다.

나태해지려는 자신을 돌아보고, 바람직하고 긍정적인 방향으로 교사발달을 추구하는 데, 그리고 제자들에게 오랫동안 기억되고 존경받는 훌륭한 교사가 되는 데 매우 유익한 거울을 보는 기회가 될 것이다.

이윤식(2002. 5.: 76-77).

'고슴도치 사랑'을 하는지 자신을 돌아보는 선생님이 되시길

어느 주일날 고슴도치 한 마리가 교회에서 목사님 설교를 들었다. '이웃을 내 몸과 같이 사랑하라'는 주제의 설교에 크게 감동을 받은 고슴도치는 '그래, 지금까지는 이웃을 사랑하지 않았는데, 오늘부터는 이웃을 사랑해야지'라고 생각하면서 교회 밖으로 뛰어나왔다. 마침 교회 마당에서 놀고 있는 병아리와 강아지를 발견하고, 달려가서 "사랑해!" 하면서 안아 주었다. 어떤 일이 벌어졌겠는가!

고슴도치가 사랑이라는 좋은 동기에서 벌인 행동이지만, 병아리와 강아지에게는 고슴도치의 날카로운 가시에 찔리는 고통을 안겨 준 것이다. '사랑의 동기'에서 출발한 행동이지만 상대방의 입장을 배려하지 않고 '사랑의 방법'이 잘못되어서 상대방을 힘들게 하는 경우, 그러한 사랑을 '고슴도치 사랑'이라고 할 수 있지 않을까?

서울의 한 번화가에 있는 고급 레스토랑에서 부부와 자녀가 은은한 음악이 흘러나오는 멋진 분위기에서 좋은 식사를 하고 있었다. 이상하게도 아이의 머리에 원형탈모증이 눈에 띄었다. 부부는 식사를 하면서 번갈아 가며 아이에게 질문을 했다. "오늘 학원에서 무슨 수학공식을 배웠나? 외워 봐라! 무슨 영어를 배웠냐? 말해 봐라!" 그 아이는 주점주점 음식을 먹으면서 질문에 답을 하는 것이었다.

아마도 그 부부는 '우리처럼 자식을 위하여 귀한 시간을 쪼개어, 이렇게 좋은 레스토랑에서, 이렇게 좋은 음식을 사 주는 부모가 얼마나 되겠어?' '우리보다 더 자식을 사랑하는 부모가 있으면 나와 보라고 해!'고 생각할지도 모른다. 그러나 자신들이 '공부지상주의라는 가시' '학력지상주의라는 가시' '일류대학 진학 목표라는 가시'로 자식을 포옥포옥 찌르는, 그야말로 '고슴도치 사랑'을 하고 있다는 것을 모르고 있는 것이다. "밥 먹을 때는 개도 안 건드린다는데, 밥 좀 편하게 먹게 내버려두세요!"라는 당연한 저항 한마디 없이 주섬주섬 음식을 먹으면서 질문에 답을 하던 아이! 아이의 원형탈모증은 지극히 당연한 것이 아닐까?

1994년 추석에, "돈 많은 자를 저주한다."라고 하면서 잔인하고 엽기적인 방법으로 5명을 연쇄살인하고 인육을 먹기까지 한 '지존파'라는 범죄 조직이 체포되어 분노와 경악을 금치 못했던 일이 있었다. 두목 김기환이라는 청년은 초등학교 때 전교 수석을 하였고, 중학교 1학년 때는 전교 148명 중 5등을 할 정도로 똑똑한 아이였지만, 3살 때 아버지를 여의고 홀어머니와 2남 1녀가 힘겹게 살아야 했던 농촌의 불우한 가정 출신이었다. 그는 재판 과정에서 "우등생이면서도 돈이 없어 미술도구를 준비하지 못해 선생님으로부터 늘 매를 맞았다."(1994. 10. 19. 2차공판 최후진술)라고 진술하며 선생님으로부터 받은 쓰라린 마음의 상처를 드러냈다. 참으로 가슴 아픈 일이 아닐 수 없다. 그와 조직원들은 강도살인죄로 형장의 이슬로 사라졌다.

한번 이런 상황을 가정해 보자. 김기환에게 마음의 상처를 준 선생님을 찾아가서 이 이야기를 전한다면 어떤 반응을 보일까? 아마도 처음에는 무척 괴로워할 것이다. 그러나 곧 이런 반응이 나오지 않을까? "나는 그 당시 열심히 학생들을 가르쳤어요. 좋은 선생님이 되려고 노력했어요. 내 제자들이 다 잘못된 것은 아닙니다. 내 제자들 중에 훌륭한 인물도 많이 나왔단 말입니다!" 자신은 열심히 학생들을 가르쳤고, 좋은 선생님이 되려고 노력했는데…… 학생은 상처를 받은 것이다. '고슴도치 사랑'을 한 것으로 본다면 크게 틀리지 않을 것이다.

어느 고등학교 3학년 남학생에게 있었던 일이다. 고3 때, 아버지는 암으로 세상을 떠났고, 어머니는 동네 작은 미장원을 꾸려 나가고 있었다. 어려운 환경에서 사춘기에 있는 이 학생은 학업에 흥미를 잃고 있었고, 그러던 중에 기타에 흥미를 느끼게 되었다.

학생의 담임선생님은 나름대로 교육적 열정이 있던 선생님이었다. 자신이 담임한 졸업반 학생들은 모두 4년제건 2년제건 대학에 진학시키겠다는 교육철학을 가지고 학생들을 열심히 지도하였다. 학생은 기타학원에 다니고 싶다고 학원 가는 날에는 야간 자율학습을 빼 달라고 했지만, 선생님은 그럴 수 없다고 하면서 야간 자율학습에 참여하라고 강권하였다. 그러나 학생은 야간 자율학습이나 주말 보충수업에도 빠지기 시작하였고 선생님의 지시에 따르지 않았다. 자연히 선생님으로부터 심한 꾸중을 듣게 되었고, 선생님과 갈등이 생기게 되었다. 갈등을 겪으면서 결석이 잦아져 결국 졸업을 못하고 자퇴하게 되어, 홀어머니의 마음을 애타게 하였다. 다행히 몇 년 후 고등학교 졸업 학력 검정고시에 합격하였다.

선생님의 입장에서 열심히 학생들을 가르친다고 하지만, 혹시라도 학생의 사정을 잘 이해하지 못하고 학생에게 상처를 주는 '고슴도치 사랑'을 하지는 않는지 조심스럽게 살펴보는 노력이 필요하다. 자신에게 고슴도치 가시가 있는지를 살펴보기 위해, '거울을 보는 선생님'이 되어야 하지 않을까? 선생님의 교육활동을 지켜보고, 그 대상이 되는 학생들이 바로 선생님 자신의 장점과 단점을 비춰 볼 수 있는 거울이다. 학생들이라는 거울을 통하여 비춰진 자신의 모습을 살펴보는 노력이 필요하다.

1년에 한두 번 학생들을 대상으로 무기명으로 평가를 받아 본다. 선생님의 교육활동에 대한 평가설문지뿐 아니라, ① 선생님의 좋은 점, ② 선생님의 고쳐야 할 점, ③ 선생님에게 하고 싶은 말이나 부탁 등 자유롭게 학생들의 의견을 적어 내도록 한다.

혹시 자신에게 있을지도 모르는 고슴도치 가시를 찾아내고, 매너리즘에 빠져 있는 자신을 돌아보고, 학생들로부터 오랫동안 기억되고 존경받는 선생님이 되는 데 매우 유익한 거울을 보는 기회가 될 것이다.

이윤식(2011. 4.: 1).

6. 맺는말

교직은 아무나 할 수 있는 직종이 아니다. 교직은 전문직이다. 교직의 전문성은 그 직무 수행에 있어서 엄격한 자격기준, 장기간에 걸친 교육과 훈련, 자율성과 사회적 책임성 등을 기본 요건으로 하고 있는 개념이다.

교사는 자신의 전문성을 높이기 위하여 스스로 부단한 자기연찬의 노력을 하여야 한다. 교원이 교육자로서 갖추어야 할 품성과 자질을 향상시키기 위하여 노력하는 것은 교원으로서 당연한 책무이다. 교직에 종사하는 전체 기간 동안 부단히 자기개발·자기발전을 위하여 노력할 것이 요구된다.

교사의 자기개발 활동 계획 수립

교사로서 전문성을 높이기 위하여 올해 한 해, 또는 한 학기 동안 추진할 수 있는 다양한 자기개발 활동에 대한 계획을 수립하여 보십시오.

■ 자기개발 활동 계획 수립 절차 ■

(1) 교사의 자기개발 활동의 3영역인 '교사의 전문적 발달' '교사의 개인적 발달' '학교(유치원)의 조직적 발달' 등 전체 영역에 걸쳐 자기개발 활동 계획을 수립해 보십시오.

(2) 3영역 모두에 계획을 수립하기 부담스러우면 우선적으로 '교사의 전문적 발달' 영역을 중심으로 하여 자기개발 활동 계획을 수립해 보십시오.

(3) '교사의 전문적 발달' 영역을 중심으로 한 자기개발 활동 계획 수립에 익숙해지면, 점차 '교사의 전문적 발달'뿐 아니라 '교사의 개인적 발달' '학교(유치원)의 조직적 발달' 영역으로 자기개발 활동 계획 수립을 확대해 가십시오.

(4) 교사의 자기개발 활동은 아래에 제시된 방법들을 자신의 형편과 필요, 근무하고 있는 학교(유치원)의 형편에 맞추어 변형하여 활용할 수 있을 것입니다.

(5) 자기개발 활동 계획을 보다 용이하게 수립하기 위하여 해당되는 양식에 간략하게 관련되는 사항을 기재하여 보십시오. 각 양식의 하단에 간략하게 기재 요령에 대한 설명을 참고하십시오.

◀ 교사의 자기개발 활동 영역 ▶

영역	교사의 전문적 발달	교사의 개인적 발달	학교(유치원)의 조직적 발달
목표	교육과정 운영의 효율화	교사 개인의 성장·발달	학교(유치원) 조직 운영의 효율화
	교사들이 교과지도, 교과 외 활동지도, 생활지도를 포함하는 교육활동 전반에 있어서 안정·숙달·성장을 도모하는 데 관련되는 내용	교사들이 개인적·심리적·신체적·가정적·사회적 영역에서 안정·만족·성장을 도모하는 데 관련되는 내용	학교의 조직환경 및 조직풍토를 긍정적으로 변화시켜 학교 내에서 교사들의 삶의 질을 높이고, 학교조직의 목표를 효과적으로 달성하는 데 관련되는 내용
내용	• 교육철학 및 교직관 • 교육목표 및 교육계획 • 교육과정 및 교과지도 • 창의적 체험활동지도 • 생활지도 • 학급경영 • 교육기자재 및 자료 활용 • 컴퓨터 활용 • 교육연구 • 학부모·지역사회 관계 • 교육 정보·시사 등	• 교사의 신체적·정서적 건강 • 교사의 성격 및 취향 • 교사의 가정생활 • 교사의 사회생활 • 교사의 취미활동 • 교사의 종교활동 등	• 학교 경영계획 및 경영평가 • 학교경영 조직 • 의사소통 및 의사결정 • 교직원 간 인간관계 • 교직원 인사관리 • 학교의 재정·사무·시설 관리 • 학교의 제규정 • 학교의 대외적인 관계 등

◀ 교사의 자기개발 방법 ▶	
형태	구체적인 방법
혼자 할 수 있는 활동 (자기 장학 형태)	① 스스로 자신의 수업을 녹음 또는 녹화하고 분석하여 자기반성·자기발전의 자료로 삼는 방법 ② 스스로 교사평가체크리스트를 이용해 자신의 교육활동을 평가·분석하여 자기반성·자기발전의 자료로 삼는 방법 ③ 자신의 수업이나 창의적 체험활동지도, 생활지도, 학급경영 등에 관련해 학생들과의 면담이나 학생들을 대상으로 한 의견조사를 통해 자기반성·자기발전의 자료를 수집하는 방법 ④ 1인 1과제연구 혹은 개인(현장)연구 등을 통해 자기발전을 도모하는 방법 ⑤ 교직활동에 관련된 전문 서적이나 전문자료를 탐독·활용하여 자기발전의 자료로 삼는 방법 ⑥ 전공교과 영역, 교육학 영역, 관련 영역에서 대학원 수강을 통해 자기발전을 도모하는 방법 ⑦ 교직전문단체, 연구기관, 학술단체, 대학, 관련 사회 기관이나 단체 등 전문기관을 방문하거나 전문가와의 면담을 통해 자기발전의 자료를 수집하는 방법 ⑧ 교육활동에 관련되는 현장에 대한 방문이나 견학 등을 통해 자기발전의 자료를 수집하는 방법 ⑨ 각종 연수회, 교과연구회, 학술발표회, 강연회, 시범수업 공개회 등에 참석하거나 학교 상호 방문 프로그램에 참여하여 자기발전을 도모하는 방법 ⑩ 교직생활, 사회생활, 가정생활에 도움이 되는 각종 사회교육 기관이나 단체에서 제공하는 프로그램이나 강좌 등을 통해 자기발전을 도모하는 방법 ⑪ 인터넷이나 대중매체를 이용해 각종 교육 관련 기관·단체 등에서 자기발전의 정보·자료를 검색·수집하는 방법

형태		구체적인 방법
동료 교사와 함께 할 수 있는 활동	동료 장학	① 수업연구(공개) 중심 동료장학 • 동학년 수업연구(수업공개) • 동교과 수업연구(수업공개) 등 ② 협의 중심 동료장학 • 동학년·동교과·동부서 교사 협의 • 부장교사 협의 • 스터디그룹 활동 • 각종 공식적·비공식적 협의 등 ③ 연구과제 중심 동료장학 • 공동 연구과제 추진 • 공동 시범과제 추진 • 공동 연구 자료·작품 제작 등 ④ 일대일 동료장학 • 초임교사와 경력교사 간 짝짓기(멘토링)
	자체 연수	교내·교외의 인적·물적 자원을 활용하여 학교 주도하에 실시하는 각종 연수활동

◀ 양식 I-1: 자기분석을 통한 자기개발 활동 목표(연구 · 추진 과제) 탐색 I-1 ▶
〈교사의 전문적 발달 영역〉

1. 작성 일자: 년   월   일   2. 교사명:

3. 담당 교과: 4. 담당 학년: 5. 담당 교무업무:

교사의 전문적 발달 영역	자신의 장단점 분석	향후 자기개발의 목표 또는 연구 · 추진 과제 탐색*
교육철학 및 교직관	• 장점: • 단점:	
교육목표 및 교육계획	• 장점: • 단점:	
교육과정 및 교과지도	• 장점: • 단점:	
창의적 체험 활동지도	• 장점: • 단점:	
생활지도	• 장점: • 단점:	
학급경영	• 장점: • 단점:	
교육기자재 및 자료 활용	• 장점: • 단점:	
컴퓨터 활용	• 장점: • 단점:	
교육연구	• 장점: • 단점:	
학부모 · 지역 사회 관계	• 장점: • 단점:	
교육 정보 · 시사	• 장점: • 단점:	

* '향후 자기개발의 목표 또는 연구 · 추진 과제 탐색' 사항은 '교사의 전문적 발달 영역'에 관련하여 '자신의 장단점 분석'을 토대로 어떠한 자기개발 활동 목표 또는 연구 · 추진 과제를 설정할 수 있는지 개략적으로 탐색.

◀ 양식 I-2: 자기분석을 통한 자기개발 활동 목표(연구 · 추진 과제) 탐색 I-2 ▶
〈교사의 개인적 발달 영역 및 학교의 조직적 발달 영역〉

1. 작성 일자:　년　월　일　　　　　2. 교사명:
3. 담당 교과:　　　　　　　　　　　4. 담당 학년:　　　　　5. 담당 교무업무:

영역		자신의 장단점 분석	향후 자기개발의 목표 또는 연구 · 추진 과제 탐색*
교사의 개인적 발달 영역	교사의 신체적 · 정서적 건강	• 장점: • 단점:	
	교사의 성격 및 취향	• 장점: • 단점:	
	교사의 가정생활	• 장점: • 단점:	
	교사의 사회생활	• 장점: • 단점:	
	교사의 취미활동	• 장점: • 단점:	
	교사의 종교활동	• 장점: • 단점:	
학교의 조직적 발달 영역	학교경영계획 및 경영평가	• 장점: • 단점:	
	학교경영 조직	• 장점: • 단점:	
	의사소통 및 의사결정	• 장점: • 단점:	
	교직원 간 인간 관계	• 장점: • 단점:	
	교직원 인사관리	• 장점: • 단점:	
	학교 재정 · 사무 · 시설 관리	• 장점: • 단점:	
	학교의 제규정	• 장점: • 단점:	
	학교의 대외적인 관계 등	• 장점: • 단점:	

* '향후 자기개발의 목표 또는 연구 · 추진 과제 탐색' 사항은 '교사의 개인적 발달 영역' '학교의 조직적 발달 영역'에 관해 '자신의 장단점 분석'을 토대로 어떠한 자기개발 활동 목표 또는 연구 · 추진 과제를 설정할 수 있는지 개략적으로 탐색.

◀ 양식 II: 자기개발 활동(연구 · 추진 과제)의 추진 계획 ▶

1. 작성 일자:　　년　　월　　일　　　　2. 교사명:
3. 담당 교과:　　　　　　　　　　　　4. 담당 학년:　　　　　5. 담당 교무업무:

영역	선정된 자기개발 활동 목표 또는 연구 · 추진 과제	자기개발 활동 계획 (기간:　　～　　)	
		자기개발의 방법	구체적인 활동 계획과 일정 (가능한 한 월별 · 주별 계획)*
교사의 전문적 발달 영역			
교사의 개인적 발달 영역			
학교의 조직적 발달 영역			

* '양식 I-1, I-2: 자기분석을 통한 자기개발 활동 목표(연구 · 추진 과제)의 탐색'에서 탐색된 '향후 자기개발 활동의 목표 또는 연구 · 추진 과제' 중 영역별로 자신이 우선적으로 실천하길 원하거나 실천이 가능하다고 생각되는 2~3개씩을 선정하여, 이를 어떠한 방법으로 실천해 나갈 것인지 구체적인 활동 계획과 일정을 가능한 한 월별 · 주별로 수립함.

◀ 양식 Ⅲ: 자기개발 활동(연구 · 추진 과제) 결과에 대한 자기반성 ▶

1. 작성 일자: 년 월 일   2. 교사명:
3. 담당 교과: 4. 담당 학년: 5. 담당 교무업무:

영역		선정된 자기개발 활동 목표 또는 연구 · 추진 과제	자기개발의 활동 결과 (기간: ~)	자기반성* ① 목표 달성도: ② 잘된 점: ③ 개선할 점:
			자기개발의 방법, 활동 과정 및 결과	
교사의 전문적 발달 영역				
교사의 개인적 발달 영역				
학교의 조직적 발달 영역				

* '양식 Ⅱ: 자기개발 활동(연구 · 추진 과제)의 추진 계획'에서 수립된 계획과 일정에 따라 선정된 자기개발 활동 목표 또는 연구 · 추진 과제가 잘 실천되었는가를 ① 목표달성도, ② 잘된 점, ③ 개선할 점 등을 반성하여 향후 자기개발 활동에 참고함.

부록 7-2

교사의 자기개발 활동 계획(예시)

◀ 양식 I-1: 자기분석을 통한 자기개발 활동 목표(연구 · 추진 과제) 탐색 I-1 ▶
〈교사의 전문적 발달 영역〉

1. 작성일자: 2001년 1월 6일   2. 교사명: 이영희
3. 담당 교과: 초등학교   4. 담당 학년: 3학년   5. 담당 교무업무: 연구부장

교사의 전문적 발달 영역	자신의 장단점 분석	향후 자기개발의 목표 또는 연구 · 추진 과제 탐색
교육철학 및 교직관	• 장점: 교사는 아동에게 항상 모범적인 행동을 보여야 한다는 신념으로 수업 결손이 없도록 하고 결근하지 않으려 노력 • 단점: 교육철학 서적을 자주 보지 않음	
교육목표 및 교육계획	• 장점: 학교 교육계획서 수립에 직접 참여. 학교 교육목표를 잘 알고 실천하고자 함	
교육과정 및 교과지도	• 장점: 담당학년 교육과정을 동학년 교사들에게 연수하여 도움을 줌. 매년 과목을 바꿔가며 공개 수업 실시 • 단점: 음악과 체육과 지도에 다소 자신이 없음	
특별활동지도	• 장점: 미술과 영역 특별활동지도(서예, 종이접기, 도안 문자) • 단점: 적응, 자치, 계발, 행사, 봉사활동의 균형 지도 필요	
학급경영	• 장점: 다양한 학습 환경을 구성하고 자주 변화를 줌으로써 아동들이 즐거워함. 즐거운 학급을 만들고 아동들에게 자신감을 키워 주기 위해 학급 문집, 동요 잔치, 학예회 등의 학급 학예활동을 추진	• 학급 내 각종 활동 활성화(학급문집 만들기, 동요 부르기 대회, 독서 나무 가꾸기, 학예회 등)
생활지도	• 장점: 레크리에이션 2급 지도자 자격증 소지. 기본 생활 습관화를 위해 단계별, 지속적으로 지도함 • 단점: 연구부장으로 아침 간부회의 참여로 아침 생활지도 불가능	

교육기자재 및 자료 활용	• 장점: 실물화상기, OHP, 프렉스비젼, VTR 등 기자재 사용 가능. 수업에 필요한 자료를 만들어 사용 후 자료함에 보관하여 다음 해에도 사용	
컴퓨터 활용	• 장점: 한글워드를 이용한 기본적인 문서 작성이 능숙하고 파워포인트 자료 제작 가능 • 단점: 엑셀, 포토샵 등의 다양한 컴퓨터의 활용 필요	• 컴퓨터 활용 능력의 강화 (워드프로세서 자격증 획득하기, 엑셀, 포토샵, 인터넷 활용 능력 증진)
교육연구	• 단점: 그 동안 교육연구 분야에 관심이 없었음. 논문 작성에 자신 없음	• 연구대회 참여 (열린교육 연구대회 참여) • 대학원 진학 준비
학부모 · 지역사회 관계	• 장점: 학교에서 3년간 운영위원을 맡았던 관계로 학부모와 지역사회 인사들과 비교적 친밀하게 지냄	
교육 정보 · 시사	• 장점: 교육 · 정책 · 제도 및 교육개혁에 관한 연수나 세미나에는 자주 참석하는 편 • 단점: 컴퓨터나 인터넷 통신을 통한 교육정보 수집 부족	

◀ 양식 I-2: 자기분석을 통한 자기개발 활동 목표(연구·추진 과제) 탐색 I-2 ▶
〈교사의 개인적 발달 영역 및 학교의 조직적 발달 영역〉

1. 작성일자: 2001년 1월 6일 2. 교사명: 이영희
3. 담당 교과: 초등학교 4. 담당 학년: 3학년 5. 담당 교무업무: 연구부장

영역		자신의 장단점 분석	향후 자기개발의 목표 또는 연구·추진 과제 탐색
교사의 개인적 발달 영역	교사의 신체적·정서적 건강	• 장점: 비교적 건강한 편으로 질병으로 인한 결근은 거의 없음 • 단점: 체중이 많이 나가는 편으로 체중 감소 필요	• 규칙적인 운동으로 체중 5kg 이상 감량
	교사의 성격 및 취향	• 장점: 남에게 지기를 싫어하며, 주어진 일을 정확하게 처리하려고 함 • 단점: 남의 도움을 받는 것을 싫어함	
	교사의 가정생활	• 장점: 경제적으로 안정되어 있음 • 단점: 시부모를 모시고 있으며, 가사 부담으로 시간이 부족한 편이고, 중3 자녀가 사춘기로 애로점 있음	• 자녀와의 대화기법에 관한 연구
	교사의 사회생활	• 장점: 많은 교사들과 원만한 관계를 유지하려고 의도적으로 노력하며, 애경사에 꼭 참여함	
	교사의 취미활동	• 장점: 한글 서예를 꾸준히 해오고 있음. 동료교사들과 탁구를 치고 있음	• 공무원 미술 대전 출품
	교사의 종교활동	• 단점: 천주교에 의탁하고 있으나 그다지 열심히 종교생활을 하는 편은 아님	
학교의 조직적 발달 영역	학교 경영계획 및 경영평가	• 장점: 학교 경영계획서 작성에 직접적으로 참여	• 학교 경영계획서 작성을 위한 설문조사의 충실
	학교경영 조직	• 장점: 학교 교무분장 편성 시 교장, 교감, 교무부장과 함께 직접 참석하여 작성	• 연구부 산하 조직 간의 원활한 협조체제 구축
	의사소통 및 의사결정	• 장점: 학교 운영위원회에 위원으로 참여하여 학교의 중요 문제 심의. 자율장학 후 교장·교사 간의 대화 시간 운영	
	교직원 간 인간관계	• 장점: 직원 친목회 부회장으로 활동. 교직원 단합을 위한 등산, 문화, 연수, 현장연수 계획 실행	• 교직원 단합을 위한 현장 연수 기회 확대
	교직원 인사관리	• 장점: 교내 인사 시 간접적으로 참여하여 교장의 결정에 도움 드림	
	학교 재정·사무·시설관리	• 장점: 학교 예산편성 및 집행에 직접적으로 참여	
	학교의 제규정	• 단점: 교육 관련 법규 및 규정에 관하여는 잘 모르는 편임	
	학교의 대외적인 관계 등	• 장점: 연구부장으로 지구 연구부장 회의에 참여하여 지구 자율장학 계획 수립	

◀ 양식 II: 자기개발 활동(연구·추진 과제)의 추진 계획 ▶

1. 작성일자: 2001년 1월 6일   2. 교사명: 이영희
3. 담당 교과: 초등학교   4. 담당 학년: 3학년   5. 담당 교무업무: 연구부장

영역		선정된 자기 개발의 목표 또는 연구·추진 과제	자기개발의 활동 계획 (기간: 2001. 1. 1.~2001. 12. 31.)		
			자기개발의 방법	구체적인 활동 계획과 일정 (가능한 한 월별·주별 계획)	
교사의 전문적 발달 영역	학급경영	• 학급 내의 각종 활동 활성화	① 학급문집 내용의 충실화	6월 3주	• 그림일기 쓰기 지도
				7월 1주~3주	• 줄글일기 쓰기 지도
				9월 1주	• 독서 감상문 쓰기 지도
				9월 4주	• 책 속의 주인공에게 편지 쓰기
				10월 1주	• 그림 보고 간단한 동화 쓰기
				10월 3주	• 그림 보고 모둠별로 동화 이어 만들기
				11월 1주	• 동화책 만들기
				여름방학 겨울방학	• 선생님께 편지 쓰기
				12월 1주부터	• 작품 정리, 컴퓨터 작업 실시
				12월 4주	• 작품 편집, 복사, 제본
			② 동요 부르기 대회 실시	7월 3주	• 1학기 교과서 동요 부르기
				12월 3주	• 교과서 동요, 창작동요 부르기
			③ 독서 나무 키우기	4월	• 독서 나무 만들기
				연중	• 독서 나무 키우기
			④ 학예회 실시	2월	• 노래, 연극, 무용, 악기연주, 태권도 등
	컴퓨터 활용	• 컴퓨터 활용 능력 증진	① 워드프로세서 자격증 획득하기	3월부터	• 필기, 실기 준비
				7월	• 워드프로세서 2급 자격증 시험 보기
			② 엑셀 활용 능력 증진	4월부터	• 학교 전산실 강사로부터 1주일에 2회 수학
			③ 컴퓨터를 활용한 수업자료 만들기	4월부터	• 인터넷, 소프트웨어를 이용한 자료 만들기
	교육연구	• 연구대회 참여 • 대학원 진학	① 열린교육 연구대회 참여 (수업 개선 연구교사)	2월	• 참고문헌 탐독
				3월	• 계획서 제출
				4월부터	• 열린교육 실시(수업 공개)
				6월까지	• 교내 수업 공개(3회)
				9월부터	• 교외 수업 공개(3회)
				10월 3주	• 자료 정리
				11월	• 열린교육 연구대회 참여
			② 대학원 진학	3월부터	• 영어 공부 시작
				4월부터	• 작품 준비
				11월	• 관계 서류 준비, 원서 접수
				12월	• 대학원 전형

영역		선정된 자기 개발의 목표 또는 연구·추진 과제	자기개발의 활동 계획 (기간: 2001. 1. 1.~2001. 12. 31.)		
			자기개발의 방법		구체적인 활동 계획과 일정 (가능한 한 월별·주별 계획)
교사의 개인적 발달 영역	교사의 신체적·정서적 건강	• 규칙적 운동으로 체중 5kg 이상 감량	① 조깅을 통한 감량	연중	• 주 5회 이상 인근학교 운동장 1일 10바퀴 돌기(22:00~23:00)
			② 탁구를 통한 감량	2월~12월	• 주 4회 이상 1일 1시간 탁구 치기
	교사의 가정생활	• 자녀와 대화기법에 관한 연구	① 문헌 탐독	연중	•「책읽기를 통한 치유」등
			② 자녀와의 여행	3회 이상	• 주말여행: 신문사 주최 문화 탐사 기행 참가
					• 여름방학: 가족여행
					• 겨울방학: 철도를 이용한 눈꽃 기행
			③ 상담기법 연수받기	5월	• 상담 연수(초급 과정)
	교사의 취미생활	• 공무원 미술대전 출품 및 대학원 진학용 작품 준비	① 공무원 미술대전 준비	4월	• 작품 내용 선정
					• 주 2회 서예 강사에게 사사받음
			② 대학원 진학용 작품 준비	9월	• 작품 1, 2 준비
				10월	• 작품 3, 4 준비
				11월	• 작품 5 준비
학교의 조직적 발달 영역	학교 경영 계획 및 경영평가	• 학교 경영 계획서 작성을 위한 설문조사의 충실화	① 교내 자율장학 실행계획서 작성을 위한 조사	3월 1주	• 설문지 작성 배부 • 설문지 통계 분석 • 교육 계획서에 반영
			② 1학기 교육활동 자체평가(학생, 학부모, 교사 대상)	7월 2주	• 자체평가표 작성 배부 • 자체평가표 통계 분석 • 2학기 교육계획에 반영
			③ 2학기 교육활동 자체평가(학생, 학부모, 교사 대상)	12월 1주	• 자체평가표 작성 배부 • 자체평가표 통계 분석 • 익년 교육계획에 반영
	학교경영 조직	• 연구부 산하 조직 간의 원활한 협조체제 구축	① 연구부 산하 조직 모임	3월 1주	• 계원 파악 및 각 계별 업무 파악 설명회
			② 계별 세부 업무 계획 수립	3월 2주	• 평가계, 교내 자율장학계, 연수 담당, 현장 체험 학습, 평생교육 등 • 계획서 작성 요령 습득
			③ 계획 추진 및 수정·보완	3월 3주 이후	• 각 계별 업무 추진 • 월 1회 부서 모임을 갖고 각 계별 업무 추진 상황 파악 및 협조 사항 파악
	교직원 간 인간관계	• 교직원 단합을 위한 현장연수 기회 확대	① 교직원 현장연수	월 1회	• 전시회, 음악회 등 프로그램 월 1회 수요일에 실시
			② 교직원 체력 단련	학기당 2회	• 산행 실시
			③ 교직원 친목 여행	개교 기념일	• 교직원의 의견을 수립해 1박 2일로 추진

제8장

지구 자율장학의 개념과 활동

1. 머리말

자율장학은 원칙적으로 교원들 공동체가 외부로부터의 지시나 간섭 없이 스스로 추진하는 장학활동으로서, 단위학교(유치원)에 초점을 둔 교내(원내) 자율장학과 동일 지구나 인근 지역 내 몇 개의 단위학교(유치원) 간 협동체에 초점을 둔 지구 자율장학 등 두 가지로 분류된다.

이 장에서는 인접한 학교(유치원) 또는 교원들 간에 협력관계를 기초로 추진되는 자율장학활동의 성격을 띠는 지구 자율장학의 개념과 활동 내용을 살펴본다. 지구 자율장학의 일반적인 개념 및 특성, 조직과 활동의 모습을 개관하고, 학교급별로 구분하여 유치원 지구 자율장학, 초등학교 지구 자율장학, 중등학교 지구 자율장학의 예를 제시한다.

2. 지구 자율장학의 개념과 특성

지구 자율장학은 교육청의 장학력을 보완할 수 있는 방안으로 널리 활용되고 있다. 교육청이 장학의 여러 가지 목표를 달성하기에는 장학요원이 수적으로 부족할 뿐만 아니라, 그들이 담당하는 업무가 전문적이라기보다는 행정적 성격이 강하다. 또한 학교의 수업을 개선하는 데 초점을 두는 지도·조언적 활동보다 계선 조직의 행정적 집행에 초점을 두는 활동에 치중하고 있다.

이러한 상황에서 교육청은 다양한 형태의 지구 자율장학활동을 조직·운영하여 장학력을 높이기 위하여 노력하고 있다. 지구 자율장학은 여러 가지 명칭으로 운용되고 있다. 교육청은 지구(지역, 계열) 자율장학회, 자율장학협의회, 자율장학위원회, 자율장학연구회, 협동장학회 등 명칭을 약간씩 달리하면서 다양한 조직을 구성하여 운영하고 있다.

고등학교 간의 자율장학 조직은 시·도 교육청보다 하위개념으로 볼 수 있는 '지역'이라는 용어가 사용될 수 있으며, 중학교와 초등학교 및 유치원 간의 자율장학 조직은 교육지원청보다 하위개념으로 볼 수 있는 '지구'라는 용어가 사용될 수 있는 것으로 보인다.

교육청에 따라서는 '지구 자율장학회(협의회)'라는 용어와 같은 의미이면서도 자율이라는 용어를 쓰지 않고 그냥 '지구 장학회(협의회)'라고 하기도 한다. 즉, '자율'이라는 용어를 사용하기도 하고 사용하지 않기도 한다. 이는 자율장학이 운영되는 과정은 교육청의 통제나 지시에 의하지 않고 자율적인 면이 있으나, 처음 조직이 편성될 때는 교육청이 주도하는 면이 있어서 자율이라는 용어를 사용하지 않은 것으로 이해하면 될 것이다.

지구 자율장학의 일반적인 개념은 '지구(지역) 내 인접한 학교(유치원)들 간 또는 교원들 간에 교육활동의 개선을 위하여 학교(유치원)와 교원들의 자율적인 참여와 협력을 기초로 하여 추진되는 상호 협력적인 장학활동'이라 하겠다. 이 활동은 대체로 ① 교육 프로그램 및 교육정보 교환, ② 교육연구 및 특색사업의 공동 협의·추진, ③ 교육현안의 협의·조정, ④ 협동적 교육·학예활동 협의·추진, ⑤ 교직원 학예·친목활동 협의·추진 등을 포함한다.

따라서 **지구 자율장학**의 개념을 그 해당 활동을 포함하여 보다 구체적으로 표현하면, '지구(지역) 내 인접한 학교(유치원)들 간 또는 교원들 간에 교육활동의 개선을 위하여 학교(유치원)와 교원들의 자율적인 참여와 협력을 기초로 하여, 교육 프로그램 및 교육정보 교환, 교육연구 및 특색사업의 공동 협의·추진, 교육현안의 협의·조정, 협동적 교육·학예활동 협의·추진, 교직원 학예·친목활동 협의·추진 등이 이루어지는 상호 협력적인 장학활동'이라고 볼 수 있다.

이러한 활동을 통하여 지구 자율장학이 추구하는 목적은 ① 교원의 전문성 신장, ② 학교의 교육력 강화, ③ 학교 간 교육격차의 해소 및 균형 발전, ④ 지구 내 교직원의 친목 도모, ⑤ 교육에 관한 정보 교환 등이라고 하겠다.

지구 자율장학활동은 교육청이 학교현장을 대상으로 하여 실시하는 장학활동에 비하여, 비교적 자유로운 분위기에서 가까운 이웃 학교의 교원들 간에 친밀한 관계 속에서 좋은 지식, 기술, 정보, 아이디어, 경험, 도움, 조언 등을 서로 나누어 가질 수 있는 장점이 있다. 또한 학교현장에서 실시하는 교내 자율장학에 비하여, 양적으로나 질적으로 보다 많고 좋은 지식, 기술, 정보, 아이디어, 경험, 도움, 조언 등을 서로 나누어 가질 수 있는 장점이 있다.

이와 같은 지구 자율장학의 개념은 몇 가지 특성을 가지고 있다. 이 특성은 지구 자율장학이 성공적으로 운영되기 위하여 존중되어야 하는 원리 또는 조건이라고도 볼 수 있다. 교내 자율장학의 개념이 가지고 있는 여섯 가지 특성은 지구 자율장학에서도 준용될 수 있다.

첫째, 학교군(유치원군)중심성이다. 지구 자율장학은 이웃하고 있는 몇 개의 학교(유치원)가 주체가 되어, 보다 능동적이고 적극적으로 상호 필요한 정보 교환이나 공동 사업 및 교육활동 추진 등을 통하여 교육청 장학이나 교내 자율장학에서 이루기 어려운 장학활동의 효과를 올릴 수 있다.

둘째, 자율성이다. 지구 자율장학은 외부로부터 통제를 받음이 없이 회원 학교들과 교원들의 의견을 수렴하여 활동 계획을 수립하고 이를 자율적으로 실천해 나간다.

셋째, 협력성이다. 지구 자율장학은 여러 학교들 간의 공동체가 추진하는 활동이다. 회원 학교들 간에 그리고 회원 교원들 간에 상호 협력하며 적극적으로 참여하는 자세와 분위기가 필요하다. 회원 학교와 교원들 간의 협력뿐 아니라 교육청 장학요원들로부터 도움과 협력을 받을 수 있다.

넷째, 다양성이다. 지구 자율장학은 회원 학교들의 조건, 그리고 회원 교원들의 필요와 요구에 기초하여 다양한 형태로 운영된다. 효과적인 지구 자율장학활동은 그 내용과 방법에 있어 학교의 종류나 소재 지역의 특성에 따라서 다양화된다.

다섯째, 계속성이다. 지구 자율장학활동은 일시적이고 단기적인 활동이 아니라 최소 1학년도 기간 단위로 계속적으로 회원 학교들과 교원들 간의 협의를 통하여 계획을 수립하고 이를 추진해 나가는 활동이다.

여섯째, 자기발전성이다. 지구 자율장학은 회원 학교들과 교원들 각자의 자기발전을 도모할 수 있는 활동이다. 단위학교에서 자체적으로는 추진하기 어려운 활동을 지구 자율장학활동을 통하여 추진함으로써 개별학교의 자기발전과 개개 교원들의 자기발전을 도모할 수 있는 것이다.

지구 자율장학의 개념적 특성들 간의 관계는 교내 자율장학의 개념적 특성들 간의 관계를 준용하여 [그림 8-1]과 같이 나타낼 수 있다. 교내 자율장학의 특성을 그림으로 나타낸 것과의 차이는 교내 자율장학에서는 그림의 가운데 부분이 학교중심성과 자율성이 결합된 형태이나, 지구 자율장학에서는 학교군중심성과 자율성이 결합된 형태인 점이다. 이 그림은 지구 자율장학활동이 동일 지구나 인근 지역 내 몇 개의 학교들이 자율적으로 협력하여 지속적으로 다양한 프로그램을 통하여 개개 학교들의 발전 및 개개 교원들의 발전을 도모하는 활동임을 나타낸다.

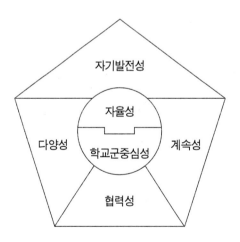

[그림 8-1] 지구 자율장학의 개념적 특성

3. 지구 자율장학회의 조직과 활동

1) 지구 자율장학의 개요

현재 일반적으로 지구 자율장학활동을 하는 단위 조직인 지구 자율장학회는 고등학교의 경우에는 시·도 교육청 단위에서 5~15개 정도의 학교를 하나로 묶어 조직되어 있으며, 중학교, 초등학교, 유치원의 경우에는 지역교육청 단위에서 5~15개 정도의 학교(유치원)를 하나로 묶어 조직되어 있다.

간사학교(또는 회장학교, 위원장학교, 중심학교)가 중심이 되어 지구 내 회원 학교 간, 교원 간의 협의를 통하여 자율적으로 지구 자율장학활동을 계획·추진·평가한다. 물론 지구 자율장학 조직이 편성될 때와 지구 자율장학 조직이 운영되는 과정에 필요한 경우에는 교육청의 지도·조언이 있기도 하다.

지구 자율장학회의 활동은 대체로 ① 교육 프로그램 및 교육정보 교환, ② 교육연구 및 특색사업의 공동 협의·추진, ③ 교육현안의 협의·조정, ④ 협동적 교육·학예활동 협의·추진, ⑤ 교직원 학예·친목활동 협의·추진 등을 포함한다. 이들 활동의 구체적인 내용은 대략 〈표 8-1〉과 같다.

표 8-1 지구 자율장학의 구체적 활동

(1) 교육 프로그램 및 교육정보 교환
- 교육활동 방문·참관 및 교육 프로그램의 교환
- 수업연구·시범수업 공개 및 참관
- 학교경영 우수사례 발굴·전파
- 교육활동 및 학사일정 등에 대한 정보 교환

(2) 교육연구 및 특색사업의 공동 협의·추진
- 공동연구 및 공동 과제 협의·추진
- 학교별 과제 분담 연구 및 발표회
- 교과교육연구회 활동
- 특색사업 공동 추진
- 합동 연수·강연회·세미나·발표회 등 개최

(3) 교육현안의 협의·조정
- 학교별 교육현안의 협의·조정
- 지구 교육현안의 협의·조정

(4) 협동적 교육 · 학예활동 협의 · 추진
- 공동 교육활동 협의 · 추진
- 공동 교외 생활지도 협의 · 추진
- 공동 학예활동 협의 · 추진
  (합창대회, 문예백일장, 체육대회, 미술대회, 창의적 체험활동 발표회 및 전시회, 과학경진대회 및 전시회, 기념일 행사 등 학예 · 경연대회 및 행사 등에 대한 협의 · 추진)

(5) 교직원 학예 · 친목활동 협의 · 추진
- 학교 간 교직원 실기대회, 전시회, 발표회 등 학예활동 협의 · 추진
- 학교 간 교직원 체육대회, 등산대회, 동호인활동 등 친목활동 협의 · 추진

2) 유치원 지구 자율장학의 조직과 활동의 예

유치원 지구 자율장학회는 지구별로 자율적인 계획에 의하여 운영되므로 활동의 내용, 방법, 횟수, 일정, 참석 범위 등이 지구마다 각각 다르다. 유치원 지구 자율장학회의 조직 과 활동의 한 예를 제시한다.

■ A 교육청 유치원 지구 자율장학회 조직 및 운영 예 ■

1. 목적

자율장학회는 지구별로 교사들의 자발적 참여와 상호 협력 및 집단 사고를 통하여 교원의 전문성 신장과 교육의 질적 향상을 도모하고 자율적 유치원 경영체제 확립에 기여한다.

2. 방침

① 자율장학회는 간사 유치원이 중심이 되어 지구 내 유치원 간, 교원 간의 협의로 독창성 있는 사업을 자율적으로 선정하여 추진한다.

② 지구별 특성을 살린 역점 사업과 다양한 협동적 교육활동을 추진하고 그 결과가 일반화 되어 창의적 유치원 경영에 이바지하게 한다.

③ 간사 유치원은 지구별로 연간 운영 계획을 수립하고, 이를 효과적으로 추진하기 위하여 업무의 분담 · 조정, 업무 추진 방법, 예산 배정 및 집행 등에 관하여 지구 내 유치원과 협 의한다.

④ 각종 사업을 추진함에 있어 가급적 수업에 지장이 없도록 운영한다.

⑤ 활동 사업 분야별로 실무위원회를 조직 · 운영할 수 있다.

⑥ 필요에 따라 몇 개의 지구가 합동으로 사업을 추진할 수 있다.

3. 조직

① 유치원 130개교를 15개 지구로 구분한다.

② 지구별 자율장학별로 담당장학사를 1인씩 두되 간사교 담당장학사로 보한다.

③ 지구별 자율장학회는 간사와 부간사를 두어 업무를 추진하며, 가급적이면 간사는 공립유치원, 부간사는 사립유치원에서 담당하되 지구별로 선임한다.

④ 각 지구 자율장학회 간사 원장을 회원으로 하는 간사 유치원 원장회를 구성하여 지구별 정보교환은 물론, 교육과정 운영 등 현안 문제를 협의·조정하며, 자율적 유치원 경영체제 확립에 기여한다.

4. 사업

1) 유치원 방문장학

(1) 영역

　　① 교육활동 상호 참관(수업연구 및 우수사례 공개 발표) 및 교육정보 교환

　　② 교원, 학생 상호 간 학예활동 참관 및 친목활동(구기대회, 취미활동 등)

　　③ 유치원 경영, 학습지도, 종일반 활동 개선 방안 협의

　　④ 기타 창의적 유치원 경영 방안 협의

(2) 운영

　　① 지구별 실정에 맞게 적정수의 자율장학반을 편성하고, 지구별 원장회의에서 선임한 원장을 반장으로 하고 원감이 반원이 된다(부장교사, 학부모, 지역사회 인사, 장학사도 참여 가능).

　　② 사업 내용에 따라 장학반에 실무 교사(교과 또는 업무 담당교사)를 참여시킬 수 있다.

　　③ 연간 활동계획 수립 및 추진

　　④ 우수 사례 및 우수 교사 발굴 추천

2) 교육연구 활동

(1) 영역

　　① 교수–학습 및 평가 방법 개선

　　② 공개수업 참관 협의

　　③ 교육현장의 문제점 해결 방안 및 공동 관심사에 관한 현장연구 발표

④ 교원의 자질 향상과 전문성 제고를 위한 자체연수 및 강연회 개최(연 2~3회 정도)

⑤ 연구 · 실험 · 시범유치원 공개회 참관

⑥ 연구 논문집 발간 · 보급

(2) 운영

① 연구발표회 및 합동 강연회는 가급적 학습지도 방법의 개선과 연관하여 실시하되 수업 결손을 최소화한다.

② 원내 자율장학활동 및 교과교육연구회 활동과 연계하여 추진한다.

③ 가급적 연구보고서 등의 발간을 통해 활동 결과를 일반화할 수 있도록 한다.

3) 생활지도 활동

(1) 영역

① 원내 · 외 생활지도 방법의 개선 협의

② 상담실 운영 및 상담자원 봉사자 활동

③ 연말연시 및 방학 중 특별 교외지도

④ 지구별 건전 생활지도 위원회 운영

⑤ 지구별 활동 위문 및 봉사활동

(2) 운영

① 유치원별 학생 선도위원회와의 연계성을 유지한다.

② 지구별 건전 생활지도 자료수집 활동을 전개한다.

③ 유관기관 또는 지역사회와의 협조 체제를 구축한다.

4) 학예활동

(1) 영역

① 합창대회, 문예백일장, 미술 실기대회 등

② 영어 듣기 · 말하기 대회 등

③ 한민족 공동체 의식함양을 위한 행사(나의 주장 발표, 글짓기, 포스터 그리기 대회)

④ 전통음악, 민속놀이, 무용발표회, 연극제, 시낭송회 등

⑤ 기타 예능활동 발표회 및 전시회

(2) 운영

① 지구별 실정에 맞는 창의적이고 다양한 행사를 통하여 소질 · 적성의 계발 및 친교의 기회를 부여한다.

    ② 지구별 대회(행사)에 앞서 유치원별 대회(행사)가 선행함으로써 교육활동의 효과
      를 제고한다.

5) 기타

    ① 선택학습, 학사일정 등 현안문제 협의

    ② 유치원 운영과 원아지도에 대한 상호 정보 교환 및 교원과의 대화

3) 초등학교 지구 자율장학의 조직과 활동의 예

  초등학교 지구 자율장학회는 지구별로 자율적인 계획에 의하여 운영되므로 활동의 내용, 방법, 횟수, 일정, 참석 범위 등이 지구마다 각각 다르다. 초등학교 지구 자율장학회의 조직과 활동의 한 예를 제시한다.

■ B 교육청 초등학교 지구 자율장학회 조직 및 운영 예 ■

1. 목적

    ① 교육정책 실현을 위한 교장 · 교감 · 교사 공동협의체 구성운영으로 수업 중심 학교 문
      화 조성

    ② 교육문제 협의와 지원을 통한 효율적인 학교 운영 및 문제해결 방안 모색

    ③ 지역별 특성을 살린 협동적 교육활동과 정보 공유를 통한 학교교육의 바람직한 변화 실현

2. 방침

    ① 교장, 교감, 교무(연구)부장 협의회 등 다양한 형태의 협의회 운영

    ② 지구별 자율장학 협의회 조직 및 운영 계획을 수립하여 실행

    ③ 효율적인 자율장학 추진을 위하여 교장(감) 총회장 및 총무, 지구별 회장(간사)을 선
      출 · 운영

    ④ 상호 방문, 정보 교환을 통한 우수사례 발굴 및 일반화 방안 모색

    ⑤ 교수-학습 개선을 위한 공동연수, 세미나, 워크숍, 공개수업 등 운영

    ⑥ 교육활동 공동 협의 및 개최로 교육의 질적 향상과 공동체 구축

    ⑦ 자율장학협의회 운영 시 의전 간소화 시행 지침 자율적 준수

3. 운영 계획

1) 추진 절차

① 지구별로 회장단(회장교 및 간사교) 선정 – 교장, 교감 별도 회장단 선정

② 지구별로 자율장학협의회 연간사업계획 및 단위 사업계획 수립

- 지구별 교장·교감 회장교 주관으로 연간 사업계획을 협의를 통해 각각 수립

- 교장·교감 자율장학협의회에 교무·연구부장 협의회 포함하여 다양한 형태의 협의회 계획 수립

③ 지구별 자율장학협의회 자율장학활동 전개

- 자율장학 주관교는 구체적인 시행 계획을 수립하여 교육지원청 및 지구 내 해당 학교에 사전 통보하고 자율장학활동 실시

- 자율장학활동 실시 후에는 결과를 회장 학교에 제출

④ 자율장학협의회 활동 실적 등의 보고

- 회장 학교는 사업별 주관 학교로부터 사업 결과를 받아 지구별 자율장학협의회 연간 운영실적을 작성 제출

- 회장 학교는 자율장학협의회 운영비 집행 결과 및 정산서를 작성하여 제출

2) 세부 운영 내용

① 회장 학교가 중심이 되어 장학활동 과제 및 과제별 주관 학교를 선정하여 자율적·창의적으로 운영

- 회장 학교는 지구별 해당 학교와 협의하여 연간 운영계획을 수립하고 효율적 추진을 위하여 업무의 분담·조정, 업무 추진 방법, 예산 배정 및 집행 등을 주관

② 지구별 특성을 살린 역점 사업과 다양한 협동적 교육활동, 수업연구, 수업 공개 등을 추진하고 결과를 공유·일반화하여 창의적 학교경영에 적용

③ 자율장학활동을 추진함에 있어 수업 결손이 생기지 않도록 계획·운영

④ 단위 사업별로 실무위원회를 조직하여 운영하거나 지역의 여건을 반영하여 지구별로 연합하여 사업 운영 가능

3) 운영조직 현황

① 교장단 지구별자율장학협의회 조직 – 회장, 사무국장, 간사

② 교감단 지구별자율장학협의회 조직 – 회장, 사무국장, 간사

4. 결과 처리 및 환류

① 연간 지구별로 연간 자율장학활동 성과평가 및 문제점을 분석하여 다음 연도 자율장학협의회 활동에 환류·적용

② 지구별 자율장학활동 우수사례를 공유하여 일반화 도모

5. 지구 자율장학활동(예시)

구분		내용
학교 간 방문 장학	영역	• 교육활동 상호 참관(공개보고회, 공개수업 등) 및 교육 정보 교환 • 학교경영, 교수-학습지도, 체험활동 등 개선 방안 협의 • 학교별 우수사례 발굴·홍보 및 일반화 협의 • 지구별 교육 현안 과제 및 교육정책 운영 협의·조정
	운영	• 학교 간 방문을 통해 학교별 장학계획 수립 및 추진 현황 청취·자문 • 관내 및 타 지역 교육활동 우수교 방문 • 우수 교사 발굴·추천 및 우수 사례 일반화
교육연구 활동	영역	• 질문과 토론이 있는 배움 중심 수업 나눔 및 연수 • 과정 중심 평가 구안 및 적용 • 전문적 학습공동체 구성 운영 및 지원 방안 • 교수-학습 자료 및 평가 자료의 공동 제작·활용 추진
	운영	• 교수-학습 방법 및 평가 방법 개선을 위한 협의회 구성·운영 • 교실 수업 개선을 위한 연수 및 워크숍, 세미나 등 공동 추진 • 배움 중심 수업 연구 활동과 교과연구회 활동 연계 추진 • 기초학력 보장을 위한 체계적인 학력관리 방안 모색 • 우수·특색 사례 등을 발굴·일반화(홍보, 장학지원협의회 보고)
민주적 학교문화 조성 활동	영역	• 민주적 학교문화 조성을 위한 방안 마련(토론·토의 협의 문화, 민주적 의사결정, 회복적 생활교육, 학생 자치활동 활성화 등) • 지구별 봉사활동 연계 추진 • 교내외 체험활동, 학생 생활지도 및 안전교육 연계 추진
	운영	• 민주적 학교문화 조성을 위한 관리자의 지원 방안 협의 • 교육지원청 및 학교별 생활(안전)지도 계획과 연계하여 운영 • 유관기관·지역사회와의 협조 체제 구축으로 상호 정보 교환 및 공동 지도
문화예술 교육 활동 및 기타	영역	• 나의 꿈, 진로 발표 대회, 동아리 발표 대회, 창의적 체험활동 등 진로·진학 영역 • 음악회, 연극제, 예술제 등 문화예술교육 영역 • 기타 소질·적성 계발 및 학생 문화예술 교육 위한 행사
	운영	• 학생의 소질·적성 계발 및 소통의 기회 부여 • 학교 행사와 지구별 행사를 연계 실시하여 교육활동의 효과 제고 • 학부모와 지역주민의 참여를 통한 지역사회 문화 활동의 중심 역할 수행

4) 중등학교 지구 자율장학의 조직과 활동의 예

중등학교 지구 자율장학회는 지구별로 자율적인 계획에 의하여 운영되므로 활동의 내용, 방법, 횟수, 일정, 참석 범위 등이 지구마다 각각 다르다. 중등학교 지구 자율장학회의 조직과 활동의 한 예를 제시한다.

■ C 교육청 중등학교 지구 자율장학회 조직 및 운영 예 ■

1. 주제: 학교 간 소통과 협력, 나눔을 통한 학교 교육력 제고

2. 배경 및 필요성
    ① 학교 간 네트워크를 통한 단위학교 역량 증진 및 학교문화 개선
    ② 혁신학교 및 혁신공감학교 운영 성과 나눔으로 혁신교육 심화
    ③ 지구장학협의회(교장, 교감)를 통한 학교 간 학습공동체 구축

3. 지구장학협의회 구성
    • 학교장 지구장학협의회 구성 + 교감지구장학협의회 구성
    • 협동장학 협의회단 구성 → 학교 간 협력체제 구축 · 운영 → 학교 운영 성과 나눔 발표회

4. 운영방침
    ① 학교장 지구장학협의회, 교감지구장학협의회는 월 1회 정기 모임을 원칙으로 한다.
    ② 지구 내 모든 학교가 협의회를 개최하여 학교 간 네트워크를 활성화한다.
    ③ 지구장학협의회를 활성화를 통해 학교 간 역량의 동반 증진을 도모한다.
    ④ 지구장학협의회 간의 긴밀한 교류로 교육 현안 문제에 공동 대처한다.

5. 학교장지구장학협의회 운영
    • 학교장지구장학협의회 추진 일정

순	날짜	구분	내용 및 주제	장소
1	4. 12.(목)	협의회	학교경영 계획 발표	○○학교
2	5. 10.(목)	협의회	민주적 의사소통 기반 구축 사례 나눔	○○학교

3	6. 14.(목)	현장체험	안보 견학 및 현장체험	체험 장소
4	7. 12.(목)	협의회	전문적 학습 공동체 운영사례 공유	○○학교
5	9. 13.(목)	현장체험	자유학년제 현장 체험	체험 장소
6	10. 11.(목)	협의회	학교평가운영시스템 공유	○○학교
7	11. 08.(목)	성과 나눔 발표회	혁신공감학교 성과 나눔 발표회	○○학교
8	12. 13.(목)	협의회	2018 학교운영 및 학교경영사례 나눔	○○학교

6. 교감지구장학협의회 운영

• 교감지구장학협의회 추진 일정

연번	일시	추진 내용	방법	장소	학점 인정 시간
1	3. 27.(화)	• ○○교육정책의 이해 - ○○교육 중점 정책 - ○○혁신교육의 방향 • 학업성적관리규정과 평가 계획의 연계성 - 학업성적관리규정 및 교과별 평가 계획 교차 검토 및 컨설팅	협력장학	○○학교	1
2	4. 24.(화)	• 혁신교육지구에 따른 빛깔 있는 행복학교별 운영 및 질 관리 • 학생인권, 학교폭력 예방교육	공동실천 토의토론	○○학교	1
3	5. 29.(화)	• 전문적 학습 공동체 운영 질 관리 - 학교별 운영 상황 점검 및 문제점과 해결방안 모색 - 전문적학습공동체 이해 - 단위학교 전문적 학습공동체 관리 - 교감 협력장학을 통한 지구별 질관리	협력장학	○○학교	2
4	6. 26.(화)	• 교육과정-수업-평가 일체화 - 교육과정 재구성, 배움 중심 수업 실천, 학생 성장 중심으로 평가하고, 교과 운영 장학역량 강화 • 학교 교육과정 운영의 현장 적합성 - 지구 및 학교 상황 고려한 교육과정 운영방안 모색	공동실천 토의토론	○○학교	2

5	7. 10. (화)	• 학교민주주의 및 새로운 리더십 　- 리더십의 새로운 변화 　- 새로운 리더십을 통한 행복한 학교 만들기 • 학교민주주의, 권위주의 탈피 학교문화 개선 방안 　- 교사의 행정업무 경감, 역동적 학교문화 조성	공동실천 토의토론	○○학교	1
6	9. 11. (화)	• 학교평가에 대한 이해 　- 학교평가에 대한 교감의 역할 　- 학교평가 지표의 이해 　- 학교평가 결과 분석 및 활용 방법 • 학교조직 진단 결과 활용 방법	협력장학	○○학교	1
7	10. 23. (화)	• 회복적 생활교육의 이해와 적용 　- 배려와 공감을 통한 감수성 함양 　- 만남과 성장을 위한 행복한 학교 　- 변화된 학교에서의 민주적 리더십 • 기초학력 진단-보정 시스템 효율적 운영 　- 기초학력 부진 학생 최소화 사례 협의	협력장학	○○학교	1
8	11. 20. (화)	• 계약직 교원 채용 공고 및 계약/교원능력개발평가 　- 효율적 행정 절차 및 과정 협의	협력장학	○○학교	
계	학점화 시간 총계				9

7. 예산 사용 계획

- 학교장지구장학협의회 예산 사용 계획
- 교감지구장학협의회 예산 사용 계획

8. 기대효과

① 학교장 지구장학협의회 운영을 통한 학교네트워크 형성으로 학교문화 개선

② 교감 지구장학협의회를 통한 학교 간 상호 협력으로 파트너십 강화

③ 교감 전문적 학습공동체 활성화를 통한 혁신교육에 대한 공감대 확산

4. 장학력 증진을 위한 교육청 장학과 자율장학의 보완적 활용

현재 교육청의 장학요원이 부족하고 업무도 장학의 본질적인 기능을 발휘하기 어려운 실정을 고려할 때, 교육청 단위에서 장학력을 높이기 위해 자율장학의 활용이 필요하다.

예를 들면, ① 교육청 관내 모든 학교가 지구 자율장학활동에 참여하여 서로 도움을 주고받는 것을 원칙으로 하되, ② 학교경영의 개선을 위하여 지도·조언이 필요하다고 판단되는 학교에 대해서는 컨설팅장학을 포함하여 일반적인 장학을 실시한다. ③ 학교로부터 요청이 있는 경우 요청장학을 제공하는 방법을 선택적으로 활용하며, ④ 학교경영이 잘 이루어지고 교내 자율장학이 충실히 수행되고 있다고 판단되는 학교에 대해서는 자율장학을 하도록 자율성을 부여하면 좋을 것이다. 이를 요약하여 나타내면 [그림 8-2]와 같다.

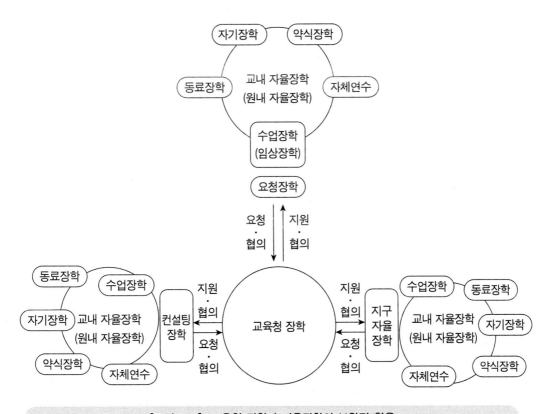

[그림 8-2] **교육청 장학과 자율장학의 보완적 활용**

5. 맺는말

지구 자율장학은 교내 자율장학과 함께 교육발전을 위하여 중요한 기능을 가지고 있다. 지구 자율장학도 자율이라는 용어가 시사하는 바와 같이 회원 학교들과 교원들의 필요와 요구를 반영하여 그 조직이나 활동 내용이 다양하며 계속적으로 변화·발전해 나갈 수 있다. 즉, 이 장에서 제시된 자율장학의 내용도 완성된 것이 아니라 변화·발전을 향해 '열려 있는' 개념으로 이해하는 것이 필요하다.

지역의 특수성과 학교급별의 특성, 그리고 교원들의 요구를 고려하여 다양한 형태의 조직과 활동이 있을 수 있다. 회원 학교들과 교원들 간의 긴밀한 협력과 교육청의 적절한 지도·조언 및 지원은 충실한 지구 자율장학의 전제 조건이 된다.

제9장

교육청의 학교현장 지원을 위한 컨설팅장학

1. 머리말

2000년대에 들어서 학교현장을 중시하는 장학이 더욱 일반화되어 가고 있다. 종래 교육행정기관이 주도하던 장학활동은 지시감독적 장학을 탈피하고, 학교현장 중심의 자율장학활동이 활성화되도록 도와주는 지원적 · 조장적 성격을 띠게 되었다. 교육행정기관 중심의 장학에서 학교현장 중심의 장학으로, 상부에서 주어지는 장학에서 함께하는 장학으로 전환이 이루어져 가게 된 것이다. 학교현장의 조건과 요구를 반영하여, 자율장학, 요청장학, 컨설팅장학 등이 활용되고 있는 것은 바람직한 현상이라 하겠다. 이 장에서는 교육청이 학교현장을 지원한다는 의미에서 도입하여 시행되고 있는 컨설팅장학의 도입 배경과 개념 및 원리를 살펴본다.

2. 컨설팅장학의 도입배경

2010년 5월 교육부는 교육개혁의 현장착근과 다양한 교육수요에 부응하기 위한 교육지원청의 현장 지원 기능 강화를 위하여, '선진형 지역교육청 기능 및 조직개편'을 발표하였다. 〈표 9-1〉에서 보는 바와 같이, 교육청의 기능 면에서는 관리·감독·규제 업무 축소·이관, 지역청·본청 간 기능의 합리적 재배분, 학교·교육수요자 지원 기능 강화 방향으로 개편이 이루어졌다. 조직 면에서는 지역교육청을 '교육지원청'으로 변경하고, 그동안 시행되던 점검 위주의 장학을 축소하며, 지원 중심의 컨설팅장학을 도입하였다. 그

표 9-1 선진형 지역교육청 기능 및 조직 개편 방안 중 장학 관련 내용(2010. 5.)

① 감독·점검 위주의 장학, 종합장학, 학교평가는 축소하거나 본청으로 이관
• 장학: 학사운영에 대해 점검·지시하는 방식으로 이루어져 왔던 담임장학 폐지
  팀을 구성하여 컨설팅을 제공하거나 전문가를 연계해 주는 컨설팅장학으로 전환
• 종합감사: 지역교육청의 종합감사는 본청으로 이관·축소
  – 시·도 교육청(본청)에서는 급식, 시설 등 취약 분야에 대한 기획·사안감사 상시 실시
  – 사안 발생기관 대상 엄정한 집중감사, 학교재정 운용상황 모니터링 등으로 감사효과 극대화
• 학교평가: 지역교육청의 학교평가 업무는 시·도 교육청의 연구·정보원으로 이관 평가는 기 공개된 데이터를 활용하여 시행함으로써 현장 부담 최소화
• 현장의 자율을 저해하는 규제와 행사 등은 시·도 교육청이 자체적으로 발굴 정리

현행	개편
• 점검 위주·행정적 장학(지역청)	• 컨설팅장학(지역청)
• 종합감사(지역청)	• 강화된 기획·사안감사(본청)
• 학교평가(지역청)	• 학교평가(연구·정보원)
• 규제·각종 행사	• 자체적 폐지·축소

② 지역교육청과 본청의 역할을 합리적으로 조정
• 본청에서 수행하고 있는 일반계 고교에 대한 컨설팅업무를 지역교육청으로 이관
  지역교육청은 교수·학습활동 등 현장 지원 집중
  학교평가, 감사, 시설기획, 학생수용계획 등 행정·관리 업무는 가급적 본청에서 수행

③ 지역교육청에 교육수요자와 학교현장 지원 기능을 대폭 강화
• 현장 지원: 순회교사제 확대 운영, 현장컨설팅 지원단(수석교사, 장학사 등) 구성·운영, 교수-학습 자료실 운영, 지역사회 교육자원 연계, 교과협의회·학습동아리 등 학교자율장학 지원

리고 시·도 교육청이 담당하던 일반고등학교 대상 장학을 교육지원청으로 이관하였다.

컨설팅장학은 '컨설팅'과 '장학'의 합성어로, 장학에 학교컨설팅의 원리와 방법을 도입한 교원 전문성 개발 활동이다. 학교컨설팅은 학교교육을 개선하기 위해서 일정한 전문성을 갖춘 사람들이 의뢰인의 요청에 따라 제공하는 독립적인 자문활동을 의미한다. 그 전형적 활동은 학교의 문제를 진단하고, 대안을 마련하며, 문제해결과정을 지원하고, 교육훈련을 실시하며, 문제해결에 필요한 인적·물적 자원들을 확인하여 조직화하는 일 등이다. 컨설팅장학은 교원의 자발적 의뢰를 바탕으로 교수-학습과 관련된 전문성을 계발하기 위해 교내외의 전문성을 갖춘 사람들이 제공하는 조언활동을 의미한다. 즉, 전문성을 갖춘 장학요원들이 교원의 의뢰에 따라 그들이 직무수행상 필요로 하는 문제와 능력에 관해 진단하고, 그것의 해결과 계발을 위한 대안을 마련하여, 대안을 실행하는 과정을 지원 또는 조언하는 활동이다(김도기, 2013; 진동섭, 2003; 진동섭, 김도기, 2005; 홍창남, 2012).

컨설팅장학의 도입이 제도화되면서, 시·도 교육청의 장학활동을 방향 지우는 기본 방침 진술에도 그러한 변화가 명확히 제시되어 있다. 예를 들어, 서울특별시교육청의 2015년도 주요 업무 계획서를 보면, '학교의 자발적 변화를 돕는 장학 혁신'이라는 방침을 설정하고 있다. 세부 항목으로, ① 소통하고 지원하는 장학 혁신 및 어울림 교육행정, ② 단위학교의 자발적 요청에 의한 컨설팅장학 지원으로 학교교육 개선, ③ 미래 핵심 역량을 키우는 수업 전문성 신장 지원 등을 제시하고 있다(서울특별시교육청, 2015).

교육현장에서 컨설팅장학이 제도화되면서, 컨설팅이라는 단어가 첨가된 다양한 용어가 사용되기 시작하였다. 학교컨설팅과 컨설팅장학 등 교사의 입장에서 보기에는 다소 혼란스러운 면이 없지 않다. 학교컨설팅과 컨설팅장학의 관계 규정에 대한 노력이 시도되었으나 관계를 명확하게 규정짓는 것은 쉽지 않다(정수현, 2011; 정수현, 김정현, 2012; 진동섭, 김도기, 2005; 홍창남, 2012). 교육현장에서는 학교컨설팅과 컨설팅장학을 동일하거나 유사한 활동으로 인식하고 있으며, 실제로도 학교컨설팅 관련 연구물들을 분석하다 보면, 컨설팅장학 관련 연구물이 많이 포함되어 있고 많은 연구자가 컨설팅장학을 학교컨설팅의 하위유형으로 인식하는 경우도 있다는 것을 알 수 있다(조양숙, 2014).

표 9-2 「초·중등교육법」에 나타난 장학지도 관련 조항의 변화

「초·중등교육법」 [법률 제5438호, 1997. 12. 13. 제정]	「초·중등교육법」 [법률 제11384호, 2012. 3. 21. 일부개정]
제7조(장학지도) 교육부장관 및 교육감은 학교에 대하여 교육과정운영 및 교수·학습방법 등에 대한 장학지도를 실시할 수 있다.	제7조(장학지도) 교육감은 관할 구역의 학교를 대상으로 교육과정운영과 교수·학습방법 등에 대한 장학지도를 할 수 있다.

2012년에는 「초·중등교육법」에서 종래 "제7조(장학지도) 교육부장관 및 교육감은 학교에 대하여 교육과정운영 및 교수·학습 방법 등에 대한 장학지도를 실시할 수 있다."가 "제7조(장학지도) 교육감은 관할 구역의 학교를 대상으로 교육과정 운영과 교수·학습 방법 등에 대한 장학지도를 할 수 있다."로 개정되었다. 개정된 「초·중등교육법」에서는 교육부장관과 교육감에게 주어졌던 장학지도 권한이 교육감에게 이양되고, 교육부장관의 장학지도에 대한 권한은 없어졌다. 「초·중등교육법 시행령」 제8조(장학지도)에는 "교육감은 법 제7조에 따라 장학지도를 하는 경우 매 학년도 장학지도의 대상·절차·항목·방법 및 결과처리 등에 관한 세부계획을 수립하여 이를 장학지도 대상학교에 미리 통보하여야 한다."라고 규정되어 있다. 이러한 학교자율화 추진계획, 「초·중등교육법」 개정 등은 학교중심의 장학이 더욱 활성화되는 계기가 되고 있다.

이렇게 장학 담당조직의 변천 및 2012년 「초·중등교육법」 개정, 학교자율화 추진계획을 통해서 알 수 있듯이 장학지도에서 교육부장관이 제외되는 등 중앙 교육행정조직에서 장학의 비중이 줄어드는 것을 알 수 있다. 즉, 장학의 주체가 교육부장관에서 교육감으로 바뀌었고, 교육행정기관인 교육부와 교육청 중심의 행정적인 장학에서 단위학교 중심의 장학으로 변화되어 가고 있다고 할 수 있다.

2012년 장학지도에 관한 법령이 시·도 교육감의 장학지도 역할을 규정함으로써 그동안 시·도 교육청에서 이루어지던 일반고등학교 대상 장학을 교육지원청으로 이관하여 시·도 교육청의 장학기능 축소 및 지원 기능을 강화하는 방향으로 바뀌었고, 지역교육청이 장학을 주도하게 되었다. 장학정책들도 중앙정부 중심의 감시·감독 장학에서 벗어나 시·도 교육청 및 교육지원청 중심으로 단위학교들과의 협의와 협업을 통한 장학으로 그 방향을 수정하였고, 2010년대에 들어서 그 방향이 정착된 것으로 볼 수 있다. 이렇게 2010년 9월을 기점으로 하여 시·도 교육청과 지역교육지원청의 조직 개편이 완료되어 명실공히 지역교육지원청의 시대를 맞이하게 되었다.

이러한 여러 변화와 더불어 2000년대 초부터 2010년까지의 장학은 교육행정기관 중심의 지도·감독 중심의 장학과 새롭게 변모되어 가는 지원 중심의 다양한 유형의 장학이 혼합되어 시행되고 있었다.

2010년 '선진형 지역교육청 기능 및 조직개편'이 이루어지며, 학교평가와 연계된 종합장학과 담임장학을 폐지하고, 학교 요청에 따른 지원 중심의 컨설팅장학을 실시하게 되었다. 이 중 학교평가와 연계한 종합장학은 2005년도에 동일 학교를 대상으로 학교평가와 종합장학을 병행 실시하였으며, 2006년도부터는 학교평가와 종합장학을 전면 통합운영하였다. 그러나 이러한 형태의 장학도 2011년부터는 폐지되었다. 교육청 주도의 장학활동은 축소되고, 학교현장 중심의 지원 장학으로 변하면서 학교 교육활동 지원을 위한 현장 중심의 장학 요구, 학교가 필요로 하는 부분에 대한 컨설팅장학 요구 등을 반영한 변화가 시작되었다.

3. 컨설팅장학의 개념과 원리

컨설팅장학의 개념은 학자마다 다르게 정의하고 있다. 서울중등장학발전연구회(2011: 113-114)는 학교 단위의 현안에 대해 장학팀과 학교 당사자들이 문제의식을 공유하고 해결 방안을 공동으로 모색하는 일련의 협동 과정을 의미한다고 하였다. 진동섭(2001)은 교사의 자발적 의뢰를 바탕으로 교수-학습과 관련된 전문성을 개발하기 위해 교내외의 전문성을 갖춘 사람들이 제공하는 조언활동이라고 하였다.

컨설팅장학의 개념에 관한 학자들의 생각을 정리해 보면 학교컨설팅과 컨설팅장학, 수업컨설팅의 개념을 혼재하여 다양한 이름으로 사용하고 있는 듯하다. 서범종(2011)은 대상의 차이에 따라 구분한 각각의 개념에서 학교컨설팅이 가장 상위의 개념으로 정의되고 있으며, 컨설팅장학과 수업컨설팅은 좀 더 전문성과 연관된 영역으로 학교컨설팅의 하위 개념으로 정의되고 있다. 반면, 홍창남(2012)은 다른 학자들의 견해를 빌려 대상의 차이에 의한 개념의 정의 외에 적용 원리의 차이에 주목하는 입장을 강조했다.

컨설팅장학의 원리는 컨설팅장학이 다른 장학과 다른 이유를 설명하고 있다. 대체로 여섯 가지 원리가 제시된다(김도기, 2005).

첫째, 자발성의 원리이다. 학교컨설팅과 마찬가지로 컨설팅장학은 문제나 과제 혹은 전문가의 도움을 필요로 하는 교사가 스스로 그 필요성을 느끼고 자발적으로 도움을 요청함으로써 시작된다. 둘째, 전문성의 원리이다. 컨설팅장학은 역할이 아닌 과정으로서의 장학에 대한 관점을 취하기 때문에 그 성패가 컨설팅장학요원의 전문성에 달려 있다고 해도 과언이 아니다. 셋째, 자문성의 원리이다. 컨설팅장학에서 컨설팅장학요원은 교사를 대신하여 문제를 직접 해결하는 것이 아니라 교사가 그 문제를 해결하도록 자문하고 조언하는 역할을 수행해야 한다. 넷째, 독립성의 원리이다. 컨설팅장학에서는 도움을 요청한 교사와 장학요원이 상급자·하급자의 관계가 아니라 의뢰인과 장학요원이라는 평등한 관계에서 상호작용을 해야 한다. 다섯째, 일시성의 원리이다. 교사에게 제공되는 컨설팅장학은 협약 기간 동안 제공되는 일시적인 서비스가 되어야 한다. 여섯째, 교육성의 원리이다. 컨설팅장학은 장학요원과 의뢰인 사이에 당면 문제해결에 필요한 지식, 기술, 경험 등에서의 차이가 있음을 전제로 한다.

그러나 여섯 가지 원리는 각각 독립적인 것은 아니다. 컨설팅장학은 이 원리의 상관관계에 의해서 운영된다. 이 원리들은 상호 밀접한 관련을 가지고 있으며, 또한 이 원리들 간에는 우선순위가 존재한다. 여섯 가지 원리들 간의 관계는 [그림 9-1]과 같이 나타낼 수 있다. 그림에서 보는 바와 같이 컨설팅장학의 핵심 원리는 자발성과 전문성이다. 의뢰인과 장학요원의 협력과 상호 성장을 목표로 하는 컨설팅장학은 의뢰인 측면의 자발성과 장학요원 측면의 전문성을 행으로 하여 나머지 네 가지 원리가 상호 복합적으로 연결되어 있는 구조를 특징으로 한다.

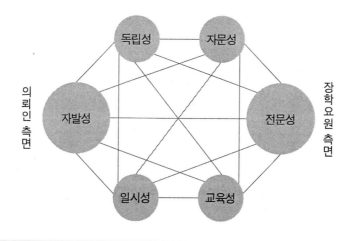

[그림 9-1] 컨설팅장학 원리들 간의 관계

출처: 김도기(2005: 30).

4. 교육지원청의 컨설팅장학활동의 절차 예시

　교육지원청에서 주도하는 컨설팅장학은 교육지원청의 교육 상황과 필요에 따라 계획·운영되므로 활동의 내용과 방법 및 절차가 다양하다. 교육지원청의 컨설팅장학활동의 운영 절차의 예시를 제시한다.

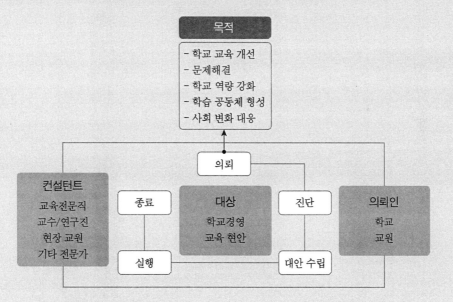

■ D 교육지원청의 컨설팅장학 ■

1. 컨설팅장학의 개념
- 학교의 요청에 따라 학교 교육의 개선을 위해 학교 경영문제와 교육 현안을 진단하고, 대안을 마련하며, 문제해결 과정을 지원하는 교육청의 장학활동

2. 컨설팅장학의 원리 및 구성
1) 컨설팅장학의 원리
① 자발성: 컨설팅장학은 의뢰인이 자발적으로 나서서 컨설턴트의 도움을 요구함으로써 시작되며, 공식적 컨설팅 관계는 컨설턴트와 의뢰인 상호 합의에 의해 성립됨
② 전문성: 컨설턴트는 연구와 실제 경험을 통해서 다양한 학교 교육 또는 경영에 대한 지식을 축적하고, 문제해결에 필요한 기술 및 경험을 학교 구성원들과 공유하는 방법을

구비해야 함

③ 독립성: 컨설턴트와 의뢰인이 상급자-하급자 관계가 아닌 대등한 관계에서 독립성과 객관성을 유지해야 함

④ 자문성: 컨설팅장학은 본질적으로 자문활동으로, 컨설턴트는 의뢰인을 대신하여 교육 활동을 전개하거나 학교를 직접 경영하지 않아야 함

⑤ 한시성: 컨설팅장학의 목적은 의뢰인이 컨설턴트의 도움을 더 이상 필요하지 않도록 만드는 것이며, 의뢰한 문제가 해결되면 컨설팅장학은 종료됨

⑥ 학습성(교육성): 학교 컨설턴트는 의뢰인인 학교 구성원에게 문제해결에 도움을 줄 수 있는 정보를 제공하고, 기술 습득과 능력 함양을 위한 교육 훈련을 실시함

2) 컨설팅장학반 구성

- 서울특별시교육연구정보원에서 각 분야별 전문가로 학교컨설팅장학지원단 구성
- 지역교육청(담당장학사)과 장학 신청학교가 협의하여 장학반장 포함하여 장학반 구성
- 학교별 담당장학사가 컨설팅장학반 구성, 장학 시행, 결과 처리 등의 과정에서 안내 역할

3. 컨설팅장학 절차

1) 컨설팅장학 절차

	내용	주관	비고
계획 수립	컨설팅장학 기본 계획 수립 · 안내	교육청	컨설팅장학 기본 계획을 수립하여 학교에 안내
장학 신청	컨설팅장학 신청	학교	장학 희망일자, 장학위원, 컨설팅 분야 등을 기록하여 제출
장학 준비	컨설팅장학 시행 계획 수립 · 알림	교육청	장학 일정 및 장학위원을 해당 학교에 알림
사전 협의	컨설팅장학 사전 협의	장학반	세부 장학 방향, 내용, 절차에 대한 사전 협의
장학 시행	컨설팅장학 시행	장학반	문제진단 → 대안 수립 → 실행지원
결과 보고	컨설팅장학 결과 보고	장학반	장학결과보고서 작성 후 학교 및 교육청에 제출

2) 컨설팅장학 세부 절차

(1) 컨설팅장학 기본 계획 수립·안내(교육청)

- 컨설팅장학의 시행 내용 및 신청 절차 등을 포함한 기본 계획을 수립하여 학교에 안내
- 학교컨설팅장학지원단 구성 및 연수를 통하여 컨설팅장학을 위한 인력풀 구축(서울특별시교육연구정보원)
- 학교컨설팅장학지원단 명단을 학교에 공개하고 장학위원 신청 방법에 대한 안내(서울특별시교육연구정보원)

(2) 컨설팅장학 신청(학교)

- 대상: 컨설팅장학 희망 학교

  희망하는 장학 일자, 장학 위원, 장학 주제를 작성하여 교육청으로 제출

  ※ 컨설팅장학 신청 단계부터 컨설팅장학 담당장학사와 사전 협의 권장

- 장학 주제: 학교가 희망하는 분야

(3) 컨설팅장학 시행 계획 수립·알림(교육청)

- 장학반 구성: 컨설팅장학 담당장학사가 학교와 사전 협의하여 구성하되, 학교의 요구를 우선적으로 반영

  학교컨설팅장학지원단 중에서 장학반장 포함하여 장학반 구성

- 컨설팅장학 시행 계획 수립·알림: 구체적인 장학 일정, 장학반 구성, 장학 내용 등이 포함된 컨설팅장학 시행 계획 수립(컨설팅장학 시행 계획서)

  컨설팅장학 시행 계획을 학교에 알리고 학교는 계획에 따라 장학 시행 준비

(4) 컨설팅장학 사전 협의(장학반)

- 컨설팅장학의 효율성을 높이고 체계적인 장학을 실행하기 위하여 장학반장 주관으로 컨설팅장학반 사전 협의 실시
- 장학 대상 학교의 컨설팅장학 신청서를 바탕으로 전체적 장학 방향, 세부 내용, 절차 등에 대한 협의

(5) 컨설팅장학 시행(장학반)

① 진단 단계: 컨설팅 주제와 관련된 문제를 심도 있게 진단하는 단계

- 주요 활동: 목적의 분석, 문제의 분석, 사실의 발견, 사실 분석과 통합 방법
- 방법: 학교 관계자 심층면담, 자료분석, 설문조사, 학교 자체 평가, SWOT 분석 등

② 대안 수립 단계: 문제해결 방안 발견 단계
  - 주요 활동: 문제해결을 위한 전략과 기법의 구안, 대안들에 대한 평가, 신청 학교 (인)에게 제안, 실행 계획 수립 등
  - 방법: 장학위원의 전문성에 기초하여 한 개 또는 그 이상의 해결 방안 구안

③ 실행 지원 단계: 학교와 장학반이 협의하여 실행 지원 단계 추진 여부 결정 수립된 문제해결 방안의 실행을 지원하는 단계
  - 주요 활동: 실행에 대한 지원, 제안 내용 조정, 교육 훈련 지원 등
  - 방법: 실행 주체는 학교이고, 컨설팅장학반에서는 실행 과정에서 발생하는 문제해결 지원

(6) 컨설팅장학 결과 보고(장학반)
  - 주요 활동: 컨설팅장학의 수행 행동, 접근 방법, 성취한 변화와 결과 평가
    컨설팅장학 결과 보고서 작성. 필요 시, 지속적인 협력 관계 구축
  - 방법: 심층 면담, 설문 조사, 장학반 자체 평가 등의 방법으로 컨설팅장학 평가
    컨설팅장학 평가서 및 컨설팅장학 결과보고서를 작성하여 학교 및 교육청 제출

4. 컨설팅장학 운영

1) 컨설팅장학에서 장학사의 역할

① 컨설팅장학 업무 담당자
  - 장학업무를 정확히 파악하여 장학 진행 시 적극 지원 및 안내
  - 학교의 컨설팅장학 요청 과제 파악 및 협의
  - 학교 요청과제에 맞는 적절한 컨설턴트 소개 및 안내
    (서울특별시교육연구정보원의 학교컨설팅장학지원단, 지역교육청 장학지원단, 외부인사 등)

② 컨설팅장학의 조장자
  - 컨설팅장학이 자발적으로 이루어지도록 학교 관계자들과 협의
  - 컨설팅장학의 필요성을 인식하도록 연수 및 안내
    컨설팅장학 기본 계획 수립 → 컨설턴트 구성 → 컨설팅 일정 확정 → 자료 수집 등
    컨설팅 방법 결정 → 컨설팅 후 보고서 작성 등
  - 학교현장에서 컨설팅을 실행하는 실행컨설턴트 역할 수행

2) 컨설팅장학 운영
- 단위학교의 컨설팅장학 내실화
- 모든 학교가 연 1회 이상 컨설팅장학 실시를 권장하고, 컨설팅장학 실적을 각종 평가에 반영
- 학교 기본운영비에 컨설팅장학 운영비 편성

출처: 서울특별시 동작관악교육지원청 홈페이지.

5. 맺는말

2010년 이후 컨설팅장학이 전면적으로 도입·실시되게 된 것은 우리나라 장학에 있어서 큰 변화이다. 장학의 방법 면에서, 감독점검 형식이 강했던 종합장학이나 담임장학을 폐지하고 컨설팅장학이 주로 사용되는 방향으로 전환되었다. 컨설팅장학이 지향하는 취지와 방향성에 대하여 교원들은 대체로 긍정적으로 인식하는 것으로 보인다.

그러나 컨설팅장학이 도입됨으로 인해 종래에 실시되어 오던 일반장학, 수업장학, 자율장학 등이 크게 약화되는 상황이 되었다. 복잡한 교육상황을 고려할 때, 효과적인 교육활동의 개선을 위해 컨설팅장학뿐만 아니라 자율장학을 포함하여 다양한 형태의 장학이 상호 보완적으로 활용되어야 할 필요성이 높다. 자율적 분위기에서 학교구성원의 합의를 토대로 자율장학과 컨설팅장학이 보완적으로 활용되며, 학교와 교사들이 원하는 장학의 주제, 분야, 일정 등을 고려하는 방향으로 변화함이 바람직할 것이다.

제3부

자율장학의 계획 · 실행 · 평가

자율장학을 어떻게 계획하고
실행하며 평가할 것인가?

제10장

자율장학의 계획과 실행

1. 머리말

좋은 건축물을 짓기 위해서는 반드시 좋은 설계도가 있어야 하듯이, 교내(원내) 자율장학을 체계적이며 효과적으로 추진하기 위해서는 교직원들의 참여와 협력을 바탕으로 한 적절한 계획서가 작성되어야 한다. 학교(유치원)에서는 '학교(유치원) 교육계획서' 또는 '학교(유치원) 교육과정 운영계획서'가 매 학년도 초에 작성된다. 이 장에서는 원칙적으로 '학교(유치원) 교육계획서' 내에 '교내(원내) 자율장학 계획서'가 포함되는 것을 전제로, 교내(원내) 자율장학이 어떻게 계획 · 실행 · 평가되어야 하는가를 제시한다.

2. 교내(원내) 자율장학 계획 수립의 의미와 방향

1) 교내(원내) 자율장학 계획 수립의 의미

교내 자율장학 계획서는 단위학교에서 일정 기간 동안 자율적인 장학활동을 언제, 어디서, 누가, 무엇을, 어떻게, 왜 추진할 것인가 등 육하원칙에 따라 체계적으로 정리해 놓은 것이다. 단위학교에서 대체로 1년 단위로 수립되는 교내 자율장학 계획서는 다음과 같은 의미를 갖는다.

첫째, 자율장학 계획서는 단위학교에서 교장, 교감, 부장교사, 교사, 일반 직원 등 모든 교직원이 외부의 지시 없이 스스로 학교와 교직원들의 발전을 위해 노력하려는 의지의 표현으로서 의미가 있다. 자율장학 계획서는 단위학교 구성원 전체가 자신의 전문적·개인적 성장·발달과 학교 조직의 발전을 위하여 필요한 활동을 자율적이며 협력적으로 추진해 나가겠다는 의지를 담고 있다.

둘째, 자율장학 계획서는 단위학교가 1년 동안 학교와 교직원들의 발전을 위하여 필요한 활동을 비교적 계획적이고 체계적으로 추진해 나가는 데 지침이 되는 설계도로서의 의미가 있다. 좋은 건축을 하는 데 좋은 설계도가 필수적이듯이 단위학교에서 학교와 교직원들의 발전이라는 공동 작업을 추진하는 데 있어서 설계도로서 자율장학 계획서는 필수 불가결한 요소이다.

셋째, 자율장학 계획서는 단위학교 내에서 자율장학을 추진하는 데 교직원 개인이 참여해야 할 활동이 무엇인지를 알려 주는 이정표이다. 교내 자율장학은 교직원들이 스스로 자신이 참여해야 할 활동이 무엇이며, 그러한 활동을 언제 어떤 방법으로 추진해야 하는지를 잘 알고 있을 때 비로소 성공적인 추진이 가능한 것이다.

2) 교내(원내) 자율장학 계획 수립의 방향

단위학교의 교내 자율장학 계획서는 대체로 다음과 같은 방향으로 수립되어야 할 것이다.
첫째, 단위학교 나름의 상황과 조건 및 특수성을 살릴 수 있는 계획이 되도록 해야 한다. 단위학교의 교직원, 학생, 학부모, 지역사회 등의 실태와 교육적 요구를 반영하여 자율장학의 효과를 높일 수 있는 계획이 수립되도록 한다.

둘째, 실천 가능하며 성취감을 줄 수 있는 계획이 되도록 해야 한다. 계획 자체가 아무리 그럴듯하게 짜여 있다 해도 실천하기가 어려우면 실효성이 없다. 너무 어렵지 않고 동시에 너무 안이하지도 않으며 적절한 수준에서 도전감을 주는 계획이 수립되어야 한다.

셋째, 교직원들의 요구를 반영하고 공동작업의 과정을 거쳐서 계획을 수립해야 한다. 필요한 요구 조사를 실시하여 교직원들의 의사와 요구를 조사·반영하고 계획서를 작성하는 과정에 교직원들이 참여할 수 있는 방향으로 계획 수립이 이루어져야 한다.

넷째, 학교 교육계획과 연계성이 고려된 계획이 되도록 해야 한다. 교내 자율장학 계획은 학교의 전체적인 교육과정 운영 및 학교경영 계획과 조화롭게 연계·통합되는 형식으로 작성되는 것이 좋을 것이다.

다섯째, 교육청에서 제시한 장학 운영 계획을 참조하여 필요한 사항을 교내 자율장학 계획에 적절히 반영하도록 해야 한다. 교내 자율장학이 학교 나름의 자율성과 특수성을 반영하면서, 동시에 교육청의 장학 운영 계획을 적절한 수준에서 반영한다면 자율장학활동의 효과를 높일 수 있는 것이다.

여섯째, 학년도별로 자율장학 실천 결과를 평가하여 자율장학 계획을 계속적으로 수정·보완해 나가야 한다. 자율장학의 실행 과정과 실행 결과에 대한 평가·분석의 결과를 토대로 하여 보다 발전적이고 효과적인 자율장학 계획이 수립되어야 한다.

3. 교내(원내) 자율장학의 계획 수립 절차

교내 자율장학의 계획 수립 절차는 학교 교육과정 편성·운영 절차와 연계하여 〈표 10-1〉과 같이 정리될 수 있다. 학교 교육과정 편성·운영의 일반적인 절차를, ① 학교 교육과정 편성위원회의 조직, ② 국가 및 교육청의 교육과정 편성·운영 지침 및 교육계획 분석, ③ 교육 여건에 대한 기초 조사 및 교육과정 운영실태 분석, ④ 학교 교육과정 편성·운영의 기본 방향 설정, ⑤ 학교 교육목표 및 노력 중점 설정, ⑥ 학교 교육과정 운영계획 시안 작성, ⑦ 학교 교육과정 시안의 검토·수정 및 확정, ⑧ 학교 교육과정의 운영, ⑨ 학교 교육과정의 평가와 개선 등으로 볼 수 있다.

이에 연계하여 교내 자율장학의 계획 수립 절차를, ① 교내 자율장학 위원회의 조직,

② 교육청의 장학 운영 계획 분석, ③ 교직원 실태 분석 및 교내 자율장학에 대한 요구조사, ④ 교직원 실태 분석을 토대로 교내 자율장학의 기본 방향 설정, ⑤ 교내 자율장학 계획 시안 작성, ⑥ 교내 자율장학 계획 시안의 검토·수정 및 확정, ⑦ 교내 자율장학의 운영, ⑧ 교내 자율장학의 평가와 개선 등으로 볼 수 있다.

교내 자율장학 위원회는 교장과 교감 이외에 주요 부장교사, 수석교사 등 교내 자율장학에 기여할 수 있는 교직원으로 구성한다. 학교 실정에 따라서 학교 교육과정 편성위원회의 하부 조직으로 편성하여도 될 것이다.

표 10-1 교내 자율장학의 계획 수립 절차

학교 교육과정 편성·운영의 절차	교내 자율장학 계획·운영의 절차
① 학교 교육과정 편성위원회 조직	① 교내 자율장학 위원회 조직 (교육과정 편성위원회 하부 조직으로 가능)
② 국가 및 교육청의 교육과정 편성·운영 지침 및 교육계획 분석	② 교육청의 장학 운영 계획 분석
③ 교육여건에 대한 기초 조사 및 교육과정 운영 실태 분석	③ 교직원 실태 분석 및 교내 자율장학에 대한 요구조사
④ 학교 교육과정 편성·운영의 기본 방향 설정	④ 교직원 실태 분석 및 요구조사를 토대로 교내 자율장학의 기본 방향 설정 • 교내 자율장학의 목표 설정 • 교내 자율장학의 운영 방침 설정
⑤ 학교 교육목표 및 노력중점 설정	
⑥ 학교 교육과정 운영 계획 시안 작성	⑤ 교내 자율장학 계획 시안 작성
⑦ 학교 교육과정 시안의 검토·수정 및 확정	⑥ 교내 자율장학 계획 시안의 검토·수정 및 확정
⑧ 학교 교육과정의 운영	⑦ 교내 자율장학의 운영 • 교내 자율장학의 탄력적 운영 • 교내 자율장학의 내실화
⑨ 학교 교육과정의 평가와 개선	⑧ 교내 자율장학의 평가와 개선 • 교내 자율장학에 대한 평가 • 교내 자율장학에 대한 수정·보완

4. 교내(원내) 자율장학 계획에 포함될 사항

교내 자율장학의 계획서에는 몇 가지 핵심적인 사항이 포함될 수 있다. 대체로 ① 교내 자율장학의 운영 기저, ② 교내 자율장학의 목표 및 운영 방침, ③ 교내 자율장학의 기본 형태별 실행 계획, ④ 교내 자율장학의 평가 계획 등이 포함될 수 있다.

표 10-2 교내 자율장학 계획에 포함될 사항

Ⅰ. 교내 자율장학의 운영 기저
    1. 교직원 현황
    2. 전년도 교내 자율장학의 운영 결과
Ⅱ. 교내 자율장학의 목표 및 운영 방침
    1. 목표
    2. 운영 방침
    3. 운영 조직
    4. 운영 개요
Ⅲ. 교내 자율장학의 기본 형태별 실행 계획
    1. 수업장학(목표, 대상, 실시 계획, 추진 방침 등)
    2. 동료장학(목표, 대상, 실시 계획, 추진 방침 등)
    3. 자기장학(목표, 대상, 실시 계획, 추진 방침 등)
    4. 약식장학(목표, 대상, 실시 계획, 추진 방침 등)
    5. 자체연수(목표, 대상, 실시 계획, 추진 방침 등)
    6. 학교 주요 행사와 교내 자율장학 일정
    7. 교사 개인별 교내 자율장학활동 계획
Ⅳ. 교내 자율장학의 평가 계획
    1. 평가 일정
    2. 평가 방법

5. 교내(원내) 자율장학의 단계별 활동 및 유의 사항

1) 교내(원내) 자율장학의 단계별 활동

교내 자율장학의 단계별 활동은 CIPP 평가 모델에 의거하여 ① 여건 조성단계, ② 계획단계, ③ 실행단계, ④ 평가단계의 각 단계별로 언제, 어디서, 누가, 무엇을, 어떻게 해야 할 것인지에 관련되는 내용을 중심으로 논의될 수 있다. 교내 자율장학을 실행하는 각 단계는 대체로 〈표 10-3〉과 같이 구분된다. 각 단계별로 구분하여 추진할 내용을 간략하게 정리해 본다. 〈표 10-4〉는 각 단계별로 추진되어야 할 내용을 비교적 상세히 제시한 것이다.

표 10-3　교내 자율장학의 실행 단계 구분

교내 자율장학 실행 단계	개략적 일정
1. 여건 조성단계	2월 말~3월 중순까지
2. 계획단계	3월 초~3월 말까지
3. 1학기 실행단계	4월 초~8월 말까지
4. 2학기 실행단계	9월 초~12월 말까지
5. 학년말 평가단계	1월 초~2월 중순까지

표 10-4　교내 자율장학의 실행 단계별 추진활동

단계	단계별 추진활동
1. 여건 조성 단계 추진활동	1-1. 교내 자율장학 위원회의 조직 및 운영 개시 • 교내 자율장학 위원회의 조직 및 업무의 설정 • 위원의 선정 - 교장, 교감, 부장교사, 수석교사, 교과지도능력 우수교사 등 1-2. 교육청의 장학방침 · 장학계획 분석 1-3. 인적 · 물리적 · 심리적 여건 조성 노력 • 교직원의 화합을 위해 전체, 학년별, 교과별 간담회 • 업무의 간소화 추진 • 교장, 교감의 개방적 학교 조직 풍토 조성 노력 • 교내 자율장학에 필요한 기자재, 자료 등 구비 • 교내 자율장학에 대한 연수(개념, 영역, 기본 형태, 기본 과정 등)

2. **계획단계** **추진활동**	**2-1. 교직원 현황 분석 및 교내 자율장학에 대한 요구조사** • 교직원 현황 분석 • 교내 자율장학에 대한 요구조사 [교사 자신의 교육활동 자기 진단 / 교사가 하고 있는 자기발전 노력 조사 / 교사가 희망하는 자율장학 형태 조사 / 협의를 통해 교사의 요구와 학교의 실정을 고려 자율장학 형태 조정] • 전년도 교내 자율장학 운영 결과의 검토(긍정적인 점, 개선이 요구되는 점, 발전 방안 등)
	2-2. 교내 자율장학의 기본 방향 설정 • 교직원 현황 분석 및 요구조사 결과의 교내 자율장학에 대한 시사점 추출 • 교내 자율장학의 목표 설정 • 교내 자율장학의 운영 방침 설정
	2-3. 교내 자율장학 계획 시안 작성 • 교내 자율장학의 운영 기저 작성 • 교내 자율장학의 목표 및 운영 방침 작성 • 교내 자율장학의 기본 형태별 실행 계획 작성(기본 형태별 대상자, 시기 및 횟수, 활동과정 등) • 교내 자율장학의 평가 계획 작성
	2-4. 교내 자율장학 계획 시안의 검토 및 확정 • 교내 자율장학 계획 시안의 검토 · 수정 • 교내 자율장학 계획의 확정 • 교내 자율장학 계획에 대한 연수
3. **실행단계** **추진활동**	**3-1. 계획된 자율장학의 기본 형태별 대상자, 시기 및 횟수, 활동과정 등에 따라 추진** • 교장, 교감, 부장교사, 수석교사, 교사는 협조하여 계획된 자율장학 추진 • 교장, 교감은 교내 자율장학 실행 중 꾸준한 관심과 지원 제공 • 교사들은 교내 자율장학활동에 적극적으로 참여 • 필요 시 교내 자율장학 세부 실행 계획을 융통성 있게 조정하여 실행
	3-2. 1학기 실행 결과에 대한 분석에 따라 미흡한 점을 보완하여 2학기 실행
4. **평가단계** **추진활동**	**4-1. 평가도구를 개발 · 활용하여 교내 자율장학활동 평가** • 교내 자율장학 위원회 중심으로 교내 자율장학 평가도구 개발 • 학년말 교내 자율장학에 대한 평가는 학교 교육과정 운영에 대한 평가와 병행 실시 • 교내 자율장학 실행 관련 우수교사 격려 • 학교 교육과정 운영에 대한 평가 결과 및 교내 자율장학에 대한 평가 결과 신학년도 학교 교육과정 운영 계획 및 교내 자율장학 실행 계획에 투입

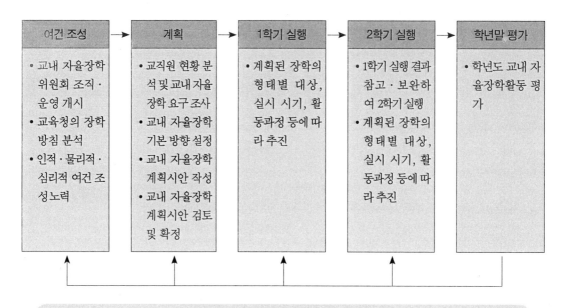

여건 조성	계획	1학기 실행	2학기 실행	학년말 평가
• 교내 자율장학 위원회 조직 · 운영 개시 • 교육청의 장학 방침 분석 • 인적 · 물리적 · 심리적 여건 조성노력	• 교직원 현황 분석 및 교내 자율장학 요구 조사 • 교내 자율장학 기본 방향 설정 • 교내 자율장학 계획시안 작성 • 교내 자율장학 계획시안 검토 및 확정	• 계획된 장학의 형태별 대상, 실시 시기, 활동과정 등에 따라 추진	• 1학기 실행 결과 참고 · 보완하여 2학기 실행 • 계획된 장학의 형태별 대상, 실시 시기, 활동과정 등에 따라 추진	• 학년도 교내 자율장학활동 평가

[그림 10-1] 교내 자율장학 실행 모형

이와 같은 교내 자율장학의 단계별 추진 활동 내용을 한 학년도 전체 일정에 따라 연결하여 [그림 10-1]과 같은 교내 자율장학 실행 모형을 제시한다.

2) 교내(원내) 자율장학의 실행 단계별로 유의할 사항

(1) 교내(원내) 자율장학의 여건 조성단계에서 유의할 사항

① 심리적 여건 조성

첫째, 교장과 교감은 개방적이고 민주적인 학교 조직풍토의 조성을 위하여 적절한 지도성을 발휘하도록 한다. 교사들의 자율성을 조장해 주고 원만한 인간관계가 형성되는 학교 분위기가 조성되어야 한다.

둘째, 교내 자율장학 계획 시 교사의 참여와 동기유발을 고려한다. 교사의 요구를 최대한 반영할 수 있는 방향으로 장학활동을 실시하며, 장학활동의 결과에 대하여 격려 · 지원을 통해 교사들의 의욕을 높이고 성취 동기를 강화하여야 한다.

셋째, 교내 자율장학에 대한 연수를 실시하여야 한다. 교직원들이 장학의 본질과 방법 및 절차에 대해 긍정적인 인식을 갖도록 하기 위해서는 지속적이고 적절한 연수가 필요하다.

넷째, 업무부담 경감을 통하여 교직원들이 보다 적극적으로 교내 자율장학에 참여할 수 있는 심적인 여유가 마련되어야 한다. 본질적인 교육활동과 관련이 적은 업무나 잡무는 경감되어야 한다.

② 인적 여건 조성

첫째, 교장과 교감이 장학에 대한 지식과 기능을 갖추도록 노력해야 한다. 현재 교사의 전문성이나 교육 수준이 높아져 가고 있는 추세 속에서 교장과 교감이 보다 높은 전문성과 지도성을 갖춘 장학지도자로서의 자질을 갖추어야 할 것이다.

둘째, 교내 자율장학의 효과적인 추진을 위하여 교장과 교감뿐만 아니라 부장교사와 수석교사도 장학에 대해 적절한 지식과 기능을 갖추도록 노력해야 한다.

③ 물리적 여건 조성

첫째, 장학활동에 활용될 수 있는 기자재가 확보되어야 한다. 특히 교사들이 수업을 녹화·녹음할 수 있도록 충분한 비디오 카메라, VTR, 녹음기 등이 구비되어야 할 것이다.

둘째, 연구할 수 있는 교무실 분위기 조성이 요구된다. 교무실 혹은 연구협의실의 냉난방시설과 방음시설 등 환경 개선과 전문 서적 구비 등 쾌적하게 연구할 수 있는 분위기 조성은 성공적인 자율장학을 위해 필요한 조건이다.

(2) 교내(원내) 자율장학의 계획단계에서 유의할 사항

첫째, 자율장학의 계획 수립 시 교사들의 요구를 반영하고 교사들의 적극적인 참여를 유도하도록 노력해야 한다. 언제, 어떤 형태로, 어느 정도 참여시키느냐는 교장·교감의 판단과 학교 사정에 따라 융통성 있게 정할 수 있을 것이다.

둘째, 교장·교감은 교사들이 선호하는 장학이 너무 한 가지 형태로만 몰리는 것을 조정하고, 교사의 경력 주기와 발달 정도에 따라 적절한 것을 선택할 수 있도록 합리적이고 민주적인 지도성을 발휘해야 한다.

셋째, 교사들 간에 동료장학이 활발하게 이루어지도록 계획을 세우도록 한다. 동료 상호 간에 수업연구 및 수업공개를 추진하도록 하는 것 외에, 동교과 모임을 통하여 공동 과제나 공동 관심사에 대한 협의·연구·추진 등이 이루어지도록 지원한다.

넷째, 교사들 자신이 적극적으로 자기장학 계획을 세우도록 한다. 교사들 스스로 전문성 신장을 위한 자기수업 반성, 자기평가, 1인 1과제연구 혹은 개인연구, 대학원 수강, 교과연구회·학술회·강연회 참석 등을 포함한 각종 자기발전을 위해 노력할 수 있는 지원체제가 필요하다.

(3) 교내(원내) 자율장학의 실행단계에서 유의할 사항

첫째, 교내 자율장학 실행 시 장학담당자와 교사 간에 친밀한 인간관계 속에서 수립된 계획을 중심으로 하여 다양한 장학활동이 전개되어야 한다. 그러나 상황에 따라서는 계획된 자율장학의 형태나 절차와 과정에 있어서 융통성 있게 조정하여 운영될 수 있을 것이다.

둘째, 장학담당자와 교사 간에, 동료교사들 간에 사전 협의가 충실하게 이루어져야 한다. 장학활동의 효과적인 실행을 위해서 장학활동의 구체적인 절차와 내용에 관한 사전 협의는 필수 요건이다.

셋째, 교내 자율장학이 보다 신선하고 효과적으로 이루어지도록 외부 전문가나 장학요원 또는 전문적 지식을 가지고 있는 학부모를 활용하도록 노력한다. 학부모들을 자체연수 강사요원으로 활용하거나, 수업공개에 학부모가 참여하도록 하는 것도 학교교육에 대한 학부모들의 이해와 협조를 높인다는 점에서 의미가 있다.

넷째, 교내 자율장학이 효과적으로 실행되도록 하기 위해 교장과 교감이 교내 자율장학의 여러 가지 활동에 대해 적극적이며 지속적인 관심과 지원을 보여야 한다. 필요한 경우 교육청의 지원을 요청하여 교내 자율장학의 효과를 높이도록 한다.

(4) 교내(원내) 자율장학의 평가단계에서 유의할 사항

첫째, 형식적인 평가를 지양하고 실질적으로 도움이 될 수 있도록 장학활동 결과에 대해 사후 협의회나 자체평가를 통한 평가가 효과적으로 이루어지도록 해야 한다. 겉치레나 칭찬일변도의 평가나 일방적이고 훈시적인 지도보다는 교사와 충분한 의견교환과 협의의 풍토를 조성한다.

둘째, 장학 형태별로 그 과정과 결과를 평가해 보거나 전체적인 장학활동을 평가해 볼 수 있는 평가도구를 학교 실정에 맞게 개발·활용하도록 해야 한다. 교사들이 스스로의 장학활동을 평가하기 위한 도구를 협동적으로 만들어 이를 활용함으로써 타율적인 평가에서 오는 거부감을 해소하고 장학활동에 대한 자율적인 책무감을 높일 수 있는 것이다.

셋째, 교장과 교감은 교사들로 하여금 교내 자율장학에 대한 높은 의욕과 참여심을 갖도록 하기 위하여 교내 자율장학에 관련되는 유공교사와 우수교사를 격려하고 보상하도록 한다. 교사들의 공로를 인사관리, 근무평정, 표창 추천 등에 반영할 수 있을 것이다.

넷째, 교내 자율장학활동 중 우수 사례를 발굴·전파하는 노력을 해야 한다. 나름대로 독자적이고 내실 있게 운영된 자율장학활동을 홍보하고 차후 보다 발전적으로 운영될 수 있도록 노력해야 한다. 이러한 노력은 교원들의 사기를 높이고 교내 자율장학의 활성화에도 도움이 될 것이다.

3) 교내(원내) 자율장학의 계획·실행·평가에 있어 교원의 역할

교내 자율장학을 효과적으로 실천하기 위하여 교장, 교감, 부장교사, 교사, 행정직원, 그리고 외부 장학요원이 담당해야 할 역할과 중점 활동 내용은 〈표 10-5〉와 같이 정리된다.

표 10-5 교내 자율장학에 있어 교원의 역할

구분	역할	중점 활동 내용
교장 · 교감	• 교내 자율장학의 총괄 • 교내 자율장학의 지도·조정 • 교내 자율장학에 대한 지원	• 교내 자율장학 위원회의 조직 • 합리적·민주적 지도성 발휘 • 교내 자율장학의 계획 주관 • 교내 장학담당자들의 장학 능력 신장 • 교사들의 특성 파악 • 교사들의 장학에 대한 동기유발 • 교내 자율장학에 대한 연수 • 교사들의 업무 경감 • 필요한 기자재 및 자료 구비 • 연구하는 교무실 분위기 조성 • 교사들에 대한 상담 및 지도·조언
부장교사 (수석교사)	• 동료장학의 주관 • 학년별, 교과별, 부서별 교육활동 및 장학활동의 주관	• 동료장학 분위기 조성 및 동료장학 주관 • 학년별·교과별·부서별 경영 계획·실천·평가 주관 • 교내 자율장학에 대한 동학년·동교과·동부서 교사들 간의 협의·조정 주관
교사	• 교내 자율장학에 적극적·능동적 참여	• 교내 자율장학에 대한 긍정적 이해와 적극적 참여 • 자기장학의 계획 수립 및 실행 • 동료장학에 적극 참여 • 수업장학에 적극 참여 • 자체연수에 적극 참여 • 약식장학에 대한 수용적 자세

행정직원	• 교내 자율장학에 대한 지원	• 교내 자율장학에 필요한 기자재, 자료, 시설, 재정 확보 · 지원 • 필요 시 자체연수에 지원 및 참여
장학사 (교육청)	• 요청장학 지원 • 교내 자율장학 우수 사례 및 교원 발굴 · 격려	• 요청장학 시 지도 · 조언 • 교내 자율장학 우수 사례 발굴 · 전파 • 교내 자율장학 유공교사 격려 · 지원

6. 교내(원내) 자율장학 계획서 모형

1) 교내(원내) 자율장학의 운영 기저

(1) 교직원 현황

(예시) • 전체 교원의 평균 경력은 19.8년으로 경험이 풍부한 중견교사 집단임
- 경력 5년 미만의 교사는 6명이며 이 중 2명은 초임교사로서 이들에 대한 수업장학의 필요성이 높음
- 취미가 다양하고 우수한 특기를 지닌 교사들이 많음
- 현장연구 의욕과 교수–학습 활동 개선에 관심을 갖고 있는 교사가 많음

직위	성명	경력	담임학급	연구교과 (담당교과)	담당업무	특기사항	비고
교장(원장)							
교감(원감)							

(2) 전년도 교내(원내) 자율장학의 운영 결과

교내(원내) 자율장학의 기본 형태	바람직한 점	개선이 요구되는 점	개선 방안
수업장학			
동료장학			
자기장학			
약식장학			
자체연수			
종합			

2) 교내(원내) 자율장학의 목표 및 운영 방침

(1) 교내(원내) 자율장학의 목표

(예시) • 교사의 교수–학습 방법 개선과 전문적 성장·발달을 도모함
- 교수–학습 방법 및 전문적 성장·발달을 위하여 교사들이 상호 협력하는 분위기를 조성함
- 장학의 학교현장 중심화·민주화·다양화를 도모함
- 교사들 스스로 장학에 참여하게 하고 장학에 대한 인식을 새롭게 함
- 교직원들 간 상호 이해·협동하는 분위기를 조성하여 학교 조직풍토를 긍정적으로 변화시킴
- 교내 자율장학의 발전을 위하여 다음과 같은 장기계획을 추진함
  1차년도: 동료장학의 활성화 – 2차년도: 자기장학의 활성화
  3차년도: 자체연수의 활성화 – 4차년도: 교내 자율장학의 완성

(2) 교내(원내) 자율장학의 운영 방침

(예시) • 신규교사에 대한 수업 관련 지도·조언 활동을 강화함
- 수업의 질을 높이기 위한 학년 단위·교과 단위 요청장학활동
- 전문성이 있는 학부모를 강사로 초빙하여 자체연수를 실시함
- 학부모를 대상으로 학년경영·학급경영 공개활동을 추진함

- 교사의 전문적 발달을 바탕으로 하여 교사의 개인적 발달과 학교의 조직적 발달까지도 함께 도모할 수 있도록 자체연수 활동을 강화함
- 수요일을 '자체연수의 날'로 정해 15:00~16:50에 자체연수 활동을 실시함 매월 4째 수요일 '자체연수의 날'에는 '교직원 체육행사'를 통하여 인화단결을 도모함
- 장학담당자는 교사들의 자율장학활동을 최대한 지원·격려하고, 교사들은 자율장학활동에 적극적으로 참여하는 풍토를 조성함
- 자율장학활동을 통해 얻어진 좋은 정보와 아이디어는 전체 교직원들에게 전파·일반화하고 학교경영에 반영함

(3) 교내(원내) 자율장학의 운영 조직

① '○○ 유치원 원내 자율장학 위원회'의 경우(예시)

- 위원장 – 원장
- 부위원장 – 원감
- 총무 – 부장
- 위원 – 교사
- 자문위원 – 외부 장학요원, 전문가

② '○○ 학교 교내 자율장학 위원회'의 경우(예시)

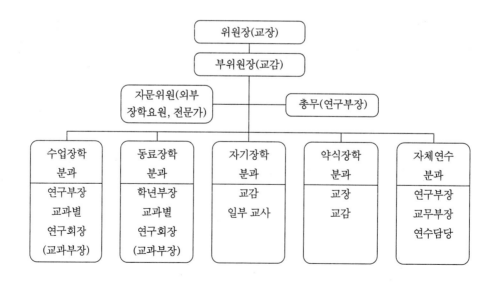

③ 역할(예시)

- 자율장학 위원회는 교내(원내) 자율장학의 계획·실행·평가에 관한 협의·조정·의사결정을 관장
- 교장(원장)은 자율장학 위원회의 위원장으로서 교내(원내) 자율장학활동 총괄
- 교감(원감)은 부위원장으로서 교내(원내) 자율장학활동 추진을 지도하고 각 장학분과의 활동을 지도·조언
- 연구부장(부장)은 총무로서 교내(원내) 자율장학활동의 기획과 추진상황 점검
- 각 분과는 해당 분과의 관련 교내(원내) 자율장학활동에 대한 실무를 관장

(4) 교내(원내) 자율장학의 운영 개요(예시)

기본 형태			담당자	영역	구체적 활동	대상	횟수	비고
수업장학			교장·교감(외부 장학요원 포함)	교사의 전문적 발달	• 임상장학 • 수업 연구(교장·교감주도) • 초임교사 수업 관련 지도·조언 활동	• 초임교사 (2명) • 경력 5년 미만 교사(4명) • 희망 경력교사(2명)	2명*2회 4명*1회 2명*1회	• 필요시 교육청 장학사도움 요청
동료장학	수업연구 중심 동료장학	동학년 수업연구 중심 동료장학	학년부장	교사의 전문적 발달	동학년 수업연구 (수업공개)	동학년 교사	학년별 1회	• 경력교사 시범수업 우선 • 수업연구 및 상호 수업 공개
		동교과 수업연구 중심 동료장학	교과부장	교사의 전문적 발달	동교과 수업연구 (수업공개)	동교과 교사	교과별 1회	
	협의 중심 동료장학	동학년 협의 중심 동료장학	학년부장	교사의 전문적·개인적 발달, 학교의 조직적 발달	동학년 협의회	동학년 교사	주 1회 또는 필요시	• 다양한 주제에 대한 협의 및 정보 교환
		동교과 협의 중심 동료장학	교과부장	교사의 전문적·개인적 발달, 학교의 조직적 발달	동교과 협의회	동교과 교사	주 1회 또는 필요시	

		스터디 그룹 활동	그룹리더	교사의 전문적 발달	스터디 그룹 활동	관심 있는 교사	주 1회 또는 필요 시	• 선정된 주제 에 대한 협 의 · 공부
동 료 장 학	연구과제 중심 동료장학	과제연구 팀리더	교사의 전문적 발달	• 과제연구 시범 활동 • 자료전 · 작품 전 공동출품	관심 있는 교사	일정 기간 과제 추진	• 교 내 · 교 외 연구 · 시범 과제 추진 • 자료작품전 공동출품
	일대일 동료장학 (멘토링)	학년부장, 교과부장 또는 경력교사	교사의 전문적 · 개인적 발달, 학교의 조직적 발달	경력교사 및 초임교사 짝짓기	20년 이상 경력교사 + 1년 미만 초임교사 (각 2명씩)	월 2회 이상 상호수업 공개 및 협의	• 초임교사 경 력교사 1:1 상호 수업공 개 및 협의
	자기장학	교사 개인	교사의 전문적 발달	• 자기수업 분석 · 연구 • 자기평가 • 개인연구 • 대학원 수강 • 전문 서적 · 자료 탐독	• 전체 교사 • 자기분석 자기지도 기술이 있는 교사	학기 단위로 실행	• 자기장학 결 과를 자체연 수, 동료장학 시간에 발표
	약식장학 (일상장학)	교장 · 교감	교사의 전문적 발달	• 학급순시 • 수업참관	전체 교사	수시	• 학급순시 · 수업참관 계 획 수립 및 의사소통
	자체연수	교장 · 교감, 전체 교직원, 외부강사	교사의 개인적 · 전문적 발달, 학교의 조직적 발달	• 각종 교내 연수	전체 교직원	주 1회 총 34회	매주 수요일 자체연수의 날 운영 (15:00~16:50)

3) 교내(원내) 자율장학의 기본 형태별 실행 계획

(1) 수업장학의 실행 계획

① 목표   ② 대상   ③ 실시 계획   ④ 추진 방침 등

(2) 동료장학의 실행 계획

① 목표   ② 대상   ③ 실시 계획   ④ 추진 방침 등

(3) 자기장학의 실행 계획

① 목표   ② 대상   ③ 실시 계획   ④ 추진 방침 등

(4) 약식장학(일상장학)의 실행 계획

① 목표   ② 대상   ③ 실시 계획   ④ 추진 방침 등

(5) 자체연수의 실행 계획

① 목표   ② 대상   ③ 실시 계획   ④ 추진 방침 등

(6) 학교(유치원) 주요 행사와 교내(원내) 자율장학 일정(예시)

〈유치원의 경우 예시〉

월	주	원내 주요 행사	원내 자율장학활동	담당자
3	1	입학식	유치원 교육계획에 대한 연수(자체연수)	원장
	2	환경정리	원내 자율장학에 대한 연수(자체연수)	원감
	3	시장놀이	생활기록부 작성 요령에 대한 연수(자체연수)	부장 교사
	4	부모 교육상담	교직원 체육행사 및 친목활동	전체 교사
4	1	화단 가꾸기	기본 생활습관 지도 요령 협의(동료장학)	전체 교사
	2	봄동산 견학	자유 선택활동 지도 요령 협의(동료장학)	전체 교사
	3	신체검사	봄소풍 준비 협의(동료장학)	전체 교사
	4	봄소풍	교직원 체육행사 및 친목활동	전체 교사
5	1	어린이날 행사	어린이날 행사 준비 협의(동료장학)	전체 교사
	2	어버이날 행사	종이접기에 대한 연수(자체연수)	○○○ 교사
	3	알뜰바자회	장부 및 문서 관리에 대한 연수(자체연수)	부장 교사
	4	보건교육	교직원 체육행사 및 친목활동	전체 교사
6	1	내 고장 견학	내 고장 견학 준비 협의(동료장학)	전체 교사
	2	부모 참여수업 및 수업공개	부모 참여수업 준비 협의(동료장학) 수업공개(수업장학)	원장, 원감, 담당 교사
	3	연극 관람	교재교구 제작 및 보관 요령(자체연수)	○○○ 교사
	4	병원놀이	교직원 체육행사 및 친목활동	전체 교사
7	1	여름캠프	학위 논문 발표회(자기장학, 자체연수)	○○○ 교사
	2	부모 개별면담	자기 수업분석 결과 발표회(자기장학, 자체연수)	해당 교사
	3	여름방학	원내 자율장학 평가회(동료장학) 교직원 1박 2일 교외 연수활동	원장, 원감, 전체 교사

이하 생략

〈초등학교의 경우 예시〉

월	주	학교 주요 행사	교내 자율장학활동						
			수업장학	동료장학			자기장학	약식장학	자체연수 (연수담당)
				수업연구 중심 동료장학	연구과제 중심 동료장학	일대일 동료장학			
3	1	시업식, 입학식							학교경영계획(교장)
	2	진단평가							교내자율장학(교감)
	3	환경실태 점검						6학년	교육과정운영(교무부장)
	4	기획위원회	이○○					5학년	교직원 체육행사(체육부장)
4	1	평가계획 발표					박○○ 곽○○ (학위논문 작성)	4학년	교과연구(연구부장)
	2	학부모대상 학급 경영·수업 공개			교육부 교과연구 공모과제 연구	최○○ + 이○○		3학년	생활지도(○○○)
	3	교과연구회		국어-이○○ 수학-조○○ 사회-황○○			최○○ 박○○ 성○○ 이○○	2학년	교육과정: 국어(○○○)
	4	춘계체육대회			안○○ 유○○ 정○○	정○○ + 박○○		1학년	교직원 체육행사(체육부장)
	5	현장학습	정○○		최○○			6학년	교육과정: 수학(○○○)
5	1	과학실험대회			↓	↓	나○○ (자기수업분석)	5학년	교육과정: 사회(○○○)
	2	부진아 평가			↓	↓		4학년	초등영어(○○○)
	3	신체검사			↓	↓		3학년	교직원 인간관계(○○○)
	4	해양탐구 학습	김○○		↓	↓	김○○ (현장연구 추진)	2학년	교직원 체육행사(체육부장)
6	1	컴퓨터 경진대회			↓	↓		1학년	서예지도(○○○)
	2	웅변대회			↓	↓	↓	6학년	대화기법(○○○)
	3	교과연구회		과학-안○○ 체육-김○○ 미술-변○○	↓	↓	↓	5학년	교육과정: 과학(○○○)
	4	학력평가	최○○		↓	↓	↓	4학년	교직원 체육행사(체육부장)
7	1	교통캠페인			↓	↓	↓	3학년	학위논문 발표(○○○)
	2	성적표 제출			↓	↓	↓	2학년	인터넷 활용(○○○)
	3	과학동산			종료	종료	종료	1학년	교원 건강관리(○○○)
	4	방학식							
이하 생략									

〈중등학교의 경우 예시〉

월	주	학교 주요 행사	교내 자율장학						
			수업장학	동료장학			자기장학	약식장학	자체연수 (연수 담당)
				수업연구 중심 동료장학	연구과제 중심 동료장학	일대일 동료장학			
3	1	개학식, 입학식							교육자의 사명(교장)
	2	학급회 조직							교육계획 연수(교감)
	3	특별활동 조직			컴퓨터 프로그램 공모작 개발	최〇〇 + 이〇〇	김〇〇 이〇〇 (학위논문 작성)	1학년	자율장학 연수(교감)
	4	환경실태 점검	이〇〇					2학년	교직원 단합의 날
4	1	교과연구회		국어-이〇〇 영어-조〇〇				3학년	생활기록부 작성 요령 (교무부장)
	2	학부모대상 학급 경영·수업 공개			김〇〇 박〇〇	정〇〇 + 박〇〇	공〇〇 (현장연구)		학부모와의 인간관계 (〇〇〇)
	3	과학주간 행사	정〇〇		최〇〇		이〇〇 김〇〇 권〇〇 서〇〇 황〇〇 (자기수업 분석)	국어	수행평가(〇〇〇)
	4	체육대회						영어	교직원 단합의 날
5	1	어버이날 행사 교과연구회		수학-황〇〇 사회-정〇〇	교육부 교과연구 공모과제 연구	↓		제2 외국어	교직원 인간관계 (〇〇〇)
	2	중간고사				↓		수학	문제학생 지도법 (〇〇〇)
	3	수학여행			남〇〇 진〇〇 이〇〇			사회	교직원 건강관리 (〇〇〇)
	4	신체검사	김〇〇			↓	↓	과학	교직원 단합의 날
6	1	교과연구회		과학-최〇〇 미술-박〇〇	↓	↓	↓	예체능	집단따돌림 대비책 (〇〇〇)
	2	컴퓨터 경진대회						가정 기술	심성수련 집단상담 (〇〇〇)
	3	영어듣기 평가			↓	↓	↓	공업	인터넷 활용(〇〇〇)
	4	학생폭력에 대한 설문조사	최〇〇						교직원 단합의 날
7	1	교내 미술대회			↓	↓	↓	1학년	대화기법(〇〇〇)
	2	학기말 고사						2학년	학위논문 발표(〇〇〇)
	3	하계휴가 계획			↓	↓	↓	3학년	교외생활지도(〇〇〇)
	4	방학식			종료	종료	종료		교직원 1박2일 단합대회
이하 생략									

(7) 교사 개인별 교내(원내) 자율장학활동 계획(예시)

성명	경력	담임학급	연구교과(담당교과)	참여하는 교내 자율장학의 형태 및 시기							
				수업장학	동료장학			자기장학	약식장학	자체연수(담당연수 주제)	
					수업연구 중심 동료장학	연구과제 중심 동료장학	일대일 동료장학				
김○○	9년	1-1	국어	4월 2째주					4월 4주 6월 1주		
박○○	19년	1-2	수학					학위논문 작성	4월 4주 6월 1주	7월 1주 (학위논문: 교사 자기평가)	
이○○	10년	1-3	사회		5월 2째주				4월 4주 6월 1주		
최○○	23년	1-4	과학				제공자	자기수업 분석	4월 4주 6월 1주	6월 2주 (대화기법)	
정○○	2년	1-5	음악	4월 4째주					4월 4주 6월 1주		
김○○	14년	2-1	실과			연구과제 추진			4월 3주 5월 4주	4월 2주 (생활지도)	
안○○	12년	2-2	국어		5월 4째주				4월 3주 5월 4주		
이○○	초임	2-3	수학	6월 2째주			수혜자		4월 3주 5월 4주		
이하 생략											

4) 교내(원내) 자율장학의 평가 계획

(1) 평가 일정 – 교내 자율장학 위원회가 중심이 되어 학년말에 평가

(2) 평가 방법 – 교내 자율장학 평가도구 작성 활용

　　　　　(제6장의 부록 각종 평가도구, 제11장 참조)

7. 맺는말

교내 자율장학 계획서를 어떻게 작성하며, 교내 자율장학의 단계별 추진 활동은 무엇인가를 정리해 보았으며, 예시적인 교내 자율장학 계획서 모형을 제시하였다. 물론 학교 실정에 따라서 다양한 형태의 교내 자율장학 계획서가 작성될 수 있을 것이다.

교내 자율장학 계획서는 단위학교에서 자율적인 장학활동을 언제, 어디서, 누가, 무엇을, 어떻게, 왜 추진할 것인가 등 육하원칙에 따라 체계적으로 정리해 놓은 것이다. 이 계획서는 모든 교직원이 스스로 학교와 자신들의 발전을 위해 노력하려는 의지의 표현이며, 효과적이고 체계적인 교내 자율장학을 위한 설계도로서 의미가 크다.

교내 자율장학의 실행 단계별로 여러 가지 유의할 점에 대하여 적절한 고려가 있어야 한다. 그리고 교장, 교감, 부장교사, 교사, 행정직원들의 자발적이고 적극적인 참여는 성공적인 교내 자율장학 실행의 필수조건이 된다.

부록 10-1

○○ 학교 교내 자율장학 계획서(예시)[1]

1. 교내 자율장학의 운영 기저

1) 교직원 실태

(1) 직급별 현황

성별＼직급	교장	교감	부장교사	교사	양호교사	과학보조	서무	조무원	기사	계
남	1	1	8	14	–	–	1	–	4	31
여	–	–	4	32	1	1	–	1	–	42
계	1	1	12	46	1	1	1	1	4	73

(2) 교육 경력별 현황

성별＼경력	0~5년	6~10년	11~15년	16~20년	21~25년	26~30년	30년 이상	계
남	5	3	1	6	3	4	4	26
여	9	11	4	6	6	3	1	40
계	14	14	5	12	9	7	5	66
분석	전체 교사의 42.4%가 10년 미만의 저경력 교사이며, 30년 이상 경력 교사는 7.6%로서, 비교적 경력이 낮은 편임							

---

[1] 제시된 교내 자율장학 계획서는 초등학교에서 작성한 계획서이나, 중등학교에서도 이를 참고하여 적절한 교내 자율장학 계획서를 작성할 수 있음.

2) 본교의 교내 자율장학 운영 실태

구분	교내 자율장학 운영 실태
수업장학	• 초임교사나 저경력 교사에 한하여 임상장학을 실시함 • 저경력 교사들이 장학담당자에 대한 수용 태도가 부족함 • 신임교사에 대한 수업 관련 지도 · 조언 활동 계획이 마련되지 않음
동료장학	• 교과협의회의 구성이 다소 형식에 치우쳐 있음 • 학년 수업연구를 위한 공개수업자에 경력이 낮은 교사가 선정되는 경향임 • 장학담당자와 대상자가 서로 어색하게 생각하여 다소 형식에 치우치고 있음
자기장학	• 자기 수업을 직접 녹음 · 녹화하여 자기반성의 기회가 되는 것이 좋지만 형식에 치우치고 있으며, 결과에 대한 평가가 미흡함
약식장학	• 약식장학이 형식에 치우쳐 있는 형편임 • 장학담당자의 학급방문을 기피하는 실정임
자체연수	• 계획대로 실행되고 있으나 교사들의 참여도가 낮고 피동적임 • 프로그램이 다양하지 못해 참여자가 능동적 활동을 기대하지 못함
종합	• 자율장학에 대한 이해도와 관심이 부족하며 자기발전에 대한 의식 전환이 요구됨 • 자기개발 활동을 전개할 수 있는 풍토가 조성되면 좋겠음

2. 교내 자율장학의 목표 및 운영 방침

1) 교내 자율장학의 목표

• 교수-학습 방법 개선과 교사의 전문적 발달을 도모한다.

• 교직원의 개인적 능력을 개발시켜 자아실현의 기회를 부여한다.

• 교직원 간의 상호 이해와 협동하는 분위기를 조성하여 학교 조직풍토를 긍정적으로 변화시킨다.

2) 교내 자율장학의 운영 방침

• 저경력 교사에 대한 수업 관련 지도 · 조언 활동을 강화한다.

• 교사들의 전문적 발달뿐만 아니라 개인적 발달과 학교의 조직적 발달까지 도모할 수 있는 자체연수를 동료장학과 연계하여 효과적으로 운영한다.

• 수요일을 '자체연수의 날'로 정해 15:00~16:50에 자체연수 활동을 하며, 매월 4째 수요일에는 교직원 체육행사를 통하여 인화단결을 도모한다.

• 장학담당자는 교사들의 자율장학활동을 최대한 지원·격려하고, 교사들은 자율장학 활동에 적극적으로 참여하는 풍토를 조성한다.

3) 교내 자율장학의 운영 조직

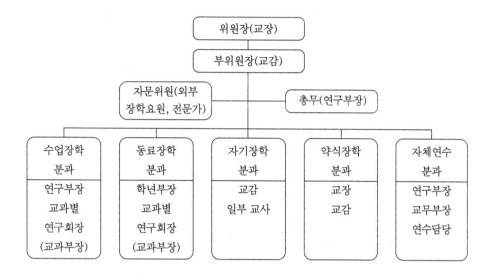

4) 교내 자율장학의 운영 개요

기본 형태	운영 목표	활동 형태	발달 영역	대상자	회수	장학 담당자
수업 장학	• 장학담당자와 대면적 관계를 통한 수업 기술 향상 도모	• 임상장학 • 수업연구 • 수업 관련 지도 · 조언	• 교사의 전문적 발달	• 초임교사 및 경력 4년 미만 교사 (5명) • 수업연구 지원교사(3명)	5회 3회	교장 · 교감, 장학사
동료 장학	• 교사들의 자율성과 협력성 기초 • 동료적 관계 유지 • 서로 돕는 분위기 조성	• 동학년협의회 • 교과연구회 • 동료 간 수업연구 • 초임교사 대상 동료장학	• 교사의 전문적 · 개인적 발달 • 학교의 조직적 발달	• 동학년 교사 • 동교과 교사 • 교과연구회 교사	주 1회 월 1회 월 1회 1학기 중 월 2회	학년부장, 교과협의 회장, 동료교사
자기 장학	• 자기발전 의지와 능력 기초 • 전문적 영역에서 성장 · 발달 도모	• 자기수업 반성 • 1인1연구 • 대학원 수강 • 연구논문 • 자료개발	• 교사의 전문적 발달	• 경력교사(20년 이상) • 부장교사 • 대학원 수강 교사 • 현장연구 교사 • 자료전 출품교사	연중 실시	교사 개인
약식 장학	• 학급순시 · 수업 참관 중심활동 • 대화 기회를 갖고 다른 장학의 보완적 역할	• 학급순시 • 수업참관	• 교사의 전문적 발달	• 전체 교사	월 2회	교장 · 교감
자체 연수	• 학교 내외 물적 · 인적 자원 활용 • 자율적 공동노력으로 자질 향상 도모	• 각종 교내 연수회 • 지구별 자율 장학 연수회	• 교사의 전문적 · 개인적 발달 • 학교의 조직적 발달	• 전체 교사	주 1회 (수요일)	연구부장, 전체 교직원

3. 교내 자율장학의 기본 형태별 실행 계획

1) 수업장학

(1) 목표: 교사의 교수-학습 방법 개선을 통하여 수업 기술 향상을 꾀한다.

(2) 대상: 초임교사 및 경력 4년 미만 교사, 희망하는 경력교사

(3) 실시 계획:

① 초임교사 및 경력 4년 미만 교사 대상 임상장학 실시 계획

교과	수업자	경력	학급	시기	장학담당자
실과	정○○	3.5	2-1	4월 2주	교장·교감
음악	성○○	2.0	3-2	4월 4주	〃
도덕	황○○	2.5	4-3	5월 2주	〃
사회	김○○	1.0	6-2	5월 4주	〃
국어	박○○	초임	5-3	6월 2주	〃

② 경력교사의 수업연구 실시 계획

교과	수업자	경력	학급	시기	장학담당자	참관 대상	비고
국어	이○○	24.0	3-3	5월 3주	장학사, 교장·교감	○○교육청 관내 교사, 본교 교사	○○교육청 시범수업
음악	정○○	11.0	전담	6월 3주	교과연구회장, 교장·교감	본교 교사	
실과	남○○	19.0	5-4	10월 3주	교과연구회장, 교장·교감	본교 교사	

(4) 추진 방침

• 경력 4년 미만의 교사는 임상장학을 실시하여 수업 개선에 도움을 준다.

• 경력교사의 수업연구는 희망하는 교사를 대상으로 실시한다.

• 수업자와 장학담당자는 교과, 수업 시기, 수업안 작성 등을 포함한 수업계획을 사전에 협의 결정한다.

• 수업 장면은 VTR로 녹화한다.

- 수업안은 수업 실시 5일 전에 결재를 받고, 2일 전에 교원들에게 배부한다.
- 수업은 방과 후에 실시한다.
- 수업참관자는 수업안을 충분히 검토한 후 참관에 임한다.
- 수업참관자는 반드시 참관록을 지참하여 협의 시 활용한다.
- 결과 협의는 수업자 교실에서 실시하며, 진행은 장학담당자가 한다.
- 평가 위주의 협의를 지양하고 수업활동 개선과 관련지어 협의한다.
- 수업연구 협의록을 작성하여 반성 및 평가의 자료로 삼는다.

2) 동료장학

(1) 목표: 동료교사 간의 협조와 상호 정보 교환을 통하여 교사의 전문적 발달, 교사의 개인적 발달, 학교의 조직적 발달을 도모한다.

(2) 대상: 동학년 교사, 동교과 교사, 교과협의회 교사

(3) 실시 계획:

① 수업연구 중심 동료장학

- 실시 계획:

교과	수업자	경력	학급	시기	장학담당자	참관 대상
체육	김○○	8.0	4-5	5월 1주	동학년 부장, 동교과 연구회장	동학년 교사, 동교과 교사
과학	강○○	9.0	5-1	6월 1주		
음악	황○○	8.5	6-5	7월 1주		
미술	김○○	16.5	3-6	9월 1주		
수학	최○○	13.5	5-5	10월 1주		
사회	하○○	6.0	2-6	11월 1주		

- 추진 방침:
  - 교내 교과연구회를 중심으로 운영한다.
  - 월 1회 협의회를 통해 수업 개선을 위한 연구, 공동문제의 해결을 모색한다.
  - 수업참관은 동학년, 동교과 교사들로 한다.
  - 교과연구회 회원은 협의주제에 따른 연구사례를 발표하고, 협의 결과는 기록 후 평가 자료로 삼는다.

② 동학년 협의회 중심 동료장학

- 실시 계획: 매주 금요일(16:00~16:50)
- 추진 방침:
  - 참석 대상은 동학년 교사이며, 교장·교감이 참석하기도 한다.
  - 협의 내용은 교육과정 운영, 학습자료 제작, 사전 실험연수, 학년 재량시간 운영, 제반 동학년 협의 사항 등으로 한다.

③ 교과연구회 중심 동료장학

- 실시 계획: 매월 4주 금요일(16:00~16:50)

교과 / 학년	도덕	국어	사회	수학	과학	체육	음악	미술	창의 체험
1	구○○	임○○	조○○	박○○	오○○	김○○	이○○	김○○	이○○
2	최○○	오○○	이○○	강○○	황○○	김○○	이○○	황○○	김○○
3	송○○		빙○○	홍○○	성○○	박○○	성○○	노○○	
4		황○○		이○○	한○○	박○○	최○○	박○○	
5		김○○	박○○	김○○	김○○	마○○	최○○	민○○	송○○
6		계○○	전○○	최○○	김○○			전○○	
회장	구○○	오○○	전○○	이○○	김○○	박○○	성○○	전○○	이○○
장소	1-1	2-3	6-1	4-2	5-2	4-4	3-5	6-6	1-3

- 추진 방침:
  - 교과연구회 조직은 교사의 희망을 토대로 하며 전 교사가 골고루 참여한다.
  - 교과연구회는 수업연구 지원 및 평가문항을 개발한다.
  - 교육청 지정 연구·시범·실험 학교에서 시범수업 공개 시 참관한다.
  - 휴가 중 교과연구회 주관 연수회에 자율적으로 참가한다.

④ 초임교사 대상 동료장학

• 실시 계획: 초임교사 4명 대상 1학기 기간 동안 실시

장학대상자(초임교사)			장학담당자(선배교사)		
이름	학급	성별	이름	학급	성별
조○○	2-2	여	김○○	2-4	여
오○○	3-4	여	구○○	3-7	여
박○○	5-3	여	민○○	5-1	여
김○○	5-6	남	김○○	5-7	남

• 추진 방침:
  - 1학기 동안에 초임교사의 교수-학습방법, 학급관리, 업무 및 제반 사항에 대해 선배교사가 도움을 준다.
  - 선배교사는 동학년 교사 중 경력이 15년 이상인 교사로 한다.
  - 선배교사와 초임교사는 월 1회 상호 수업을 공개하고 참관 기회를 갖는다.

3) 자기장학

(1) 목표: 스스로 체계적인 계획을 수립하여 자기발전과 자기성찰을 도모한다.

(2) 대상: 20년 이상의 경력교사, 부장교사, 대학원 수강 교사, 현장연구 교사, 자료전 출품 교사

(3) 실시 계획: 학기 단위로 다양한 영역에서 자기장학을 실시

대상자	분야	활동
김○○	현장연구 추진	현장 교육연구 논문 발표
정○○	〃	〃
구○○	대학원 수강	학위논문 준비 및 작성 발표
황○○	〃	
송○○	컴퓨터 자료전 출품	학습 관련 프로그램 개발 발표
노○○	교육자료 출품	자료제작 및 활용 방법 발표
경○○	과학자료 제작	〃
이○○	자기수업 반성	녹화·녹음 테이프 분석 제출
민○○	〃	〃

(4) 추진 방침:

- 자기수업 녹음·녹화 분석, 현장연구, 대학원 수강, 교육자료전 출품, 과학작품 제작 등 본인의 희망에 따라 다양하게 운영한다.
- 교사 스스로 계획을 세우고 실천하며 결과에 대하여 자기반성을 한다.
- 자기장학의 계획과 실행 과정에서 교장·교감과 적절한 협의를 한다.
- 자기장학의 결과, 특히 대학원 학위논문과 현장연구 논문은 자체연수 시간에 발표함을 원칙으로 한다.

4) 약식장학

(1) 목표: 교사들의 자연스런 수업활동·학급경영 활동을 관찰하고, 교사에 대해 수업활동·학급경영 활동에 대한 적절한 지도·조언을 제공한다.

(2) 대상: 전체 교사

(3) 실시 계획:

시기	구분	교장	교감	시기	구분	교장	교감
4월	2주	6학년	5학년	9월	2주	6학년	5학년
	4주	4학년	3학년		4주	4학년	3학년
5월	2주	2학년	1학년	10월	2주	2학년	1학년
	4주	5학년	6학년		4주	5학년	6학년
6월	2주	3학년	4학년	11월	2주	3학년	4학년
	4주	1학년	2학년		4주	1학년	2학년

(4) 추진 방침:

- 교사들과 의사소통을 한 후 전체 학급을 간헐적으로 순회·참관한다.
- 교사는 열린 마음으로 수업활동과 학급경영활동을 교장·교감에게 공개한다.
- 학급순회나 수업참관 후 개별적 면담을 통해 수업 개선과 학급경영에 필요한 정보를 제공한다.

5) 자체연수

(1) 목표: 교사들의 필요와 요구에 기초하여 자율적 공동적인 연수 활동을 통해, 교사의 개인적·전문적 발달과 학교의 조직적 발달을 도모한다.

(2) 대상: 전체 교직원

(3) 실시 계획: 매주 수요일(15:00~16:50)

(4) 추진 방침:

• 매주 수요일을 자체연수의 날로 지정하여 운영한다.

• 교직원들의 필요와 요구에 따라 다양한 연수 활동을 추진한다.

• 4주 수요일은 교직원들의 인화단결을 위해 교직원 체육행사를 갖는다.

• 자기장학활동으로 추진한 학위·현장연구 논문은 자체연수 때 발표한다.

(5) 자체연수 세부 실시 계획:

월	주	연수 주제	발달 영역	연수 담당자
3	1	학교경영계획	조직적	교장, 교감, 교무부장
	2	교내 자율장학 계획	조직적·전문적	교감, 연구부장
	3	기본 생활습관 지도 방법	전문적	윤리부장
	4	교직원 체육행사	조직적·개인적	체육부장
4	1	시청각 기교재 활용법	전문적	○○○
	2	명화 감상	개인적	○○○
	3	학습 평가계획	전문적	연구부장
	4	교직원 체육행사	조직적·개인적	체육부장
5	1	교직원 인간관계	조직적·개인적	○○○
	2	학부모 초빙 연수	전문적·조직적	학부모 ○○○
	3	인터넷 활용	전문적	○○○
	4	교직원 체육행사	조직적·개인적	체육부장
6	1	교직원 건강관리	개인적	양호교사
	2	열린교육 방법	전문적	○○○
	3	집단따돌림 지도 방법	전문적	○○○
	4	교직원 체육행사	조직적·개인적	체육부장

7	1	학위논문 발표	전문적	대학원 졸업자
	2	여름방학 계획	조직적 · 전문적	교무부장
	3	교직원 야외연수(1박 2일)	조직적	연구부장
8	4	교수자료 제작법	전문적	○○○
9	1	가창 지도법 및 건전가요 부르기	개인적	○○○
	2	교육자료전 및 전시회 관람	전문적	○○○
	3	학부모 초빙 연수	전문적 · 조직적	학부모 ○○○
	4	교직원 체육행사	조직적 · 개인적	체육부장
10	1	생활지도의 실제	전문적	○○○
	2	대화기법	개인적 · 조직적	○○○
	3	미술 실기연수	전문적	○○○
	4	교직원 체육행사	조직적 · 개인적	체육부장
11	1	사진촬영법	개인적 · 조직적	○○○
	2	동료장학 · 자기장학 결과발표	전문적	교감, 연구부장, ○○○
	3	동료장학 · 자기장학 결과발표	전문적	교감, 연구부장, ○○○
	4	교직원 체육행사	조직적 · 개인적	체육부장
12	1	컴퓨터 실기연수(성적입력자료)	전문적	○○○
	2	교내 자율장학 평가협의회	조직적 · 전문적	교장, 교감, 연구부장
	3	학위논문 발표	전문적	대학원 졸업자
2	1	교육계획 반성 · 신학년도 계획 수립	조직적 · 전문적	교감, 교무, 연구부장
	2	제공부 작성 요령 및 학년말 정리	조직적 · 전문적	교무부장
	3	신학년도 학급편성 · 학급배정 업무 분담	조직적 · 전문적	교감, 교무부장

6) 학교 주요 행사와 교내 자율장학활동 계획

월	주	주요 행사	수업장학	동료장학		자기장학	약식장학	자체연수
				수업 중심	협의 중심			
3	1	개학식						학교경영계획
	2	진단평가						교내 자율장학 계획
	3	환경실태 점검						기본 생활습관 지도
	4	기획위원회						교직원 체육행사
4	1	신문 발간			• 동학년 협의회(금요일) • 교과연구회(4주 금요일) • 초임교사 동료장학(1학기) 조○○ 오○○ 박○○ 김○○			시청각 기교재 활용
	2	평가계획 발표	정○○				5,6학년	명화 감상
	3	교과연구회						학습 평가계획
	4	현장학습	성○○				3,4학년	교직원 체육행사
5	1	춘계 체육대회		김○○				교직원 인간관계
	2	과학 실험대회	황○○			김○○	1,2학년	학부모 초빙 연수
	3	해양탐구	이○○					인터넷 활용
	4	체격검사	김○○			정○○	5,6학년	교직원 체육행사
6	1	컴퓨터 경진		강○○		이○○		교직원 건강관리
	2	웅변대회	박○○					수행평가
	3	교과연구협의회	정○○			구○○		집단따돌림 예방
	4	학력평가					1,2학년	교직원 체육행사
7	1	전기 학교경영평가		황○○		황○○		학위논문 발표
	2	휴가계획서 제출						여름방학 계획
9	1	체육대회		김○○		송○○		가창지도법
	2	체력검사					5,6학년	교육자료전 관람
	3	애국시 암송대회				노○○		학부모 초빙 연수
	4	현장학습					3,4학년	교직원 체육행사
10	1	알뜰바자회		최○○		경○○		생활지도의 실제
	2	교내 육상대회					1,2학년	대화기법
	3	웅변대회	남○○			이○○		미술 실기연수
	4	독서발표회					5,6학년	교직원 체육행사
11	1	체육시설 점검		하○○		민○○		사진촬영법
	2	총괄평가					3,4학년	동료·자기장학 발표
	3	환경정화활동				김○○		동료·자기장학 발표
	4	방학계획 수립					1,2학년	교직원 체육행사
12	1	후기 학교경영평가				최○○		컴퓨터 실기연수
	2	불우이웃 돕기						교내 자율장학 평가
	3	방학식						학위논문 발표
2	1	진급 성적 사정						교육계획 반성
	2	신년계획서 작성						제장부 정리
	3	종업식						신학년도 업무 배정

7) 교사 개인별 교내 자율장학활동 계획

성명	성별	경력	담당 학급	연구 교과	장학 형태 및 실행 시기					
					수업장학	동료장학		자기장학	약식장학	자체연수 (연수주관)
						수업 중심	협의 중심			
구○○	여	16.5	2-3	수학			동학년 협의회 교과 연구회 초임 교사 지원 (김○○) (구○○) (민○○) (김○○)	대학원 수강	5/4주, 6/4주, 10/2주, 11/4주	○
박○○	여	초임	5-3	국어	6월 2주				4/2주, 5/4주, 92주, 10/4주	
한○○	남	13.0	1-6	수학		3월 4주			5/4주, 6/4주, 10/2주, 11/4주	○
이○○	남	17.0	3-8	사회				자기수업 반성	4/4주, 6/2주, 9/4주, 11/2주	○
성○○	남	2.0	3-2	음악	4월 4주				4/4주, 6/2주, 9/4주, 11/2주	
정○○	여	3.5	2-1	실과	4월 2주			현장연구	5/4주, 6/4주, 10/2주, 11/4주	
민○○	여	10.0	5-1	사회					4/2주, 5/4주, 92주, 10/4주	○
최○○	여	24.0	3-3	국어	5월 3주			자기수업 반성	4/4주, 6/2주, 9/4주, 11/2주	○

이하 생략

4. 교내 자율장학의 평가

1) 평가 일정

• 자기장학, 약식장학 및 자체연수는 학년말 자체평가를 실시한다.
• 수업장학, 동료장학은 장학이 끝난 직후에 자체평가한다.

2) 평가 방법

• 교내 자율장학 위원회가 중심이 되어 자율장학활동 전반에 대해 평가한다.
• 교내 자율장학 평가는 자체평가도구에 의해 실시한다.
• 자체평가도구 측정 결과는 연수물로 제작하여 배부한다.

제11장

자율장학의 평가

1. 머리말

교내 자율장학활동의 충실화를 위해서는 교사들의 필요와 요구를 반영할 수 있는 다양한 형태의 자율장학활동을 개발·실행하는 노력이 있어야 함과 동시에 자율장학활동에 대한 충실한 평가작업이 요망된다. 장학활동에 대한 평가는 보다 개선된 장학활동의 계획과 실행을 위하여 필요한 정보를 얻기 위해 필요하다.

교내 자율장학활동에 대한 평가는 자율장학위원회가 중심이 되어 평가도구를 개발·활용하여 학년말에 평가를 실시한다. 학년도 전체 기간 동안 실시한 자율장학활동을 평가하는 학년말 평가는 새 학년도에 실시할 자율장학활동의 계획을 작성하는 데 중요한 의미를 가진다. 이 장에서는 장학활동에 대한 평가의 의미와 방법을 살펴본다.

2. 장학활동 평가의 의미

일반적으로 평가는 어떤 행동, 과정, 결과가 얼마나 효과적인가 또는 비효과적인가, 얼마나 적절한가 또는 부적절한가, 얼마나 좋은가 또는 나쁜가, 얼마나 가치로운가 또는 가치롭지 못한가를 밝히는 문제와 직결된다. 장학활동에 대한 평가는 가치판단을 기초로 장학활동을 개선하려는 데 그 의미가 있다.

현재 장학활동의 운영 실태를 보면 여러 가지 점에서 개선이 요구된다. 미국의 장학 프로그램의 운영에 관한 한 연구에 의하면, 학교 교사들이 대학에서 배운 장학과 학교현장에서 실제로 이루어지는 장학 사이에는 커다란 차이가 있다고 인식하고 있다. 이 연구에 참여한 교사의 61%가 그들의 학교현장 또는 교육청에서 운영되는 장학 프로그램을 별로 가치가 없다고 보고하였다. 대체로 장학의 이론 또는 장학의 바람직한 모습과 장학의 실제 또는 장학의 현실적인 모습 간에 적지 않은 차이가 있음이 지적되고 있는 것이다.

우리나라의 경우에 장학이 형식적으로 운영되는 면이 강하다는 것이 교사들의 일반적인 인식인 듯하다. 장학에 대한 부정적 인식, 장학에 대한 전문성 부족, 그리고 수업 및 업무의 부담 과중을 비롯한 여러 문제들이 지적되고 있다.

장학과 관련된 이와 같은 문제를 확인 · 개선하기 위해서는 지속적인 평가작업이 요망된다. 장학활동에 있어서 현재 상태(what is)와 바람직한 상태(what might be) 간의 격차를 줄이기 위한 노력의 일환으로서 장학활동에 대한 평가는 의미를 갖게 된다.

3. 장학활동의 평가 영역

장학활동을 어떻게 평가할 것인가 하는 문제는 장학활동이 어떻게 구안 · 실행되는가 하는 문제와 연결된다. 대체로 장학활동의 구안 · 실행의 과정은 체제 모형(systems model)에 비추어 설명될 수 있다.

Harris(1985)는 장학활동을 설계하는 데 체제 모형에 터하여 [그림 11–1]과 같이 '투입계획 → 과정개발 → 산출평가'의 3단계 과정을 제시하였다.

투입계획은 장학활동을 계획하는 데 있어 고려해야 할 여러 가지 요소를 포함한다. 여

[그림 11-1] 장학 과정의 한 예

자료: Harris (1985: 46).

기에는 장학활동이 전개되고 있는 단위학교가 추구하는 교육활동의 총체적인 목표가 무엇이며, 이와 관련하여 교사가 수업현장에서 어떤 성취기준에 의하여 어떠한 목표를 성취해야 하는가에 대하여 체계적인 연구·분석이 이루어져야 한다는 것이다. 이러한 연구·분석의 결과는 구체적인 장학활동의 출발점이 된다. 여기에 제시된 내용 이외에도 장학의 투입계획에 있어서 보다 넓은 범위에서 보면, 효과적인 장학활동을 위하여 필요한 심리적·인적·물적·시간적 여건과 자원의 확인·검토와 이를 확보하기 위한 노력이 포함된다.

과정개발에서는 구체적이고 실질적인 장학활동이 실행된다. [그림 11-1]에서는 임상장학이 실행되는 것을 예로 들고 있는데, 일반적으로 임상장학이 장학담당자와 교사 간의 1:1 대면적인 관계 속에서 어떻게 전개되느냐에 관한 구체적인 절차가 제시되는 것이다.

산출평가에서는 교사에 대한 장학활동의 결과, 교사의 수업 기술과 방법에 있어서 어느 정도의 향상 발전이 있었는가를 분석해 보는 활동이 이루어진다. 그 밖에도 산출평가에서는 산출평가 이전의 단계인 투입계획과 과정개발에 대하여 그 적합성과 효율성에 관한 평가도 이루어질 수 있다.

이와 같은 체제 모형에 따른 장학활동의 과정 구분에 기초하여 볼 때, 장학활동에 대한 평가도 투입, 과정, 산출 등의 측면에 걸쳐서 구분 실시될 수 있음이 시사된다. 그리고 이러한 시사는 직접적으로 Stufflebeam과 그의 동료들(1974)이 제시한 CIPP 평가 모델을 장학활동의 평가에 활용할 수 있음을 의미한다.

CIPP 평가 모델은 합리적인 의사결정에 필요한 적절한 정보를 수집하기 위하여 교육활동이나 프로그램을 평가하는 데 '상황(context) → 투입(input) → 과정(process) → 산출(product)'의 각 단계에 대한 평가가 있어야 한다는 것이다.

상황평가는 어떤 활동이나 프로그램이 현재 전개되고 있는, 또는 앞으로 전개될 환경을 명료화하고, 그 환경의 바람직한 조건과 실질적인 조건을 기술하고, 요구를 확인하며, 이 요구가 충족되는 것을 저해하는 문제점을 진단하는 작업을 의미한다. 이러한 작업은 활동이나 프로그램의 목표를 결정하는 데 근거를 제시한다.

투입평가는 관련된 사람들이나 단체·기관의 능력을 평가하고, 상황평가를 통하여 추출된 활동이나 프로그램의 목표를 달성하기 위하여 어떤 전략이 사용되며, 어떠한 자원이 활용되어야 하는가를 결정하는 데 정보를 제공한다.

과정평가는 활동이나 활동의 설계와 실행에 있어서 오류를 점검·발견하고 이에 대해 필요한 수정·보완을 하도록 정보를 제공한다.

산출평가는 활동이나 프로그램의 성과를 평가하는 것이다. 즉, 상황평가에 의해서 확인된 요구를 충족시키기 위하여 실천된 전략의 효과를 평가한다. 이러한 평가는 과정평가에서 얻어진 정보와 자료를 기초하여 이루어진다.

Rogus(1983)는 효과적인 교사 능력개발 프로그램(staff development program)의 개발을 위한 지침으로 교장이 사용할 수 있는 체크리스트를 제시하였다. 이 체크리스트는 일반적인 장학활동의 평가를 위해서 무엇이 조사되어야 하는가에 대하여 좋은 아이디어를 제시하고 있다. 그의 체크리스트는 ① 프로그램에의 몰입(commitment), ② 요구분석 및 진단(needs assessment & diagnosis), ③ 개발(development), ④ 실행 및 평가(implementation & evaluation) 등의 영역을 포괄하고 있다. 각 영역은 '예/아니요'라고 응답할 수 있는 4~6개의 질문 문항이 포함되어 있다.

그가 제시한 첫째 영역인 프로그램에의 몰입은 효과적인 교사 능력개발 활동의 출발점으로서 의미 있는 몰입은 교장으로서의 정책적인 관심과 자원의 확보 투입의 형태로 나타난다. 다음으로 요구 분석과 문제진단을 통하여 합의된 목표를 도출해 낼 수 있다. 일단 목표가 설정되면 구체적인 활동들이 계획·개발되고, 계속적으로 그 활동은 실행되고 평가되는 것이다.

Rogus에 의하면 효과적인 평가는 "활동을 위한 자원이 충분한가[투입평가], 계획이 잘 실천되고 있는가[과정평가], 그리고 바람직한 결과가 성취되었는가[결과평가]를 계속적으로 점검"하는 것을 의미한다([　]안은 필자 주).

다음에서는 지금까지 살펴본 여러 가지 아이디어를 종합하여 장학활동의 평가영역을 상황평가, 투입평가, 과정평가, 결과평가 등의 4영역으로 제시한다.

1) 상황평가

상황평가는 장학활동이 지향하는 목표의 적절성에 대한 평가에 초점을 둔다. 어떤 목표가 왜, 그리고 어떻게 설정되었는가 하는 문제를 다루게 된다. 상황평가를 위해서 사용될 수 있는 예시적인 질문 문항을 제시하면 다음과 같다.

- 장학활동의 목표는 요구분석이나 문제진단을 기초로 설정되었는가?
- 장학활동의 목표는 기대되는 행동 또는 성취에 대한 명확한 기준의 형태로 진술되었는가?
- 장학활동의 목표는 교사들 간의 개인적 차이를 반영하여 설정되었는가?
- 장학활동의 목표를 설정하는 데 교사들이 적절히 참여하였는가?

2) 투입평가

투입평가는 장학활동이 지향하는 목표를 달성하기 위하여 계획된 전략, 즉 구체적인 절차의 적절성, 그리고 인적·물적 자원 확보의 적절성에 대한 평가에 초점을 둔다. 어떤 절차가 왜, 어떻게 계획되었는가, 그리고 어떤 인적·물적 자원들이 가용한가 하는 문제를 다루게 된다. 투입평가를 위해서 사용될 수 있는 예시적인 질문 문항을 제시하면 다음과 같다.

- 장학활동의 계획된 절차는 그 장학활동의 세워진 목표를 달성하는 데 적절하였는가?
- 장학활동의 계획된 절차는 과업, 책임, 자원의 사용, 시간계획 등의 면에 있어서 명확하게 규정되었는가?
- 장학활동의 계획된 절차는 제한된 인적·물적 자원을 고려할 때 실행 가능하였는가?
- 장학활동의 절차를 계획하는 데 교사들이 적절히 참여하였는가?

3) 과정평가

과정평가는 장학활동이 지향하는 목표를 달성하기 위하여 계획된 절차가 실행되는 과정의 적절성과 장학담당자(교장·교감)와 교사 간 상호작용 과정의 적절성에 대한 평가에 초점을 둔다. 장학활동과 관련하여 계획된 절차(전략)들이 어떻게 실행되었는가, 그리고 어떤 상호작용이 일어났는가 하는 문제를 다루게 된다. 과정평가를 위해서 사용될 수 있는 예시적인 질문 문항을 제시하면 다음과 같다.

- 장학활동의 절차는 수립된 계획에 맞추어 실행되었는가?
- 장학활동의 절차는 장학담당자와 교사 간 민주적인 상호작용과 의사소통의 토대 위에 실행되었는가?
- 장학활동의 절차는 교사들의 요구의 변화에 따라 융통성 있게 실행되었는가?
- 장학활동의 절차를 실행하는 데 교사들이 적절히 참여하였는가?

4) 결과평가

결과평가는 실행된 장학활동의 결과에 대한 평가에 초점을 둔다. 장학활동의 계획된 목표가 성취되었는가, 그리고 장학활동에 참여한 교사들이 얼마나 만족스럽게 느끼느냐 하는 문제를 다루게 된다. 결과평가를 위해 사용될 수 있는 예시적인 질문 문항을 제시하면 다음과 같다.

- 장학활동의 계획된 목표는 달성되었는가?
- 장학활동에 참여한 교사들이 만족스럽게 느꼈는가?
- 장학활동의 결과는 학교의 전반적인 조직건강을 향상시키는 데 도움이 되었는가?
- 장학활동의 결과를 평가하는 데 교사들이 적절히 참여하였는가?

이와 같은 질문 문항들은 보다 신뢰롭고 타당한 문항들로 발전되어야 할 것이다. 학교현장에서 장학활동을 계획·실천·평가하는 데 있어서 시간의 제한, 재원의 제한, 참여자들의 전문적 지식의 제한 등의 요인으로 인하여 평가 영역 및 평가 내용에 있어서 어느 정도 실제로 평가가 가능한 범위로 제한될 수도 있다.

4. 장학활동의 평가 방법

학교에서 **장학활동의 평가**는 교장, 교감, 수석교사, 부장교사, 교사가 공동으로 구성하는 위원회가 주도하거나, 또는 장학활동 참여자가 개인적으로 실시할 수 있다. 필요한 경우 외부 장학전문가에게 평가를 의뢰할 수도 있다. 장학활동의 평가를 위한 자료와 정보를 수집하기 위하여 문헌 분석, 설문지 조사, 면담 및 관찰 등의 방법이 개별적으로 또는 혼합적으로 사용될 수 있다.

1) 문헌 분석

교장, 교감, 수석교사, 부장교사, 교사들이 작성한 장학활동과 관련된 문서, 기록물, 유인물 등이 수집·분석된다. 이러한 문헌 분석을 통하여 주로 장학활동의 '사실(facts)'에 관련된 정보가 수집된다.

2) 설문지 조사

교장, 교감, 수석교사, 부장교사, 교사들을 대상으로 하여 주로 장학활동에 대한 '의견(opinion)'을 수집하기 위하여 설문지 조사를 실시한다. 앞에서 예시적으로 제시된 질문문항을 토대로 보다 구체적인 문항들이 개발될 수 있을 것이다.

설문지는 교장, 교감, 수석교사, 부장교사, 교사들이 ① 장학활동의 각 영역별로 느끼고 있는 '기대수준' 또는 '바람직하다고 생각하는 정도', ② 장학활동의 각 영역별로 느끼고 있는 실제 '성취수준' 등 두 가지 측면에서 응답이 가능하도록 구성하는 것이 좋을 것이다 (〈표 11-1〉와 [부록 11-1], [부록 11-2] 참조).

표 11-1	장학활동 평가 설문지 문항(예시)

(1) 장학활동의 목표는 요구 분석이나 문제진단을 기초로 설정된다.

    (1-1) 위의 내용에 대해 얼마나 바람직하다고 생각하십니까?

        ① 바람직하지 않다.

        ② 그저 그렇다.

        ③ 바람직하다.

        ④ 매우 바람직하다.

    (1-2) 위의 내용이 얼마나 실천되었다고 생각하십니까?

        ① 실천되지 않았다.

        ② 그저 그렇다.

        ③ 실천되었다.

        ④ 많이 실천되었다.

이러한 응답 방법은 장학활동에 참여하는 교장, 교감, 수석교사, 부장교사, 교사들이 장학활동에 대하여 가지게 되는 기대수준과 장학활동의 실제 성취수준을 비교할 수 있는 정보를 제공한다. 이때 기대수준은 성취수준을 평가하는 기준으로 사용될 수도 있다.

장학활동에 참여한 교장, 교감, 수석교사, 부장교사, 교사들을 대상으로 실시한 설문지 조사의 결과를 종합하여 장학활동의 각 영역별로 기대수준 또는 바람직하다고 생각하는 정도(Score of Expectancy: SE, 기대점수)에 대한 정보와 성취수준 또는 실천되었다고 생각하는 정도(Score of Actuality: SA, 실천점수)에 대한 정보를 얻을 수 있다. 'SE'와 'SA'는 평가 영역(상황, 투입, 과정, 결과)에 따라서, 그리고 참여집단(교장, 교감, 수석교사, 부장교사, 교사)에 따라 각각 집계될 수 있다.

표 11-2	장학활동 평가 설문지 조사 결과표(예시)

구분	상황평가			투입평가			과정평가			결과평가			계		
	SE	SA	차이	SE	SA	차이	SE	SA	차이	SE	SA	차이	SE	SA	차이
전체															
교장 · 교감															
수석 · 부장교사															
교사															

여기서 SE와 SA 사이의 차이(Discrepancy Rate: DR, 격차율)를 기초로 하여 장학활동의 각 영역별 평가의 결과를 해석할 수 있을 것이다. DR을 어떻게 해석할 것인가 하는 문제에 관해서는 장학전문가, 교장·교감, 수석교사, 부장교사, 교사들 간의 깊이 있는 사전 협의가 요구된다.

〈표 11-3〉에 DR의 산출 방법과 예시적인 해석 방법을 제시한다. DR의 해석을 통하여 장학활동의 구안·실행에 대하여 다음과 같은 질문에 해답을 구할 수 있을 것이다.

① 장학활동의 어느 영역이 긍정적 또는 부정적으로 평가되었는가?
- 상황, 투입, 과정, 결과 영역 중 어느 영역이 가장 긍정적인 평가를 받았는가?
- 상황, 투입, 과정, 결과 영역 중 어느 영역이 가장 부정적인 평가를 받았는가?

② 장학활동에 대하여 어느 집단이 긍정적 또는 부정적으로 평가하였나?
- 교장·교감, 부장교사, 교사 집단 중 어느 집단이 가장 긍정적으로 평가하였나?
- 교장·교감, 부장교사, 교사 집단 중 어느 집단이 가장 부정적으로 평가하였나?

③ 장학활동에 대한 평가에 있어서 집단과 영역에 따라 어떠한 차이가 있는가?
- 교장·교감 집단은 상황, 투입, 과정, 결과 영역 중 어느 영역을 가장 긍정적으로 평가하였나?
- 교장·교감 집단은 상황, 투입, 과정, 결과 영역 중 어느 영역을 가장 부정적으로 평가하였나?
- 부장교사 집단은 상황, 투입, 과정, 결과 영역 중 어느 영역을 가장 긍정적으로 평가하였나?
- 부장교사 집단은 상황, 투입, 과정, 결과 영역 중 어느 영역을 가장 부정적으로 평가하였나?
- 교사 집단은 상황, 투입, 과정, 결과 영역 중 어느 영역을 가장 긍정적으로 평가하였나?
- 교사 집단은 상황, 투입, 과정, 결과 영역 중 어느 영역을 가장 부정적으로 평가하였나?
- 각 영역 평가에 있어 집단에 따라 차이가 있는가?

표 11-3 장학활동 평가를 위한 DR의 산출 및 해석(예시)

DR의 산출

$$DR = \frac{SE-SA}{SE} \times 100(\%)$$

DR: 격차율   SE: 기대점수   SA: 실천점수

DR의 해석(예시)

① 10% 미만: 매우 긍정적   ② 10~20%: 긍정적   ③ 20~30%: 보통

④ 30~40%: 부정적   ⑤ 40% 이상: 매우 부정적

    단위학교에서 전체 교사가 설문지에 응답한 결과를 토대로 각 영역별 SE, SA 그리고 차이 점수의 산술평균을 산출하여, 이를 토대로 시각적인 그래프를 그려 볼 수 있다. 그래프를 그려 보면, 기대수준과 성취수준에 차이가 큰 문항과 영역, 차이가 적은 문항과 영역, 즉 반응이 부정적이거나 긍정적인 문항과 영역을 쉽게 파악할 수 있다. 이는 다음 해의 장학활동 계획을 수립하는 데 좋은 정보를 주게 될 것이다.

표 11-4 장학활동에 대한 기대수준과 실제수준 기재표

문항 \ 점수		1 1.2 1.4 1.6 1.8	2 2.2 2.4 2.6 2.8	3 3.2 3.4 3.6 3.8	4
상황 평가	1 2 3 4				
투입 평가	5 6 7 8				
과정 평가	9 10 11 12				
결과 평가	13 14 15 16				

주: 그래프 작성 방법-각 문항에 대한 기대수준(SE)은 척도상에 ○로, 실제수준(SA)은 ●로 표시한 후, 각 표시를 선으로 연결한다.

3) 면담 및 관찰

장학활동의 평가를 위한 보다 심층적인 정보를 수집하기 위하여 교장, 교감, 수석교사, 부장교사, 교사들을 대상으로 면담을 실시한다. 면담은 앞에 제시된 예시적 질문 문항을 중심으로 전개하면 될 것이다. 그리고 장학활동의 실행 과정 중에 장학담당자와 교사들 간의 상호작용 유형과 의사소통 유형, 그리고 장학활동이 이루어지는 전체적인 분위기에 관한 정보를 얻기 위하여 관찰 방법을 사용할 수 있다.

5. 맺는말

단위학교에서 운영되는 자율장학활동은 학교 교육활동의 개선을 위하여 자율적 · 협력적 · 계속적으로 이루어지는 지도 · 조언 활동의 성격이 강하다. 이러한 장학활동에 대한 평가는 보다 개선된 활동의 구안 및 실행을 위한 가치 있는 정보를 수집하는 과정으로서, 학교 내에서 교장, 교감, 부장교사, 교사들이 조화롭고 민주적인 인간관계 및 건강한 학교 조직풍토를 조성하는 데도 기여하게 될 것이다.

이 장에서는 장학활동의 평가 영역을 CIPP 평가 모델에 비추어 상황평가, 투입평가, 과정평가, 결과평가로 구분하고, 각 영역별로 평가되어야 할 예시적인 내용을 제시하였다. 또한 장학활동의 평가 방법으로 각 영역에 있어서 교장, 교감, 부장교사, 교사들이 인식하는 기대수준과 실제 성취수준 간의 차이를 확인할 수 있는 설문지 조사 방법을 제시하였다.

학교현장에서 보다 자율적이고 효과적인 장학활동에 대한 필요성이 높아져 가고 있는 이때에, 교장, 교감, 부장교사, 교사 모두가 보다 좋은 장학활동의 구안과 보다 타당하고 신뢰로운 장학활동 평가를 위한 노력이 요망된다.

부록 11-1

교내 자율장학활동 평가 설문지(I)

영역	평가 내용	기대수준				성취수준			
		4	3	2	1	4	3	2	1
상황평가	1. 장학활동의 목표는 요구분석이나 문제진단을 기초로 설정되었는가?								
	2. 장학활동의 목표는 기대되는 행동 또는 성취에 대한 명확한 기준의 형태로 진술되었는가?								
	3. 장학활동의 목표는 교사들의 개인적 차이를 반영하여 설정되었는가?								
	4. 장학활동의 목표를 설정하는 데 교사들이 적절히 참여하였는가?								
투입평가	5. 장학활동의 계획된 절차는 그 장학활동의 세워진 목표를 달성하는 데 적절하였는가?								
	6. 장학활동의 계획된 절차는 과업, 책임, 자원의 사용, 시간계획 등의 면에 있어서 명확하게 규정되었는가?								
	7. 장학활동의 제한된 인적 · 물적 자원을 고려할 때 장학 계획은 실행 가능하였는가?								
	8. 장학활동의 절차를 계획하는 데 교사들이 적절히 참여하였는가?								
과정평가	9. 장학활동의 절차는 수립된 계획에 맞추어 실행되었는가?								
	10. 장학활동의 절차는 장학담당자와 교사들 간에 민주적인 상호작용과 의사소통의 토대 위에 실행되었는가?								
	11. 장학활동의 절차는 교사들의 요구와 변화에 따라 융통성 있게 실행되었는가?								
	12. 장학활동의 절차를 실행하는 데 교사들이 적절히 참여하였는가?								
결과평가	13. 장학활동의 계획된 목표는 달성되었는가?								
	14. 장학활동에 참여한 교사들이 만족스럽게 느꼈는가?								
	15. 장학활동의 결과는 학교의 전반적인 조직 건강을 향상시키는 데 도움이 되었는가?								
	16. 장학활동의 결과를 평가하는 데 교사들이 적절히 참여하였는가?								

부록 11-2

교내 자율장학활동 평가 설문지(II)[1]

단계	평가 내용	중요성					실천 정도				
		교내 자율장학의 활성화를 위해 좌측에 제시된 내용이 어느 정도 중요하다고 생각하십니까?					귀하의 근무교에서 좌측에 제시된 내용이 어느 정도 실천되었다고 생각하십니까?				
		1	2	3	4	5	1	2	3	4	5
		전혀 중요하지 않다	중요하지 않은 편이다	보통 이다	중요한 편이다	매우 중요하다	전혀 이루어지고 있지 않다	이루어지고 있지 않은 편이다	보통 이다	이루어지고 있는 편이다	잘 이루어지고 있다
여건조성	1. 교장·교감 등 장학담당자가 개방적 학교 조직풍토를 조성하였는가?										
	2. 교내 자율장학을 위한 교육환경 및 연구하는 교무실 분위기를 조성하였는가?										
	3. 교내 자율장학에 대한 연수를 실시하였는가?										
	4. 교장·교감 등 장학담당자가 전문적 지식과 장학지도 능력을 가지고 있는가?										
	5. 교내 자율장학에 대한 동기가 유발되었는가?										
	6. 교사들과의 인간관계 확립에 필요한 신뢰롭고 허용적인 분위기가 조성되었는가?										
계획	7. 학기 초에 교내 자율장학 실행을 위한 연간 계획을 효율적으로 수립하였는가?										
	8. 교사들의 희망과 요구를 바탕으로 장학의 유형, 대상자, 실시 시기, 횟수 등이 비교적 구체적으로 계획되었는가?										
	9. 학년 초에 동교과, 동학년, 취미별 동호인, 기타 관심 분야가 같은 교사 모임을 조직하였는가?										
	10. 교내 자율장학의 계획 수립에 교직원의 의견이 반영되었는가?										
	11. 효과적인 교내 자율장학을 위하여 학년별, 교과별로 교재 및 기자재가 확보되었는가?										

---

[1] 필자가 지도한 서강대학교 교육대학원 석사학위논문(정현예, 1996)에서 개발·활용된 설문지를 참고로 제시함. 학교의 실정에 맞추어 적절히 수정·보완하여 활용할 수 있음.

단계		평가 내용	중요성 교내 자율장학의 활성화를 위해 좌측에 제시된 내용이 어느 정도 중요하다고 생각하십니까?					실천 정도 귀하의 근무교에서 좌측에 제시된 내용이 어느 정도 실천되었다고 생각하십니까?				
			1 전혀 중요하지 않다	2 중요하지 않은 편이다	3 보통 이다	4 중요한 편이다	5 매우 중요하다	1 전혀 이루어지고 있지 않다	2 이루어지고 있지 않은 편이다	3 보통 이다	4 이루어지고 있는 편이다	5 잘 이루어지고 있다
실행	공통	12. 교내 자율장학의 효과적 실행을 위해 교무분장이 공정하게 분담되었는가?										
		13. 교사가 교내 자율장학 실행에 긍정적인 태도를 가지고 임했는가?										
		14. 장학 형태가 교사의 특성과 교과 내용에 따라 다양하게 적용되었는가?										
	수업장학	15. 수업장학을 수행하는 데 있어 충실한 사전 협의가 이루어졌는가?										
		16. 교사들의 수업 개선을 위해 교사-학습지도안이 작성·검토되었는가?										
		17. 교장·교감 등 장학담당자가 수업관찰 계획에 따라 수업을 관찰·기록하였는가?										
		18. 수업연구 결과에 대해 유익한 협의가 이루어졌는가?										
	동료장학	19. 교사들의 자율성과 협동성이 대체로 발휘되었는가?										
		20. 수업공개자 선정이 동교과 교사들 간에 협의를 통해 민주적으로 이루어졌는가?										
		21. 수업 개선을 위해 동료교사들 간에 수업 기술, 자료 제작 등에 관한 협의가 실시되었는가?										
		22. 수업관찰 후 동료장학에 참여한 교사들 간에 자유로운 논의를 통하여 반성·평가가 시도되었는가?										

단계		평가 내용	중요성					실천 정도				
			교내 자율장학의 활성화를 위해 좌측에 제시된 내용이 어느 정도 중요하다고 생각하십니까?					귀하의 근무교에서 좌측에 제시된 내용이 어느 정도 실천되었다고 생각하십니까?				
			1	2	3	4	5	1	2	3	4	5
			전혀 중요하지 않다	중요하지 않은 편이다	보통 이다	중요한 편이다	매우 중요하다	전혀 이루어지고 있지 않다	이루어지고 있지 않은 편이다	보통 이다	이루어지고 있는 편이다	잘 이루어지고 있다
실행	자기장학	23. 자기장학이 정해진 기간 동안(1학기 또는 1년간) 수립된 계획대로 잘 실행되었는가?										
		24. 교직에서 자기발전을 기할 수 있는 분야를 선택하여 스스로 계획을 수립하고 실천하였는가?										
		25. 장학담당자인 교장·교감이 자기장학 실천을 위해 격려·유도·지원하였는가?										
		26. 자기장학의 결과가 자신의 성장·발달에 도움이 되었는가?										
	약식장학	27. 학급순회와 수업참관 후 개별적인 면담을 통하여 수업개선과 학급경영에 필요한 정보를 제공하였는가?										
		28. 교장·교감 등 장학담당자가 학급순시·수업참관 계획을 사전에 교사에게 전달·이해시켰는가?										
		29. 교사들과 사전에 충분한 의견 교환 후 학급순시·수업 참관을 실시하여 불필요한 오해나 부담감을 주지는 않았는가?										
		30. 교장·교감이 교실에 출입할 때 진행 중인 수업에 방해가 되지 않도록 각별히 주의하였는가?										

단계	평가 내용	중요성					실천 정도				
		교내 자율장학의 활성화를 위해 좌측에 제시된 내용이 어느 정도 중요하다고 생각하십니까?					귀하의 근무교에서 좌측에 제시된 내용이 어느 정도 실천되었다고 생각하십니까?				
		1	2	3	4	5	1	2	3	4	5
		전혀 중요하지 않다	중요하지 않은 편이다	보통이다	중요한 편이다	매우 중요하다	전혀 이루어지고 있지 않다	이루어지고 있지 않은 편이다	보통이다	이루어지고 있는 편이다	잘 이루어지고 있다
실행	자체연수 31. 계획대로 자체연수가 실행되었는가?										
	32. 자체연수 계획이 학교의 전반적인 경영계획과 잘 연계가 되었는가?										
	33. 자체연수의 날에 교직원들이 적극적으로 참여하였는가?										
	34. 자체연수 결과가 교육활동 개선에 유익하였는가?										
평가	35. 장학 유형별로 적절한 평가도구를 활용하여 수업의 질 개선에 도움이 되었는가?										
	36. 교내 자율장학 실시 결과를 장학활동 및 수업 개선 활동에 참고하였는가?										
	37. 1학기 또는 한 학년도 동안에 실행된 교내 자율장학활동이 교육활동 개선에 유익하였다고 생각되는가?										
	38. 교내 자율장학활동에서 교장·교감 등 장학 담당자와 교사들이 주어진 역할을 효과적으로 실행하였는가?										
	39. 교내 자율장학 프로그램의 절차가 수립된 계획에 맞추어 실시되었는가?										

제4부

자율장학의 활성화 노력
자율장학을 화성화하기 위하여
어떠한 노력을 해야 하는가?

제12장

자율장학 담당자의 장학력 제고와 자율장학 활성화 노력

1. 머리말

　지금까지 장학이 교사들의 성장·발달을 도와주는 활동으로서 '역할'로서보다는 '과정'으로서 장학을 이해하는 관점에서 교사의 능력개발, 자율장학의 개념과 모형, 자율장학의 계획·실행·평가 등에 관한 내용을 제시하였다.

　장학은 교육활동의 개선을 위하여 교원들을 대상으로 하여 이루어지는 제반 지도·조언 활동을 의미한다. 교원들을 대상으로 지도성을 발휘하는 교육전문직, 교장·교감(원장·원감)을 포함한 장학담당자들의 장학력이란, 그들이 교육활동의 개선을 위하여 교원들을 대상으로 하여 어느 정도 효과적으로 제반 지도·조언 활동을 할 수 있는가를 의미한다.

　이 장에서는 지금까지 제시된 내용을 토대로 교육전문직, 교장·교감(원장·원감) 등 자율장학 담장자들의 장학력 제고와 교사들에게 요구되는 **자율장학 활성화** 노력이 무엇인가를 정리해 본다.

2. 자율장학의 활성화를 위한 기본 방향

1) 장학의 학교(유치원)현장 중심화

장학의 본질적 기능은 학교(유치원)현장에서 교육활동의 개선을 도와주는 것에 있다. 따라서 장학은 교육활동의 본질과 원리에 대한 존중을 기초로, 교육활동이 실제로 전개되고 있는 단위학교(유치원) 현장의 상황과 조건, 그리고 현장에서 교육활동을 하는 교직원들의 필요와 요구를 존중할 때 비로소 그 기능에 충실할 수 있다.

학교(유치원)현장에서의 교육활동은 교사와 학생 간의 인격적 상호작용, 그리고 이를 통한 인간 형성을 핵심으로 한다. 교사의 전문적 발달, 교사의 개인적 발달, 그리고 학교(유치원)의 조직적 발달을 기초로 하여 인간 형성을 위한 교육활동의 내실을 기할 수 있도록 도와주는 장학은 그 중심이 교육행정기관 중심의 장학에서 학교(유치원)·교실·교사 중심의 장학으로, 행정 중심의 장학에서 교육활동 중심의 장학으로, 외부에서 주어지는 장학에서 함께 하는 장학으로 변화되어야 한다.

2) 장학의 전문화

장학담당자는 장학의 내용·방법·대상을 포함하여 장학과 관련된 제반 영역에 관하여 적절한 전문적 태도·이해·지식·기술을 갖추어야 한다. 교육활동에 종사하고 있는 교사는 전문직 종사자로서 자신의 전문성 함양을 위하여 꾸준히 노력할 것이 요구된다. 더욱이 전문직 종사자인 교사를 대상으로 장학활동을 하는 장학담당자에게 있어서는 보다 높은 수준의 전문성이 요구된다.

교육행정기관에서 근무하는 장학담당자뿐 아니라 단위학교(유치원) 현장에서 교사들을 대상으로 장학기능을 수행해야 하는 교장·교감(원장·원감)은 일차적으로는 교과지도에 관한 충분한 지식과 기술을 갖추어야 할 뿐 아니라, 교사들에게 효과적인 장학을 제공하는 데 필요한 지식과 기술도 갖추어야 한다. 장학담당자의 역할과 직무도 전문화·명료화되어야 한다.

교장·교감(원장·원감) 등의 장학담당자뿐만 아니라 교사들도 능동적으로 장학에 참여할 수 있다는 인식의 전환과 더불어 장학에 대한 적절한 지식과 기술을 갖추려는 노력이 있어야 한다.

3) 장학의 민주화

장학은 교사의 자발적인 자기발전 의지를 기초로 하여 장학담당자와 교사 간에 민주적이고 협력적인 상호작용을 통하여 이루어질 때 그 효과가 높아진다.

종래 장학담당자와 교사 간의 관계가 상하관계, 즉 지시감독하는 자와 지시감독받는 자의 관계로 인식되어 왔던 점은 개선되어야 한다. 장학담당자와 교사 간의 관계는, 교사는 교실에서 학생들을 대상으로 교수활동을 하고, 장학담당자는 교사를 대상으로 그들의 성장·발달을 돕는 활동을 한다는 점에서의 차이, 즉 원칙적으로 담당 분야에서의 차이를 중심으로 이해되어야 한다.

교사들의 성장·발달을 도와주는 장학활동은 장학담당자와 교사 간의 대화와 협의를 통하여 교사의 필요와 요구에 대한 상호 이해를 높이고, 이에 부응하기 위한 적절한 장학 내용과 방법을 선정·활용하는 방향으로 전개되어야 할 것이다.

교사들의 교직 경험과 개인적 경험, 그리고 교사들이 근무하는 학교(유치원)의 지역적·조직적 환경이 같지 않다는 점을 고려할 때, 장학활동도 종래 획일적이고 집단적인 경향이 강했던 점에서 탈피하여 다양화·개별화·구체화되어야 할 것이다.

4) 장학 여건의 충실화

장학담당자와 교사들이 장학활동에 참여하여 효과적인 장학활동이 전개되기 위해서는 필요한 시간적·심리적 여유와 물적·재정적 여건이 적절히 마련되어야 한다. 교사들이 수업 및 업무 부담으로 인하여 장학활동에 참여할 수 있는 시간적 여유와 마음의 여유가 없으면, 아무리 좋은 장학활동이 계획된다고 하더라도 소기의 목적을 달성할 수 없다.

마찬가지로 교육행정기관의 장학관계자나 단위학교(유치원)의 교장·교감(원장·원감)의 경우에도 과다한 행정 업무 등으로 인하여 시간적인 여유가 없을 때에는 효과적인 장학활동을 할 수가 없을 것이다.

장학담당자와 교사들의 시간적 여유 외에도 장학활동을 전개하는 데 필요한 캠코더 등을 포함하는 각종 기자재, 안락하고 조용한 장소, 그리고 예산의 확보는 효과적인 장학활동을 위한 중요한 필요조건이 된다. 현실적으로 적지 않은 어려움이 있다고 하더라도 장학여건의 충실화를 위한 계속적인 노력이 요망된다.

3. 자율장학 담당자의 역할과 자질

1) 교육전문직의 역할과 자질

우리나라에서는 장학관·장학사, 교육연구관·교육연구사를 지칭하여 교육전문직이라는 용어를 사용한다. 「교육공무원법」에서는 교육행정기관에 근무하는 장학관·장학사, 교육기관·교육행정기관 또는 교육연구기관에 근무하는 교육연구관·교육연구사를 교육전문직으로 규정하고 있다. 일반적으로 교육전문직은 계선조직에 속하는 일반행정직과 구별하기 위해서 사용되는 용어이다.

교육전문직은 교직 전문성을 갖추고 지적·기술적 수월성을 겸비한 자가 교육체제의 유지·발전과 교육의 질 관리를 위해 교육정책 수립, 교과지도와 학생지도 및 학교경영에 대한 장학, 교육연구, 교원연수 등의 직무를 수행하는 직이다.

교육전문직은 교사의 교직 전문성을 지원·조장하며, 교육행정에 관련된 독자적이고 특수한 직무를 수행하고, 직무 수행에 있어 고도의 지식을 토대로 하는 지적·기술적 수월성을 필요로 한다. 교육전문직의 역할과 자질은 〈표 12-1〉과 같이 제시된다.

표 12-1   교육전문직의 역할과 자질

직무영역	역할	요구되는 자질
교육정책영역	최고관리층(교육감, 부교육감, 국장 등)의 정책기조 논리 구성과 운영을 공식화시키고 이를 위한 참모 기능을 수행한다.	• 교육과 교육정책의 본질, 학교·학생·교사의 제 특성에 대한 깊은 이해가 있어야 한다. • 세계화·정보화의 특성을 갖춘 미래사회가 요구하는 새로운 교육행정 철학과 이념을 갖추어야 한다. • 의사결정, 기획, 평가 및 갈등해소 등을 위한 제 기법과 관리 능력을 갖추어야 한다. • 조직 구성원의 능력과 특성을 활용할 수 있는 지도성을 갖추어야 한다. • 교육혁신을 주도하고 변화를 수용할 수 있어야 한다.

교과 지도 영역	교과교육과정 편성·운영에 대해 지도·조언하고, 교과교육 계획, 준비, 수행, 평가에 대해 지도·조언, 안내·시범을 보이며, 교사의 교수-학습 활동을 평가한다.	• 교육과정의 구성원리와 구현 방법에 대한 이론적·실천적 지식을 갖추어야 한다. • 교재의 편성에 관한 이론과 실제에 조예가 깊어야 하며, 교과서를 포함한 교재에 대한 평가 능력이 있어야 한다. • 교육의 목표와 내용에 정통하며, 교수-학습 활동의 문제점 및 해결 방안을 설명·시범할 수 있어야 한다. • 교육목표 분석과 목표달성도 측정에 관한 이론과 실제에 능통하며, 교사·학생·환경의 상호작용을 이해하고, 상관연구와 원인·비교연구의 방법을 교육평가에 적용할 수 있어야 한다.
생활 지도 영역	학생 이해, 생활지도, 진로상담, 수련활동 지도 등의 지식과 기법을 개발·보급하고 지도·조언·협조한다.	• 자신을 포함한 모든 인간을 긍정적으로 수용할 수 있어야 한다. • 내면의 생각이나 감정을 정직하게 표현할 수 있어야 한다. • 자신의 일에 대하여 전문성과 소명의식을 가져야 한다. • 생활지도의 주요 영역에 대하여 전문적 지식을 갖추어야 한다. • 생활지도 교사들의 교육·훈련에 대한 전문적 지식을 갖추어야 한다. • 연구활동에 대한 전문적 지식을 갖추어야 한다. • 생활지도 영역에 대한 정책수립 능력과 행정 능력을 갖추어야 한다.
학교 경영 · 관리 영역	학교 교육계획 수립을 지도·조언하고, 학교경영·관리 평가를 하며, 학교운영위원회 활동에 관한 협의 및 조언과 학교 및 학부모의 건의사항을 수렴·해결한다.	• 학교 교육조직의 자율성을 존중하며 상급 교육기관의 지도방침을 원활하게 적용해 나갈 수 있는 지도성이 요구된다. • 학교조직의 특성을 잘 이해하며, 학교조직의 관리기법에 능통해야 한다. • 교육현장에서의 각종 교육 사태에 잘 대처할 수 있기 위해 융통성 있고 창의적이어야 한다. • 학교가 사회 변화의 본질을 이해하고 교육적으로 수용할 수 있도록 지도하는 데 필요한 교육행정 철학을 갖추어야 한다.
교육 연구 영역	교수-학습 방법 및 평가, 생활지도, 진로상담 등에 관하여 연구하고 자료를 개발·보급한다.	• 과학적으로 연구를 추진하고, 교원들의 연구활동을 지도할 수 있는 전문적 지식, 의사소통 능력, 인간관계 기술을 갖추어야 한다. • 교육현안의 개선·발전은 교육연구에 기초를 둔다는 인식을 가져야 한다. • 전공 학위(박사)를 소지하고 연구를 할 수 있는 능력을 갖추어야 한다. • 미래지향적 사고를 가지고, 교육 발전에 헌신하겠다는 사명감을 가져야 한다.
교원 연수 영역	초·중등 교원 및 교육전문직의 전문성 제고와 직무 수행 능력의 향상을 위한 연수 업무를 담당한다.	• 연수대상자와 좋은 관계를 형성하고, 교육정보를 효과적으로 제공할 수 있도록 인간관계 기법과 대화 기법을 갖추어야 한다. • 요구 조사와 직무분석을 통해 연수계획을 수립할 수 있어야 한다. • 다양한 교수기법과 각종 수업매체를 제작·활용할 수 있어야 한다. • 과정별 연수목표 설정과 교수요목 작성을 통해 연수과정을 편성·운영하고, 연수 결과를 분석하여 재투입하는 능력이 있어야 한다.

자료: 서울특별시교육연구원(1995: 74-106).

McKean과 Mills는 장학담당자가 갖추어야 할 자질로서 인성적 자질과 전문적 자질을 구분하여 제시하였다. 장학담당자는 전문가로서의 자질도 필요하지만 일반적으로 인성 면에서도 필요한 자질이 있다는 것이다.

표 12-2 장학담당자에게 요구되는 인성적 자질과 전문적 자질

인성적 자질	전문적 자질
① 존경과 신뢰를 얻는 능력 → 뛰어난 능력, 성실성, 타인의 개성 존중	① 폭넓은 교양 → 일반 지식, 여러 교과에 대한 식견, 다양한 취미, 학교 및 지역사회 구성원에 대한 이해와 원활한 의사소통
② 감정이입과 감수성 → 타인의 기분과 반응에 대한 뛰어난 감수성	② 풍부한 전문 교육 → 장학 및 교육과정에 관한 이론과 실제에 관한 교육 이수, 장학 업무 관련 교육 이수
③ 열성 → 타인에게 전파되어 업무 완수에 큰 활력이 됨	③ 교수 기술 → 풍부한 교수-학습 경험을 밑바탕으로 교수 기술 시범 가능
④ 문제 대처력 → 문제에 부딪혀도 낙관적이며 자신감을 가짐	④ 장학담당자의 역할에 관한 명확한 인식 → 장학의 궁극적 목적이 교수-학습 과정의 발전임을 인식, 교사 스스로 변화하도록 도와줌
⑤ 창의성 → 기존의 것을 탈피하여 보다 바람직하고 생산적인 방법 탐색	⑤ 지도성 기술 → 시범이나 문제해결을 통해 타인을 지도하거나, 집단 내 잠재한 지도성을 찾아내 나타나게 함
⑥ 유머 → 부드러운 분위기 조성 능력	⑥ 학습자료와 교수 방법에 관한 지식 → 학습자료의 활용법을 숙지하고, 새로운 교수 방법에 관한 정보와 지식을 갖춤
⑦ 가치판단에 있어 융통성 → 가치판단에 있어 균형 감각과 상대적이고 다양한 관점에 대한 이해	⑦ 교수-학습 요소를 평가하고 해석하는 능력 → 교수-학습 요소를 확인·평가하며, 교사와 교수-학습 요소·과정에 관한 토론 능력 갖춤
⑧ 성실성 → 성실한 자세와 행동	⑧ 과정과 결과의 중요성에 관한 인식 → 장학의 과정은 정당해야 하며, 바람직한 변화나 발전을 추구하는 장학의 결과는 중요함을 인식
⑨ 남에게 도움을 줄 수 있는 능력 → 풍부한 지식, 아이디어, 경험을 소유한 자원인사 역할을 함	⑨ 실험과 연구에 관한 숙련성 → 실험과 연구에 관심이 있는 교원들을 도와줄 수 있는 능력이 있음
	⑩ 전문적 및 인성적 성장을 계속할 의욕과 능력 → 전문성 신장을 위해 노력하며, 인성 면에서도 원숙한 인간으로 발전하기 위해 노력함

자료: 강영삼, 이윤식, 조병효, 주삼환, 진동섭(1995: 104-108)에 인용된 McKean & Mills(1964: 42-52)의 내용을 표로 재구성함.

서울특별시교육연구원(1995: 72-73)은 종합적으로 교육전문직의 역할을 효과적으로 수행하기 위해 교육전문직은 다음과 같은 자세를 갖추어야 할 것이 요구된다고 밝혔다.

(1) 최고의 전문성을 갖춘 교육봉사자로서의 자각

담당 전공 교과지도, 생활지도, 연구업무, 연수업무의 전문가, 교육행정의 능력자이자 교육현장의 당면 문제를 창의적으로 해결할 수 있는 조언자로서, 교육 정보와 아이디어를 제공할 수 있는 최고의 전문성을 갖춘 봉사자라는 의식과 자부심을 가져야 한다.

(2) 수업장학 전문가로서의 인식

담당 전공 교과지도의 전문가로서 교사들에게 수업 지도력을 발휘하고 시범을 보일 수 있어야 한다. 담당 교과의 교육목표를 설정하는 능력을 기르고, 수업계획, 수업진행, 수업평가를 추진할 수 있어 수업 지도 면에서 장학 수요자들에게 실제적인 도움을 주고 그들의 문제점을 해결해 주는 데 앞장서는 전문가가 되어야 한다.

(3) 교육정보의 제공자 및 교육현장 문제해결을 위한 협력자로서의 태도

현장 장학 수요자들이 교육현장에서 느끼는 문제점과 애로점을 찾아내고 사전에 감지하여, 그들이 필요로 하는 교육자료와 교육정보를 신속히 제공하여 고민을 풀어 주는 교육정보의 제공자 및 중개자가 되어야 한다. 또한 교육현장의 바람직한 건의를 즉각 수용·실현시킬 수 있는 역할을 수행해야 한다. 이를 위해 교육청 및 관련기관, 학교현장의 교육자료와 교육정보를 수집하고 정리하여 노하우(know-how)를 간직해야 한다.

(4) 신뢰할 수 있는 인간관계 조성자로서의 자세

장학 수요자들이 언제라도 필요한 경우에 교육전문직을 찾을 수 있고, 문제의 해결을 요청할 수 있는 인간관계가 중요하다. 이를 위해 권위적이거나 군림하는 사고에서 벗어나 평등하고 민주적으로 교육문제 상담에 임할 수 있도록 하고, 이를 위해 충실한 현직연수와 부단한 자기연찬의 자세가 필요하다.

(5) 교육체제의 발전 및 교육의 질 관리를 위한 지도자로서의 자질 향상

교육에 대한 높은 안목과 사명감을 갖고, 꾸준한 자기연찬을 통하여 자질을 향상시켜야 한다. 교육의 문제를 정확히 진단하고 타당한 대안을 제시하여 현장교육을 개선 발전시킬 수 있는 능력자로서 전문적 리더십을 발휘할 수 있어야 한다.

2) 교장 · 원장의 역할과 자질

교장 · 원장은 단위학교 · 유치원의 최고 경영책임자이다. 그가 교육활동, 학교(유치원) 경영, 장학활동에 관련하여 자신의 직무와 역할을 어떻게 인식하고 수행하느냐 하는 것은 학교(유치원)경영과 학교(유치원)교육을 좌우하는 관건이다. 특히 교내(원내) 자율장학이 얼마나 충실하고 효과적으로 계획되고 실행되느냐 하는 것은 교장 · 원장의 민주적이고 합리적인 지도성에 좌우된다. 교장 · 원장이 강한 의지와 인식을 가지고 민주적이고 합리적인 지도성을 발휘하여 교직원들에게 동기를 부여하고 격려하며 지도 · 조언을 하는 것이 필요하다.

「초 · 중등교육법」 제20조 1항에 "교장은 교무를 통할하고, 소속 교직원을 지도 · 감독하며, 학생을 교육한다."라고 규정되어 있다. 「유아교육법」 제21조 1항에 "원장은 원무를 총괄하고 소속 교직원을 지도 · 감독하며 해당 유치원의 유아를 교육한다."라고 규정되어 있다. 이는 교장 · 원장의 교무통할권과 교직원감독권 및 학생 · 원아교육권을 규정하는 것이다. 즉, 교장 · 원장은 학교의 모든 업무를 관할하는 권한과 책임, 소속 교직원 인사에 대한 권한과 책임을 가지며, 최종적으로는 학생 · 원아를 교육하는 권한과 책임이 있다. 따라서 교장 · 원장은 학교 · 유치원의 인적 · 물적 조건을 적절히 정비 · 활용하고, 교원들이 학생 · 원아교육에 최선을 다할 수 있도록 지도하고 관리하는 기능을 효과적으로 수행해야 한다. 특히 학생 · 원아의 교육을 직접 담당하고 있는 교사들이 충실하게 교육활동에 임하도록 하여 학생 · 원아들의 성장을 돕도록 지원해야 하는 책임을 갖고 있다.

이러한 법적 접근을 통하여 교장의 직무 영역 및 직무 내용을 구체적으로 정리하면 〈표 12-3〉과 같다.

표 12-3 법적 접근을 통한 교장의 직무 영역 및 직무 내용

대영역	중영역	직무 내용
교무의 통할	학교 교육계획의 수립·집행·관리	• 학교 교육계획의 수립 및 관리 • 학교경영에 대한 새로운 비전과 전략 제시 • 교직원에게 동기부여하고 지도성 발휘
	학교 단위 전체 교육과정 편성 및 운영 관리	• 교육목표, 교과편제 및 수업시간(이수단위), 학년목표, 교육내용, 교육방법, 학습매체, 학습시간, 학습시기, 평가계획의 제정 및 관리
	시설·재무·문서 관리	• 학교시설·설비, 교재·교구 등 제 규칙에 의한 수선 및 관리 • 예산 편성 및 회계·경리 관리 • 학교 내부의 사무관리로서 문서작성 관리 등
소속 교직원의 지도·감독	교내장학	• 교내장학활동의 총괄 • 교수-학습의 질 향상을 위한 환경 및 분위기 조성 • 현직 교육을 통한 교수-학습 활동 개선 • 업무부서 조직 및 교직원 업무 분장 • 각종 위원회 구성 및 운영: 교육과정 편성·운영위원회, 성적관리위원회, 학생지도위원회, 학교자율장학위원회, 교육정보화 추진위원회 등
	교직원의 법적 의무사항에 대한 관리·감독	• 교직원의 복무 의무 이행 여부 지도·감독, 선서의 의무, 성실의 의무, 복종의 의무, 친절 공정의 의무, 비밀엄수의 의무, 청렴의 의무, 품위 유지의 의무 • 교직원의 금기사항 지도·감독: 직장이탈 금지, 영리업무 및 겸직 금지, 정치운동 금지, 집단행위 금지 • 교직원의 연수·근무성적평정 • 보직교사의 임용, 기간제 교사의 임용, 강사의 임용, 고용원의 임용 • 학교조직 구성원들의 갈등 처리 및 학교 경영조직의 안전성 유지
학생의 교육	학칙의 제정 및 관리	• 입학·퇴학, 전학, 편입학, 휴학, 수료 및 졸업 관리 • 학교수업의 개시와 종료 관리 • 비상 재해 시 임시 휴교 조치 • 재학생의 생활기록부 작성 관리 • 표창 및 징계 • 전염병 환자의 출석정지 또는 등교정지 명령, 신체검사 실시 및 학생의 보건관리 • 학급편성 및 담임 배정
	교과 교육활동의 계획과 운영 관리	• 교과 교육활동의 운영 관리 • 교수-학습 기반 조성 • 교수-학습 활동 및 교육평가 관리
	교과 외 교육활동의 계획과 운영 관리	• 특별활동 관리 • 창의적 재량활동 관리 • 인성교육 및 생활지도 관리 • 진로·상담활동 지도 관리 • 방과 후 교육활동 관리

주: 안길훈(2008: 164-165); 박상완(2013: 172).

교장의 직무를 학교경영 실제를 감안해 영역별로 분류하면 〈표 12-4〉와 같다. 교장의 실제적 직무는 ① 학교경영 계획, ② 교육과정 운영, ③ 자율장학 운영, ④ 교직원 인사관리, ⑤ 학교관리, ⑥ 학교경영 개선 활동, ⑦ 학교와 대외의 관계 영역 등으로 구분할 수 있다(황정규 외, 1995).

표 12-4 학교경영 실제적 접근을 통한 교장의 직무 영역 및 직무 내용

직무 영역	직무 요소 및 직무 수행 기준	
I. 학교경영 계획	I-1. 학교목표 관리 • 학교 교육목표 설정과정의 합리성 • 학교 교육목표의 타당성 • 학교 교육목표의 달성과정 및 결과에 대한 평가	I-2. 학교 교육계획 수립 • 학교 교육계획의 체계성 • 학교 교육계획의 실현 가능성 • 학교 교육계획의 계속성 • 학교 교육계획에 대한 평가 • 학교 자율 책임경영제의 계획·실천
II. 교육과정 운영	II-1. 교과지도 운영 • 교과운영 계획의 적합성 • 교과지도의 창의성 및 효율성 • 교수-학습 방법 및 자료의 충실성 II-3. 창의체험활동 운영 • 창의체험활동 계획의 적합성 • 창의체험활동의 다양성 • 창의체험활동의 충실성	II-2. 생활지도 운영 • 생활지도 계획의 적합성 • 생활지도의 다양성 • 생활지도의 충실성 II-4. 교육평가 운영 • 평가 계획의 체계성 • 평가 관리의 공정성 • 평가 방법의 다양성 및 창의성 • 평가 결과의 분석 및 활용
III. 자율장학 운영	III-1. 자율장학 운영 • 자율장학 계획의 창의성 • 교사들 간 자율장학활동의 내실화 • 지구별 자율장학에의 참여	• 자율장학에 대한 교장의 의지 및 지원 • 교내외 연수활동의 장려 • 자율장학 실행과정 및 결과 평가
IV. 교직원 인사 관리	IV-1. 교직원 인사배치 • 인사자문위원회의 합리적 조직·운영 • 업무분장의 타당성 • 인사관리의 합리화 IV-3. 교직원 근무 조건 및 복지 • 수업 및 업무 부담의 적정화	IV-2. 교직원 복무관리 • 교원 품위유지·복무규정 준수 지도 • 근무평정의 공정성 • 행정직원에 대한 태도 • 후생복지의 증진
V. 학교 관리	V-1. 학교 시설 관리 • 시설·설비의 확보 활용 • 적정한 유지 관리 • 학교 내외의 환경 정화	V-2. 학교 재무 관리 • 예산편성의 합리성 • 예산집행의 효율성 • 예산집행의 개방성

	V-3. 학교 사무 관리	
	• 문서 관리의 정확성 및 효율성	• 사무자동화
	• 사무경감	
VI. 학교경영 개선 활동	VI-1. 학교경영 지도성 • 지도력 • 품위유지 • 추진력 • 공정성 • 인화단결력 • 긍정적 교육풍토 조성	VI-2. 학교경영 개선 노력 • 자기개발 노력 • 교육개혁에 대한 신념 • 학교교육개혁 노력 • 학교운영위원회의 효율적 운영
VII. 학교와 대외관계	VII-1. 학교와 대외관계 • 학교교육 홍보 • 학부모와 유대	• 지역사회와 유대 • 동창회와 유대

주: 황정규, 최희선, 정항시, 이윤식, 남수경(1995: 34-39)의 내용을 재구성함.

학교경영 환경 변화에 따라 요구되는 교장의 역할과 능력은 〈표 12-5〉와 같다. 교장은 ① 갈등관리자로서의 교장, ② 비전제시자로서 교장, ③ 문화창조자로서 교장, ④ 개혁주도자로서 교장, ⑤ 정보제공자로서 교장, ⑥ 전문적 경영자로서 교장, ⑦ 도덕적 귀감자로서 교장의 역할을 수행하기 위해 노력해야 한다.

이러한 역할을 성공적으로 수행하는 교장이 되기 위하여, ① 교육적 카리스마와 영감, ② 인간존중, ③ 도전감과 용기, ④ 비전 지향적 행위, ⑤ 솔선수범, ⑥ 지적 자극, ⑦ 도덕성, ⑧ 열의와 호기심 등 폭넓은 행동 특성이 요구된다.

표 12-5 교장의 역할과 교장에게 요구되는 능력·기술

교장의 역할	교장에서 요구되는 능력 및 기술	교장에게 요구되는 행동 특성
① 갈등관리자로서 교장 ② 비전제시자로서 교장 ③ 문화창조자로서 교장 ④ 개혁주도자로서 교장 ⑤ 정보제공자로서 교장 ⑥ 전문적 경영자로서 교장 ⑦ 도덕적 귀감자로서 교장	① 의사소통(커뮤니케이션) 능력 ② 의사결정 능력 ③ 네트워킹 능력 ④ 회의 주도 능력 ⑤ 시간과 스트레스 관리 능력	① 교육적 카리스마와 영감 ② 인간존중 ③ 도전감과 용기 ④ 비전 지향적 행위 ⑤ 솔선수범 ⑥ 지적 자극 ⑦ 도덕성 ⑧ 열의와 호기심

출처: 유현숙 외(2000); 김이경 외(2006).

유치원 원장의 직무와 역할도 교장의 직무와 역할과 유사하다고 하겠다. 유치원 원장의 직무는 대체로 ① 유치원 교육과정의 편성과 운영, ② 원내 자율장학과 현장연구 실시, ③ 교직원 채용 및 인사관리, ④ 시설·설비 관리, ⑤ 재정 관리, ⑥ 제반 사무 관리, ⑦ 원아 모집 및 관리, ⑧ 지역사회 및 단체들과의 관계 유지, ⑨ 부모교육의 계획 및 실시 등으로 볼 수 있다

유치원 원장의 직무를 수행하기 위하여 요구되는 유치원 원장의 자질은 대체로 ① 예산 수립 및 집행과 제반 법규에 관한 지식, ② 교원의 복지, 유아의 안전 및 건강에 대한 지식, ③ 유아발달 및 효과적인 교수법에 대한 지식, ④ 유아에 대한 애정과 올바른 아동관, ⑤ 확고한 자기신념과 올바른 교육관 소지, ⑥ 교육과 교육행정의 본질, 유치원·원아·교사의 제 특성에 대한 깊은 이해, ⑦ 평생학습자로서 자기개발과 자아혁신에 진력, ⑧ 교직원 통솔 및 지도력, ⑨ 원만한 대인관계 유지 등이라 하겠다(나정, 장명림, 1995: 19-20).

교장·원장이 학교·유치원 현장에서 교내 자율장학의 지도자로서 그 역할을 수행해 가는 데 어떠한 기술을 습득하고 활용해야 하는가와 관련하여 Katz가 제시한 '행정가에게 요구되는 세 가지 기술'에 관한 아이디어는 좋은 시사를 준다. Katz는 행정가에게 ① 실무적 기술(technical skills), ② 인화적 기술(human skills), ③ 전체 파악적 기술(conceptual skills)이 필요하며, [그림 12-1]에서 보는 바와 같이 관리 계층에 따라 이 세 가지 기술의 상대적인 중요도 비율이 달라진다고 하였다.

실무적 기술은 담당한 직책에서 맡게 되는 기능 또는 과업을 수행하는 데 요구되는 능력과 기술을 말한다. **인화적 기술**은 다른 사람들과 함께 일하고 또 그들을 동기유발하는 능력과 기술을 말한다. **전체 파악적 기술**은 조직을 조직 내부뿐 아니라 조직 외부와의 관계 속에서 전체적으로 볼 수 있으며, 하부 조직들의 활동을 전체 조직의 목표 달성을 가능토록 하는 방향으로 통합할 수 있는 능력과 기술을 의미한다. 이와 같은 세 가지 기술 중에서 하위관리자들에게는 실무적 기술의 비중이 가장 크며, 중간관리자들에게는 인화적 기술의 비중이, 최고경영층이 되면 전체 파악적 기술의 비중이 확대되어 가는 것으로 보인다.

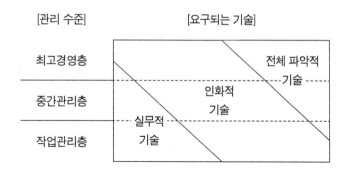

[그림 12-1] 행정가에게 요구되는 세 가지 기술

자료: Hersey & Blanchard (1977: 7).

Alfonso는 앞의 세 가지 기술 중 전체 파악적 기술을 경영적 기술(managerial skills)로 변형하여, 인화적 기술, 경영적 기술, 실무적 기술에 관련하여 장학담당자가 갖추어야 할 기술의 내용을 구체적으로 제시하였다. 여기서 경영적 기술은 의사결정을 하고 감독자가 책임진 작업 단위의 목표를 달성하는 데 있어서 중요한 조직관계를 아는 능력을 말한다. 학교에서 장학을 수행하는 데 필요한 인화적·경영적·실무적 기술을 구성하고 있는 구체적인 내용은 다음과 같다(김윤태, 1994: 690-694에서 재인용).

(1) 인화적 기술

- 장학담당자는 교사의 욕구와 인성 면의 개인차에 민감해야 한다.
- 장학담당자는 교사의 장점과 잠재력을 진단해야 한다.
- 장학담당자는 가치명료화 과정의 전문가가 되지는 않더라도, 그 과정에 포함된 몇 가지 기법을 사용할 수 있어야 한다.
- 장학담당자는 교사들이 가지고 있는 인식의 공통성과 차이점을 확인하는 데 있어 다양한 절차를 사용할 수 있어야 한다.
- 장학담당자는 교사들에게 조직의 목적을 전달 또는 해석할 수 있어야 한다.
- 장학담당자는 집단토의를 주재할 수 있어야 한다.
- 장학담당자는 말을 삼가고 교사의 말에 신중하게 반응하며, 또 알기 쉽게 바꾸어 말함으로써 남의 말을 경청하는 기술을 개발해야 한다.
- 장학담당자는 수업관찰 후 장학협의회를 실시하는 기술을 가져야 한다. 협의회 중,

장학담당자에게 카운슬링의 기술이 필요할 때도 있다.

• 장학담당자는 장학협의회보다는 덜 공식적인, 교사와의 협동적 상호작용을 실시하는 기술이 있어야 한다. 이것은 상담자와 같은 기술이다.

• 장학담당자는 화제가 불쾌하고 교사의 태도가 화나게 할 때에도 침착하게 교사와 대면하는 기술이 있어야 한다.

• 장학담당자에게는 교사집단의 갈등을 해소하는 기술이 있어야 한다.

• 장학담당자는 교직원 간의 협동을 이끌어 내는 기술이 있어야 한다.

• 장학담당자는 전문적 행동, 일상적 행동 및 타인과의 상호작용 면에서 교사에게 모범을 보여야 한다.

(2) 경영적 기술

• 장학담당자는 학교가 속한 지역사회의 특성을 알아내는 기술이 있어야 한다.

• 장학담당자는 교사의 욕구를 알아낼 수 있는 기술이 있어야 한다.

• 장학담당자는 수업과 변화에 대한 우선순위를 수립할 수 있어야 한다.

• 장학담당자는 교육환경(행정상황, 교직원 특성, 학습상황 등)을 분석하는 기술이 있어야 한다.

• 장학담당자는 PERT/CPM과 같은 기획체제(planning systems)를 활용할 수 있는 기술이 있어야 한다.

• 장학담당자는 일어날 수 있는 분열 사태를 예상하고 전체 계획에서 가능한 상황적응적 대안(contingency alternatives)을 마련할 수 있어야 한다.

• 장학담당자는 수업활동을 감독하거나 통제할 수 있어야 한다.

• 장학담당자는 어떤 종류의 책임(위원회 사회자로 초청, 과제 수락, 각종 보고 등)을 교사들에게 위양함으로써 그들의 전문적 능력개발에 기여해야 한다.

• 장학담당자는 자신의 시간계획을 적절히 수립하고, 교사들의 시간계획을 돕고, 수업개선 과업의 진도와 완성에 대한 시간계획을 수립할 수 있어야 한다.

• 장학담당자는 최선의 결과가 나오도록 인적 · 물적 · 기술적 자원을 수업활동에 배분하는 기술을 보여 줄 수 있어야 한다.

• 장학담당자는 교사들의 직무상 스트레스를 감소시켜 주기 위하여 학교환경을 수정할 수 있어야 한다.

• 장학담당자는 보고서 작성 · 제시 · 발간 · 보존 및 기타 기록물을 통해 학교조직 및 수업활동에 관한 기록을 제공할 수 있어야 한다.

(3) 실무적 기술

• 장학담당자는 수업에 필요한 자원을 선정하는 기준을 수립할 수 있어야 한다.
• 장학담당자는 수업과정을 연구하기 위해 수업관찰 체제 · 도구를 활용하는 데 익숙해야 한다.
• 장학담당자는 수업관찰 체제 · 도구를 적용해 수집된 자료를 분석 · 사용하는 기술이 있어야 한다.
• 장학담당자는 수업목표를 유도하는 과정과 명료한 목표를 세우는 기술이 있어야 한다.
• 장학담당자는 학습의 영역 및 학습의 수준 차원에서 수업목표를 분석하는 기술이 있어야 한다.
• 장학담당자는 연구를 수행하는 데 필요한 다양한 기술(교육측정, 통계학, 연구설계 등)이 있어야 한다.
• 장학담당자는 수업상황을 분석하고 수업과정에 기여하거나 저해하는 요소를 분석할 수 있어야 한다.
• 장학담당자는 수업전달 체제(수업과정, 방법, 절차)를 설계하고 개발하는 기술이 있어야 한다.
• 장학담당자는 수업과 학습 개선에 공헌하는 평가절차를 개발할 수 있어야 한다.
• 장학담당자는 수업과제 또는 학습과제를 분석할 수 있어야 한다.
• 장학담당자는 수업하는 능력과 기술을 시범 보일 수 있어야 한다.

이와 같은 다양한 측면에서 장학담당자에게 요구되는 기술을 분석해 볼 때, 장학담당자는 교육과정 및 교수-학습이론, 조직이론, 지도성이론, 의사결정이론, 인간관계이론, 체제이론, 커뮤니케이션이론 등을 숙지해야 한다. 교장 · 원장은 교내(원내) 자율장학에서 핵심적인 장학담당자이다. 따라서 교장 · 원장은 앞에서 제시된 인화적 기술, 경영적 기술, 실무적 기술에 익숙하도록 노력해야 한다.

3) 교감·원감의 역할과 자질

교감·원감은 단위학교·유치원에서 교장·원장을 보좌하며, 유사시에는 교장·원장을 대리하는 중요한 위치에서 교무·원무를 처리한다. 교장과 교사들 간에 교량적 역할을 할 뿐만 아니라, 교사와 교사 간에, 교사와 행정직원 간에도 교량적 역할을 담당하게 된다. 실질적으로 학교(유치원)계획 실행의 실무운영자의 입장에 있는 교감·원감의 역할은 대단히 중요하다.

교장·원장을 보좌하는 교감·원감이 교육활동, 학교(유치원)경영, 장학활동에 관련하여 자신의 직무와 역할을 어떻게 인식하고 수행하느냐 하는 것은 학교(유치원)경영과 학교(유치원)교육의 성과에 큰 영향을 미친다. 교내(원내) 자율장학의 계획·실행·평가에 있어서도 교감·원감이 실무운영자의 입장에 있는 것이다.

「초·중등교육법」제20조 2항에 "교감은 교장을 보좌하여 교무를 관리하고, 학생을 교육하며, 교장이 부득이한 사유로 직무를 수행할 수 없는 때에는 교장의 직무를 대행한다."라고 규정되어 있다. 「유아교육법」제21조 2항에 "원감은 원장을 보좌하여 원무를 관리하고 해당 유치원의 유아를 교육하며, 원장이 부득이한 사유로 직무를 수행할 수 없을 때에는 그 직무를 대행한다."라고 규정되어 있다. 이 규정에 의하면 교감·원감은 교장·원장의 보조기관으로 제2인자의 위치에서, 교무·원무 관리, 학생·유아 교육, 교장·원장 직무대리 등 세 영역의 직무를 수행하는 것이다.

① 교감·원감은 교장·원장의 지시와 정해진 규정 또는 관례에 따라서 교무·원무를 관리해 나가야 된다. 교무(校務)·원무(園務)란 학교·유치원의 사무(事務) 전반을 의미하는 것으로 학교·유치원의 존립 목적인 교육에 관계되는 모든 업무와 일반 사무를 포함한다.
② 교감·원감은 교원의 일원으로서 필요 시 학생·원아를 직접 교육하거나, 학생·원아 교육을 위해 교육과정 운영을 관장하고 교사를 지도·조언하며, 교사들의 업무 수행을 위한 지원을 제공해야 한다.
③ 교감·원감은 교장·원장 유고 시 학교·유치원의 모든 교육활동 및 교직원에 대한 관리·감독권을 행사해야 된다. 교감·원감은 교장·원장 유고 시에 교장·원장의 직무를 대리하는 법정대리인의 성격을 갖는다. 교장·원장 유고 시라 함은 교장·

원장이 일정한 사고로 인하여 그 직무를 수행할 수 없는 상태를 의미한다. 교장·원장이 사고가 생기는 경우는 두 가지가 있는데, 하나는 교장이 일시적으로 출장, 여행, 병가 등으로 출근할 수 없는 경우이며, 다른 하나는 교장이 사망, 퇴직 등으로 후임자 보충 전까지 결원이 되는 경우이다. 이러한 때에는 교감·원감이 직무를 대행하는데, 전자의 경우는 전결규정의 원칙에 따라 대행하고, 후자의 경우는 후임자 보충 시까지 자신의 명의로 권한 행사를 하게 된다.

교감·원감도 교장·원장과 마찬가지로 교직원들로부터 전문적인 면에서의 지식과 능력에 있어서나 인간적인 면에서의 인격이나 품위에 있어 존경받을 수 있는 지도자가 되도록 최선의 노력을 해야 할 것이다. 교감·원감은 교내(원내) 자율장학에 있어서 교장·원장의 장학 기능을 전문적으로 보좌하는 위치에 있다. 교내(원내) 자율장학의 계획·실행·평가에 있어 교장·원장의 장학 기능을 보좌하고, 적절한 지도성을 발휘하기 위하여 장학담당자에게 요구되는 인화적 기술, 경영적 기술, 실무적 기술을 갖추도록 노력해야 할 것이다.

4) 부장교사의 역할과 자질

현 부장교사제도[1]의 전신인 주임교사제도가 법제화된 것은 교육경영의 효율화와 민주화를 기하고 교원의 사기를 앙양하기 위하여 1970년 2월에 「교육법 시행령」을 개정한 데서 출발되었다. 이어 같은 해 12월에 문교부 훈령으로 「주임교사임용규정」을 제정·공포하여, 1971년부터 주임교사제도가 전국적으로 실시되었다. 이후 「주임교사임용규정」은 수차례 개정되어 오다가 1998년 3월부터 「초·중등교육법 시행령」이 시행되면서 폐지되었다. 주임교사라는 명칭은 보직교사로 변경되었고, 보직교사의 명칭은 관할청이, 학교별 보직교사의 종류 및 그 업무 분장은 학교의 장이 정하도록 하였다(「초·중등교육법 시행령」 제33조 제5항).

부장교사의 일반적 임무는 대체로 ① 교장·교감을 보좌하여 업무를 수행하며 소속직원과 협의·조언한다. ② 소속 직무상의 문제점과 해결안을 교장·교감에게 건의하고 타

---

1) 법률적인 명칭은 보직교사이지만(「초·중등교육법 시행령」 제33, 34, 35조), 현장에서 일반적으로 교무부장, 연구부장, 학년부장 등으로 불리고 있기 때문에 여기서는 부장교사라는 명칭을 사용한다.

주임 또는 관계자와 연락 · 조정의 업무를 담당한다. ③ 교장 · 교감으로부터 위임받은 업무를 수행한다.

부장교사는 학교조직 체계상 교장을 보좌하는 중간관리층으로서 행정상의 관리적 역할과 학교교육의 질적 향상을 위한 참모적 역할을 동시에 담당해야 하는 입장에 있다. 즉, 학교조직의 수직적 계열과 수평적 계열이 교차하는 위치에서 두 가지 측면의 조화와 통일을 기하면서 업무를 수행해 나가야 한다. 학교조직의 구조를 상부의 관리조직과 하부의 실무조직으로 나눈다면 부장교사는 교사들로 구성된 후자의 조직에 속한다고 보아야 한다. 그러면서 부장교사는 그러한 실무조직의 지도자 역할을 학교 전체 조직상의 중간에 위치하여 수행하게 되는데, 이로써 부장교사의 위상을 '실무적 중간 지도자'라고 규정할 수 있다. 부장교사는 교감과 교사의 중간 위치에 있는 자리이나 이것은 하나의 자격이 아니고 일정한 업무를 수행하기 위해 마련된 보직이다.

부장교사의 종류는 크게 계선조직상에 있는 학년부장, 참모조직상에 있는 교과부장, 그리고 교무 · 학생 · 연구 등 직능조직에 해당하는 부장으로 구분된다. 학년부장은 계선조직(교장 → 교감 → 학년부장 → 교사)상에 있으면서 학년경영을 위하여 장학기능을 발휘한다. 참모조직상에 있는 교과부장은 교과교육의 효율화를 위하여 교과교사에 대한 지도 · 조언과 교육정보 제공 및 연락 · 조정 활동을 한다. 교무 · 학생 · 연구 등 직능조직에 해당하는 부장교사는 관련 직무 내용에 따라 교사들을 지도 · 조언하고 있다. 부장교사가 발휘하는 장학은 명령 · 감독권이 지배하는 장학활동이 아니라 동료장학의 성격이 강하다.

'실무적 중간 지도자'인 부장교사는 교장 · 교감과 교사를 연결하는 교량으로서, 담당하여 수행하는 제반 업무와 관련하여 다음과 같은 역할을 수행한다(경기도교육연구원, 1997: 28-34).

- 분야별 활동의 거점 역할이다. 학교에는 학교 운영을 통할하는 교장 · 교감의 지도력 하에 각기 다른 기능을 수행하는 여러 하위조직이 있는데, 부장교사는 그러한 하위조직들로 편제된 분야별 활동의 거점 역할을 수행해야 한다.
- 전문활동의 조력 및 주도 역할이다. 교과조직별로 교사들의 좋은 수업을 위한 교재 연구와 교수기술 개발과 교사연찬 등의 전문 활동을 조력하고 주도하는 역할을 수행해야 한다.
- 조직 내 상하 연결 및 완충 역할이다. 부장교사는 학교 조직 내의 상층부와 하층부,

즉 교장·교감과 교사 집단 사이의 연결 고리 내지 연결 통로 역할을 하며, 양자 간의 역학적 완충 역할을 해야 한다.

- 일반교사의 대의 역할이다. 부장교사는 교사들의 의중과 요구를 정확히 파악하여 자신이 참여하는 각종 회의나 교장·교감에 대한 자문 활동에서 이를 적절히 반영하여야 한다.
- 인화 조성의 역할이다. 부장교사는 교사들 간의 인화 조성에 필요한 태도를 모범으로 보이는 가운데 교사 상호 간의 닫힌 마음을 열게 하고, 서로 간에 우호적 이해와 인간관계가 형성되도록 조력하여야 한다.
- 학교현장 혁신 촉진자의 역할이다. 변화와 혁신의 시대를 맞아 부장교사는 스스로 발전적인 아이디어를 찾아보며, 교사들의 아이디어 개발을 적극 조장하고 그것들을 수집·분석·종합함으로써 학교현장을 실질적으로 변화시킬 수 있는 방안을 만들어 가야 한다.
- 학교 개혁과제 실무 추진 주도자의 역할이다. 학교의 전문적 교육활동에서부터 학교 사무 혹은 관리 업무에 이르기까지 제반 사항에 관한 개혁과제 추진 시 실무 주도자로서의 역할을 수행해야 한다.
- 교내 교사문화 쇄신자의 역할이다. 교육의 수월성 추구, 연구와 연찬의 중시, 책임 있는 자율의식과 실천의지, 교직에 대한 헌신감, 상호 협동적 태도 등 바람직한 교사문화를 회복·쇄신하는 데 능동적으로 기여해야 한다.

이와 같은 부장교사의 역할을 잘 수행하기 위하여 부장교사는 다음과 같은 자세 또는 자질을 갖추도록 노력해야 한다.

- 다른 교사들을 군림하기보다는 동료적인 위치에서 솔선수범하는 자세로 지도성을 발휘하도록 노력한다.
- 다른 교사들에 비하여 담당하는 업무와 지도하는 교과에 대해 높은 지식과 기술 및 능력과 자질을 구비하도록 노력한다.
- 다른 교사들과 좋은 인간관계를 맺도록 하며, 교사 간 인화 조성에 노력한다.
- 다른 교사들의 능력을 발견하여 그것을 키워 주고 활용하도록 노력한다.
- 다른 교사들에게 성실하며 긍정적이고 적극적인 자세를 보이도록 노력한다.

- 교장·교감, 타 부장교사, 그리고 교사들과의 상하좌우 의사소통이 원활히 이루어지도록 노력한다.
- 중간관리자 역할을 한다는 점에서 행정활동에 대해서도 적절한 소양을 쌓도록 노력한다.

4. 자율장학의 활성화를 위한 교원들의 노력

1) 자율장학의 활성화를 위한 교장·교감(원장·원감)의 노력

교장·교감(원장·원감)은 학교와 유치원에서의 장학 책임자 및 장학 지도자로서 교직원들의 바람직한 지도·조언자가 되어야 한다. 교직원들이 적극적으로 장학에 참여할 수 있는 분위기와 여건을 조성하며, 장학에 대하여 긍정적인 인식을 갖고 동기유발이 되도록 하며, 필요한 조건이 마련되도록 하는 데 있어 교장·교감(원장·원감)은 민주적이고 합리적인 지도성을 발휘해야 할 것이다.

첫째, 교장·교감(원장·원감)은 학교를 경영해 나가는 데, 자율장학을 실시해 나가는 데 일부 교사로부터의 문젯거리나 불평불만을 두려워하지 말고 교육자적인 원칙을 확고히 지켜 나가는 것이 필요하다. 정치·경제·사회의 모든 영역에서 건전한 상식과 원칙이 존중될 때 비로소 발전이 있게 된다. 건전한 상식과 원칙이 존중되지 않을 때 혼란과 퇴보가 있게 됨을 적지 않게 경험해 왔다. 교육에 있어서는 더욱 그러하다. 학교에 있어 교장·교감(원장·원감)과 같은 어른이 뚜렷한 교육관과 확고한 의지를 가지고 교육자적인 원칙과 상식을 지켜 나가야 할 것이다.

둘째, 인간적인 면에서 그리고 전문적인 면에서 솔선수범해야 된다. 솔선수범하는 것은 교장·교감(원장·원감)이 교사들로부터 권위와 신뢰를 찾기 위해 꼭 필요한 것이다. 인간적인 면에서 권위와 신뢰를 찾기 위해서는 교장·교감 스스로 공사를 분명히 하고 언행에 주의하며 사생활이나 교직생활에서 도덕성을 지키는 일이 필요하다. 전문적인 면에서 권위와 신뢰를 찾기 위해서는 끊임없이 연구하고 배우려는 자세를 가지고 노력하는 모습을 교사들에게 보여 주는 일이 필요하다. 솔선수범하는 교장·교감(원장·원감)을 교사들은 존경하고 따르게 된다.

셋째, 혼자 일하려고 하지 말고 다른 교사들과 더불어 일하도록 노력해야 된다. 학교에는 많은 교사가 있다. 특히 경력이 많은 교사는 자율장학을 활성화하는 데 있어서 중요한 역할과 기능을 담당할 수 있는 위치에 있다. 그들이 나름의 역할과 기능을 담당할 수 있도록 동기를 부여하고, 그들이 교장·교감(원장·원감)을 도와 협동하여 일을 해 나가도록 하는 것이 필요할 것이다. 교장·교감(원장·원감)은 인간관계에 관한 지식과 기술을 습득·활용하기 위해 늘 연구하고 노력해야 한다. 정치·경제·사회 등 각 영역에서 성공한 사람들의 중요한 특징 중의 하나는 다른 사람을 내 사람으로 만들어 그들과 더불어 일했다는 점이다.

넷째, 교사들의 자그마한 성취라도 칭찬·격려하는 데 인색하지 말아야 할 것이다. Maslow에 의하면 인간을 행동하도록 하는 여러 가지 욕구 중에서 상위의 욕구는 남으로부터 인정을 받으려는 욕구, 자아성취를 이루려는 욕구이다. 교사와 같이 지적 수준이 높은 집단에게는 더욱 그러한 욕구가 중요하다. 우리나라 사람들은 전통적으로 남의 성취를 칭찬하고 격려하는 데 익숙하지 못한 것 같다. 나이가 많은 어른들은 더욱 그런 듯하다. 교장·교감(원장·원감)은 의식적으로라도 노력하여 젊은 교사들의 장점을 찾아 칭찬하고 격려하여야 할 것이다. 칭찬과 격려를 통해서 교사들의 마음의 문이 열릴 수 있는 것이기 때문이다.

다섯째, 교내 자율장학의 활성화를 위해서 새롭고 흥미 있는 방법을 연구·실천해 보는 것이 필요하다. 교장·교감(원장·원감)은 현재까지 30~40여 년에 가까운 오랜 기간의 교직생활 동안 만났던 많은 선배 교장·교감(원장·원감)들로부터 배우고, 듣고, 보았던 좋은 생각이나 경험을 토대로 확고한 의지를 가지고 연구해 보면 새롭고 흥미 있는 다양한 방법을 개발해 낼 수 있다.

자체연수 시간에 학부모를 초빙강사로 활용하는 것, 교육대학원 논문을 자체연수 시간에 발표하도록 하는 것, 1인 1과제보다는 3인 1과제로 동료교사 간 협동의 기회를 높이는 것, 경력교사가 먼저 초임교사에게 시범수업을 공개하는 것, 부장교사가 먼저 수업연구·수업공개를 하거나 약식장학을 받는 것, 학부모의 학교교육에 대한 이해를 높이기 위해 수업을 공개하는 것 등이 그 좋은 예가 될 수 있을 것이다.

여섯째, 교내 자율장학의 활성화를 위해서 학교조직을 개선하고 활용하려는 노력이 요구된다. 단위학교에서 교무 분장 조직을 교과 중심으로(중등학교의 경우), 또는 학년 중심으로(초등학교의 경우) 편성하여, 교무실에서 동교과 담당교사 간 또는 동학년 담당교사들

간의 접촉과 상호작용을 증진시키고, 교무실의 조직풍토가 교사들의 전문성 향상과 상호
협력 증진에 기여하도록 하는 것이 필요하다. 뿐만 아니라 학교 내에 형성되어 있는 여러
가지 비공식 조직을 잘 파악하고 이를 잘 활용하여, 동료교사들 간에 협조적이고 허용적
이며, 상호 간에 전문적 개인적 발달을 위하여 자연스럽게 도움을 주고받을 수 있는 분위
기를 조성하는 일도 요구된다. 교장 · 교감(원장 · 원감)은 학교의 여건에 맞추어 좋은 방법
들을 연구해 보려는 노력을 아끼지 말아야 할 것이다.

일곱째, 교내 자율장학의 활성화를 위해서 학교 내에서 자체의 힘으로 할 수 있는 일을
찾아보려는 노력이 있어야 할 것이다. 물론 교장 · 교감(원장 · 원감)의 경험으로 보아 교내
자율장학이 활성화되기 위해서는 시 · 도 교육청, 교육지원청 등 교육행정기관으로부터의
행정적 · 재정적 지원이 요구되는 것은 사실이다. 그러나 어려운 여건이기는 하지만 학교
자체에서도 교내 자율장학의 활성화를 위하여 교장 · 교감이 주어진 권한 내에서 할 수 있
는 일들을 찾아보고 교사들도 스스로 노력하는 의지와 자세가 있어야 할 것이다.

여덟째, 교장 · 교감(원장 · 원감)이 교내 자율장학의 내용, 방법, 그리고 대상을 포함하
여 관련된 제반 영역에 대하여 충분한 전문적 태도, 이해, 지식, 기술을 갖추어야 한다. 교
육활동에 종사하고 있는 교사는 전문직 종사자로서 자신의 전문성 함양을 위하여 꾸준히
노력할 것이 요구된다. 더욱이 전문직 종사자인 교사를 대상으로 장학활동을 포함하여 지
도성을 발휘해야 하는 교장 · 교감(원장 · 원감)에게 있어서는 높은 수준의 장학활동에 관
한 전문성이 요구됨은 물론이다.

아홉째, 교장 · 교감(원장 · 원감)은 민주적인 지도성을 키우고 이를 적절히 행사하려 노
력해야 한다. 교내 자율장학은 교사들의 자발적인 자기발전 의지를 기초로 하여 교내 자
율장학의 책임자 · 지도자인 교장 · 교감(원장 · 원감)과 교사들 간 민주적이고 협력적인 상
호작용을 통해 이루어질 때 그 효과가 극대화될 수 있다. 교사들의 성장 · 발달을 도와주
는 장학활동은 교장 · 교감(원장 · 원감)과 교사들 간의 대화와 협의를 통해 교사의 필요와
요구에 대한 상호 이해를 높이고, 이에 부응하기 위한 적절한 장학 내용과 방법을 활용하
는 방향으로 전개되어야 할 것이다.

열째, 교내 자율장학의 책임자인 교장 · 교감(원장 · 원감)은 학교에서 교내 자율장학 여
건의 충실화를 위하여 노력하여야 한다. 장학담당자와 교사들이 장학활동에 적극적으로
참여하여 실질적이고 효과적인 장학활동이 전개되기 위해서는 필요한 시간적 심적 여유
와 물적 · 재정적 여건이 적절히 마련되어야 한다. 교사들이 많은 업무 부담으로 인하여

장학활동에 참여할 수 있는 시간적 여유와 마음의 여유가 없으면, 아무리 좋은 장학 프로그램이 마련되어 있다고 하더라도 소기의 목적을 달성할 수 없는 것이다.

교사들의 시간적·심적 여유 이외에도 장학활동을 전개하는 데 필요한 비디오카메라나 캠코더 등을 포함한 각종 기자재, 안락하고 조용한 장소, 그리고 예산의 확보 등은 효과적인 장학활동을 위한 중요한 조건이 된다. 현실적으로 적지 않은 어려움이 있다고 하더라도 장학 여건의 충실화를 위한 계속적인 노력이 요망된다. 물론 이와 관련하여 시·도 교육청과 교육지원청의 행정적·재정적 지원이 중요하다.

2) 자율장학의 활성화를 위한 부장교사의 노력

부장교사는 교장·교감(원장·원감)과 교사의 중간 위치에서 교장을 보좌하는 중간관리층으로서 관리적 역할과 참모적 역할을 동시에 담당해야 하며, 또한 일반 교사와 같이 수업을 담당해야 하는 입장에 놓여 있다. 즉, 부장교사는 교육조직에 있어서, '교장 → 교감 → 부장 → 교사'로 연결되는 수직적 계열과 각 학급 담당교사 또는 각 교과 담당교사 등 수평적 계열이 교차하는 위치에서 중간관리자의 역할을 수행해 나가야 하는 것이다. 따라서 부장교사는 두 계열 간의 조화와 통일을 기해야 하는 중요한 역할과 기능을 수행해야 한다.

근래에 학교경영의 자율화·민주화·전문화에 대한 요구가 높아져 감에 따라 부장교사의 역할과 기능의 중요성도 더욱 커지고 있다. 또한 교내 자율장학의 활성화를 위해서도 부장교사의 역할은 대단히 중요하다.

첫째, 학교에서 자율적으로 장학활동을 연구·계획·실천·평가해 가는 데 있어 부장교사, 특히 교무부장, 연구부장, 학년부장, 교과부장의 역할과 기능의 중요성에 대한 인식이 높아져야 할 것이다. 교무부장은 선임 부장으로서 교내 자율장학의 활성화를 기할 수 있는 방향으로 교무에 관한 일반적인 업무를 추진해 나가며, 연구부장은 학교의 교육·연구 계획, 연구 수업, 연구 발표 등에 관한 업무를 추진하며, 각 학년부장과 각 교과부장은 동학년 교사나 동교과 교사와 협력해 동학년협의회와 동교과협의회 등을 통한 동료장학을 추진하는 데 중추적인 역할을 담당하게 된다. 부장교사들이 학교경영 및 교내 자율장학과 관련하여 확고한 사명감과 직무의식, 직무능력을 가질 수 있도록 체계적인 연수가 제공되어야 할 것이다.

둘째, 부장교사들은 중간관리자, 그리고 길게 보아서는 예비교감, 예비교장으로서 요구되는 지도성을 습득·배양하기 위한 노력을 하여야 할 것이다. 부장교사는 교장·교감(원장·원감)과 일반 교사들 사이에서 연결고리의 역할을 하므로 원활한 상의하달과 하의상달을 위한 부장교사의 역할은 대단히 중요하다. 부장교사는 효과적으로 일반 교사들을 동기부여하고 그들과 더불어 일하는 기술과 능력을 갖추려는 노력을 해야 할 것이다.

교내 자율장학의 활성화를 위해서는 교장·교감(원장·원감)이 단위학교의 교사들을 대상으로 한 적절한 인간관계 능력과 기술을 가질 것이 요구되는 것은 물론이거니와 부장교사도 마찬가지라고 생각된다. 교내 자율장학의 활성화와 관련하여 부장교사가 가지고 있는 좋은 계획이나 아이디어를 교장·교감 그리고 다른 교사들에게 이해시키고 실행에 옮기도록 분위기를 조성할 수 있는 능력은 대단히 중요하다. 인간관계, 의사소통, 그리고 지도성 등에 관한 전문 서적을 탐독·연구해 보면 좋은 아이디어를 얻을 수 있을 것이다.

셋째, 부장교사는 단위학교에서 중견교사이자 선배교사로서 교육자적인 원리 원칙을 지키고, 전문성 신장을 위해 노력하고 솔선수범하는 모습을 보여 주어야 할 것이다. 젊은 교사, 경력이 짧은 후배교사들에게 선배교사로서 지혜롭게 필요한 지도·조언을 해 주고, 그들을 긍정적인 방향으로 이끌어 주려는 노력이 있어야 할 것이다. 궂은일이나 남이 꺼리는 일을 먼저 솔선수범하는 자세로 근무하는 것이 필요하다. 부장교사가 먼저 수업연구나 수업공개를 하거나 약식장학을 받는 것도 전체 교사가 자율장학에 참여하도록 유도하는 촉진제가 될 수 있을 것이다.

뿐만 아니라 교직사회의 중견 구성원으로서 전문성·책무성·자율성을 고양하려는 노력을 아끼지 말아야 할 것이다. 이러한 노력이야말로 초임교사, 젊은 교사, 그리고 경력이 짧은 교사들에게 좋은 본보기가 될 것이다. 물론 교장·교감(원장·원감)이 우선적으로 그러한 노력을 해야 하는 것은 당연한 일이다.

3) 자율장학의 활성화를 위한 교사들의 노력

교내(원내) 자율장학의 활성화를 위해서 교사들이 장학에 대하여 새로운 인식을 가져야 하며, 동료장학과 자기장학에 적극적으로 참여하려는 노력이 있어야 한다.

첫째, 교사의 입장에서, 장학은 교사들에게 귀찮고 부담을 주는 활동이 아니라 교사들이 교직생활의 전체 기간 동안 계속적으로 성장·발달하도록 도와주는 가치로운 활동이라는 인식을 가져야 한다. 사실 전통적으로 학교 외부로부터 학교와 교사들에게 주어져 오던 장학은 그 내용과 방법에 있어 교사들을 부담스럽게 하는 것, 그리고 그들과는 상관이 없는 불필요한 것이라는 오해를 받을 소지가 있었다.

그러나 이제 장학의 본질적 기능의 회복, 그리고 학교 중심의 자율적인 장학의 활성화를 위한 노력이 높아져 가고 있는 시점에서 장학에 대한 부정적인 인식은 해소되어야 할 것이다. 교사 스스로가 장학이 본질적으로 교육발전, 학교발전, 그리고 교사 자신의 전문적·개인적 성장 및 발달을 위하여 꼭 필요한 것임을 충분히 이해하고, 장학에 대한 보다 긍정적이고 수용적인 인식과 자세를 가지려는 노력을 해야 한다. 이는 효과적인 장학은 교장·교감(원장·원감) 또는 교육청 장학요원의 의지와 노력뿐만 아니라 일반교사들의 장학에 대한 긍정적인 이해와 자발적이고 적극적인 참여 의지 및 노력이 있어야 가능하기 때문이다.

둘째, 교사들은 학교에서 이루어지는 자율적인 동료장학과 자기장학에 적극적으로 참여하여야 한다. 동료장학은 동료교사들이 그들의 교육활동의 개선을 위하여 모임이나 짝을 이루어 상호 간에 수업 연구·공개활동의 추진이나 공동 과제 및 관심사의 협의·연구·추진 등 공동으로 노력하는 과정을 의미한다. 단위학교 내에서 실시되는 동료장학은 동료교사 간의 협조를 토대로 그들의 전문적 발달, 개인적 발달, 그리고 근무하고 있는 학교의 조직적 발달을 도모한다.

동학년 교사들 또는 동교과 교사들이 수업연구 과제의 해결이나 수업 방법의 개선을 도모하기 위해 수업연구·수업공개 활동을 하거나, 교과지도와 생활지도 방법을 개선하기 위하여 상호 좋은 경험이나 아이디어를 교환하거나, 동학년 교사, 동교과(교과연구회) 교사, 동부서 교사 또는 관심 분야가 같은 동료교사들이 협의회, 소모임, 스터디그룹 등을 통해 공동 과제나 공동 관심사를 협의·연구·추진하기 위하여 함께 활동해 나가는 것 등이 동료장학의 전형적인 형태이다. 뿐만 아니라 공식적으로든 또는 비공식적으로든 교사들 상호 간에 교사의 전문적 발달, 개인적 발달, 그리고 학교의 조직적 발달과 관련하여 좋은 지식·기술·정보·아이디어·경험·도움 또는 조언 등을 주고받는 여러 가지 형태의 공식적·비공식적 행위도 넓은 의미로 동료장학으로 볼 수 있다.

자기장학은 교사 개인이 자신의 전문적 발달을 위하여 스스로 체계적인 계획을 세우고 이를 실천하는 활동이다. 교사는 전문직 종사자로서 자기성장과 자기발전을 위해 끊임없이 노력해야 한다는 당위성에서도 자기장학의 의미는 크다. 학교현장에서 찾아볼 수 있는 자기장학 형태의 활동은 자기수업 분석·연구, 자기평가, 학생을 통한 수업반성, 1인 1과제연구 혹은 개인연구, 전문 서적·자료 탐독, 대학원 수강, 전문기관·전문가 방문·상담, 현장 방문·견학, 교과연구회·학술회·강연회 참석 등을 포함한 각종 자기연찬 활동이 있다.

지금까지 교내(원내) 자율장학의 활성화를 위해 요구되는 교장·교감(원장·원감), 부장교사, 일반교사의 노력을 살펴보았다. 시대의 변화로 인하여 학부모의 교원에 대한 요구가 보다 직접적·구체적으로 제기되어 오고 있는 상황에서 볼 때, 지금까지 살펴본 노력의 중요성이 매우 크다 하겠다.

5. 자율장학의 활성화 방안

앞에서 제시된 ① 장학의 학교(유치원)현장 중심화, ② 장학의 전문화, ③ 장학의 민주화, ④ 장학 여건의 충실화라는 기본 방향하에 자율장학의 활성화를 위해서 강구되어야할 방안들을 정리하여 제시한다. 다음에서는 초·중등학교 상황을 기준으로 자율장학의 활성화 방안을 제시하는데, 유치원 상황에도 적절히 변형하여 적용할 수 있을 것이다.

첫째, 교장·교감(원장·원감)을 대상으로 교내(원내) 자율장학에 대한 지식과 기술을 함양하기 위한 구체적이고 체계적인 연수활동을 강화한다. 교장·교감(원장·원감)은 단위학교(유치원) 현장에서 교내(원내) 자율장학의 '여건 조성 → 계획 → 실행 → 평가'의 전체 과정에 강력하고 직접적인 지도성과 영향력을 발휘하는 중요한 위치에 있다. 교장·교감(원장·원감)은 학교(유치원)에서 교직원들이 적극적으로 장학에 참여할 수 있는 분위기와 여건을 조성하며, 그들이 장학에 대하여 긍정적인 인식을 갖고 동기유발이 되도록 하며, 필요한 조건이 마련되도록 하는 데 있어 민주적이고 합리적인 지도성을 발휘해야 한다. 따라서 이들이 교내(원내) 자율장학에 대하여 어떠한 태도나 의지를 가지고 있느냐, 그리고 필요한 전문직 지식과 기술을 가지고 있느냐 하는 것은 교내(원내) 자율장학의 성공과 실패를 결정하는 가장 중요한 요인이다.

둘째, 부장교사와 일반교사를 대상으로 교내(원내) 자율장학에 대한 지식과 기술을 함양하기 위한 구체적이고 체계적인 연수활동을 강화한다. 효과적인 교내(원내) 자율장학은 교장·교감(원장·원감)의 의지와 노력뿐만 아니라, 부장교사와 일반교사들이 교내(원내) 자율장학에 자발적이고 적극적으로 참여하겠다는 의지와 노력이 있어야 가능하다. 교사도 장학이 본질적으로 교육발전과 자신의 성장·발달을 위하여 필요한 것임을 인식하며, 장학이 그들을 괴롭히고 부담스럽게 하는 것, 그들과는 아무 상관이 없는 불필요한 것이라는 종래의 생각을 불식하는 노력을 하여야 할 것이다. 부장교사와 일반교사들의 교내(원내) 자율장학에 대한 올바른 인식과 태도, 그리고 적절한 지식과 기술의 함양을 위한 노력이 요구된다.

셋째, 교감(원감)이나 수석교사 혹은 전문적 자질과 신망을 갖춘 교사 중에서 교내(원내) 자율장학 전문요원을 선정하여, 교내(원내) 자율장학의 계획·실행·평가의 전반적인 영역에 관하여 지도성을 발휘할 수 있도록 한다. 가장 바람직한 것은 단위학교(유치원)의 교장·교감(원장·원감), 그리고 교사들 모두가 교내(원내) 자율장학에 대하여 충분한 지식과 기술을 갖추는 것이지만, 이는 현실적으로 어렵다. 따라서 각 학교(유치원)별로 최소한 1인 이상의 전문요원을 확보하여, 이 전문요원이 교내(원내) 자율장학에 관한 업무를 전담하게 하는 것이 필요하다.

넷째, 교사의 수업 부담과 잡무 부담을 경감시켜, 교사가 교내(원내) 자율장학에 적극적이고 자발적으로 참여할 수 있는 여건을 조성한다. 교내(원내) 자율장학이 소기의 성과를 거두기 위해서는 교사들의 적극적이고 자발적인 참여 의지와 노력이 있어야 한다. 이러한 참여 의지와 노력의 유발은 교사가 학교(유치원)생활에서 심적인 여유와 시간적인 여유를 가질 수 있을 때 비로소 가능하다. 단위학교(유치원)의 교장·교감(원장·원감)은 가능한 범위 내에서 교사들의 수업 및 잡무 부담을 경감할 수 있는 조치를 강구한다.

다섯째, 교내(원내) 자율장학의 내용과 방법에 대한 지침서·설명서, 연수교재, 연구물 등을 포함하여 필요한 도서와 자료, 그리고 각 교과의 특성에 따라서 요구되는 실습·실기를 위한 각종 기자재를 마련한다. 수업 관찰 및 수업 반성을 위해서 요구되는 비디오카메라나 캠코더 등을 마련하도록 노력한다. 교육청에서는 교재연구, 기본 교수법, 기본 학습법, 지도 과정, 학습형태 및 활동, 자료 활용, 정리발전, 학력정착 등의 수업활동 전반에 관련하여 연수 내용이나 우수사례를 담은 영상물을 작성 또는 비치하여 단위학교(유치원) 교사들이 필요 시 이를 활용할 수 있도록 한다.

또한 가능한 한 교내(원내) 자율장학과 관련하여 협의·연구를 할 수 있는 별도의 쾌적하고 안락한 장소(가칭: 자율장학 협의실)를 마련하도록 노력한다. 이 장소에는 관련 도서와 자료, 각종 기자재, 영상물 등을 비치하여 교사들이 자유로이 활용할 수 있도록 한다.

여섯째, 교무분장 조직을 교과 또는 학년 중심으로 편성하여, 교무실에서 동교과 담당교사 또는 동학년 담당교사들 간의 접촉과 상호작용을 증진시키고, 교무실의 조직풍토가 교사들의 전문성 향상과 상호 협력 증진에 기여하도록 한다. 현재 단위학교(유치원)에서의 교무분장 조직은 대체로 행정업무 중심으로 편성되어 있어 동교과·동학년 담당교사 간의 자연스러운 접촉과 상호작용을 제한하고 있는 면이 있다. 교내(원내) 자율장학의 실천에 있어 동료교사들 간에 자연스럽게 도움을 주고받을 수 있는 동료장학에 대한 교사들의 선호도가 높은 점을 고려할 때, 동료교사들 간의 접촉과 상호작용을 증진시키는 데 기여하는 방향으로 교무조직과 교무실 좌석 배치를 개편하는 것이 필요하다.

일곱째, 학교(유치원)의 형편과 교사들의 필요와 요구에 터하여 다양한 형태·내용·방법을 활용한 교내(원내) 자율장학 프로그램들이 마련되어야 한다. 학교급·규모·소재지와 같은 조직적 지역적 환경이 학교에 따라 다양한 점과 이처럼 다양한 학교에서 근무하는 교사들의 경력·성장욕구·담당 교과·담당 학년과 같은 교직 경험, 그리고 개인의 성격이나 취향, 가정생활과 같은 개인적 환경에 있어서 차이가 있는 점을 고려할 때, 다양한 형태·내용·방법의 장학 프로그램들이 제공되어야 한다.

여덟째, 교장·교감(원장·원감)은 교사들이 각종 연수회·연구회 등의 프로그램과 전문 연구·학술기관이나 단체 참여, 대학원 수강, 자기수업 분석 등 자기장학·자기연찬에 보다 적극적이고 자발적으로 응할 수 있도록 가능한 한 필요한 편의를 제공한다. 교사들은 전문직 종사자로서 교직에서의 성장발달을 위하여 끊임없이 자기 스스로 반성하고 자기장학·자기연찬을 위한 노력을 경주할 것이 요구된다. 교사들이 자기장학·자기연찬을 위한 능력과 의지, 그리고 실제적인 활동에의 참여 등은 교사가 근무하는 단위학교의 심리적·물리적 환경이 긍정적이고 지원적일 때 극대화될 수 있을 것이다.

아홉째, 인근 학교들 간의 지구 자율장학활동에 많은 교사가 활발하게 참여할 수 있도록 하기 위하여, 지구 내의 학교가 동시에 월 1일 반일제 수업을 실시하는 방안을 강구한다. 이를 통하여 지구 내의 교사들이 시간적 제약을 덜 받고 인근 학교 교사들과 지구 자율장학활동을 보다 용이하게 할 수 있을 것이다.

열째, 교육청별 또는 지구별로 우수한 중견교사를 선정하여 장학활동 자원교사나 협력교사로 지구 내 자율장학활동에 참여하도록 한다. 교사들에게 실질적인 도움을 줄 수 있는 장학활동을 하려면 전문적인 자질을 갖춘 장학담당자를 많이 확보해야 하지만, 이는 현실적인 어려움이 많다. 장학활동을 실시하고 각종 협의회 및 연수회를 지도할 장학담당자나 전문적인 인적 자원이 부족하므로 우수한 중견교사를 발굴하여 도움을 받을 수 있도록 한다.

열한째, 교장 · 교감(원장 · 원감)은 교사들의 교내(원내) 자율장학에 대한 의욕과 참여를 높이기 위하여, 교내(원내) 자율장학 유공교사와 우수교사의 공로를 인사관리, 표창 추천 등에 반영한다. 성공적인 교내(원내) 자율장학의 계획과 실천을 위해서 교장 · 교감(원장 · 원감)은 교사들이 스스로 교내(원내) 자율장학에 적극적으로 참여하고자 하는 자발성과 동기를 효과적으로 촉진하기 위하여 지도성을 발휘해야 할 것이다.

열둘째, 시 · 도 교육청, 교육지원청 등 교육행정기관은 교내(원내) 자율장학의 우수 실천 사례를 발굴 · 전파 · 지원하는 방안을 강구한다. 단위학교에서 교장 · 교감(원장 · 원감)을 비롯하여 전체 교직원의 적극적인 교내(원내) 자율장학 실천 의욕과 노력을 격려하고, 또한 효과적인 교내(원내) 자율장학을 실천하기 위한 좋은 아이디어와 정보를 다른 학교에 전파하기 위하여 교육청의 노력이 있어야 할 것이다. 교내(원내) 자율장학의 우수 실천 사례를 발굴 · 전파하고, 교내(원내) 자율장학 실천을 위한 아이디어나 정보를 수집 전파하기 위하여, 시 · 도 교육청, 교육지원청에서 자율장학 우수 사례집을 발간하는 것도 필요하다.

열셋째, 교내(원내) 자율장학에 활용될 수 있는 장학 모형이나 프로그램, 수업활동 전반에 관련된 연수 내용이나 모범수업 사례에 관한 영상 자료와 도서에 관한 연구 · 개발 · 보급이 있어야 한다. 교육연구 · 연수 전문기관(한국교육개발원, 한국교육과정평가원, 종합교원연수원, 시 · 도교육연구원 및 연수원 등)에서는 교내(원내) 자율장학에 활용될 수 있는 다양한 장학모형 및 프로그램과 수업활동 전반에 관련된 연수 내용이나 모범수업 사례를 담은 영상 자료, 모범 수업지도안, 모범 수업자료, 관련된 각종 자료와 도서를 연구 개발하여 교육현장에 보급하도록 한다. 그리고 학교급별, 규모별, 소재지별 요인 등을 고려하여 다양한 유형의 교내(원내) 자율장학 연구학교를 지정하여 교내(원내) 자율장학 모형이나 프로그램 개발에 관한 현장 실험 연구활동을 추진한다.

열넷째, 시 · 도 교육청, 교육지원청 등 교육행정기관 차원에서 자체의 장학 조직, 장학 인력, 장학 업무, 장학 방법 등을 개선하여 장학력을 높이고, 자료 · 정보센터의 설치 운영, 그리고 지역 자율장학 협력체제의 강화를 통하여 학교현장에 대한 인적 · 물적 지원과 자료 · 정보 지원을 강화하는 방안을 강구한다.

6. 맺는말

자율장학의 중요성은 아무리 강조하여도 지나침이 없다. 그러나 사실 우리나라의 학교 현장을 보면 상급학교 진학 위주의 교육과정 운영, 불충분한 교육환경 및 교원의 근무 여건, 그리고 장학에 대한 인식·이해·기술 등의 부족으로 인하여 충실한 자율장학이 자리잡기에는 어려움이 많다.

그러나 분명한 것은 비록 어려운 상황이기는 하지만 충실한 자율장학의 정착을 위해 끊임없는 노력이 요구된다는 것이다. 상황만 탓하고 있기에는 전문직 종사자인 교원들이 이끌어 가는 교육활동은 너무나도 중요한 활동이기 때문이다.

시·도 교육청과 교육지원청의 교육전문직, 학교(유치원)현장의 교장·교감(원장·원감)·부장교사·교사, 그리고 관련 교직원들은 교육활동의 개선을 위한 제반 지도·조언활동의 의미를 갖는 장학의 본질적인 기능이 극대화되도록 노력해야 할 것이다.

장학활동은 장학담당자와 교사 간의 상호작용을 통하여 이루어지는 활동이다. 효과적인 장학활동이 이루어지기 위해서는 장학담당자가 자신의 역할에 대한 정확하고 확고한 인식이 있어야 한다. 교사들을 대상으로 장학활동을 추진하는 데 필요한 인화적 기술, 경영적 기술, 실무적 기술을 적절히 갖추고 있어야 한다. 교사들로부터 신뢰와 존중을 받는 것이 효과적인 장학활동의 필요조건이다. 평상시에 교사들과 좋은 인간관계를 맺도록 인화적 기술을 개발·활용하며, 장학활동의 계획·실행·평가의 전체 과정에서 보다 합리적이고 민주적인 지도성을 발휘하고, 교사들의 요구를 반영하여 실질적으로 교사들에게 도움이 되는 장학활동이 이루어지도록 노력해야 할 것이다.

교사들도 장학담당자들의 역할을 인정하고 존중하며, 장학활동에 열린 마음을 가지고 수용적인 자세로 참여하는 것이 필요하다. 교사와 장학담당자가 서로 신뢰하고 협조적 관계를 가꾸어 나갈 때 성공적인 장학활동이 이루어질 것이다.

부록 12-1

교장 · 교감의 장학담당자로서 자기평가 도구

(5: 매우 그렇다. 4: 그런 편이다. 3: 보통이다. 2: 안 그런 편이다. 1: 전혀 아니다.)

1. 나는 교사들이 나를 편안하고 접근하기 쉽게 생각하도록 한다.	5 4 3 2 1
2. 나는 유머감각을 유지한다.	5 4 3 2 1
3. 나는 교사들의 개인적인 욕구나 일에도 관심을 갖는다.	5 4 3 2 1
4. 나는 교사들의 장점을 파악하고 이를 발전시키려고 한다.	5 4 3 2 1
5. 나는 내가 말하기보다는 교사들의 말을 경청한다.	5 4 3 2 1
6. 나는 교사들과 원활하게 의사소통을 한다.	5 4 3 2 1
7. 나는 교사들과 우호적인 관계를 유지한다.	5 4 3 2 1
8. 나는 화제가 불쾌하고 교사의 태도가 화나게 할 때에도 침착하게 교사와 대면할 수 있다.	5 4 3 2 1
9. 나는 일상생활이나 업무처리에서 교사들에게 모범을 보이고 있다.	5 4 3 2 1
10. 나는 교사들 간의 갈등을 해소할 수 있다.	5 4 3 2 1
합계	
11. 나는 교사들이 새로운 교육 방법과 기술을 시도하도록 격려한다.	5 4 3 2 1
12. 나는 교사들에게 적절히 책임을 위임하여 그들의 능력개발을 유도한다.	5 4 3 2 1
13. 나는 교사들이 지도력을 개발하도록 기회를 제공하고 격려한다.	5 4 3 2 1
14. 나는 교사들의 의견이나 아이디어를 존중한다.	5 4 3 2 1
15. 나는 교사들의 직무상 스트레스를 감소시켜 주기 위하여 노력한다.	5 4 3 2 1
16. 나는 교수-학습 환경을 분석할 수 있다.	5 4 3 2 1
17. 나는 행동 · 태도와 직무 수행에서 일관성을 유지하려고 노력한다.	5 4 3 2 1
18. 나는 교사들로 하여금 스스로 자기장학활동을 하도록 격려한다.	5 4 3 2 1
19. 나는 교사들로 하여금 협동적으로 동료장학활동에 참여하도록 격려한다.	5 4 3 2 1
20. 나는 학교가 속해 있는 지역사회의 특성을 잘 이해하고 있다.	5 4 3 2 1
합계	
21. 나는 교사들에게 많은 교수-학습 자료를 제공해 주고 활용하도록 지원한다.	5 4 3 2 1
22. 나는 교사들에게 교육활동에 관련된 좋은 정보와 아이디어를 제공해 준다.	5 4 3 2 1
23. 나는 수업체제(수업과정, 방법, 절차)를 설계하고 개발할 수 있다.	5 4 3 2 1
24. 나는 학습의 영역 및 학습의 수준 차원에서 수업목표를 분석할 수 있다.	5 4 3 2 1
25. 나는 수업 과제를 평가 · 분석할 수 있다.	5 4 3 2 1
26. 나는 수업관찰 도구를 활용하여 자료를 수집하고 이를 분석할 수 있다.	5 4 3 2 1
27. 나는 수업상황을 분석하고 수업과정에 기여하거나 저해하는 요소를 분석할 수 있다.	5 4 3 2 1
28. 나는 수업 방법 및 기술을 교사들에게 시범 보일 수 있다.	5 4 3 2 1
29. 나는 수업관찰 후 효과적으로 장학협의회를 실시할 수 있다.	5 4 3 2 1
30. 나는 연구를 수행하는 데 필요한 기술(연구설계, 교육측정, 통계 등)이 있다.	5 4 3 2 1
합계	
총계	

주: 1~10항목은 인화적 기술, 11~20항목은 경영적 기술, 21~30항목은 실무적 기술 측정임.
　　장학을 수행하는 데 필요한 인화적 기술, 경영적 기술, 실무적 기술(R. J. Alfonso) 등을 토대로 작성함.

부록 12-2

선생님은 모두 교육지도자: 교육지도자가 갖추어야 할 세 가지 특성

요즘 교사 리더십, 교사 지도성, teacher leadership에 관한 많은 책이 출판되고 있습니다. 종래 교육현장에서 리더십은 교장과 교감 또는 교육행정가들에게 관련되는 개념이지, 교사들과는 거리가 먼 개념이라고 인식되어 왔습니다. 그러나 이제 많은 변화가 있습니다. 교사 리더십은 교사가 학생, 동료교사, 학교관리자, 학부모들과의 관계 속에서 행사하는 영향력을 의미합니다. 선생님이 하고 있는 교육활동의 효과를 높이려면, 선생님에게도 리더십은 필수 조건입니다.

어떤 조직의 지도자이건 일반적으로 지도자가 효과적으로 지도성을 발휘하기 위하여 갖추어야 할 3가지 중요한 특성이 있다고 생각합니다. 내일의 주인공인 우리 2세를 대상으로 인간교육에 힘쓰는 교육계의 지도자와 선생님에게는 다음 세 가지 특성이 더욱 중요하다고 생각합니다.

첫째, 교육지도자는 '실력'이 있어야 합니다. 조직 구성원을 대상으로 효과적으로 지도성을 발휘하려면, 구성원들에 비해 양적으로나 질적으로 더 많고 더 좋은 지식, 정보, 아이디어, 경험, 기술, 능력, 지혜 등을 포함하는 실력이 있어야 합니다.

"머리가 나쁘면 수족이 고달프다."라는 말이 있듯이, 실력 없는 사람이 지도자가 되면, 조직 구성원 모두가 고달픕니다. 술 실력도 실력이라고 말하는 사람도 있습니다. 그런 저급한 의미의 실력이 아니라, 조직 구성원들에게 도움이 될 수 있는 실력, 조직 구성원들에게 무언가 나누어 줄 수 있고, 가르쳐 줄 수 있는 실력을 의미합니다. 할아버지, 할머니가 어린 손주에게 인기가 있는 경우, 그 중요한 이유의 하나는 손주들에게 무언가를 나누어 줄 수 있기 때문입니다.

실력은 '지적인 실력'과 '도덕적인 실력' 두 가지를 포함합니다. '지적인 실력'은 지식, 경험, 노하우를 포함하여 지적인 면에서 실력이 있다는 것입니다. '도덕적인 실력'은 개인의 삶의 모습에서 도덕적인 모습이 보여야 한다는 것입니다. 언어와 행동에 문제가 있다거나, 이성 문제, 돈 문제 등의 물의를 일으킨다면 도덕적 실력이 없는 것입니다.

배우고, 본받을 것이 있는 실력 있는 교육지도자가 되시기 바랍니다. 교사뿐 아니라 학부모의 학력 수준과 지식 수준이 높아져 가고 있는 상황에서, 교육지도자들은 질적으로나 양적으로 충분한 '실력 배양' '이론 무장'을 위하여 노력하여야 할 것입니다.

둘째, 교육지도자는 '철학'이 있어야 합니다. 지도자는 분명하고 바람직한 원리 · 원칙 그리고 가치관을 가지고 있어야 합니다. 철학은 지도자가 행동하는 방향, 조직을 인도하는 방향과 관련이 됩니다. 쉽게 비유하자면, '실력'을 자동차의 엔진이라고 하면 '철학'은 자동차의 핸들입니다. 자동차가 잘 움직이려면 엔진이 튼튼해야 하지만, 동시에 가야할 길로 제대로 가도록 방향을 잡아 주는 핸들도 잘 움직여야 합니다.

당장은 힘들고 손해가 난다고 하더라도, 교육적인 원리 · 원칙을 지켜야 교육이 바로 섭니다. 그만큼 교육지도자의 철학은 중요합니다. 아무리 지도자가 실력이 있어도 실력을 행사하는 방향 설정이 잘못되면, 그 실력은 많은 사람에게 해로울 수밖에 없습니다. 소수이긴 하지만, 최고 엘리트라고 하는 일부 사람들이 그 좋은 실력으로 사리사욕과 부정부패에 빠져 사회 발전에 해를 끼치는 것을 보게 됩니다. 미래의 주인공인 2세들의 교육을 주도해 나가는 교육지도자에게는 분명하고 바람직한 교육관, 인간관, 사회관, 역사관 등에 대한 요구가 다른 어떤 조직의 지도자보다 높은 것은 지극히 당연합니다.

셋째, 교육지도자는 '솔선수범'하려는 자세가 있어야 합니다. 육군에서 보병 장교들은 "Follow Me!" "나를 따르라!"라는 슬로건으로 정신무장을 하면서 부하들을 통솔합니다. 스스로 앞장서서 전투에 임하고 어려움을 헤쳐 나가며 부하들이 따라오도록 지휘합니다. 일반 기업체 조직에서도 정도의 차이가 있을 뿐, 지도자가 솔선수범해야 하기는 마찬가지입니다. 시대적 사회적으로 민주화·자율화 추세가 진전되어 감에 따라, 지도자가 솔선수범하는 자세를 보이지 않으면 조직 구성원을 지도자가 원하는 방향으로 움직여 나가기 어려운 상황이 되었습니다. 교육지도자가 권위를 앞세워 자신은 뒷짐을 지고 있으면서 말로만 지시하던 시대는 지났습니다. 선생님도 학생들을 지도할 때, 당연히 솔선수범하여야 합니다.

선생님도 교육지도자입니다. 아무쪼록 선생님들이 질적·양적으로 충분한 '실력'을 갖추고, 분명하고 바람직한 교육자적인 '철학'을 가지고, '솔선수범'하는 자세로 학생들을 지도하고, 동료교사, 학교관리자, 학부모들에게 좋은 영향력을 발휘해 나가시길 바랍니다.

자료: 이윤식(2010. 12. : 8).

제5부

교원능력개발을 위한 교육, 교원, 인간관계, 리더십에 관한 생각

교원능력개발을 위한 자율장학을 활성화하기 위하여 교원들은 어떠한 생각을 공유할 수 있는가?

제13장 교원능력개발을 위한 교육, 교원, 인간관계, 리더십에 관한 생각

제13장

교원능력개발을 위한
교육, 교원, 인간관계, 리더십에 관한 생각

1. 교육에 관한 생각

1) 자신, 남, 공동체를 소중히 여기도록 하는 교육[1]

지난 2002년 8월부터 2003년 7월 기간 동안 연구년을 맞아 미국 매디슨에 있는 위스콘신대학교(University of Wisconsin-Madison)에 체류한 적이 있다. 위스콘신 대학교는 필자가 1984년 5월부터 만 4년 동안 교육행정학 분야에서 박사학위과정을 공부한 대학교이다.

이 대학교에 체류하는 동안 매디슨 일대의 여러 초·중등학교를 방문하였다. 학교시설을 살펴보고, 수업참관도 해 보고, 또한 교장을 비롯하여 여러 교직원과 대화의 기회도 가졌다. 그 당시 방문한 대부분의 학교에서 'Respect'라는 단어가 현수막이나 게시판에 적힌 것을 발견할 수 있었다.

미국의 학교교육에서 강조되는 가장 중요한 덕목을 제시하라면, 필자는 조금도 주저함

---

[1] 해당 내용은 저자가 2007년 8월 『한국교원교육소식』에 기고한 「자신, 남, 공동체를 소중히 여기도록 하는 교육」을 수정·보완한 것임.

없이 'Respect'라는 단어를 제시하겠다. 우리는 'Respect'라는 영어 단어를 일반적으로 '존경하다, 존중하다'라고 번역한다. 이러한 번역은 '젊은 사람이 나이 많은 사람을, 학생이 선생님을, 자식이 부모를, 계급이 낮은 사람이 계급이 높은 사람을……' 다소 상하관계가 전제된 유교적인 혹은 계급적인 개념과 관련되어 있다.

그러나, 많은 미국의 초 · 중등학교를 방문하면서 발견한 'Respect'라는 단어는 '존경하다, 존중하다'라는 의미도 있지만, '소중히 여기다, 가치롭게 여기다'로 이해하는 것이 정확할 것으로 생각한다.

[그림 13-1] Verona Area Core Knowledge Chart School의 3R's 슬로건 플래카드

사진은 필자가 방문한 Verona Area Core Knowledge Chart School에서 찍은 사진이다. 사진은 3R's라고 세 가지 교육에서 중요한 'Respect'가 있음을 보여 준다. 일반적으로 교육에서 중요한 3R's은 읽기(reading), 쓰기(writing), 셈하기(arithmetic)이다. 그러나 이 사진은 교육에서 읽기, 쓰기, 셈하기에 못지않게 중요한 것이 있음을 보여 준다.

첫째, "Respect Yourself"는 "너 자신을 소중히 여겨라."로 번역할 수 있다. 미국은 기독교 국가이다. 『창세기』 1장에 하나님께서 하나님의 형상대로 사람을 창조하셨다고 기록되어 있다. 백인이든 흑인이든, 공부를 잘하든 못하든, 가정배경이 좋든 나쁘든, 얼굴이 잘생겼든 못생겼든, 모든 학생은 자신들 속에 하나님의 고귀한 형상을 품고 있는 소중한 존재들이다.

자신을 소중하게 여기지 않는 학생들은 자신의 몸을 함부로 굴린다. 미국 사회에서 많은 학생이 마약, 알코올, 약물, 섹스, 음란 영상물 등에 중독되어 자신을 망치고 있다. 이들은 자신이 소중한 존재인 것을 망각하고 있는 것이다. 이러한 상황에서 학생들로 하여금 자기 자신을 소중히 여길 줄 아는 사람이 되도록 교육하는 것이 미국 교육의 출발점이 되어야 한다는 것이다.

우리의 교육현장에서도 별 볼일 없는 학생, 소외당하는 학생이 아니라, 학생 하나하나가 자기만의 독특한 개성을 갖고 있는 소중한 존재라는 것을 인식하도록 가르쳐야 할 것이다.

둘째, "Respect Others"는 "남을 소중히 여겨라."로 번역할 수 있다. 자신이 소중한 만큼 더불어 살아가는 남도 소중한 것이다. 학생은 선생님을 소중히 여겨야 한다. 선생님은 학생을 소중히 여겨야 한다. 학생들은 서로 서로 소중히 여겨야 한다. 백인이든 흑인이든, 공부를 잘하든 못하든, 가정배경이 좋든 나쁘든, 얼굴이 잘생겼든 못생겼든, 모든 학생이 서로 서로를 소중히 여겨야 한다.

백인이 흑인을 우습게 여기고, 공부 잘하는 학생이 공부 못하는 학생을 무시하고, 가정배경이 좋은 학생이 가정배경이 나쁜 학생을 깔보고, 잘생긴 학생이 못생긴 학생을 조롱한다면, 다인종 사회인 미국 사회가 어떻게 유지·발전되겠는가? 다양한 배경과 특성을 가지고 있는 많은 사람이 함께 모여 조화로운 삶을 살아가기 위해서는 서로 서로를 소중히 여기는 자세가 무엇보다도 필요하다는 인식이 미국 교육의 저변에 깔려 있는 것이다.

우리의 교육현장에서도 서로 간의 '경쟁'보다는 '협조', 그리고 '남과 더불어 조화로운 삶'을 이루어 나가는 것이 중요하다는 것을 가르쳐야 할 것이다.

셋째, "Respect Your School"은 "학교공동체를 소중히 여겨라."로 번역할 수 있다. 학교의 시설과 환경을 잘 관리하고 보전할 뿐 아니라, 학교의 역사와 전통을 소중히 여기라는 것이다. 그래서 그런지 유학시절에 들러본 미국 초·중등학교들보다 이번에 들러본 학교들이 많이 깨끗하다는 인상을 받았다. 물론 지역사회의 실정에 따라서 적지 않은 차이가 있겠지만 대체로 좋아졌다는 생각이 든다.

현재 눈에 보이는 물리적인 학교 시설이나 환경을 소중히 여기는 차원에서 더 나아가, 다양한 배경의 학생들이 모여서 과거, 현재, 미래에 걸쳐 지켜 나갈 공동체를 소중히 여기는 것이 필요하다. 학교공동체를 소중하게 여기는 마음은 나아가 사회와 국가를 소중히 여기는 마음으로 발전하게 된다.

우리의 교육현장에서도 학생들이 학교의 시설과 환경을 잘 사용할 뿐 아니라, 학교의 역사와 전통 그리고 미래 발전상을 소중히 여기고 꾸며 나가도록 가르쳐야 할 것이다. 나아가 우리가 가꾸어 나가야 할 사회와 국가가 소중하다는 것을 가르쳐야 한다.

우리 학교현장에서 학생들에게 앞에서 언급한 3R's, 즉 "Respect Yourself" "Respect Others" "Respect Your School"을 가르치려면, 무엇보다도 선생님들부터 솔선수범하여 그러한 모습을 보여 주어야 하지 않을까? 선생님들이 먼저 학생들을 소중히 여기는(공부 잘하고 말 잘 듣는 학생뿐 아니라, 공부 못하고 말 안 듣는 학생이라 할지라도 모두 소중히 여기는) 모습을 보일 때, 학생들에게 보다 효과적으로 3R's를 가르칠 수 있는 것이 아닐까? 그것은 '표면적 교육과정'보다 '잠재적 교육과정'의 힘이 훨씬 크기 때문이다.

우리 학교현장에서도 학생들과 선생님들 모두가 세 가지 'Respect'를 소중하게 간직하고 키워 나가길 소망해 본다.

"너 자신을 소중히 여겨라!"　　　"Respect Yourself"

"남을 소중히 여겨라!"　　　　　"Respect Others"

"학교공동체를 소중히 여겨라!"　"Respect Your School"

---

2) 다양성을 인정하고 키워 주는 교육[2]

필자는 연구년을 맞아 미국 위스콘신대학교에 체류한 적이 있는데, 이 대학은 필자가 교육행정학 박사학위과정을 공부한 대학이다. 이 글에서 소개하는 3장의 사진은 매디슨 인근의 여러 초ㆍ중등학교를 방문하면서 찍은 사진으로 교육적인 의미가 있는 사진이다.

첫 번째 사진은 Verona Area Core Knowledge Charter School에서 찍은 것이다. 당시 Mrs. Lehr라는 여교사가 담당하는 212호 교실 앞문 출입구 외부 벽에 붙어 있던 포스터이다. 'DIVERSITY', 즉 '다양성'이라는 단어의 의미가 무엇인지 잘 보여 주는 사진이다.

[그림 13-2] Verona Area Core Knowledge Chart School에 붙어 있는 'DIVERSITY' 포스터

"Different Individual Valuing Each other Regardless of Skin Intellect Talents or Years." 번역해 보면, 서로 다른 개인이 피부색, 지능, 재능, 나이에 관계없이 서로를 귀하게 여기는 것이 다양성이라는 뜻임을 보여 준다.

피부색이 희거나 검거나 구별이 없으며, 지능이 높거나 낮거나 구별이 없으며, 재능이 고상하다거나 저급하다거나 구별이 없으며, 나이가 많거나 적거나 구별이 없이 모두가 서로를 귀하게 여기는 것이 다양성이라는 뜻이다. 참으로 공감이 가는 내용이다.

Mrs. Lehr는 매일 교실에 들어갈 때, 다양성이라는 단어가 주는 의미를 생각하면서, 자신이 교실 안에서 만나는 다양한 학생을 모두 귀하게 여기겠다고 다짐할 것으

---

2) 해당 내용은 저자가 2012년 10월 『인천대학교 교육대학원 원우회보』에 기고한 「다양성을 인정하고 키워주는 교육」을 수정ㆍ보완한 것임.

로 생각한다. 교실 안에는 백인학생도 흑인학생도 있을 것이고, 공부를 잘하는 학생도 공부를 못하는 학생도 있을 것이고, 공부는 못하지만 예체능을 잘하는 학생도 있을 것이고, 나이가 많은 학생도 있을 것이고, 나이가 적은 학생도 있을 것이지만 다 귀하게 여기겠다고 생각하는 것이 아닐까?

다음 두 개의 사진은 Monona Grove High School에서 교실 복도의 유리창을 통하여 교실 벽에 걸려 있는 두 인물 사진을 찍은 것이다.

첫 번째 사진 속에는 과학자 아인슈타인이 보인다. 아인슈타인은 모든 학생과 학부모가 존경하는 과학자임에 틀림없다. 열심히 공부하여 아인슈타인 같은 과학자가 된다면 모두 크게 좋아할 것이다. 그러나 독일에서 아인슈타인의 학창시절은 순탄하지 않았다. 거의 말을 하지 않고 혼자 있기 좋아했고, 내성적이고 신경질적이어서 그를 가르쳤던 교사들의 평가는 한결같이 나쁘기만 했다고 한다. 요즘 흔히 말하는 ADHD(주의력결핍 과잉행동장애) 증세가 아인슈타인에게 있었다고 한다. 독일의 학교생활에 적응하지 못해서 14세 때 학교를 그만두었다. 그 후 아인슈타인은 스위스로 가서 대학을 졸업하고 26세에 특수상대성이론을 발표하는 탁월성을 보였다.

[그림 13-3] Monona Grove High School에 걸려 있는 아인슈타인 사진

두 번째 사진 속에는 영화배우 이소룡이 보인다. 이 사진은 Mr. Zebell 교사가 담당하는 326호 교실 복도에서 교실 안쪽을 향하여 찍은 사진이다. 이소룡은 중국 무술인 쿵후의 고수이며, 동시에 유명한 배우로 활약하였다. 그의 영화는 굉장한 액션물로 인기가 높았다. 그러나 32세에 〈사망유희〉라는 영화를 촬영하던 중 현장에서 급사하여 생을 마감하였다.

Monona Grove High School은 중산층이 거주하는 지역에 위치한 일반계 고등학교이다. 우리나라의 경우, 서울의 교육열이 높고 부유한 지역에 위치하여 대학입시를 중시하는 일반계 고등학교와 같다고 보면 된다. 그러한 고등학교 교실에 아인슈타인의 사진과 대등하게 이소룡의 사진이 붙어 있을

[그림 13-4] Monona Grove High School에 걸려 있는 이소룡 사진

수 있는가 하는 생각을 해 보았다.

학부모들로부터 아인슈타인의 사진에 대하여는 "음! 그렇지, 우리 아이도 열심히 공부하여서 아인슈타인처럼 훌륭한 과학자가 되면 좋겠어!"라는 반응이 있을 것이다. 그러나 이소룡의 사진에 대해서는 "뭐야! 공부 방해되게 무슨 연예인 사진이야!"와 같은 부정적인 반응이 있을 것이다.

우리의 인식에는 아인슈타인의 재능은 고상하고, 이소룡의 재능은 저급하다고 구별하여 보는 것이 거의 무의식 속에 자리 잡고 있는 것이 아닐까? 사람들이 가지고 있는 재능은 수없이 다양한 것을 지식적으로는 알고 있지만, 실제 부모로서 자녀에 관련하여 가치판단을 해야 하는 상황에 처하게 되면 고상한 재능과 저급한 재능을 구별하여 내 자녀가 고상한 재능을 갖기 바라는 마음이 우리 부모의 마음이 아닐까 한다. 자녀가 고상한 재능을 가지지 못한 것을 걱정하며, 고상한 재능 쪽으로 억지로라도 끌어 맞추려고 하는 것이 아닐까?

단풍이 아름답게 물들어가는 가을이 되면 길거리에 은행나무가 노랗게 물들어 가는 것을 보게 된다. 불과 5m도 떨어져 있지 않은 두 그루의 은행나무인데도 단풍이 드는 속도는 너무나 차이가 있음을 보게 된다. 한 그루는 거의 반 이상이 노랗게 변했는데, 옆에 있는 한 그루는 이제 겨우 노랗게 물들기 시작한다. 위치상으로 햇빛이 비치고 바람이 스쳐지나가는 정도가 비슷하고, 땅 밑에 흐르는 지하수도 비슷할 것 같은데도 은행나무에 따라 차이가 크다. 참으로 희한한 일이다. 나란히 서 있는 두 그루 은행나무에게서도 개인차와 다양성이 발견되는데, 하물며 출생배경, 가정배경, 성장배경이 다른 학생들에게서야 거의 무한대의 개인차와 다양성이 내재되어 있는 것은 당연한 일이다.

백인이든 흑인이든, 공부를 잘하든 못하든, 가정배경이 좋든 나쁘든, 얼굴이 잘생겼든 못생겼든 학생 한 사람 한 사람이 자기만의 독특한 특성과 재능을 갖고 있는 소중한 존재라는 인식, 즉 다양성에 대해 인식하도록 가르쳐야 할 것이다. 다양한 특성과 재능 및 배경을 가지고 있는 많은 사람이 함께 모여 조화로운 삶을 살아가기 위해서는 서로를 소중히 여기는 자세가 무엇보다도 필요하다. 다양성을 인정할 때, 우리의 교육현장에서 서로 간의 경쟁보다는 협조와 공생, 그리고 '남과 더불어 조화로운 삶'을 이루어 나가는 것이 중요하다는 것을 가르칠 수 있는 것이다.

학교교육에서 학생들의 특기와 적성 및 능력을 고려하여 '여러 줄 세우기'를 해야 한다는 것이 바로 다양성을 인정하고 다양성을 키워 주는 학교교육을 하자는 주장이다. 교육

경쟁력은 결코 획일화된 경쟁에서 나오지 않는다. 학생들의 다양한 특성과 재능 및 능력을 존중하는 교육풍토가 조성될 때 우리 사회의 밝은 미래가 가능하다.

성경 말씀 중 다양성에 관련된 한 구절을 생각해 본다. "지체는 많아도 몸은 하나입니다. 눈이 손에게 '너는 내게 필요 없다'고 하거나 머리가 발에게 '너는 내게 필요 없다'고 할 수 없습니다. 몸 가운데 약해 보이는 지체가 오히려 더 필요합니다. 우리는 몸 가운데서 별로 중요하게 생각되지 않는 부분을 더욱 중요하게 여기고 또 별로 아름답지 못한 부분을 더욱 아름답게 꾸밉니다. 그러나 아름다운 부분에 대해서는 그럴 필요가 없습니다. 이처럼 하나님께서는 하찮은 부분을 더욱 귀하게 여겨 몸의 조화를 이루게 하셨습니다. 그래서 몸 안에 분열이 없이 모든 지체가 서로 도와 나갈 수 있게 하신 것입니다. 만일 한 지체가 고통을 당하면 모든 지체도 함께 고통을 당하고 한 지체가 영광을 받으면 모든 지체도 함께 기뻐합니다."(현대인의 성경, 『고린도전서』, 12: 20-26).

2. 교원에 관한 생각

1) 학생의 영혼을 살찌우는 밥으로서의 교사[3]

헬렌 켈러는 생후 19개월 때 열병에 걸려 보이지 않고, 들리지 않고, 말도 못하는 삼중의 고통을 겪게 되었다. 6세 때 그녀는 당시 22세인 앤 설리번 선생님을 만나게 된다. 앤 설리번 선생님은 헬렌 켈러에게 단 하나 남아 있는 인식의 창구인 촉각을 통해서 암흑에 갇혀 있는 그녀의 영혼을 향해 사랑을 전하기 시작하였다. 헬렌 켈러는 '물'이라는 단어를 통하여 모든 사물에는 이름이 있다는 것을 깨닫게 되었고, 이후 점차 암흑의 세계에서 밝은 세계로 나오게 된다. 후에 헬렌 켈러는 장애인들에게 커다란 희망과 예수님의 복음을 전해 주는 위대한 사랑의 삶을 살게 된 것이다.

앤 설리번 선생님 자신도 고통의 어린 시절을 보냈다. 가난한 집에서 태어나 8세 때 어머니가 죽고, 알코올중독자인 아버지에게 버림받았으며, 10세 때 하나뿐인 남동생과 함께 복지시설에 수용되었고, 여기서 남동생이 죽게 되었다. 눈병이 악화되어 실명하였고, 자

---

3) 해당 내용은 저자가 2008년 10월 『인천대학교 교육대학원 원우회보』에 기고한 「교사는 밥이다!」를 수정 · 보완한 것임.

살을 두 번 기도하였다. 정서불안 증세로 인해 정신병원에 수용되었을 때 회복불능이란 판결이 내려졌고, 그녀에게 사랑을 베푸는 사람은 아무도 없었다.

그런데 한 나이 많은 간호사 로라가 매일 과자를 들고 찾아와 위로해 주며, 아무런 반응이 없는 그녀를 위해 6개월 동안 한결같은 사랑을 쏟았다. 그때부터 그녀의 마음이 조금씩 열리며 웃음을 되찾게 되었다. 그 후 앤 설리번은 맹아학교에 다닐 수 있었고, 한 신문사의 도움으로 개안 수술을 받았다. 맹아학교에서 교사를 하고 있다가, 헬렌 켈러의 가정교사가 된 것이다.

필라델피아 템플 대학이 헬렌 켈러에게 박사학위를 수여할 때, 앤 설리번에게도 박사학위를 수여하였다. 어느 학위보다도 고귀한 학위였다. 앤 설리번 선생님은 일생을 마치는 날까지 48년이란 긴 세월을 헬렌 켈러를 돌보며 살았다. 앤 설리번 선생님의 가르침을 통해 헬렌 켈러는 "나는 눈과 귀와 혀를 빼앗겼지만, 내 영혼을 잃지 않았기에 그 모든 것을 가진 것이나 마찬가지입니다."라는 희망의 메시지를 온 세계 장애인들에게 전파하는 위대한 삶을 살게 된 것이다.

헬렌 켈러는 사흘만 볼 수 있다면, 첫째 날, 친절과 겸손과 우정으로 자신의 삶을 가치있게 해준 앤 설리번 선생님을 찾아가 이제껏 손끝으로 만져서만 알던 그녀의 얼굴을 몇 시간이고 물끄러미 바라보면서 그 모습을 자신의 마음속에 깊이 간직해 두겠다고 하였다.

우리나라에서 있었던 일로 선생님과 관련되는 두 가지 사건이 생각난다. 1994년 추석 기간에 "돈 많은 자를 저주한다."면서 잔인하고 엽기적인 방법으로 5명을 연쇄살인하고 인육을 먹기까지 한 지존파라는 범죄 조직이 체포되어 분노와 경악을 금치 못했던 일이 있었다.

지존파의 두목인 김기환이라는 청년은 초등학교 때 전교 수석을 하였고, 중학교 1학년 때는 전교 148명 중 5등을 할 정도로 똑똑하다는 소리를 들었지만, 3세 때 아버지를 여의고 홀어머니와 2남 1녀가 힘겹게 살아야 했던 농촌의 불우한 가정 출신이었다. 그는 재판 과정에서 "우등생이면서도 돈이 없어 미술도구를 준비하지 못해 선생님으로부터 늘 매를 맞았다."라고 진술하면서, 어린 시절 선생님으로부터 받은 쓰라린 마음의 상처를 드러냈다(1994. 10. 19. 2차공판 최후진술). 참으로 가슴 아픈 일이 아닐 수 없다. 그와 조직원들은 강도살인죄로 형장의 이슬로 사라졌다.

1996년 5월 14일 동아일보에 '빌딩주인 된 35년 전 소녀가장 스승 찾아 보은의 차 선물'이라는 기사가 실렸다. 당시 48세 된 주부인 심순희가 초등학교 시절에 병든 부모님과 세

동생을 혼자 보살펴야 하는 어려운 가정환경에 처
해 있던 자신에게 도시락도 나눠 주고, 중학교 진
학 등록금과 입학금까지 마련해 주며, 삶의 의지를
북돋아 주신 선생님을 수소문하여 찾아 온 것이다.
제자가 선물한 뉴-프린스 승용차 운전석에 당시
인천 송월초등학교 교장인 조춘자 선생님이 앉아
있고, 제자가 차에 기대어 서있는 아름다운 사진이
함께 실렸다.

[그림 13-5] 심순희 씨와
조춘자 선생님

자료: 동아일보(1996. 5. 14.). 빌딩주인 된 35년
전 소녀가장 스승 찾아 보은의 차 선물

　비슷하게 불우한 환경에 처해 있었던 두 학생이
었는데, 그들이 가슴 속에 담고 있는 선생님에 대
한 이미지는 가히 하늘과 땅 만큼 큰 차이가 있다. 그들의 인생이 불행과 행복의 양극단으
로 향해 가는 데, 선생님이 직접적으로 혹은 간접적으로 영향을 미쳤다고 볼 수 있지 않을
까?

　"교사는 학생의 영혼을 살찌우게 하는 밥이다!" 식사 시간에 이런 일이 일어났다고 가정
해 보자. 부부가 함께 밥을 먹다가 남편이 돌을 씹었다. 화난 얼굴로 부인을 쳐다보는 남
편에게 "밥통에 허구 많은 쌀 중에 돌이 하나 들어 있는데…… 그럴 수도 있지! 뭘 인상을
쓰는가?"라고 말하는 부인이 있을까? 모든 부인이 당황하면서 돌이 들어가 있는 것에 대
하여 미안한 표정을 짓는 것이 일반적이다. 양의 많고 적음에 관계없이 밥에는 순수하게
100% 쌀만 있기를 기대하기 때문이다. 단 하나의 돌도 들어 있어서는 안 된다. 단 하나의
돌이라도 씹는 사람의 치아를 크게 다치거나 건강을 해치기 때문이다.

　교사도 학생의 영혼에 지대한 영향을 미친다는 점에서 마찬가지가 아닐까? 자신의 자
녀를 학교에 보내고 있는 학부모들은 자녀들이 만나는 모든 교사가 100% 좋은 교사이기
를 기대하고 있는 것이다.

　앤 설리번 선생님의 경우나 조춘자 선생님의 경우는 그를 만난 학생의 영혼을 풍성하
게 한 좋은 밥이었음에 틀림없다. 현재 학생들을 가르치는 일을 하고 있는 나 자신은 과연
"좋은 밥인가?" 자문해 본다.

2) 길 잃은 한 마리 어린 양을 찾는 선생님[4]

성경에 길 잃은 한 마리 어린 양을 찾는 목자의 이야기가 나온다. "너희의 생각은 어떠하냐? 어떤 사람에게 양 백 마리가 있었는데 그 중의 한 마리가 길을 잃었다고 하자. 그 사람은 아흔아홉 마리를 산에 그대로 둔 채 그 길 잃은 양을 찾아 나서지 않겠느냐? ……〈중략〉…… 그 양을 찾게 되면 그는 길을 잃지 않은 아흔아홉 마리 양보다 오히려 그 한 마리 양 때문에 더 기뻐할 것이다."(공동번역,『마태복음』, 18: 12-13).

목자의 뒤를 잘 따라왔다면 길을 잃지 않았을 텐데, 길 잃은 양 한 마리는 목자의 말을 잘 안 듣고 속을 썩이는 양이었을 것이다. 성경에 등장하는 목자는 '백 마리의 양 중에서 길 잃은 한 마리 양쯤이야 없는 셈 치고, 아흔아홉 마리의 양이 있으니 참 다행이야.'라고 생각하지 않았다. 목자는 애타는 마음으로 온 힘을 다하여 길 잃은 한 마리 양을 찾아 산과 들을 헤맨다. 마침내 길 잃은 양을 찾게 되고 크게 기뻐한다.

애타는 마음으로 온 힘을 다하여 길 잃은 한 마리 양을 찾아 헤매는 목자의 모습에서 진정한 선생님의 고귀한 모습을 연상해 본다. 선생님은 많은 학생을 가르친다. 선생님의 말을 잘 듣고, 지도하기 쉬운 학생들은 목자를 잘 따라오는 양들이라고 볼 수 있다. 그러나 말을 안 듣고, 지도하기 힘들고, 속을 썩이는 학생들은 길 잃은 양이라고 볼 수 있지 않을까?

자신이 맡은 학급에 좋은 가정배경의 학생, 좋은 생활습관의 학생, 좋은 수업태도의 학생, 좋은 학업성적을 보이는 학생들만 있다면 교직생활은 정말 쉽고 기분 좋을 것이다. 좋지 않은 가정배경의 학생, 생활습관이 엉망인 학생, 불성실한 수업태도의 학생, 낮은 학업성적을 보이는 학생은 참으로 교직생활을 힘들게 한다. 그런 학생들은 제발 우리 반에 없었으면 하는 생각이 들기도 한다. 자신의 교직생활을 힘들게 하는 학생들은 성경에 나오는 길 잃은 양과 같다. 길 잃은 양은 목자의 도움이 없으면 곧 사나운 들짐승에게 잡아먹히거나, 가시덤불에 빠져서 생명을 잃게 된다.

성경에 예수님이 스스로 의롭다고 생각하면서 남을 책망하는 바리새인과 서기관들에게 "건강한 사람에게는 의사가 필요하지 않으나 병자에게는 필요하다."(공동번역,『누가복음』, 5: 31-32)라는 말을 하였다. 선생님의 사랑과 지도가 진정으로 필요한 학생은 누구일

---

4) 해당 내용은 저자가 2011년 4월 『인천대학교 교육대학원 원우회보』에 기고한 「길 잃은 한 마리 어린 양을 찾는 선생님」을 수정 · 보완한 것임.

까? 좋은 가정배경과 좋은 생활습관과 좋은 수업태도를 가지고 있는 학생들은 선생님의 도움이 없어도 스스로 잘해 나갈 수 있다. 그러나 결손가정과 같은 어려운 가정배경과 흐트러진 생활습관과 회피적 수업태도를 가지고 있는 학생들은 선생님의 도움이 없으면 학교생활을 제대로 해 나갈 수 없으며 결국 낙오될 수밖에 없다. 그들에게는 선생님의 도움이 절대적으로 필요하다.

길 잃은 양을 찾게 되면 길을 잃지 않은 아흔아홉 마리의 양보다 오히려 그 한 마리의 양 때문에 더 기뻐하는 목자와 같은 선생님이 많아지기를 소망해 본다. 힘든 가정환경 속에서 학교생활 부적응에 힘들어하는 학생들을 회복시키는 데 기쁨과 보람을 느끼는 선생님들이 많아지기를 소망해 본다.

"못난 자식이 효도한다."라는 말이 있다. 잘나고 모자람이 없는 자식보다는 못나고 걱정 끼치는 자식이 효도한다는 말이다. 교직 경력 40여 년이 넘는 어느 교육계 인사가 한 말이 생각난다. 졸업 후 선생님께 감사하다고 찾아오는 학생들은 대체로 학교생활에서 뒤처지고 선생님을 힘들게 하던 학생들이라는 것이다. 잘난 학생들은 자기 자신이 잘 나서 학교생활도 잘 하고 공부도 잘 한 것으로 생각하니 선생님에게 감사할 필요성도 적게 느낀다는 것이다.

길 잃은 양과 같이 학창생활에 힘들고 괴로워하며 뒤처진 학생들에게 선생님의 보다 많은 사랑과 도움이 있기를 바란다. 그들이 언젠가 선생님을 기쁘게 하는 큰 보람이 될 수도 있을 것이다.

3) 그래도 해답은 '가슴으로 가르치는 선생님'[5]

요즘 교직생활이 너무 힘들다고 하는 교사들이 많아지고 있다. 교실붕괴와 학교폭력의 심화, 학생인권조례 실시로 학생지도의 어려움, 공문 처리 등 업무의 과중 등이 교사들을 정신적·육체적으로 힘들게 하고 있다. 교사에 대한 존경심이 사라지고, 학생들이 교사를 위협하고, 학부모가 교사를 구타하거나 고발하고, 교사가 학생지도와 관련하여 경찰 수사를 받는 일 등으로 인하여 교원들의 사기와 자존심이 크게 상처를 입고 있다.

이렇게 어려운 상황에서 교권회복과 교육회복을 위하여 무엇을 어떻게 하여야 할까?

---

5) 해당 내용은 저자가 2012년 4월 『인천대학교 교육대학원 원우회보』에 기고한 「그래도 해답은 '가슴으로 가르치는 선생님'이다」를 수정·보완한 것임.

참으로 어려운 과제이다. 상황이 어렵다고 해도, '그래도 해답은 가슴으로 가르치는 선생님'이라고 생각한다. 이렇게 말하면 어려운 학교현장을 잘 모르는 대학 교수이기 때문에 속편한 이야기를 한다고 핀잔을 받을 수도 있을 것이다.

성경에 "내 형제들아 너희는 선생 된 우리가 더 큰 심판을 받을 줄 알고 선생이 많이 되지 말라."(『야고보서』, 3: 1)라는 말씀이 있다. 선생이 되지 말라는 데 초점이 있는 것이 아니라, '선생의 역할이 너무 중요하니, 잘 해야 한다'라는 의미라고 생각한다. "이 작은 자 중의 하나를 실족하게 할진대 차라리 연자맷돌이 그 목에 매여 바다에 던져지는 것이 나으리라."(『누가복음』, 17: 2)라는 성경 말씀이 그러한 의미를 반영한다.

학생들을 가르치는 교사가, 가르치는 내용과 살아가는 모습이 일치하여 삶의 본을 학생들에게 보이는 데 진정한 교육이 일어나는 것이다. 교사가 학생들을 가르치면서 학생들이 상처받지 아니하고 죄짓지 아니하도록 사랑과 인내로 지도하는 것이 중요하다. 그만큼 교사는 성실하게 자신의 언어와 행동이 일치하도록 노력하고, 자신이 가르친 결과에 대하여 책임감을 느껴야 한다는 말씀이다.

김수환 추기경의 어록 중에 "사랑이 머리에서 가슴으로 내려오는 데 70년이 걸렸다."라는 말이 있다. 사랑은 기독교인에게 가장 중요한 덕목이다. 이는 "네 마음을 다하며 목숨을 다하며 힘을 다하며 뜻을 다하여 주 너의 하나님을 사랑하고 또한 네 이웃을 네 자신같이 사랑하라."(『누가복음』, 10: 27)라는 성경 말씀에 잘 나타나 있다.

머리로 하는 사랑은 지식으로 하는 사랑, 입으로 하는 사랑, 말로 하는 사랑을 의미한다. 가슴으로 하는 사랑은 온 몸으로 하는 사랑을 의미한다. 심장의 박동을 통하여 지구둘레 세 배 길이 정도인 12만km에 이르는 실핏줄 구석구석까지 사랑이 스며들어가, 사랑한다는 말은 하지 않더라도 온몸으로 느껴지고 전달되는 사랑을 의미한다.

머리와 입으로 하는 사랑은 상대를 감동시키지 못한다. 가슴으로 하는 진정한 사랑은 이해, 관용, 포용, 동화, 자기 낮춤이 수반되어 상대를 감동시킨다. 진정한 사랑은 머리로 하는 게 아니라 가슴으로 하는 것이다. 머리에서 가슴까지 불과 30cm도 안 되는 짧은 거리지만, 가슴으로 하는 진정한 사랑의 경지에 이르는 데 긴 세월이 걸렸다는 김수환 추기경의 매우 겸손한 고백이다.

선생님의 입장에서 생각해 본다. 선생님은 학생들을 교육하기 위하여 입으로 지식을 가르치는 것도 필요하지만, 더 중요한 것은 가슴으로 학생들을 가르치는 것이 아닐까? 힘들고 어려운 교육 상황이기는 하지만, 온 몸으로 학생들을 가르치기 위하여 노력하는 선생님들을 통하여, 어려운 교육상황이 조금씩 변화되고, 진정한 교육이 이루어지는 것이 아닐까? "세상을 바꾸는 것은 지식이 아니라 우리의 뜨거운 가슴이다."라는 말이 생각난다. 학생들을 진정으로 변화시키는 것은 선생님의 뜨거운 사랑의 가슴이라고 생각한다.

선생님의 입장에서 학생들을 교육할 때, 종교인과 같은 가슴으로 하는 높은 사랑의 경지에 이르는 것은 불가능한 일이다. 그러나 진정한 교육은 선생님과 학생 간의 인격적인 상호작용을 통하여 일어난다는 점을 상기하면서, 부단히 스스로를 돌아보고 가슴으로 학생들을 가르치려 노력하는 자세가 중요한 것이 아닐까?

필자는 선생님들이 모두 '복된 선생님'이 되기를 간절히 바란다. 성경에 하나님이 아브라함을 "땅의 모든 족속이 너로 말미암아 복을 얻을 것이다."(『창세기』, 12: 3)라고 축복하셨다. 아브라함의 후손으로 이스라엘이라는 민족을 이루게 되고, '메시아 예수 그리스도'가 탄생해서 온 인류가 구원의 축복을 받게 된다. 아브라함은 '복의 통로'가 되었다.

'복의 통로'가 되는 선생님이 '복된 선생님'이다. '선생님을 만남으로 인하여 학생들이 복을 받게 되는 그런 선생님' '선생님을 만남으로 인하여 학부모들이 복을 받게 되는 그런 선생님' '선생님을 만남으로 인하여 동료 교직원들이 복을 받게 되는 그런 선생님', 그래서 사랑과 존경으로 인해 교권이 회복되고 교육이 회복되는 변화가 오기를 기대한다.

'복된 선생님'이 되기 위해서는 '가슴으로 가르치는 선생님'이 되어야 하지 않을까? 대학에서 학생들을 가르치는 필자도 자신에게 반문하여 본다. 나는 '복된 교수'가 되기 위해서 얼마나 '가슴으로 가르치는 교수'가 되도록 노력하고 있는가?

4) 자율성과 책무성이라는 두 바퀴 자전거를 타고 가는 교사[6]

교원의 전문성은 교원이 하는 일, 즉 교육활동이 다른 일과 다른 특수성을 가지기 때문에 교원은 독자적인 이론과 기술을 구비하고 우수한 업무 역량을 갖추고 있어야 함을 의미한다. 교원의 책무성은 교원이 수행한 교육활동에 대해 사회적 책임을 지는 것을 의미한다. 교원의 전문성과 책무성을 논의할 때, 또 하나의 중요한 개념이 함께 논의되어야 한다. 교원의 자율성이라는 개념이 그것이다. 교원의 자율성은 교원이 전문직 종사자로서 교육활동을 해 나가는 데 외부의 부당한 간섭을 받지 않고 스스로 결정하고 실천하고 책

---

6) 해당 내용은 저자가 2009년 10월 『인천대학교 교육대학원 원우회보』에 기고한 「자율성과 책무성이라는 두 바퀴 자전거를 타고 가는 수업전문가 교사」를 수정·보완한 것임.

임지는 것을 의미한다.

교원의 전문성이 적절히 발휘되려면 교원의 자율성은 필수불가결의 조건이 된다. 그리고 자율성 행사의 결과에 대하여는 책무성이 수반되는 것이다. 교원의 전문성과 자율성이 높아지도록 필요한 조치를 강구하고, 그에 따라 책무성에 대한 요구가 높아지는 것이 순리일 것이다. 책무성을 강조하면서 교원의 전문성과 자율성을 적절히 보장해 주지 않는다면 교육현장에서는 혼란이 야기될 것이다.

[그림 13-6] Verona Area Core Knowledge Chart School의 교실 출입문 환영 인사

미국 위스콘신주의 수도 매디슨 지역에 위치한 Verona Area Core Knowledge Chart School에서 찍은 사진 중 미국의 교사들이 어떤 자세로 교실 수업에 임하는가를 보여 주는 사진 한 장을 소개한다. [그림 13-6]은 한 교실 출입문을 찍은 사진이다. 20여 명의 학생 이름이 몽당연필에 쓰여 있고, "HELLO" "Come On In" "Welcome" 등의 표시가 붙어 있다. 이 교실의 담임교사가 써 붙인 것이다. 이러한 표시는 학생들을 환영한다는 의미 이상을 담고 있다고 볼 수 있다.

이러한 표시가 넓게는 교장·교감 또는 학부모들의 교실 방문을 환영한다는 메시지를 담고 있다고 생각한다. 특히 "Come On In"은 매우 강한 환영의 메시지를 담고 있다. "들어오세요." "들어오시라니까요."라고 해석해 볼 수 있지 않을까. 매우 적극적으로 교실 방문을 환영한다는 의미로 해석한다면 지나친 생각일까. 이 교실의 담임교사는 자신의 교육활동에 대하여 성실한 자세로 최선을 다하고 있으며, 열린 마음으로 교장·교감 또는 학부모들의 교실 방문과 자신의 교육활동에 대한 피드백을 환영한다는 메시지를 보이고 있는 것이다.

그러나 우리나라의 상황은 크게 다르다. 교장·교감의 수업참관에 대한 교사들의 거부감은 말할 것도 없고, 교장·교감의 단순한 교실이나 복도 순회에 대해서도 교사들이 불편해하는 것이 숨길 수 없는 현실이다.

"교사는 수업전문가이다. 수업전문가인 교사가 하는 교실 수업에 대하여 왜 교장·교감이 간섭을 하는가? 교장·교감의 간섭은 교권 침해가 될 수 있다."라는 주장이 일부에서라도 제기되었거나 제기될 가능성이 있는 교직현실이라면 문제가 아닐 수 없다. 이러한 주장과 관련하여, 전문성에 대해 다음과 같은 이해가 필요하다.

첫째, 전문가는 전문성, 즉 실력을 갖추어야 한다. 교사의 전문성은 교사가 하는 교육활동이 다른 일과 달리 아동·학생과의 전인격적 상호작용을 통해 이루어지는 특수성을 바탕으로 한다. 교직은 아무나 할 수 있는 직종이 아니다. 교직은 전문직이다. 교직의 전문성은 그 직무 수행에 있어서 엄격한 자격기준, 장기간에 걸친 교육과 훈련, 자율성과 책무성 등을 기본 요건으로 하는 개념이다. 교사는 수준 높은 이론과 기술을 구비하고 우수한 업무 역량을 갖추어야 한다. 즉, 교사는 실력이 있어야 한다. 실력이 없으면 전문가라고 주장할 수 없다. 이를 위해 엄격한 교사교육을 받게 되고, 소정의 절차를 밟아 교사자격증을 받는 것이다.

둘째, 전문성을 인정하는 증표인 교사자격증은 교사를 위해서보다는, 먼저 아동·학생을 보호하기 위해 필요한 자격증이다. 미국에서는 이웃 아이들이 귀엽다고, 우리나라에서와 같이 별 생각 없이 남의 아이를 만지거나 포옹을 했다가는 경찰에 불려가는 등 크게 곤욕을 치르게 된다. 부모가 아닌 이상, 아이를 만질 수 있는 허가(permit)를 받지 않은 것이다. 교사자격증은 아동·학생에게 접근할 수 있는 일종의 허가를 받았다는 표시이다. 아무나 아동·학생들에게 접근하여 섣불리 가르치겠다고 하지 못하도록 하는, 즉 '좋은 교육을 받도록 아동·학생들을 보호하기 위한 장치가 교사자격증'이다. 아동·학생들의 교육받을 권리가 교사의 권익에 우선하는 것이다.

셋째, 전문성을 인정받은 교사가 교육활동을 해 나가는 데 외부의 부당한 간섭을 받지 않고, 적절한 범위 내에서 스스로 결정하고 실천해 나간다는 의미에서 자율성이 인정된다. 자율성의 본질적 요소는 자주적인 선택과 결정이며, 자주적인 선택과 결정에 대해서는 그에 대한 자기책임이 수반되어야 하고, 또한 자기책임을 위하여 자기통제와 자기규율이 불가피하다는 것이다.

교사의 전문성이 발휘되려면 적절한 범위 내에서 교사의 자율성은 필수불가결의 조건이 된다. 그런데 이때 자율성은 대체로 교육활동에 대하여 전문성이 없는 일반인으로부터의 자율성을 의미한다. 교장·교감은 당연히 교육활동 경험자로서 풍부한 경험과 지식을 바탕으로 교사들의 교육활동에 대하여 리더십을 발휘해야 할 위치에 있다. 교사가 하는 교실 수업에 대하여 교장·교감의 간섭은 부당하다는 취지의 주장은 옳지 않다.

「초중등교육법」 제20조에, "교장은 교무를 통할하고, 소속 교직원을 지도·감독하며, 학생을 교육한다."라는 교장의 직무가 규정되어 있다. 또한 "교감은 교장을 보좌하여 교무를 관리하고 학생을 교육하며, 교장이 부득이한 사유로 직무를 수행할 수 없는 때에는 그 직무를 대행한다."라는 교감의 직무도 규정되어 있다. 교장·교감의 교무통할권, 교직원지도·감독권, 학생교육권, 교장보좌권 등이 규정되어 있는 것이다. "학생을 교육한다."라는 조항은 교장·교감이 직접 교실 수업을 담당하라는 의미가 아니라, 좋은 교직원을 확보하고 그들이 적절한 물리적 환경에서 좋은 교육활동을 하도록 리더십을 발휘하라는 의미이다.

넷째, 자율성 행사의 결과에 대하여는 반드시 책임의식을 느끼는 책무성이 수반되어야 한다. 책무성을 수반하지 않는 자율성은 무사안일이나 방종에 이르게 된다. 교사는 좋은 교육활동을 하기 위하여 최선의 노력을 다하여 할 책임의식을 느껴야 한다. 교사에게 있어서 자신의 교육활동에 대한 책임의식은 매우 중요하다.

환자의 육체적 건강을 다루는 의사의 경우, 의료 활동의 결과가 즉각적으로 확인될 수 있다. 의료사고가 발생되는 경우 후속 조치를 바로 취할 수 있고, 그 책임소재가 비교적 분명해진다. 그러나 아동·학생의 영혼의 건강을 다루는 교사의 경우, 교육활동의 결과가 즉각적으로 확인될 수 없으며, 그 효과도 아동·학생의 전인격적인 측면에 장기간 지대한 영향을 미치게 된다.

잔인하고 엽기적인 방법으로 연쇄살인을 한 지존파라는 범죄 조직의 두목인 김기환이라는 청년이 재판과정에서 "우등생이면서도 돈이 없어 미술도구를 준비하지 못해 선생님으로부터 늘 매를 맞았다."라고 진술하였다(1994. 10. 19. 2차공판 최후진술). 어린 시절 선생님으로부터 받은 쓰라린 마음의 상처를 드러낸 것이다. 교사의 책무성이 얼마나 중요하지를 보여 주는 사례이다.

수업전문가인 교사는 자전거를 타고 가는 사람이라고 비유하고 싶다. 앞바퀴는 자율성이라는 바퀴이다. 뒷바퀴는 책무성이라는 바퀴이다. 자전거를 타고 가는 사람은 부지런히 페달을 밟아야 한다. 가만히 있으면 넘어지는 것이 자전거의 이치이다. 부지런히 페달을 밟는다는 것은 교사가 자신의 전문성을 높이기 위하여 계속적으로 자기연찬 노력을 한다는 것을 의미한다. 교육자로서 갖추어야 할 품성과 자질을 향상시키기 위하여 노력하는 것은 교사로서 당연한 책무이다. 교직에 종사하는 전체 기간 동안 부단히 자기개발·자기발전을 위하여 노력할 것이 요구된다. 자기연찬을 하지 않는 교사는 정지된 자전거 위에 앉아서 넘어지지 않으려 안간힘을 쓰고 있는 사람과 같다.

[그림 13-7] 자율성과 책무성 두 바퀴 자전거를 타고 자기연찬 페달을 밟아 가는 교사

5) 교원 연수는 권리이자 책무[7]

현직연수에 대한 시각은 '권리로서의 연수'와 '책무로서의 연수' 두 가지가 있다. '권리로서의 연수'란 연수를 받느냐 안 받느냐 하는 것은 교원의 권리를 행사하는 것으로, 교원의 자유의사가 우선된다는 시각이다. 연수를 받는다면 이에 따른 비용지급 혹은 반대급부(예: 출장비, 연수비, 인사상 혜택 등)나 우대조치를 교원들이 요구할 수 있는 권리를 가진다. 연수를 안 받는다고 해서 교원의 신분을 유지하는 데 어떠한 불이익(예: 자격정지, 계약해지, 인사상 불이익 등)이 있을 수 없다는 시각이다.

'책무로서의 연수'란 연수는 교원의 선택사항이 아니라, 교원으로서 신분을 유지하고 맡은 바 직무를 적절히 수행하기 위하여 의무적으로 받아야 할 책무라는 시각이다. 만약 연수를 안 받는다면 교원의 신분을 유지하는 데 불이익이 있을 수 있다는 시각이다.

미국의 경우, 대부분의 주에서 소정의 연수를 받지 않으면, 교원자격이 갱신되지 않거나, 계약기간이 갱신되지 않는 불이익을 받게 된다. 영국도 1980년대 후반 이후 현직연수가 교원의 권리인 동시에 책무로 인식되어 임용계약 사항으로 명시되어 있다. 프랑스도 3년에 한 번씩 재교육을 받도록 되어 있다.

일본의 경우도, 초임교사에 대하여 1년간 직무수행에 필요한 연수를 받도록 의무화되어 있다. '지도력 부족교원'을 교직에서 격리하여 연수를 실시하며, 경력교사에 대하여 10년 경력 후 자질 향상을 위하여 연수 실시를 의무화하고 있다. 이러한 사례들이 '책무로서의 연수'와 관련되어 있다.

1966년에 유네스코(UNESCO)와 국제노동기구(ILO)는 세계 각국에서의 교원의 지위에 관한 생각 일련의 공통적인 기준과 척도를 설정하기 위한 목적으로 '교원의 지위에 관한 권고'를 선포하였다. 권고의 기본 원칙으로서 제6항에 "교직은 전문직으로 간주되어야 한다(Teaching should be regarded as a profession)."라고 하여 교직이 전문직임을 규정하고 있다. 교직이 전문직으로 이해되어야 하는 근거로서 교직은 '엄격하고도 계속적인 연구를 통하여 습득·유지되는 전문적 지식과 전문화된 기술을 필요로 하는 공공적 업무의 하나'이며, 또한 '교원들에 대하여 그들이 담당하고 있는 학생들의 교육과 복지를 위하여 개인적·집단적 책임감을 요구'하기 때문인 것으로 보고 있다. 이와 같은 규정들은 교직이 전

---

7) 해당 내용은 저자가 2005년 7월 『한국교육신문』에 기고한 「전망대: 연수, 권리이자 실무」를 수정·보완한 것임.

문적인 지식과 기술을 습득하기 위한 장기적이고 계속적인 교육과 연찬이 필요하고, 엄격한 자격 기준이 요구될 뿐만 아니라, 교원들의 권익보다 학생들의 권익이 우선하는 사회 공공적 및 윤리적 책임이 수반되는 직종임을 강력히 시사하는 것이다.

우리나라의 경우도 마찬가지이다. 1982년에 선포된 '사도헌장'과 '사도강령'에서 뿐만 아니라, 2005년에 선포된 '교직윤리헌장'에서도 "우리는 교육자의 품성과 언행이 학생의 인격형성을 좌우할 뿐만 아니라 사회전반의 윤리적 지표가 된다는 사실을 깊이 인식하고, 윤리성과 전문성을 높이기 위해 노력한다."라고 명시되어 있다. '우리의 다짐'에서도 "나는 수업이 교사의 최우선 본분임을 명심하고, 질 높은 수업을 위해 부단히 연구하고 노력한다." "나는 교육전문가로서 확고한 교육관과 교직에 대한 긍지를 갖고, 자기개발을 위해 노력한다."라고 명시되어 있다. 윤리적인 관점에서 현직연수가 '책무로서의 연수'로 인식되어야 함을 시사하는 내용들이다.

법률적으로는 「교육기본법」 제14조에 "교원은 교육자로서 갖추어야 할 품성과 자질을 향상시키기 위하여 노력하여야 한다."라고 규정되어 있다. 이 규정도 현직연수가 '책무로서의 연수'로 인식되어야 함을 시사한다. 윤리적으로나 법률적으로는 현직연수가 교원으로서 신분을 유지하고 맡은 바 직무를 적절히 수행하기 위하여 마땅히 받아야 할 책무인 것을 시사한다. 그러나 실제 우리 교원들이 현직연수에 대하여 가지는 시각은 '권리로서의 연수'에 치중하고 있는 것이 현실이다. 교직경력 3년 이상 경과 시 1급 정교사 자격연수를 받은 후(1호봉 승급의 인사상 우대), 의무적으로 받아야 할 연수는 하나도 없다. 그 후 교감승진 의사가 있는 교원의 경우에는 승진의 조건을 충족하기 위하여 소정의 연수를 자발적으로 받게 되지만, 그렇지 않은 교원의 경우는 전혀 연수를 받지 않는다 해도 교원으로서 신분유지에 아무런 문제가 없다.

교원들에게 '권리로서의 연수'와 '책무로서의 연수' 간의 균형 잡힌 시각을 가지는 것이 요구된다. 교원으로서 전문적 성장을 위해 책임의식을 가지고 연수에 임하려는 자율적인 노력과 정부의 현직연수 체제 개편을 위한 정책적 노력이 병행되어야 한다.

6) 복의 통로가 되는 복된 선생님[8]

성경에 따르면, 하나님은 다음과 같이 아브라함을 축복하였다. "내가 너로 큰 민족을 이루고 네게 복을 주어 네 이름을 창대케 하리니. 너는 복의 근원이 될지라. 너를 축복하는 자에게는 내가 복을 내리고, 너를 저주하는 자에게는 내가 저주하리니. 땅의 모든 족속이 너를 인하여 복을 얻을 것이니라."(『창세기』, 12: 1-3). 기독교에서 아브라함은 '믿음의 조상'이라고 불린다. 자식이 없었던 그에게 하나님이 자식을 주겠다고 75세 때 약속하셨는데, 25년을 기다려 100세 때에 아들 이삭을 주셨다. 이삭을 통하여 이스라엘이라는 큰 민족을 이루게 되고, 그 후손으로 '메시아 예수 그리스도'가 탄생해서 온 인류가 구원의 축복을 받게 된다는 것이다.

유대인 부모들은 자녀가 공부를 열심히 하지 않을 때, 자녀를 나무라는 말이 우리 부모들과는 크게 다르다고 한다. 우리나라 부모들은 대체로 "공부해서 남 주냐! 너 잘되라고 공부하라는 것인데, 왜 공부하지 않는 거냐!"라고 야단을 친다. 그러나 유대인 부모들은 "그렇게 공부해서 어떻게 남에게 복을 나누어 줄 수 있느냐! 어떻게 남에게 유익을 끼칠 수 있느냐!"라고 야단을 친다고 한다. 물론 유대인들의 자녀교육 방법도 우리와 크게 다르다.

유대인들이 세계 최강의 민족임은 이미 널리 알려진 사실이다. 세계 노벨상 수상자들의 약 1/3 정도가 직간접적으로 유대인의 피를 받은 사람들이라고 한다. 미국 전체 대학 교수의 30%가 유대인이라고 한다. 아인슈타인, 프로이드, 루소, 헤겔, 칸트, 스피노자, 데카르트, 파스칼, 니체 등 세계적인 학자들이 유대인이라고 한다. 예술계에 스트라빈스키, 번스타인, 샤갈, 찰리 채플린, 엘리자베스 테일러, 찰턴 헤스턴, 리차드 버튼, 스티븐 스필버그가 유대인이며, 문학계에 앙드레 지드, 안톤 체호프, 토마스 만이 유대인이라고 한다. 미국 대통령 중 조지 워싱턴, 트루먼, 아이젠하워, 케네디, 존슨 대통령이 유대인의 피를 받았다고 한다. 역사상 세계 최고의 갑부인 미국의 록펠러도 유대인 출신임은 잘 알려진 사실이다.

유대인 부모들이 공부를 열심히 하지 않는 자녀에게 "그렇게 공부해서 어떻게 남에게 복을 나누어 줄 수 있느냐! 어떻게 남에게 유익을 끼칠 수 있느냐!"라고 말하는 것은 앞에

---

8) 해당 내용은 저자가 2019년 10월 『인천대학교 교육대학원 원우회보』에 기고한 「복의 통로가 되는 '복된 선생님' 되시길」을 수정·보완한 것임.

서 언급한 성경 구절과 관계가 있다고 생각된다. 유대인의 아득한 조상인 아브라함에게 하나님이 주신 "땅의 모든 족속이 너를 인하여 복을 얻을 것이니라."라는 축복의 언약이 아브라함의 아득한 후손인 자녀들에게 여전히 유효하다는 믿음을 유대인 부모들이 가지고 있다고 생각된다. 신학적으로 메시아의 탄생으로 인해 온 인류가 구원의 축복을 받는다는 믿음뿐 아니라, 유대인들이 인류에게 복을 끼친다는 믿음도 가지고 있다고 본다. 그러한 축복이 이루어지도록 자녀들을 동기부여하게 되고 결과적으로 세계적으로 리더십을 발휘하는 유대인들이 된 것이 아닌가 생각된다.

'복된 선생님'은 선생님을 만남으로 인하여 학생들이 복을 받게 되는 그런 선생님! 선생님을 만남으로 인하여 동료 교직원들이 복을 받게 되는 그런 선생님! 선생님을 만남으로 인하여 교장·교감·교육전문직 선생님들이 복을 받게 되는 그런 선생님! 물론 '복된 교장 선생님' '복된 교감 선생님' '복된 교육전문직 선생님'도 같은 의미의 선생님이라고 볼 수 있다.

헬렌 켈러는 생후 19개월 때 열병에 걸려, 보이지 않고, 들리지 않고, 말도 못하는 삼중의 고통을 겪게 되었다. 6세 때 그녀는 당시 22세인 앤 설리번 선생님을 만나게 된다. 앤 설리번 선생님은 헬렌 켈러에게 단 하나 남아 있는 인식의 창구인 촉각을 통해서 암흑에 갇혀 있는 그녀의 영혼을 향해 사랑을 전하기 시작하였다. 헬렌 켈러는 '물'이라는 단어를 통하여 모든 사물에는 이름이 있다는 것을 깨닫게 되었고, 이후 점차 암흑의 세계에서 밝은 세계로 나오게 된다. 후에 헬렌 켈러는 장애인들에게 커다란 희망과 예수님의 복음을 전해 주는 위대한 사랑의 삶을 살게 된 것이다.

앤 설리번 선생님 자신도 고통의 어린 시절을 보냈다. 가난한 집에서 태어나 8세 때 어머니가 죽고, 알코올중독자인 아버지에게 버림받았으며, 10세 때 하나뿐인 남동생과 함께 복지시설에 수용되었고, 여기서 남동생이 죽게 되었다. 눈병이 악화되어 실명하였고, 자살을 두 번 기도하였다. 정서불안 증세로 인해 정신병원에 수용되었을 때 회복불능이란 판결이 내려졌고, 그녀에게 사랑을 베푸는 사람은 아무도 없었다. 그런데 한 나이 많은 간호사 로라가 매일 과자를 들고 찾아와 위로해 주며, 아무런 반응이 없는 그녀를 위해 6개월 동안 한결같은 사랑을 쏟았다. 그때부터 그녀의 마음이 조금씩 열리며 웃음을 되찾게 되었다. 그 후 앤 설리번은 맹아학교에 다닐 수 있었고, 한 신문사의 도움으로 개안 수술을 받았다. 맹아학교에서 교사를 하고 있다가, 헬렌 켈러의 가정교사가 된 것이다. 필라델피아 템플 대학이 헬렌 켈러에게 박사학위를 수여할 때, 앤 설리번에게도 박사학위를 수여하였다. 어느 학위보다도 고귀한 학위였다. 앤 설리번 선생님은 일생을 마치는 날까지 48년이란 긴 세월을 헬렌 켈러를 돌보며 살았다.

　앤 설리번 선생님의 가르침을 통해, 헬렌 켈러는 "나는 눈과 귀와 혀를 빼앗겼지만, 내 영혼을 잃지 않았기에, 그 모든 것을 가진 것이나 마찬가지입니다."라는 희망의 메시지를 전 세계 장애인들에게 전파하는 위대한 삶을 살게 된 것이다. 헬렌 켈러는 사흘만 볼 수 있다면, 첫째 날, 친절과 겸손과 우정으로 자신의 삶을 가치 있게 해준 앤 설리번 선생님을 찾아가 이제껏 손끝으로 만져서만 알던 그녀의 얼굴을 몇 시간이고 물끄러미 바라보면서 그 모습을 자신의 마음속에 깊이 간직해 두겠다고 하였다.

　우리나라에서 있었던 일로 선생님과 관련되는 두 가지 사건이 생각난다. 1994년 추석 기간에, "돈 많은 자를 저주한다."면서 잔인하고 엽기적인 방법으로 5명을 연쇄살인하고 인육을 먹기까지 한 '지존파'라는 범죄 조직이 체포되어 분노와 경악을 금치 못했던 일이 있었다. 지존파의 두목인 김기환이라는 청년은 초등학교 때 전교 수석을 하였고, 중학교 1학년 때는 전교 148명 중 5등을 할 정도로 똑똑하다는 소리를 들었지만, 3살 때 아버지를 여의고 홀어머니와 2남 1녀가 힘겹게 살아야 했던 농촌의 불우한 가정 출신이었다. 그는 재판과정에서 "우등생이면서도 돈이 없어 미술도구를 준비하지 못해 선생님으로부터 늘 매를 맞았다."라고 진술하면서, 어린 시절 선생님으로부터 받은 쓰라린 마음의 상처를 드러냈다(1994. 10. 19. 2차공판 최후진술). 참으로 가슴 아픈 일이 아닐 수 없다. 그와 조직원들은 강도살인죄로 형장의 이슬로 사라졌다.

　1996년 5월 14일 동아일보에 '빌딩주인 된 35년 전 소녀가장 스승 찾아 보은의 차 선물'이라는 기사가 실렸다. 당시 48세 된 심순희라는 주부가 초등학교 시절 병든 부모님과 세 동생을 혼자 보살펴야 하는 어려운 가정환경에 처해 있던 자신에게 도시락도 나눠 주고, 중학교 진학 등록금과 입학금까지 마련해 주며, 삶의 의지를 북돋아 주신 선생님을 수소문하여 찾아 온 것이다. 제자가 선물한 뉴-프린스 승용차 운전석에 당시 인천 송월초등학교 교장인 조춘자 선생님이 앉아 있고, 제자가 차에 기대어 서 있는 아름다운 사진이 함께 실렸다.

[그림 13-8] 심순희 씨와
조춘자 선생님

자료: 동아일보(1996. 5. 14.). 빌딩주인 된 35년
전 소녀가장 스승 찾아 보은의 차 선물

비슷하게 불우한 환경에 처해 있었던 두 학생이었는데, 그들이 가슴 속에 담고 있는 선생님에 대한 이미지는 가히 '하늘과 땅'만큼 큰 차이가 있다. 그들의 인생이 불행과 행복의 양극단으로 향해 가는 데, 선생님이 직접적으로 혹은 간접적으로 영향을 미쳤다고 볼 수 있지 않을까? 앤 설리번 선생님의 경우나 조춘자 선생님의 경우는 그를 만난 학생에게 참으로 '복된 선생님'이었음에 틀림없다고 생각한다. 아무쪼록 모든 선생님이 '복된 선생님' '복된 교장 선생님' '복된 교감 선생님' '복된 교육전문직 선생님' 되도록 노력하시길 바란다.

3. 인간관계에 관한 생각

1) 태생적으로 축복받은 우리 자녀와 학생[9]

생명의 기원에 대해서는 크게 창조론과 진화론이 있다. 창조론은 생명은 성경에 기록되어 있는 대로 전지전능한 신의 창조 산물이란 것으로 기독교의 출발점이 된다. 진화론은 생명이 간단한 유기 화합물들로부터 자연 발생했다는 것으로, 과학시간에 가르쳐지고 있다.

1859년 찰스 다윈이 쓴 『종의 기원』에서 인간이 원숭이에서 환경에 맞게 진화하여 오늘날의 인류가 되었다는 진화론이 제기되었다. 1936년 옛 소련의 생화학자인 오파린과 영국의 생물학자인 할데인은 생명체는 지구상에서 발생한 것으로, 긴 세월에 걸쳐서 무기물로부터 유기물로 변화가 일어나고 이 유기물이 최초의 생물체를 형성했다고 하였다. 원시 지구 대기는 메탄, 암모니아, 물, 수소 등으로 구성된 환원성 대기(산소가 거의 없는 대기)였고, 여기에 번개, 화산 폭발 등 각종 에너지가 작용하여 아미노산, 핵산염기, 당류들이 합성되었으며, 이들이 축합하여 단백질, 핵산 등 생체고분자 물질이 되고, 여기에서 최초 생명체인 단세포 생물체인 아메바가 생겼다고 한다(그림 13-9 참조).

현재 지구상에는 동물의 종류가 약 100만 종, 식물의 종류가 약 35만 종이라고 한다. 아직 발견되지 않은 생물체가 수없이 많은데, 생물학자들은 대략 1,000만 종 이상의 생물체

---

9) 해당 내용은 저자가 2013년 4월 『인천대학교 교육대학원 원우회보』에 기고한 「태생적으로 축복받은 우리 자녀와 학생들」을 수정·보완한 것임.

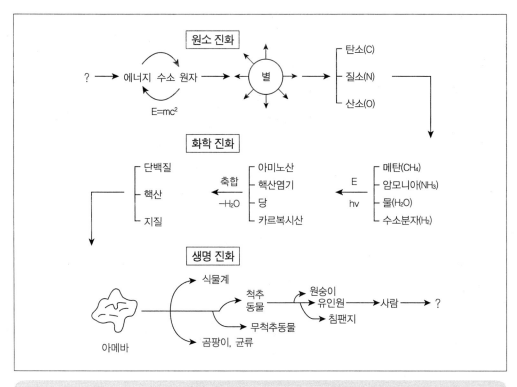

[그림 13-9] 유물론적 진화론

출처: 김정한(1997: 51).

가 존재할 것으로 본다고 한다.

진화론이 맞다면 최초의 단세포 생물체인 아메바가 계속적인 돌연변이를 일으켜서 현재와 같이 완전히 '종'이 다른 수많은 생물체로 변화해 왔다고 설명할 수밖에 없는 것이다. 참으로 아름답고 질서정연한 형태를 갖춘 수많은 생물체가 열성인자 발현율이 높다는 돌연변이를 통하여 생겨났다는 것으로 이해된다. 진화론에 따르면, "최초의 단세포 생물체인 아메바가 진화하여 사람이 되었다."라는 주장, 즉 '사람은 아메바의 후손'이라는 주장이 성립된다.

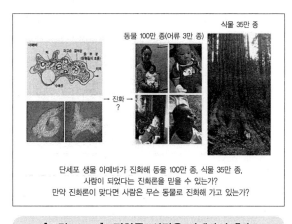

단세포 생물 아메바가 진화해 동물 100만 종, 식물 35만 종, 사람이 되었다는 진화론을 믿을 수 있는가? 만약 진화론이 맞다면 사람은 무슨 동물로 진화해 가고 있는가?

[그림 13-10] 진화론: 사람은 아메바의 후손

창조론은 성경 『창세기』 1장을 근거로 하고 있다. "하나님이 자기 형상 곧 하나님의 형상대로 사람을 창조하시되 남자와 여자를 창조하시고, 하나님이 그들에게 복을 주시며 하나님이 그들에게 이르시되 생육하고 번성하여 땅에 충만하라, 땅을 정복하라, 바다의 물고기와 하늘의 새와 땅에 움직이는 모든 생물을 다스리라 하시니라."(『창세기』, 1: 27-28)라고 기록되어 있다. 또한 "하나님이 땅의 흙으로 사람을 지으시고 생기를 그 코에 불어넣으시니 사람이 생령이 되니라."(『창세기』, 2: 7)라고 기록되어 있다. 하나님은 천지 만물을 만들 때는 말씀으로 만드셨지만, 사람을 만들 때는 특별히 흙으로 만들었고 생기를 코에 불어 넣어 주셨다는 것이다.

하나님의 형상대로 사람을 창조하셨다고 하는 것과 사람의 코에 생기를 불어넣어 주셨다는 것은, 사람이 하나님과 같은 영적인 특성을 가진 존재, 자유 · 공의 · 사랑과 같은 존귀한 인격적 속성을 가진 존재, 아메바에게서는 찾아 볼 수 없는 지 · 정 · 의라는 정신적 특성을 가진 존재라는 것이다.

물질을 근본적인 실재로 생각하고, 마음이나 정신을 부차적인 것으로 보는 유물론적 진화론의 관점에서 사람을 보면, 사람은 다른 동물들과 전혀 다를 바가 없는 유기물 덩어리로 만들어진 생물체에 불과하다. 사람은 다른 동물로부터 진화되어서, 더 근본적으로는 아메바로부터 진화되어서 우연히 만들어진 존재일 뿐이다. 힘이 강한 자가 힘이 약한 자를 잡아먹고, 환경에 적응한 자가 적응하지 못한 자를 잡아먹는 정글의 법칙이 진리인 것이다. 정글의 먹이사슬 꼭대기에 있는, 권력과 재력과 힘이 있는 자가 약한 자를 노예처럼 부려 먹고 죽인다 하더라도 문제될 것이 없는 것이다. 인간의 존엄성과 인권이란 단어 자체가 전혀 의미가 없는 것이다.

종교는 민중의 아편이라며, 무신론적 입장에 서는 공산주의 유물사관은 진화론과 연결되어 있다. 오늘날 북한 공산주의 사회에서 수많은 사람이 인간의 존엄성과 인권을 말살당하며 3대 부자 세습의 극소수 지배 권력 밑에서 고통을 당하고 있는 것이 현실이다.

모든 인간은 존엄하며, 자유롭고 평등한 권리를 가진다는 인권사상은 진화론이 아닌 창조론을 전제로 할 때 가능하다. 사람은 태생적으로 축복 받은 존재이다. 생육하고 번성하여 땅에 충만하라는 큰 축복을 받았다. 땅을 정복하고 모든 생물을 다스리라는 청지기로서 귀한 사명을 받은 존재이다.

우리가 양육하고 가르치고 있는 자녀들과 학생들은 모두 태생적으로 축복받은 존재들이다. 또한 우리가 계속 축복해 주어야 할 존재들이다.

2) 인간의 참된 행복은 '소유'에 있지 않고 '관계'에 있다[10]

인간의 참된 행복은 '소유'에 있지 않고 '관계'에 있다. 많은 물질, 명예, 권력을 소유한다고 하더라도, 더불어 살아가는 사람들과의 관계가 잘못되어 있다면 결코 행복할 수 없다.

'소유'보다 '관계'가 중요하다는 것은 이미 널리 받아들여진 사실이다. 그리스의 철학자 아리스토텔레스가 "인간은 사회적 동물이다."라고 말한 바와 같이, 인간은 서로 관계를 맺으며 살아간다. 심리학자 Maslow(1943)는 인간의 욕구를 ① 생리적 욕구, ② 안전의 욕구, ③ 소속과 애정의 욕구, ④ 존경의 욕구, ⑤ 자아실현의 욕구 다섯 가지 수준으로 구분한 욕구계층이론을 제시하였다. 욕구계층의 중심부에 있는 소속과 애정의 욕구는 사랑, 애정, 소속감 등을 두루 포함하는 사회적 욕구의 집합이다. 사람들은 사랑을 하고 싶어 하기도 하고, 사랑을 받고 싶어 하기도 한다. 또한 친목을 다지고 집단의식을 키우기 위해서 다른 사람들과 특별한 관계를 맺는다.

심리학자 Alderfer(1972)는 인간의 욕구를 ① 생존의 욕구, ② 관계의 욕구, ③ 성장의 욕구 등 세 가지로 제시하였다. 관계의 욕구는 인간이 사회적 동물로서 다른 사람과 만족스러운 인간관계를 맺으려는 욕구로서 상사, 동료, 부하, 친구, 가족 등과 좋은 인간관계를 맺으려는 욕구이다. 관계의 욕구는 Maslow가 제시한 안전의 욕구 중 대인관계에 관련된 일부와 소속과 애정의 욕구, 그리고 자존심 등이 포함된다.

인간이 행복하기 위해서 소중하게 꾸려 나가야 할 관계는 어떤 종류가 있을까? 크게 ① 자기 자신과의 관계, ② 타인과의 관계, ③ 자연/절대자와의 관계 등 세 가지가 있다고 생각한다.

첫째, 자기 자신과의 좋은 관계이다. 일반적으로 자존감이라고 표현하는데, 자신을 사랑하고 자신을 이해하고 자신을 귀하게 여기는 상태를 의미한다. 팔다리가 없는 엄청난 신체장애를 가지고 태어났음에도 불구하고 세상 사람들에게 당당하게 살아가고 있는 모습을 보여 주는 닉 부이치치와 레나 마리아를 보면서 참으로 큰 감동을 느낀다. '나는 누구인가? 나는 어떻게 생겨나게 되었는가? 나는 어떻게 살아가야 하는가?' 자존감과 관련된 중요한 질문이라고 생각한다. 물론 이러한 질문들은 다음에 제기되는 타인과의 관계와 밀접하게 연결되는 질문이기도 하다.

---

10) 해당 내용은 저자가 2018년 10월 『인천대학교 교육대학원 원우회보』에 기고한 「인간의 참된 행복은 '소유'에 있지 않고 '관계'에 있다」를 수정·보완한 것임.

<u>둘째, 타인과의 좋은 관계이다.</u> 타인과의 관계를 설명하는 세 가지 이론이 있다. ① 사회교환론, ② 상징적 상호작용론, ③ 연극학적 이론이다.

사회교환론은 타인과의 관계를 교환, 즉 주고받기 과정으로 파악하는 이론이다. 교환 과정에서 상호 간에 물질적 심리적 보상이 이루어진다는 것이다. 사회교환론에서는 인간 관계의 핵심 원리를 호혜성의 규범(norm of reciprocity)으로 규정한다. 인간의 객관적 합리적 계산 능력을 전제로 하는 이론이다. "콩 심은 데 콩 나고 팥 심은 데 팥 난다."라는 말이 있다. 남을 불행하게 하고 고통스럽게 하면 자신도 그렇게 되고, 남을 기쁘게 하고 행복하게 하면 자신도 그렇게 된다. 남에게 한 그대로 자신에게 되돌아온다. "남에게 대접을 받고자 하는 대로 너희도 남을 대접하라."(『마태복음』, 7: 12)라는 성경 말씀은 인간관계의 '황금률'로 널리 알려져 있다.

상징적 상호작용론은 타인과의 관계를 개인의 주관적 해석 능력에 근거하여 설명하는 이론이다. 인간의 행동은 주어진 상황을 개인이 어떻게 정의하고 이해하느냐에 따라 결정된다는 것이다. 인간관계는 언어나 몸짓 같은 상징을 통해 의미를 교환하고, 그 속에서 서로의 생각, 기대, 행동을 끊임없이 조정해 가는 과정이다. 상대방 입장이 되어 그 사람 마음을 이해하고 의사소통하는 것이 중요하다.

Cooley(1902)는 개인이 상호작용하는 타인을 자신의 거울로 비유하여 '거울 자아(the looking glass self)'라는 개념을 소개하였다. 개인은 상상력을 가지고 타인들을 거울로 삼아서 그들의 마음 속에서 그들이 자신의 모습, 행동, 특성 등등에 대하여 어떤 생각을 하는지 의식하여 그 영향을 받는다는 것이다. 즉, ① 다른 사람에게 자신이 어떻게 보일까? ② 그가 그러한 자신의 모습을 어떻게 판단할까? ③ 이에 따른 긍지나 굴욕감에 의해 자아개념을 갖게 된다는 것이다. 타인과의 상호작용 관계는 자기 자신과의 관계(자아개념)를 형성하는 데 매우 중요하다는 것이다. 이렇게 형성된 자아 개념에 의해 사람들은 각자 상황을 해석해서 다른 사람들과 상호작용을 하게 된다.

연극학적 이론은 배우가 자신의 좋은 모습을 관객에게 보여 주려고 하는 것처럼, 타인과의 관계를 어떤 목적을 달성하는 데 도움이 될 수 있다고 판단되는 좋은 모습을 보여 주려고 노력하는 것으로 설명한다. 인간관계에서 다양한 인상 관리, 이미지 관리가 이루어진다는 것이다.

앞의 세 가지 이론이 상호 보완적이며 동시에 종합적으로 타인과의 인간관계를 설명하는 데 사용될 수 있다. 즉, 타인과의 좋은 관계를 유지하기 위하여, 호혜성의 규범, 처지를 바꾸어 생각하는 역지사지(易地思之), 좋은 자신의 이미지 관리 등이 필요한 것이다.

셋째, 자연/절대자와의 좋은 관계이다. 무신론자의 입장에서는 '자연과의 좋은 관계'라고 보고, 유신론자의 입장에서는 '절대자와의 좋은 관계'라고 보면 무난할 것이다.

노자와 장자의 도가사상에서는 참된 길, 즉 도(道)는 무위자연(無爲自然)을 중시하여 자연의 흐름에 내맡기는 삶을 권했다. 자연 그대로의 상태가 가장 바람직하고 여기에 따라 자연스레 살아가는 삶이야말로 가장 이상적인 삶이라고 보았다. 진화론자 다윈은 자연선택설을 제기하여 생물의 종은 자연 선택의 결과, 환경에 적합한 방향으로 진화한다고 주장하였다.

절대자는 완전하며 궁극적이며 만물의 근원을 이루는 존재를 의미한다. 신이나 초자연적인 존재 또는 힘에 대한 믿음을 통하여 인간 삶의 궁극적인 가치와 의미를 추구하는 다양한 종교가 있다. 이러한 종교는 절대자와의 좋은 관계를 추구하여 행복한 삶을 살아가려는 인간의 노력이라 볼 수 있다.

거대한 자연 환경에 둘러 싸여, 제한된 시간과 공간 속에서 공동체를 이루며 살아가는 유한한 존재인 인간의 행복은, 자기 자신을 귀하게 여기는 자존감, 다른 사람과의 관계에서 대접을 받고자 하는 대로 남을 대접하고 남의 입장에서 생각해 보는 역지사지의 자세와 남에게 좋은 자기 이미지 관리, 자연/절대자와의 좋은 관계를 추구하려는 노력 등이 조화를 이룰 때 가능할 것이다.

3) 좋은 인간관계의 출발은 내가 '살아 있음'–'따스한 반응'을 보이는 것[11]

인간관계는 일반적으로 사람과 사람 사이에서 이루어지는 다양한 상호작용을 의미한다. 인간의 참된 행복은 '소유'에 있지 않고 '관계'에 있다. 많은 물질, 명예, 권력을 소유한다고 하더라도, 더불어 살아가는 사람들과의 관계가 잘못되어 있다면 결코 행복할 수 없다.

어느 조직에서든지 조직 목표를 잘 달성하기 위하여 조직 구성원들의 상호 협동이 요구된다. 이러한 상호 협동은 조직 구성원 간의 인간관계가 어떤가에 의해 크게 좌우된다. 개인으로 보나 조직으로 보나 인간관계는 매우 중요하다.

좋은 인간관계는 자신이 접촉하는 상대방에 대한 긍정적인 인식과 긍정적인 반응을 바

---

11) 해당 내용은 저자가 2016년 10월 『인천대학교 교육대학원 원우회보』에 기고한 「좋은 인간관계의 출발은 내가 "살아있음"을 보이는 것: 남에게 따스한 반응을 보입시다」를 수정·보완한 것임.

탕으로 한다. 만약에 상대방에 대하여 부정적인 인식을 가지고 있고, 부정적인 반응을 보인다면, 좋은 인간관계는 성립되기 어렵다.

죽은 사람에게서 찾아 볼 수 있는 일반적인 특징은 크게, ① '싸늘하다', ② '반응이 없다' 두 가지이다. 사람이 죽게 되면 36.5℃의 정상적인 체온이 27.0℃ 이하로 떨어지게 된다. 10℃ 정도 체온이 떨어져서 만지게 되면 싸늘한 느낌이 든다. 흔들어도 반응이 없고, 때려도 반응이 없다. 반대로 살아 있는 사람의 특징은 크게, ① '따스하다', ② '반응이 있다' 두 가지이다. 한 마디로 말한다면, 살아 있는 사람의 특징은 "따스한 반응을 보인다."라고 볼 수 있다.

좋은 인간관계의 출발은 상대방에게 내가 '살아 있음'을 보이는 것, 즉 상대방에게 '따스한 반응'을 보이는 것이라 생각한다면 크게 틀리지 않는다. 남에게 따스한 반응을 보인다는 것은 남을 배려하는 것이라고 표현할 수 있다. 남을 배려하는 것은 남의 입장을 이해하고 도와주거나 보살펴 주려고 노력하는 것이다. 좋은 인간관계를 위하여, 우리의 말과 행동과 표정이 남에게 '따스한 반응'으로 느껴지도록 노력하는 것이 필요하다.

남에게 따스한 반응을 보이고 남을 배려하는 것이 가능하려면 먼저 나와 다른 상대방의 다양성을 인정하여야 한다. 사진은 미국의 어느 초등학교 212호 교실 앞문 출입구 외부 벽에 붙어있던 포스터이다. 'DIVERSITY', 즉 '다양성'이라는 단어의 의미가 무엇인지 잘 보여 주는 사진이다. "Different Individual Valuing Each other Regardless of Skin Intellect Talents or Years." 번역해 보면, 서로 다른 개인이 피부색, 지능, 재능, 나이에 관계없이 서로를 귀하게 여기는 것이 다양성이라는 뜻임을 보여 준다.

[그림 13-11] Verona Area Core Knowledge Chart School에 붙어 있는 'DIVERSITY' 포스터

피부색이 희거나 검거나 차별이 없으며, 지능이 높거나 낮거나 차별이 없으며, 재능이 고상하다거나 저급하다거나 차별이 없으며, 나이가 많거나 적거나 차별이 없이 모두가 서로를 귀하게 여기는 것이 다양성이라는 뜻이다. 참으로 공감이 가는 내용의 포스터이다. 출생, 가정, 성장 배경이 서로 다른 사람들에게서는 거의 무한대의 개인차와 다양성이 내재되어 있는 것은 지극히 당연한 일이다.

사람마다 서로 다른 자기만의 독특한 특성과 재능을

갖고 있는 소중한 존재라는 인식, 즉 다양성에 대한 인식이 전제되어야만 남에게 따스한 반응을 보이고 남을 배려하는 것이 가능할 것이다. 다양한 특성과 재능 및 배경을 가지고 있는 많은 사람이 함께 모여 조화로운 삶을 살아가기 위해서는 서로를 소중히 여기는 자세가 무엇보다도 필요하다. 자신이 소중한 만큼 더불어 살아가는 남도 소중한 것이다. 다양성을 인정할 때, 우리의 삶의 현장에서 서로 간의 경쟁보다는 협조와 공생, 그리고 '남과 더불어 조화로운 삶'을 이루어 나가는 바람직한 인간관계가 가능할 것이다.

4) 좋은 인간관계와 관련하여 생각해 볼 17% 기준[12]

인간관계는 일반적으로 사람과 사람 사이에서 이루어지는 다양한 상호작용을 의미한다. 인간의 참된 행복은 '소유'에 있지 않고 '관계'에 있다. 많은 물질, 명예, 권력을 소유한다고 하더라도, 더불어 살아가는 사람들과의 관계가 잘못되어 있다면 결코 행복할 수 없다.

심리학자 Alderfer(1972)는 인간의 욕구를, ① 생존의 욕구, ② 관계의 욕구, ③ 성장의 욕구 등 세 가지로 제시하였다. 관계의 욕구는 인간이 사회적 동물로서 다른 사람과 만족스러운 인간관계를 맺으려는 욕구로서 상사, 동료, 부하, 친구, 가족 등과 좋은 인간관계를 맺으려는 욕구이다.

문제는 내가 만나는 모든 사람과 100% 좋은 관계를 맺을 수 있는가 하는 것이다. 내가 만나는 모든 사람을 내가 좋아할 수 있는가? 내가 만나는 모든 사람이 나를 좋아할 수 있는가? 만약에 그것이 가능하다면 좋겠지만, 이는 불가능한 일이다. 살다 보면 좋은 사람도 만나지만, 나를 힘들게 하고 비난하고 모함하고 배반하는 사람도 만나게 된다.

완전하게 사랑을 실천한 예수의 경우를 살펴본다. 예수는 12명의 제자를 뽑아서 3년 반 동안 사랑으로 가르치고 온갖 절대적인 능력과 기적을 보여 주었다. 그러나 한 제자는 예수를 당시 권력가들에게 은 30냥에 팔아넘기는 배신을 하였고, 또 가장 사랑을 많이 받았던 수제자는 예수가 심문을 받는 현장에서 예수를 모른다고, 끝에는 저주까지 하면서 3번이나 부인하였다. 나머지 제자들은 예수가 잡혀 갈 때 모두 도망치고 말았다. 전체 12명 중에서 2명이 적극적으로 배반한 것이다. 이는 약 17%(2/12)에 해당하는 비율이다.

예수와 비교할 바가 없는 허물 많은 인간인 나의 경우는 어떠할까? 나와 인간관계를 맺

---

12) 해당 내용은 저자가 2019년 4월 『인천대학교 교육대학원 원우회보』에 기고한 「모든 사람들과 좋은 인간관계를 맺을 수 있는가?」를 수정 · 보완한 것임.

은 사람들 중에서 아무리 좋게 보아도 최소한 약 17% 이상은 적극적으로 나를 힘들게 하고 비난하고 모함할 가능성이 있다고 보면 어떨까? 실제로 그러한 일이 일어날 개연성은 대단히 높다. 그런 경우에 어떻게 할까에 대하여 세 가지 생각을 해 본다.

첫째, 나 자신을 돌아보아야 할 것이다. "아니 땐 굴뚝에 연기가 날까."라는 속담이 있듯이, 나 자신이 비난받아야 할 잘못이 있나 보다 점검해 보는 것이 필요하다. 나 자신을 보다 인격적으로 성숙시키는 자극제로 그러한 비난을 받아들이는 것이 필요하다.

둘째, 나를 비난하는 사람에 대하여 그럴 수도 있겠구나 하고 생각하는 것이다. 내가 오해를 받고 억울하게 비난을 받고 있다면, 상대와 맞서려 하지 말고 상대가 그렇게 행동하는 것에 대하여 측은하게 여기고 이해하려는 자세를 가져 보는 것이 필요하다.

셋째, 나를 비난하는 사람에 대하여 언젠가 그가 달라지고 좋아질 수도 있겠지 하고 생각하는 것이다. 참고 기다리다 보면 그가 나를 이해하게 되고 나에 대한 태도가 달라지고 좋아질 수도 있겠지 하며 아량의 자세를 가져 보는 것이다. 물론 쉬운 일은 아니지만, 기다려 보는 것이다.

5) 아름다운 삶의 마무리-웰다잉을 위한 노력[13]

2014년 근래에 예기치 못한 사고로 수많은 귀한 생명이 죽어 갔다. 지난 4월 16일 진도 인근 해상에서 발생한 여객선 세월호 침몰사건으로 304명의 고귀한 생명이 희생되었다. 지난 7월 17일에는 말레이시아 항공 소속 여객기가 우크라이나 동부 지역에서 미사일에 격추당해 298명이 사망하였다. 같은 날 광주 도심 한가운데서 세월호 사고 수습 지원을 하던 소방본부 소속 헬기가 추락하여 5명이 사망하였다. 특히 세월호 침몰사건으로 250여 명의 학생들이 희생되었다. 선생님들이 학교에서 만나는 수많은 학생이 희생된 세월호 침몰사건을 보며, 안타깝고 슬픈 마음에 눈물을 흘려야 했다. 이러한 사고를 목격하면서 웰빙(well-being)도 중요하지만, 웰다잉(well-dying)은 더 중요하다는 것을 깊이 인식하게 되었다. 죽음과 관련하여 몇 가지 생각을 해 보았다.

<u>첫째, 죽음이 내 곁에 매우 가까이 있다는 것을 다시 생각하게 되었다.</u> 우리는 죽음에 대해 이야기하는 것을 금기시하고 꺼린다. 그러나 삶의 자리에서 죽음을 보지 말고 죽음

---

13) 해당 내용은 저자가 2014년 10월 『인천대학교 교육대학원 원우회보』에 기고한 「웰빙도 중요하지만 웰다잉은 더 중요하다」를 수정·보완한 것임.

의 자리에서 삶을 보는 것이 필요하다. 죽음의 수용은 삶의 포기가 아니라 적극적인 삶의 수용이다. 죽음을 이해함으로서 오늘의 삶을 보다 충실하게 살겠다는 생각을 하게 된다. 오늘이 내 인생의 마지막 날이 될 수도 있다는 생각을 해 본다.

둘째, 웰다잉하기 위해 더욱 노력해야겠다고 생각하게 되었다. 언젠가 맞이할 나의 죽음이 아름다운 죽음이 되도록 노력해야겠다는 생각이다. 톨스토이는 사람들이 겨우살이는 준비하면서도 죽음은 준비하지 않는다고 했고, 스티브 잡스는 33년 동안 매일 아침 거울을 보면서 오늘이 내 인생의 마지막 날이라면 무엇을 할 것인가를 생각했다고 한다. 웰다잉의 출발점은 '삶의 근원적 의미를 발견하고 그 의미를 지켜 나가는 것'이다. '잘 죽는 법'은 '잘 사는 법'과 일맥상통하는 것이다.

셋째, 웰다잉은 구체적으로 다음과 같은 네 가지 조건을 포함하지 않는가 하는 생각을 하게 되었다.

첫 번째 조건은 나의 죽음에 대해 다른 사람들이 진심으로 애도하는 그러한 죽음을 맞이할 수 있을 때, 웰다잉했다고 할 수 있을 것이다. 죽었을 때, "참 좋은 사람이 죽었다. 참 아까운 사람이 죽었다."라는 소리를 들어야 한다. 반대로 "잘 죽었다."라는 냉소적인 소리를 듣는다면 웰다잉했다고 볼 수 없다. 인생을 살아가면서 평상시에 남들에게 긍정적이고 열린 마음으로 애정, 관심, 배려, 나눔, 배품 등을 보여 주는 삶을 살도록 노력해야 한다.

두 번째 조건은 나의 죽음이 나와 남에게 고통과 부담이 되지 않고 품위 있는 죽음이 될 때, 웰다잉했다고 할 수 있을 것이다. 자신의 의지와는 상관없이 치매나 중풍 등과 같은 질병으로 자신뿐 아니라 자녀나 가족들에게 고통과 부담을 안겨 주며 죽게 되면 웰다잉이라고 할 수 없다. 건강한 몸과 마음으로 인생을 보내도록 자기관리를 위해 노력해야 한다. 적당한 나이에 건강한 몸으로 품위 있는 죽음을 맞기를 바란다. 물론 이러한 죽음을 맞는 것은 모든 사람의 소망 사항이지만 자신이 노력한다고 의지대로 가능한 것이 아니다. 하나님의 도우심이 있기를 기도하는 마음으로 성실하게 삶을 살아가야 할 것이다.

세 번째 조건은 나의 죽음의 순간을 내 자신이 감사한 마음으로 맞이할 수 있는 죽음이 될 때, 웰다잉했다고 할 수 있을 것이다. 죽음의 순간이 다가왔을 때, 지나온 삶을 돌아보며 크게 후회할 일 없이 나름대로 보람찬 삶을 살아 온 것에 대하여 감사한 마음으로 생을 마감한다면 웰다잉이라 할 수 있다. 자살로 인한 죽음의 경우를 제외하고, 자신의 의사와 상관없이 죽음을 맞이하는 형태는 대체로 세 가지가 있을 것이다.

① 죽음의 순간을 예견할 수 있는 형태이다. 질병으로 인해 앞으로 어느 정도 살 수 있다

는 시한부 인생을 살게 되는 경우이다. 이때는 비교적 시간적 여유를 가지고 자신의 삶을 돌아 볼 수 있을 것이다. 어느 정도는 죽음을 맞이할 마음의 준비도 할 수 있을 것이다.

② 평상시에 전혀 예상할 수 없다가 갑자기 죽음의 순간을 직면하게 되는 형태이다. 서서히 침몰하는 세월호 속에서 죽음을 맞이해야 했던 승객들의 죽음이 그런 경우이다. 죽음의 그림자가 성큼성큼 다가오면서 주마등처럼 스쳐지나가는 자신의 삶의 순간순간을 회상하면서 두려움과 슬픔과 후회에 잠겨야 했을 승객들을 생각하면 가슴이 저려 온다.

③ 자신도 전혀 인식하지 못하면서 순식간에 죽음을 맞이하는 형태이다. 사랑하는 가족들과 함께 즐거운 여행 중에 갑자기 어디선가 날아온 미사일에 맞아 폭발한 말레이시아 항공기 안에서 맞이한 죽음과 같은 경우이다. 이때는 전혀 죽음을 인식하지 못하면서 삶에서 죽음으로 옮겨 가게 된 것이다. 죽음에 대한 두려움과 슬픔과 고통을 전혀 느끼지 못한 죽음이다.

①, ②의 죽음과 같이 자신이 인식하는 죽음을 맞이하게 되는 경우, 나름대로 살아온 삶에 대하여 감사한 마음으로 생을 마감하도록 평상시에 성실한 삶을 위해 노력해야 할 것이다. ③의 죽음과 같이 자신이 전혀 인식하지 못하는 가운데 죽음을 맞이하게 되는 경우라도 평상시에 최선을 다해 삶을 살려는 노력이 필요하다.

네 번째 조건은 종교적인 관점에서 나의 죽음으로 나의 육체와 영혼을 포함한 나의 모든 것이 소멸되고 없어지는 것인가? 아니면 나의 육체는 소멸되고 없어진다 해도 나의 영혼은 소멸되지 않고 어디론가 가게 되는 것인가? 이 문제를 생각하고 대처하는 것은 가장 중요한 웰다잉을 준비하는 것이다. 앞에 제시된 웰다잉의 세 가지 조건, 즉 나의 죽음에 대해 다른 사람들이 진심으로 애도하는 죽음, 나의 죽음이 나와 남에게 고통과 부담이 되지 않고 품위 있는 죽음, 나의 죽음의 순간을 내 자신이 감사한 마음으로 맞이할 수 있는 죽음 등 모든 조건을 충족한다고 하더라도, 만약 나의 영혼이 소멸되지 않고 어디론가 가서 그곳에 영원이 머물게 된다고 하는 것이 진리라고 한다면, 이는 가장 중요한 웰다잉의 조건이 된다. 이는 종교적인 문제이다.

인간의 진리탐구 노력으로 확인되고 증명된 진리만이 진리가 아니다. 증명된 진리보다 증명되지 않은 진리가 훨씬 더 많은 것이 분명하다. 마치 하루살이가 내일을 모르고, 메뚜기가 겨울을 모르고, 참새가 사계절을 경험한다고 해도 사계절의 순환원리를 모르듯이, 눈에 보이지 않고 이해할 수 없다고 해서 없다고 말할 수는 없다. 인간의 경험으로 볼 수 없고 설명할 수 없다고 해서 없다고 말할 수는 없는 것이다. 인간이 볼 수 없고 설명할 수 없는 수많은 진리가 존재하는 것이 아닐까?

나의 육체적인 죽음 이후, 나의 영혼이 소멸되지 않고 영원히 머물게 될 그곳의 조건이 평안과 기쁨인가? 아니면 고통과 슬픔인가? 종교적인 용어로 천국인가? 지옥인가? 참으로 중요한 문제가 아닐 수 없다. 성경에 "한 번 죽는 것은 사람에게 정해진 것이요 그 후에는 심판이 있으리니"(『히브리서』, 9: 27)라는 말씀이 있다. 천국과 지옥에 관하여 예수님이 직접 언급한 말씀이 있다(『마가복음』, 9: 43-49, 『누가복음』, 16: 19-31).

"보이면 믿겠다(Seeing is Believing)."라는 '과학이라는 안경'으로는 보이지 않으나, "믿으면 보인다(Believing is Seeing)."라는 '신앙이라는 안경'으로 보면 수없이 많은 진리가 보이는 것이 아닐까? 천국과 지옥도 그러한 진리 중 하나가 아닐까? 본질적으로 불완전한 오감을 소유한 인간이 자연 세계에 대한 정보를 수집·분석하여 만들어 낸 지식은 그 자체가 한계를 가질 수밖에 없다. 인간의 불완전한 오감으로는 죽음 이후의 세계를 인식할 수 없는 것이다.

넷째, 웰다잉을 하기 위해, 중년 이후의 삶을 살아가면서 '곱게 늙어 가기', 즉 웰에이징(well-aging)이 필요하다고 생각하게 되었다. 중년을 넘겨서 이제 인생의 후반부를 살아가고 있는 상황이다. 문득 어떤 깨달음이 떠오른다. '그렇다! 웰다잉하기 위해 중년 이후에 곱게 늙어 가도록 노력해야겠구나! 웰에이징하도록 노력해야겠구나!' 하는 생각이 강하게 밀려온다. "어떻게 해야 가을 단풍잎이 곱게 물들어 가는 것처럼 곱게 늙어 갈 수 있을까?" 늘 마음에 담아 두어야 할 중요한 질문이다. 주변에서 곱게 늙어 가고 있는 인생의 선배님들을 만날 때면, 따뜻한 마음을 느끼게 된다. "우리가 낙심하지 아니하노니 우리의 겉사람은 낡아지나 우리의 속사람은 날로 새로워지도다."(『고린도후서』, 4: 16)라는 성경 말씀이 떠오른다.

다섯째, 학생들에게 죽음에 대하여 나아가 웰다잉에 대하여 가르치는 죽음교육, 죽음준비교육이 반드시 필요하다는 생각을 하게 되었다. 죽음은 학생들 곁에 매우 가까이 있다. 학생들에게 죽음에 대하여 가르치는 것은 '죽음의 자리에서 삶을 보는 것'을 가르치는 것이다. 죽음에 대하여 가르치는 것은 오늘의 삶을 보다 충실하게 살도록 가르치는 것이다. 이미 서구사회에서는 죽음교육, 죽음준비교육을 실시해 오고 있다. 일본의 게이오 고등학교의 경우, 죽음준비교육을 실시해 학생들에게 생명의 존엄성을 가르치고, 학교폭력 문제와 자살 문제에 대처해 오고 있다고 한다. 학생들에게 소중한 삶의 시간을 보람되게 살도록 가르쳐야 한다. 죽음교육, 죽음준비교육은 학생들로 하여금 소중한 삶의 시간을 어떻게 의미 있게 보낼 것인가를 가르치는 것으로서, 그 자체가 바로 삶의 교육, 삶의 준비교육이다. 웰다잉에 대한 이해를 높이고 이를 바탕으로 삶과 죽음의 질을 향상시키는 일은 인생에서 가장 중요한 일이다.

4. 리더십에 관한 생각

1) 기러기에게서 배우는 leadership, followership, colleagueship[14]

필자는 일전에 인천대학교 교육대학원 교육행정전공 졸업생과 현역 원생 선생님들에게 '기러기에게서 배우는 리더십'이라는 2분 정도 길이의 동영상을 보냈다(인터넷 검색 가능). 기러기 무리는 먹이와 따뜻한 곳을 찾아 4만km 거리를 날아간다고 한다. 기러기 무리가 날아갈 때는 리더 기러기를 중심으로 V자 대형을 이루며 날아간다. V자 대형을 그리며 날아가는 기러기 무리는 혼자서 날아가는 것보다 최소한 71%는 더 긴 거리를 날 수 있다고 한다. 이는 앞선 리더 기러기를 중심으로 무리지어 날아가는 기러기들이 서로 날갯짓을 하면서 나오는 바람을 이용하여 뒤에 따라오는 다른 기러기들에게 활력을 불어넣어 주고 상승기류를 만들어 주기 때문이다. 이렇게 함으로써 기러기 무리는 에너지를 최대한 절약할 수 있고, 그 덕분에 더 먼 거리를 날아 갈 수 있다.

기러기로부터 성공적인 조직생활과 사회생활을 위하여 필요한 세 가지 중요한 특성을 배울 수 있다.

[그림 13-12] 기러기에서 배우는 리더십

첫째, leadership이다. 조직 구성원들을 다스리거나 이끌어 가는 지도자로서의 능력을 의미한다. 선두에 나는 리더 기러기는 경험이 풍부하고 노련한 기러기이다. 정확한 방향 감각을 유지하면서, 맨 앞에서 세찬 공기의 저항을 뚫고 날갯짓을 하며, 뒤따라오는 기러기 무리를 이끌고 나아간다. 리더 기러기는 비행 중에 힘이 들어

---

14) 해당 내용은 저자가 2010년 12월 『한국교원교육소식』에 기고한 「기러기에게서 배우는 leadership, followership, colleagueship」을 수정 · 보완한 것임.

피곤해지면 뒤편의 기러기와 자리바꿈을 하여 날아가다가, 힘을 회복하여 다시 앞으로 나아간다. 리더 기러기는 뒤따르는 기러기들이 내는 울음소리를 듣고 빨리 날아가거나 혹은 천천히 날아가거나 하면서 비행 속도를 조절한다.

둘째, followership이다. 조직 구성원들이 지도자를 인정하고 지지하는 태도를 의미한다. 리더 기러기 뒤편에 날아가는 기러기들은 규칙적으로 울음소리를 낸다. 그 울음소리는 거센 바람을 가르며 힘들게 날아가는 리더 기러기에게 보내는 지지와 응원의 소리이며, 비행 속도를 조절하게 하는 소리이다. 기러기 무리에게는 서로 격려와 용기를 주는 울음소리라고 한다.

셋째, colleagueship이다. 조직 구성원들이 서로를 아끼고 돌보는 동료의식을 의미한다. 기러기들은 만약 어느 기러기가 총에 맞았거나 아프거나 지쳐서 대열에서 이탈하게 되면, 그대로 버려두고 가지 않는다. 다른 동료 기러기 두 마리가 함께 대열에서 이탈해 지친 동료가 원기를 회복해 다시 날 수 있을 때까지, 또는 죽음으로 생을 마감할 때까지 동료의 마지막을 함께 지키다 무리로 다시 돌아온다. 이는 따뜻한 동료애이다.

교육계에 종사하고 있는 우리 모두는 국내외적으로 매우 어려운 여건 속에서 나라와 민족의 장래를 이끌어갈 2세 교육이라는 막중한 과제를 수행하기 위하여 멀고 험한 길을 함께 날아가고 있는 기러기 무리라고 볼 수 있다. 필자는 동영상을 보고 다음과 같은 생각을 해 보았다.

첫째, 교장·교감 선생님의 바람직한 leadership 발휘가 필요하다. 교장·교감 선생님은 후배 선생님들을 인도하여 나가는 앞선 기러기이다. 앞선 기러기로서 풍부한 경험과 지혜, 바람직한 교육철학과 인생관의 방향 설정, 솔선수범의 자세가 필요하다고 볼 수 있다(이윤식, 2005. 8. 3.). 교육지도자가 갖추어야 할 세 가지 특성은, ① 실력, ② 철학, ③ 솔선수범이다. 교장·교감 선생님이 독불장군식으로 혼자 너무 앞서 끌고 나가지 않고, 뒤따라오는 기러기들의 능력과 형편을 고려하면서, 적절히 보조를 맞추어 이끌어 나가는 지혜가 필요하다고 본다. 때때로 후배 선생님들에게 적절히 권한과 책임을 위임하여 그들이 leadership을 배우고 발휘할 수 있는 기회를 주는 것도 필요하다. 리더 기러기가 뒤편의 기러기와 자리바꿈을 하여 날아가면서, 자신이 힘을 회복하기도 하지만 다른 기러기에게 leadership을 발휘할 기회를 주는 것처럼 말이다. 이것이 바로 요즘 중요하게 거론되는 변혁적 리더십(transformational leadership)이다. 조직 구성원들의 동기와 요구에 관심을 기울이며, 조직 구성원들의 능력을 최대한 발휘할 수 있도록 도와주는 데 노력을 기울이는

leadership이다. 그리고 조직 구성원들을 새로운 리더로 키워 가는 leadership이다.

둘째, 후배 선생님들은 교장·교감 선생님에 대하여 followership 발휘가 필요하다. 뒤따라가는 기러기들이 앞선 기러기를 격려하고 성원하는 모습에서 배워야 할 점이 있다고 생각한다. 세찬 바람을 뚫고 앞서 날아가는 기러기가 얼마나 힘이 들이겠는가? 교장·교감은 학교경영과 관련하여 중요한 결정을 내려야 하고, 그 결과에 대하여 책임을 져야하는 입장에 있다. 교장·교감의 입장에서 해야 할 많은 역할과 책무 중에는 후배 선생님들의 입장에서 보이지 않거나 그 중요성이 간과되는 부분들이 적지 않다. 뒤따르는 기러기무리가 앞에 선 리더 기러기를 성원하는 것처럼, 후배 선생님들이 교장·교감을 신뢰하면서, 응원과 격려를 보내는 자세가 필요하지 않을까?

셋째, 동료 선생님들 상호 간에도 colleagueship 발휘가 필요하다. 병든 기러기 한 마리를 위하여 동료 기러기들이 곁에서 위로하고 도움을 주는 것과 같이, 서로 관심과 애정을 가지고 도와주는 따뜻한 동료애가 선생님들 사이에도 필요하다. 선생님들 상호 간에 소중한 교학상장(敎學相長)의 인적 네트워크(human-network)를 통하여, 교육활동을 협력적으로 꾸며 나가는 모습이 필요하다고 생각한다. 중국 『예기(禮記)』의 「학기(學記)」편에 나오는, "가르치고 배우면서 더불어 성장한다."라는 교학상장의 원리가 선생님과 학생 간의 관계에서뿐만 아니라, 무리를 지어 함께 날아가고 있는 선생님들 상호 간의 관계에서도 동일하게 적용될 것으로 생각된다. 앞서가는 선배 선생님들이 뒤에 오는 후배 선생님들을 이끌어 주고, 뒤에 오는 후배 선생님들은 선배 선생님들을 밀어 주는 아름다운 상생의 모습을 그려 본다.

넷째, 선생님의 학생들에 대하여 바람직한 leadership 발휘가 필요하다. 선생님은 학생들을 인도하여 나가는 앞에선 기러기이다. 선생님이 앞선 기러기로서 풍부한 경험과 지혜, 바람직한 교육철학과 인생관의 방향 설정, 그리고 솔선수범의 자세가 필요하다고 볼수 있다. 선생님이 혼자 너무 앞서 나가지 않고, 뒤따라오는 학생 기러기들의 능력과 형편을 고려하면서, 적절히 보조를 맞추어 이끌어 나가는 지혜가 필요하다. 선생님을 잘 따라오는 기러기에 대한 지도도 중요하지만, 병들어 낙오되려는 기러기에 대해 관심과 배려를 아끼지 않는 선생님이 되길 바란다. 선생님의 사랑과 도움이 꼭 필요한 학생은 누구인가? 가정배경이 좋은 학생들은 선생님의 도움이 없이도 학업을 진행해 나갈 수 있겠지만, 결손가정과 불우가정의 병든 기러기 학생들은 선생님의 도움이 어쩌면 마지막 도움이 될 수도 있을 것이다. "건강한 자에게는 의사가 쓸 데 없고, 병든 자에게라야 쓸 데 있다."("누가

복음」, 5: 31)라는 성경 말씀이 선생님들에게 시사하는 바가 많은 듯 하다.

다섯째, 학생들과 학부모들은 선생님에 대한 followership 발휘가 필요하다. 뒤따라가는 기러기들이 앞선 기러기를 격려하고 성원하는 모습에서 학생들과 학부모들이 배워야할 점이 있지 않을까? 세찬 바람을 뚫고 앞서 날아가는 기러기가 얼마나 힘이 들까? 학생들을 지도하는 앞선 기러기 선생님을 신뢰하면서 응원과 격려로 성원하는 자세가 필요하지 않을까? 학생들과 학부모들이 앞선 기러기 선생님을 비난하고 업신여기는 듯한 자세를 보일 때, 선생님은 학생들에 대한 애정과 교육에 대한 열정을 잃어버리게 된다. 선생님들의 학생들에 대한 애정과 교육에 대한 열정이 활활 타오르도록 학생들과 학부모들의 힘찬 성원과 박수, 즉 followership 발휘를 기대한다.

여섯째, 학생들 서로서로 colleagueship 발휘가 필요하다. 학생들 관계에서도 기러기들 간의 관계가 적용된다. 공부 잘하는 학생, 가정배경이 좋은 학생, 잘 나가는 학생은 학급에서 앞서 날아가는 리더 기러기이다. 공부 못하는 학생, 가정배경이 좋지 못한 학생, 힘들고 어렵게 학창시절을 보내고 있는 학생은 병든 기러기라고 볼 수 있다. 앞서 가는 학생 기러기들이 뒤따라오는 학생 기러기들에 대하여 관심과 애정을 갖는다면 얼마나 아름다운 학교생활이 되겠는가? 병든 기러기 한 마리를 위하여 동료 기러기들이 곁에서 위로하고 도움을 주는 것과 같은 동료애가 학생들 사이에서도 보이기를 기대한다.

학생들에게 이 동영상을 보여 준 후 "무엇을 느꼈는가?"라는 주제로 분임토의를 한 뒤에 조별로 발표하라고 하면 좋을 듯하다. 학급에 왕따 문제가 있을 때, 학생들에게 동영상을 보여 주고 묵상의 시간을 갖도록 하면서, "미물인 기러기들도 병든 기러기 한 마리를 위하여 동료 기러기들이 곁에서 위로하고 도움을 주는데, 만물의 영장인 사람이 기러기보다 못해서야 되겠니?"라고 넌지시 지도한다면 교육적 효과가 있지 않을까? 학급의 명칭을 '기러기반'이라고 정하여, 매달 첫째 월요일 아침에 동영상을 감상하고 묵상의 시간과 '기러기 토론의 시간'을 가지면서, 학급의 어려운 친구들을 돌아보는 기회를 가진다면 교육적 효과가 있지 않을까?

잘나가는 학생 기러기가 독불장군처럼 혼자 나가지 않고, 뒤처지는 기러기들과 함께 날아가면, 자신도 혼자 날아갈 때보다 71%나 더 멀리 날아갈 수 있음을 깨달아야 한다. "빨리 가려면 혼자 가고, 멀리 가려면 함께 가라."라는 아프리카 격언이 있다. 험한 아프리카 사막을 지나고 짐승을 피하여 멀리 가려면 절대적으로 길동무가 있어야 한다는 뜻이다. 이 동영상의 끝 부분에 "폭풍이 치고 비바람이 몰아치는 곳을 뚫고 날아가는 힘든 여정입니다. 나와 당신과 우리가 함께 날아가야 할 곳입니다."라는 말은 우리의 인생길에도 마찬가지로 적용된다. 더불어 살아가는 학급과 사회를 만드는 데 잘 나가는 앞선 기러기들의 뒤처지는 기러기들에 대한 배려(Respect Others)가 매우 중요하다고 생각한다(이윤식, 2007. 8. 30.: 3-4).

지금까지 언급한 leadership, followership, colleagueship의 관계는 [그림 13-13]과 같이 그려 볼 수 있다. 세 가지가 조화를 잘 이룬 조직은 teamwork가 좋은 조직이라 할 수 있다. teamwork는 팀의 구성원이 공동의 목표를 달성하기 위하여 각 역할에 따라 책임을 다하고 협력적으로 행동하는 것을 의미한다. 선생님들의 학교와 학급에서 leadership, followership, colleagueship의 조화를 토대로 좋은 teamwork가 마련되고, 이를 원동력으로 하여 성공적인 교육활동이 이루어지길 기대해 본다.

인간성 상실과 인간소외 그리고 물질만능주의 현상이 심화되어 가는 요즘, 전인교육의 필요성이 매우 높다. 전인교육은 실용적인 지식이나 기능의 교육에만 치우치지 아니하고 전인격체로서 바람직한 인간을 기르려고 하는 교육을 의미한다. 전인교육을 통하여 길러질 바람직한 인간이 갖추어야 할 중요한 특성은 구체적으로 무엇일까? 기러기 무리에게서 시사받은 leadership, followership, colleagueship 세 가지 특성이라고 생각한다. 전인교육을 잘 받은 학생은 ① 개척정신, 창조정신, 도전정신 등을 발휘하면서 사회와 조직의 발전을 이끌어가려는 leadership, ② 사회와 조직의 발전을 이끌어가는 리더를 인정하고 성원해 줄 수 있는 긍정적이고 열린 마음, 양보와 자기희생 정신 등을 보여주는 followership, ③ 사회와 조직의 구성원들에 대해 애정, 관심, 배려, 협조 등을 보여 주는 colleagueship을 조화롭게 내면화한 학생이라고 생각한다. 학교교육을 통하여 우리 학생들에게 leadership, followership, colleagueship이 조화롭게 길러지길 기대한다. followership과 colleagueship이 결여된 leadership은 '꼬챙이 leadership'이 되어 남을 찌르고 아프게 하며, 결코 사회와 조직 발전에 유익할 수 없다.

[그림 13-13] leadership, followership, colleagueship의 조화

기러기 동영상을 학부모 총회에서 잘 활용하신 선생님들이 있다. 학부모를 감동시킨다는 것이 얼마나 어려운 일인지는 필자보다 선생님들이 더 잘 알고 있지 않는가? 간단한 아이디어로 학부모와 학생들을 감동시킨다는 것이 선생님들의 권위를 회복하는 데 얼마나 가치 있는 것인지! 학부모 총회에서 활용하여 좋은 효과가 있었다고 필자에게 보내 온 메일을 참고로 소개한다.

> [사례1] 초등학교 선생님이 보내 주신 메일: 어제 학부모 총회가 있었어요. 교수님께서 보내 주셨던 기러기 리더십 동영상을 보여 드리면서, 이런 선생님이 되도록 노력하겠다, 교학상장을 통해 세상에 빛이 되는 아이들로 클 수 있도록 지도하겠다 했더니. 학부모들 모두 감동^^* 좋은 분위기 속에서 총회를 마무리 했답니다.
>
> [사례2] 고등학교 선생님이 보내 주신 메일: 오늘 학부모 총회가 있었어요. 학부모 총회를 3부(1부: 기러기에게서 배우는 리더십, 2부: 학교 운영 안내, 3부: 불법 찬조금 근절의 청렴도 교육)로 나누어서 진행하였습니다. 1부의 2분 남짓한 기러기 리더십 이야기에 학부모님들이 감동을 받아 눈물을 흘릴 뻔했다고 합니다. 학부모 총회에서 감동을 받기는 처음이라고 했어요. 교수님 덕분에 자료 활용 만족도 200%였습니다.

필자는 동영상을 보고 다음과 같은 생각을 숨길 수가 없었다. 한갓 미물인 기러기에게조차 귀하고 아름다운 지혜를 주시고, 그 지혜를 만물의 영장이라고 하는 사람들이 발견하고 깨닫게 하신 하나님께 참으로 감사드린다. "하나님을 알 만한 것이 그들 속에 보임이라. 하나님께서 이를 그들에게 보이셨느니라. 창세로부터 그의 보이지 아니하는 것들 곧 그의 영원하신 능력과 신성이 그가 만드신 만물에 분명히 보여 알려졌나니 그러므로 그들이 핑계하지 못할지니라."(『로마서』, 1: 19-20)

2) leadership보다 먼저 followership과 colleagueship을 배워야 한다[15]

기러기 무리는 먹이와 따뜻한 곳을 찾아 4만km 거리를 날아간다고 한다. 기러기 무리

---

15) 해당 내용은 「기러기에게서 배우는 leadership, followership, colleagueship」의 후속편으로, 저자가 2013년 10월 『한국교육행정학회소식지』에 기고한 「leadership을 배우기 위해서는 먼저 followership과 colleagueship을 배워야 한다」를 수정·보완한 것임.

가 날아갈 때는 리더 기러기를 중심으로 V자 대형을 이루며 날아간다. V자 대형을 그리며 날아가는 기러기 무리는 혼자서 날아가는 것보다 최소한 71%는 더 긴 거리를 날 수 있다고 한다. 이는 앞선 리더 기러기를 중심으로 무리지어 날아가는 기러기들이 서로 날갯짓을 하면서 나오는 바람을 이용하여 뒤에 따라오는 다른 기러기들에게 활력을 불어 넣어 주고 상승기류를 만들어 주기 때문이다. 이렇게 하므로 기러기 무리는 에너지를 최대한 절약할 수 있고, 그 덕분에 더 먼 거리를 날아갈 수 있다는 것이다.

기러기로부터 성공적인 조직생활과 사회생활을 위하여 필요한 세 가지 중요한 특성을 배울 수 있다고 생각한다. 첫째, leadership이다. 조직 구성원들을 다스리거나 이끌어 가는 지도자로서의 능력을 의미한다. 선두에 나는 리더 기러기는 경험이 풍부하고 노련한 기러기이다. 정확한 방향 감각을 유지하면서, 맨 앞에서 세찬 공기의 저항을 뚫고 날갯짓을 하며, 뒤따라오는 기러기 무리를 이끌고 나아간다. 리더 기러기는 비행 중에 힘이 들어 피곤해지면 뒤편의 기러기와 자리바꿈을 하여 날아가다가, 힘을 회복하여 다시 앞으로 나아간다고 한다. 리더 기러기는 뒤따르는 기러기들이 내는 울음소리를 듣고 빨리 날아가거나 혹은 천천히 날아가거나 하면서 비행 속도를 조절한다고 한다.

둘째, followership이다. 조직 구성원들이 지도자를 인정하고 지지하는 태도를 의미한다. 리더 기러기 뒤편에 날아가는 기러기들은 규칙적으로 울음소리를 낸다. 그 울음소리는 거센 바람을 가르며 힘들게 날아가는 리더 기러기에게 보내는 지지와 응원의 소리이며, 비행속도를 조절하게 하는 소리라고 한다. 기러기 무리에게는 서로 격려와 용기를 주는 울음소리라고 한다.

셋째, colleagueship이다. 조직 구성원들이 서로를 아끼고 돌보는 동료의식을 의미한다. 기러기들은 만약 어느 기러기가 총에 맞았거나 아프거나 지쳐서 대열에서 이탈하게 되면, 그대로 버려두고 가지 않는다. 다른 동료 기러기 두 마리가 함께 대열에서 이탈해 지친 동료가 원기를 회복해 다시 날 수 있을 때까지, 또는 죽음으로 생을 마감할 때까지 동료의 마지막을 함께 지키다 무리로 다시 돌아온다. 따뜻한 동료애이다.

요즘 leadership은 학교교육을 통해 학생들에게 길러 주고자 하는 중요한 과제일 뿐 아니라, 모든 조직에서 구성원들이 추구하고자 하는 과제이기도 하다. 학교마다 중요한 교육목표로 'leadership 함양!' '21세기 global leadership을 갖춘 인재양성!' 등 leadership의 중요성이 강조되고 있다. 그러면 leadership을 어떻게 키울 것인가? 중요한 과제가 아닐 수 없다.

리더 기러기를 중심으로 V자 대형을 이루며 날아가는 기러기들의 모습을 보면서 그 해답을 생각해 볼 수 있지 않을까 한다. 맨 앞에 날아가는 리더 기러기가 하루아침에 리더 기러기가 된 것이 아닐 것이다. 어린 기러기일 때 출발하여 시간이 지나 어른 기러기가 되어 가면서, 뒷자리에서 점차 앞자리로 움직여 오면서 결국 리더 기러기가 되었을 것이다. 어린 기러기가 형님 기러기들과 함께 V자 대형을 이루며 날아가는 모습을 생각해 보자. 어린 기러기가 성장하는 과정을 생각해 보면, leadership을 기르기 위해서 어떠한 순서가 필요한 가에 대한 답을 얻을 수 있을 것이다.

맨 뒤에 날아가는 어린 기러기는 먼저 무엇을 배울까? 맨 앞에 날아가는 삼촌 리더 기러기의 뒤를 따라 형님 기러기들이 V자 대형을 이루며 날아가는 것을 보면서 어린 기러기는 자라나게 된다. 그 과정에서 형님 기러기들이 규칙적으로 울음소리를 내는 것을 따라 배우게 된다. 그 울음소리는 거센 바람을 가르며 맨 앞에서 힘들게 날아가는 삼촌 리더 기러기에게 보내는 지지와 응원의 소리인 것을 알게 된다. 즉, followership을 먼저 배우게 되는 것이다.

시간이 흘러서 어린 기러기가 소년 기러기가 된다. 뒤를 돌아보니 동생 기러기들이 따라 오고 있는 것이다. 어느 날, 아픈 기러기 한 마리가 낙오하여 대열을 이탈하게 되는 것을 보게 되는데, 그때 형님 기러기 두 마리가 함께 대열에서 이탈해 아픈 기러기 곁에 머물러 주는 것을 보게 된다. 그리고 아픈 기러기가 원기를 회복해 다시 날 수 있을 때까지 함께 있다가 무리로 돌아오는 것을 보게 된다. 그런 모습을 보며 가슴이 따뜻해짐을 느끼면서, 동료 기러기에 대한 따뜻한 사랑을 배우게 된다. 즉, colleagueship을 배우게 되는 것이다. 진정한 leadership을 배우기 위해서는 먼저 followership을 배워야 하고, 거기에 colleagueship을 합해야 한다.

leadership과 followership, colleagueship의 관계는 [그림 13-14]와 같이 그려볼 수 있을 것이다. 세 가지가 조화를 잘 이룬 조직은 teamwork가 좋은 조직이라 할 수 있

[그림 13-14] leadership, followership, colleagueship의 조화

다. teamwork는 팀의 구성원이 공동의 목표를 달성하기 위하여 각 역할에 따라 책임을 다하고 협력적으로 행동하는 것을 의미한다. 진정한 leadership을 갖춘 리더는 그 자신이 먼저 followership과 colleagueship을 조화롭게 갖추고 있어야 한다. 뿐만 아니라, 자신의 leadership을 잘 발휘하여 조직 구성원들의 followership과 colleagueship을 이끌어 낼 줄 알아야 한다. 자기 자신에게 followership과 colleagueship이 없는 리더가 어떻게 조직 구성원들의 followership과 colleagueship을 이끌어 낼 수 있겠는가? 진정한 leadership을 갖춘 리더는 조직의 teamwork를 극대화하여 조직의 목표 달성에 성공할 뿐 아니라, 조직 구성원들의 사기와 만족감을 높일 수 있는 것이다.

우수한 학생들이 선발되어 교육을 받는다는 특목고와 관련하여 어렴풋이 들었던 이야기가 생각난다. 글로벌 리더를 양성한다는 취지에서, 학생들이 선진 외국을 방문하여 견문을 넓히도록 하기 위해 학교에서 해외 견학 활동 계획을 세웠다. 필요한 경비의 일부를 학부모들에게 부담해 줄 것을 요청하였는데, 두 가지 반응이 나왔다고 한다.

한 가지 반응은 경비의 일부를 기꺼이 부담하겠다는 반응이었다. 자녀가 특목고에 다니고 있어서 사교육비도 절감되고 여러 가지 좋은 교육조건에서 교육을 받게 되니 감사한 마음으로 경비의 일부를 부담을 하겠다는 반응이었다. 다른 반응은 경비 부담에 대하여 시큰둥한 반응이었다. 글로벌 리더를 양성하는 데 왜 투자에 인색하냐면서 전액을 학교 측에서 부담해야 하지 않겠느냐는 반응이었다. 학부모가 어떻게 생각하느냐에 따라 학생들도 같은 생각을 한다. 경비 부담에 대하여 학부모가 긍정적인 태도를 보이느냐 혹은 부정적인 태도를 보이느냐 하는 것이 비슷하게 학생들의 태도에도 영향을 미친다. 그 부모에 그 학생이라고 할 수 있을 것이다.

사실 교육청에서 특목고에 투자하는 교육비가 일반고에 투자하는 교육비보다 훨씬 많다는 점을 고려할 때, 특목고에 다니는 학생들은 일반고에 다니는 학생들보다 더 많은 혜택을 받고 있는 것이다. 그런 점에서 본다면, 특목고에 다니는 학생들이나 그 학부모들은 감사하는 마음으로 교육활동에 참여하고 필요한 경우 경비의 일부를 부담하는 것이 옳지 않을까 생각한다.

공부를 잘했기 때문에 특목고에 들어왔으니 당연히 더 많은 혜택을 누릴 자격이 있다고 생각하면서, 글로벌 리더를 양성하는 데 왜 투자에 인색하냐는 반응을 보이는 학부모나 학생들이 생각하는 leadership의 내용은 무엇일까? 진정한 leadership은 남에게 유익을 끼치는 leadership이어야 한다. 나의 이웃에 대하여 따뜻한 돌봄, 나눔, 베풂, 섬김의 자세와 태도를 바탕으로 할 때 비로소 진정한 leadership이 성립되는 것이다.

그러한 의미의 진정한 leadership을 갖춘 글로벌 리더가 될 학생은 어떤 것을 배워야 할까? ① 개척정신, 창조정신, 도전정신 등을 발휘하면서 사회와 조직의 발전을 이끌어 가려는 leadership, ② 사회와 조직의 발전을 이끌어 가는 리더를 인정하고 성원해 줄 수 있는 긍정적이고 열린 마음, 양보와 자기희생 정신 등을 보여 주는 followership, ③ 사회와 조직의 구성원들에 대해 애정, 관심, 배려, 협조 등을 보여 주는 colleagueship을 조화롭게 내면화한 학생이어야 할 것이다. followership과 colleagueship이 결여된 leadership은 '꼬챙이 leadership'이 되어서, 남을 찌르고 아프게 하며, 결코 사회와 조직 발전에 유익이 될 수 없을 것이다.

"너희 중에 큰 자는 너희를 섬기는 자가 되어야 하리라 누구든지 자기를 높이는 자는 낮아지고 누구든지 자기를 낮추는 자는 높아지리라."(『마태복음』, 23: 11-12)라는 성경 말씀에서 남에게 유익을 끼치는 진정한 leadership의 모습을 찾아 볼 수 있다. 진정한 leadership을 배우기 위해서는 먼저 followership과 colleagueship을 배워야 한다. leadership, followership, colleagueship을 조화롭게 갖춘 학생, 교육자, 사회 지도자들이 많이 배출되기를 간절히 기대해 본다.

3) 좋은 리더십 배우기 3단계 3차원[16]

leadership의 일반적인 정의는, 조직 목표를 효과적으로 달성하기 위하여 구성원들로 하여금 자발적으로 협조하도록 하는 기술 및 영향력이라고 할 수 있다. 간단히 리더십은 조직 구성원들에 대한 '선한 영향력'을 의미한다. '좋은 영향력'이라는 표현이 다소 주관적인 판단에 근거한 느낌을 주므로, 객관적인 판단에 근거한 느낌을 주는 '선한 영향력'이라는 표현이 더 좋다고 생각한다.

좋은 리더십을 발휘하기 위해 리더는 세 가지 특성을 갖추도록 노력해야 한다. 첫째, 실력이 있어야 한다. 조직 구성원들을 대상으로 효과적인 리더십을 발휘하려면, 구성원들에 비해 양적으로나 질적으로 더 많고 더 좋은 지식, 정보, 기술, 경험, 능력, 지혜 등을 포함하는 실력이 있어야 한다. "머리가 나쁘면 수족이 고달프다."라는 말이 있듯이, 실력 없

---

16) 해당 내용은 저자가 2017년 10월 『인천대학교 교육대학원 원우회보』에 기고한 「좋은 리더십 배우기 '3단계 3차원'」을 수정·보완한 것임.

표 13-1 좋은 리더십 배우기 3단계 3차원

구분		좋은 리더가 갖추어야 할 3특성		
		① 실력 → 자동차의 엔진 ▶ 지적 실력 ▶ 도덕적 실력	② 철학 → 자동차의 핸들 ▶ 사랑 ▶ 정의	③ 솔선수범 → 자동차의 운전자
		좋은 리더가 되기 위한 3차원 노력		
		① 지식(머리) 차원 노력 • 알고(know) • 생각하고(think) • 이해하고(understand) 〈아는 만큼 → 보인다〉	② 태도(가슴) 차원 노력 • 느끼고(feel) • 공감하고(sympathetic) • 나누고(share) 〈보이는 만큼 → 느낀다〉	③ 실천(팔다리) 차원 노력 • 실천하고(practice) • 도전하고(challenge) • 봉사하고(serve) 〈느끼는 만큼 → 행동한다〉
		책을 통해 배움 + 문학·예술·영화 등 감동을 통해 배움 + 실천과 봉사를 통해 배움		
리더십 배우기 3단계	③ 나는 leadership을 어느 정도 갖추고 있는가? ② 나는 colleagueship을 어느 정도 갖추고 있는가? ① 나는 followership을 어느 정도 갖추고 있는가?	리더십 ↑ 인간관계		↗

는 사람이 리더가 되면, 조직 구성원들이 고달프다. 실력은 ① 지적 실력, ② 도덕적 실력 두 가지를 포함한다. 지적 실력은 지식, 정보, 기술, 경험 등을 포함하여 지적인 면에서 실력이 있는 것이다. 도덕적 실력은 개인의 삶에서 도덕적인 모습이 보이는 것이다. 언어와 행동에 있어서 문제가 있다거나, 사생활에 문제가 있어 물의를 일으킨다면 도덕적 실력이 없는 것이다.

둘째, 철학이 있어야 한다. 철학은 자신의 경험에서 얻은 인생관, 세계관, 신념 등을 이르는 말이다. 철학이 있어야 한다는 말은 바람직하고 분명한 원리·원칙과 가치관을 가지고 있어야 한다는 뜻이다. 철학은 리더가 행동하는 방향, 조직을 인도하는 방향과 관련이 된다. 철학은 의사결정과 행동에 있어 판단 기준과 방향성을 제시하는 기능을 가지고 있다. 실력은 자동차의 엔진이라면 철학은 자동차의 핸들이다. 자동차가 잘 달리려면 엔진이 튼튼해야 하지만, 동시에 가야 할 길로 제대로 가도록 방향을 잡아 주는 핸들도 잘 움직여야 한다. 아무리 리더가 실력이 있어도 실력을 행사하는 방향 설정이 잘못되어 있으면, 그 실력은 많은 사람에게 해로울 수밖에 없다. 리더가 갖추어야 할 철학으로, ① 사랑, ② 정의가 필수적이다. 사랑은 사람을 아끼고 소중히 여기는 마음이나 일을 의미한다. 정의는 진리에 맞는 올바른 도리로서 법과 원칙을 의미한다. 사랑과 정의 두 가지는 리더가 함께 갖추어야 할 철학의 내용으로서 상호 보완적인 관계에 있다. "사랑이 없는 정의는 사람을 죽인다." 사랑이 없이 옳고 그름만 따지고 판단하고 비난하면 그 대상이 되는 사람이나 어린이는 크게 상처를 입게 된다. 반대로 "정의가 없는 사랑은 사람을 망친다." 옳고 그름을 따지지 않고, 사랑만 준다면 그 대상이 되는 사람이나 어린이는 자기만 아는 속 좁은 이기적인 사람으로 망치게 된다.

셋째, 솔선수범하려는 자세가 있어야 한다. 시대적·사회적으로 민주화·자율화 추세가 진전되어 감에 따라, 리더가 솔선수범하는 자세를 보이지 않으면 조직 구성원들을 이끌어 가기 어려운 상황이 되었다. 솔선수범은 리더가 운전자가 되어서 직접 자동차를 운전해 나가는 것으로 비유할 수 있다. 좋은 리더가 되려면 충분한 실력을 갖추고, 바람직한 철학을 가지고, 솔선수범하는 자세로 조직을 이끌어가려는 노력을 해야 한다.

좋은 리더십은 그 결과로서 두 가지 요소를 충족하는 것이 필요하다. ① 조직 목표를 효과적으로 달성하는 것, ② 조직 구성원들의 만족과 사기를 높이는 것이 동시에 충족될 때 좋은 리더십이라고 할 수 있다. 어느 조직에서든지 조직 목표를 효과적으로 달성하기 위하여 조직 구성원들의 상호 협동이 요구된다. 이러한 상호 협동은 조직 구성원들 간의 인간관계가 어떤가에 의해 크게 좌우된다. 조직 구성원들과 좋은 인간관계가 전제되어야 좋은 리더십이 성립된다. 인간관계가 좋다고 반드시 리더십이 좋은 것은 아니지만 인간관계가 나쁜데 리더십은 좋다고 볼 수 있는 리더는 찾아보기 어렵다.

이런 맥락에서 좋은 leadership을 배우기 위해서는 먼저 followership과 colleagueship을 배워야 한다. followership은 조직 구성원들이 지도자를 인정하고 지지하는 태도를 의미한다. colleagueship은 조직 구성원들이 서로를 아끼고 돌보는 동료의식을 의미한다. leadership은 조직 구성원들을 다스리거나 이끌어 가는 지도자로서의 능력을 의미한다. 사람은 태어나면서 부모에 대한 절대적인 의존성을 중심으로 followership을 배운다. 자라면서 또래집단과의 접촉을 통하여 colleagueship을 배우고, 점차 leadership을 배워 간다. followership과 colleagueship은 인간관계의 근간이 된다.

좋은 leadership을 갖춘 리더는 자신이 먼저 followership과 colleagueship을 조

화롭게 갖추고 있어야 한다. 뿐만 아니라, leadership을 잘 발휘하여 조직 구성원들의 followership과 colleagueship을 이끌어 낼 줄 알아야 한다. 자신이 followership과 colleagueship이 없는 리더가 어떻게 조직 구성원들의 followership과 colleagueship을 이끌어 낼 수 있겠는가?

좋은 leadership을 배우기 위해서, "① 나는 followership을 어느 정도 갖추고 있는가? ② 나는 colleagueship을 어느 정도 갖추고 있는가? ③ 나는 leadership을 어느 정도 갖추고 있는가?" 하는 3단계에 관련된 질문을 염두에 두고 노력해야 한다.

다음으로 좋은 리더가 되기 위해 3차원의 노력이 필요하다.

첫째, 지식(머리) 차원의 노력이다. "아는 만큼 보인다."라는 말이 있다. leadership에 대하여 알고(know), 생각하고(think), 이해하려고(understand) 노력하는 차원이다. leadership에 관련된 책을 읽어 가면서 지식과 정보를 습득하려는 노력이 필요하다.

둘째, 태도(가슴) 차원의 노력이 필요하다. "보이는 만큼 느낀다."라는 말이 있다. leadership에 대하여 느끼고(feel), 공감하고(sympathetic), 나누려고(share) 노력하는 차원이다. 김수환 추기경의 어록 중에 "사랑이 머리에서 가슴으로 내려오는 데 70년이 걸렸다."라는 말이 있다. 머리로 하는 사랑은 지식으로 하는 사랑, 입으로 하는 사랑, 말로 하는 사랑을 의미한다. 가슴으로 하는 사랑은 가슴으로 느끼고 실천하고 다짐하는 사랑을 의미한다. 머리와 입으로 하는 사랑은 상대를 감동시키지 못한다. 가슴으로 하는 사랑은 이해, 관용, 포용, 동화, 자기 낮춤이 수반되어 상대를 감동시킨다. 머리에서 가슴까지 불과 30cm도 안 되는 짧은 거리지만, 가슴으로 하는 진정한 사랑의 경지에 이르는 데 긴 세월이 걸렸다는 김수환 추기경의 매우 겸손한 고백이다. 리더십에 관련된 좋은 문학작품, 예술작품, 영화 등을 보면 가슴이 따뜻해지고 감동을 느낄 수 있다.

셋째, 실천(팔다리) 차원의 노력이 필요하다. "느끼는 만큼 행동한다."라는 말이 있다. leadership에 대하여 실천하고(practice), 도전하고(challenge), 봉사하려고(serve) 노력하는 차원이다. 실천하고 도전하고 봉사하면서 leadership을 배우게 된다. 담배를 끊게 되는 것도, ① 지식(머리) 차원, ② 태도(가슴) 차원, ③ 실천(팔다리) 차원의 과정을 겪게 된다. 대부분의 흡연자은 담배를 끊으려고 노력한다. 담배에는 폐암을 비롯하여 구강암, 인후암 등 각종 암과 만성 폐질환 및 호흡기질환의 원인이 되는 니코틴, 타르, 일산화탄소 등 유해성분이 가득하다는 것을 지식 차원에서 알고 있다. 대체로 새해가 시작되면 담배를 끊어야겠다고 굳게 마음으로 결심하게 된다. 그러나 며칠 지나지 않아서 팔다리는 담배를 찾게 되는 것이다. 팔다리가 담배를 거부할 때 비로소 담배를 끊게 되는 것이다.

종합하자면, 좋은 leadership을 배우기 위해, ① 실력, ② 철학, ③ 솔선수범 등 좋은 리더가 갖추어야 할 세 가지 특성을 추구하면서, ① followership, ② colleagueship, ③ leadership의 3단계와, ① 지식, ② 태도, ③ 실천 등 3차원의 과정을 통합적(3단계 × 3차원 → 3특성)으로 밟아 가는 노력이 필요하다.

4) 좋은 리더가 갖추어야 할 철학: 사랑과 정의[17]

좋은 지도자는 우선적으로 실력이 있어야 한다. 조직 구성원들을 대상으로 효과적인 지도성을 발휘하려면, 구성원들에 비해 양적으로나 질적으로 더 많고 더 좋은 지식, 정보, 아이디어, 경험, 기술, 능력, 지혜 등을 포함하는 실력이 있어야 한다. "머리가 나쁘면 수족이 고달프다."라는 말이 있듯이, 실력 없는 사람이 지도자가 되면 조직 구성원 모두가 고달프다. 실력은 두 가지를 포함한다. ① 지적 실력, ② 도덕적 실력 두 가지이다. 지적 실력은 지식, 경험, 노하우를 포함하여 지적인 면에서 실력이 있다는 것이다. 도덕적 실력은 개인의 삶의 모습에서 도덕적인 모습이 보여야 한다는 것이다. 언어와 행동에 있어서 문제가 있다거나, 사생활에 문제가 있어 물의를 일으킨다면 도덕적 실력이 없는 것이다.

좋은 지도자는 다음으로 철학이 있어야 한다. 철학은 자신의 경험에서 얻은 인생관, 세계관, 신념 등을 이르는 말이다. 철학이 있어야 한다는 말은 바람직하고 분명한 원리 · 원칙과 가치관을 가지고 있어야 한다는 뜻이다. 철학은 지도자가 행동하는 방향, 조직을 인도하는 방향과 관련이 된다. 철학은 의사결정과 행동에 있어 판단 기준과 방향성을 제시하는 기능을 가지고 있다. 비유를 든다면, 실력은 자동차의 엔진이며 철학은 자동차의 핸들이다. 자동차가 잘 달리려면 엔진이 튼튼해야 하지만, 동시에 가야 할 길로 제대로 가도록 방향을 잡아 주는 핸들도 잘 움직여야 한다. 당장은 힘들고 손해가 난다 하더라도, 지도자는 바람직한 원리 · 원칙을 지켜야 한다. 그만큼 지도자의 철학은 중요하다. 아무리 지도자가 실력이 있어도 실력을 행사하는 방향 설정이 잘못되어 있으면, 그 실력은 많은 사람에게 해로울 수밖에 없다. 최고 엘리트라고 하는 일부 사람들이 그 좋은 실력으로 사리사욕과 부정 · 부패에 빠져 사회발전에 해를 끼치는 것을 보게 된다.

---

17) 해당 내용은 저자가 2017년 4월 『인천대학교 교육대학원 원우회보』에 기고한 「좋은 Leader가 갖추어야 할 철학: 사랑과 정의」를 수정 · 보완한 것임.

좋은 지도자가 갖추어야 할 철학으로, ① 사랑, ② 정의 두 가지가 필수적이라고 생각한다. 사랑은 사람을 아끼고 소중히 여기는 마음이나 일을 의미한다. 정의는 진리에 맞는 올바른 도리를 의미한다. 일반적으로 정의를 이야기할 때 법과 원칙을 지켜야 함을 강조한다. 사랑과 정의 두 가지는 지도자가 함께 갖추어야 할 철학의 내용으로서 상호 보완적인 관계에 있다. 사랑과 정의가 상호 보완적으로 존재해야 함을 잘 보여 주는 좋은 사례가 성경에 있다. 다음은 간음하다 잡힌 여인에 대한 예수님의 판단이 좋은 사례이다.

이른 아침에 예수께서 다시 성전으로 가시자 많은 백성들이 예수께 나아왔습니다. 예수께서 앉아서 그들을 가르치실 때 율법학자들과 바리새파 사람들이 간음을 하다가 잡힌 여인을 끌고 와서 사람들 앞에 세우고 예수께 말했습니다. "선생님, 이 여자가 간음을 하다가 현장에서 붙잡혔습니다. 모세는 율법에서 이런 여자들은 돌로 쳐 죽여야 한다고 우리에게 명령했습니다. 선생님은 뭐라고 하시겠습니까?" 그들이 이런 질문을 한 것은 예수를 시험해 고소할 구실을 찾으려는 속셈이었습니다. 그러나 예수께서는 몸을 구부린 채 앉아서 손가락으로 바닥에 무엇인가를 쓰기 시작하셨습니다. 그들이 계속 질문을 퍼붓자 예수께서 일어나서 그들에게 말씀하셨습니다. "너희 가운데 죄 없는 사람이 먼저 이 여인에게 돌을 던지라." 그러고는 다시 몸을 굽혀 바닥에 무엇인가를 쓰셨습니다. 이 말씀을 들은 사람들은 제일 나이든 사람부터 하나 둘씩 슬그머니 사라지기 시작했습니다. 결국 예수와 거기 홀로 서 있던 여인만 남게 됐습니다. 예수께서 일어나 여인에게 물으셨습니다. "여인아, 그들은 어디 있느냐? 너를 정죄한 사람이 한 사람도 없느냐?" 여인이 대답했습니다. "선생님, 없습니다." 예수께서 말씀하셨습니다. "나도 너를 정죄하지 않겠다. 이제부터 다시는 죄를 짓지 마라."

(자료: 우리말성경, 요한복음, 8: 2-11).

이 사례에 등장하는 주요 인물들은 율법학자들과 바리새파 사람들, 예수님 그리고 간음하다가 잡힌 여인이다. 당시 율법학자들은 모세의 율법을 상세히 연구하여 정통한 전문가로서 율법을 사람들에게 지키도록 가르치고 강요하였다. 구약성경에는 전체적으로 365가지 '하지 말라'는 율법 조항과 248가지 '하라'는 율법 조항이 기록되어 있다고 한다. 바리새파 사람들은 당시에 율법 조항을 철저히 지켜야 한다고 강조하는 사람들을 지칭한다. 율법학자들과 바리새파 사람들은 간음하다 잡힌 여인은 당연히 돌로 쳐 죽여야 한다고 주장하였다.

이 사례에 기술되어 있지는 않았지만, 이 여인과 간음한 남자와 이 여인의 부모의 입장을 추측해 볼 수 있다. 함께 간음한 남자가 혹시라도 무리들 속에 숨어서, 그 여인이 돌에 맞아 죽기를 바라고 있을 수도 있었을 것이다. 그 여인이 죽어서 입을 다물어야 자기 신분이 노출되지 않기 때문이다. 어쩌면 율법에 정한 대로 그 여인을 돌로 쳐 죽여야 한다고 재촉하는 율법학자들과 바리새파 사람들 중에 속해 있는 한 남자일 수도 있을 것이다. 이들에게 있어서 율법 조항은 곧 죽이는 것이다(『고린도후서』, 3: 6).

이 현장에는 어쩌면 간음하다가 잡힌 여인의 부모도 있을 수 있었을 것이다. 아마도 율법학자들과 바리새파 사람들과 많은 무리 속에 숨어서, 곧 율법에 따라 돌을 맞고 죽어갈 사랑하는 딸의 찢겨진 옷과 흐트러진 머리의 초라한 모습을 바라보면서 안타까워하며 속으로 살려 달라고 울부짖고 있었을 것이다.

당시에 예수님은 율법에만 집착한 나머지 남을 판단하고 비판하며, 이웃과 하나님을 사랑하는 일에 소홀한 율법학자들과 바리새파 사람들의 태도를 비난했다. 예수님은 그들이 사람들에게 지키라고 가르치는 율법을 자신들은 지키지 않고 겉과 속이 다른 위선적인 그들의 언행불일치를 비난했다. 예수님은 율법을 지키기보다 사랑에 더 관심을 가져야 한다고 가르쳤다.

이 사례에서 예수님은 "너희 가운데 죄 없는 사람이 먼저 이 여인에게 돌을 던지라."라고 말함으로써 율법의 정의를 언급하였다. 또한 예수님은 간음하다 잡힌 여인과 대화를 나누며, "나도 너를 정죄하지 않겠다. 이제부터 다시는 죄를 짓지 마라."라고 언급함으로써 용서와 생명의 길을 열어 주었다. 예수님은 정의와 사랑 두 가지를 모두 보여 준 것이다. 사랑은 정의를 온전케 한다. 사랑은 율법의 완성이다(『로마서』, 13: 10).

일반적으로 "사랑이 없는 정의는 사람을 죽인다." 사랑이 없이 옳고 그름만 따지고 판단하고 비난하면, 그 대상이 되는 사람이나 어린이는 크게 상처를 입게 된다. 나중에는 그 판단과 비난이 부메랑이 되어 되돌아와 비난하던 사람도 상처를 입게 되는 것을 볼 수 있다. 반대로 "정의가 없는 사랑은 사람을 망친다." 옳고 그름을 따지지 않고, 사랑만 준다면 그 대상이 되는 사람이나 어린이는 자기만 아는 속 좁은 이기주의적인 사람으로 망치게 됨을 볼 수 있다.

오늘날, 가정과 학교와 사회의 일반 지도자들은 예수님이 보여 주신 바와 같이 사람을 아끼고 소중히 여기는 사랑과, 법과 원칙을 지키려는 정의 두 가지를 상호 보완적으로 조화롭게 드러내는 것이 필요하다.

5) 신뢰받는 지도자의 조건[18]

일반적으로 조직을 이끄는 지도자에 대한 구성원들의 신뢰는 그 조직의 효과성을 결정하는 중요한 조건이다. 좋은 지도자가 되기 위해서는 구성원들로부터 신뢰를 받아야 한다. 신뢰받는 지도자는 개인적으로 뿐 아니라 조직적으로 구성원들의 업무 추진 열의와 역량을 키워 주고, 업무 성과를 높이게 된다.

구성원들의 지도자에 대한 신뢰가 어느 정도인가 하는 것이 지도자가 리더십을 발휘하는 데 매우 중요하다. Galford와 Drapeau(2007)는 지도자에 대한 구성원들의 신뢰도 수준을 가늠해 볼 수 있는 공식을 제시하였다. 지도자에 대한 신뢰도는 구성원들이 인식하고 있는 지도자에 대한, ① 신용(credibility), ② 믿음직함(reliability), ③ 친근함(intimacy)이라는 세 가지 조건에 비례하고, ④ 이기심(self-orientation) 조건에 반비례한다.

〈지도자에 대한 신뢰도 공식〉

$$\text{신뢰도(trustworthiness)} = \frac{\text{신용(credibility)} + \text{믿음직함(reliability)} + \text{친근함(intimacy)}}{\text{이기심(self-orientation)}}$$

출처: Galford & Drapeau (2007: 52).

신용(credibility)은 지도자의 전문성에 대한 구성원들의 인식을 의미한다. 지도자의 전문성은 지도자의 실력이라고 볼 수 있다. 지도자는 구성원들에 비해 양적으로나 질적으로 더 많고 더 좋은 지식, 정보, 기술, 경험, 능력, 지혜 등을 포함하는 실력이 있어야 한다.

필요한 지식이나 정보를 지도자가 직접 가지고 있지 않더라도, 어디서 찾을 수 있는지를 알고 있어 구성원들에게 안내해 주는 것도 지도자의 전문성과 관련이 되어 신용을 높이게 된다. 지도자는 자신의 전문성이나 과거 경력이나 업적을 구성원들에게 적절히 알려서 구성원들로 하여금 지도자의 전문성에 대하여 긍정적 인식을 갖도록 하는 것이 필요하다.

믿음직함(reliability)은 지도자의 언행이 일관성이 있고 믿을 수 있는 정도에 대한 구성

---

18) 해당 내용은 저자가 2018년 4월 『인천대학교 교육대학원 원우회보』에 기고한 「신뢰받는 지도자의 조건」을 수정·보완한 것임.

원들의 인식을 의미한다. 지도자의 언행이 상황에 따라서 변덕스럽지 않고 비교적 예측 가능하며, 구성원들이 믿을 수 있게 공정하게 행동하게 되면 신뢰도가 높아진다. 일관성이 있다는 것이 어떤 상황에서도 천편일률적인 언행이나 조치를 취해야 한다는 것은 아니다. 상황에 따라서 융통성이 있어야 하겠지만, 그런 경우에도 비교적 안정적이고 일관성이 있는 원칙을 유지하는 것이 필요하다. 지도자의 믿음직함은 평상시보다는 조직이 어려운 상황에 처하게 되는 경우 구성원들을 안정시키고 격려하는 힘을 발휘하게 된다.

친근감(intimacy)은 지도자가 구성원들의 업무나 문제와 관련하여 구성원들의 개인적인 동기나 상황에 대하여 인간적으로 이해하고 도와주려는 언행과 자세를 보여 주는 것을 의미한다. 구성원들이 긴장감을 풀고 편안히 일할 수 있도록 구성원들을 대할 때, 부드럽고 따스한 반응을 보이며 심리적으로 지원하고 격려하는 지도자는 높은 신뢰를 얻을 수 있다.

친근감은 인간관계와 관련된다. 어느 조직에서든지 조직 목표를 잘 달성하기 위하여 구성원들의 협동이 요구된다. 이러한 협동은 구성원 간의 인간관계가 어떠한가에 의해 좌우된다. 지도자가 구성원들에게 보여 주는 말과 행동과 표정이 구성원들에게 따스하게 느껴지도록 노력하는 것이 필요하다.

이기심(self-orientation)은 자기 자신의 이익을 꾀하는 마음을 의미한다. 반대로 이타심은 자기의 이익보다는 다른 사람의 이익을 더 꾀하는 마음을 의미한다. 지도자는 조직 목표 달성을 위하여 구성원들과 함께 협력하여 노력하는 것이 필요하다. 그러나 어떤 지도자는 자신의 이익을 꾀하려는 의도로 조직을 이끌어 가거나 구성원들을 이용하는 경우도 있다.

이기심은 동기와 깊은 관계가 있다. 자신이 수행하는 업무의 의미와 가치를 중요하게 느끼지 못하고, 의무감이나 현상유지 혹은 보상·승진을 위해 필요한 일이라고 생각하는 경우, 구성원들과의 상호작용에서 이기심이 들어날 가능성이 크다. 구성원들이 함께 이룬 좋은 성과에 따른 보상은 자신이 차지하려 하고, 좋지 않은 성과나 문제에 대한 책임은 구성원들에게 돌리는 지도자들이 없지 않다. 이기심이 적을수록, 즉 이타심이 많을수록 지도자에 대한 신뢰도 수준은 높아진다.

지도자는 보다 좋은 리더십을 발휘하기 위하여, ① 신용, ② 믿음직함, ③ 친근함 등 세 가지 조건을 확대·발전시키려 노력하고, 반면에 ④ 이기심을 축소 억제하려고 노력하여야 한다.

6) 리더십 발휘를 위해 '죽이는 말'이 아니라 '살리는 말'을 하자[19)]

리더십은 조직 구성원들에 대한 좋은 영향력, 선한 영향력을 의미한다. 리더십의 일반적인 정의는, 조직 목표를 효과적으로 달성하기 위하여 구성원들로 하여금 자발적으로 협조하도록 하는 기술 및 영향력이라고 할 수 있다.

리더십은 두 가지 요소를 충족하는 것이 필요하다. 조직 목표를 효과적으로 달성하는 것과 조직 구성원들의 만족과 사기가 높아지는 것이 동시에 충족될 때 바람직한 리더십이라고 할 수 있다.

조직폭력배의 두목에게 리더십이 있다고 말하지는 않는다. 좋은 영향력, 선한 영향력이라고 볼 수 없기 때문이다. 우리 주변에서 조직 목표는 효과적으로 달성했지만, 조직 구성원들이 불만족스러워하고 사기가 떨어져 있는 조직을 흔히 볼 수 있다.

바람직한 리더십을 발휘하기 위하여 조직 구성원들과 원활한 의사소통이 중요하다. 의사소통의 핵심적인 방법은 말이다. 말에는 ① 각인력, ② 견인력, ③ 성취력, ④ 치유력 등의 놀라운 힘이 있다.

첫째, 말에는 각인력이 있다. 말한 내용이 조각칼로 새긴 듯이 뇌리에 박히는 것이다. 뇌세포의 98퍼센트가 말의 지배를 받는다고 한다. 긍정적인 말을 하거나 들으면, 그 말이 뇌세포에 새겨져 긍정적인 생각을 하게 되고, 부정적인 말을 하거나 들으면 부정적인 생각을 하게 되는 것이다.

둘째, 말에는 견인력이 있다. 말에는 우리의 행동을 끌어가는 힘이 있다. 말한 내용은 뇌리에 박히고 뇌는 척추를 지배하고 척추는 행동을 지배하기 때문에, 내가 말하는 것이 뇌에 전달되어 행동을 이끌게 된다. '할 수 있다'고 말하면 할 수 있는 방향으로 움직이게 되고, '할 수 없다'라고 말하면 할 수 없는 방향으로 움직이게 되는 것이다. 말의 내용과 행동이 일치하는 방향으로 움직이는, 즉 언행일치가 성립되는 것이다.

셋째, 말에는 성취력이 있다. "말이 씨가 된다."라는 말이 있다. 말이 씨가 되어 싹이 나고 자라서 결국에는 열매를 맺는다는 것이다. 말한 대로 성취된다는 것이다. 자신이 하고 싶은 일을 종이에 써서 그것을 되풀이해서 읽으면, 동기부여가 되고, 시간이 지나 그 일이 성취되어 간다고 한다.

---

19) 해당 내용은 저자가 2014년 4월 『인천대학교 교육대학원 원우회보』에 기고한 「바람직한 리더십 발휘를 위해 '죽이는 말'이 아니라 '살리는 말'을 합시다」를 수정·보완한 것임.

넷째, 말에는 치유력이 있다. 칭찬과 격려의 말을 듣게 되면, 의기소침하고 낙심된 마음이 회복된다. 위로의 말을 듣게 되면, 슬프고 답답한 마음이 사라지고 새 힘을 얻게 되는 것이다. 약을 먹지 않았는데도 좋은 말을 들음으로써 병이 치유되고 건강한 삶이 회복되는 경우를 볼 수 있다. 미국 위스콘신 주의 한 병원에서는 불치의 암 환자를 언어치료법으로 치료했다고 한다. 하루 세 차례 정도 10분씩 "난 깨끗하게 치료되었다. 내 몸에서 암 덩어리가 다 빠져 나갔다."라는 치료적 언어를 자신에게 말하게 했더니, 3주 후에 완치되었다고 한다. 말에 놀라운 힘이 있다. 말 자체가 창조의 에너지이다.

마음에 새겨 둘 만한 열 가지 대화법

① 들을 준비를 하고, 상대방이 말을 끝내기 전에 대답하지 않는다.
　▶ 사연을 듣기 전에 대답하는 자는 미련하여 욕을 당하느니라(『잠언』, 18: 13)

② 말을 더디 하고, 먼저 생각하며, 서둘러 말하지 아니한다.
　▶ 입과 혀를 지키는 자는 자기의 영혼을 환난에서 보전하느니라(『잠언』, 21: 23)

③ 상대가 알아들을 수 있고 받아들일 수 있도록 말한다.
　▶ 내 사랑하는 형제들아 너희가 알지니 사람마다 듣기는 속히 하고 말하기는 더디 하며 성내기도 더디 하라(『야고보서』, 1: 19)

④ 진실을 말하되 언제나 사랑 안에서 말한다.
　▶ 거짓을 버리고 각각 그 이웃과 더불어 참된 것을 말하라(『에베소서』, 4: 25)

⑤ 말다툼을 벌이지 않는다.
　▶ 다툼을 멀리 하는 것이 사람에게 영광이거늘 미련한 자마다 다툼을 일으키느니라(『잠언』, 20: 3)

⑥ 부드럽고 친절하게 대꾸한다.
　▶ 유순한 대답은 분노를 쉽게 하여도 과격한 말은 노를 격동하느니라(『잠언』, 15: 1)

⑦ 잘못을 했으면 인정하고 용서를 빈다.
　▶ 서로 친절하게 하며 불쌍히 여기며 서로 용서하기를 하나님이 그리스도 안에서 너희를 용서하심과 같이 하라(『에베소서』, 4: 32)

⑧ 잔소리를 하지 않는다.
　▶ 말이 많으면 허물을 면하기 어려우나 그 입술을 제어하는 자는 지혜가 있느니라(『잠언』, 10: 19)

⑨ 상대를 책망하거나 비판하지 않는다.
　▶ 형제들아 사람이 만일 무슨 범죄한 일이 드러나거든 신령한 너희는 온유한 심령으로 그러한 자를 바로잡고 너 자신을 살펴보아 너도 시험을 받을까 두려워하라(『갈라디아서』, 6: 1)

⑩ 누가 말로 공격하거나 비판하거나 책망하면 똑같이 대꾸하지 않는다.
　▶ 아무에게도 악을 악으로 갚지 말고 모든 사람 앞에서 선한 일을 도모하라(『로마서』, 12: 17)

리더십은 조직 구성원들에 대한 좋은 영향력, 선한 영향력을 의미한다. 바람직한 리더십 발휘를 위해 리더는 '죽이는 말'이 아니라 '살리는 말'을 사용해야 한다. '죽이는 말'은 분위기 죽이는 말, 사기 죽이는 말, 의욕 죽이는 말, 기분 죽이는 말을 의미한다. '살리는 말'은 분위기 살리는 말, 사기 살리는 말, 의욕 살리는 말, 기분 살리는 말을 의미한다. '살리는 말'을 할 때, 조직 목표를 효과적으로 달성하는 것과 조직 구성원들의 만족과 사기가 높아지는 것을 동시에 달성할 가능성이 높아질 것이다.

리더뿐만 아니라 조직 구성원들 모두가 어떻게 말해야 하는가를 알려 주는 좋은 말씀들이 성경에 많이 실려 있다. 죽고 사는 것이 혀에 달려 있다고 성경은 우리 모두를 엄중히 깨우치고 있다. "사람은 입에서 나오는 열매로 말미암아 배부르게 되나니 곧 그의 입술에서 나는 것으로 말미암아 만족하게 되느니라. 죽고 사는 것이 혀의 힘에 달렸나니 혀를 쓰기 좋아하는 자는 혀의 열매를 먹으리라."(『잠언』, 18: 20-21)

우리 모두는, 특히 리더는 말을 할 때 좋은 대화법을 사용하여 우리의 말이 긍정적이고 바람직한 방향으로, ① 각인력, ② 견인력, ③ 성취력, ④ 치유력 등의 놀라운 힘을 발휘할 수 있도록 노력하여야 할 것이다.

7) 좋은 지도자가 되기 위한 자기관리 노력[20]

매해 3월 1일과 9월 1일을 기준으로 각 시·도 교육청에서는 초·중등학교의 교육전문직원 및 관리직(교장·교감)의 인사발령을 낸다. 인사발령 중에서 특히 교장·교감의 승진 임용과 교육전문직원의 신규 임용 사항은 교원들의 주요 관심사이다. 교육조직의 관리·유지를 위해 교장·교감 및 교육전문직원의 임용은 필요한 인력 배치라는 점에서 중요한 기능을 수행한다.

승진 임용된 교장·교감 및 교육전문직원들은 다른 교사들의 부러운 시선을 받게 된다. 그들이 차지하는 지위는 다른 교사들과 비교하여 더 많은 영향력을 발휘할 수 있는 지위이다. 그런 지위에 올라간 만큼 지도자로서 자기 자신을 돌아보며 자기관리를 하려는 노력이 필요하다.

자기관리는 내적으로 자신에 대한 통제와 자신감을 기르는 노력인데, 외적으로 드러나

---

20) 해당 내용은 저자가 2016년 4월 『인천대학교 교육대학원 원우회보』에 기고한 「지도자는 자신의 약점을 고치기 위해 자기관리에 힘써야 한다」를 수정·보완한 것임.

서 다른 사람들과 원만한 사회적 관계를 구축하기 위한 기초가 된다. 지도자로서 자기관리를 잘못하면서 남을 잘 관리하는 사람은 없다. 남을 잘 관리하려는 사람은 먼저 자기관리를 잘하는 사람이 되어야 한다.

원숭이가 나무 위에 올라가면 빨간 엉덩이가 드러나 보이게 된다. 같은 위치에서 함께 지내던 동료 원숭이가 상대적으로 높은 위치에 올라가게 되면, 아래에서 위를 쳐다보는 동료 원숭이들의 눈에는 위에 올라간 원숭이의 빨간 엉덩이가 보이는 것이 당연하다. 다른 교사들과 동등한 위치에서 어깨를 나란히 하면서 근무하다가 승진이 되면, 다른 교사들보다 높은 지위에 올라가게 된다. 이와 같이 다른 사람들보다 높은 위치에 올라가서 그들의 지도자가 되었을 때, 그 지도자의 장점이나 좋은 점은 당연하다고 여겨지는 반면, 약점이나 부족한 점은 쉽게 눈에 띄어 비난을 받게 된다. 아래서 위를 쳐다보며 비난하는 원숭이들도 엉덩이가 빨갛기는 마찬가지인데도 말이다.

모든 원숭이의 엉덩이는 빨갛기 때문에 나도 지도자가 되었지만 어쩔 수 없이 약점과 부족한 점이 있는 것이 당연하다고 하면서 합리화하고 자기위안을 삼을 것이 아니라, 최선을 다해 빨간 엉덩이를 가리려는 노력을 해야 하지 않을까. 지도자가 되면 높아진 만큼 자신의 약점이나 부족한 점이 쉽게 드러나기 때문에, 이를 좀 가리고 고치도록 노력해야 한다. 자신의 외면적인 용모, 표정, 자세뿐 아니라, 내면적인 언행심사나 성품도 다른 사람들에게 좋은 인상을 주도록 가꾸고 관리해야 한다.

좋은 지도자를 만나면 조직 구성원들의 사기와 만족도는 높아지고, 구성원 상호 간 협력적 행동을 하는 경향이 높아진다. 그렇지 못한 지도자를 만나면 조직 구성원들의 사기와 만족도는 낮아지고, 구성원 상호 간 대립적 행동을 하는 경향이 높아진다. 지도자의 조직 구성원에 대한 관리방식이 구성원들을 성숙하게 하는 방향으로 이끌어 가기도 하고, 반대로 미성숙하게 하는 방향으로 이끌어 가기도 한다.

교장·교감 등의 교육지도자들이 좋은 리더십을 발휘할 때, 교사들이 보다 능력 있고 성숙한 방향으로 변화·발달, 즉 긍정적인 방향으로의 교사발달을 이루어 나가는 것을 볼 수 있다. 정치지도자나 경제지도자와 달리 교육지도자들은 교사들의 변화·발달 과정에 있어서 모델링 대상이 되도록 요구된다. 지도자가 조직 구성원들의 잠재적 가능성을 발휘하도록 하는 리더십, 즉 변혁적 리더십(transformational leadership)이 특히 교육지도자들에게 더 많이 요구되는 것도 그런 이유에서이다.

효과적인 리더십을 발휘하는 지도자가 되기 위해서는 자기관리에 힘써야 한다. 인성적 측면이나 동기적 측면에서 다음과 같은 자기관리 노력이 요구된다.

첫째, 자신감이 있는 지도자로서 자신과 조직원들에게 높은 목표를 제시하고, 어려운 과업을 시도하며, 문제들과 실패에 직면해서 인내를 보여 주도록 노력해야 한다.

둘째, 스트레스를 견뎌 내는 지도자로서 좋은 결정을 내리고, 침착하며, 또 어려운 상황에 있는 조직원들에게 확고한 방향을 제시하도록 노력해야 한다.

셋째, 정서적으로 성숙한 지도자로서 자신의 장점과 약점을 정확히 인식하고, 자기계발을 추구하도록 노력해야 한다.

넷째, 성실한 지도자로서 언행이 일치하고, 정직하며, 윤리적이고, 책임감을 갖추도록 노력해야 한다.

다섯째, 권위 있는 지도자로서 다른 사람들에게 올바르고 부드러운 영향력을 행사하도록 노력해야 한다.

여섯째, 성취하는 지도자로서 성취 욕구, 수월성 추구, 성공을 향한 추진력, 책임지려는 태도, 과업 목표에 대한 관심 등 성취지향성을 보이도록 노력해야 한다.

이렇게 자기관리에 힘쓰다 보면 약점이나 부족한 점은 고쳐지고 효과적인 리더십을 발휘하는 지도자가 될 것이다.

끝으로 리더십은 조직 구성원들에 대한 좋은 영향력, 선한 영향력을 의미한다. 바람직한 리더십 발휘를 위해 지도자는 '죽이는 말'이 아니라 '살리는 말'을 사용하도록 노력해야 한다. '죽이는 말'은 분위기 죽이는 말, 사기 죽이는 말, 의욕 죽이는 말, 기분 죽이는 말을 의미한다. '살리는 말'은 분위기 살리는 말, 사기 살리는 말, 의욕 살리는 말, 기분 살리는 말을 의미한다. '살리는 말'을 할 때, 조직 목표를 효과적으로 달성하는 것과 조직 구성원들의 만족과 사기가 높아지는 것을 동시에 달성할 가능성이 높다. 지도자는 말을 할 때, 좋은 대화법을 사용하여, 자신의 말이 긍정적이고 바람직한 방향으로, 각인력, 견인력, 성취력, 치유력 등의 놀라운 힘을 발휘할 수 있도록 힘써야 할 것이다.

참고문헌

강영삼(1994). 장학론. 서울: 세영사.

강영삼, 주삼환, 이윤식, 조병효, 진동섭(1995). 장학론. 한국교육행정학회편. 서울: 하우.

경기도교육연구원(1997). 초등학교 주임교사 직무수행의 실제.

고영희 외(1983). 수업장학 모형개발 및 현장적용 가능성 탐색 연구. 한국교육개발원.

김도기(2005). 컨설팅장학에 대한 질적 연구. 박사학위논문, 서울대학교 대학원.

김도기(2013). 학교장학. 한국교육행정학 연구핸드북. 한국교육행정학회(편). 서울: 학지사, pp.
    279-303.

김영식, 주삼환(1990). 장학론. 한국방송통신대학.

김윤태(1994). 교육행정ㆍ경영신론. 서울: 배영사.

김이경, 김갑성, 김도기, 서근원(2006). 학교장의 리더십 개선 방안 연구. 한국교육개발원.

김정한(1997). 과학자와 함께 읽는 창세기 이야기. 서울: 한국기독학생회출판부.

김종철(1982). 교육행정의 이론과 실제. 서울: 교육과학사.

김종철(1985). 자율화의 의미와 현실. 새교육, 365, 22-29.

김종철(1989). 교육에서의 자율과 교권(정년퇴임 기념강연집). 서울대 사범대학 교육학과.

김종철, 이종재(1994). 교육행정의 이론과 실제. 서울: 교육과학사.

나정, 장명림(1995). 유치원 교원 자격연수 교육과정 개발 연구. 한국교육개발원.

남정걸(1997). 교육행정 및 교육경영. 서울: 교육과학사.

박상완(2018). 학교장론: 교장의 리더십과 학교 발전. 서울: 학지사.

변영계(1984). 수업장학의 절차모형 구안. 한국교육, 11(1), 91-103.

변영계(1997). 수업장학. 서울: 학지사.

백현기(1964). 장학론. 서울: 을유문화사.

서울중등장학발전연구회(2001). 장학체제 개선 및 장학 발전 방안 연구.

서울특별시 동작관악교육지원청 홈페이지(http://dgedu.sen.go.kr/).

서울특별시교육연구원(1995). 교육전문직의 역할 연구. 서울특별시교육연구원.

서울특별시교육연구원(1996). 교과장학의 이론과 실제. 서울특별시교육연구원.

서정화(1988). 교육인사·장학행정제도의 발전과제. 홍익대 교육연구소.

서정화, 이윤식, 이순형, 정태범, 한상진(2003). 교장론. 한국교육행정학회. 서울: 하우.

심우엽, 류재경(1994). 초등학교 교사발달에 관한 연구. 강원교육의 현장 진단과 대안. 강원도교육연구원.

안길훈(2008). 학교장 평가제도 운영방안 탐색. 교육행정학연구, 26(3), 151-179.

유현숙, 김동석, 고전(2000). 학교 경영환경의 변화와 학교장의 리더십 연구. 한국교육개발원.

유현숙, 김홍주, 양승실(1995). 장학기능 개선방안 연구. 한국교육개발원.

윤정일(1990). 장학의 본질과 장학행정. 장학의 실제('90 교육전문직 연찬회 장학자료). 한국교원대학교 종합교원연수원.

윤홍주(1996). 교사발달 단계 및 직능발달 요인에 관한 연구. 석사학위논문, 서울대학교 대학원.

이난숙(1991). 교사의 직능발달 특성에 관한 연구. 박사학위논문, 한국교원대학교 대학원.

이윤식(1989). 교사의 전문성 신장을 위한 정보탐색 형태 분석. 한국교육, 16(1), 5-40.

이윤식(1991). 우리나라 중등교사들의 발달과정에 관한 예비적 기술. 한국교육, 18, 293-331.

이윤식(1992). 교육자치제의 실시에 따른 학교경영의 개선 방향. 한국교육, 19, 181-204.

이윤식(1993). 장학론 논고: 교내 자율 장학론. 서울: 과학과 예술.

이윤식(1993. 11.). 학교장의 효과적인 수업참관. 교육월보, 143, 44-48.

이윤식(1995). 교육의 전문성 향상과 장학기능 개선. 장학기능 개선 방안 탐색. 한국교육개발원.

이윤식(1995. 3.). 자율장학의 활성화를 위한 전제와 인식전환. 교육월보, 159, 48-51.

이윤식(1998. 4. 22.). 학교를 바꾸자: 교직풍토가 변해야 한다. 한국교육신문, 3면.

이윤식(1999). 장학론: 유치원·초등·중등 자율장학론. 서울: 교육과학사.

이윤식(2001). 학교경영과 자율장학. 서울: 교육과학사.

이윤식(2002. 5.). 거울을 보는 선생님이 됩시다. 교육마당 21, 243, 76-77.

이윤식(2004. 4.). 무엇을 위한 교원평가여야 하나. 새교육, 594, 34-43.

이윤식(2005. 7. 18.). 전망대: 연수, 권리이자 책무. 한국교육신문, 2231, 4면.

이윤식(2007. 8.). 자신, 남, 공동체를 소중히 여기도록 하는 교육. 한국교원교육소식, 47, 3-4.

이윤식(2008. 10.). 교사는 밥이다. 인천대학교 교육대학원 원우회보, 24, 2면.

이윤식(2009. 10.). 자율성과 책무성이라는 두바퀴 자전거를 타고 가는 수업전문가 교사. 인천대학교 교육대학원 원우회보, 26, 2면.

이윤식(2010. 12.). 기러기에게서 배우는 leadership, followership, colleagueship. 한국교원교육소식, 57, 1-5.

이윤식(2010. 12. 13.). 선생님은 모두 교육지도자입니다. 인천교육신문, 85, 8면.

이윤식(2011. 4.). 길 잃은 한 마리 어린 양을 찾는 선생님. 인천대학교 교육대학원 원우회보, 29, 1면.

이윤식(2011. 10.). '고슴도치 사랑'을 하는지 자신을 돌아보는 선생님이 되시길. 인천대학교 교육대학원 원우회보, 30, 1면.

이윤식(2012. 4.). 그래도 해답은 '가슴으로 가르치는 선생님'이다. 인천대학교 교육대학원 원우회보, 31, 1면.

이윤식(2012. 10.). 다양성을 인정하고 키워주는 교육. 인천대학교 교육대학원 원우회보, 32, 2면.

이윤식(2013. 4.). 태생적으로 축복받은 우리 자녀와 학생들. 인천대학교 교육대학원 원우회보, 33, 2면.

이윤식(2013. 10.). leadership을 배우기 위해서는 먼저 followership과 colleagueship을 배워야 한다. 한국교육행정학회소식지, 117, 1-3.

이윤식(2014. 4.). 바람직한 리더십 발휘를 위해 '죽이는 말'이 아니라 '살리는 말'을 합시다. 인천대학교 교육대학원 원우회보, 35, 2면.

이윤식(2014. 10.). 웰빙도 중요하지만 웰다잉은 더 중요하다. 인천대학교 교육대학원 원우회보, 36, 2면.

이윤식(2015). 미국과 한국의 장학 변화 동향 분석과 시사점. 교육행정학연구, 33(1), 229-256.

이윤식(2015. 4.). 교사는 내일의 지도자를 키우는 교육지도자입니다. 인천대학교 교육대학원 원우회보, 38, 2면.

이윤식(2016. 4.). 지도자는 자신의 약점을 고치기 위해 자기관리에 힘써야 한다. 인천대학교 교육대학원 원우회보, 39, 2면.

이윤식(2016. 10.). 좋은 인간관계의 출발은 내가 "살아있음"을 보이는 것: 남에게 따스한 반응을 보입시다. 인천대학교 교육대학원 원우회보, 40, 2면.

이윤식(2017. 4.). 좋은 Leader가 갖추어야 할 철학: 사랑과 정의. 인천대학교 교육대학원 원우회보, 41, 2면.

이윤식(2017. 10.). 좋은 리더십 배우기 '3단계 3차원'. 인천대학교 교육대학원 원우회보, 42, 2면.

이윤식(2018. 4.). 신뢰받는 지도자의 조건. 인천대학교 교육대학원 원우회보, 43, 2면.

이윤식(2018. 10.). 인간의 참된 행복은 '소유'에 있지 않고 '관계'에 있다. 인천대학교 교육대학원 원우회보, 44, 2면.

이윤식(2019. 4.). 모든 사람들과 좋은 인간관계를 맺을 수 있는가? 인천대학교 교육대학원 원우회보, 45, 2면.

이윤식(2019. 10.). 복의 통로가 되는 '복된 선생님' 되시길. 인천대학교 교육대학원 원우회보, 46, 2면.

이윤식, 박안수(2000). 교사발달을 저해하는 학교의 조직적 요인과 교사의 개인적 요인. 교육행정학연구, 18(1), 97-126.

이윤식, 신유식(2016). 학술지 논문에 나타난 우리나라 장학의 연구 동향 분석. 교육행정학연구, 34(5), 359-387.

이윤식, 유양승(2016). 2000년대 우리나라 장학의 변화 동향과 교육적 함의. 교육행정학연구, 34(1), 287-310.

이윤식, 유현숙(1989). 교내 자율장학의 활성화 방안 연구. 한국교육개발원.

이윤식, 유현숙(1989). 교내 자율장학의 활성화 방안 탐색 워크샵보고서. 한국교육개발원.

이윤식 외(2007). 교직과 교사. 서울: 학지사.

이윤식, 한유경, 김병찬, 정제영, 박상완, 김화영 역(2018). 장학론. 경기: 아카데미프레스.

이은화, 배소연, 조부경(1995). 유아교사론. 서울: 양서원.

이정은(1996). 유치원 교사의 자기장학에 대한 인식 및 수행현황. 석사학위논문, 이화여자대학교 교육대학원.

이춘복(1998). 유치원 교사들의 자기장학에 대한 기대수준과 실행수준에 관한 연구. 석사학위논문, 인천대학교 교육대학원.

인천광역시 교육과학연구원(1988). 교내 수업장학의 문제점 분석과 실천 자료.

임연기 외(2013). 한국 교육행정학 연구 핸드북. 한국교육행정학회(편). 서울: 학지사.

장이권(1989). 임상장학의 이론과 실제. 서울: 형설출판사.

정광희 외(2008). 한국 교사의 리더십 특성 연구. 한국교육개발원.

정미경, 김갑성, 류성창, 김병찬, 박상완, 문찬수(2010). 교원양성 교육과정 개선방안 연구. 한국교육개발원.

정수현(2011). 컨설팅장학 지원의 효율화. 정영수(편). 선진형 지역교육청 기능 개편사업 성과보고서.

정수현, 김정현(2012). 학교컨설팅의 전망과 과제. 한국교육행정학회 165차 추계학술대회 자료집. 1-30.

정찬영(1985). 장학의 기능과 과제. 교육개발, 17(6), 5-8.

정찬영 외(1986). 교육행정의 자율화 방안. 한국교육개발원.

정태범(1996). 장학론. 서울: 교육과학사.

정현예(1996). 교내 자율장학활동에 관한 평가 연구. 석사학위논문, 서강대학교 교육대학원.

조병효(1981). 장학론: 이론과 실제. 서울: 배영사.

조병효(1991). 현대장학론. 서울: 교육과학사.

조양숙(2014). 학교컨설팅에 관한 국내 연구동향 분석(2004-2014). 한국교육행정학회 171차 추계학술대회 자료집, 267-293.

주삼환(1985). 장학방법의 개선. 학교교육의 질 향상을 위한 장학의 방향(대한교육연합회 장학제도에 관한 세미나 보고서), 29-54.

주삼환(1988). 장학·교장론 특강. 서울: 성원사.

주삼환(1995). 교육환경 변화와 새로운 장학의 모습. 장학기능 개선방안 탐색. 한국교육개발원.

주삼환(1997). 변화하는 시대의 장학. 서울: 원미사.

진동섭(2003). 학교컨설팅: 교육개혁의 새로운 접근방법. 서울: 학지사.

진동섭, 김도기(2005). 컨설팅 장학의 개념 탐색. 교육행정학연구, 23(1), 1-25.

진동섭, 이윤식 외(1995). 중등학원 교원 평가·보상 및 연수체제 연구. 서울대학교 교육연구소.

진동섭, 이윤식, 김재웅(2018). 교육행정 및 학교경영의 이해. 서울: 교육과학사.

최상근(1992). 한국 초·중등 교사의 직업사회화 과정 연구. 박사학위논문, 한국교원대학교 대학원.

홍창남(2012). 학교컨설팅과 컨설팅장학의 과제. 교육행정학연구, 30(4), 225-248.

황기우(1992). 한국 초등학교의 교사문화에 관한 해석적 분석. 박사학위논문, 고려대학교 대학원.

황정규, 최희선, 정항시, 이윤식, 정수경(1995). 학교경영의 전문성 신장과 책무성 제고를 위한 학교장 경영 평가 방안. 교육부 중앙교육심의회 교직분과위원회.

Acheson, K. A., & Gall, M. D. (1987). *Techniques in the clinical supervision of teachers* (2nd ed.). NY: Longman.

Airasian, P. W., & Gullickson, A. R. (1997). *Teacher self-evaluation tool kit*. Thousand Oaks, CA: Corwin Press.

Alfonso, R. J., Firth, G. R., & Neville, R. F. (1981). *Instructional Supervision: A Behavior System* (2nd ed.). Boston: Allyn and Bacon.

Beerens, D. R. (2000). *Evaluating teachers for professional growth*. Thousand Oaks, CA: Corwin Press.

Bennett, W. J. (1986). *What works: Research about teaching and learning*. Washington, DC: U.S. Department of Education.

Blanchard, K., & Hodges, P. (2003). *Servant Leader Jesus*. 조천제, 이강봉 역(2004). 섬기는 리더 예수. 경기: 북21.

Blumberg, A. (1980). *Supervisors & teachers: A private cold war* (2nd ed.). Berkeley, CA: McCutchan.

Bossert, S. T. (1985). Effective elementary schools. In M. J. Kyle Regina (Ed.), *Reaching for excellence: An effective schools sourcebook*(pp.39-53). Washington, DC: U.S. Government Office.

Burden, P. R. (1979). Teachers' perceptions of the characteristics and influences on their personal and professional development. Unpublished doctoral dissertation, The Ohio State University.

Burden, P. R. (1983). Implications of teacher career-- development: New roles for teachers, administrators, and professors. *Action in Teacher Education, 4*(4), 21-25.

Burke, P. J., Christensen, J. C., & Fessler, R. (1984). *Teacher career stages: Implications for staff development* (Fastback No. 214). Bloomington, IN: Phi Delta Kappa Educational Foundation.

Christensen, J. C. (1985). Adult learning and teacher career stage development. In P. J. Burke & R. G. Heideman(Eds.), *Career-long teacher education* (pp. 158-180). Springfield, IL: Charles C Thomas.

Cogan, M. L. (1973). *Clinical Supervision*. NY: Houghton Mifflin.

Danielson, C. (1996). *Enhancing professional practice: A framework for teaching*. Alexandria, VA: ASCD.

Danielson, C., & McGreal, T. L. (2000). *Teacher evaluation: To enhance professional practice*. Alexandria, VA: ASCD.

Darling-Hammond, I., & McLaughlin, M. W. (1995). Polices that support professional development in an era of reform. *Phi Delta Kappan, 76*(8), 597-604.

Dillon-Peterson, B., & Hammer, C. (1980). Applications of adult learning theory to staff development. *The Journal of Staff Development, 1*(2), 79-87.

Duke, D. L. (Ed.)(1995). *Teacher evaluation policy; From accountability to professional development*. State University of New York Press.

Dwyer, D. C. (1984). The search for instructional leadership: Routines and subtleties in the principal's role. *Educational Leadership, 41*(5), 32-37.

Eye, G. G., & Netzer, L. A. (1965). Supervision of instruction. New York: Harper & Row.

Feiman, S., & Floden, R. E. (1980). A consumers guide to teacher development. *The Journal of*

Staff Development, 1(2), 126-147.

Fessler, R. (1985). A model for teacher professional growth and development. In P. J. Burke & R. G. Heideman (Eds.), *Career-long teacher education* (pp. 181-193). Springfield, IL: Charles C. Thomas.

Fuller, F. F. (1969). Concerns of teachers: A developmental conceptualization. *American Educational Research Journal, 6*(2), 207-226.

Fuller, F. F., & Bown, O. H. (1975). Becoming a teacher. In Kevin Ryan (Ed.). *Teacher education*(Seventy-fourth year-book of the National Society for the Study of Education, part II) (pp. 25-52). Chicago: University of Chicago Press.

Galfold, R. M., & Drapeau, A. S. (2006). *The Trusted Leader.* 김언조 역(2007). 신뢰받는 리더. 경기: 물푸레.

Glanz, J., Shulman, V., & Sullivan, S. (2007). Impact of instructional supervision on student achievement: Can we make the connection? ED496124.

Glassberg, S., & Oja, S. N. (1981). A developmental model for enhancing teacher's personal and professional growth. *Journal of Research and Development in Education, 14*(2), 59-70.

Glatthorn, A. A. (1984). *Differentiated supervision.* Alexandria, VA: Association for Supervision and Curriculum Development.

Glatthorn, A. A. (1984). *Differentiated supervision.* 주삼환 역(1986). 장학론: 선택적 장학체제. 서울: 문음사.

Glickman, C. D. (1980). The developmental approach to supervision. *Educational Leadership, 38*(2), 178-180.

Glickman, C. D. (1981). *Developmental supervision : Alternative practices for helping teachers improve instruction.* Alexandria, VA: Association for Supervision and Curriculum Development.

Glickman, C. D., & Kanawati, D. G. (1998). Future direction for school supervision. In G. R. Firth & E. F. Pajak (Eds.), *Handbook of research on school supervision.* New York: Simon & Schuster Macmillan.

Glickman, C. D., Gordon, S. P., & Ross-Gordon, J. M. (2014), *Supervision and Instructional Leadership: A developmental approach* (9th ed.). Boston, MA: Pearson Education.

Gregorc, A. F. (1973). Developing plans for professional growth. *NASSP Bulletin, 57*(377), 1-8.

Harris, B. M. (1985). *Supervisory behavior in education* (3rd ed.), Englewood Cliffs, NJ: Prentice-Hall.

Heichberger, R. L., & Young, J. M. Jr. (1975). Teacher perceptions of supervision and evaluation. *Phi Delta Kappan, 57*(3), 210.

Hersey, P., & Blanchard, K. H. (1977). *Management of organizational behavior: Utilzing human resources* (3rd ed.). Englewood Cliffs, NJ: Prentice-Hall.

Howey, K. R. (1980). An expand conception of staff development. *The Journal of Staff*

Development, 1(2), 108-112.

Huberman, M. (1989). The professional life cycle of teachers. *Teachers College Record, 91*(1), 31-57.

Joyce, B., & Mckibbin, M. (1982). Teacher growth states and school environments, *Educational Leadership, 40*(2), 36-41.

Katz, L. G. (1972). Developmental stages of preschool teachers. *The Elementary School Journal*, 73(1), 50-54.

Krajewski, R. J. (1982). Clinical supervision: A conceptual framework. *Journal of Research and Development in Education, 15*(2), 38-43.

Lee, Y. S. (1988). An analysis of the information-seeking pattern of elementary school teachers. Unpublished doctoral dissertation, The University of Wisconsin-Madison.

Lee, Y. S. (2000). Teacher development in Korea; School-Based Autonomous Supervision(SBAS) as a Critical Method. *Asia-Pacific Journal of Teacher Education & Development, 3*(1), 79-97.

Lipham, J. M. (1981). *Effective principal, effective school*. Reston, VA: National Association of Secondary School Principals.

Lunenburg, F. C., & Ornstein, A. C. (2000). *Educational administration: Concept and practice* (3rd ed.). Belmont, CA: Wadsworth.

Madison Metropolitan School District. (1986-1988). *The Staff Development Quarterly* (1986-1988).

McKean, R. C., & Mills, H. H. (1964). *The Supervisor.* New York: The Center for Applied Research in Education, Inc.

Nolan Jr. J. F., & Hoover, L. A. (2011). *Teacher supervision and evaluation: Theory into practice* (3rd ed.). Hoboken, NJ: John Wiley & Sons.

Oliva, P. F. (2005). *Developing the curriculum* (6th ed.) Boston: Allyn and Bacon.

Pawlas, G. E., & Oliva, P. E. (2008). *Supervision for Todays's schools* (8th ed.). Hoboken, NJ: John Wiley & Sons.

Perry, R. H. (1980). The Organizational/environmental variables in staff development. *Theory into Practice, 19*(4), 256-261.

Purkey, S. C., & Smith, M. S. (1983). Effective schools: A review. *Elementary School Journal, 83*(4), 427-452.

Robert, G. (1969). *Clinical supervision.* NY: Holt, Rinehart Winston.

Robert, G., Anderson, R. H., & Krajewski, R. J. (1980). *Clinical supervision: Special methods for the supervision of teachers* (2nd ed.). NY: Holt, Rinehart Winston.

Rogus, J. F. (1983), Building an effective staff development program: A principal's checklist. *NASSP Bulletin* (461), 8-16.

Sergiovanni, T. J., & Staratt, R. J. (1983). *Supervision: Human perspectives* (3rd ed.). New York:

McGraw-Hill.

Sergiovanni, T. J., & Staratt, R. J. (1998). *Supervision: A redefinition* (6th ed.). New York: McGraw-Hill.

Sergiovanni, T. J., & Staratt, R. J. (2007). *Supervision: A redefinition* (8th ed.). New York: McGraw-Hill.

Sergiovanni, T. J., & Staratt, R. J. (2006). *Supervision: A redefinition* (8th ed.). 오은경, 한유경, 서혜경, 김경이, 안정희, 안선영 역(2008). 장학론. 서울: 아카데미프레스.

Sergiovanni, T. J., Staratt, R. J., & Cho, V. (2014). *Supervision: A redefinition* (9th ed.). 이윤식, 한유경, 김병찬, 정제영, 박상완, 김화영 역(2018). 장학론. 경기: 아카데미프레스.

Stufflebeam, D. L. et al. (1971). *Educational evaluation and decision making*. Itasca. IL: F.E.Peacock.

Sullivan, S., & Glanz, J. (2000). *Supervision that improves teaching: Strategies and techniques*. Thousand Oaks, CA: Corwin Press.

Webb, R. B., & Sherman, R. R. (1989). *Schooling and Society* (2nd ed.). New York: Macmillan.

Wiles, J., & Bondi, J. (1980). *Supervision: A guide to practice*. Columbus, OH: Charles E. Merrill.

Wiles, K., & Lovell, J. T. (1975). *Supervision for better schools* (4th ed.). Englewood Cliffs, NJ: Prentice-Hall, pp. 61-62.

Wood, C. J. (1998). Human dimension of supervision. In G. R. Firth & E. F. Pajak (Eds.), *Handbook of research on school supervision*. New York: Simon & Schuster Macmillan.

찾아보기

/ 인명 /

/ 내용 /

저자 소개

이윤식(Lee, Yunsik)
연락처: yunsik0@inu.ac.kr

제물포고등학교 졸업
서울대학교 사범대학 교육학과 졸업
서울대학교 대학원 교육학과 졸업(교육행정학 전공)
국비유학 미국 위스콘신대학교 석박사학위 취득(교육행정 · 교원교육 전공)
전 한국교육개발원 교육행정연구실장
　　한국교육개발원 교원교육연구부장
　　교육부 중앙교육심의회 위원
　　교육부 교직발전종합방안 추진협의회 위원
　　인천대학교 교무처장, 도서관장, 교육대학원장, 사범대학장
　　한국교원교육학회 회장
　　한국교육행정학회 회장
　　한국교육자선교회 회장
현 인천대학교 창의인재개발학과 명예교수

〈주요 저서 및 역서〉
장학론(공역, 아카데미프레스, 2018)
한국의 교직과 교사 탐구(공저, 학지사, 2018)
교육자의 리더십과 교육선교(공저, 정우문화사, 2015)
인간관계와 리더십(공저, 양서원, 2014)
현장교육 연구: 이론과 실제(공저, 학지사, 2012)
중등교직실무(공저, 교육과학사, 2011)
교육행정 및 학교경영의 이해(공저, 교육과학사, 2007)
교직과 교사(공저, 학지사, 2007)
최신 교육학개론(공저, 학지사, 2007)
교장론(공저, 하우, 2003)
교육실습론의 이론과 실제(공저, 교육과학사, 2001)
학교경영과 자율장학(교육과학사, 2001)
장학론: 유치원 · 초등 · 중등 자율장학론(교육과학사, 1999)
장학론(공저, 하우, 1995)
장학론 논고: 교내 자율 장학론(과학과 예술, 1993)
한국 교육행정의 발전과 전망(공저, 과학과 예술, 1993)

유치원 · 초등 · 중등
교원능력개발을 위한 자율장학론
School-Based Autonomous Supervision(SBAS)
for Teacher Professional Development
in Kindergarten, Elementary and Secondary Schools

2019년 12월 30일 1판 1쇄 발행
2022년 3월 10일 1판 2쇄 발행

지은이 • 이윤식
펴낸이 • 김진환
펴낸곳 • ㈜ 학지사
　　　　　04031 서울특별시 마포구 양화로 15길 20 마인드월드빌딩
대표전화 • 02)330-5114　　　팩스 • 02)324-2345
등록번호 • 제313-2006-000265호

홈페이지 • http://www.hakjisa.co.kr
페이스북 • https://www.facebook.com/hakjisa

ISBN 978-89-997-2016-1 93370

정가 23,000원

출판 · 교육 · 미디어기업 학지사

간호보건의학출판 학지사메디컬 www.hakjisamd.co.kr
심리검사연구소 인싸이트 www.inpsyt.co.kr
학술논문서비스 뉴논문 www.newnonmun.com
교육연수원 카운피아 www.counpia.com